리얼러브 부모공부

행복한 아이를 키우는 9가지 육아 원칙

Real Love in Parenting:
Nine simple and powerfully effective principles
for rasing happy and responsible children
by Greg Baer.
Copyright ⓒ Greg Baer, 2003
All rights reserved
Korean translation copyright ⓒ 2023 by Love Ink, Inc

이 책의 한국어판 저작권은 저작권자와 독점 계약한 러브잉크 출판사에 있습니다.
저작권법에 따라 한국 내에서 보호를 받는 저작물이므로 무단 전재와 복제를 금합니다.

Real Love

리얼러브 부모공부

IN PARENTING

행복한 아이를 키우는 9가지 육아 원칙

지음 **그레그 베어** 옮김 **최이규**

LOVE
러브잉크INK

목차

프롤로그

제1장 아이들은 그 무엇보다도 사랑이 필요하다   15

증상이 아닌 원인을 밝히기 ♥ 영혼의 비타민C '진정한 사랑' ♥ 아이의 삶에 진정한 사랑이 부족하다 ♥ "이런 상황에서는 어떻게 하나요?" ♥ 아이의 행복에 대한 책임 ♥ 부모의 기본적인 책임 3가지

제2장 아이는 사랑을 느끼지 못해 문제를 일으킨다   45

칭찬의 유혹 ♥ 힘을 얻고자 하는 것 ♥ 자극으로 공허함을 채우는 것 ♥ 안전함 속에서 찾는 위안 ♥ 가짜 사랑, 그것은 무엇인가? ♥ 칭찬, 힘, 쾌락과 안전함이 있어야 할 장소 ♥ 얻고 보호하는 행동 ♥ 거짓말하기 ♥ 공격하기 ♥ 피해자 행세하기 ♥ 도망치기 ♥ 매달리기 ♥ 아이들의 얻고 보호하는 행동을 제대로 보자 ♥ 얻고 보호하는 행동이 가져오는 결과 ♥ 왜, 아이들은 얻고 보호하는 행동 중 특정한 한 가지 행동을 가장 많이 할까? ♥ 왜, 얻고 보호하는 행동을 하는지 이해할 때 우리가 얻을 수 있는 힘

제3장 화를 내면 무조건 잘못이다   89

화의 영향 ♥ 화는 모든 사람을 지속적으로 파괴하므로, 화를 내는 것은 언제나 잘못이다 ♥ 우리는 왜, 화를 낼까 ♥ 어느 누구도 우리를 화나게 만들지 않는다 ♥ 화를 책임질 때 오는 자유 ♥ 가짜 사랑: 가짜 사랑을 얻기 위해 부모는 아이들을 어떻게 조종하는가 ♥ 얻고 보호하는 행동: 아이들이 우리를 사랑하지 않는다고 느낄 때, 부모는 얻고 보호하는 행동을 한다 ♥ 화를 제거하는 5단계

제4장 내가 갖고 있지 않은 것을 다른 사람에게 줄 수 없으므로,
       진정한 사랑을 주고 싶다면 먼저 받아야 한다   141

조건 없이 사랑하지 못한 것에 대한 죄책감: 우리가 갖고 있지 않은 것을 줄 수 없다 ♥ 진정한 사랑을 찾는 법 ♥ 진정한 사랑을 받은 부모는 어떤 변화를 가져오는가 ♥ 진정한 사랑을 받고 다시 주는 선택을 동시에 하면얻을 수 있는 효과

제5장 부모는 자녀를 사랑으로 가르쳐야 한다   185

진실을 말하기→제대로 보이기→있는 그대로 받아들여지기→사랑받기 ♥ 부모의 진실을 아이에게 말한다 ♥ 아이가 진실을 말할 때 사랑해 준다 ♥ 아이의 진실을 부모가 말해 준다 ♥ 아이들을 사랑하는 법 배우기 ♥ 제대로 볼 때 느낄 수 있는 보람 ♥ 있는 그대로 받아들이기 ♥ 사랑을 주기 ♥ 사랑을 주겠다는 의식적인 선택: 아이에게 사랑을 주는 법 ♥ 아이에게 진정한 사랑을 주면 어떤 결과가 나타날까 ♥ 상대를 제대로 보는 법 ♥ 아이의 행동 바로잡기 ♥ 결과를 부여할 때 죄책감은 필요 없다 ♥ 가족 모임 ♥ 자신이 옳다고 주장하기

제6장 사랑으로 가르치고, 다시 사랑으로 가르쳐라   285

아이가 얻고 보호하는 행동을 할 때 어떻게 반응할까? ♥ 아이의 얻고 보호하는 행동에 적절하게 반응하는 법 ♥ 아이의 거짓말에 대처하는 법 ♥ 아이가 공격할 때 대처하는 법 ♥ 아이가 피해자 행세를 할 때 적절하게 대처하는 법 ♥ 아이가 매달릴 때 적절하게 대처하는 법 ♥ 아이가 도망칠 때 적절하게 대처하는 법 ♥ 아이의 얻고 보호하는 행동을 사전에 예방하기 ♥ 아이의 감정에 대처하는 법 ♥ 아이의 다양한 삶의 영역에 대처하기 ♥ 아이들은 모두 다르게 태어났다 ♥ 계속해서 배우자

제7장 선택의 법칙   381

아이를 가르칠 때 선택에 대해 이해하자 ♥ 부모는 아이의 선택권을 어떻게 침해하는가? ♥ 통제하는 것은 이기적이다 ♥ 아이를 키우며, 선택의 법칙을 위배하면어떤 결과가 나타나는가? ♥ 아이 스스로 결정하도록 내버려 두기(가이드 라인) ♥ 아이가 다른 사람과 상호작용할 때 선택의 법칙을 적용하는 법을 가르치기 ♥ 모든 것은 믿음에 달려 있다 ♥ 부모의 말에 복종하기

제8장 행복은 사랑을 줄 때 온다   419

사람들을 사랑하는 법 가르치기 ♥ 사랑을 주는 사람이 호구는 아니다 ♥ 사랑을 받기→있는 그대로 보이기→있는 그대로 받아들여지기→사랑을 주기 ♥ 아이에게 인간관계를 가르치자 ♥ 선택의 법칙 ♥ 인간관계를 성공시키는 두 가지 열쇠

제9장 행복은 책임을 질 때 온다   463

아이에게 책임을 가르치는 목적 ♥ 아이에게 책임을 가르치기 ♥ 아이에게 책임질 일을 나누기 ♥ 무책임하게 행동하는 아이에 대처하는 법 ♥ 책임지고 보고하기 ♥ 결과를 부여하기 ♥ 맡은 일에 책임지는 행동을 잘했을 때 긍정적인 피드백 해주기 ♥ 책임을 가르칠 때 필요한 통찰 ♥ 책임지는 것의 즐거움 ♥ 다른 사람들이 내린 선택의 결과에우리의 책임이 없다는 것 가르치기 ♥ 부모의 책임 ♥ 가족 모임에 대해 ♥ 부모와 아이의 1:1 시간

제10장 이럴 땐 어떡하죠?

원칙들을 상황에 맞게 적용하기 ♥ 수면 시간 ♥ 형제자매의 관계 ♥ 약속을 지키지 않는 것 ♥ 일정을 정하고, 자신의 활동에 참여하기 ♥ 물건을 나누는 것 ♥ 집에 아이를 혼자 있게 하는 것 ♥ 잠자리에서 소변을 자주 볼 때 ♥ TV(스크린) 타임 ♥ 떼쓰는 행위 ♥ 용돈 그리고 아르바이트 ♥ "불공평해요!" ♥ 부부가 배우자의 육아 방식에 서로 동의하지 않을 때 ♥ 아이들이 차 안에서 다툴 때 ♥ 불친절한 선생님과의 관계 ♥ 아이의 헤어스타일과 입는 옷에 대해 ♥ 청소하기 ♥ 자녀의 성교육 ♥ 이성 교제에 대해 가르치기 ♥ 술과 마약에 대해 가르치기 ♥ 이혼 ♥ 성인이 된 자녀 교육 ♥ 성인이 된 자녀에게 조언을 하는 것 ♥ 성인이 된 자녀의 입장에서 부모와의 관계

에필로그

프롤로그

『리얼러브: 조건 없는 사랑을 찾고, 충만한 관계를 만드는 진실』이라는 책을 출판한 이후, 도전적인 상황에 따른 자녀교육에 대한 원칙을 책 속에 담아 달라는 요청을 많이 받았다. 부모를 위한 교육이 필요한 것만은 확실하다.

아이들은 자신의 삶이 심각하게 뒤틀려 있다는 것을 격렬한 몸짓과 함께 목청을 높여 가며 매일같이 외치고 있다. 조금 큰 아이들은 화를 내며 반항한다. 부모 앞에서 뚱해 있거나, 아예 말을 하지 않으며, 술을 마시는 것은 물론 마약을 하기도 한다. 심지어 어린 나이임에도 불구하고 섹스를 한 뒤 원치 않는 임신을 하기도 한다. 또한 나이가 더 어린 아이들은 말을 듣지 않으며, 무책임하게 행동한다. 떼를 쓰고, 친구들이나 형제자매들과 끊임없이 싸운다.

이제 인류의 능력은 인간을 우주에 보내고, DNA를 조작하기도 하며, 산을 옮기는 수준에 이르렀다. 하지만 부모들은 자녀의 눈물과 떼쓰기 그리고 반항으로 인해 극심한 무력감을 느끼거나 좌절감에 빠진다. 우리는 모두 아이들이 스스로 책임을 지며 행복하기를 바라지만, 아이들이 그 목표를 향해 어떻게 나아가고 있는지는 모르는 듯하다. 아이가 잘못된 행동을 하면, 우리의 말을 듣고록 유도하기 위해 강요하며 통제하는 등 혼란에 빠진다. 잔소리를 하는 것은 물론 처벌을 가하거나 통제하고, 때로는 간청하며 매달리기도 한다. 달래 보기 위해 좋은 것을 주면서 애써 봐도 소용이 없다는 것을 깨닫는다. 결국 아이에게 문제가 있나, 하는 생각이 들어 상담사를 찾아간다. 긴 시간 동안 스스로 많은 것을 경험하며, 이런 교육 방식으로는 진정으로 행복하고 또 책임감 있는 아이로 키울 수 없다는 것을 깨닫는다. 하지만 더 나은 해결 방법이 없기에 같은 행동을 반복하고 있다.

아이가 고통스러워한다는 것은 분명하다. 그런데 아이에게 있는 모든 문제가 다른 사람의 잘못이라며 비난하기 위해 그 대상을 찾느라 바쁘기만 하다. 학교를 비난하고, 텔레비전을 비난하고, 정부를 비난하고, 대중문화를 비난하고, 친구들을 비난하고, 결국 도덕적인 잣대가 무너지고 있는 현대사회를 비난한다. 물론 자녀를 비난하는 것도 빼놓을 수 없다. 부모로서 자신이 아닌, 나머지를 모두 비난한다. 그것은 내 아이의 행복한 삶을 위해 가장 필요한 것을 줄 책임이 있는 사람은 바로 우리 자신, 즉 부모라는 진실을 직면하기를 원하지 않기 때문이다.

다음 이야기를 통해 아이의 행동에 대한 부모의 책임을 살펴보겠다.

로트와일러라는 개가 있다. 어릴 때는 귀여운 모습이지만, 공격력이 매우 강해서 사람을 물어뜯을 수도 있는 맹견이다. 그러나 반려인에게 잘 교육받으면 장난스럽고 사랑스러운 반려견으로 살아갈 수 있다. 그런 강아지를 내가 집으로 데려온 뒤 뒷마당에서 생활하도록 했다. 이후 나는 강아지에게 관심을 주지 않는다. 때때로 먹이를 주지만, 나를 귀찮게 하면 고함을 지르며 발로 차기도 한다. 시간이 흘러 강아지는 성견으로 성장했다. 하지만 나는 직장에 있는 시간이 많아 바쁘다는 이유로, 며칠 동안 먹이를 주지 않는다. 그러자 개는 목줄을 끊은 뒤 담장을 무너뜨리고, 당신이 생활하고 있는 집 안으로 향한다. 그리고 당신이 소중하게 여기는 반려견 코커스패니얼을 먹어 버린다.

이 개에게 어떤 처벌을 내려야 할 것이다. 개를 안락사시킬 수 있고, 반려견을 키우는 사람들에게 강력한 제재를 가하는 법을 제정할 수 있다. 또한 모든 개는 주민센터에 가서 반려견 등록을 하도록 요구하고, 정기적으로 검사를 받도록 할 수 있다. 아니면, 모든 로트와일러 견종을 없애 줄 것을 요구할 수 있다. 이러한 요구는 처참한 상황을 미연에 방지할 수 있다는 장점이 있지만, 문제의 핵심은 보지 못했다. 바로, 반려인인 나에 대한 문제다. 책임감 없는 주인 말이다.

아이를 잘 돌보고, 감정적·정서적으로 영양분을 잘 공급했을 때 아이는 행복하다. 우리가 제대로 돌보지 않으면 아이는 불행하고, 우리가 "나쁘다"라고 말하는 행동을 하게 된다. 그러므로 아이의 상태에 대한 책임이 부모에게 어느 정도 있다는 사실을 인정하기 전까지, 아이의 행동을 바꾸기 위해 우리가 취하는 모든 행동은 아무런 결실이 없을 것이다. 인정하기 싫겠지만, 대부분의 부모는 아이가 진정 필요로 하는 것을 모두 제공하지 않는다. 놀랄 일이 아니다. 부모가 되는 것보다 더 중요한 일은 세상에 존재하지 않지만, 우리는 어디서도 교육을 받지 않는다. 학교에서 수학·역사·문법 등을 배우는데, 지구상에서 가장 중요한 부모라는 역할을 할 수 있는 제대로된 교육은 어디서 받을 수 있단 말인가?

지금까지 아주 나쁜 소식만 전했지만, 좋은 소식도 있다. 우리는 모두 훌륭한 부모가 되는 법을 배울 수 있다. 『리얼러브 부모공부: 행복한 아이를 키우는 9가지 육아 원칙』에서 아이가 행복하고 또 책임감 있도록 가르치는 방법이 무엇인지 이해할 수 있도록 도울 것이다. 수천 명의 부모가 이 원칙을 적용해서 아이들을 키워 왔고, 매우 열광적인 반응을 보내고 있다. 그들이 다음과 같은 편지를 보내고 또 전화를 한다.

"오랜 시간 동안 아이들의 행동을 바꾸려고 애썼어요. 그런데 저에게 남은 건 좌절감뿐이었고, 아이들은 제게 화를 내거나 피했죠. 희망이 없다고 생각하며 많은 나날을 보냈어요. 하지만 『리얼러브 부모공부: 행복한 아이를 키우는 9가지 육아 원칙』에 나오는 원칙을 적용한 이후 모든 것이 변했어요. 아이들은 그 어느 때보다 더 행복해졌고, 사랑을 주며, 책임감 있게 행동해요. 저는 더이상 좌절하거나 화를 내지 않습니다. 이렇게 간단할 거라고는 생각해 본 적도 없어요. 아주 간단한 일이죠."

모든 부모의 질문에 답하기 위해 이 책을 쓴 것은 아니다. 예를 들어, 영양 공급이나 배변 훈련 등 기본적인 원칙을 제공해서 부모가 아이들을 사랑으로 가르칠 수 있게 하며, 아이들 또한 사랑을 주며 책임감 있고 또 행복한 사람이 될 수 있게 하는 데 이 책을 쓴 의도가 있다. 그 원칙들을 설명하기 위해 특정한 부모들의 사례를 많이 사용할 것이다.

나는 일곱 명의 자녀를 키우면서 아주 많은 실수를 했다. 좋은 의도와 멋진 계획들을 가지고 부모의 길을 시작했다. 나는 내 부모가 했던 실수를 반복하지 않을 것이라고 확신했다. 하지만 나는 곧 부모라는 역할에 대한 무지함과 나 자신이 제대로 준비되지 않았다는 진실의 벽에 부딪혔다. 이처럼 대부분의 부모가 비슷한 경험을 한다. 가정을 이룬 초기에는 아이를 훌륭하게 교육해서 얻을 수 있는 최선의 이익을 아이에게 주기를 원한다. 그게 아니라면 이미 불행한 아이들과 비교해서 상대적으로 행복하다고 여기는 아이를 키우고 있을 수도 있지만, 어떻게 하면 더 나은 부모가 될 수 있는지에 관심이 있을 수도 있다. 그러나 당신이 지금 어떤 상황에 처해 있는지는 상관없다. 이 책에 나오는 원칙은 아이가 책임질 줄 알고, 사랑을 주며, 행복하게 살아갈 수 있도록 도울 것이다.

이 책과 더불어 다음에 제시하는 책을 반드시 읽어 보기 바란다.

『리얼러브: 조건 없는 사랑을 찾고, 충만한 관계를 만드는 진실』

이 책에서 자녀의 성별이 불명확할 때는 번거로운 반복을 피하기 위해 성별은 무작위로 호명하겠다.

진정한 사랑이란

상대에게 무엇인가 얻어내겠다는 생각 없이

상대의 행복에 관심을 갖는 것이다.

제1장

첫 번째 육아 원칙
아이들은 그 무엇보다도 사랑이 필요하다
More than anything else,
my child needs to feel loved.

제1장

첫 번째 육아 원칙
아이들은 그 무엇보다도 사랑이 필요하다

아기들은 말을 하지 못하므로 자신이 원하는 것을 요구하는 데 어려움이 따른다. 그러나 손짓, 몸짓, 표정, 울음, 소리 지르기 등 다양한 방식으로 몸을 움직여 자신이 원하는 바를 표현한다. 그렇게 아기들과 익숙해질수록 언제 먹이고, 기저귀를 바꾸고, 안아 줘야 하는지, 놀아 줘야 하는지, 잠을 자고 싶은지를 알 수 있게 된다. 또한 아기가 무엇을 싫어하는지도 알게 된다.

일반적으로 부모들은 아기의 표현법을 이해하지만, 너무 자주 반복하기에 아기와의 소통에 대해 깊이 생각해 보지 않는다. 아이가 부모에게 손을 뻗으면, 그것은 안아 달라는 의미다. 그걸 무시하면 아이는 바닥에 주저앉아 더 격렬하게 소리를 지르며, 안아 달라고 요구를 한다. 원하는 것을 얻지 못해 마음에 들지 않는다는 것을 말로 표현하지는 않았지만, 아이가 원하는 것이 명확하다.

그러나 아이가 나이를 먹으면, 자신이 필요한 것을 더 명확하게 설명할 수 있게 된다. 피곤하거나 배가 고프면, 울면서 발버둥을 치지 않더라도 명확한 문장으로 자신이 원하는 것을 표현할 수 있다. 하지만 말로 표현할 수 있는 나이가 되어도 욕구들을 비언어적으로 계속 표현하기도 한다. 특히 자신이 구체적으로 무엇을 원하는지, 본인조차 이해하지 못할 때 더욱 그러하다. 불편하다고 느낄 때도 비언어적으로 표현한다. 이처럼 예민하고, 까다롭게 행동하는 아이들을 키우는 부모들도 있다. 아이가 소통하려는 불투명한 욕구를 부모가 이해하지 못할 때, 아이는 폭발적으로 짜증을 내며 설명할 수조차 없는 고통을 줄여 주기를 바란다.

아이를 키우는 효과적인 방법은, 아이들의 행동을 보고 해석한 뒤 효율적으로 대처하는 것이다. 아이들을 이해하지 못하면 부적절한 방법으로 대처하게 되는데, 그 결과는 파괴적이다.

나와 당신이 어린나무를 땅에 심었다고 상상해 보자. 그런데 물을 주지 않았다. 며칠 뒤 나무는 당연히 메말라 가기 시작했다. 이제 우린 무엇을 해야 할까? 그 나무가 메말라 가는 모습을 보고, 우리를 모욕하는 것이라고 해석하고 또 불쾌해하며 화를 낼 수도 있다. 또한 어린나무를 비난하며 손가락질할 수도 있고, 잘 자라길 바랐던 기대를 충족시키지 못한 것에 대해 소리를 지를 수도 있다. 심지어 갈색으로 변해 버린 잎을 초록색 물감으로 덮어 버리고, 진짜 색이 어떤지 신경쓰지 않을 수 있다. 하지만 이 모든 선택은 너무나도 어리석다. 단지, 나무에게 물을 주면 될 것인데 말이다.

그 어린나무처럼, 아이들은 뭐가 필요한지 명확하게 말하지 못하는 것뿐이다. 나무가 물이 필요하다고 말하지 못한 것처럼 말이다. 즉, 아이들은 감정적·정서적으로 무엇인가 부족하다는 것을 명확하게 말할 수 없다. 대신 짜증을 내고, 떼를 쓰고, 말을 안 듣고, 무책임한 행동을 한다. 도움을 요청하는 울음소리를 인지하지 못하면, 이런 행동은 계속되거나 더 악화될 수밖에 없다. 한편, 아이들이 성장할수록 다양한 문제 행동이 나타나게 된다. 화를 내고, 반항을 하고, 삐치고, 부모를 피하고, 술을 마시고, 마약을 하고, 섹스를 한다.

아이가 '문제' 행동을 할 때, 삶에서 필수적인 것이 충족되지 않기 때문에 반응하고 있다는 것을 알아차려야 한다. 이를 이해하지 못한다면, 아이들의 '문제' 행동을 불편하게 느낀 부모는 비난을 하거나 잔소리를 퍼붓고, 행동을 통제하고, 짜증내고, 처벌을 하고, 관심 자체를 갖지 않는다. 이렇게 부모가 계속해서 무관심하게 대처하며 아이의 욕구를 채워 주지 않을 때, 그토록 싫어하던 아이들의 '문제' 행동은 지속되거나 더 악화될 수밖에 없다.

증상이 아닌 원인을 밝히기

　나는 20년간 외과 의사로 일하면서 증상을 완화시키는 것보다 질병의 원인을 정확하게 알아내는 것이 얼마나 중요한지 배웠다. 예를 들어, 세균 감염이 있는 경우에는 발열과 통증을 줄이는 것으로는 충분하지 않다. 감염의 원인이 뭔지 밝히고, 항생제를 적절히 처방해야 한다. 이처럼 아이가 행동으로 보여 주는 증상에 대처하기보다 원인이 무엇인지 밝히는 것은 아주 중요하다.

　의학사를 살펴보며 더 자세히 알아보자. 수세기 동안, 뱃일을 하는 선원들이 괴혈병으로 인해 고통을 겪었다. 괴혈병은 항해를 할 때 많은 선원을 끔찍한 고통에 시달리게 한 뒤 사망에 이르게 하는 매우 골치 아픈 질환이었다. 특히 항해를 오래 하게 되면 괴혈병으로 인해 절반에 가까운 선원들이 사망하는 것이 일반적이었다. 괴혈병에 걸린 사람들은 잇몸에 출혈이 발생하고, 치아가 빠진다. 심지어 한번 상처가 나면 치유가 되지 않는다. 또한 관절염으로 고생하고, 힘이 점점 없어지다가 결국 사망하고 만다. 그 당시 의사들이 모든 기술을 동원해 괴혈병을 치료해 보려고 노력했다. 청결을 유지하고, 상처에 붕대를 감고, 양치질을 하도록 권유하고, 휴식을 충분히 취하게 하며, 식량 배급을 늘렸다. 하지만 모든 노력은 아무런 효과가 없었다.

　1601년, 영국군의 한 대령은 감귤류 과일을 먹는 것이 괴혈병을 치유할 수 있다는 사실을 발견했다. 그러나 영국 해군은 1795년이 되어서야 선원들에게 레몬주스를 공급하기 시작했다. 그 오랜 시간 동안, 괴혈병을 아주 쉽게 막을 수 있는 방법을 찾았지만, 백만 명에 이르는 사람들이 계속해서 죽어 나갔다. 당시 의사들이 증상을 줄이는 데만 급급한 채 질병의 원인에 대처하지 않았기 때문이다. 그 당시 선원들이 죽은 원인이 비타민C라는 단 하나의 영양소 부족이었다는 것을 이제 우리는 알고 있다. 단 하나의 영양소가 없으면 빵과 고기로 배를

첫 번째 육아 원칙 | 17

가득 채워도 굶어 죽을 수밖에 없다.

이처럼 우리는 아이들을 고통스럽게 하고, 심지어 죽어 가는 상황을 보며 혼란 속에 서 있다. 감정적·정서적으로 고통받고, 때로는 육체적으로도 고통받는다. 바로 단 하나의 '요소'가 아이들에게 감정적·정서적으로 부족하기 때문이다. 아이들이 화를 내거나, 말을 듣지 않거나, 그 외의 다양한 행동으로 고통을 전달할 때, 부모는 아이들이 진정 필요로 하는 것을 제공하지 않는다. 증상을 완화시키려고 순간순간 반응하느라 바쁘기만 하다. 아이들이 필요로 하는 것을 주어서 그 원인을 없애는 것 대신, 행동을 통제하기 위해 애쓴다. 아이들의 '영혼을 위한 비타민C'를 주는 것에 실패하면, 아이들뿐만 아니라 부모에게도 끔찍한 결과가 나타난다.

다행히, 아이들이 필요로 하는 것을 주는 법을 우리가 배울 수 있다. 그 과정에서 아이들의 증상은 점진적으로 사라지거나 사전에 예방할 수 있다. 괴혈병 환자가 비타민C를 포함한 감귤류 과일을 섭취하는 것으로 질병의 뿌리를 뽑을 수 있는 것과 마찬가지다. 진실한 행복을 위해, 아이들이 무엇보다 필요로 하는 것은 조건 없이 사랑받는 것이다. 조건 없이 사랑받지 못하는 것은 몸에 비타민C가 부족해 건강을 잃게 되는 것과 같은 결과를 가져온다. 아이들이 좋지 않은 행동을 하거나, 불행해 보인다는 것은 아이들의 삶에 진정한 사랑이 충분하게 공급되고 있지 않다는 것을 의미하는 것이다.

영혼의 비타민C '진정한 사랑'

진정한 사랑이란 상대에게 무엇인가 얻어내겠다는 생각 없이 상대의 행복에 관심을 갖는 것이다. 부모가 무엇인가 얻어내겠다는 생각 없이 아이들의 행복에 관심을 기울일 때, 진정한 사랑을 줄 수 있다. 진정한 사랑을 주는 부모는 아이가 감사히 여기지 않거나, 말을 듣지 않거나, 불편하게 하거나, 우리를 부족한 부모로 보이게 하는 행동을 해도 실망하거나, 상처를 받거나, 화를 내지 않는다.

우리의 관심은 오직 아이들에게 있기 때문이다. 진정한 사랑은 조건이 없다. 진정한 사랑이란 "네가 어떻게 느끼는지 관심을 갖고 있다"라는 것이다. 반면, 조건적인 사랑이란 "내 기분을 좋게 해줄 때 너를 좋아한다"라는 것이다.

부모가 아이들의 행복에 조건 없이 관심을 기울일 때, 아이는 부모와 끈끈하게 연결된다. 아이는 완전한 존재로서 안전한 공간에서 혼자가 아니라고 스스로 느끼며 살아간다. 더욱이 조건 없이 있는 그대로 받아들여지는 순간마다 부모와 아이 사이에 생동감 넘치는 실타래가 연결되고, 이 실타래는 부모와 자녀 사이에 강력한 유대감을 형성한다. 그리고 진실되고 영원한 행복이 우리를 감싸 안는다. 오직 조건 없는 사랑만이 아이들에게 이러한 느낌을 줄 수 있다. 즉, 진정한 사랑이 있다면 어느 것도 문제가 되지 않지만, 진정한 사랑이 없다면 모든 것을 다 소유하더라도 삶은 풍요롭지 못하다. 이것은 아주 단순한 문제다.

세상의 모든 부모 중에서 아이를 조건 없이 사랑한다고 말할 수 있는 사람은 과연 몇 명이나 될까? 우리는 자신의 모든 용기를 끌어내어 이 중대한 질문에 대해 솔직하게 고민해 볼 필요가 있다. 일반적으로, 우리는 아이들이 단정한 모습을 유지하고, 조용히 지내며, 좋은 성적을 받아 오고, 감사함을 표현하고, 우리의 볼에 뽀뽀를 해주며 사랑한다고 말하고, 방 청소도 깔끔하게 잘하고, 형제자매들과 사이 좋게 지내며, 다른 사람들 보기에 우리를 좋은 부모로 만들어 주는 등 우리가 원하는 행동을 할 때 아이들에게 미소를 지으며, 머리를 쓰다듬고, 안아 주고, 부드럽고 친절한 목소리로 대화를 하며, "네가 정말 자랑스럽구나"라고 말해 준다. 이때 아이는 이러한 부모의 행동들이 자신을 사랑한다는 증거로 받아들인다.

반면, 아이들이 좋지 않은 성적을 받아 집에 오거나, 다른 친구와 싸우거나, 물건을 부수거나, 시끄럽거나, 집 안을 엉망으로 만들거나, 감사함을 표현하지 않거나, 무책임하거나, 말을 듣지 않을 때도 아이들을 위와 같이 친절하게 대하는가? 절대 그렇지 않다. 얼굴을 찡그리거나, 눈을 치켜뜨거나, 실망하며 한숨을 쉬기도 하고, 인내심이 한계에 도달한 듯한 목소리로 아이들을 몰아붙인다.

우리가 원하는 행동을 하지 않으면, 이처럼 우리는 짜증을 낸다. 이는 상황이 내가 원하는 대로 돌아가지 않을 때 튀어나오는 감정이다. 즉, 우리의 최대 관심사는 상황이 내가 원하는 대로 돌아가는 데 있다는 것을 의미한다. 아이들의 행복을 가장 중요하게 생각한다면, 실망과 화의 감정은 느끼지 않는다. 실망과 화가 관계에 있어 어떤 영향을 가져오는지에 대해 곧 다루도록 할 것이다.

 실망하고 화를 내는 순간, 우리가 아이를 조건적으로 사랑한다는 것을 증명하는 것임을 의심할 필요도 없다. 절대 그럴 의도가 없었다고 하더라도 말이다. 그럴 리가 없다고, 그것이 사실이 아니기를 바란다고 말하더라도 소용이 없다. 우리는 자녀를 조건적으로 사랑해서는 안 된다는 것을 잘 알고 있다. 하지만 그런 사랑을 주고 있는 것이다. 실망과 화를 아무리 정당화하려고 애쓰더라도, 그 감정들이 아이에게 미치는 영향은 부정할 수 없다. 아이에게 많은 시간과 노력 그리고 재정적인 투입을 하더라도, 실망하고 화를 낼 때마다 아이는 부모와 분리되며 혼자 남겨지는 경험을 한다. 만약, 부모가 긍정적으로 반응할 때 아이가 사랑한다는 의미로 받아들인다면, 부정적인 반응은 사랑하지 않는다는 의미로 받아들인다는 것이다. 이는 곧 부정적인 반응을 멈춰야 한다는 것을 의미한다. 부모가 실망하고 또 화를 내면, 아이는 다음과 같이 해석할 뿐이다.

 "네가 '좋은' 아이일 때는 너를 사랑하지만, 네가 '나쁜' 아이거나 나를 불편하게 하는 행동을 한다면 너를 사랑하지 않는다. 좋은 아이일 때보다 너를 훨씬 조금 사랑한다."

 아이가 이와 같은 메시지를 받을 때마다 받게 되는 상처는 말로 표현할 수 없다. 자기 스스로 사랑을 얻어내야 한다는 것을 직감하게 된다. 삶에 가장 위대한 보물인 진정한 사랑이 없이, 아이는 오직 공허함과 두려움 그리고 혼자라는 외로움만을 경험할 뿐이다. 이것은 삶에서 가장 고통스러운 상태다. 아이들이 하는 모든 '나쁜' 행동은 삶의 고통에 대한 단순한 반응이다. 부모는 아이가 왜, 화를 내고 반항을 하며 서로 싸우는지 궁금해한다. 부모는 자식의 잘못된 선택에 대해 많은 경고와 함께 위험한 결과들에 대해 교육을 했지만, 여전히 마약을 하고 또 책임질 수 없는 섹스를 하는 것을 이해하지 못한다. 이 모든 행동을 하는 이유는 바로, 부모로부터 사랑을 느끼지 못하기 때문이다. 이러한 문제 행동을 일삼으며 사랑을 받지 못한다는 느낌과 혼자 남겨졌다는 견딜 수 없는 고통을 잠시나마 잊고, 자신을 보호한다. (이 주제로 제2장에서 더 많은 대화를 나눌 것이다.)

> 부모의 의도적인 행동은 아니었지만, 실망과 짜증은 아이에게 다음과 같은 메시지를 분명하고 강력하게 전달한다. "네가 '좋은' 아이일 때 너를 사랑하지만, 네가 '나쁜' 아이일 때 나는 너를 사랑하지 않는다."

여기서 나는 모든 것을 방관하는 태도로 아이를 키우자고 주장을 하는 것이 아니다. 그런 태도는 끔찍한 결과를 불러올 수 있다. 내가 하고자 하는 말은, 부모는 아이에게 올바른 길을 가르쳐 주어야 하고 또 실수를 바로잡아 주어야 한다는 것이다. 하지만 사랑을 주며 긍정적인 방향으로 실수를 바로잡아야지, 실망하고 화를 내서는 안 된다. 실망하는 듯한 한숨과 짜증나는 표정으로 실수를 바로잡는다는 것은 부모의 관심이 오직 자신뿐이며, 아이들에게는 관심이 없다는 것을 전달하는 것이다. 아이들은 그 의미를 직감한다. 이런 태도가 아이에게 상처를 주게 된다. 부모의 진실된 관심이 온전히 아이에게 있다면(부모가 아이들을 조건 없이 사랑한다면), 아이에게 실망하거나 화를 내지 않을 것이다. 자기 자신을 내려놓은 채 아이를 진실하게 가르칠 때 실망과 화가 결코 동반되지 않는다.

다음 장에서 아이의 실수를 바로잡고, 진실·사랑·감사·책임이라는 네 가지 가치를 가르치는 방법을 자세히 다루겠다. 행복해지기 위해서는 이 네 가지 요소를 반드시 배워야 한다. 하지만 아이를 가르치기 앞서 아이의 마음에 사랑을 가득 채워 주어야 한다. 충분한 사랑을 받은 경험이 없다면 공허하고 또 두려움에 떨면서 자신을 보호하기 위해 할 수 있는 일은 뭐든 할 것이다. 그런 상황에서는 효과적인 방법으로 실수를 바로잡고 또 올바른 길을 가르쳐 줄 수 없다. 그렇기 때문에 부모가 먼저 진정한 사랑을 주는 것을 반드시 배워야만 한다. 그렇다면 이 말은 아이들을 올바르게 인도하고 가르치기 이전에 진정한 사랑을 완벽하게 주는 사람이 되어야 한다는 의미일까? 아니다. 하지만 사랑을 주는 것부터 먼저 시작해야 한다. 그 방법을 이 책에서 알려 줄 것이다. 그 첫 번째 단계가 바로, 부모의 행동이 아이에게 어떤 영향을 미치는지를 이해하는 것이다.

실망과 화의 영향

육아 서적들을 보면, 아이에게 실망을 표현하며 화를 낼 수 있는 효과적인 방법을 설명하며 부모들을 현혹하고 있다. 아이러니하게도, 부모들은 그 말을 믿고자 한다. 우리는 아이가 자신에게 화를 내는 것과 자신의 행동에 대해 화를 내는 것을 구분할 수 있다고 믿고자 한다. 다시 한번 명확히 말하겠다. 아이들은 이 애매모호한 차이를 구분할 정도로 감정적인 능력이 없다. 물론 아이뿐만 아니라 어른들도 그것을 구분할 수 없다. 만약, 내 말을 믿을 수 없다면, 당신이 아이에게 실망하고 화를 내는 순간 아이의 표정을 깊이 살펴보라.

실망과 화가 아이에게 어떤 영향을 미치는지를 자세히 이해하기 위해, 다음 이야기를 상상해 보자.

당신이 나의 집에 방문한다. 나는 정원에서 일을 하고 있었는데, 당신이 함께 도와주고 싶다고 해서 함께 일을 하기 시작한다. 당신에게 작은 나무 몇 그루를 주면서 정원 한쪽에 심으라고 요청한다. 한 시간 뒤, 나는 당신이 일하는 곳에 가 본다. 순간 모든 일이 완전히 엉망이라는 것을 발견한다. 엉뚱한 곳에 깊이가 맞지 않게 심어 놓은 것도 모자라서, 묘목 간 거리도 맞지 않았다. 게다가 묘목에는 맞지 않는 흙을 썼으며, 나무를 잘못 다룬 탓에 가지가 많이 부러지기도 했다.

그러나 나는 당신에게 미소를 크게 지으며, 나를 도와주려는 당신의 모든 행동에 감사하다고 말한다. 그리고 무슨 일을 어떻게 했어야 하는지, 명확하게 설명하지 않아서 미안하다고 사과한다. 그런 후 모든 일이 마무리될 때까지 함께 일을 하고, 웃으면서 좋은 시간을 보낸다.

당신의 기분이 어떨까? 안심이 될 것이다. 심지어 즐거울 것이다. 당신이 저지른 실수에도 불구하고, 내가 당신의 행복에 관심이 있다는 것을 느낄 수 있을 것이다. 이 세상에서 그것보다 상대의 기분을 더 좋게 하는 것은 없다. 이는 있는 그대로 받아들여질 때의 느낌으로 진정한 사랑을 받는 경험을 약간 맛본 것이다.

다음 날, 당신은 우리집에 다시 방문한다. 그리고 나는 당신과 함께 정원으로 가서 당신에게 다른 일을 맡긴다. 그러나 이번에도 당신은 모든 일을 엉망으로 한다. 나는 그런 당신을 보자, 얼굴에 먹구름이 낀듯 무섭게 변한다. 하지만 아무런 말도 내뱉지 않는다. 다만, 이마를 짚은 채 어깨를 털썩 떨구며 깊은 한숨을 내쉰다. 내 얼굴에 비친 깊은 실망의 표정은 눈치챌 수밖에 없을 만큼 분명하다. 등을 지고서 당신이 망쳐 놓은 정원을 조용히 고치기 시작한다.

이번에는 기분이 어떤가? 아주 다른 느낌일 것이다. 내가 실망하는 순간, 당신의 행복은 안중에도 없으며, 오직 내가 원하는 것을 얻지 못했다는 것에만 관심이 있다는 걸 알았을 것이다. 실망의 영향은 파괴적이다. 한마디 말도 밖으로 내뱉지 않더라도 마찬가지다. 당신에게 소리를 지르거나, 멍청하다고 욕을 했을지도 모른다. 어쨌거나 내가 말을 내뱉든 말든, 내 행동으로 인해 이미 당신은 그런 메시지를 받았으니 말이다.

이것이 바로 부모가 실망하고 짜증을 낼 때마다 아이가 느끼는 감정이다. 우리의 감정을 아이들로부터 숨긴다고 믿고 싶겠지만, 그것은 자신을 기만하는 것일 뿐이다. 있는 그대로 받아들이는 것과 실망하는 것의 차이는 무척이나 명백하기에 실수라고 치부할 수 없다. 모든 아이는 그 차이를 느낄 수 있다. 의도적인 행동은 아니더라도, 우리가 아주 조금만 실망하더라도 그 영향은 지독하다. 그러니 걷잡을 수 없이 화를 내는 데 따른 영향은 얼마나 막대할지, 상상해 보는 것은 어렵지 않을 것이다.

여기 잠깐 멈춰 생각해 보자

여기까지 읽고, 어떤 부모들은 다음과 같이 말하며 저항할 것이다.

"나는 아이들을 사랑하고 있어. 화를 내긴 하지만, 항상 화를 내는 건 아니잖아. 화 몇 번 냈다고, 내가 사랑을 주는 모든 순간이 사라진다는 말이야?"

먼저, 우리는 부모가 아이에게 '사랑'으로 대하는 순간은 대부분 우리가 좋아하는 방식으로 아이가 행동할 때라는 것을 고려해야 한다. 그것은 진정한 사랑이 아니다. 아이들은 그것이 진정한 사랑이 아니라는 것을 느낄 수 있다. 아이들은 부모가 주는 '사랑'에 대해 자신의 노력으로 대가를 지불해야 한다는 사실을 직감한다. 따라서 이러한 방식으로는 아이가 가장 필요로 하는 조건 없는 사랑을 충분히 줄 수 없다. 아이가 '문제가 되는' 행동을 했을 때, 부모가 어떻게 반응하냐는 곧 아이를 얼마나 진정으로 사랑하는지를 측정할 수 있는 기준이 된다. 우리는 모두 부모와 함께 시간을 보내며 칭찬과 관심을 받았다. 하지만 그것은 조건적이었다. 그래서 우리의 마음은 항상 공허했다. 어린 시절에 그것을 인지했는지 못했는지는 관계가 없다.

자, 그러면 당신이 아이들에게 조건 없는 사랑을 정말로 주었던 순간이 있다고 가정해 보자. 그리고 몇몇 순간에는 참을성을 잃고 짜증을 내기도 했다고 상상해 보자. 그랬다면 뭔가 달라질까?

다음 상황을 살펴보자.

당신과 내가 오늘 처음 만났다. 그리고 10분 정도의 시간을 함께 보낸다. 만난 후 9분은 따스하고 친절하게 대화를 나누며, 내가 당신을 있는 그대로 받아들인다는 경험을 한다. 그러나 마지막 1분 동안 나는 분노가 끓어올라, 도끼를 들고 당신에게 고함을 지르며 겁을 주고는 도망가는 당신을 뒤쫓는다.

어떤 기분이 드는가? 10분 동안 나와 함께했던 시간이 사랑스럽고 안전하다고 느꼈는가? 물론 아닐 것이다. 두려움과 고통의 경험은 우리를 압도한다. 우리가 아이들에게 화를 내고 또 조건적으로 사랑을 주었던 순간들은 아주 깊이 그리고 오랫동안 기억될 수밖에 없다. 어른도 마찬가지지만, 아이가 진정한 사랑을 충분히 받고 있다는 것을 확신하기 전까지, 조그만 의심이 들거나 안 좋은 경험을 한다면 지금까지 받은 긍정적인 경험들을 완전히 파괴할 수 있다.

앞서 제시한 사례 속에서 사랑을 받은 시간과 받지 못한 시간을 9:1 비율로 설정했다. 현실적으로는 아주 극소수의 사람들만이 열에 아홉의 순간, 아이들에게 사랑해 주었다고 말할 수 있을 것이다.

더 나아가 부모가 진정으로 사랑해 주었을 때와 조건적으로 사랑해 주었을 때의 양을 살펴봐야 한다. 아이가 '문제' 행동을 일으키는 순간, 어떻게 대처했는지를 살펴봐야 할 것이다. 그때 사랑을 주었는지, 아니었는지에 따라 아이에 대한 우리의 사랑이 어떠했는지를 명확히 살펴볼 수 있을 것이다.

> 아이들이 무엇인가 필요하다는 것을 지속적인 행동으로 요청하지만, 부모는 그 요청을 제대로 알아차리지 못한다. 아이들의 비언어적인 표현을 이해하지 못하면, 사실 부모가 그 '문제' 행동을 키우는 것이나 다름없다.

아이의 삶에 진정한 사랑이 부족하다

우리가 실망하고 화를 낼 때마다, 아이에게 가장 필요한 단 하나를 주지 못하는 것이다. 아이에게 가장 필요한 단 하나는 바로 진정한 사랑이다. 이것은 행복한 삶을 위해 필수적이다. 그러나 우리는 매일같이 실망하고 화를 낸다. 그 영향은 우리가 상상하는 것보다 삶에 더 치명적이다.

다음 사례를 통해 더 자세히 알아보자.

필과 비키 부부는 아들 브레드 때문에 나를 찾아왔다.

브래드는 매 순간 화를 냈다. 형제자매들과 싸우거나, 부모의 질문이나 지시에는 하염없이 반항하거나 예의 없는 대답을 했다. 학교 규범을 어기는 문제들도 생겨났다. 필과 비키 부부는 아들을 돕기 위해 많은 시도를 했지만, 어느 것도 도움이 되지 않는 것 같았다.

나는 이들 부부와 함께 대화를 하면서, 브래드가 보여 주는 문제 행동에 대해 비효율적으로 대처하고 있다는 것을 명확히 알 수 있었다. 필은 보통 화를 내면서 브래드를 통제했고, 비키는 아들과의 모든 갈등을 회피했다. 즉, 비키는 아들과 시간을 거의 보내지 않았다는 것이다. 브레드의 행동은 전문 상담을 받아도 계속해서 악화되었고, 부모는 이 상황이 너무 혼란스러웠다.

나는 필과 비키가 아들의 행동이 무엇을 의미하는지를 이해하지 못하고 있다는 것을 설명했다. 아들이 그런 행동을 하는 이유는 바로, 고통 속에 있으므로 도움이 필요하다는 것을 말하고 있는 것이다. 비록 말로 직접 표현하지 않더라도, 할 수 있는 표현 방법이 그것뿐이었던 것이다. 아들의 발버둥에 적절하게 대응하지 못한 채 부모는 스스로 느끼는 불편함과 아들이 자신에게 야기한 고통에만 반응하며, 아들이 저지르는 불편함을 없애려고만 했던 것이다.

나는 필과 비키에게 이 책에서 언급하고 있는 육아 원칙들을 설명하고, 그 육아 원칙들을 브레드에게 적용하기 시작했다. 그러자 아들의 행동은 부모가 상상하지도 못한 만큼 급변하기 시작했다. 시간이 걸렸지만, 가장 가치 있고 또 영원한 변화를 가져올 수 있는 일이었다. 그 결과는 모든 노력을 쏟아부을 만한 가치가 있었다.

아이를 돕기 전에 우선, 아이의 삶에서 진정한 사랑이 얼마나 중요한지를 살펴봐야 한다. 그리고 지금까지 진정한 사랑을 어떻게 주고 있는지, 스스로 점검해 볼 필요가 있다. 불행히도, 많은 부모가 자신이 아이에게 미친 영향을 과소평가하는 경향이 있다. 그것은 모든 비판을 어깨에 짊어지고 싶지 않으며, 아이에게 있어 부모가 사랑의 원천이라는 책임을 견디기 어렵기 때문이다.

아이의 행복과 불행은 부모에게 달려 있다. 어떤 부모는 우리가 아이에게 준 사랑이 충분하지 않다는 가능성조차 인정하지 못한다. 그러나 아이가 문제 행동을 일으킨다는 사실은 우리가 사랑을 충분히 주지 못했다는 명확한 증거다.

> 아이들의 문제 행동은 삶에서 가장 필요한 한 가지가 빠져 있기 때문에 발생하는 반응이다. 그것은 바로, 행복하기 위해서 아이가 필요로 하는 진정한 사랑이다. 대부분의 아이가 충분한 사랑을 경험하지 못하는 데는 부모에게 근본적인 책임이 있다.

왜, 우리는 아이들을 사랑해 주는 데 실패하는가?

왜, 우리는 아이들이 그토록 필요로 하는 진정한 사랑을 주지 못했을까? 그것은 우리가 받아 본 적 없는 것을 줄 수가 없기 때문이다. 진정한 사랑을 충분히 경험해 본 적이 없다면, 공허하고 또 두려움에 떠는 삶을 살게 된다. 마치 지금 우리의 아이처럼 말이다. 이 상태에서는 공허함을 채우고, 스스로 보호하느라 바쁘기에 다른 이의 행복에 관심을 갖는 것이 불가능해진다. 그 상대가 자신의 아이라도 마찬가지다.

조건적인 사랑을 줄 때, 우리는 상대가 어떻게 행동하느냐에 따라 사랑을 주거나 주지 않겠다고 판단한다. 어린 시절, 거의 모든 사람이 이러한 방식의 사랑을 받았다. 우리가 학급에서 반장을 맡거나, 시험 성적이 좋거나, 시키지도 않은 설거지를 했을 때, 부모님은 더 행복해 보였다. 그리고 이런 말을 해주었다. "그렇지!", "네가 자랑스럽다." 그러나 낮은 성적을 받거나, 방을 더럽히거나, 형제자매와 싸우거나, 사고를 냈을 때 부모님이 미소를 지어 주었던가? 머리를 쓰다듬으며 부드러운 목소리로 우리의 잘못을 바로잡아 주었는가? 아주 예외적인 순간들을 제외하고는 그러지 않았다. 부모들은 습관적으로 인상을 찌푸리고, 눈을 치켜뜨고, 흥분해서 화를 내거나 한숨을 내쉬고, 날카로운 목소리로 말했을 것이다. 부모가 원하는 행동을 했을 때 또는 다른 사람들 앞에 좋은 부모로 보이도록 했을 때 들었던 부드러운 목소리는 결코 아니었다. 우리가 '나쁜 아이'일 때 어떤 부모는 고함을 지르고, 어떤 부모는 체벌을 하기도 했다.

어린 시절을 돌아보면 부모뿐만 아니라 다른 사람들도 우리를 조건적으로 인정해 주었다. 선생님들은 밝고 협조적인 아이들에게는 미소와 격려를 보내고, 학습 능력이 조금 떨어지거나 학교생활에 어려움을 주는 아이들에게는 다르게 대했다. 친구들도 그들이 좋아하는 행동을 했을 때 우리를 더 좋아했다. 사실, 그들이 좋아하는 행동을 했기 때문에 친구가 된 것이나 다름없다. 이런 식으로 조건적인 허용과 인정을 주고받는 방식은 삶 전반에서 지속적으로 나타난다. 즉, 사람들이 원하는 방식으로 행동했을 때 더 인정받는다. 그러므로 인정받기 위해, 허용받기 위해 우리는 그에 상응하는 행동으로 대가를 지불한다.

조건적으로 받아들여지는 경험은 사람들이 의도하는 행동은 아니다. 그러나 많은 사람에게 참담한 상처의 흔적을 남긴다. 인간관계에서 유대감을 형성하기 위해서는 그 중심에 진정한 사랑이 있어야 했지만, 조건적인 인정과 허용은 그 연결 고리를 파괴한다. 결국 조건적인 사랑을 아무리 얻어내더라도 우리는 여전히 공허하고, 외롭고, 비참함을 느끼며 살아간다. 믿고 싶지 않겠지만, 우리는 평생 조건적인 사랑을 받았기 때문에 상대에게 줄 수 있는 것도 조건적인 사랑밖에 없다. 받은 것을 자연스럽게 돌려주는 것이다.

아이와 상호작용할 때, 참을성을 잃거나 화가 난다고 해서 아이의 탓을 하지 말자. 당신이 현재 불행하고 또 사랑을 표현할 줄 모르는 것은, 당신이 조건 없는 사랑을 충분히 받아 보지 못했기 때문이다. 그리고 이미 아주 오랜 기간 동안 참을성이 없고, 화를 내는 사람이었다. 보통 어린 시절에 시작된다. 어린 시절, 당신의 부모가 당신을 사랑해 주어야 할 기본적인 책임이 있었다. 따라서 어른이 된 당신이 어떻게 느끼고, 당신이 부모라면 아이에게 제대로 된 대처를 하지 못하는 것에 대해서도 당신의 부모에게 책임이 있다는 것이다.

직설적으로 말해서, 당신이 사랑 없는 부모고 또 불행한 사람이라면, 그 책임은 당신의 부모에게 있다. 비판적으로 들리겠지만, 이것이 '나는 왜 이런 사람인가'에 대한 설명인 것이다. 더욱이 당신의 부모에게 모든 문제의 잘못을 손가락질하기 위한 것이 아니다. 어떤 아이라도 진정한 사랑을 충분히 받지 못하면, 공허함과 두려움에 사로잡힌다. 그러므로 아주 예외적인 상황을 제외하고, 삶에서 공허하고 또 두려움을 자주 느낀다면 어린 시절에 충분한 사랑을 경험하지 못했기 때문이다. 이제 당신은 공허함과 두려움, 분노와 남 탓을 하는 습관 그리고 바람직하지 못한 감정과 행동의 근원을 이해할 수 있다. 마침내 당신의 행동과 감정을 바꾸기 위한 준비를 하게 될 것이다.

> 우리가 아이들에게 진정한 사랑을 주지 못하는 이유는, 진정한 사랑을 충분히 경험해 본 적이 없기 때문이다. 이는 보통 어린 시절에 시작된다. 갖고 있지 않은 것을 누군가에게 준다는 것은 불가능하다.

지금 당신이 어떤 사람인지는 당신의 부모에게 막대한 책임이 있다. 그러나 자신의 결점과 불행에 대해 부모를 비난하는 것은 최소한 다음 두 가지 이유에서 어리석다. 첫째, 당신의 인생에 도움이 안 된다. 비난을 한다고 해서 당신이 사랑을 더 받는다거나 행복해지지 않는다. 만약, 현재 삶을 어떻게 느끼는지에 대해 부모를 비난한다면, 부모가 바뀌지 않는 이상 당신이 행복해지는 것은 불가능하다. 결국 부모의 행동에 끌려다니는 신세가 된다. 어른이 되면 자신의 행복과 행동에 대해 막대한 책임을 지는 것이다. 과거와 현재에 있어 부모의 책임이 얼마나 큰지는 상관이 없다. 지금부터 당신의 모든 걸음은 당신에게 달려 있다. 과거에 얽매인 채 부모를 계속 원망하며 화를 내느라 시간을 낭비하면, 지금 함께 살아가고 있는 당신의 아이들을 사랑하고 행복하게 만드는 데 있어 심각한 장애가 될 것이다. 부모를 비난한다고 해서 당신이 진정으로 필요한 것을 얻을 수도 없는데, 그 행동을 왜 할 것인가? 둘째, 당신의 부모는 자신들이 할 수 있는 만큼 최선을 다해 당신을 사랑했기 때문에 이들을 비난하는 것은 어리석다. 그들은 당신을 고통스럽게 만들기 위해 의도적으로 상처를 주지 않았다. 부모 스스로도 진정한 사랑을 경험해 본 적이 없기에, 당신에게 필요한 진정한 사랑을 주는 것 자체가 불가능했던 것이다. 아침에 일어나자마자 "오늘 내 아이들을 행복으로 가득 채우고, 조건 없는 사랑으로 가르쳐야겠다"라고 생각했다가, "아니야, 이기적이고 또 비판적으로 잔소리하는 부모가 돼야지"라고 생각을 바꾸는 부모를 본 적이 없다.

우리는 대부분 조건적인 사랑을 받았고, 우리가 받은 것을 아이에게 대물림하고 있는 것이다. 따라서 사람들이 우리를 기분 좋게 할 때 **'사랑'**을 표현하고, 그렇지 않을 때는 **'사랑'**을 덜 표현하는 것은 자연스러운 일이다. 그러나 조건 없는 사랑은 진정한 사랑이 아니다.

아이를 조건 없이 사랑하지 못하는 이유를 더 깊이 이해할 수 있도록 도와줄 마리의 사례를 살펴보자.

마리는 아들 조나의 문제로 나를 찾아왔다. 아들은 반항적이고, 무책임한 행동을 했다. 엄마는 다양한 방법으로 대처하려고 했지만 아무런 효과가 없었다. 마리는 아들의 말을 잘 들어주기도 하고, 원하는 것을 다 해주기도 하고, 아들을 협박하기도 했으며, 통제하며 조종하기도 했다.

나는 몇 분간 그녀의 말을 듣다가 이렇게 물었다.

나	강아지를 키워 본 적 있나요?
마리	네. 그런데요?
나	뒷마당에 개를 묶어 둔 채 이틀 정도 먹이를 안 준다면 어떻게 될까요?
마리	개가 울부짖겠죠. 저희 개도 가끔 그래요.
나	계속 울부짖게 내버려 두실 건가요? 아님, 멈추길 바라실 것

	같나요?
마리	멈추길 원하겠죠.
나	어떻게 멈추게 할 수 있지요?
마리	당연히 먹이를 주겠죠.
나	먹이를 안 주고 짖는 걸 멈추는 방법은 없나요?
마리	(혼란스러운 표정으로) 어이없는 질문이네요. 먹이를 주는 게 최선이고, 친절한 행동인데…. 다른 걸 찾을 필요가 있을까요?
나	전적으로 동의해요. 문제를 근본적으로 해결하지 않고 개가 짖는 걸 멈추게 할 수는 없죠. 그 문제는 바로, 배가 고프다는 거죠. 조나의 상황은 이와 비슷합니다. 조나는 배가 고프다는 것을 온몸으로 표현하고 있는데, 당신은 아들의 배고픔은 해결하지 못한 채 아들의 행동만 바꾸려고 애쓰고 있어요. 그 결과 당신도, 아들도 지쳤죠. 아들이 필요한 것을 갖게 되면 문제 행동을 멈출 겁니다.
마리	(깜짝 놀라며) 이해가 안 돼요. 당신 말은, 이게 다 제 잘못이라는 건가요?
나	그렇죠. 자녀들이 뭔가 부족하다면, 부모가 아니라면 그 책임이 누구에게 있겠습니까? 아이의 출생부터 지금까지의 삶을 부모가 함께했으니, 가장 막대한 영향을 미치고 있지요.
마리	그래서 아들이 필요한 게 뭔가요?
나	행복하기 위해, 모든 사람이 가장 필요로 하는 것은 조건 없이 사랑을 받는 것입니다. 그걸 진정한 사랑이라고 하죠. 당신의 아들은 사랑이 필요해요. 그러나 지금은 그것이 충분하지 않다는 것을 확실하게 표현하고 있죠.
마리	하지만 전 아들을 사랑하는 걸요.
나	당신이 최선을 다해 아들을 사랑하고 있다는 것을 전적으로

	믿어요. 그렇지만 아들의 행동은, 진정한 사랑을 충분히 받고 있지 못하다는 증거예요. 조건 없는 사랑이 부족할 때, 공허함을 느끼며 겁에 질리게 되죠. 아들의 행동이 바로 그거예요. 하지만 죄책감을 느끼거나 너무 자책하지 마세요. 강아지가 배고파서 울부짖고 있다면 먹이를 주겠다고 하셨지요?
마리	물론이죠.
나	개가 울부짖어도 먹이를 주지 않는 상황이 있을까요?
마리	줄 수 있는 먹이가 아무것도 없다면 주지 못하겠죠.
나	그게 바로 당신이 조나에게 진정한 사랑을 충분히 주지 못했던 이유예요. 당신도 진정한 사랑을 충분히 경험해 본 적이 없는 겁니다. 아마도 어린 시절부터겠죠.
마리	하지만 저는 사랑을 많이 받고 컸는 걸요.

많은 사람이 마리처럼 말하는 것을 나는 종종 들었다. 그리고 이 말이 진심이라는 것도 안다. 부모가 자신을 사랑하지 않았다는 것을 어느 누가 믿고 싶겠는가? 나는 마리에게 물었다.

나	아버지께서 당신에게 사랑한다고 몇 번이나 말씀하셨나요? 방에 들어갈 때 당신을 봐서 정말 기쁘다는 듯 바라보신 적이 있나요? 어머니께서 당신과 마주 앉아 삶에 어떤 일이 일어나고 있는지 물어보시면서 아무런 잔소리 없이 들어주신 적이 있나요?

그러자 마리는 입을 꾹 다물었다. 자신이 생각하기에 좋은 부모라고 생각했지만, 내가 말한 세 가지 상황을 한순간도 떠올릴 수 없었다. 나는 계속 말을 이었다.

> 부모님을 실망시키거나 실수를 저질렀을 때, 그분들은 당신을 어떻게 대하셨나요? '좋은 아이'일 때만큼 사랑해 주셨나요?

마리가 어린 시절을 회상할수록, 그녀가 '좋은 아이'일 때 부모는 칭찬을 해주었던 반면, '문제'를 일으켰을 때는 아무런 말도 하지 않거나, 실망한 나머지 화를 냈다는 것이 더욱 분명해지는 것을 느꼈다. 마리는 조건 없는 사랑을 느꼈던 순간이 거의 없다는 것을 깨닫고, 그 때문에 자신도 아들이 필요로 하는 사랑을 주지 못했다는 것을 이해할 수 있었다. 하지만 마리에게는 부모를 비난하는 마음은 없었다. 자신의 상황을 이해함으로써 아들에게 짜증나던 마음이 줄어들었고, 자신과 아들에게 필요한 진정한 사랑을 찾는 과정을 시작할 수 있었다. (진정한 사랑을 찾는 과정은 제4장에서 다루도록 하겠다.) 마리의 인생에서 진정한 사랑을 찾고, 그녀의 인생은 물론 아들과의 관계는 엄청난 변화가 찾아왔다.

이처럼 조건 없는 사랑이 우리의 삶에 충분하지 않다는 사실을 제대로 마주하는 것은 많은 도움이 된다. 이는 우리가 경험하는 불행에 대해 부모나 다른 사람들을 비난하기 위해서가 아니라, 현재 경험하는 부정적인 감정에 대한 원인을 자녀나 주변 사람에게 돌리지 않도록 해주기 때문이다. 그리고 모든 사람이 그토록 원하던 진실된 행복을 이끌어 내기 위해 반드시 필요한 재료인 진정한 사랑을 찾아 나설 수 있게 된다.

> 부모가 당신에게 진정한 사랑을 주지 못했다면, 그들을 비난하지 마라. 진정한 사랑을 찾고, 아이에게 그 사랑을 나누어 줄 수 있는 동기를 부여하는 계기로 받아들여라.

행복은 우리가 진정한 사랑을 얼마나 받는가에 달려 있다
다른 사람이 나에게 무엇을 했는지 안 했는지는 상관없다

진정한 사랑이 인생에 있어 얼마나 중요한 기둥이 되는지를 이해하는 것은 무척이나 중요하다. 순간순간 일어나는 다른 사람의 행동이 우리의 감정을 결정짓는다면, 인생은 고달플 수밖에 없다. 다른 사람의 선택에 따라 만들어진 감옥 안에 갇혀 사는 꼴이 된다. 이 얼마나 불행한 인생인가? 반대로, 살면서 진정한 사랑을 얼마나 받는가에 따라 우리의 감정이 결정되고, 순간순간 일어나는 다른 사람의 행동에 따라 결정되는 것이 아니라면 어떨까? 세상을 바라보는 눈은 완전히 변할 것이며, 평생 진정한 사랑을 찾겠다는 일념 하나로 살아가게 되리라.

다음 이야기를 상상해 보며, 진정한 사랑이 인생에서 어떤 역할을 하는지를 살펴보자.

당신은 굶주려 있고, 주머니에는 단돈 2천 원밖에 없다. 2천 원을 테이블 위에 놓고 먹을 것을 사러 나갈 준비를 하고 있다. 그때 내가 방으로 갑자기 뛰쳐 들어와서 당신이 어떻게 할 새도 없이 2천 원을 가지고 재빠르게 도망간다.

이 상황에서 당신이 화를 내는 것은 불 보듯 뻔한 일이다. 그리고 내가 당신을 화나게 만들었다고 말할 것이다. 대부분의 사람은 이렇게 반응할 것이다. 당연한 일이다. 당신은 비교적 평온한 상태였고, 내가 들어와서 돈을 훔쳐갔다. 그리고 내가 돈을 훔치자마자 당신이 화가 났으니, 내가 그 화를 야기한 것이 맞다. 그런가?

아니다. 내가 당신을 화나게 만든 것이 아니라는 걸 증명해 보겠다. 조금 다른 상황을 상상해 보자.

내가 당신의 방에 들어와 테이블 위에 있는 2천 원을 들고 재빠르게 달아난

다. 하지만 이번에는 옆방에 2백억 원이 가득 채워져 있다. 모두 당신의 돈이다.

이번에는 기분이 어떤가? 당신에게 2백억 원이 있을 때 2천 원을 도둑질당한 것은 그리 큰일이 아니므로 당신은 그리 화가 나지 않을 것이다. 아마도 당신은 나를 멈춰 세우고, "혹시 2천 원을 더 가져갈래?"라고 물을지도 모른다.

내가 당신을 화나게 만든 것이 아니라는 것을 두 번째 상황으로 증명했다. 다시 말해, 내 행동은 두 상황에서 모두 같았기에, 당신을 화나게 만든 것이 내가 아니라는 걸 이해했을 것이다. 만약, 내가 2천 원을 훔쳐가서 당신이 화가 난 거라면, 당신은 두 상황에서 모두 동일하게 화를 냈을 것이다. 하지만 그러지 않았다. 당신이 첫 번째 상황에서 화가 난 이유는, 당신에게 2백억 원이 없었기 때문이다.

> 우리가 다른 사람 혹은 자녀들에게 화를 낼 때, 그 순간 상대의 행동 때문에 화가 난 것이 아니다. 그것은 삶에서 진정한 사랑을 충분히 경험하지 못했기 때문이다.

단순히 재미있는 상상을 해보라고 제안하는 것이 아니다. 재미 그 이상을 말하고 있다. 이런 상상을 하며 당신의 진실과 마주하고 있는 것이다. 매일매일 만나는 사람들과 아이가 우리에게 불친절하고, 배려가 없고, 이기적이고, 무신경한 행동들을 해서 영향을 미친다. 사람들은 우리를 불편하게 하고, 실망시키고, 공격하기도 한다. 이는 2천 원 상당의 사랑을 빼앗아 가는 격이라고 할 수 있다. 만약, 이들이 빼앗아 가는 2천 원 상당의 사랑이 우리 마음에 남아 있던 마지막 사랑이라면 엄청난 사건이리라. 그러나 2백억 원 상당의 사랑이 남아 있다면, 2천 원 상당의 사랑을 도둑질당한 것은 아무런 의미가 없다.

이처럼 진정한 사랑이 우리 삶에 가득하다면, 언제나 2백억 원을 품고 다니는 느낌과 같다. 세상에서 가장 귀한 보물 중의 보물인 사랑을 품고 있기에, 주변 사람들이 주는 작은 불편함은 상대적으로 그리 중요한 일이 아니다. 진정한 사랑이 있다면, 삶에서 가장 중요한 모든 것을 갖게 된다. 그러나 진정한 사랑이 없다면 두려움에 떨며, 화를 내며, 스스로 보호하려고 애쓴다. 우리의 삶에 진정한 사랑이 부족하기 때문에 화를 내는 것일 뿐, 아이와 주변 사람들이 순간 순간 저지르는 행동 때문에 화를 내는 것이 아니다.

불우한 어린 시절은 그냥 극복해 버리자?

어떤 사람들은 자신의 어린 시절이 완벽하지 않으면, 악몽을 꾼 것처럼 '극복해 버리고 말지'라고 생각한다. 그리고 과거의 경험들이 너무 오래전 일이기 때문에 현재는 심각한 영향을 미치지 않을 거라고 믿는다. 하지만 앞서 소개한 사례에서 마리를 보라. 그녀는 어린 시절에 진정한 사랑을 받지 못했다. 그리고 행복을 위해 가장 중요한 재료가 없었기에, 어른이 되어서도 공허하고 또 두려움에 떨었다. 그녀와 대화를 더 나눌수록, 매순간 공허함과 두려움에 반응하며 주변 사람들을 조종하고 또 통제하고 있었다는 것을 알 수 있었다. 그녀는 아들만 통제하며 조종하고 있었던 것이 아니다. 마리는 자신의 삶도 망가트리고 있었다. 이처럼 진정한 사랑이 없는 사람들은 평생 그렇게 살아간다.

한편, 기울어지거나 울퉁불퉁한 땅 위에 튼튼한 집을 지을 수 없다. 어린 시절에 조건 없는 사랑을 충분히 경험하지 못하면, 그게 바로 당신의 기반이 된다. 벽을 세우고, 창문을 만들고, 문을 설치하더라도 당신이 원하는 결과를 절대 가져올 수 없으리라. 그러므로 기초공사부터 탄탄히 해야만 한다. 다행스럽게도, 이제 당신은 이 책을 통해 진정한 사랑을 배우고 있다. 이것을 시작으로 과거의 상처들을 치유할 수 있고, 기초공사를 제대로 해서 그동안 꿈꿔 왔던 모습의 어른이 되고 또 부모가 될 수 있다.

"이런 상황에서는 어떻게 하나요?"

많은 부모가 이렇게 질문한다.

"내가 아이의 행동을 모두 책임질 순 없어요. 아이가 스스로 선택을 하잖아요. 그리고 아이의 삶에 영향을 미치는 것들이 많아요. 텔레비전, 학교, 친구들 등요."

우리는 뭔가 잘못된 상황이 벌어지면 다른 사람들을 향해 손가락질하는 것을 좋아한다. 다른 사람을 비난하면 할수록 우리의 책임이 줄어든다.

자, 이번에는 다른 모든 것에게 비난의 화살을 돌려 보자. 아이들로 인한 문제의 원인을 다른 모든 곳에서 찾아보자. 어디까지 갈 수 있을까? 아이들의 잘못된 행동의 원인 중 14%가 TV에 있다(처음부터 TV을 보도록 허락한 것은 부모의 책임이라는 것은 잠시 덮어 두자). 학교에는 9%의 잘못이 있고, 친구들에게 12%의 잘못이 있고, 대중문화의 잘못이 8.27%라고 하자. 여기서 정부를 빼놓을 수 없다. 정부에 6.73%의 책임이 있다. 이렇게 하면 적어도 50%가량 다른 사람 탓으로 돌릴 수가 있다. 마음이 꽤 편해진다.

그럼, 이제는 TV 프로그램을 아이들에게 이롭게 바꾸고, 학교를 변화시키고, 친구들을 바꿔 버리고, 대중문화와 정부를 바꾸는 데 모든 노력과 시간을 쏟아부을 것이다. 아이들의 학교 여기저기를 조금씩 변화시킬 수 있는지 모르겠지만, 그 모든 투자와 노력의 결과는 0에 가까울 것이다. 수십만 명의 사람들이 이미 그것을 증명했다. 따라서 아이들의 문제 행동에 따른 책임을 다른 이들에게 돌리는 것은 그리 효율적이지 않다.

그렇다면 이 모든 게 부모 탓이란 말인가? 아이들의 감정과 행동을 우리가 온전히 책임져야 한단 말인가? 아이들의 문제 행동이 우리 실수인가? 만약, 우리가 출생과 동시에 조건 없이 완벽하게 사랑해 주었다면 행복하고, 사랑이 넘치고, 말을 잘 들으며, 책임감 있는 아이로 확실하게 성장할 수 있는가? 개인에 따라 결과는 다를 것이다. 아이는 살아가면서 만나게 될 여러 사람과의 관계, 그중에서도 유전적인 영향을 가장 많이 받게 될 것이다. 그렇다면 나는 왜, 부모의 역할에 이토록 집중하는 것일까? 그것은 우리가 다른 것 혹은 다른 사람들에게 모든 비난의 화살을 돌리느라 아이들을 돕기 위해 쏟아부을 수 있는 시간과 에너지를 엉뚱한 곳에 쏟아붓기 때문이다. 다른 환경적인 요인들도 있겠지만, 부모가 아이의 감정과 행동에 책임이 있다고 보는 것이 가장 효과적이다. 그 책임을 우리 손에 쥐게 될 때, 우리는 아이를 어떻게 더 사랑하고 가르칠 수 있는가에 온전히 집중할 수 있게 된다.

모든 책임을 우리가 온전히 질 때, 단 한 가지 단점이 있다. 아이의 문제 행동을 볼 때, 우리의 실수인 것처럼 죄책감을 느낀다는 것이다. 하지만 죄책감을 느낄 필요가 없다. 우리는 최선을 다하고 있기 때문이다. 우리가 소유하지 못한 것을 아이에게 줄 수 없다. 죄책감이라는 장애물을 뛰어넘으면, 아이의 행복을 책임지는 것은 부모에게 즐거움이 될 것이다.

아이의 행복에 대한 책임

학교에서 우리는 대부분 수학과 역사를 배운다. 하지만 삶에서 그 지식은 거의 쓸모가 없다. 그리고 자녀를 책임감 있고, 사랑이 넘치고, 행복한 인간으로 기르는 방법은 거의 배우지 않는다. 책임감과 사랑을 나눌 줄 아는 성품은 지구상에서 어떤 직업을 선택하고, 행복한 삶을 살아가는 데 있어 가장 중요한 기술임에도 불구하고 배우지 않는다. 학교에서는 달력을 보는 법, 시간표를 짜는 법, 세계지리를 배우고 또 방정식에서 x값을 구하는 법을 배운다. 하지만 두 살배기 아이가 고집스럽게 "싫어!"라고 소리를 지르는 순간 어떻게 대처해야 할지 몰라 부모는 혼란에 빠지고 만다. 더욱이 중학생 자녀의 입에서 술 냄새가 풍겨올 때, 어떻게 반응해야 하는지 모르는 채 숨이 막힐 정도로 답답함만 느낄 뿐이다.

부모라는 역할을 하기 위해 제대로 준비하지 못하니, 그 과정에서 많은 실수를 저지른다. 자신이 저지른 실수를 인정할 수만 있다면, 실수로부터 배우고 또 새로운 행동을 할 수 있다.

앞서 제시했던 사례에서 마리는 아들과의 관계에서 어려움을 겪고 있었다. 그녀가 나를 처음 찾아왔을 때, 아들을 통제함으로써 자신의 삶을 좀 더 편하게 만들 수 있도록 자녀를 통제하는 기술을 찾고자 했다. 마리가 자신의 행동에 대해 책임지고, 그 행동들이 아들에게 어떤 영향을 미치고 있었는지를 깨닫기 전까지 아들을 돕는 것은 거의 불가능했다.

부모가 아이 앞에서 자신의 실수를 인정하기 싫어하는 것은 이해할 수 있다. 거울 앞에 서서 자신을 바라보며, 지금까지 꿈꿔 왔던 사랑 넘치는 부모가 아니라는 것을 직면하는 걸 좋아하는 사람은 아무도 없다. 그러나 진실을 인정하지 않는 이상, 우리는 아이가 진정으로 필요로 하는 사랑을 채워 주지 못할 것이다.

자신에게 다음 질문을 해보자. 합리화하거나 변명을 하고 싶다는 모든 생각을 내려놓자. 시간을 두고 천천히 질문해 보자.

1. 아이가 말을 듣지 않거나 당신을 불편하게 만들 때, 아이에게 실망하고 화를 내는가? 이는 꽤 자연스러운 행동이다. 하지만 그것은 당신이 아이를 조건적으로 사랑한다는 확실한 증거다. 더 나아가 아이에게 상처를 입히는 행동이다.
2. 아이에게 용돈을 주고, 함께 시간을 보내며, 물질적인 선물도 줄 때 아이가 고마워하지 않으면 실망하고 기분이 언짢은가? 이 또한 자연스러운 반응이지만, 우리가 아이를 조건 없이 사랑할 때 우리의 관심은 아이의 행복에 있다. 따라서 우리가 원하는 것을 주지 않는다고 해서 기분이 언짢거나 상처받지 않는다.
3. 당신의 아이는 부모와 함께 있어야만 할 이유도 없는데, 부모와 함께 시간을 보내고자 하는가? 여기서 말하는 의무적으로 시간을 보내야 하는 순간은 식사 시간이나 다른 장소로 이동하기 위해 차를 같이 타고 가는 경우 등을 의미한다. 아이는 조건 없이 있는 그대로 받아 주고, 자신의 행복에 기여하는 사람들과 함께 있는 것을 좋아한다. 만약, 아이가 당신을 피한다면, 당신은 조건 없는 사랑을 주고 있다고 결

코 말할 수 없다.
4. 아이가 문제 행동을 할 때, 아이와 보내는 시간이 줄어들거나 만나는 것을 피하는가? 우리가 일반적으로 좋아하지 않는 행동을 하는 사람을 피하는 것은 당연하다. 특히 우리를 비난하고 화를 내는 사람이라면 더욱 그렇다. 그러나 우리가 원하는 것을 주지 않기 때문에 상대를 회피한다면, 진정한 사랑이라고 할 수 없다.

이 질문에 대해 하나라도 "그렇다"라고 대답했다고 해서 절망하지 말자. 생각했던 것만큼 아이들을 조건 없이 사랑해 주지 않았다는 진실을 살펴본 것일 뿐이다. 이 사실을 인지해야 당신의 삶에 변화를 가져올 수 있는 행동을 할 수 있고, 당신의 행동으로 인해 아이들의 삶에도 많은 변화를 가져올 수 있다.

나와 아이들의 관계

아이의 불행이 부모에게 달려 있다는 사실을 받아들이는 것이 얼마나 힘든지를 아주 잘 알고 있다. 나는 수년간 아빠로서 최선을 다했지만, 아이들을 조건 없이 사랑해 주지 못했다. 나 스스로 조건 없는 사랑을 받아 본 적이 없기에 줄 수가 없었다. 그래서 내가 줄 수 있는 최고의 사랑을 주었지만, 그것은 조건적인 사랑이었다. 나는 아이들이 말을 잘 듣고, 성공적이고, 감사함을 표현하는 등 '좋은 아이'일 때 칭찬을 해주며 '사랑'을 주었다. 하지만 아이들이 '나쁜 아이'일 때 나는 실망했고, 비난했으며, 화를 내기도 했다.

아이들에게 이런 사랑은 아무런 가치가 없다. 이러한 조건적인 사랑으로 인해 아이들은 공허함을 느끼고, 사랑받지 못한다고 느끼며 절망했다. 아이들은 화를 내며 반항을 하고, 부모와 자녀 사이에 대화가 끊겼으며, 술을 마시거나 마약에 손을 대기도 했다. 아이들의 행동을 바꾸기 위해 모든 것을 다 해보았다. 잘못된 행동들을 지적하며 설교를 하고, 엄격한 규칙을 만들고, 매달리며 애원하기도 했고, 조종하려고 하고, 좋아하는 것들을 사 주며 내 말을 듣도록 유도하기도 했다. 또한 아이들이 저지른 행동에 대해 부정적인 결과들을 가르쳐도 보았지만, 어느 것도 효과가 없었다. 결국 아이들이 내 사랑을 충분히 받지 못했다는 사실을 깨달았다. 그 책임을 무겁게 느꼈고, 아이들의 행복을 위해 자존심을 버리는 선택을 했다.

나는 진정한 사랑을 찾는 과정을 밟기 시작했다(자세한 방법은 제4장에서 다루겠다). 그리고 아이들과 내가 배운 내용들을 나누기 시작했다. 그러자 내가 아무것도 하지 않아도 아이들의 행동이 변하기 시작했다. 아이들은 사랑을 받으면, 부모를 걱정시키는 행동들을 할 이유가 없어진다. 그 행동들은 단지 공허함과 고통에 반응하는 것뿐이었기 때문이다. 얼마간 나는 아이의 감정과 행동의 책임이 나에게 있다는 것을 받아들여야만 했다. 마침내 아이들은 자신의 느낌과 행동에 책임을 지게 되었다. 만약, 우리가 그 책임을 받아들일 의지가 있다면, 세상에서 가장 위대한 선물을 아이에게 줄 수 있다.

부모의 기본적인 책임 3가지

이 책의 나머지 부분에서는 아이들을 어떻게 사랑해 줄 수 있는지를 설명할 것이다. 이미 말했듯이, 진정한 사랑을 주는 것이 원하는 것을 모두 허락하거나 주는 것을 의미하지 않는다. 아이들은 무조건적인 수용, 그 이상의 것이 필요하다. 따라서 부모에게는 기본적인 책임 3가지가 있다. 그 3가지 책임을 충족시켜야만 부모로서 성공할 수 있다.

1. 아이들을 사랑하기
2. 다른 사람들을 사랑하는 방법을 가르치기
3. 책임을 가르치기

간단히 말해, 부모는 아이들을 사랑하고 또 무엇이 옳은지를 가르칠 책임이 있다. 이 책임을 질 때 아이는 공허하고 절망적인 삶 대신 다른 사람에게 사랑을 줄 수 있고, 삶에서 행복을 경험할 수 있다.

'행복'과 '옳음'의 정의

아이의 행복을 위해 무엇이 옳은지를 가르쳐야 할 책임이 부모에게 있다. 그러므로 우리는 **행복**과 **옳음**의 정의를 알아야 한다. 우리가 살아가는 목적은 행복하기 위해서다. 가슴 깊이 느껴지는 평화는 상황이 변한다고 해서 사라지지 않는다. 진정한 행복이란 사람들과 사랑을 주고받는 데서 오기 때문에 고난과 어려움의 순간에도 여전히 느낄 수 있다. 이 행복은 오락거리들을 즐기거나 주변 사람들이 내가 원하는 행동을 한다고 해서 오지 않는다.

다음 장에서는 진정한 사랑이 부족할 때 일어나는 아이들의 행동을 살펴볼 것이다. **행복**과 **옳음**의 정의는 어른들에게도 똑같이 적용된다는 것을 생각하며 읽기 바란다. 대부분의 사람은 진정한 사랑을 여전히 받지 못한 채 그 영향 속에 살아가고 있다. 진정한 사랑은 모든 인간에게 감정적·정서적으로 건강해지기 위해 가장 필수적이다.

> 아이들의 행복에 대한 모든 책임을 받아들여라. 다른 환경적인 요인들이 발생하겠지만, 부모의 책임이라고 인정하는 것이 더 효과적이다. 그것이 아이들에게 집중하는 데 도움이 될 것이다.

제2장

두 번째 육아 원칙
아이는 사랑을 느끼지 못해 문제를 일으킨다

When my child behaves badly,
he or she doesn't feel loved.

제2장

두 번째 육아 원칙
아이는 사랑을 느끼지 못해 문제를 일으킨다

진정한 사랑이 없을 때 아이는 공허함과 두려움을 느낀다. 그 견딜 수 없는 고통을 없애고, 기분이 조금이라도 나아지게 하기 위해 자신이 할 수 있는 모든 행동을 한다. 화를 내거나, 말을 듣지 않거나, 징징거리고, 또래로부터 인정받기 위해 애쓰고, 섹스를 하거나, 술을 마시기도 한다. 심지어 마약에 손을 대고, 폭력을 사용하는 등 그 행동의 끝이 없다. 이는 곧 아이들이 자신의 공허함을 무언가로 채우고, 두려움으로부터 자신을 보호하기 위한 행동들인 것이다. 하지만 진실한 행복은 오직 진정한 사랑만으로 충족시킬 수 있다. 위와 같은 행동은 일시적인 만족감을 줄 뿐이다. 이렇듯 사람들은 자신을 보호하고 또 공허함을 채우는 다양한 행위를 통해 진정한 사랑을 대체하며 살아간다. 그러한 행위들을 가짜 사랑이라고 부르도록 하겠다.

무의식적으로 화를 내고, 반항을 하는 등의 행동을 통해 가짜 사랑을 얻어 고통에 일시적으로 무감각해질 수 있다. 아이가 느끼는 고통은 진정한 사랑을 충분히 경험하지 못했을 때 나타난다. 아이가 받아들이기 어려운 행동을 할 때 부모는 이 사실들을 이해해야만 한다. 이를 이해하면 아이의 행동 때문에 부모가 혼란스러워하거나 절망을 느끼지 않을 것이다. 한편, 아이뿐만 아니라 어른들도 가짜 사랑을 얻으려고 발버둥친다. 가짜 사랑에는 4가지가 있다. 그것은 바로 칭찬, 힘, 자극, 안전함이다.

칭찬의 유혹

아이들이 진정한 사랑을 받지 못할 때, 다른 사람들이 좋아하는 행동을 해서 칭찬받는다는 것을 아주 빠르게 배운다. 칭찬은 순간적이나마 황홀한 기분을 느끼게 해준다. 마치 강아지를 쓰다듬으며 "아이고 착해라"라고 말하는 것처럼, 칭찬을 듣게 되면 좋아서 어쩔 줄 모른다. 그리고 그 말을 듣기 위해서는 무슨 행동이라도 할 것이다.

칭찬과 인정을 얻는 게임에서 이기는 것은 아이들의 삶에 원동력이 된다. 어린아이들은 부모를 기쁘게 하고 또 칭찬을 받기 위해 무엇이든 한다. 그러다가 나이를 먹으면 또래 친구들로부터 칭찬을 받기 위해 온몸을 던진다. 어떤 옷을 입고, 무슨 말을 하는지, 어떤 헤어스타일을 할지, 어떤 음악을 들을지, 어떤 친구를 사귈지 등을 선택할 때 칭찬과 인정을 받기 위한 욕구가 많은 영향을 미친다. 이런 방식으로 칭찬을 얻어내려고 발버둥치는 삶은 어른이 되어서도 계속된다. 대부분의 어른들 또한 다른 사람들로부터 칭찬과 허용을 얻기 위해 많은 결정을 내린다. 이런 삶의 방식은 아주 어려서부터 배운 것이다.

겉보기에는 아이들에게 칭찬을 하는 것이 좋은 행위인 듯 보인다. 그러나 진정한 사랑으로 가득찬 상태가 아니라면, 아이들에게 칭찬을 하는 것은 상당히 위험할 수 있다. 그 이유는 다음과 같다.

- 우리는 원하는 것을 얻기 위해 상대를 조종하는 형태로 칭찬을 한다.
- 아이들은 진정한 사랑을 대체하기 위해 칭찬(가짜 사랑)을 필요로 한다.
- 부모나 주변 사람들을 기쁘게 만들고, 칭찬을 받기 위한 행동들을 계속해야 한다는 압박을 느낀다.

- 남은 인생도 칭찬을 얻기 위해 살아간다.

조종하기 위한 칭찬들

칭찬의 부정적인 영향을 알아보기 위해 토니의 사례를 살펴보자.

토니가 엄마 앞에서 밝게 말하거나 엄마를 도와주면, 엄마는 이렇게 말하고는 했다.

"토니야. 우리 아들, 정말 착하구나."

하지만 토니가 방을 엉망으로 만들거나 시끄럽게 하며 엄마를 불편하게 만들면, 엄마는 토니를 칭찬하지 않는 것은 물론 토니의 행동을 비판하며 종종 화를 냈다.

나는 이 부분에서 아이들이 부모의 사랑이 조건적이라는 사실을 느끼는 것이 얼마나 거대한 상처가 되는지, 아무리 강조해도 지나치지 않다고 본다. 아이에게 무엇을 그리고 얼마나 해주는지는 관계가 없다. 크고 좋은 집, 훌륭한 교육, 좋은 자동차, 많은 용돈, 끝없는 오락거리와 장난감, 좋은 브랜드의 옷들, 높은 수준의 예술과 문화 그리고 환경도 다 부질없다. 부모가 주는 사랑이 조건적이라면 아이들은 결코 행복하지 않을 것이다. 우리가 원하는 행동을 했을 때만 칭찬하기 때문에 대부분의 아이는 자신이 조건적으로 사랑을 받고 있다는 것을 느낀다. 주변을 둘러보면 조건적인 칭찬과 사랑을 주는 것이 일반적이다. 이렇듯 모든 사람이 한다고 해서 옳다고 할 수는 없다.

좋은 성적을 받아 오거나, 스포츠를 잘하거나, 외모가 출중하거나, 어떤 것을 성취했을 때 아이들을 칭찬한다. 이때 대부분의 부모는 아이를 가치 있게 여기며, 행복하게 해주고자 하는 어느 정도의 동기가 있다. 그와 동시에 우리 기분을 좋게 해주는 행동을 계속하라는 동기도 무의식적으로 가지고 있다. 우리가 칭찬을 하면 아이가 그 행동을 반복해서 할 것이라는 사실을 우리 모두 알고 있다.

당신은 다를 거라고 말할지도 모르겠다. 당신은 아이들을 칭찬할 때 원하는 것이 아무것도 없다고 말할 수 있다. 지구상에 있는 모든 부모와 당신이 다르다고 주장하기 이전에 다음 질문에 솔직하게 답을 해보자.

"아이가 당신의 기대에 못 미치는 행동을 할 때 당신은 어떤 기분이 드는가? 실망하거나 짜증나는가? 잘할 때와는 다르게 칭찬이나 좋은 말을 하지 않는가?"

그렇다면 당신은 아이를 칭찬할 때 사심이 있다는 것을 증명하는 것이다. 아이들은 그것을 느낀다. 그렇다고 해서 아이들에게 절대 칭찬하지 말라고 주장하는 것이 아니다. 우리가 조건 없는 사랑을 받지 못할 때는 가짜 사랑의 형태로 상대방을 조종하기 위해 칭찬을 사용하고는 한다. 그것을 주의할 필요가 있다는 것이다.

제4장에서는 진정한 사랑을 우리 삶에 가져오고, 그것을 아이와 나눌 수 있는 방법을 배우게 된다. 아이들은 칭찬을 필요로 하지 않는다. 아이들이 진실로 필요로 하고 원하는 것은 바로 진정한 사랑이다.

칭찬받는 것이 아이에게 필요한 것이 아니라면, 무엇인가를 해냈을 때 과연 무슨 말을 해야 할까? 좋은 행동에 대한 보상으로 무슨 말이든 해주어야 하지 않을까? 그리고 나쁜 행동을 했을 때, 그 행동이 반복되는 것을 막기 위해 어떤 말을 해주어야 한단 말인가? 그에 대한 답은 책 전체를 아울러 하게 될 것이다. 그러므로 지금은 칭찬을 하기보다 아이들을 더 효과적으로 가르치는 방법에 집중해 보자. 우리 삶에 진정으로 필요한 것이 없을 때, 우리는 칭찬에 목을 맨다. 우리는 진정한 사랑이 필요할 뿐이다.

칭찬으로 가짜 사랑 추구하기

토니는 비난받는 것보다 엄마에게 인정받는 것을 당연히 좋아했다. 인정은 칭찬의 다른 말이다. 그래서 엄마를 기쁘게 하기 위한 행동이 무엇이든 했다. 이처럼 아이들이 부모의 인정을 얻어내야 한다는 것은 부모의 사랑을 대가를 주고 구매한다는 것이나 다름없다. 하지만 구매한 사랑으로는 아이의 마음을 결코 채울 수 없다. 오직 자유롭게 주어지고 또 자유롭게 받는 진정한 사랑만이 우리를 가득 채울 수 있으며, 인류를 서로 연결시킨다. 그 결과 우리에게 진실한 행복이 온다. 아이들은 그 사실을 즉각적으로 알 수 없다. 결국 일시적인 인정으로 얻을 수 있는 기쁨은 시간이 지나면 닳아 없어지고, 공허함과 외로움을 남긴다는 사실도 항상 깨닫게 된다.

칭찬은 아이들을 압박한다

아이가 좋은 행동을 할 때 미소를 지으며 칭찬하고, 실수를 저질렀을 때 인상을 찡그리며 화를 낸다. 물론 부모가 의도한 것은 아니지만, 이때 아이들은 부모의 기분을 자신들이 책임져야 한다는 것을 배운다. 실제로, 가끔 우리는 큰 소리로 이렇게 말한다.

"넌 나를 정말 화나게 하는구나."

"나를 이렇게 행복하게 해주다니…."

이 두 문장 모두 끔찍한 결과를 가져온다. 아이가 부모를 행복하게 만들어야 한다는 책임을 짊어진다면 조건 없는 사랑을 더이상 느끼지 못하기 때문이다. 따라서 부모를 기쁘게 해주기 위해 필사적으로 노력하는 삶을 살아야 할 것이다. 부모를 기쁘게 해주었을 때 부모가 주는 긍정적인 관심이 조건적이며 일시적이더라도, 무관심보다는 기분이 훨씬 좋기 때문이다.

이렇듯 아이들은 부모를 기쁘게 해주어야 한다는 어마어마한 압박을 느낀다. 그 목표를 이루기 위한 노력은 아이들을 지치게 만들지만, 칭찬을 지속적으로 얻어내야만 한다는 함정에 빠졌다는 것을 느끼게 된다. 아이들 중 대다수는 부모가 짊어지게 한 부담 때문에 부모를 원망하기도 한다.

칭찬으로 공허함을 채우는 인생

토니는 어른이 되어 몇 가지를 발견했다. 주변 사람들이 좋아하는 옷을 입고, 노래를 듣고, 친구들을 만나고, 그 친구들의 기분을 좋게 하는 행동을 하면 인정과 칭찬을 받을 수 있었다. 이것은 부모가 가르친 것과 같았다. 그래서 친구들이 술을 마시거나 마약을 할 때, 자연스럽게 함께하며 친구들을 기쁘게 해주려고 노력했다. 또한 여자 친구와 섹스를 하는 것이 남자다운 것이며 또 각광받는 일이었기에, 기대에 응하기 위해 여자 친구와 기꺼이 섹스를 했다. 친구들의 인정과 칭찬이 무척이나 가치 있는 일이었기 때문이다. 하지만 친구들의 압력은 전혀 없었다. 오히려 토니 스스로 그들을 기쁘게 해주고 싶었다. 그런 행동을 하며 또래 그룹에서 자신의 위치를 견고히 할 수 있었다.

어른이 된 토니는 연애를 하면서 상대를 기쁘게 해주려고 애썼다. 상대를 기쁘게 만드는 것을 아주 잘하기도 했다. 마침내 그의 엄마처럼 자신의 행동에 대해 칭찬을 아끼지 않는 사람을 만나게 되었다. 토니는 진정한 사랑을 만났다고 확신하며 그녀와 결혼했다. 또한 그는 직장에서 상사를 기쁘게 해주려고 열심히 일했다. 이처럼 토니는 칭찬과 인정을 완벽히 얻어내기 위해 고군분투하며 하루하루를 살아갔다.

이따금 부모들은 도대체 왜, 아이들이 친구들로부터 인정받기 위해 안간힘을 쓰는지 궁금해한다. 그것은 부모가 성장하는 아이에게 인정과 칭찬받는 것이 얼마나 중요한지를 가르쳤기 때문이다. 그 모든 것은 부모로부터 시작된 것이다.

칭찬이 남긴 공허함

진정한 사랑이 없는 삶에서 칭찬은 우리의 기분을 꽤 좋게 해주지만, 그 가치는 빠르게 닳아 없어진다. 그리고 같은 양의 칭찬을 다시 얻기 위해서는 이전보다 더 열심히 해야만 한다. 이렇듯 칭찬은 중독성 있는 마약과 같다. 충분히 만족하기 위해서는 더 많은 양이 계속 필요하지만, 칭찬을 통해 우리가 원하는 온전한 만족감은 결코 느낄 수 없다.

  토니의 결혼 생활은 어떠했을까. 칭찬이 토니에게 만족감을 더이상 주지 못하자 결혼 생활의 즐거움과 흥분도 곧 사라졌다. 그래서 토니는 직장에서 더 많은 시간을 보내기 시작했다. 그 후 직장에서 인정받는 것에 매달렸지만, 결국 그것조차 토니를 만족시킬 수 없었다. 얼마나 끔찍한 상황인가. 토니에게 있어 행복이란 다른 사람들의 칭찬과 인정을 받아야만 가능했다. 그런데 그 노력들이 모든 삶의 영역에서 공허함만을 남기자, 그는 절망했다.

  우리가 조건 없는 사랑을 받지 못할 때, 가짜 사랑이 주는 일시적인 효과에 의존한다. 마치 칭찬을 계속 얻으려고 애쓰는 것처럼 말이다. 일시적인 효과가 사라지면, 우리는 더 깊은 공허함과 두려움에 압도당한다. 어떤 사람들은 가짜 사랑의 형태를 여러가지로 바꾸기도 한다. 힘과 자극 그리고 안전함을 바꿔 가며 얻으려고 애쓴다. (각각의 가짜 사랑에 대해서는 이후에 더 논하도록 하겠다.) 그렇게 가짜 사랑을 다양하게 얻어 보지만, 많은 사람이 우울증과 공황장애에 빠지고는 한다. 그 외에도 스트레스로 인한 고혈압이나 위궤양과 같은 실질적인 질병에 시달리기도 한다. 심지어 바람을 피우기도 하고, 술과 마약에 의존하기도 한다. 또한 몇몇은 스스로 목숨을 끊는다.

  칭찬이 바닷물처럼 넘치는 곳에서 헤엄을 치더라도 진정한 사랑이 부족하기 때문에 느끼는 공허함은 결코 채워지지 않는다는 것이 증명된다. 이는 칭찬뿐만 아니라 어린 시절에 배운 가짜 사랑이 어떤 것이든 같은 결과를 가져온다.

> 의도한 것은 아니지만, 부모는 칭찬을 하며 아이들을 조종한다. 그로 인해 아이들은 진정한 사랑을 대체한 칭찬으로 공허함을 채우는 인생을 살게 된다.

두 번째 육아 원칙

힘을 얻고자 하는 것

　진정한 사랑이 충분하지 않을 때 공허함, 외로움, 두려움에 사로잡힌다. 그리고 할 수 있는 것이 아무것도 없다는 무력감을 느낀다. 무슨 짓을 해서라도 이 감정으로부터 벗어나고자 발버둥친다. 이따금 우리는 다른 사람들의 행동을 통제할 수 있는 힘의 강렬함을 경험하고, 아무것도 할 수 없다는 무력감이라는 견딜 수 없는 고통으로부터 벗어나 순간적이나마 안정감을 느낀다. 그러나 우리가 통제한 대상과의 연결 고리가 그리 탄탄하지 않다는 것을 느낀다. 하지만 온전히 혼자 남겨지는 것보다 이런 종류의 연결됨이라도 다행이라고 느끼며 기분이 나아진다.

　우리는 힘을 남용하는 사람으로 독재자, 노예 소유자들 그리고 교도관 등을 떠올린다. 그러나 힘을 가장 남용하는 대표적인 사람은 바로 부모다. 우리는 일상생활을 통해 거의 모든 것이 우리 마음대로 되지 않는 것처럼 느낀다. 정부도 통제가 안 되고, 교통 체증도 통제가 안 되고, 날씨는 물론 직장 동료나 상사 그리고 배우자 등 내 마음대로 통제할 수 있는 것들이 없다. 그런데 화가 나서 어린아이에게 소리를 지르면, 효과적이며 또 원하는 행동을 아주 빠르게 시킬 수 있다는 것을 발견하게 된다. 거의 무의식적인 행동이지만, 아이를 통제하면서 힘을 경험한다. 힘을 경험하게 해주니, 이 행동들을 반복하는 것은 당연한 일이다.

　아이도 부모와 같은 이유로 힘을 사용한다. 어른에 비해 작고 연약하기 때문에 아이들은 더 많은 순간에 아무것도 할 수 없다는 무력감을 느낀다. 사람들과 주변 환경을 통제할 수 있다고 느낄 때 힘이 없다는 생각이 적어지며, 누군가와 연결된 것 같고, 두려움도 줄어든다.

　아기들은 물건을 밀면, 밀린다는 사실을 알고 기뻐한다. 자신이 울면 사람들이 달려온다. 식탁 위의 밥그릇을 떨어트리면 바닥에 음식이 튀고, 사람들은 그것을 치우기 위해 바쁘게 움직인다. 또한 세 살배기 아이는 슈퍼마켓을 가로지르며, 자신을 잡으려고 달려오는 엄마를 피해 도망다니며 엄마를 조종한다. 그 아이의 얼굴을 보면 얼마나 신나는지 알 수 있다. 이 시기에 경험하는 힘은 꽤 순수하고 건강한 면이 있다. 그러나 진정한 사랑이 없을 때, 공허함을 채우기 위해 힘을 사용하면 우리에게 매우 해롭다.

우리는 성장하면서 힘이 주는 즐거움을 계속 탐색한다. 보통 아이들은 부모나 누군가의 말을 듣지 않거나 반항하면서 무의식적으로 힘이 있다는 느낌을 경험한다. 힘은 외롭거나 아무것도 할 수 없다는 고통에서 벗어나 순간적이나마 안도감을 준다. 아주 당연한 일이다. 예를 들면, 아이들은 '미운 네 살'의 시기를 경험하는데, "싫어!"라고 말했을 때 주는 쾌감을 발견하는 나이다. 다른 사람을 통제할 수 있는 힘을 갖는다는 것은 아주 매력적인 즐거움이며, 평생에 걸쳐 힘을 사용하는 방법을 개발해 간다.

그런데 아이들은 부모를 보며 힘이 주는 효과를 배운다. 부모나 어른들이 스포츠와 사업 그리고 말다툼이나 논쟁에서 이기는 것을 얼마나 좋아하는지 볼 때, 아이들도 그것을 배운다.

한편, 우리는 다른 사람들을 통제하려고 할 때 가짜 사랑의 형태로 힘을 사용한다. 당신이 원하는 방식으로 다른 사람들이 움직이도록 요구하고, 당신이 믿는 것을 상대에게도 믿으라고 얼마나 자주 강요하는지를 고려해 보라. 부모가 그런 행동을 하는 순간, 아이들은 부모를 바라보며 세심히 관찰하고 있다. 인정하고 싶지 않겠지만, 우리는 다른 사람들에게 다양한 방식으로 힘을 가하며 성공과 행복을 경험하려고 애쓰는 것을 아이들에게 가르치고 있다. 아이러니하게도, 아이들이 성장해서 부모에게 힘을 행사하면 몹시 불쾌해한다. 예를 들어, 우리가 아이를 통제하려고 애쓸 때, 아이가 반항을 하거나 저항할 때를 떠올려 보자.

다음 제이슨의 사례를 통해 아이가 힘을 어떻게 사용하는지를 볼 수 있을 것이다.

제이슨의 부모는 모두 직장에 다니며 경력을 쌓기 위해 바쁜 시간을 보내고 있다. 그렇기에 제이슨과는 시간을 거의 보내지 못했다. 그래서 제이슨은 사랑받지 못한다는 외로움을 어떤 말로도 표현할 수는 없을 정도로 많이 느끼고 있었다.

제이슨이 초등학교에 다닐 때 좋은 성적을 받고, 부모에게 협조하면 칭찬과 관심을 받을 수 있다는 것을 알게 되었다. 하지만 칭찬의 효과는 빠르게 사라졌고, 부모가 좋아하는 방식으로 행동하고 또 좋은 성적을 계속 받는 것에 지쳐갔다.

이따금 부모에게 공격적으로 반항을 하면 원하는 것을 무엇이든 얻어낼 수 있었다. 이 방법이 더 만족스럽고 쉽다는 것을 깨달았다. 과거에 부모는 자신에게 무관심했지만, 그가 화를 내고 반항을 하면 즉각적으로 관심을 보였다. 그 관심이 사랑은 아니었지만, 부모를 통제할 수 있다는 경험(힘)을 했고, 무시당하는 것보다는 기분이 훨씬 좋았다.

일반적으로, 어린아이들은 아낌없는 칭찬을 받고 싶어하며, 부모를 기쁘게 하는 행동이라면 무엇이든 기꺼이 하기 때문에 부모가 좋아한다. 하지만 청소년 시기에 접어들면, 부모는 아이를 사랑하는 것이 쉽지 않다는 것을 경험한다. 이 시기가 되면 아이들은 이따금 해주는 칭찬이나 어떤 조건을 채웠을 때 주는 인정을 받기 위해 부모가 원하는 행동을 할 생각이 줄어들기 때문이다. 그래서 청소년기의 아이들은 부모를 지속적으로 통제하며 조종할 수 있는 힘이 주는 기쁨을 더 선호한다. 그렇다고 해서 누가 아이들을 비난할 수 있겠는가?

자극으로 공허함을 채우는 것

진정한 사랑을 충분히 받지 못했을 때, 순간적으로 기분이 좋아지거나 고통으로부터 잠깐 무감각해질 수 있는 행동을 하고자 발버둥친다. 성인이 되면 섹스를 하거나, 음식을 먹거나, 여행·도박·쇼핑을 하는 등 다양한 형태의 오락거리로 자극을 받으며 사랑받지 못했다는 느낌과 외로움을 잠시나마 잊게 된다.

아이들에게 진정한 사랑이 가장 필요한 순간, 부모는 진정한 사랑을 주지 못하는 경우가 있다. 이때 장난감을 사 주거나, 비디오게임 및 텔레비전을 틀어 놓거나 용돈을 준다. 이외에도 자동차를 비롯한 새로운 물건들 또는 재미난 여가 활동들을 통해 자극을 준다. 아이들에게 자극을 주는 이유는 다음과 같다.

- 아이를 기분 좋게 만들 수 있다.
- 위에 나열한 어떤 것들을 이용해 시간을 함께 보내는 것을 대체할 수 있다.
- 아이와 다른 사람들 앞에 좋은 부모처럼 보일 수 있다.
- 순간적이지만, 아이가 고마워한다.
- 아이가 원하는 것을 갖지 못하는 것에 대한 불만을 듣지 않아도 된다.
- 아이에게 좋은 부모 노릇을 하지 않은 것에 대한 죄책감이 줄어든다.

자극은 순간적이나마 우리의 기분을 좋게 해준다. 하지만 자극으로 인한 좋은 기분이 오래가지는 않는다. 더 나아가 진정한 사랑을 받지 못해 느끼는 공허함은 더더욱 채울 수 없다. 부모가 아이를 자극함으로써 만족시키려고 애쓰는 것은 아이가 앞으로의 시간을 신나는 일과 오락거리들을 통해 행복감을 느끼며 살아가도록 가르치는 것이나 다름없다. 하지만 자극을 통해 행복을 찾는 것은 언제나 실패할 수밖에 없다.

안전함 속에서 찾는 위안

아이가 충분히 칭찬받지 못하거나, 힘이 없거나, 자극을 받지 못할 때 그 이상의 불편함과 괴로움을 막기 위해서라면 무엇이든 할 것이다. 예를 들어, 부모로부터 비난받거나 인정받지 못하는 것은 너무 고통스럽다. 그래서 아이는 거짓말을 하거나, 화를 내고, 삐치며, 부모를 피하기도 한다. 이는 부모가 자신에게 화를 내고 실망할 때 느끼게 되는 고통을 피하기 위해서다. 그러므로 안전하다고 느끼기 위해 부모가 좋아하지 않는 행동들을 하게 된다.

때때로 아이는 부모의 공격으로부터 안전하기 위해 부모가 원하는 대로 복종하거나 협조하는 것처럼 보이기도 한다. 이럴 때 아이는 진정으로 사랑받는다고 느낀다기보다는 안전하다고 느낀다. 이 아이들은 부모로부터 조종당한다고 느끼며, 외로움과 불행 속에서 살아가는 동안 두려움에 갇힌 채 부모를 원망한다. 안전함은 짧은 순간에 두려움이라는 고통을 무감각하게 만들어 주지만, 사랑받지 못한 공허함은 결코 채울 수 없다.

우리는 아이들에게 다른 사람들과 상호작용할 때 적당량 이상으로 부적절하게 보호하고 안전해야 한다고 가르친다. 예를 들어, 아이들이 학교에서 선생님에게 불공평한 대우를 받는다고 생각되면 부모가 뛰어들어 아이들 구해 주려고 한다. 마치 사탕을 먹이거나 쪽쪽이를 입에 물리듯 안전함을 제공해 주고는 한다. 그러면 아이의 기분이 나아질지는 모르지만, 부모가 근본적으로 져야 할 책임을 지지 않는 것이다. 부모의 근본적인 책임이란 아이들을 사랑하고, 다른 사람을 어떻게 사랑하는지를 가르치고, 삶에서 스스로 책임지도록 가르치는 것이다. 그런데 대부분의 부모는 아이를 안전한 온실 속에 가둬 두고, 배울 수 있는 기회를 빼앗아 버린다. 하지만 아이들은 보호받는 것보다 사랑으로 가르침을 받는 것이 훨씬 더 필요하다.

어떻게 하면 사랑으로 가르칠 수 있는지, 책 곳곳에서 대화할 것이다.

가짜 사랑, 그것은 무엇인가?

아이들은 진정한 사랑을 대체하기 위해 한 가지 이상의 가짜 사랑을 얻으려고 발버둥친다. 아이가 다른 아이에게 화가 나고, 말다툼에서 이길 때를 예로 들어 보겠다. 화를 내는 아이는 힘이 주는 감각을 얻는다. 만약, 이 아이가 자신이 원하는 방식으로 다른 아이들을 움직이게 하기 위해 다른 아이들에게 겁을 준다면, 주변에서 강한 아이 또는 승리자라는 칭찬도 얻게 된다. 특히 상대방에게 겁주는 방법을 알고 있다면, 더욱 강한 힘을 얻게 된다. 공격적이고 또 권력을 가진 아이에게 맞서는 것을 다른 아이들이 매우 꺼리므로, 안전함이 부가적으로 따라온다. 화를 낸다는 한 가지 행동을 통해 세 가지 가짜 사랑, 즉 힘·칭찬·안전함이 줄줄이 따라온다. 많은 행동이 이처럼 여러가지 가짜 사랑을 동시에 이끌어 낸다. 예를 들어, 섹스는 쾌락뿐만 아니라 힘과 칭찬이라는 가짜 사랑도 경험한다. 또 다른 예로, 돈이 많으면 어른이나 아이 할 것 없이 칭찬·힘·쾌락·안전함을 동시에 얻을 수 있다.

어떤 행동을 하면 어떤 가짜 사랑을 얻을 수 있는지를 구분하려고 너무 많은 시간 동안 애쓰지 말자. 우리 아이가 진정한 사랑을 대체하기 위해 어떤 가짜 사랑을 얻고 있는가는 그리 중요한 일이 아니다. 어떤 형태의 가짜 사랑이든, 행복으로 가는 길을 치명적으로 방해하는 것은 마찬가지다.

우리가 줄 수 있는 것이 가짜 사랑뿐일 때, 우리는 그것을 "사랑"이라고 말한다. 그러니 아이들도 가짜 사랑이 진짜 사랑인 양 자연스럽게 믿는다. 그리고 인생을 걸고서라도 가짜 사랑을 얻으려고 발버둥친다. 가짜 사랑이 아무리 깊이가 없고 또 단시간에 사라진다고 해도, 순간적으로 기분이 좋아지게 해준다. 그렇기 때문에 아이들은 가짜 사랑이라도 계속해서 얻을 수 있도록 확실한 원천을 만들어 놓는다. 바로, 부모에게 감사하며 복종하는 것이다. 즉, 아이도 부모에게 가짜 사랑을 주는 것이다. 진정한 사랑의 부재 속에서 누군가 우리에게 감사하고 또 복종하면, 그것이 칭찬과 힘이 된다. 아이가 가짜 사랑을 부모에게 많이 주면 줄수록, 부모 역시 더 많은 가짜 사랑을 아이들에게 되돌려 준다. 그러나 우리는 자신이 이러고 있다는 것조차 인지하지 못한다. 서로 가짜 사랑을 교환하고 있는 것이다. 그리고 우리가 주고받는 사랑이 진짜가 아니라는 사실은 우리가 아이에게 화를 내거나 실망을 표현하는 순간 증명된다. 진정한 사랑에는 실망과 화가 없다. 가짜 사랑을 교환할 때 순간적으로 기분이 좋을지 모르나,

아이들이 진정으로 필요로 하는 진정한 사랑을 얻을 수 없기 때문에 아이들의 마음속에서는 공허함과 외로움만 남는다.

아이들의 불행의 원인은 언제나 같다. 아이들의 삶에 진정한 사랑이 없다는 것이다. 아주 단순하다. 우리는 아이들이 좋은 행동을 하면 '사랑'한다. 그리고 아이들이 실수를 저지르거나 우리를 불편하게 만들면 덜 '사랑'한다. 아무리 많은 칭찬, 힘, 쾌락, 안전함을 긁어모은다고 하더라도 아이들을 진정으로 행복하게 해줄 수 없다. 가짜 사랑을 충분히 받게 되면 어느 정도 좋은 기분을 경험하게 된다. 더욱이 "가짜 사랑으로 나는 행복해질 수 있을 거야"라는 희망이 생기기 때문에 아주 치명적이다. 사람들이 가짜 사랑을 정신없이 좇다 보면, 좌절감과 외로움 그리고 비참함의 구덩이에 빠지고 말 것이다.

우리가 아이를 조건 없이 사랑으로 가르치는 방법을 배우면, 아이들은 진실하게 그리고 영원히 지속되는 행복을 찾을 것이다. 진정한 사랑을 받는다면, 가짜 사랑은 매력과 가치를 잃게 된다.

가짜 사랑의 정의

이 책의 전반에 걸쳐서 진정한 사랑을 대체해 우리의 기분이 좋아지기 위해 사용하는 것들을 가짜 사랑이라고 말하겠다. 가짜 사랑은 칭찬, 힘, 쾌락, 안전함 그리고 그 외의 조건적인 사랑을 의미한다. 또한 조건적인 사랑은 상대가 원하는 행동을 했을 때 상대를 받아들이는 것을 말한다. 가짜 사랑이라는 단어 안에 이미 조건적인 사랑이라는 의미가 포함되기 때문에, 조건적인 사랑을 묘사할 때도 가짜 사랑이라는 단어를 사용할 것이다.

> 아이와 가짜 사랑을 교환하고 있지만, 부모들은 자신이 아이를 진심으로 사랑하고 있다고 믿는다. 그러나 가짜 사랑을 아이에게 아무리 많이 주어도 결코 행복하게 만들 수 없다.

칭찬, 힘, 쾌락과 안전함이 있어야 할 장소

지금까지 칭찬, 힘, 쾌락, 안전함의 위험성에 대해 대화했다. 그러나 이 네 가지 요소가 진정한 사랑을 대체하기 위한 목적일 때 파괴적이라는 것이다. 이 부분을 재차 강조하자면, 가짜 사랑의 각 요소를 효율적으로 사용할 수 있는 상황이 있는 것이다. 그에 대해 설명해 보겠다.

칭찬

부모는 아이의 행동을 조종하기 위해 칭찬을 자주 사용한다. 하지만 가짜 사랑을 얻기 위한 도구로 사용하는 것이 아니라면 칭찬을 하는 것이 가능하다. (이에 대해 제6장에서 더 논의하도록 하겠다.)

힘

힘을 추구하는 것은 파괴적인 형태로, 중독될 수 있다. 그러나 힘 또한 아주 유용한 감각이기도 하다. 지구상에서 가장 강력한 힘은 바로, '진정한 힘'이다. 사람들이 우리를 어떻게 대하는지와 관계없이 다른 사람들을 사랑하고, 자신의 행복을 선택하는 능력이다. 진정한 힘은 누군가를 통제할 수 있는 능력과는 아무런 관계가 없다.

내 아이 중 하나는 이렇게 말한 적이 있다.

"아빠, 대부분의 사람은 사랑받지 못한다고 느끼던데, 거의 대부분 혼란스러워 보여요. 상황이 어려워질 때 겁에 질려요. 그런데 두려움은 상황을 더 어렵게 만들잖아요. 저는 보통 사랑받는다고 느끼는데, 상황이 어려워져도 아무것도 두렵지 않아요. 생각해 보면 저는 아주 강한 힘을 가진 거네요."

아이에게 진정한 사랑을 충분히 주고 또 다른 사람을 사랑하는 방법을 가르칠 때, 아이들은 어떤 상황 속에서도 행복을 선택을 할 수 있는 힘을 갖게 된다. 이는 참으로 어마어마한 힘이다.

쾌락

즐거운 시간을 보내는 것은 결코 잘못된 일이 아니다. 실제로, 우리는 행복하기 위해 살아간다. 아이에게 부모가 가르쳐야 하는 것은 쾌락이 진정한 사랑의 자리를 빼앗을 때 파괴적인 결과를 가져온다는 것이다. 또한 쾌락을 얻기 위해 다른 사람들을 희생시켜서는 안 된다. 아이들이 이것을 이해하면 조건 없는 사랑으로 이루어진 진정한 행복 속에서 쾌락은 부가적인 기쁨이 될 것이다.

안전함

인간의 가장 큰 두려움은 바로 사랑받지 못한 채 혼자 남겨지는 것이다. 우리가 조건 없이 사랑받는다고 느끼고, 다른 사람들에게 사랑을 줄 때 두려움은 사라진다. 그것이 '진정한 안전함'이다. 사랑을 받고, 다른 사람들에게 사랑을 줄 때 느끼는 그 행복은 무엇으로도 빼앗을 수 없다. 그것이 바로 우리가 아이들에게 주어야 하는 안전함이다.

얻고 보호하는 행동

진정한 사랑의 부재 속에서 아이들은 공허함과 두려움이라는 감정을 없애기 위해 모든 것을 할 것이다. 가짜 사랑을 얻어 마음속의 공허함을 순간적으로 채우고, 두려움으로부터 자신을 보호하는 행동인 **얻고 보호하는 행동**을 사용한다. 얻는 행동에는 거짓말하기, 공격하기, 피해자 행세하기, 매달리기가 있다. 인간에게 있어 자신이 사랑받지 못하고 혼자라는 것을 느낄 때 그 외로움은 견딜 수 없을 만큼 고통스럽다. 그런 상태에 있는 아이들은 혹시 일어날지도 모르는 부가적인 고통들에 의해 두려움을 느낀다. 마주하는 모든 경험에서 고통의 가능성을 보게 되는 것은 당연하다. 그리고 고통으로부터 자신을 보호하기 위해 보호하는 행동을 한다. **보호하는 행동**은 거짓말하기, 공격하기, 피해자로 존재하기, 도망치기가 있다.

공허함	두려움
↕	↕
얻는 행동	보호하는 행동
거짓말하기	거짓말하기
공격하기	공격하기
피해자 행세하기	피해자 행세하기
매달리기	도망치기

공허함에서 비롯되는 얻는 행동과 두려움에서 비롯되는 보호하는 행동

이후 각각의 얻고 보호하는 행동에 대해 다룰 것이다. 일반적으로 '나쁜 행동이다'라고 생각하는 모든 행동이 여기 포함된다. 아이들이 이런 행동을 하는 이유는 단지, 공허하고 두려움에 떨고 있기 때문이라는 사실을 부모는 기억할 필요가 있다. 그러한 감정 상태를 만들어 내는 가장 큰 원인이 바로 부모에게 있기 때문이다. 부모는 아이들이 나쁜 행동을 하는 이유가 우리를 귀찮게 하고, 실망시키고, 짜증나거나 아프게 만들기 위해서라고 생각한다. 하지만 진짜 이유는 정반대다. 아이들의 나쁜 행동의 동기는 사랑받지 못한 채 혼자라는 느낌을 조금이라도 줄이기 위해 자신을 보호하며, 가짜 사랑을 받으려고 애쓰는 것뿐이다. 당신이 이 사실을 믿는다면 아이를 바라보는 당신의 태도에도 극적인 변화가 일어날 것이다.

거짓말하기

거짓말은 얻는 행동인 동시에 보호하는 행동이다. 거짓말을 한다고 해서 나쁜 아이는 아니다. 우리는 아이가 거짓말을 하면 화를 내고, 마치 나쁜 행동을 한 것인 양 지적한다. 이들이 거짓말을 하는 것은 어린 시절에 부모가 자신을 귀

찮게 여기거나, 얼굴을 찡그리거나, 실망하고, 한숨을 쉬고, 목소리가 날카로워지며, 감정적 혹은 육체적으로 거리감을 느꼈던 경험이 있기 때문이다. 거짓말 하기는 부모의 포용과 사랑의 부재가 너무나 고통스러운 나머지 이를 피하고자 삶에서 배운 가장 첫 번째 기술인 것이다. 더불어 좋은 인상을 만들어 사람들이 자신을 좋아하기를 희망하며 거짓말을 하기도 한다.

세 살배기 킴벌리의 사례를 통해 아이들이 거짓말을 어떻게 배우는지 살펴보자.

우리는 아이들에게 거짓말을 가르치고 있다

킴벌리는 엄마의 드레스를 가지고 놀고 있었다. 그러다 땅콩버터와 잼이 발린 샌드위치를 떨어뜨리는 바람에 드레스에 얼룩이 지고 말았다. 엄마가 방에 들어와서 드레스를 보자마자 킴벌리를 노려보며 날카로운 목소리로 몰아붙였다. 엄마의 말을 듣지 않고 드레스를 가지고 놀았으며, 샌드위치를 방에 들고 와서 먹은 조심성 없는 행동에 대한 질책이었다.

이런 상황은 부모와 아이의 일상에서 자주 볼 수 있다. 킴벌리의 엄마는 자녀에게 책임을 가르치고 있다고 생각했다. 하지만 킴벌리가 배운 교훈은 단 하나다.

'엄마가 좋아하지 않는 행동을 하면, 엄마는 괴물로 변해서 나에게 고함을 지르며 겁을 준다.'

사실, 엄마가 화를 낸 이유 중 책임감을 가르치는 것은 부분적인 동기일 뿐이다. 킴벌리가 '나쁜' 행동을 해서 자신을 불편하게 만들었다는 것을 화를 내며 이기적으로 전달했던 것이다. 이렇듯 엄마의 실망과 화를 감지하는 순간, 킴벌리는 사랑받지 못한 채 혼자라고 느꼈을 뿐이다. 그 상태에서는 책임감에 대한 교훈을 얻을 수 없다.

며칠 뒤, 킴벌리는 엄마의 또 다른 드레스를 가지고 놀고 있었다. 이번에는 포도주스를 흘리고 말았다. 지난번과 같은 경험을 피하고 싶은 마음에 드레스를 옷장 속에 숨겼다. 킴벌리의 거짓말이 먹혀들었다. 엄마는 소리를 지르지도, 얼굴을 찡그리며 노려보지도 않았다. 다시 며칠 뒤, 엄마는 포도주스가 묻은 드레스를 손에 들고는 화가 난 모습으로 범인을 찾았다.

킴벌리는 지난번에 언니가 엄마의 처벌을 피하고자 했던 행동이 기억났다. 엄마의 추궁에 언니는 "몰라요. 제가 한 게 아니에요"라고 대답했다. 킴벌리는 엄마가 자신에게 화를 내는 것이 싫었다. 그래서 엄마가 드레스에 대해 물었을 때, 자신의 책임을 회피하기 위해 거짓말을 했다. 그런데 거짓말은 아주 효과적이었다. 엄마는 씩씩거리며 "분명히 범인이 있을 텐데…"라며 한숨을 쉴 뿐 킴벌리에게 고함을 지르지 않았다.

이처럼 킴벌리는 또 다른 몇몇의 경험을 통해 거짓말을 하면 엄마가 자신을 못마땅히 여기는 것을 피할 수 있다는 것을 배웠던 것이다. 킴벌리는 엄마가 자신을 못마땅히 여기는 것이 세상에서 제일 두려웠다.

대부분의 아이가 거짓말하는 방법을 거의 같은 방식으로 배운다. 아이들은 주변 사람들로부터 '사랑'을 받지 못한다는 고통스러운 경험을 피하기 위해 거짓말을 한다. 대부분의 부모는 자녀를 조건적으로 사랑한다. 그러나 자녀에게 상처를 입히기 위한 목적은 전혀 없다. 하지만 부모의 기대에 따라 행동하지 않을 때, 부모가 자신을 사랑하지 않으며 또 실망을 한다고 판단한다. 사실, 그 판단은 옳다. 우리는 우리가 할 수 있는 만큼 아이들을 사랑했지만, 조건 없이 사랑하지는 않았다. 그러나 조건 없는 사랑만이 진정한 사랑이다.

한편, 아이는 부모에게 자신의 진정한 모습을 보였을 때, 부모가 애정을 표현하지 않으면 끔찍한 두려움에 떤다. 자신이 저지른 실수들과 단점들이 드러났을 때를 말하는 것이다. 우리는 아이가 우리를 불편하게 하거나 실망시키는 여러 순간을 인정해 주지 않았다. 아이는 사랑받지 못한 채 혼자 남겨진 경험을 해왔기에 또다시 상처받을 것을 두려워하는 것은 당연하다. 자신에 대한 실망과 화를 경험하는 고통은 견딜 수 없기 때문에 실수를 감추는 것을 배운 것이다. 거짓말을 하면, 부모가 덜 실망하고 또 덜 화낼 테니까.

> 아이들이 실수를 숨길 때, 우리는 실망과 짜증을 덜 표현한다. 거짓말을 아주 효과적으로 하도록 가르치는 셈이다.

부모는 이따금 아이의 거짓말을 알아채면 마음이 아프다는 듯 이런 말을 한다.

"어떻게 거짓말을 할 수 있니?"

만약, 이 질문에 대해 아이가 진실로 대답할 용기와 통찰력이 있다면 다음과 같이 대답하리라.

"실수를 숨기지 않으면, 저에게 화를 내면서 사랑해 주지 않잖아요. 그럴 땐 끔찍한 기분이에요. 진실을 말하는 대가가 너무나도 크기 때문에 거짓말을 하는 거예요."

우리가 아이들에게 실망하고 화를 내는 순간마다, 거짓말은 물론 자신을 보호하는 행동들을 하도록 무의식적으로 가르치는 것이나 다름없다. 더 나아가 우리는 거짓말의 롤 모델이 되기도 한다. 우리 스스로 단점을 숨기고, 실수를 최소화하고, 핑계를 댈 때마다 우리는 거짓말을 하고 있는 것이다. 심지어 자신이 그러고 있다는 것조차 알지 못한다.

다음은 우리가 매일같이 하고 있는 몇 가지 거짓말의 예시다.

- 약속 시간에 늦었을 때, 이유를 설명하기 위해 "교통 체증이 너무 심했어"라고 말한다. 그러나 진실은 제대로 준비하지 않았고, 제 시간에 목적지에 도착할 수 없을 때까지 다른 행동을 선택했던 것이다. 만약, 제시간에 도착하면 십억 원을 준다고 하는데도 교통 체증이 우리를 늦게 "만들 수" 있을까?
- 마무리되어야 할 업무가 왜 끝나지 않았는지에 대해 우리는 "시간이 없었어"라고 말한다. 그러나 우리가 원하는 모든 것을 할 시간이 있었다. 그저 우선순위에 둘 만큼 충분히 중요하지 않았던 것이다.

- 누군가와 전화 통화를 피하기 위해 배우자 혹은 자녀에게 "집에 없다고 해"라고 말한다.
- 실수에 대해 온전히 책임을 지는 대신, 자녀를 포함해 다른 사람 탓을 한다.
- 아이와 다른 사람들에게 행동이나 얼굴 표정 또는 말로 화를 낸다. 화를 내게 만든 사람이 상대방이라고 강력하게 주장한다. 이는 거짓말이다. 어느 누구도 우리를 화나게 만들 수 없다. 우리에게 화를 낼지 안 낼지에 따른 선택권이 언제나 있지만, 그것을 인정할 용기가 없다. 사람들이 어떤 행동을 하더라도, 우리는 언제나 화를 내는 대신 사랑하는 것을 선택할 수 있다.
- "다 너를 위해 이러는 거야"라고 말하지만, 진실은 우리 삶을 더 편하게 만들기 위해서다.

이처럼 우리는 하루에도 몇 번씩 거짓말을 한다. 그러나 우리가 그러고 있다는 것조차 의식하지 못한다. 이처럼 아이들은 우리를 보고 배워서 거짓말을 한다.

킴벌리가 엄마의 드레스에 포도주스 자국을 남기고 거짓말을 했을 때, 이는 명확히 보호하는 행동이다. 누군가 우리를 좋아하게 만들기 위해 뭔가를 할 때, 그 사실을 상대에게 말하지 않는다면 이는 거짓말이다. 거짓말을 함으로써 칭찬과 힘 그리고 쾌락이라는 가짜 사랑을 위한 얻는 행동을 하는 것이다. 이처럼 우리는 거짓말을 꽤 많이 한다.

우리가 언제 거짓말을 하는지 알아보자.

- 상대가 우리에게 호감을 갖게 하기 위해 대화할 때 "적절한" 말이 무엇인지 생각하려고 노력한다.
- 유행하는 헤어스타일을 하고, 옷을 입고, 화장을 하고, 운동을 해서 몸매가 좋아 보이도록 노력하는 이 모든 것이 다른 사람들에게 매력적으로 보이기 위해서다.
- 상대의 기분을 좋게 하는 가식적인 말을 한다.

- 선물을 주면서 감사와 애정을 돌려받기를 기대하거나, 미래에 상대에게 부탁하게 될 일들을 생각한다.

상대의 허용을 받기 위해 애쓰고 있다는 사실을 말하지 않기 때문에, 위의 예시들 또한 거짓말인 것이다. 대부분의 사람이 이러한 거짓말을 사용하기 때문에 마치 정상적인 것으로 받아들인다. 아이들은 우리가 하는 거짓말을 보며, 우리에게 받아들여지기 위해 거짓말을 한다. 그리고 같은 방식으로 사람들과 관계를 맺으며 살아간다.

위의 예시들을 거론하면서 거짓말에 대해 설명할 때마다 많은 사람이 다음과 같이 반응하고는 한다.

"뭐야. 저것들은 거짓말이라고 할 수 없어. 저 정도는 모든 사람이 좋은 인상을 만들기 위해 하는 것들이잖아. 자연스러운 말이잖아. 무슨 문제가 된다는 거지?"

물론 사람들이 우리를 좋아해 주기를 바란다는 것은 자연스러운 일이라는 데 나도 동의한다. 게다가 작은 속임수를 쓴다면, 그 목표를 이루기가 한결 쉬워지리라. 대부분 한 치의 망설임도 없이 작은 속임수를 쓴다. 그러나 여전히 진실을 말하는 것이 아니기 때문에 거짓말은 거짓말이다. 하지만 우리는 거짓말이라는 단어를 좋아하지 않는다. 그렇기 때문에 자신이 거짓말을 한다는 사실을 인정하지 않는다. 거짓말이라는 단어 안에는 거짓말을 하는 사람들은 '나쁜 사람'이며, 의도적으로 하는 것이라는 의미가 내포되어 있기 때문이다. 그러나 우리가 하는 대부분의 거짓말은 아주 편안하게 나오고, 무의식적이며, 자신을 보호하고 또 공허함을 채우기 위해서 한다. 우리가 거짓말을 한다는 것을 정당화할 수는 없으나, 왜 거짓말을 하는지를 명확히 이해할 수 있을 것이다.

우리는 아주 어렸을 때부터 "첫인상이 아주 중요하다"고 배웠다. 여기에는 다음과 같은 의미가 있다.

"거짓말을 해라. 그러나 거짓말이라고 부르지는 않을 것이다. 단지 진실은 조금만 말해라. 오직 너의 좋은 부분만 말하라. 단점은 숨기고, 사람들이 좋아할 것 같은 장점만 보여 주어라. 그 정도는 거짓말이 아니다."

이 긴 문장을 사회적으로 용인되는 방식으로 표현하고 있는 것이다.

이제 우리가 하는 거짓말에 대해 자신을 어떻게 속이고 있는지 설명해 보겠다. 과일 가게에서 절반은 깨끗하고, 절반은 썩은 오렌지 한 상자를 팔고 있다고 가정해 보자. 손님들을 유인하기 위해 깨끗한 오렌지를 위에 올리고, 썩은 오렌지를 아래로 숨겼다. 상인이 한 행동이 '좋은 인상을 주기 위한 행동'일까, 아니면 거짓말을 하고 있는 것인가?

거짓말의 문제점

거짓말을 조금 하는 것 가지고 왜 이렇게 호들갑을 떠는 것일까? 우리가 하는 무의식적인 거짓말은 좋은 인상을 주고, 다른 사람으로부터 거절당하는 것을 피하기 위해 노력하는 것인데, 뭐가 그렇게 끔찍한 잘못이라고 이런 식으로 설명하는 것일까?

인간이 가장 원하는 것은 다른 사람들에게 조건 없이 사랑받는 것이다. 우리의 단점, 실수, 두려움에도 불구하고 우리의 행복에 대해 관심을 가지고 있다는 것을 느끼기를 원한다. 하지만 당신의 행복에 대한 조건 없는 관심, 즉 진정한 사랑을 느끼기 전에 당신이 진정 누구인지가 있는 그대로 받아들여져야만 한다. 있는 그대로 받아들여지기 전에는 사랑을 받을 수 없다.

다음과 같이 간단히 설명해 보겠다.

있는 그대로 받아들여지기 → 사랑받기

당신이 진정 누구인지를 실제로 보여 주기 전에는 내가 당신을 있는 그대로 받아들인다는 사실을 느낄 수가 없다.

온전히 보이기 → 있는 그대로 받아들여지기 → 사랑받기

당신이 자신의 진실을 나에게 말하기 전까지, 내가 당신을 온전히 봤다는 것을 확신할 수 없다.

진실을 말하기 → 온전히 보이기 → 있는 그대로 받아들여지기 → 사랑받기

조건 없이 사랑받는 과정은 오직 당신이 자신의 진실을 말할 때 시작될 수 있다. 그러므로 거짓말의 비극은 바로, 우리가 거짓말을 할 때 결코 사랑을 받을 수 없다는 것이다.

당신이 자신의 장점 몇 가지를 나에게 말했다고 가정해 보자. 그리고 내가 당신을 좋아해 주기를 바라고 있다. 이런 상황은 매일같이 일어나고 있으니까, 상상하기 별로 어렵지 않을 것이다. 당신의 거짓말은 성공적이었다. 말과 행동으로 내가 당신을 좋아한다는 것을 느낄 수 있다. 당신은 순간적인 만족감을 경험한다. 그러나 이런 방식으로 내가 당신을 받아들인 것은 사실 가치가 없다. 왜냐하면 내가 당신을 제대로 알지 못한다는 것을 알고 있을 테니까.

당신이 말한 장점들이 진실일지는 모른다. 그렇지만 오직 당신을 좋아하게끔 만들려는 의도로 전시된 작은 부분일 뿐이라는 사실을 당신은 스스로 알고 있다. 그리고 좋은 인상을 만들기 위해 나머지 부분들은 숨겨야만 했다. 숨겨진 부분들은 이기적임, 화, 두려움들일 것이다. 그러므로 내가 본 것은 당신의 진정한 모습이 아니다. 이런 상황에서 있는 그대로 받아들여졌다고 느낄 리가 없다.

심지어 내가 아주 긍정적인 감정을 당신에게 표현하더라도 마찬가지다. 더 나아가 내가 아무 조건 없이 당신을 사랑한다고 하더라도 믿을 수 없을 것이다. 따라서 당신은 여전히 혼자 남는다. 당신의 거짓말은 진실로 사랑받는 것을 불가능하게 만든다.

당신을 좋아하도록 만들려고 할 때마다 가장 잘 찍힌 사진을 오려서 만든 가면을 쓰는 것이나 마찬가지다. 그런데 거기에 당신은 없다. 즉, 그 관계 안에 당신은 존재하지 않는다. 주변 사람들에게 얼마나 많은 애정을 받는지는 상관이 없다. 당신이 갖다 붙인 가면과의 관계일 뿐, 당신과의 관계가 아니기에 결국 혼자 남겨질 뿐이다.

이는 당신의 아이에게도 동일하게 적용된다. 아이가 좋지 않는 행동을 했을 때, 대부분의 부모처럼 실망과 짜증을 표현한다면, 아이는 부모의 애정이 줄어드는 것을 피하기 위해 거짓말을 하기 시작할 것이다.

아이들은 다음과 같은 방식으로 거짓말을 한다.

- 실수를 인정하지 않는다. 예를 들어, 창문을 누가 깼냐고 물으면, 자기가 저지른 일이더라도 "모르겠어요"라고 대답한다.
- 다른 사람 탓을 한다. 두 아이가 큰 소리로 싸우다가 부모가 무슨 일이냐고 물으면, 서로 손가락질하며 "쟤가 먼저 시작했어요!"라고 말한다.
- 부모가 원하는 말을 한다. 부모가 뭔가를 해줄 때마다 "감사합니다"라고 말하는데, 이는 감사함의 표현이 아니다. 감사하다고 말하지 않았을 때 당신이 화를 낸다는 것을 알기 때문에 하는 말이다.
- 아이가 스스로 원하지 않아도 부모가 원하는 행동을 한다. 피아노 학원에 다니고, 야구부에 들어가거나, 자신이 정말 원하는 것이 아니더라도 부모가 원하기 때문에 그 행동을 한다.

'작은 거짓말'들은 순수해 보인다. 하지만 어린 시절에 부모로부터 인정받기 위해 무엇이든 하기 시작하면, 아이들은 진실이 아닌 모습으로 살아가게 된다. 따라서 조건 없는 사랑은 결코 느낄 수 없게 된다. 실수와 단점을 숨기는 순간, 사람들로부터 거리감을 느끼며 혼자 남는다. 그렇기 때문에 거짓말이 나쁘다는 것이다. 거짓말은 아이들이 사랑받지 못한다고 느끼게 한다. 아이들이 거짓말을 하면, 부모는 이기적으로 불쾌함을 표현한다. 따라서 거짓말이 아이에게 미치는 끔찍한 영향은 제대로 인지할 수조차 없다.

거짓말을 해서 진실을 숨기면 부모의 부정적인 반응은 잠시 줄어들지만, 아이가 혼자 남겨진다고 느낀다. 이는 아이가 가장 싫어하는 느낌이다. 조건 없는 사랑을 주는 사람을 찾지 못한다면, 한평생 진실을 숨긴 채 거짓말을 하면서 살아갈 것이다. 어른이 되어서도 여전히 그렇게 살아가고 있는 우리들처럼 말이다.

거짓말을 통해 아이들이 순간적으로 느끼는 안전함은 환상일 뿐이다. 킴벌리의 경험을 예로 들어 보겠다. 엄마가 자신에게 화를 내는 것을 막기 위해 거짓말을 했다. 만약, 엄마가 진실을 알게 되면 어떻게 반응할지, 킴벌리는 이미 알고 있다. 엄마가 진실을 알았다면 엄청난 비난을 하고, 킴벌리는 고통을 경험했으리라. 따라서 조건 없이 받아들여지지 않은 것이므로, 결과적으로는 거짓말로 잘못을 숨긴 상태 또한 사랑받지 못한 경험으로 여전히 남는 것이다.

비록 거짓말을 통해 엄마에게 비난받는 것을 순간적으로 피할 수 있었으나, 킴벌리가 저지른 실수에 대한 진실을 엄마가 알게 되면 처벌을 피할 수 없다는 것을 알고 있었다. 따라서 엄마가 자신을 상대로 비난하지는 않았지만, 여전히 못마땅하게 여긴다는 것을 마음속 깊이 느꼈다.

해결책

제4장과 제5장에서 부모와 자녀가 반복적으로 거짓말을 하는 악순환의 고리를 끊는 법에 대해 다룰 것이다. 그리고 어떻게 하면 진정한 사랑을 찾고, 진실한 행복과 사랑이 넘치는 관계를 유지할 수 있는지에 관해 다루겠다.

공격하기

공격하기는 우리가 겁을 주어서 원하는 것을 얻어내기 위해 하는 모든 행동을 말한다. 화내기, 비난하기, 인정해 주지 않기, 겁주기, 비꼬기, 죄책감 주기 등 권력과 힘을 사용하는 모든 행동이 공격하기다. 우리는 겁에 질렸을 때 공격하기를 사용한다. 다른 사람들에게 먼저 겁을 주어 우리가 상처받는 것을 미연에 방지하는 것이다. 이 공격하기는 보호하는 행동이다. 더 나아가 얻는 행동으로서 공격하기를 사용하기도 한다. 우리가 사랑받지 못한 채 두려움에 떨고 있을 때, 사람들로부터 원하는 것을 얻어내기 위해 조종하는 것이다. 공격하기의 가장 흔한 형태는 화를 내는 것인데, 아이에게 가장 많이 사용하는 형태다.

다음 장에서 우리가 화를 어떻게 사용하고, 화가 아이들에게 어떤 영향을 미치는지에 대해 대화해 볼 것이다. 아이들이 화내는 것을 배우는 방법은 우리가 어렸을 때 배운 방법과 같다.

- 아이들은 부모가 자신과 다른 사람들에게 반복적으로 화를 내는 것을 보았기 때문에 화를 낸다.
- 아이들은 자신을 보호하고, 가짜 사랑을 얻어내는 데 있어 화내는 것이 매우 효과적이라는 것을 경험으로 배웠기 때문에 화를 낸다.
- 아이들은 두려움과 외로움을 느낄 때, 어떻게 대처해야 하는지 모르기 때문에 화를 낸다.

다음 사례를 통해 마이크가 화내는 법을 어떻게 배우는지를 살펴보며, 우리 아이들이 화를 배우는 과정에 대해 설명해 보겠다.

마이크가 아기였을 때 미소를 짓고, 걸음마를 떼고, 옹알이를 하는 것만으로도 칭찬과 관심을 받았다. 입을 열어 옹알거리는 것만으로도 사람들은 귀엽게 여겼다. 마이크는 그 관심과 집중을 무척 좋아했다.

두 돌이 지나자, 여동생이 태어났다. 그리고 아기였을 때 만큼 자신이 귀엽지 않다는 것을 발견했다. 갑자기 모든 관심이 여동생에게 옮겨 갔고, 마이크는 어쩔 줄을 몰랐다.

그러나 마이크는 매우 유용한 것을 배웠다. 어느 날, 누군가 자신이 하기 싫어하는 행동을 하라고 시켰을 때, 완강히 거부하며 "싫어!"라고 외쳤다. 순간, 부모님으로부터 엄청난 관심과 집중을 받았다. 어느 순간보다 많은 관심이었다. 다음 날, 마이크가 원하는 것을 부모가 주지 않자, 크게 화를 내며 다시 요구했다. 그러자 엄마는 마이크가 원하는 것을 건네주었다. 마이크는 이 행동들을 반복하기 시작했다.

한때 귀여운 사랑둥이였던 마이크의 변화가 부모는 매우 당황스러웠다. 마이크가 변한 것은 사실 완전히 이해할 만하다. 화를 내는 것은 관심과 집중을 얻는 데 아주 강력한 도구이므로, 계속해서 사용했을 뿐이다. 또한 화를 내면 자신을 보호하고, 원하는 것을 얻는 데 아주 효과적이다. 두 살배기의 행동에는 악의가 없다. 효과가 좋기 때문에 그저 반복해서 사용할 뿐이다.

학교에 들어가자, 마이크는 학급 친구들에게 화를 내어 자신이 원하는 방식으로 주변이 돌아가게 만드는 데 성공했다. 해가 지날수록 화를 내는 기술을 더 잘 응용할 수 있도록 연마했고, 결국 성인이 되어서 공격적인 사업가로 성공하게 되었다. 직원들에게 겁을 주어 자신의 명령을 재빠르게 따르도록 했다. 그러자 경쟁자들은 마이크를 존경하면서도 두려워했다. 아내와 자녀들 또한 마이크를 두려워했다. 물론 아내와 아이들은 그에게 솔직한 감정을 말할 수 없었다. 사람들은 마이크가 비난하고 화를 내는 것을 두려워했기에, 마이크가 원하는 모든 것을 주었다.

이처럼 마이크는 권력을 얻고 또 존경을 받고 있었지만 여전히 외로웠다. 사람들은 화를 내는 사람을 기분 좋게 만들기 위해 원하는 행동을 해주지만, 그 사람 주변에 함께 있고 싶어하지 않았다. 더불어 그는 두 가지의 혈압약을 처방받아 복용하고 있었는데, 심장마비가 언제 다시 일어날지 모르는 상황이었다. 마이크는 진정한 사랑이 없는 삶 속에서 화를 내는 것으로 공허함을 일시적으로 채우려고 애썼지만, 결국 외롭고 사랑받지 못한 상태로 여전히 남았다.

아이가 화를 내는 이유는 사랑을 받지 못했기 때문이라는 것을 이해해야만 한다. 아이들은 자신을 보호하기 위해 화를 내고, 칭찬·힘·안전함 등의 가짜 사랑을 얻기 위해 화를 낸다. 그렇게 화를 내면 공허함과 무력감이 잠시 사라진다는 것을 발견하게 된다. 이 두 가지 감정은 아이들이 가장 싫어하는 감정이다. 화를 내면 자신들이 원하는 것을 얻을 수 있고, 상처 입는 것을 멈출 수 있다.

아이가 신경질을 부릴 때 어른들이 얼마나 서둘러 관심과 집중을 주는지 살펴보라. 아이들은 그 반응을 보고, 울며 떼를 쓰는 것이다. 하지만 조건 없이 사랑을 받은 아이들은 진실로 행복하기에 화를 낼 필요가 없다. 다시 말해, 진정한 사랑이 있을 때, 화를 내는 행동은 가치를 잃어버린다.

피해자 행세하기

내가 능력이 없고 또 무력한 피해자인 것처럼 행동하면, 당신의 동정심을 짜내어 두 가지를 성취하게 된다. 첫째, 당신이 나에게 상처 입히는 것을 멈추게 할 수 있다. 이는 보호하는 행동으로, 피해자 행세를 하는 것이다. 둘째, 당신은 내가 원하는 것을 줄 것이다. 이는 얻는 행동으로, 피해자 행세를 하는 것이다. 사람들이 피해자 행세를 할 때 세 가지 방식을 사용한다.

- "당신이(혹은 다른 누군가) 나에게 한 짓을 봐." – 보호하는 행동
- "당신이(혹은 다른 누군가) 나를 위해 했어야 하는 일을 나에게 하지 않았어."
  – 얻는 행동
- "이건 내 잘못이 아니야." – 얻고 보호하는 행동

자신이 피해자라고 믿는 사람들은 모든 것이 불평등하다. 이들은 다른 사람이 자신을 위해 뭔가를 해야 하며, 자신을 불편하게 만들어서는 절대 안 된다고 믿는다. 기대와 요구, 죄책감을 이용해서 자신을 행복하게 만들어 줄 책임이 있

는 것처럼 다른 사람들이 느끼도록 만든다. 이들은 '하지만'과 '해야만 한다'라는 단어를 가장 좋아한다. 이들이 실수를 저지를 때는 언제나 변명거리가 있다.

피해자 행세를 하는 사람들은 자신의 잘못에 절대 책임을 지지 않는다. 이들에게 감히 이의를 제기한다면, 이해심도 없고 또 배려심도 없는 사람이라며 비난한다. 만약, 피해자 행세를 하는 사람에게 자신의 행동에 대한 책임을 지라고 요구하면, 상처를 입힌다고 비난하며 죄책감을 준다. 그러면서 자신이 피해자라는 사실을 더 강하게 정당화한다.

일반적으로, 피해자 행세를 하는 것이 너무 만연하기에 평범한 행동으로 받아들인다. 따라서 우리는 피해자 행세를 명확히 구분할 수 있어야만 한다. 그렇지 않으면 아무런 대처를 할 수 없을 것이다.

다음은 아이들이 일반적으로 하는 피해자 행세하기의 예시다.

- 아이가 실수를 저지르고 나서, "어쩔 수 없었어요"라고 말한다. 스스로 내린 선택에 대해 아무런 책임이 없다고 말하는 것이며, 자신이 아무것도 할 수 없는 무력한 존재며, 다른 사람들의 행동에 대한 피해자라고 자처하는 말이다. 이는 거의 대부분 진실이 아니다.
- 아이가 무언가 사고 싶을 때, 부모가 안 된다고 말하면 이렇게 대응한다. "하지만, 다른 애들은 다 가지고 있는 걸요. 불공평해요." 심각한 부당함을 없애기 위해 아이가 원하는 것을 주어야 한다는 의무감을 부모가 느끼기를 바라는 것이다.
- 아이가 어딘가 가고 싶다고 할 때, 부모가 안 된다고 말하면 저항하면서 이렇게 대응한다. "다른 애들은 다 가는데요?"
- 아이가 원하는 것에 대해 안 된다고 말하면, 애걸복걸하는 표정으로 "제발요, 안 될까요?"라고 말한다. 그리고 이렇게까지 매달렸는데 들어주지 않으면, 믿을 수 없을 만큼 이기적이며 또 잔인한 부모라는 태도를 나타내는 것이다.
- 숙제를 다 하지 않은 이유를 물으면, "시간이 없었어요"라고 말한다.
- 상처받은 것처럼 행동하거나, 뾰루퉁해진다면 피해자 행세를 하는 것이다. 실제보

다 더 상처받은 것처럼 행동하면, 처벌을 덜 받거나 원하는 것을 얻어낼 가능성이 더 많아지고, 상황에서 도망칠 수 있다는 것을 경험으로 배운 것이다.
- 아이가 학교에서 시험을 칠 때 벼락치기를 자주 한다. 제대로 준비하지 않았기에 좋지 않은 성적을 받는 것은 당연하다. 그리고 선생님이 '너무 어려운' 문제를 출제했고, '부당한' 시험이었다고 말하며 선생님을 비난한다. 자신이 피해자인 것처럼 거짓말을 하는 것이다.

짧게 말해, 피해자 행세를 하는 아이들은 떼쟁이들이며, 무책임하고 또 게으르다. 이들은 부모로부터 이런 태도와 행동들을 배운다. 부모는 피해자 행세하기의 모델이 되고, 아이들이 피해자 행세를 해서 부모를 조종하도록 내버려 두는 것은 그렇게 계속하라고 가르치는 셈이다.

어느 날, 나는 걸음마를 막 배우는 아이가 달리다가 넘어지는 것을 보았다. 조금 뒤, 그 아이의 손바닥이 바닥에 부딪히며 쿵, 하는 소리가 났다. 하지만 많이 다친 것처럼 보이지는 않았다. 아이는 주변을 둘러보며, 누군가 자신을 보고 있는지 확인했다. 그러다가 엄마의 걱정하는 표정을 보는 순간, 울음을 터뜨렸다. 엄마는 아이를 쓰다듬으며 안아 주고, 걱정스레 소란을 피웠다.

몇 분 뒤, 그 아이는 또 넘어졌다. 이번에도 아이는 이리저리 둘러보며 누군가 관심을 줄 만한 이가 있는지를 찾았다. 이번에는 아무도 없었다. 그러자 아이는 아무런 소리도 내지 않고, 벌떡 일어나서 계속 달렸다.

아이가 진정으로 원하는 것은 있는 그대로 받아들여지고, 가르침을 받는 것이다. 그러나 부모의 의도적인 행동은 아니지만, 지나치게 빠른 속도로 동정심을 베풀며 어려운 상황에서 구제함으로써 아이가 피해자 행세를 하도록 부추긴다. 그런데 아이들이 얻고 보호하는 행동으로 피해자 행세를 할 때는 진짜 필요한 것을 제공하기보다 원하는 것을 제공하는 경향이 있다.

제6장에서 아이가 피해자 행세를 할 때, 그 행동을 부추기지 않고 제대로 대처할 수 있는 방법에 대해 다룰 것이다. 스스로 책임을 질 수 있도록 사랑으로 가르친 아이는 자신이 원하는 것을 얻기 위해, 그리고 스스로 보호하기 위해 피해자 행세를 할 필요가 없다.

한편, 아이는 어른들을 보고 피해자 행세를 하는 법을 배운다. 우리가 좋아하지 않는 행동을 아이들이 할 때 "너에게 실망했다", "어떻게 그런 행동을 할 수 있니?"라는 말을 하거나, 아무 말도 하지 않은 채 실망감을 표현하기도 한다. 심지어 실망으로 가득찬 표정으로 아이들을 바라보며 아이의 마음을 송곳으로 찌른다. 그러면서 우리는 마치 아이가 우리의 마음에 상처를 준 것처럼 행동한다. 그렇게 하면 죄책감을 느끼며 부모가 원하는 행동을 하거나, 좋지 않은 행동을 멈추게 될 가능성이 있기 때문이다. 이처럼 아이들에게 "나에게 어떻게 이런 짓을 할 수 있지?"라는 메시지를 보내는 것이다. 우리도 모르는 사이에, 부모의 행복에 대한 책임을 아이의 어깨에 짊어지게 한 뒤 엄청난 피해자 행세를 하는 것이다.

또한 우리는 아이 앞에서 칭얼거리며 불평을 늘어놓는다. 상사와 직장 동료, 배우자, 정치, 이웃 등 비난의 대상은 끝이 없다. 자신의 감정과 행동에 대해 스스로 책임을 지는 대신, 주변의 모든 불공평한 상황을 괴물에 비유하며 비난한다. 또한 아이들은 부모의 행동을 보며, 피해자 행세를 배워 부모에게 써먹는다. 그러나 피해자 행세를 하는 아이가 얻을 수 있는 것은 가짜 사랑밖에 없다. 피해자 행세를 하면 다른 사람을 조종하고 또 그들의 관심과 안전함을 얻어낼 수 있겠지만, 사랑받지 못한다는 외로움을 여전히 느낀다.

도망치기

우리 삶에 고통을 주는 대상을 제거할 수 있다면, 우리가 상처를 입을 가능성은 줄어들 것이다. 상대에게 삐치고, 상대를 피하고, 관계를 떠나고, 낯을 가리는 등의 행동은 도망치기다. 또한 마약을 하거나 술을 마시는 것도 도망치기에 포함된다.

아이들이 사용하는 가장 흔한 방법인 도망치기는 바로 부모를 피하는 것이다. 일반적으로, 집에 돌아와서 부모가 어디 있는지를 찾아보고 달려와 안기거나, 대화를 하려고 하는 아이들은 흔치 않다. 대부분 부모와 거리를 두려고 한다. 부모가 지금까지 아이가 필요로 하는 사랑을 주지 않고, 아이를 비난하며 못마땅히 여겼기 때문이다.

비록 도망치기가 자신을 보호하는 데는 효과적일지 모르나, 그 대가는 혹독하다. 도망치는 사람들은 언제나 혼자 남기 때문이다. 부모가 아이를 사랑하는 법을 배우면, 아이는 더이상 도망칠 이유가 없어진다. 아이들은 사랑받는다고 느끼게 해주는 사람과 자연스럽게 함께 있고 싶어하기 때문이다.

제6장에서 도망치기에 대처하는 방법에 대해 다룰 것이다.

매달리기

매달리기는 얻는 행동이다. 이따금 어린아이가 눈앞에서 엄마가 어디론가 가는 것을 참지 못하고, 치맛자락을 붙잡고 늘어지는 것을 볼 때가 있다. 그러한 행동이 어린아이일 때는 효과적일 수 있으나, 대부분의 부모는 적절한 나이가 지나서까지 계속 매달리도록 부추길 때가 있다. 아이들의 삶에 없어서는 안 되는 존재라는 느낌을 부모들이 좋아하기 때문이다.

아이들은 부모에게 어떤 방식으로 매달리며, 부모는 아이가 매달리도록 어떻게 부추기고 있을까?

- 아이의 모든 행동에 대해 찬반 의견을 내고, 아이의 인생에 부모의 허락과 동의가 필수적인 것처럼 가르친다. 이로써 아이가 부모에게 평생 의존하도록 부추기는 것이다.

- 부모는 아이가 때때로 경험하는 억울한 상황 속에서 지나친 동정심을 표현할 때가 있다. 이를 통해 부모가 주는 위로와 동정에 매달리도록 가르친다.
- 부모가 "엄마(아빠) 볼에 뽀뽀해 줘"라고 말할 때 순수한 애정 표현처럼 보이지만, 부모가 아이에게 애정을 갈구하는 것이다. 즉, 부모가 자녀에게 사랑을 달라고 매달리는 것이다.
- 성인이 된 자녀와 지나치게 오랫동안 함께 사는 것도 아이가 부모에게 매달리는 행동을 부추긴다. 이에 대해 제10장에서 더 다루도록 하겠다.

아이들이 부모에게 매달리고 또 부모도 아이들에게 매달릴 때, 아이는 독립적인 존재로서 행복한 인간이 될 수 없다.

아이들의 얻고 보호하는 행동을 제대로 보자

대부분의 아이는 얻고 보호하는 행동을 매일같이 한다.

다음 목록들이 아이들의 얻고 보호하는 행동을 제대로 볼 수 있도록 도움을 줄 것이다.

- 부모에게 반항하거나 형제자매와 말다툼을 하는 것(공격하기)
- 부모를 피하는 것(도망치기)
- 친구들로부터 인정을 받기 위해 옷, 머리, 행동 등에 대해 걱정을 많이 하는 것 (거짓말하기)
- 하루 종일 텔레비전이나 휴대폰을 보는 것(도망치기)
- '어쩔 수 없었다'는 변명을 하는 것(피해자 행세하기)
- 마약이나 술을 사용하는 것(도망치기)
- 실수를 숨기는 것(거짓말하기)
- 자신이 갖지 못한 것에 대해 불평을 하는 것(피해자 행세하기)

- **주변에서 일어난 작은 일 때문에 짜증내거나 답답해하는 것**(피해자 행세하기, 공격하기)

얻고 보호하는 행동이 가져오는 결과

우리가 얻고 보호하는 행동을 할 때, 그 대가로 칭찬·힘·쾌락·안전함이라는 가짜 사랑을 받는다. 그러면 가짜 사랑을 주는 사람들과 순간적으로 연결됨을 느끼고, 무력감이 일시적으로 사라져 외로움을 잊게 된다. 하지만 조건 없는 사랑과 행복은 여전히 느낄 수 없다. 얻고 보호하는 행동을 할 때, 사랑을 느끼는 것은 불가능하다.

진정한 사랑을 얻을 것이라는 기대 없이 상대의 행복에 관심을 기울여야 한다. 즉, 내가 받을 보상을 생각하지 않고, 상대의 행복에 관심을 갖는 것이다. 다시 말해, 선물처럼 기꺼이 주고 또 자유롭게 받는 것이다. 이는 상대를 조종해서 얻거나, 교환하거나, 힘으로 강압할 수 없는 것이다. 진정한 사랑이 없을 때 관심과 칭찬 그리고 힘을 얻으려고 다른 사람을 조종하는 것은 이해할 수 있다.

그러나 당신이 무엇인가를 얻기 위해 하는 행동 그리고 고통이나 두려움을 피하기 위해 자신을 보호하는 행동이 어떤 것이든 상관이 없다. 얻고 보호하는 행동으로 얻는 것은 기꺼이 주어진 선물이 아니기에 오직 가짜 사랑일 뿐이다.

다음의 상황을 상상해 보자.

당신은 직장을 잃었다. 빈털털이에다 배까지 고프다. 당신은 내가 매일 갖 구운 빵 한 바구니를 들고 길을 가는 것을 본다. 그리고 내 앞으로 와서 빵 하나를 달라고 설득하기 위해 다음과 같은 말을 한다.

- **저희 엄마가 너무 아프신데요**(거짓말하기). **빵 하나만 나누어 주시겠어요? 엄마한테 드리려고요.**

- 하루 종일 아무것도 못 먹었어요(거짓말하기). 저에게 빵을 나눠 주지 않으면 저에게 무슨 일이 일어날지 모르겠어요(피해자 행세하기).
- 먹을 게 필요해요. 지난번에 자동차 고치는 걸 제가 도와드렸잖아요. 기억하시나요(죄책감을 주어 공격하기)?
- 빵 하나만 주시면 내일 갚을게요(거짓말하기).
- 지금 당장 그 빵을 내놔(공격하기)!
- 오늘 참 멋져 보이네요(거짓말하기, 칭찬과 빵을 교환하려고 애쓰고 있다. 칭찬하는 의도가 솔직하지 않다).

나는 당신이 매번 요청할 때마다 당신에게 빵을 나누어 준다. 하지만 당신이 결코 알 수 없는 것이 있다. 매일 아침, 일찍 일어나 당신에게 주기 위한 빵을 특별히 굽고 있다는 사실을…. 나는 당신에게 선물을 하는 것이다. 하지만 당신은 선물로 받을 수 없다. 내가 뭐라고 말을 꺼내기도 전에 당신은 빵을 얻기 위해 나를 조종하고 있기 때문이다. 아무리 내 마음에서 우러나 기꺼이 주는 선물이라고 하더라도, 당신에게는 나를 조종해서 얻어낸 것이 된다. 다시 말해, 내가 진정한 사랑을 기꺼이 주더라도, 당신의 행동에 의해 가짜 사랑으로 변해 버린 것이다. 그러면 진정한 선물로서의 가치는 사라지고 만다.

> 우리는 아이들이 얻고 보호하는 행동을 제대로 보고, 사용하지 않도록 도와주어야 한다. 아이들이 그 행동을 하면 사랑을 받을 수도 없을 뿐만 아니라, 삶에서 가장 필요한 진정한 사랑을 얻는 데 아주 심각한 방해가 되기 때문이다.

우리가 얻고 보호하는 행동을 사용할 때, 순간순간 진정으로 받아들여지는 경험을 할 수 없다. 가짜 사랑만을 느낄 뿐이다. 이를테면, 얻고 보호하는 행동은 가보로 엿을 바꿔 먹는 짓이다. 이는 우리 아이들에게도 똑같이 적용된다. 아이들이 부모에게 얻고 보호하는 행동을 하면, 부모의 사랑을 경험할 수 없다.

이 얼마나 비극적인가.

아이들의 얻고 보호하는 행동이 위험한 이유는 다음과 같다. 바로, 얻고 보호하는 행동이 매우 효과적인 것처럼 보이기 때문이다. 적어도 그 순간 만큼은 효과가 있으니 말이다. 가짜 사랑으로 가짜 행복이 충분히 제공되면, 아이가 진정한 사랑을 찾는 길을 완전히 가로막아 버린다. 그렇기 때문에 우리는 아이들이 얻고 보호하는 행동을 하지 않도록 가르쳐야만 한다. 이 주제에 대해서는 제6장에서 다시 다루겠다.

왜, 아이들은 얻고 보호하는 행동 중 특정한 한 가지 행동을 가장 많이 할까?

어떤 아이들은 여러가지 얻고 보호하기 중 주된 한 가지 행동을 더 많이 하는 경향이 있다. 어떤 아이는 화를 더 많이 내고, 어떤 아이는 거짓말을 더 많이 하고, 심지어 피해자 행세를 더 많이 하는 아이도 있다. 왜 그럴까? 그 질문에 대한 답은 유전적인 이유, 호르몬적인 이유, 사회적인 이유, 행동적인 이유 등 다양하다. 하지만 여기서 나는 한 가지 얻고 보호하는 행동을 다른 것보다 많이 하는 것을 어떻게 배웠는지에 대해 살펴보겠다.

아이는 부모의 행동을 따라 하는 경향이 있다. 예를 들어, 부모가 피해자 행세를 하는 데 능숙하다면, 아이가 피해자 행세를 할 가능성이 매우 높다. 그러나 한 가족에서 형제자매가 여러 명 있다면, 한 아이가 다른 아이보다 얻고 보호하는 특정한 행동을 더 많이 한다.

마이크가 두 살 때의 상황을 다시 살펴보면 이를 더 쉽게 이해할 수 있다. 마이크는 자신이 원하지 않는 행동을 부모가 요구할 때, 부모를 향해 "싫어!"라고 소리를 지르며 힘을 사용하는 법을 알게 되었다고 앞서 소개한 바 있다.

마이크가 네 살이 되었을 때는 이미 2년 이상 화를 내는 것 외에 다양한 공격하기를 연습했기에 아주 능숙해졌다. 어느 날, 마이크는 두 살 어린 여동생 아만다의 장난감을 빼앗고 그녀를 밀쳤다. 아만다는 오빠와 경쟁하는 것 자체가 불가능했기에 잊을 수 없는 교훈 하나를 얻었다. 그것은 '공격을 해서는 내가 원하는 것을 얻을 수는 없다'는 것이다.

> 어린아이가 어떤 얻고 보호하는 행동을 배울 때, 부모를 모델로 삼고 또 개인의 경험에서 효과적인 것을 더 자주 사용한다.

대부분의 아이들은 공격하기를 사용한다. 공격하기는 아주 효과적인 도구인데, 부모가 공격하는 것을 자주 목격했기 때문이기도 하다. 첫째 이후에 태어난 아이들이 공격하기를 사용하는 것은 매우 불리하다. 따라서 공격하기보다 다른 얻고 보호하는 행동을 선택한다. 태어난 순서에 따라 자녀의 특성을 적어 놓은 책들이 많다. 보통 작가들은 첫째들이 더 공격적이고, 그 다음에 태어난 아이들은 더 '사회적'이라고 말한다. 더 정확하게 말하자면, 첫째 이후에 태어난 아이들이 거짓말과 피해자 행세 그리고 매달리기를 더 잘한다고 말해야 할 것이다. 그러나 태어난 순서에 따른 자녀의 특성에 대한 설명은 일반화의 오류를 범할 수 있다. 예를 들어, 첫째 아이가 딸일 경우에는 둘째가 공격하기를 더 많이 사용하기도 한다.

왜, 얻고 보호하는 행동을 하는지 이해할 때 우리가 얻을 수 있는 힘

삶에서 진정한 사랑의 중추적인 역할과 얻고 보호하는 행동이 진정한 사랑을 충분히 받지 못했기 때문에 나타나는 증상이라는 사실을 이해하고 나면, 우리는 아이들을 제대로 볼 수 있게 된다. 그제야 아이들을 다르게 보고, 다르게 대처할 수 있다.

우리가 얻을 수 있는 힘을 설명하기 위해 이렇게 상상해 보자.

당신과 내가 아름다운 해변에 있다. 눈부신 햇살, 완벽한 온도와 약간의 습도 그리고 산들바람이 불어와 야자나무 잎사귀가 살랑거린다. 우리는 야외 수영장에서 점심을 먹고 있다. 그리고 당신이 가장 좋아하는 음악을 연주하는 라이브 공연이 한 발치 앞에서 펼쳐지고 있다.

이렇게 완벽한 하루를 보내고 있는데, 수영장에서 누군가 물장구를 쳐서 당신에게 물을 튀긴다. 처음에는 당신의 신발에, 그리고 옷에 점점 더 많이 튀기 시작한다. 앞에 있는 의자 때문에 누가 물장구를 치고 있는지는 보이지 않는다. 처음에는 무시하려고 했지만, 옷이 점점 많이 젖는다.

그러자 결국 짜증이 나서 자리를 박차고 일어나, 누가 이렇게 생각 없이 멍청하게 구는지 따지기 위해 수영장으로 다가간다. 그 사람에게 소리를 지르려는 찰나, 그는 물장구를 치고 있는 것이 아니었다는 것을 알게 된다. 그는 물에 빠져 허우적거리고 있었던 것이다. 살기 위해 어떻게든 해보려고 허우적거리고 있었다. 당신은 그 상황을 즉각 알아차린다. 당신에게 물을 뿌리려는 의도는 전혀 없었던 것이다.

이제 기분이 어떤가? 그 사람에게 여전히 화가 나는가? 물론 아닐 것이다. 제정신이라면 익사 직전에 허우적거리는 사람에게 누가 화를 낼 수 있단 말인가? 그 사람이 왜 물을 튀기고 있었는지, 그 이유를 알자마자 짜증나는 감정이 사라질 것이다. 뿐만아니라 그를 구하기 위해 구명 튜브를 찾아 던지는 등 그를 살리기 위해 최선을 다할 것이다.

이 상황에 대해 아주 중요한 질문을 몇 가지 해보겠다.

- 화가 났다가 상대를 완전히 받아들이는 데까지 얼마나 긴 시간이 걸렸는가? 순간적이었다. 그 사람이 물에 빠져 허우적거린다는 것을 알자, 당신의 화는 사라졌다.
- 상황에 대한 진실을 보게 된 이후, 당신은 화를 조절하기 위해 얼마나 노력해야 했는가? 아무런 노력도 필요하지 않았다. 살기 위해 허우적거리고 있다는 것을 본

순간, 당신의 화는 순식간에 사라졌다. 스스로 감정을 조절할 필요도, 화를 자제하기 위해 노력할 필요도 없었다.
- 물에 빠진 사람이 자신을 구해 달라며 당신을 설득해야 했는가? 돈을 지불했는가? 당신에게 물을 뿌린 것을 사과했는가? 제발 살려 달라고 부탁했는가? 물론 아니다. 당신은 아무 조건 없이 그를 구하고자 했다.

아주 어마어마한 깨달음이다. 상황을 이해하는 순간, 당신의 감정은 극적인 변화를 경험했다. 화가 났다가, 화가 사라지고, 상대의 행복에 대한 조건 없는 관심과 진정한 사랑에 이르렀다.

> 왜, 사람들이 얻고 보호하는 행동을 하는지를 이해하고 나면, 나를 '짜증나게 하는' 모든 사람이 그저 물에 빠져 허우적거리고 있는 것뿐이라는 사실을 깨닫는다. 그 모든 행동이 살기 위해 얼굴을 물 위로 들어 올리려고 애쓰는 행동이라는 것을 우리가 기억하고 이해할 때, 화는 아무런 노력도 없이 사라진다.

이처럼 기적 같은 태도의 변화를 현실에서도 경험할 수 있다. 삶에서 당신을 짜증나게 하는 한 사람을 떠올려 보라. 그리고 그 사람이 당신을 짜증나게 했던 그 순간을 떠올려 보라.

이제 그의 모든 행동이 얻고 보호하는 행동이었다는 것을 볼 수 있는가? 단 하나의 예외 없이 얻고 보호하는 행동이다. 사람들은 얻고 보호하는 행동을 왜 사용하는가? 진정한 사랑을 충분히 받지 못했기 때문에, 공허하고 두렵기 때문에 사용한다. 이들에게 진정한 사랑은 익사 직전의 사람이 공기가 필요한 것만큼 절실하다.

당신의 삶에서 행동이 부적절한 모든 사람은 그저 물에 빠져 살려 달라며 허우적거리고 있는 것뿐이다. 당신의 아이도 여기에 포함된다. 얻고 보호하는 행동을 사용해 물 위로 얼굴을 들어 올리기 위해 애쓰고 있을 뿐이다. 물에 빠져 허우적거리는 행동은 당신 때문에 일어난 일이 아니다. 개인적인 원한도 없다. 물에 빠져서 죽지 않으려고 발버둥을 칠 뿐이며, 그 과정에서 사람들에게 물이 튈 수밖에 없었던 것이다. 가까이 있는 사람일수록 더 많은 영향을 받는 것은 당연하다.

진정한 사랑과 얻고 보호하는 행동을 이해하면, 삶에서 다른 사람들과 아이에게 느끼던 관점 또한 빠르고 또 극적으로 변할 수 있다. 마치 물에 빠져 허우적거리던 사람에 대한 당신의 감정이 바뀐 것처럼 말이다. 행복한 삶을 위해 가장 중요한 재료는 단 한 가지, 바로 진정한 사랑이다. 진정한 사랑 없이 사람들은 언제나 물에 빠진 채 허우적거리며 살아가고 있다. 그리고 이들은 얻고 보호하는 행동을 계속 사용할 것이다. 순간적으로나마 물 밖으로 올라와 숨을 쉴 수 있게 해주니까 말이다. 슬프게도, 얻고 보호하는 행동으로 인해 허우적거리며 물이 사방으로 튀게 되고, 주변 사람들에게 부정적인 영향을 끼친다. 우리가 이 사실을 이해하는 것만으로도 아주 강력한 힘을 갖는 것이다.

- 아이에 대한 감정은 즉각 변한다. 아이가 얻고 보호하는 행동을 사용하는 매 순간, 물에 빠진 채 살기 위해 발버둥칠 뿐이다. 당신을 화나게 만들기 위해서가 아니다. 이를 이해한다면 1분도 화를 낼 수 없을 것이다.
- 당신은 스스로 화를 조절하거나 통제할 필요가 없다. 그냥 사라진다.
- 아이에 대한 부정적인 감정은 아이를 살려야겠다는 욕구로 바뀐다.

머리로 이해하게 되면 마음이 따라갈 수 있다. 다시 말하겠다. 아이들이 부적절하게 행동할 때, 이들은 그저 얻고 보호하는 행동을 하고 있을 뿐이다. 우리를 불편하게 하는 행동임이 명확하지만, 사랑을 느끼지 못하기 때문에 하는 당연한 행동이다. 특히 부모가 아이를 충분히 사랑해 주지 못한 것이 그런 부적절한 행동의 뿌리였다는 것을 깨달을 때는 정신이 확 들 것이다. 이러한 깨달음이 있다면 아이들이 부적절한 행동을 할 때, 우리의 편의를 위해 행동을 통제하는 대신 사랑으로 가르치려는 욕구가 생길 것이다.

제3장

세 번째 육아 원칙
화를 내면 무조건 잘못이다

When I'm angry,
I'm wrong

> 제3장

세 번째 육아 원칙
화를 내면 무조건 잘못이다

아이들은 경험이 많지 않기 때문에 우리가 불편해하는 상황들을 만드는 게 당연하다.

- 아이는 물건을 쏟고, 떨어뜨리고, 집 안을 엉망으로 만들며 '사고'를 저지른다.
- 아이가 학교에 가려고 준비하거나, 방을 치우거나, 취침을 준비하는 등 시간 제한을 받을 때, 우리가 정한 일정과 맞지 않게 느리고 불규칙한 속도로 움직인다.
- 아이는 부모의 도움과 감독 없이 아주 단순한 일도 해내지 못할 때가 있다.
- 아이는 음량과 음높이를 바꿔 가며 불필요한 소리를 끊임없이 낸다.
- 아이는 꼭 필요한 것이 무엇인지, 소통하지 못할 때가 많다.
- 아이가 필요한 것이 무엇인지를 표현할 때, 고집스럽고 까다롭다. 그리고 인내심이 없다.
- 아이가 뭘 하든, 돈이 드는 것 같다.

우리 스스로 충분히 사랑받지 못했을 때, 아이가 주는 불편함들은 때때로 인내심의 한계를 넘어서기도 한다. 따라서 우리가 느끼는 불편함을 없애기 위해 아이들에게 반응하는 것은 당연하다. 우리가 어렸을 때부터 배운 것처럼, 아이가 우리의 말을 듣게 하기 위해 또 행동을 바꾸기 위해 계속 화를 낸다. 우리가 화를 내면, 어른이나 아이 모두 우리가 원하는 방식으로 행동하고 또 더 빨리 움직인다.

화의 영향

화를 내면 아이들은 우리가 원하는 방식으로 행동하지만, 결국 너무나도 부정적인 영향을 미친다. 우리가 화를 낼 때 아이들에게 미치는 영향을 살펴보자.

1. 우리가 화를 낼 때, 아이는 우리의 사랑을 느낄 수 없다.
2. 화는 아이들이 세상을 부정적으로 보게 한다. (우리가 화를 낼 때, 아이는 사랑을 느낄 수 없기 때문에 더 많은 얻고 보호하는 행동을 한다. 애초부터 화를 냈던 이유가, 얻고 보호하는 행동을 멈추게 하기 위함이었지만 말이다.)
3. 우리가 화를 낼 때, 아이는 아무것도 배울 수 없다.
4. 우리가 화를 낼 때, 아이는 행복할 수 없다.
5. 우리가 화를 낼 때, 아이는 다른 사람들이 우리를 화나게 만든다는 거짓말을 배운다.

1) 우리가 화를 낼 때 아이들은 우리의 사랑을 느낄 수 없다

제1장에서 당신과 내가 정원에서 함께 나무를 심고 있다가 당신이 실수를 저질렀던 상황을 묘사한 바 있다. 처음에는 당신이 저지른 실수에 대해 내가 친절하게 설명했다. 실수라는 부정적일 수 있는 대화였지만, 내가 당신의 행복에 대해 관심이 있다는 것을 느꼈을 것이다. 두 번째 상황에서는 내가 당신에게 실망을 하며 짜증을 냈다. 그 영향은 아주 달랐다. 왜일까? 내가 당신에게 화를 낼 때, "우주의 중심인 나를 감히 불편하게 만들다니! 네 인생의 목적은 나를 편안하게 모시는 일인데, 그걸 실패했다. 네가 한 행동이 나를 기분 나쁘게 만들었

어"라는 메시지를 전달했기 때문이다. '화'라는 단어는 '**나!나!나!**'라고 바꿔서 볼 수 있다. 화를 낸다는 것은 오만의 극치인 것이다.

상상해 보자. 나는 화를 내며 당신 앞에 서 있다. 내 말과 행동은 '**나!나!나!**'를 외치고 있다. 화를 내며 나 자신에게 완벽히 몰두하는 동안, 내가 당신의 행복에 진심으로 관심을 갖고 또 조건 없는 사랑을 줄 일말의 가능성이라도 있는가? 완전히 불가능하다. 이것은 매우 중요하다. 따라서 다음 문장을 머릿속에 각인하기를 바란다.

당신이 배우자, 애인, 친구, 부모, 상사, 직장 동료, 아이 등 다른 사람에게 화를 내는 순간, 상대에게 들리는 말은 "나는 너를 사랑하지 않아"라는 단 한 문장뿐이다.

이 진실을 조금이라도 의심한다면, 주변 사람 누구에게라도 버럭 화를 내 보라. 특히 아이들에게 화를 내면 그 영향을 극명하게 느낄 수 있다. 화를 낸 뒤 그들의 표정이 어떻게 변하는지 살펴보라. 우리가 아이들에게 화를 낼 때 아주 강력한 메시지를 전달한다.

"나는 너를 사랑하지 않아."

상대는 그것을 온몸으로 느낀다. "나는 너를 사랑하지 않아"라는 말을 하려는 의도는 없지만, 화를 내는 상황에서 자신의 욕구와 두려움에 둘러싸여, 어느 누구라도 사랑하는 것이 가능하지 않다.

아이들에게 있어 "나는 너를 사랑하지 않아"라는 말보다 더 듣기 싫어하는 말은 없으리라. 그렇기 때문에 어른의 화에 즉각적으로 반응하며 빠르게 움직이는 것이다. 아이들은 무슨 짓을 해서라도 우리가 화를 내는 것을 멈추게 하려고 애쓴다. 우리의 사랑이 줄어드는 것을 멈추게 하려는 것이다.

2) 화는 아이들이 세상을 부정적으로 보게 한다

아이에게 화를 내는 것에 대한 대가는 아주 비싸다. 아이가 세상을 어떻게 바라보는지, 자신이 누구인지에 대한 인식은 허공에서 튀어나오는 것이 아니다. 아이는 자신이 누구인지, 세상이 어떤 곳인지, 그리고 세상과 어떻게 관계를 맺는지를 부모의 말과 행동을 통해 배운다. 아이가 아주 어릴 때는 부모가 무언가를 말하면 있는 그대로 완전히 믿어 버린다. 이렇듯 부모는 신과 거의 동일한 위치에서 아이에게 영향을 미친다. 예를 들어, 아이가 실수를 했을 때, 부모가 인내심을 잃고 짜증을 내면 아이는 다음과 같은 교훈을 얻는다.

- 내가 실수를 하면 부모님은 나를 덜 사랑한다.
- 결점이 생기면 내 가치가 줄어든다.
- 나는 결점이 아주 많은 만큼 나의 가치도 없다.
- 세상은 험난하고, 심판적이며, 사랑이 없는 곳이다.

이보다 파괴적인 교훈을 아이게 줄 수 없다는 것은 아무리 강조해도 지나치지 않다. 게다가 삶에서 최고의 권력자인 부모가 가르쳐 준 교훈에 대해 어린아이가 의문을 제기할 리는 없다. 당신이 아이에게 화를 낼 때, "아빠(엄마), 화난 것처럼 보이네요. 아마도 아빠 스스로 사랑받지 못한다고 느껴서겠죠. 아빠가 나에게 화를 내는 것은 평생 쌓인, 사랑받지 못했다는 상처에 그저 반응하는 것뿐이라는 걸 알아요. 지금 이 순간 내가 저지른 행동 때문이 아니라는 거죠"라고 말할 수 있는 통찰력과 용기가 있는 어린아이는 지구상에 없다. 터무니 없는 소리를 한다고? 전혀 아니다. 아이는 당신이 화를 내면 오직 모든 것이 자신의 잘못이라고 결론을 내린다. 그 결과는 아이에게 파괴적이다.

역설적이게도, 우리가 아이에게 화를 낼 때 가장 통제하고 싶고 또 없애고 싶었던 행동을 부추기는 셈이 된다.

화를 내면 어떤 일이 일어나는지 알아보자.

- 불편하고 또 짜증나게 하는 아이의 모든 행동, 즉 명령에 복종하지 않거나, 반항하기, 떼쓰기, 고집부리기, 삐치기, 아무 대화하지 않기 등 이는 모두 얻고 보호하는 행동일 뿐이다. 또한 조건 없이 사랑받지 못한 느낌에 대한 반응이다.
- 부모가 조건 없는 사랑을 느끼지 못할 때는 아이의 얻고 보호하는 행동이 부모를 더 공허하고 두려움에 떨게 만든다.
- 부모는 고통스러운 감정을 완화시키고자 화를 내어 순간적인 힘 또는 안전함을 경험한다.
- 화를 낼 때, 아이에게 전달되는 메시지는 "너를 사랑하지 않아"라는 것뿐이다. 그리고 화는 아이가 이미 가지고 있던 공허함과 두려움을 극대화시킨다.
- 결국 아이는 부모가 그토록 멈추게 하려고 노력했던 얻고 보호하는 행동으로 다시 반응한다.

아이들은 부모가 자신을 못마땅하게 여기거나 한숨 쉬기, 인상 찌푸리기, 째려보기, 차가운 목소리나 날카로운 말투 등을 피하기 위해 자신이 할 수 있는 모든 것을 한다. 그 행동들이 얻고 보호하는 행동이다. 아이에게 있어 실망과 화는 그렇게 차이가 나지 않는다. 이 두 가지 모두 아이에게 파괴적이다.

> 우리가 화를 낼 때, 사랑을 느낄 수 없기 때문에 더 많은 얻고 보호하는 행동을 한다. 애초부터 화를 냈던 이유가 얻고 보호하는 행동을 멈추게 하기 위함이었지만 말이다.

3) 우리가 화를 낼 때 아이는 아무것도 배울 수 없다

아름다운 가을날이었다. 조지는 아들 댄과 관련된 문제로 나를 찾아왔다. 조지는 부모의 말을 귓등으로도 듣지 않는 아들의 부정적이고 무책임한 태도에 대해 흥분한 목소리로 짜증을 내며 말했다.

조지 어제만 해도 그래요. 제가 아들에게 무슨 말을 하려고 하니, 퉁하게 앉아서는 짜증스러운 눈으로 노려보더란 말입니다. 제가 하는 말을 귓등으로도 안 듣는 거죠.

나 물론이죠.

조지 무슨 말씀이시죠?

나 당신이 화를 낼 때, 아들은 당신이 하는 말을 아무것도 들을 수 없어요.

조지 저는 화를 내지 않았어요. 단호하게 말을 하고 있었을 뿐이죠. 제가 단호하고 엄격한 태도를 보이지 않았으면 앉아 있지도 않았을 겁니다.

나 단호하고 엄격한 태도로 말하더라도 아들은 당신의 말을 귓등으로도 듣지 않았다고 이미 말하지 않았나요? 조지, 당신은 단호하고 엄격한 태도를 넘어서 아들에게 화를 냈던 겁니다.

조지 당신이 어떻게 아세요? 그 자리에 있지도 않았잖아요.

나 그럴 필요도 없지요. 당신과 지금 여기 함께 있으니까요. 댄에 대해 대화를 시작했을 때부터 지금까지 댄에게 화를 계속 내고 있어요. 그리고 제가 당신의 행동에 대해 설명을 하자, 제게도 화를 내고 있죠. 물론 당신의 태도는 저에게 별다른 영향을 미치지 않아요. 제가 이 말씀을 드리는 것은 단지, 당신이 자신을 제대로 바라볼 수 있도록 도움을 주는 겁니다. 지금까지 당신의 방식으로 댄과 대화하는 것이 가능하지 않다는 걸 스스로 증명해 보았지요. 저는 당신의 삶에 진심으로 관심이 있기 때문에, 아들이 당신의 말을 왜 들을 수 없었는지를 제대로 볼 수 있도록 돕고 있는 거예요. 당신이 저에게 화를 내는 것만 보더라도, 댄과 대화를 할 때 화를 내지 않는다는 말은 믿을 수 없네요. 어제 당신이 아들과 대화를 나누었던 목소리로 제가 당신과 대화를 한다면, 당신은 제가 화를 내고 있다고 생각할 걸요?

조지 무슨 말인지 알겠어요. 어제 짜증이 조금 났던 것 같네요.

나 자, 제가 당신의 상사라고 해봅시다. 그리고 저는 당신의 업무를 관리하고, 월급을 주는 사람입니다. 당신을 해고할 수도 있지요. 상상할 수 있겠어요?

조지 그러죠.

나 이제, 당신이 어제 저지른 실수들을 제가 하나하나 되짚어 줍니다. 그 실수를 바로잡기 위해 아마 30만 원 정도 손해를 보게 되고, 또 다른 두 직원이 이틀 정도 야근을 해야 합니다. 제 표정을 봐도 알겠지만, 이 상황 때문에 저는 조금도 언짢은 기분이 들지 않아요. 거기서 끝이 아니라, 당신에게 제가 사과를 합니다. 이 업무를 제대로 할 수 있도록 애초에 제가 충분히 설명해 주지 않았다고 말하는 거죠. 그리고 어떻게 하면 더 효과적이고 쉽게 이 업무를 해낼 수 있는지를 찬찬히 설명해 줍니다. 조지, 새로운 방식으로 업무를 다시 해볼 생각이 있나요?

조지 물론이죠.

나 제가 당신의 실수에 대해 설명할 때, 어떤 기분이 들었을까요?

조지 나쁘지 않았을 것 같네요. 나를 도우려고 하는구나, 하고 생각하겠죠.

나 자, 이제 제가 당신 사무실로 와서 책상에 서류 더미를 던집니다. 그리고 이렇게 말합니다. '당신이 저지른 짓을 용납할 수가 없다!' 얼마나 멍청한 행동을 저질렀는지 고래고래 소리를 지릅니다. 대화가 조금 다르게 느껴질까요?

조지	네.
나	뭐가 다르죠?
조지	소리를 지르니까 듣기 어렵네요.
나	왜요?
조지	그냥 그래요.
나	첫 번째 상황에서는 더 듣기 쉬웠을 거예요. 당신은 제가 당신을 도와주려고 하는구나, 하고 생각했다고 했죠. 그런가요?
조지	네.
나	두 번째 상황에서 달라진 것은 제가 화를 냈다는 사실입니다. 우리는 좀처럼 화를 낸다는 것의 진짜 의미를 이해하지 못하지요. 누구나 상대가 저지른 실수에 대해 말하는 동시에 상대의 행복에 진심으로 관심을 가질 수 있어요. 첫 번째 상황처럼 말이죠. 그런데 제가 화를 내는 순간, 제 근본적인 관심이 어디 있나요?
조지	당신 자신에게 있죠.
나	정확해요. 제가 화를 내는 매 순간, 제가 원하는 것에 몰두하죠. 즉, 당신에게는 관심을 가질 수 없다는 말입니다. 제가 화를 내는 매 순간, 당신에게는 관심이 없다고 말하는 것이나 마찬가지죠. 인간이라면 누구나 다른 어떤 말보다 듣기 싫은 말이지요. 실수를 바로잡아 주려는 상대의 말보다는 자신에게 관심이 없다는 것에 대해 반응하게 됩니다. 자신을 보호하기 위해 숨어 버리거나, 화를 내서 받아치거나, 피해자 행세를 하는 등의 행동을 하겠죠. 제가 화를 내면, 당신은 제가 무슨 말을 하는지 들을 수 없어요. 당신에게 들리는 말은 '너에게 관심이 없어'라는 말이니까요.
조지	그런 식으로 생각해 본 적이 없네요.

| 나 | 대부분의 사람이 그래요. 하지만 댄과 대화하기 전에 이해해야 할 것이 있습니다. 당신이 아들에게 화를 내는 매 순간, 아들이 듣는 말은 딱 한 문장이에요. '너를 사랑하지 않아.' 그 메시지를 전달받을 때, 댄은 당신이 하고 싶은 말이 뭔지 아무것도 들리지 않게 돼요. 왜, 아들이 당신의 말을 듣지 않는지 궁금하셨죠? 그 대답은 간단해요. 바로, 당신이 화를 내서 그래요. |

> 우리가 화를 낼 때마다, 아이는 "너를 사랑하지 않아"라는 메시지만을 들을 뿐이다. 그 메시지에 반응하며 얻고 보호하는 행동을 하는데, 이 행동은 자신과 주변 사람들에게 아주 파괴적이다.

조지	(항의하며) 대화할 때마다 아들에게 화를 내는 건 아니에요.
나	당신 말이 맞아요. 다시 한번, 제가 당신의 상사였다고 생각해 봅시다. 우리가 대화를 나눌 때, 절반 정도는 제가 화를 냈다고 가정해 봐요. 화를 내지 않는 절반의 시간 동안 당신의 기분은 어떨까요? 대화할 때 편안할까요?
조지	아니요. 당신이 언제 또 화를 낼까, 하며 기다리고 있겠죠. 언제 다시 제게 화를 낼지 불안해할 겁니다.
나	맞아요. 그게 바로 댄이 느끼는 감정입니다. 그리고 당신이 화를 내지 않고 대화하는 순간을 제대로 계산하려면, 아들이 잘못을 저지르는 시간들만 보아야 합니다. 아들이 잘못을 저질렀을 때 당신과 대화를 한 순간들 말이죠. 당신이 원하는 행동을 아들이 하고 있을 때, 친절하게 구는 것은 솔직히 말해 아무런 의미가 없어요. 그런 상황에서 아들이 느끼는 건, 자신이 대가를 지불하고 당신의 애정을 얻어냈다고 느낄 뿐이죠. 실수

를 저질렀을 때 있는 그대로 받아들여지는 것이야 말로, 사람들은 조건 없이 사랑을 받는다고 느낍니다. 아들이 실수를 저지를 때, 당신이 절반은 화를 냈을 거라고 생각해 봅시다. 이는 댄에게 단 한 가지 결론만 남기죠. '아빠는 나를 사랑하지 않는다.' 이 결론은 아들에게 아주 어마어마한 영향을 미칩니다. 아마도 아드님은 당신이 언제 또 화를 낼지, 계속 불안해하며 마음의 준비를 하고 있을 겁니다.

대부분의 부모는 아이에게 이런 말을 많이 한다.
"내가 도대체 몇 번이나 말했니? 왜 똑같은 말을 몇 번이나 반복하게 만들지?"
만약, 아이들에게 충분한 용기와 통찰력이 있다면 이렇게 되물을 것이다.
"당신이 똑같은 말을 계속 반복해야 하는 이유는, 당신이 가르칠 때마다 화를 내기 때문이죠. 화를 내면, 당신이 하는 말은 아무것도 들을 수 없답니다. 만약, 제 행복에 진심으로 관심을 갖고 하는 말이라면 아마 들을 수 있을지도 모르죠."

4) 우리가 화를 낼 때 아이는 행복할 수 없다

아이에게 날카롭게 소리를 질렀던 경험이 있다면 떠올려 보라. 그 순간 당신의 마음은 평화로웠는가? 자신이 따뜻하고 다정한 사람이라고 느꼈는가? 절대로 아닐 것이다. 화를 내는 것은 상대에게만 부정적인 영향을 미치는 것이 아니라, 우리가 갖고 있는 행복의 가능성마저 짓밟는다. 진정한 행복은 조건 없는 사랑을 받고, 사람들에게 그 사랑을 나누어 줄 때 온다. 화를 낸다는 것은 사랑을 받고 또 사랑을 주는 행동에 언제나 상반되므로, 결코 우리는 행복할 수 없다.

5) 우리가 화를 낼 때 아이는
다른 사람들이 우리를 화나게 만든다는 거짓말을 배운다

우리는 아이에게 화를 낼 때마다, 아이가 자신을 화나게 만들었다며 강력히 주장을 한다. 이것이 마치 명확한 진실인 것처럼 날카로운 말들을 쏟아내고, 한숨을 내쉬기도 하고, 눈을 치켜뜨고 째려보기도 하며, 목소리는 사납게 바뀐다. 이는 부모가 느끼는 감정에 대한 책임이 아이에게 있다고 말하는 것이다. 그리고 아주 자주 이런 말을 한다.

"네가 날 화나게 만들었어."

우리는 아이에게 다른 사람들이 우리를 화나게 만들 수 있다는 끔찍한 거짓말을 하는 셈이다. 이 거짓말은 우리의 발목을 잡고 평생을 쫓아다닌다.

내 아이들에게 있었던 일을 살펴보자.

어느 날, 나의 두 아이인 조셉과 레이첼이 옆방에서 다투고 있는 소리를 들었다. 방으로 가서 깊이 생각하지 않은 채 둘 중에서 한 명을 골라 물었다.

나	조셉, 화가 난 것 같구나.
조셉	그렇죠. 누구 때문일까요? 당연히 레이첼 때문이죠. 제 티셔츠를 입고서는 다시 제자리에 두지 않았어요. 레이첼이 갖고 있는지 모르고, 온 집 안을 샅샅이 뒤져야 했다구요.
나	그래서 레이첼이 너를 화나게 만들었구나. 그러니?
조셉	당연하죠.
나	그럼, 이렇게 하자. 철물점에서 철사를 하나 가져와 네 코에 구멍을 내서 코걸이를 다는 거야. 그리고 거기에 쇠사슬을 달아서 레이첼에게 주는 게 어떻겠니?
조셉	(혼란스러운 표정으로) 뭐라구요?
나	레이첼의 노예가 되고 싶은 것 아니었니?
조셉	물론 아니죠.
나	하지만 이미 넌 레이첼의 노예인 걸…. 레이첼이 원하면 언제든

지 너를 화나게 만들 수 있어. 사실, 레이첼이 네 주인이나 다름없지. 레이첼의 노예로 계속 살고 싶니?

조셉   아니요.

사회에서는 다른 사람이 우리를 화나게 만든다는 것을 마치 진리라도 되는 듯 믿는다. 그리고 그 믿음을 아이들에게 대물림한다. 이 믿음으로 우리는 주변 사람들의 비위를 맞추며 살아간다. 우리가 원하지 않는 상태로 살아가는 것이다.

화는 모든 사람을 지속적으로 파괴하므로,
화를 내는 것은 언제나 잘못이다

제1장에서 나는 이렇게 말했다.

삶의 목표가 행복이라면, '옳다'는 것 역시 그 목표와 일치해야 한다. 다시 말해, 조건 없이 사랑을 받고, 사랑을 주고, 스스로 책임지는 것이 '옳은 일'이 되겠다. 반대로, 어떤 행동이라도 사랑을 받고, 사랑을 주고, 스스로 책임지는 행동을 방해하는 일이라면 '그른 일'이다.

화를 내는 행동은 조건 없는 사랑을 받고, 사랑을 주고, 행복해지는 데 언제나 방해가 된다. 그러니 언제나 그릇된 일이다. 당신이 화를 낸다고 해서 사악하다거나 나쁜 사람이라고 말하는 것이 아니다. 또한 화를 내서는 절대 안 된다고 말하는 것도 아니다. 주어진 순간에 우리가 할 수 있는 것이 화를 내는 것뿐일 때도 있다. 다만, 화는 인간이 살아가는 근본적인 이유인 행복을 망치고, 모든 사람에게 파괴적이기 때문에 잘못된 일이라고 말하는 것이다. 그래서 화를 내는 것은 효과적이지 않다. 화를 내는 것이 그릇된 일이라는 것은 2+2=5라고 하는 것이나, 자동차 바퀴에 펑크가 났는데 바퀴를 싱크대로 교체하는 것처럼 잘

못된 일이라는 것이다.

제1장에서 부모가 해야 할 근본적인 일은 아이들을 사랑하고, 아이들이 다른 사람들을 사랑할 수 있도록 가르치는 것이라고 말했다. 화를 내는 순간, 우리 아이들은 사랑을 느낄 수 없다. 이는 화를 내는 것이 잘못이라는 또 다른 이유가 된다. 우리가 화를 낼 때 사랑을 주는 것은 불가능하며, 부모 노릇을 효과적으로 할 수 없다.

다음 문장을 언제나 기억할 수 있도록 시간을 두고 마음에 새겨 보라.

"내가 화를 내면, 그건 내 잘못이다. 만약, 아이가 부모로부터 조건 없는 사랑을 받지 못한다면 아이에게 오락거리, 돈, 좋은 집, 훌륭한 교육을 아무리 제공하더라도 결코 행복할 수 없다. 우리가 아이에게 화를 내면, 아이는 결코 사랑을 느낄 수 없다."

당신은 아마도 다음과 같은 질문을 하고 싶을 것이다.

"하지만 아이가 잘못된 행동을 하면 어떻게 해야 하죠? 잘못을 바로잡아 주어야 하잖아요. 내가 화를 내야만 내 말을 듣는다니까요. 차분하게 말을 해봤자, 무시만 당해요. 아이들을 위해 가끔 화를 내야만 해요. 그래야 말을 들으니까요."

아주 그럴듯한 이유다. 하지만 우리가 화를 낼 때, 아이들은 사랑을 느낄 수 없다는 것을 반드시 기억해야만 한다. 진정한 사랑은 우리가 줄 수 있는 가장 중요한 선물이다. 따라서 우리가 화를 내면, 우리가 잘못한 것이다. 그 이상도 그 이하도 아니다. 우리가 화를 내면, 아이들은 가끔 우리가 원하는 대로 더 빨리 움직이고, 요청된 일을 완수한다. 하지만 길게 보았을 때, 그 결과는 참담할 뿐이다.

화를 낼 때 일어나는 두 가지 결과를 살펴보자.

- 첫 번째 결과는 우리가 화를 내면 아이들은 복종한다. 방을 깨끗이 치우고 유지하며, 좋은 성적을 받아 집으로 돌아온다. 하지만 진정한 행복을 경험할 수 있게 해주는 단 하나의 재료인 조건 없는 사랑을 경험할 수 없기 때문에 아이들은 충만감이 없는 끔찍한 인생을 살게 될 것이다.
- 두 번째 결과가 일어날 가능성이 훨씬 더 높다. 결국 아이들에게 동기를 부여하기 위해 화를 지속적으로 내며 채찍질을 하면, 아이들은 부모를 점점더 원망하기 시작한다. 또한 화에 대해 두려움과 순응으로 인해 반응하던 것을 멈출 것이다. 그리고 관계를 완전히 끊어 버리거나 피해자 행세를 하며, 오히려 화를 더 내는 등의 행동으로 자신을 보호하려고 들 것이다. 마치 조지의 아들인 댄이 그러했듯이 말이다.

따라서 화를 내는 것은 언제나 잘못된 행동이다. 장기적으로 보았을 때, 결코 효과적이지 않다. 그렇다고 해서 무작위로 허용하는 부모가 되라는 의미가 아니다. 무작위로 허용하는 것은 화를 내는 것과 마찬가지로 끔찍한 실수다. 이 책을 통해 화를 내지 않으며, 무작위로 허용하는 것을 멈추고, 아이를 가장 효과적으로 가르치고 또 사랑하는 방법을 알려 줄 것이다.

우리는 왜, 화를 낼까

화를 내는 것이 우리 자신과 아이들, 더 나아가 모든 관계를 파괴한다면, 우리는 왜 화를 계속해서 내는 걸까? 우리가 진정으로 원하는 결과를 만들어 낸 적이 한 번도 없음에도 불구하고, 우리는 이 행동을 왜 계속하는 걸까?

우리가 아이에게 화를 내는 이유는 다음과 같다.

1. 우리는 공허하고 두려움에 떨고 있다.
2. 우리가 기대하는 만큼 아이가 사랑을 돌려주지 않는다.
3. 평생 부모님과 다른 사람들로부터 화내는 법을 배웠다.

1) 우리는 공허하고, 두려움에 떨고 있다

제2장에서 화를 내는 것이 얻고 보호하는 행동이라고 설명했다. 우리는 공허함을 채우고, 두려움으로부터 자신을 보호하고자 화를 내는 것이다. 이러한 상황은 조건 없는 사랑을 충분히 받지 못했기 때문에 발생한다. 화를 내는 것이 바로, 스스로 공허하고 또 두려움에 떨고 있다는 분명한 증거다.

우리가 진정한 사랑을 충분히 받지 못해 공허하고 또 두려움에 떨고 있을 때 아이까지 우리에게 화를 내며 명령에 복종하지 않으면, 우리는 공허함을 더 심하게 느끼며 두려움에 떨게 된다. 우리가 근본적으로 두려워하는 것은 무엇일까?

- 우리는 아이를 통제하지 못하는 것을 두려워한다. 진정한 사랑을 충분히 경험하지 못한 우리는 아이의 행동을 결정해 주는 등 영향을 미치며 힘이 있다는 느낌을 즐긴다. 그리 아름다운 사실은 아니지만, 이것이 진실이다. 아이가 잘못된 행동을 할 때, 부모는 스스로 무력해지며 나약하게 느낀다.
- 아이가 우리를 존중하지 않을까 봐 두려워한다(힘과 칭찬).
- 아이가 우리를 사랑해 주지 않고, 인정해 주지 않을까 봐 두려워한다(칭찬).
- 아이와 다른 사람이 우리를 나쁜 부모라고 생각할까 봐 두려워한다(칭찬).
- 우리의 평화와 조용함이 깨질까 봐 두려워한다(쾌락과 안전함). 아이가 화를 낼 때, 부모를 언제나 불편하게 만든다. 화를 내는 아이에 대처하는 것은 재미도 없거니와 어렵다.

요약하자면, 부모는 아이가 화를 낼 때, 부모에게 주는 가짜 사랑을 잃게 될까 봐 두려워하는 것이다. 하지만 부모는 아이에게 "사랑"을 달라고 요구할 권리가 없다. 그래서 우리는 얻고 보호하는 행동인 화를 내는 것으로 아이에게 반응한다.

화를 내면 다음 몇 가지 이유로 인해 기분이 나아진다.

- 무력감이 줄어들고, 아이를 통제할 수 있어 스스로 더 강하게 느낀다.
- 존중을 받는 데 성공한다.
- 우리가 원하는 행동을 하도록 아이를 조종하면, 스스로 유능하게 느낀다. 즉, 칭찬받을 만한 가치가 있는 것처럼 여긴다.
- 훈육을 잘하고, 엄격한 부모라는 가면을 써서 다른 부모들로부터 칭찬을 얻어낼 수 있다.
- 우리가 열망하는 평화로움과 조용함을 얻어낼 수 있다(쾌락과 안전함).

물론 위의 효과들은 아주 일시적이며, 깊이가 없다. 모든 가짜 사랑이 그렇다. 그리고 효과가 다 떨어지면, 가짜 사랑을 다시 얻기 위해 애써야 한다. 하지만 가짜 사랑을 아무리 많이 받더라도 우리는 행복해질 수 없다.

2) 우리가 기대하는 만큼 아이가 우리에게 사랑을 돌려주지 않는다

화를 내는 또 다른 이유는 우리의 기대 때문이다. 대부분의 사람은 진정한 사랑을 충분히 경험하지 못하면, 공허하고 또 두려움에 떨게 된다. 그 경험은 견딜 수 없이 고통스럽다. 주변 사람들이 우리가 느끼는 고통을 위로해 주고, 공허함을 채워 주기를 기대하는 것은 어찌 보면 당연하다. 그러나 기대를 하게 되면 충족되지 않을 때 아주 짜증이 날 수 있다. '내가 겪는 불편함을 주변 사람들이 보고 어떻게 그냥 가만히 있을 수가 있지? 위로도 안 해주고 말이야'라고 생각한다. 특히 가까운 사람일수록 더 실망을 할 것이다. 의도적인 생각은 아니지만, 다른 사람들에게 '진짜 사랑과 가짜 사랑'을 기대하는 마음은 쌓이고 또 쌓인다. 그러다 기대한 바가 충족되지 않으면, 상대를 원망하고 만다.

화를 낸다는 것은 어떤 방식으로든 기대했다는 것을 의미한다. 우리는 오직 기대를 충족시켜 주지 않는 사람들에게 화를 낸다. 예를 들어, 이웃이 우리집 쓰레기통을 비우지 않았다고 해서 화를 내지는 않을 것이다. 그러나 아들이나 딸이 쓰레기통이 넘치도록 내버려 두었을 때는 쉽게 화를 내도 된다고 생각한다. 그 차이는 바로 기대에 있다. 이웃 사람이 당신의 집에 있는 쓰레기통을 비워 주기를 기대하지 않으며, 쓰레기통을 비우지 않더라도 이웃에게 실망하거나 짜증이 나지 않는다는 것이다. 아이에게 화를 내는 이유는 기대감이 있기 때문이다. 우리가 아이에게 기대하는 것은 무엇인가?

- **복종**(힘과 안전함)
- **감사**(칭찬)
- **존중**(칭찬, 힘, 안전함)
- **협력**(힘과 안전함)
- **애정**(칭찬)

위에 나열된 특성들은 아이가 행복한 삶을 살기 위해 꼭 필요한 것들이다. 그러나 아이의 진정한 행복을 위해 위의 특성들을 이끌어 내려고 하는 부모는 거의 없다. 우리의 삶에 진정한 사랑이 충분하지 않을 때, 우리는 아이에게 복종을 요구한다. 예를 들어, 우리가 칭찬받고, 힘 있게 또 안전하다고 느끼기 위해, 그리고 자신이 가치가 있다는 것을 확신하기 위해 아이에게 감사를 받고 싶어한다(칭찬). 또한 아이를 통제할 힘이 있다고 확신하고 싶어서 우리를 존중하라고 요구한다.

> 우리가 기대하는 것을 아이가 충족시켜 주지 못할 때 우리는 화를 낸다. 그러한 기대는 부적절하며 해롭다.

▶ 아이의 사랑에 매달리는 부모

나는 때때로 이런 질문을 한다.
"당신을 조건 없이 사랑해 주는 사람이 있나요?"
많은 사람이 이렇게 대답한다.
"네, 우리 아이들이 저를 조건 없이 사랑해 주지요."
이 생각은 언제나 사실이 아니며, 부적절하고, 위험하다. 아이는 부모를 사랑해 줄 책임이 없다. 더 나아가 그럴 능력이 있는 아이들은 거의 존재하지 않는다.

대부분의 부모가 아이들에게 부모를 기쁘게 만들어 주어야 한다는 무거운 책임을 어깨에 짊어지게 한다. 우리가 실망하거나 화를 낼 때마다, 아이들의 손에 부모의 행복과 불행이 달려 있다고 주장하는 것이나 마찬가지다. 그러나 부모는 자신이 그런 행동을 하고 있는지조차 알지 못한다.

우리의 행복은 아이의 행동에 의해 결정되지 않는다. 우리의 행복은 인생에 걸쳐 부모·선생님·친구들 그리고 배우자 등 주변 사람들로부터 조건 없는 사랑을 받았는지, 그리고 조건 없는 사랑을 다른 사람에게 얼마나 많이 베풀며 살아왔는지에 따라 결정된다. 그러나 대부분은 조건 없는 사랑을 충분히 받은 적이 없으며, 진정한 사랑을 경험하지 못한 불행한 어른인 동시에 부모가 되었다.

하지만 아이는 부모에게 필요한 진정한 사랑을 주어야 할 책임이 없다. 오히려 아이는 부모의 사랑을 받아야 하는 존재다. 아이가 행복한 사람이 되기 위해 조건 없는 사랑을 충분히 받아야만 한다. 일방통행으로 흐르는 사랑을 받아 완전한 인간이 된다. 그러나 부모가 대가를 바라며 아이를 사랑하게 되면, 아이는 완전하고 또 성숙한 인간이 될 수 없다.

▶ 아이들은 부모를 조건 없이 사랑할 수 없다

우리는 아이가 부모를 조건 없이 사랑한다고 믿고 싶어한다. 하지만 아이가 부모로부터 진정한 사랑을 받은 경험이 없다면, 누군가에게 진정한 사랑을 어떻게 줄 수 있단 말인가? 부모가 자녀에게 조건 없는 사랑을 기대할 때, 아이 스스로 한 번도 경험해 본 적 없는 것을 달라고 매달리는 꼴이다. 이는 불가능하며, 이 무거운 부담은 아이를 해친다.

한편, 사랑은 기꺼이 줄 때는 조건이 없다. 조건 없는 사랑을 주는 사람은 결코 공허함을 느끼거나 두려워하지 않는다. 사람들이 공허하고 또 두려울 때, 오직 자신이 원하는 것을 얻기 위해 상대를 조종하거나 상처받는 것으로부터 자신을 보호하는 것밖에는 할 수 없다. 그런데 모든 아이가 공허하고 또 두려움에 떨고 있다. 아이들은 부모의 사랑을 갈구한다. 부모의 사랑을 잃을까 봐 두려움에 떨고 있다. 이는 아주 당연하지만, 그 때문에 아이들이 부모를 결코 조건 없이 사랑할 수 없다.

부모는 아이가 '좋은 아이'일 때 사랑을 더 주는 경향이 있다. 즉, 부모가 원하는 행동을 할 때 아이를 더 좋아한다. 아이는 부모의 애정이 조건적이라는 사실을 아주 쉽게 감지한다. 하지만 무관심보다는 기분이 훨씬 좋으므로, 그 애정을 받고자 최선을 다해 애쓴다. 적어도 어린 시절에는 그렇다는 말이다. 부모가 원하는 것을 해줌으로써 얻을 수 있는 모든 것을 얻고자 한다. 아이는 부모에게 감사함을 표현하고, 존경하고, 복종하며, 애정을 표현한다. 그리고 부모는 원하는 것을 얻었기에 기분이 좋다. 우리 아이가 부모를 '사랑'한다고 믿기 때문에 기분이 좋아지는 건 당연하다. 그러나 우리는 아이들과 가짜 사랑을 무의식적으로 교환하는 것이다. 즉, 서로 가짜 사랑을 기꺼이 교환하며, 진정한 사랑이 없는 삶 속에서 최선을 다해 생존하고 있을 뿐이다.

어린아이가 부모를 조건 없이 사랑하는 것은 불가능할까? 불가능한 것은 아니다. 하지만 아이가 오랜 시간 동안 조건 없이 지속해서 사랑받아야만 가능한 일이다. 아주 극소수의 아이들만이 이런 식으로 사랑을 받은 경험이 있으며, 그런 아이를 키운 사랑이 넘치는 부모라면 자녀로부터 조건 없는 사랑을 기대하지도 않으리라. 아이가 부모를 사랑할 수 있게 되는 것은 부모에게는 예기치 않았던 즐거움일 뿐, 부모가 그 사랑을 기대할 권리는 없다.

▶ 부모가 가짜 사랑을 얻기 위해 아이를 조종하는 방법

삶에 진정한 사랑이 충분하지 않다면, 주변 사람들을 통해 가짜 사랑을 얻고자 하는 유혹을 느낄 것이다. 특히 가장 가까운 사람들에게 가짜 사랑을 더욱더 얻고자 한다.

이 장의 마지막에서는 가짜 사랑을 얻기 위해 부모가 아이를 어떻게 조종하는지, 다양한 방식을 살펴볼 것이다.

▶ 부모 스스로 아이에게 갖는 기대를 눈치채지 못할 때

부모들 중 대부분은 아이가 부모를 사랑해 주고, 행복하게 만들어 줄 것이라며 항상 기대한다. 그러나 아이는 눈에 보이지 않는 방식으로 표현하는 경우가 종종 있다. 우리는 이를 직설적으로 표현하지 않는데, "네가 나를 사랑해 주기를 원한단다"라는 말을 하는 대신 "엄마(아빠) 볼에 뽀뽀해 줘"라고 말한다. 이는 곧 아이에게 부모를 실망시켜서는 안 되며, 사랑해 주어야 한다는 엄청난 부담감을 아무렇지도 않게 주고 있는 것이다. 그러면 아이는 이를 의무로 받아들인다. 아이가 부모를 행복하게 해주어야 한다는 기대를 하고 있다면, 아이는 조건 없이 사랑받는다는 것을 결코 느낄 수 없다. 부모의 기대가 아무리 겉으로 드러나지 않는다고 하더라도 말이다.

우리가 아이에게 이기적인 기대를 하고 있다는 것을 어떻게 알 수 있을까? 다시 말하지만, 실망과 화를 표현할 때다. 이 감정은 우리가 원하는 무엇을 얻지 못했다는 것을 의미한다. 실망과 화는 자신이 이기적이라는 증거다. 수많은 부모가 아이의 특정한 행동에 대해 실망하고 화를 내기 때문에, 이 행동을 일반적인 것으로 받아들인다. 그리고 아이가 실수를 하거나, 말을 듣지 않거나, 무례하게 행동할 때, 부모는 자신이 화를 내고 실망하는 행동이 정당하며 또 불가피하다고 생각한다. 물론 아이가 나쁘게 행동할 때, 부모의 책임은 이를 바로잡는 것이다. 그러나 실망하고 화를 내면 결코 효과적으로 가르칠 수 없고, 사랑을 줄 수도 없다.

나는 여기서 아이가 부모를 존경하고, 복종하며, 감사해서는 안 된다고 말하는 것이 아니다. 아이들이 행복해지기 위해서는 이와 같은 특성들이 필요하다. 하지만 우리가 사랑으로 가르칠 때, 아이들은 이러한 특성들을 훨씬 더 쉽게 배운다. 부모가 존경을 요구할 때 아이는 진정한 사랑을 느낄 수 없고, 진정으로 존경하는 게 어떤 것인지 배우지 못한다.

제5장과 제6장에서 아이를 어떻게 사랑해 주고 가르칠 수 있는지에 대해 더 다루도록 하겠다.

▶ 우리가 자녀를 낳은 이유

진정한 사랑을 경험하지 못했을 때, 우리가 느끼게 되는 공허함을 칭찬·힘·쾌락 등 우리가 찾을 수 있는 무엇인가로 채우려고 안간힘을 쓴다. 거짓말도 하고, 사람들을 공격하기도 하며, 피해자 행세를 하고, 다른 이의 관심과 집중을 얻기 위해 매달리기도 한다. 하지만 그 노력은 우리를 지치게 하며, 가짜 사랑을 언제 얻을 수 있는지를 예측할 수도 없다는 것을 발견하게 될 것이다. 그러나 아이는 부모에게 의지하고, 간절히 필요로 하며, 부모가 자신에게 주는 모든 것 때문에 가짜 사랑을 돌려주어야 한다는 의무감을 느낀다.

그렇기 때문에 아이를 이용해 가짜 사랑을 얻는 것이 쉽다는 것을 배운다. 즉, 아이가 어느 누구보다 가짜 사랑을 얻어내기 쉬운 근원이라는 것을 알게 된다. 더 나아가 아이와 있을 때 안전하게 느낀다. 아이는 부모에게 더 좋은 직장을 왜 구하지 않는지 묻지도 않고, 책임감을 더 가지라고 요청하지도 않고, 살을 빼라고 강요하지도 않으며, 매력이 없다고 비난하지도 않으며, 다른 어른들처럼 두려움이나 겁을 주지도 않는다.

이제 당신이 직면하고 싶어하지 않을 진실을 하나 더 말하고자 한다. 많은 부모가 자녀를 낳는 중요한 동기 중 하나는 혼자라는 외로움에서 벗어나고, 아이가 나를 사랑해 주고 또 행복하게 만들어 주기를 희망하기 때문이다. 그 마음을 이해할 수 있을지는 모르지만, 우리의 기분이 나아지기 위해 아이를 이기적으로 이용할 때가 있다.

엘리스와 크리스는 2년 동안 동거를 했다. 둘은 진정한 사랑을 경험해 본 적이 없으므로, 서로 행복하게 만들어 주기를 기대했다. 불행하게도, 그 결과는 실망과 비참함으로 이어졌다.

관계가 점점 무너지기 시작하자, 엘리스는 아이를 가지면 연인 관계가 다시 회복될 것이라고 생각했다. 그래서 크리스에게 아무런 말도 하지 않고, 피임약 먹는 것을 그만두고 임신을 했다.

얼마 지나지 않아 크리스는 엘리스와 헤어지고, 같이 살던 집에서 나왔다. 크리스가 떠나고, 엘리스가 친구에게 말했다.

"그래도 아기가 태어나면, 난 혼자가 아닐 거야."

참으로 불행한 인생이 아닌가. 태어나기도 전부터 아이는 엄마를 사랑해 주어야 하는 책임을 짊어지게 되었다. 그러한 부담을 짊어지고 사는 아이들은 결코 행복할 수 없다. 그러나 대부분의 아이가 그러한 부담을 짊어진 채 살아가며, 서서히 망가지고 있다.

3) 평생 부모님과 다른 사람들로부터 화내는 법을 배웠다

우리는 가장 효과적인 행동보다는 가장 익숙한 행동을 하는 경우가 많다. 대부분 다음과 같은 경험을 해보았을 것이다. 어린 시절에 조용하고, 깨끗하고, 책임감 있고, 협력을 잘할 때 부모님과 주변 어른들이 어떻게 반응을 했는가. 우리에게 미소 짓고, 친절하게 말했으며, 우리와 함께 있어 즐겁다는 것을 다양한 방식으로 표현했다. 반면, 다음과 같은 상황도 기억날 것이다. 운전하고 있을 때 시끄러운 소리를 내거나, 형제와 싸우거나, 더러운 물건을 들고 방 안을 돌아다녔을 때는 어떠했는가. 그 미소와 친절한 말들은 순식간에 사라지고, 찡그린 표정과 답답한 한숨 그리고 날카로운 목소리가 기억나는가.

의도적으로 했던 행동은 확실히 아니지만, 이를 통해 우리가 명확하고 또 반복적으로 배운 것이 있다. 사람들은 우리가 실수를 하면 실망하고, 짜증내며, 못마땅해한다는 사실이다. 따라서 우리가 배운 행동을 친구들, 직장 동료, 배우자, 자녀에게 반복적으로 행하고 있다는 것은 그리 놀라운 일은 아니다.

어느 누구도 우리를 화나게 만들지 않는다

이 장을 시작하기에 앞서, 사람들은 다른 사람이 우리를 화나게 만든다고 믿는다는 것을 말한 바 있다. 우리가 화를 낼 때, 보통 그 감정을 일으킨 누군가를 비난한다. 그 모든 비난과 화를 쏟아내도 우리는 결코 행복하지 않다. 그러나 그 행동을 반복해서 한다.

모든 사람은 부족하고, 그들이 채워야 할 욕구가 있기에, 우리를 계속 불편하게 만들기 때문이다. 그러니 우리가 화가 나는 것은 자연스럽다고 생각한다.

다른 사람이 우리를 화나게 만든다고 믿는 이유는 다음과 같다.

- 나는 완벽해. 나는 괜찮아.
- 그런데 돌머리에다가 배려심 없고, 이기적인 멍청이들이 갑자기 나를 화나게 만든 행동을 했지.
- 그래서 나는 결국 화가 났지.
- 그 사람이 그런 식으로 행동하지 않았더라면 나는 결코 화를 내지 않았을 거야. 그 행동 이후 바로 화가 났으니까, 나를 화나게 만든 건 그 사람의 행동인 것이 분명해.

화는 매우 파괴적이므로, 다른 사람을 비난함으로써 분노가 지속되게 도와준다. 나는 다음 몇 가지 증거들을 통해 우리가 화나게 만드는 게 다른 사람들이 절대 아니라는 사실을 설명해 보겠다. 이는 부모를 화나게 하는 것이 아이가 절대 아니라는 사실을 증명하는 것이기도 하다.

시간을 두고 읽어 보기를 바란다. 당신이 이 내용들을 받아들여 생각이 바뀐다면, 당신이 사는 세상이 변할 것이다. 또한 아이에게 엄청난 힘을 줄 수 있는 능력을 갖춘 부모가 될 수 있다.

[증거 1] **우리는 언제나 선택할 수 있다.**
  (이는 따로 증명할 필요도 없다.)

우주라는 공간에서 인간은 아주 특별한 위치에 있다. 이 세상에는 아름답고 장엄한 것들이 존재한다. 하늘의 수많은 행성, 바다, 산, 나무, 새, 분자보다 작은 난해한 것…. 그 많은 것 중 오직 인간만이 삶에서 선택을 할 수 있다. 인간 이외의 것들은 중력이나 본능, 날씨, 훈련 그리고 DNA에 따라 결정된다. 그러나 인간은 상황을 이해하고, 생각하며, 삶의 변화를 가져오는 결정을 한다. 사실, 인간은 각자 선택할 수 있는 힘에 대해 상당한 질투심을 느끼며, 죽을 때까지 그 권리를 지키고자 한다. 역사를 보면 서로 할 수 있는 것과 할 수 없는 것을 통제하려는 사람들을 상대로 많은 전쟁이 일어났다.

인간은 스스로 선택하는 능력을 아주 자랑스러워한다. 그런데 왜, 다른 사람이 우리를 화나게 만들 수 있다고 쉽게 생각할 수 있는 것일까? "당신이 나를 화나게 만들었어"라는 말은 아주 일반적이다. 이 문장을 생각하거나 말할 때마다 우리의 감정에 대한 결정권을 다른 사람에게 내주는 것이다. 너무나 자주 그렇게 하고 있다.

우리는 대부분 스스로 선택하고 결정할 수 있지만, 자신의 감정에 대한 선택권이 없다고 말하는 것이다. 도대체 왜 그러는 걸까? 그것은 자신에게 이로울 때만 선택할 수 있는 능력이 있다고 주장하기 때문이다. 우리가 무엇을 먹는지, 무엇을 입는지, 어디서 살 것인지, 누구와 결혼할 것인지를 결정하는 것은 좋아한다. 그 선택이 주는 보상을 좋아하기 때문이다. 하지만 스스로 느끼는 분노에 대해 책임을 지는 것은 좋아하지 않는다. 그래서 화를 내는 선택에 대한 책임을 다른 사람 탓으로 돌리고 싶어하는 것이다.

한편, 비가 내리면 땅이 젖는다. 해가 쨍쨍할 때 풀이 자란다. 땅과 풀들은 결과에 대한 책임이 없다. 그러나 인간은 흙이나 풀과 같지 않다. 우리에게는 많은 선택권이 있고, 자신의 감정 또한 그 선택권에 포함된다. 사람들이 우리에게 불친절하게 대할 때, 그에 대해 어떻게 반응할지를 선택하는 것은 우리의 몫이다. 진정한 사랑의 경험이 없이도, 우리는 화를 내는 것을 포함한 얻고 보호하는 행동을 어느 정도 통제할 수 있다. 다른 사람들이 왜 그렇게 행동하는지 더 깊이 이해하고 또 더 많이 사랑을 받으면, 우리는 지혜로운 선택과 사랑을 주는 행동을 더 많이 할 수 있게 될 것이다.

절제력과 진정한 사랑의 경험이 합쳐질 때, 강력한 시너지 작용이 일어난다. 이에 대해서는 제4장에서 더 다루도록 하겠다.

[증거 2] **누군가 당신을 화나게 하는 것이 아니라,**
당신의 공허함과 두려움이 당신을 화나게 하는 것이다.
(2천 원과 2백억 원을 소유하는 것의 차이)

제1장에서 한 이야기를 소개했다. 당신이 굶주리고 있을 때 빵을 사기 위해 테이블에 올려 둔 2천 원을 내가 가지고 달아났다면, 어떤 기분일지 물었다. 당신은 화가 났을 것이고, 모든 분노의 화살을 나에게 쏟아부을 것이다. 그럴 수 있는 상황이다. 하지만 두 번째 상황을 다시 한번 떠올려 보자. 나는 당신의 2천 원을 가지고 달아났다. 그러나 이번 상황은 좀 다르다. 옆방 금고 안에 2백억 원이 가득하기 때문이다. 당신은 화를 아예 내지 않거나, 아주 조금만 낼 것이다. 이는 첫 번째 상황에서 당신이 화를 낸 이유가 나 때문이 아니라, 당신에게 2백

억 원이 없었기 때문이라는 것을 증명한다.

제1장에서 나는 이렇게 말했다.

진정한 사랑이 우리 삶에 가득하다면, 언제나 2백억 원을 품고 다니는 느낌과 같다. 세상에서 가장 귀한 보물 중의 보물인 사랑을 품고 있기에, 주변 사람들이 주는 작은 불편함은 상대적으로 그리 중요한 일이 아니다. 진정한 사랑이 있다면, 삶에서 가장 중요한 모든 것을 갖게 된다. 그러나 진정한 사랑이 없다면 두려움에 떨며, 화를 내며 자신을 보호하기 위해 애쓴다. 우리의 삶에 진정한 사랑이 부족하기 때문에 화를 내는 것일 뿐, 아이와 주변 사람들이 순간순간 저지르는 행동 때문에 화를 내는 것이 아니다.

[증거 3] 만약, 여러 사람에게 동일한 행동을 했는데
모두 화를 내지 않는다면,
다른 사람이 우리를 화나게 만든다고 주장할 수 없다.

나는 친구들과 험난한 강을 따라 내려가는 카누 여행을 한 적이 있다. 그중에서 진이라는 친구는 경험이 별로 없었기에 카누 여행에 대해 더 긴장하고 있었다. 그래서 진이 즐거운 시간을 보낼 수 있기를 바라며 나와 같은 카누에 타자고 제안했다.

험난한 물줄기를 따라내려가고 있을 때 다른 카누에 탄 두 명의 친구들이 나의 카누와 의도적으로 부딪치는 장난을 쳤다. 진은 깜짝 놀라 균형을 잃고 물에 빠졌는데, 그와 함께 카누가 뒤집히며 나도 물에 빠졌다.

진은 이미 카누 여행에 대한 걱정에 사로잡혀 있었다. 험난한 물줄기를 따라 카누를 타고 내려온 경험조차 없었는데, 이제는 휘몰아치는 차가운 물살 속에서 숨을 헐떡이면서 큰 바위 사이를 떠내려가게 된 것이다. 그 경험은 끔찍한 기억으로 남았다. 나는 진이 괜찮은지 급히 확인했다. 잔잔한 물가에 이르렀을 때, 다친 곳이 없는지 다시 확인했다. 그런데 진은 자신을 물에 빠트리며 장난을 친

두 친구에게 분노를 느끼고 있었다. 그리고 자신이 화가 난 이유로, 두 친구를 탓했다.

진은 스스로 몰랐지만, 다른 사람이 우리를 화나게 만드는 것이 아니라는 것을 증명했던 셈이다. 다시 말해, 나와 진은 똑같은 상황을 경험했던 것이다. 카누가 뒤집히고, 우리 둘 다 차가운 물에 빠져서 급한 물살에 허우적거리며 내려왔다. 그러나 우리 둘의 반응은 두드러지게 달랐다. 진은 카누를 뒤집은 두 남자에게 분노하고 있었고, 나는 그 상황이 재미있고 또 상쾌하다고 느꼈다.

여기서 우리 둘의 차이는 무엇일까? 진은 적어도 두 가지 이유에서, 어떤 일이 일어날지 준비되지 않았다. 첫째, 신체적인 준비가 되지 않았다. 카누가 뒤집히는 상황을 경험해 본 적이 없다. 이는 진의 잘못이 아니다. 둘째, 감정적으로도 준비가 되지 않았다. 진은 삶에서 진정한 사랑을 경험해 본 적이 없기 때문에 이미 불행해하고 있었고, 이는 곧 작은 사고로 인해 진이 벼랑 끝으로 내몰리기에 충분했다. 진이 겁을 먹자마자 즉각 얻고 보호하는 행동으로 화를 냈던 것이다. 언제나 그랬듯이 말이다. 화를 내는 것이 진이 할 수 있는 모든 것이었다.

반면, 나는 카누를 타는 데 익숙하고 노련했기 때문에 신체적으로 준비가 되어 있었다. 그렇기에 두 친구가 장난치며 카누에 의도적으로 부딪힐 때 두려워하지 않았다. 비록 진이 균형을 잃으면서 나 또한 물속으로 내동댕이쳐졌지만 말이다. 이 불편한 상황에서 나는 진을 포함한 세 남자에게 화를 낼 수도 있었다. 하지만 나는 지난 몇 년 동안 조건 없는 사랑을 받아 왔기에 감정적으로도 준비가 되어 있었다.

내가 받아 왔던 사랑 덕분에 나는 공허하거나 두려워하지 않았고, 어떤 얻고 보호하는 행동들도 할 필요가 없었다. 내가 진보다 더 나은 사람이라서가 아니라, 그 사건에 대해 더 잘 준비되어 있었을 뿐이다.

이처럼 동일한 사건이 발생하더라도 다르게 반응하는 예시는 많다. 2차 세계대전에서 독일과 일본에 의해 수백만 명의 사람이 강제수용소에 수감되고 또 살해되었다. 수감자들이 겪은 잔혹한 학대 그리고 그들이 느낀 증오와 분노에 대해서는 책이나 역사적인 기록을 통해 알 수 있다. 그러나 생존자들 중 일부는 화를 내지 않는 것을 선택했다. 그 대신, 자신들을 박해했던 이들을 용서하는 것을 넘어 사랑하는 방법을 배웠다. 이들은 그 시기에 분노와 증오의 끔찍한 결과가 가해자와 피해자에게 모두 미친다는 것을 목격했다. 그래서 자신들의 마음속에 분노와 증오가 발 디딜 틈을 주지 않았다. 빅터 프랭클의 저서『죽음의 수용소에서』와 코리 텐 붐의 저서『주는 나의 피난처』에서 이를 잘 묘사하고 있다.

몇몇 사람들은 주변 사람들이 배려심이 부족할 때 화를 낸다. 그러나 같은 상황에서 모두 화를 내는 것은 아니다. 그렇기 때문에 배려심이 부족하다고 해서 화를 내는 것은 분명히 아닌 것이다. 만일, 배려심이 부족한 사람들의 문제라면 누군가 불친절하게 대할 때, 모두 화를 내야 마땅하다. 그러나 현실은 그렇지 않다.

만약, 내가 당신에게 어떤 짓을 저지르자, 당신이 화를 냈다고 생각해 보자. 그리고 내가 당신에게 했던 행동을 똑같이 했는데 화를 내지 않는 사람을 한 명이라도 찾을 수 있다면, 내가 한 행동 때문에 화가 난 것이 아니다. 당신이 화내는 것을 선택한 것이다. 화는 언제나 우리의 선택이다. 동일한 상황에서 어떤 사람은 화를 내겠다고 선택하고, 어떤 사람은 화를 내지 않겠다고 선택한다.

[증거 4] 가짜 사랑을 받아 화가 줄어든다면,
다른 사람이 당신을 화나게 만들었다고 주장할 수 없다.

어느 날, 친구 래리와 함께 점심을 먹고 있었다. 래리는 아들 조던과 있었던 일을 나에게 말해 주었다. 래리는 아들에게 아주 비싼 자신의 카메라를 절대 만지지 말라고 말했지만, 조던은 아빠의 경고를 무시했다. 래리가 외출한 사이 카메라를 사용했던 것이다. 그리고 떨어트렸고, 카메라는 고장났다. 래리는 아들에게 불같이 화가 났고, 나에게 다음과 같이 말했다.

래리	아이들은 가끔 나를 정말 화나게 만들어.
나	만약, 지금 당장 너에게 십억 원을 현금으로 주고 또 새 차를 준다면, 조던에게 여전히 화가 날 것 같니?
래리	아니, 전혀 화가 나지 않을 것 같은데….
나	그럼, 조던이 너를 화나게 만든 게 아니야.
래리	그게 무슨 말이야?
나	십억 원으로 네 화가 가라앉을 거라면, 십억 원이 네 손에 없기 때문에 화가 난 거지. 조던 때문은 아니잖아.

　우리는 일반적으로 "잘 지내세요?"라는 의미로 사람들에게 다양한 인사를 한다. 그리고 그 질문에 대한 대답으로 "물론, 잘 지내죠" 혹은 "요즘 좋아요"라고 말한다. 이 대답의 의미는 삶에서 어떤 것들이 잘 돌아간다는 뜻이다. 더 깊이 생각해 보면, 그 순간 자신에게 가짜 사랑이 충분히 공급되고 있다는 의미다. 다시 말해, 그 순간 가짜 사랑이 충분하기에 화를 내지 않는다. 그러나 칭찬, 힘, 쾌락, 안전함이 바닥을 보이면 주의해야 한다. 그때가 바로 우리가 짜증을 내는 순간이다. 가짜 사랑을 충분히 경험하지 못했을 때, 평소에는 아무렇지 않던 사람이 아주 짜증나는 사람으로 갑자기 돌변한다.

　다시 한번 강조하지만, 주변에 있는 개인의 행동이 우리를 화나게 만드는 것이 아니다. 진정한 사랑이 부족할 때 자연스럽게 뒤따라오는 공허함과 두려움에 대한 반응으로 인해 화를 내는 것이다. 가짜 사랑을 충분히 경험하고 있을 때, 우리는 사랑받지 못한다는 공허함을 일시적으로 무시할 수 있다. 그러나 가짜 사랑이 바닥을 보이면, 우리는 화가 난다. 그리고 새로운 가짜 사랑이 공급되면, 순간적으로 화가 가라앉는다.

> 화는 인생의 근본 목적인 사랑을 받고, 사랑을 주고, 행복해지는 것을 방해하기 때문에 화를 내는 것은 언제나 잘못이다.

[증거 5] 진정한 사랑이 화를 가라앉게 한다면,
화를 내는 근본적인 이유는 진정한 사랑의 경험이
부족하기 때문이다.

이 장을 시작하면서, 조지와 그의 아들 댄에 대한 대화를 언급했다. 조지는 아들 댄에게 짜증이 나 있었고, 그는 아들이 자신을 화나게 만들었다고 확신했다. 몇 달 동안, 조지는 진실을 말하는 방법을 배웠다. (진실을 말하는 방법은 다음 장에서 다룰 것이다.) 조지는 지혜롭고 또 사랑이 넘치는 친구들에게 조건 없이 받아들여지는 경험을 했다. 조지는 사랑받았고 또 행복했으므로, 아들에게 존경과 복종을 더이상 요구하지 않았다. 이처럼 진정한 사랑을 알게 되면 가짜 사랑은 더이상 가치가 없어진다.

조지가 조건 없이 사랑을 받자, 그가 가장 많이 사용하는 얻고 보호하는 행동이었던 화를 내는 것이 더이상 필요하지 않았다. 댄의 행동은 변함이 없었지만, 조지는 더이상 화를 내지 않았다. 이는 조지가 화가 났던 것은 아들의 행동이 아니었다는 것을 증명하는 것이다. 만약, 댄의 행동이 조지를 화나게 만들었다면, 댄의 행동이 변하지 않는 이상 조지가 계속해서 화가 났어야만 한다.

나는 지금까지 수많은 사람이 경험한 진정한 사랑의 효과를 관찰해 왔으므로, 조지의 변화가 조금도 이상하지 않다. 우리가 조건 없이 사랑을 받으면, 화를 낼 필요가 없어진다. 화가 한순간에 사라지지는 않더라도, 결국 완전히 없어진다.

화를 책임질 때 오는 자유

우리가 느끼는 화에 대해 다른 사람을 비난하는 이유는, 스스로 책임을 지는 것보다 쉽게 느껴지고 또 살아가면서 그렇게 하도록 배워 왔기 때문이다. 당신에게 내가 화난 책임을 묻는다면, 나는 갇히게 된다. 당신이 변하지 않는 한, 나는 계속해서 화를 낼 수밖에 없다. 이는 두 가지 측면에서 아주 불행하다. 나의 행복이 당신에게 달려 있다는 것은 터무니없는 소리다. 그러니 당신이 나를 화나게 만들었다는 것은 사실이 아닌 것이다.

우리의 삶에서 진정한 사랑을 경험하지 못해 느끼는 공허함과 두려움 때문에 우리가 화를 낸다는 사실을 깨달았으면, 스스로 어떤 행동을 취할 수 있다. 나의 진실을 누군가에게 말하고, 내가 진정으로 필요한 조건 없는 사랑을 받을 수 있다. 또한 아이들에게 화를 내는 것을 멈추고, 사랑이 넘치는 부모가 되는 것을 선택할 수 있다. 비교할 필요도 없이 매우 훌륭한 선택이다.

다른 사람들이 우리를 화나게 만드는 것이 아니라는 것을 이해하면, 이 중요한 사실을 아이에게 가르치는 단계에 들어갈 수 있다. 이것을 배우면 아이 역시 자신의 화에 대한 책임을 스스로 지는 자유를 경험할 수 있다. 그러기 위해서는 우선, 당신이 다른 사람으로 인해 화가 난 것이 아니라는 증거들에 익숙해져야 한다. 그런 다음, 가족 모임이나 아이가 화를 내는 상황에서 이를 가르치는 데 응용할 수 있다.

가짜 사랑:
가짜 사랑을 얻기 위해 부모는 아이들을 어떻게 조종하는가

이 장에서는 아이에게 화를 내는 것이 얼마나 잘못된 것인지에 중점을 두고 대화를 하고 있다. 더불어 화를 내는 것 이외의 방식으로도 아이를 조종하는 것이 얼마나 파괴적인지를 살펴볼 필요가 있다. 우리의 삶에 진정한 사랑이 충분하지 않을 때, 순간적으로 기분 좋아지게 하는 가짜 사랑을 얻기 위해 사람들을 조종한다. 부모가 가짜 사랑을 얻을 수 있는 도구로서 아이를 바라본다면, 가짜 사랑을 얻기 위해 조종하는 것은 당연하다.

1) 칭찬

나는 부모가 선물을 주는 상황을 아주 많이 관찰했다. 아이스크림, 사탕, 생일 선물 등을 받고 나서 빠른 시간 내에 감사하다고 말하지 않으면, 부모들은 이렇게 묻고는 한다.

"이제 뭐라고 말해야 하지?"

부모는 받은 것에 대해 감사해야 한다며 아이에게 압력을 가하는 것이다. 아이에게 감사하는 것을 가르치는 것은 아주 중요하지만, 문제는 받은 것에 대해 감사하도록 가르치지 않는다는 것이다. 그 대신 부모 자신에게 감사하도록 요구한다.

내가 받은 것에 대한 감사와 부모에게 감사하는 것의 차이는 어마어마하다. 아이가 가진 것에 대해 감사할 때, 받은 선물에 대해 더 잘 인지하고 또 즐길 수 있다. 가진 것에 대해 감사하는 마음은 모든 경험에서 느끼는 즐거움을 증가시킨다. 아울러 아이가 더 사랑받고, 희망차고, 행복하게 살 수 있도록 해준다.

하지만 우리는 아이가 건강한 방식으로 감사하도록 가르치지 않는다. 아이들이 부모 자신에게 감사하도록 가르치는데, 그 동기는 대부분 이기적이다. 우리가 무언가를 아이에게 줄 때 아이가 감사하게 생각하면 자신이 덕이 많고, 관대하며, 중요한 사람인 것처럼 느끼는 것이다. 즉, 아이가 감사하는 것을 기대하고, 칭찬으로 받아들인다. 그 느낌이 좋아서 감사히 여기는 마음을 더 많이 얻고자 아이를 조종한다. 반면, 아이들이 감사하지 않는 순간 우리는 실망을 하게 되는데, 이는 동기가 이기적이라는 것을 증명하는 것이다. 그러므로 우리가 아이에게 주는 선물은 사실, 진짜 선물이 아닌 것이다. 다시 말해, 우리는 아이에게 대가를 주고 감사함을 사고 있다. 이는 곧 아이가 의무적으로 감사하게끔 유도하고 있는 것이다. 아이가 감사히 여길 거라는 기대는 애초부터 아이의 행복에 대한 관심이 아니라, 부모 자신의 행복에 있다는 것을 보여 준다. 이는 아이에게 거대한 부담을 안겨 주며, 아이를 부모로부터 고립시킨다.

만약, 당신이 아이에게 감사함을 기대한다는 것을 믿을 수 없다면, 다음 상황을 상상해 보라.

당신이 아이를 위해 많은 시간과 공을 들여 값비싼 생일 선물을 준비한 뒤 아이에게 주었다. 아이가 선물 상자를 열어 보더니, 바닥에 집어던져 망가트리고는 쿵쾅거리며 옆방으로 가 버린다.

솔직히 기분이 어떤가? 짜증이 나는가? 이 상황에서 짜증이 날 수 있다. 그러나 당신이 '선물'을 주고, 무언가를 돌려받을 기대를 하고 있었다는 의미다. 당신이 아이에게 기대한 것은 감사 및 애정 등이다. 기대가 충족되지 않았기에 짜증이 났던 것이다. 우리가 누군가에게 무엇을 줄 때 어떤 반응을 기대하는 것이 너무나 일반적이라서 기대를 하지 않는다는 상황을 상상하는 것이 더 어렵다. 하지만 기대하는 것은 조건 없는 사랑이 아니다. 이는 가짜 사랑이며, 이기적이다. 이처럼 우리는 아이에게 이러한 기대를 하면서 살아간다.

당신이 조건 없는 사랑을 충분히 받았다면 어떻게 달라질까? 선물을 주었는데 짜증내는 아이를 보며 어떻게 반응할 수 있을까? 당신이 사랑을 충분히 받았다면, 당신의 관심은 오로지 아이의 행복에 있을 것이다. 이게 바로 진정한 사랑이다. 아이가 망가트린 선물은 신경쓰지 않고, 아이가 어떤 상태인지에 관심을 가질 것이다. 더 나아가 시간과 공을 얼마나 들여 선물을 준비했는지도 신경쓰지 않을 것이다. 우리에게 가장 중요한 것은 아이의 행복이니까 말이다. 따라서 아이의 행동을 보며 사랑을 느끼고 있지 않음을 이해하고, 아이가 필요로 하는 조건 없는 받아들임과 사랑을 줄 것이며, 생일 선물에 대한 걱정은 안중에도 없을 것이다.(이후의 장에서 이런 상태에 있는 아이들을 어떻게 사랑해 줄 수 있는지, 더 논의하도록 하겠다.)

물론 아이들은 감사하는 것을 배워야 한다. 그러나 우리가 감사해야 한다고 강요한다고 해서 진정으로 감사하는 법을 배울 수는 없을 것이다. 우리가 감사를 강요하면 그것은 일시적인 것이므로, 아이들의 삶은 행복하지 않을 것이다. 아이는 조건 없는 사랑과 가르침을 통해 진정한 감사함을 배운다.

이후의 장에서 진정한 감사함을 어떻게 가르칠 수 있는지, 더 다루도록 하겠다.

2) 힘

진정한 사랑을 충분히 느끼지 못할 때 우리는 공허하고, 혼자라는 것과 무력감을 느끼며 두려워한다. 그런 상황에서 다른 사람들을 통제할 때 순간적으로 힘이 있다고 느끼며, 무력감이 일시적으로 줄어든다. 비록 우리가 살아가며 대부분의 상황을 통제할 수 없지만, 부모가 아이를 통제하는 것에 대해 아이가 다른 사람들에 비해 쉽게 받아들인다는 것을 우리는 알고 있다. 아이는 주변 사람들보다 비교적 더 쉽게 통제할 수 있기 때문에 우리는 무의식적으로 그 점을 이용해 힘이라는 가짜 사랑을 얻는다.

어떤 의도가 담긴 행동은 아니지만, 아이를 여전히 통제한다. 진정한 사랑이 충만하지 않을 때, 힘이 주는 감각은 완전한 무력감이나 혼자 남겨진다는 느낌보다는 훨씬 기분이 좋기 때문이다. 아이가 반항을 하거나 부모의 요청에 저항할 때, 우리는 일반적으로 실망하거나 화를 낸다. 아이에게 실망하고 또 화를 낸다는 것은 부모가 아이를 얼마나 통제하고 싶어하는지를 증명하는 것이다. 우리의 행동에 대한 진실을 보기 전까지, 우리는 사랑을 주는 대신 아이를 계속 통제하려고 할 것이다.

다음에 이어지는 존의 사례를 살펴보며 부모가 아이를 상대로 힘을 사용하고 있다는 것을 알 수 있다.

존은 지혜로운 친구인 앤과 자신의 아들 파커의 행동에 대해 대화를 나누었다.

| 존 | 파커는 하루 종일 반항적으로 행동해요. 어떻게 해야 할지 모르겠어요. 제가 파커의 행동에 대해 잔소리를 하지 않는다면, 아이가 부모를 존중해야 하는 것을 어떻게 배울 수 있겠어요? |

	하지만 제가 뭔 말이라도 하려고 하면 화를 내요. 그러면 저도 화를 내죠. 대화는 말다툼이 되고, 둘 다 기분이 나빠져요. 해결책을 도무지 알 수가 없어요.
앤	당신은 화가 난 거 같군요.
존	물론이죠. 파커가 부모에게 그런 식으로 말을 해서는 안 되죠.
앤	파커가 당신을 존중하지 않을 때, 어떤 기분이 드시나요? 화를 내기 직전의 기분을 말해 볼래요?

존은 자신의 감정을 표현하는 데 어려움을 겪었는데, 파커가 예의 없이 굴고 또 반항을 할 때 존이 어떤 기분이 드는지 볼 수 있도록 앤이 도와주었다.

존의 경험은 다음과 같다.

- 파커가 감사하지 않는다.
- 실패한 아버지가 될까 봐 두렵다.
- 사랑받지 못한다고 느낀다.
- 공허하고, 혼자라고 느낀다.
- 부모로서 무력감을 느낀다.

앤	사람들은 보통 자신이 사랑받지 못하고 두려울 때, 주변 사람들이 우리를 사랑해 주길 원하죠. 당연해요. 그 사람들 안에는 아들도 있어요. 아들이 당신을 사랑하지 않는다고 느낄 때, 이 상황에 대해 아무것도 할 수 없다는 고통스러운 감정으로부터 스스로 보호하려고 하죠. 그리고 좋은 아빠가 아니라는 느낌도 싫을 거예요. 그래서 화가 나죠. 또 당신을 존중해야 한다고 아들에게 요구하죠. 화를 내면, 적어도 아무것도 할 수 없다는 무력감은 사라지니까요. 일시적이라도, 아들이 당신을 존중하

게 만들면, 아빠로서 실패했다는 느낌은 들지 않으니까요.

존 　글쎄요. 저는 아빠예요. 아들에게 존중받아야 마땅한 거 아닌가요? 그게 정상이잖아요. 안 그래요?

앤 　당신은 존중받고 싶은 거예요. 자신이 사랑을 받지 못한다고 느끼기 때문이지요. 진정한 사랑이 없을 때는 존중도 가짜 사랑이 되어, 순간적으로 자신이 조금 더 중요하게 느끼도록 만들 뿐이죠. 당신은 공허하고 두렵기 때문에, 그 순간 아들에게 정말로 뭐가 필요한지를 보지 못하고 있어요. 이런 상황에서 우리가 볼 수 있는 건 나 자신이 원하는 것뿐이지요. 이 상태로는 아들을 조건 없이 사랑할 수 없어요. 당신이 화를 낼 때마다 아빠가 자신을 사랑해 줄 수 없다는 걸 아들은 아마도 느낄 겁니다. 그리고 아들의 공허함과 두려움은 당신이 화를 내는 만큼 더 커질 거예요. 그리고 아들 또한 당신처럼 더 화를 내며 자신을 보호하려고 할 겁니다. 당신이 조건 없는 사랑을 느낀다면 이미 행복하고 충만하기 때문에, 파커가 당신을 행복하게 해주기 위해 어떤 방식으로 행동해야 한다고 더이상 생각하지 않을 거예요. 파커가 당신을 존중하지 않는다고 해서 상처받지도 않을 겁니다. 아들이 예의 없이 굴 때, 단지 사랑을 느끼지 못한 채 두려움에 허우적거리며 자신을 보호하기 위해 공격하고 있다는 걸 볼 수 있을 거예요. 아들의 행동을 정당화할 순 없지만, 이해할 수 있게 되죠. 당신이 사랑을 느끼면, 아들이 화를 낼 때 상처를 받거나 화를 내며 받아치는 대신 사랑을 줄 수 있을 거예요.

　진정한 사랑이 충분하지 않을 때, 우리는 이미 고통스럽기 때문에 그 이상의 불편함을 경험하고 싶지 않을 것이다. 그래서 사전에 예방하고자 할 것이다. 아이가 반항하며 말을 듣지 않는 것만으로도 우리를 위협하기에 충분하다. 그러므로 우리는 자신을 보호하기 위해 아이에게 또 화를 낸다. 화를 내면 자신이 강하다고 느끼거나, 적어도 무력감은 줄어든다. 한편, 우리는 아이들에게 집중해서 존경하도록 명령하는데, 이 또한 자신이 무력하거나 혼자라는 느낌이 줄어들기 때문이다. 게다가 우리가 화를 내면, 우리를 불편하고 짜증나게 하던 행동을 가끔 멈추기도 한다.

아무튼 아이들은 복종하고 존중하는 법을 배울 필요가 있다. 복종하고 존중하는 아이들이 그러지 못하는 아이들보다 더 행복하다. 그러나 이를 가르칠 때, 우리의 동기를 잘 살펴보는 것이 아주 중요하다. 그런데 우리의 동기가 이기적인지 혹은 사랑을 주기 위해서인지 매 순간 알 수 있을까? 우리가 존중하는 법을 가르칠 때 그것이 아이를 위한 것인지, 우리 자신을 위한 것인지 어떻게 알 수 있을까? 만약, 우리가 아이의 행복에만 오직 관심이 있고 또 아이가 반항할 때 실망하거나 화를 내지 않는다면, 그 동기를 구별하는 것은 아주 쉽다.

▶ 이기적인 동기가 가져오는 결과

아이들은 우리의 생각보다 훨씬 더 통찰력 있고 민감하다. 부모가 자신의 편의와 쾌락을 위해 아이에게 존중과 복종을 요구한다면, 아이는 부모의 이기심을 느낀다. 아이는 부모가 자신을 조건 없이 사랑하지 않는다는 사실을 알고, 이용당하고 있다는 것은 물론 부모로부터 괴리감을 느낀다.

다음 사례에서 아버지와 아들이 서로 상호작용하며 무엇을 배웠는지 살펴보자.

프랭크는 아들 테일러가 집으로 돌아오기로 한 시간보다 훨씬 늦은 탓에 화가 났다. 테일러는 자신의 잘못이 아니었다는 핑계들을 찾느라 애썼다. 다른 사람들이 자신의 발목을 잡았다는 것이다. 어느 정도는 사실일지도 모르지만, 프랭크는 아들에게 더 화가 날 뿐이다. 결국 테일러는 어쩌라는 듯 어깨를 으쓱하고는, 이를 악물고 휙 돌아서서 자신의 방으로 향했다.

"어디 감히, 아빠가 말을 하는데 등을 보여! 내가 말하는 동안 여기 서서 똑바로 들어야 할 거 아니야!"

프랭크는 사랑받지 못한다고 느꼈고, 공허했다. 이 상황에서 프랭크가 할 수 있는 일은 자신을 보호하며, 가짜 사랑을 통해 공허함을 채우려고 애쓰는 것뿐이다. 그리고 부모라는 권력을 이용해 아들을 통제하고 있는 힘을 느끼고 있었다.

앞서 대화한 바와 같이, 우리가 화를 내면 아이는 사랑받지 못한 채 또 혼자라고 느낀다. 게다가 우리의 말을 하나도 듣지 못한다. 프랭크는 테일러에게 책임을 가르치려고 했지만, 아빠의 화를 느낀 테일러의 귀에는 아무것도 들리지 않았다. 테일러는 아빠의 사랑을 전혀 느끼지 못했고, 혼자 남겨졌다는 두려움을 느끼며 자신을 보호하는 행동들을 했다. 테일러의 행동은 공격하기(화를 내고, 어쩌라는 듯 어깨를 으쓱해 보이며, 이를 악물기)와 도망치기(자신의 방으로 가기)였다.

▶ 아이들이 거짓말을 하도록 부추기는 부모

부모가 화를 낼 때, 아이들이 거짓말을 하도록 부추기는 것이다. 프랭크가 아들에게 등을 보이지 말라고 소리를 지를 때, 프랭크가 하는 말에 담긴 의미는 다음과 같다.

"네가 어떤 기분인지는 듣고 싶지 않구나. 모든 사람이 두려움을 느끼고 화가 날 때 자신을 보호할 권리가 있지만, 너는 아빠 앞에서 행복해야 하고 또 아빠를 사랑해야 해. 나와 함께 있을 때는 네 자신이 되어서는 안 돼. 나를 행복하게 만들기 위해 네 감정을 숨겨야 해!"

▶ 힘으로 아이를 통제하지 않으며 존중을 가르치는 법

반항하는 아이에게 정말로 필요한 것은 사랑과 가르침을 받는 것이다. 그러나 실망하고 화가 나는 이기적인 상태에서는 사랑과 가르침을 줄 수 없다. 우리 스스로 진정한 사랑을 받아야만 한다. (진정한 사랑을 받는 법에 대해서는 다음 장에서 다루겠다. 또한 아이를 사랑하고 가르치는 법에 대해서도 이후의 장에서 다루겠다.)

우선, 프랭크가 진정한 사랑을 충분히 받았다면, 테일러와의 대화가 어떻게 진행될지 간략하게 살펴보자.

- 진정한 사랑이 충분한 상태에서도 프랭크는 테일러가 왜 늦게 왔는지, 그 이유를 물었을 것이다. 부모는 자녀가 책임지는 법을 배울 수 있도록 가르쳐야 하기 때문이다.
- 프랭크는 화를 내지 않았을 것이다. 지구상에서 가장 귀한 진정한 사랑을 이미 갖고 있는 사람들은 상대가 생각 없이 행동하거나 불편한 상황을 만들더라도 공허함을 느끼거나 두려움에 떨지 않는다. 따라서 더이상 화를 내어 자신을 보호할 필요가 없다. 사랑이 가득찬 프랭크는 테일러의 무책임한 행동을 가르쳐 주었을 것이다. 또는 테일러 스스로 실수를 인정할 수 있는 기회를 주었을 것이다. 사랑이 넘치는 부모들은 무책임하고 불복종하는 자녀의 행동을 그냥 내버려 두지 않는다. 그러나 무엇이 옳은지를 가르치면서, 실망하고 화를 내지도 않는다. 화를 내는 것은 절대 사랑이 아니다.
- 테일러는 아빠가 화나지 않았다는 사실을 느끼기 때문에 두려워하지도 않을 것이다. 테일러는 자신을 보호하기 위해 화를 내거나 도망칠 필요가 없었을 것이다.

대부분의 부모가 반항하는 아이와 사랑이 넘치는 상호작용은 불가능하고 또 지나치게 이상적이라고 생각할지도 모른다. 그러나 전혀 이상적이지 않다. 전 세계의 부모들이 이런 방식으로 아이를 조건 없이 사랑하는 법을 배웠다. 아이들은 인내심의 한계를 느끼고, 화를 내며 가르칠 때보다 사랑을 주면서 가르칠 때 무엇이든 훨씬 더 잘 배운다. 아이들을 사랑으로 가르치면, 거짓말을 하고 또 공격하는 대신 자신의 진실을 말하는 법을 배운다. 진실을 말하는 법을 배움으로써 아이들은 자신을 보이고, 받아들여지고, 사랑받을 수 있는 공간을 창조할 수 있게 된다.

한편, 아이들이 부모를 존중하는 것은 중요한 일이다. 아이가 부모를 존중할 때, 부모의 사랑과 가르침을 훨씬 더 효과적으로 받아들인다. 그러나 진정한 존중이란 아이가 진정으로 사랑받는다고 느낄 때 자연스럽게 흘러나오는 것이지, 부모가 요구한다고 해서 얻을 수 있는 것이 아니다.

3) 안전함

진정한 사랑이 충분하지 않을 때, 우리는 진정한 사랑을 대신해 가짜 사랑을 취한다. 그러나 칭찬, 힘, 쾌락마저도 얻을 수 없는 상황에서는 비난과 불쾌함을 최소화하기 위해 노력한다. 안전함을 추구하는 것은 바로 고통을 최소화하기 위한 노력을 의미하는 것이다. 안전하다고 느끼기 위해 부모는 아이를 종종 조종한다.

안젤라의 사례를 통해 이를 살펴보자.

안젤라는 조건 없이 사랑받는다고 느끼지 못했기에 직장에서 일을 열심히 하고 또 잘해서 칭찬과 힘을 얻어 행복해지기 위해 애썼다. 직장에서 일이 잘 풀리지 않으면 가짜 사랑이 일시적으로 효력을 잃고, 그녀는 이따금 공허하고 또 끔찍한 나락으로 완전히 떨어졌다. 이 상태에서 자신에게 관심을 요구하거나 어떤 방식으로든 귀찮게 하면, 안젤라는 매우 위협적으로 느꼈다.

안젤라가 직장에서 좋지 않은 상태로 집에 돌아올 때면, 그녀는 아이들에게 날카로운 목소리로 소리를 지르며 자신의 공허함과 고통을 최소화했다. 이렇게 하면 아이들이 조용히 하는 것은 물론 자신을 귀찮게 하지 않을 거라는 걸 알았던 것이다. 더 나아가 아이들을 통제할 수 있다는 힘을 느꼈다. 이는 직장에서 마주하는 다른 어른들로부터 느낄 수 없는 힘이었다. 즉, 안젤라는 직장에서 칭찬과 힘이라는 가짜 사랑을 얻지 못하고, 집에 와서 아이들을 상대로 화를 내며 힘과 안전함을 느꼈던 것이다.

우리가 사랑받지 못한 채 혼자라고 느낄 때, 그 이상의 불편함은 더이상 느끼지 않고 최소화하기 위해 노력한다. 그래서 아이들을 조용히 시키고, 우리의 말에 협조하라고 요구한다. 과연, 아이들은 살면서 "조용히 좀 해"라는 말을 몇 번이나 들으며 살아갈지, 가늠할 수도 없다.

아이들을 통해 안전함을 느끼는 또 다른 방식은 바로, 부모가 저지른 실수를 인정하지 않는 것이다. 부모가 옳다는 것을 주장하는 것은 아이들을 상대로 힘을 사용하는 것이다. 이를 통해 우리는 아이 앞에서 바보같이 보이거나 틀렸다는 불쾌함을 피할 수 있다. 많은 부모가 아이들에게 자신이 틀렸다는 것을 절대 인정하지 않는다. 더욱이 부모의 책임이 아이를 사랑하고 가르치는 것이라는 사실을 간과하며, 안전함과 편안함을 느끼기 위해 아이를 이용하고 있다는 것을 인정하지 못한다.

제5장에서 우리가 옳다는 것을 주장하며 아이들을 어떻게 이용하고 있는지, 그러한 우리의 행동을 어떻게 바꿀 수 있는지를 다룰 것이다.

얻고 보호하는 행동:
아이들이 우리를 사랑하지 않는다고 느낄 때,
부모는 얻고 보호하는 행동을 한다

우리가 어쩌다가 공격하기의 가장 흔한 형태인 화를 내어 아이에게 반응하지를 이미 다루었다. 그러나 화를 내는 것 이외에도 아이를 두렵게 해서 행동을 조종하는 것들 또한 공격하기다. 우리는 생각보다 훨씬 많은 순간에 공격하기를 사용한다. **실망감을 표현하기**(한숨 쉬기, 눈을 치켜뜨고 굴리기, 목소리 톤을 바꾸기), **겁주기**(겁을 주는 자세, 찡그리기, 화가 난 목소리, 불친절한 단어들과 말투, 협박), **죄책감 주기** 그리고 못마땅해하기 등이 공격하기에 포함된다.

아이들이 화난 목소리로 자신을 방어할 때, 우리는 위협적인 방법을 동원해 아이들에게 반응한다. 목소리가 커지고, 찡그린 표정과 겁을 주는 자세를 취하며 다음과 같이 말한다.

"감히 내게 그런 말을 하다니…."

이 말의 의미는 다음과 같다.

"나는 너의 부모다. 그러니 너는 나는 존중해야 마땅하다. 나를 혼란스럽게 하거나 위협하는 행동을 해서는 안 돼."

더 나아가 부모가 바라는 행동을 하지 않으면 아이에게 처벌을 가한다. 부모라는 권력을 이용해 겁을 주며, 부모를 행복하게 해주지 않는다는 죄책감을 느끼게 한다. 부모의 입에서 나온 한마디나 찡그린 표정만으로도 아이를 뭉개 버릴 수 있다는 사실을 깨닫지 못하고 있다. 이처럼 부모는 거짓말하기, 피해자 행세하기, 도망치기 그리고 매달리기로 아이들에게 얻고 보호하는 행동을 사용하기도 한다.

1) 거짓말하기

우리는 아이들에게 거짓말을 많이 한다. 하지만 우리가 거짓말을 하고 있다는 것조차 거의 대부분 인지하지 못한다.

우리는 아이들에게 다음과 같은 거짓말을 한다.

- 아이들로부터 가짜 사랑을 얻고자 한다는 사실을 인지하지 못하는 상태에서 아이들을 조종하려고 할 때 거짓말을 하는 것이다.
- 우리가 화가 난 이유가 아이의 잘못이라고 비난할 때 거짓말을 하는 것이다. 이 부분은 이후에 더 자세하게 다루겠다.
- 아이에게 말로는 사랑한다고 하지만, 행동으로는 사랑을 표현하지 않을 때도 거짓말을 하는 것이다.
- 아이와 약속을 해놓고 "시간이 없어서 안되겠다"라는 등의 핑계를 댈 때도 거짓말을 하는 것이다. 시간이 있지만, 다른 일을 우선순위에 둔 것이다.

이처럼 거짓말을 할 때, 우리는 자신을 보호하고 또 여러가지 가짜 사랑을 얻을 수 있다. 하지만 아이들은 부모에게 사랑을 받지 못한 채 혼자 남겨지는 경험을 하게 된다.

만약, 우리가 진정한 사랑을 충분히 받지 못했다면, 아이가 얻고 보호하는 행동을 할 때 더 공허하고 또 두려워한다. 그리고 다시 얻고 보호하는 행동으로 받아치며 반응한다. 그 결과는 얻고 보호하는 행동의 전쟁으로 확대되는데, 이는 부모와 아이에게 모두 상처로 남는다

2) 피해자 행세하기

부모가 아이들에게 겁을 줘도 원하는 대로 행동하지 않을 때, 피해자 행세를 해서 아이들을 조종하고는 한다.

다음 사례는 한 엄마가 아들에게 피해자 행세를 해서 조종하는 예시다.

자넷은 밖에서 놀고 있는 아들 조엘에게 가서 조엘이 맡은 집안일을 다 하지 않으면 친구와 놀 수 없다고 말했다. 조엘은 엄마를 노려본 뒤 발을 쿵쿵거리며 집으로 걸어갔다. 그리고 이 상황이 얼마나 말도 안되고 불공평한지, 불평하며 투덜거렸다. 자넷은 아들의 행동을 보며 상처받은 듯한 표정으로 눈물을 흘리며 말했다.

"아들, 내가 매일같이 너를 위해 어떤 일을 해주는데, 집안일 하나 시켰다고 이런 식으로 행동하다니…. 믿을 수가 없구나."

그러자 조엘은 자신이 엄마의 마음을 상하게 했다는 것을 알고, 죄책감을 느끼며 불평하던 것을 멈췄다.

조엘이 자신에게 화를 내자, 자넷은 무력감을 느끼며 두려워졌다. 그래서 자신을 보호하고, 가짜 사랑을 얻기 위해 자신에게 익숙한 얻고 보호하는 행동을 했던 것이다. 그중 피해자 행세를 했다. 그로 인해 자넷은 화를 내며 공격하는 조엘의 행동을 멈출 수 있었고, 피해자 행세를 해서 아들의 행동을 통제할 수

있다는 것에 힘을 느꼈다.

 자넷은 의도적으로 이렇게 행동했던 것이 아니다. 그녀가 어린 시절부터 배워온 행동이 자동으로 반응했던 것이다. 어린 시절, 자넷은 부모에게 절대 화를 낼 수가 없었다. 그 대신에 피해자 행세를 했다. 예를 들어, 울거나 상처받은 표정을 지으며 자신을 보호하고, 주변 사람들을 조종하는 법을 배웠다. 그녀가 피해자 행세를 할 때 부모는 미안해하며, 부정적인 마음을 종종 멈추기도 했다. 자넷은 어른이 되어서도 조엘에게 했던 것처럼 피해자 행세를 계속했다. 이처럼 우리는 모두 각자의 삶에 가장 효과적인 얻고 보호하는 행동을 선택해서 사용한다.

 자넷이 조엘과 대화를 시작했을 때, 책임에 대해 가르치려는 동기가 있었다. 친구와 놀기 전에 자신에게 주어진 집안일을 마무리하는 것은 배울 필요가 있는 것이다. 하지만 엄마가 피해자 행세를 함으로써 동기는 이기적으로 바뀌었고, 책임을 가르치던 순수한 동기는 어느 순간 완전히 사라졌다. 즉, 아들이 불평하는 것을 멈추도록 조종하는 데는 성공했지만, 아들이 이 상황에서 배운 것은 엄마를 행복하게 해주어야 한다는 것뿐이다. 이렇듯 부모가 아이에게 얻고 보호하는 행동을 하면, 아이가 배워야 하는 것을 가르칠 수 없다. 그저 아이를 이용하는 것일 뿐이다.

 만약, 자넷이 사랑을 충분히 받았다면, 조엘과의 대화가 어떻게 바뀌었을까? 자넷이 아들에게 잔소리를 해야 하는 상황은 처음부터 일어나지 않았을 것이다. 조건 없는 사랑을 충분히 받은 부모는 아이를 있는 그대로 자연스럽게 받아들이고, 책임지는 법을 가르친다. 그러한 환경에서 자란 조엘은 놀러 나가기 전에 자신이 해야 할 집안일을 마치고 나갈 가능성이 높다.

 어쩌면 사랑을 충분히 받고 자라더라도 이따금 실수를 저지를 수 있다. 조엘이 실수를 저질렀다면, 자넷은 아들의 책임에 대해서만 깔끔하게 대화했을 것이다. 아마도 둘의 대화에서 서로 짜증을 내거나 피해자 행세를 하지 않았을 것이다. 또한 자넷은 아들을 특정한 방식으로 조종해서 자신의 기분이 좋아지도록 할 필요가 없었을 것이다. 이런 상황이었다면, 아이들은 부모가 가르치는 것을 배울 수 있다. 물론 조엘은 어느 정도 짜증이 났을지도 모른다. 그러나 아이들이 일하는 것보다 노는 것을 더 좋아하는 것은 당연하다. 그렇다고 해도 자넷은 아들이 맡은 책임에 대해 다시 한번 부드럽게 말해 주었을 것이다. (제9장에서 아이에게 책임을 가르치는 법에 대해 더 자세히 다루겠다.)

한편, 우리는 다음과 같은 방법으로 피해자 행세를 한다.

- "너를 위해 얼마나 많은 일을 했는데, 어떻게 이런 식으로 행동할 수 있니?"
- "엄마에게 어떻게 그런 말을 할 수가 있니?"
- 상대가 당신을 실망시킬 때마다 눈물을 흘리거나 상처받은 것처럼 행동한다.
- 성인이 된 자녀에게 "왜, 전화를 한 번도 안 하니?" 혹은 "집에 오지 않은 지 한 달은 지난 거 같은데…."라고 말한다.

아이에게 피해자 행세를 하면, 우리가 원하는 방식으로 아이가 행동할 수 있도록 조종할 수는 있다. 하지만 다른 얻고 보호하는 행동들과 마찬가지로, 우리의 이기심으로 인해 아이들은 사랑을 받을 수 없게 된다.

3) 도망치기

사람들이 상처를 줄 때, 그 고통을 최소화하는 방법은 상처를 준 사람으로부터 도망치는 것이다. 우리에게 실망하고, 짜증내고, 불편하게 하고, 겁을 주는 사람들을 피하는 것은 어쩌면 자연스러운 일이다. 부모는 아이와 기분 나쁜 대화를 나눈 뒤 기분이 상한 부모는 아이를 안아 주지도 않고, 눈을 바라보지도 않고, 함께 시간을 보내지도 않는다. 우리는 무의식적으로 이렇게 행동하지만, 이는 아이를 피해 도망치는 것이다. 아이는 그것을 느낄 수 있다.

4) 매달리기

삶에 진정한 사랑이 충분하지 않을 때, 우리에게 가짜 사랑이 다가온다면, 그

것이 무엇이든 매달리는 경향이 있다. 그 가짜 사랑을 주는 원천에 아이들도 포함된다. 아이가 부모를 필요로 할 때, 부모는 자신이 아주 가치 있는 존재인 것처럼 느낀다. 그래서 많은 부모는 그러한 애착 관계에 매달린다. 또 가끔은 아이가 부모를 필요로 할 수밖에 없는 여러 상황을 유지하기도 한다. 예를 들어, 아이가 독립하는 법을 배울 수 있는 상황임에도 불구하고 재정적인 지원을 계속하거나, 아이가 스스로 결정할 때 비난을 해서 부모의 허락이나 인정에 의존하게 만들기도 하고, 아이의 시간과 관심을 요구함으로써 부모가 필요하게끔 조종한다.

우리가 아이에게 매달리면 일시적인 가짜 사랑을 확실히 얻을 수 있다. 그러나 이러한 행동은 아이에게 부모를 행복하게 만들어 주어야 한다는 부담감을 주므로, 아이의 행복을 망친다.

모든 얻고 보호하는 행동을 제거하기

부모의 얻고 보호하는 행동은 아이를 공허하게 만들며, 겁에 질리고 또 끔찍한 삶을 살게 한다. 그렇기 때문에 이 행동들을 삶에서 제거하는 법을 배우는 것은 아주 중요하다. 얻고 보호하는 행동을 제거하는 첫 번째 단계는 바로, 아이를 바라보는 관점을 바꾸는 것이다. 우리의 기분과 행동은 상황을 어떤 관점으로 보느냐에 따라 달라진다. 상황을 이성적으로 이해하면, 아이를 대할 때 우리의 기분과 행동이 완전히 바뀔 수 있다.

제2장을 마무리하면서, 물에 빠진 사람에 대한 대화를 나누었다. 한 남자가 수영장에 빠져 살기 위해 발버둥치는 것을 보고, 당신에게 물을 튕기던 사람에 대한 느낌이 순식간에 바뀌었다. 따라서 아이가 못마땅한 행동들을 하는 이유는 바로, 물에 빠져 살기 위해 발버둥을 치고 있는 것이라는 사실을 이해하고 또 기억해야 한다. 그러면 아이를 대하는 부모의 태도는 짜증을 내는 것이 아니라, 아이를 있는 그대로 받아들이고 또 동정하는 마음으로 바뀔 것이다. 더욱이

아이가 못마땅한 행동을 할 때 부모의 편의를 위해 통제하려고 애쓰는 것이 아니라, 아이를 사랑으로 가르치고자 할 것이다.

얻고 보호하는 행동을 멈추기

아이들이 못마땅한 행동을 할 때, 그저 물에 빠졌기에 살기 위해 발버둥치고 있는 것이라고 생각하자. 더욱이 그 순간 아이에게 필요한 것은 부모의 사랑이라는 사실을 우리가 이해하면, 이기적으로 얻고 보호하는 행동을 하는 대신에 아이를 사랑하겠다는 선택을 할 수 있게 된다. 특히 얻고 보호하는 행동이 이기적이라는 사실을 우리 스스로 인정하면 아이를 공격하고, 아이에게 거짓말하고, 피해자 행세를 하고, 매달리거나 도망치는 행동을 쉽게 멈출 수 있다. 이를 통해 오랜 시간 동안 아이에게 상처를 주었던, 사랑이 없는 행동의 악순환을 끊어 버릴 수 있다.

우리가 해야 할 일은 진정한 사랑을 더 얻는 것

아이의 행동을 이성적으로 이해하는 것은 첫 시작일 뿐이다. 부모 스스로 조건 없는 사랑을 느끼지 못한다면, 아이와 마찬가지로 우리 또한 물에 빠진 채 살기 위해 발버둥치는 꼴이 되고 만다. 이런 상태로는 어쩔 수 없이 얻고 보호하는 행동으로 아이에게 반응하고 말 것이다. 물에 빠진 아이에게 손을 내밀기 위해서는 우리가 먼저 물에서 나와야 한다. 그래야 아이에게 도움의 손길을 내밀 수 있다.

물 밖으로 나가기 위해서는 삶에서 진정한 사랑을 더 받아야 한다. (진정한 사랑을 어떻게 찾는가는 다음 장에서 다루겠다.) 삶에서 진정한 사랑을 더 받으면 공허함과 두려움은 사라지며, 얻고 보호하는 행동을 더이상 할 필요가 없어진다.

> 다른 사람들이 우리를 화나게 만드는 것이 아니다. 화는 언제나 우리의 선택이다.

화를 제거하는 5단계

 화를 제거하는 5단계를 소개하겠다. 이 5단계를 통해 화뿐만 아니라 다른 얼고 보호하는 행동들도 제거할 수 있다. 5단계의 핵심을 뽑아 두면 기억하기 쉬울 것이다. 손바닥 만한 카드에 이 5단계를 적은 후 주머니 혹은 지갑에 넣고 다니기 바란다. 그리고 카드를 꺼내 하루에도 몇 번씩 읽어라. 특히 화가 났을 때 읽는 것이 좋다. 이를 실천하면 당신과 아이의 삶이 변하게 될 것이다.

1. 말을 멈추기
2. 자신의 잘못을 인정하기
3. 사랑을 느끼기
4. 사랑을 받기
5. 사랑을 주기

1) 말을 멈추기

 당신이 화를 낼 때 입에서 내뱉는 말들로 인해 아이는 결코 사랑을 받지도, 행복해할 수도 없다. 아무런 도움이 안 된다. 게다가 짜증내면서 내뱉는 말로 자신이 얼마나 옳은지, 아무리 똑부러지게 말한다고 해도 상황이 더 악화될 뿐이다. 화를 내는 것이 얼마나 파괴적인 결과를 가져오는지는 수많은 경험을 통해 모두 잘 알고 있다.

 그렇다고 해서 당신이 화가 난 것에 대해 아무런 말도 하지 말라는 것이 아니다. 아이에게만은 화가 난 것을 표현하지 말라는 것이다. 화를 낸다면 관계와 행복을 손상시킬 것이다. 당신이 화가 났다는 사실을 다른 사람에게는 표현할 수 있다. 다만, 당신이 느끼는 화에 대해 말할 상대는, 당신 스스로 이기적이라는 사실을 볼 수 있도록 도와주고 또 당신을 있는 그대로 받아들이는 사람이어야 한다. 반면, 당신의 상황을 동정하는 사람에게는 말하지 말자. 동정을 받으면 마음속의 화가 더 지속될 뿐이다.

화를 제거하는 5단계를 적용한 몇 가지 예시는 이후에 더 소개할 것이다.

2) 자신의 잘못을 인정하기

제3장을 시작하면서 왜, 화가 잘못인지를 설명했다. 화를 내면 사랑을 받고, 사랑을 주고, 행복해지지 못하기 때문에 화를 내는 것은 잘못이다. 당신이 화를 낸다는 것은 자신을 보호하고, 자신이 원하는 것을 얻으려고 애쓴다는 것을 의미한다. 화가 날 때 아이의 행동이 뭐가 잘못되었는지를 찾아내는 것은 무척이나 쉽지만, 당신이 화를 내는 것과 아이가 저지른 실수는 전혀 상관이 없다. 그러므로 당신이 느끼는 화가 잘못이라는 것을 인정하기 전에는 아이와의 관계를 긍정적인 방향으로 전환할 수 없다.

3) 사랑을 느끼기(사랑받고 있다는 사실을 기억하기)

사랑을 돈이라고 생각해 보면, 조건 없이 사랑을 받는다는 것은 마치 200억 원의 사랑이 마음의 통장에 가득차 있는 것이라고 할 수 있다. 그러나 마음의 통장에 사랑이 조금만 들어 있다면, 스트레스를 받는 상황에 직면하게 되면 우리가 가진 사랑이 얼마나 있는지 잊어버리게 될 때가 있다. 예를 들어, 아이가 마음에 안 드는 행동을 할 때, 충분한 사랑이 있어도 얼마나 남아 있는지를 일시적으로 기억하지 못할 때가 있다. 만약, 우리가 그런 순간에 우리를 사랑해 주었던 사람들을 의식적으로 기억해 낸다면, 그 사랑을 순간적으로 조금이나마 느끼게 되고 또 화를 내거나 얻고 보호하는 행동을 할 필요가 없어진다. 사랑을 느끼는 행동과 화를 내는 행동을 동시에 하는 것은 불가능하기 때문이다. 이 단계는 당신이 진정한 사랑을 받는 과정을 선택했을 때 가능하다. 자신의 진실을 말하고, 진정한 사랑을 실제로 경험했을 때 기억해 낼 사랑도 있을 것이다.

다음 장에서 이에 대해 더 다루도록 하겠다.

4) 사랑을 받기

나열된 세 가지 단계를 밟아 보기 위해 애쓸 수 있다. 그러나 아이와 대치하고 있는 상황에서 당신이 경험한 진정한 사랑이 충분하지 않을 수도 있다. 그렇다면 당신을 있는 그대로 받아들이고 또 사랑해 줄 수 있는 다른 사람에게 진실을 말해 보자. 그러면 마음의 통장에 진정한 사랑을 쌓을 수 있기에 공허함과 두려움 때문에 더이상 반응하지 않아도 될 것이며, 당신을 압도했던 상황들에 잘 대처할 수 있게 될 것이다.

이 과정에 대해서도 다음 장에서 더 다루도록 하겠다.

5) 사랑을 주기

가끔은 아이에게 사랑을 주는 행동을 하는 것만이 화를 제거할 수 있다. 우리가 다른 사람에게 사랑을 주고 봉사를 하는 동시에 화를 내는 것은 아주 어렵기 때문이다.

제5장과 제6장에서 아이들을 어떻게 사랑해 줄 수 있는지를 다룰 것이다.

추가적인 자료들

화를 내거나 얻고 보호하는 행동을 제거하고, 당신의 마음이 치유되는 과정에서 여러 문제 상황을 직면하게 될 것이다. RealLove.com 에 방문하면 마스터 인덱스를 통해 새롭고 긍정적인 해결책을 제시해 줄 것이다. 마스터 인덱스는 『리얼러브: 조건 없는 사랑을 찾고, 충만한 관계를 만드는 진실』과 관련된 모든 책, 블로그 등을 백과사전 형식으로 정리해 놓은 것이다.

자주 방문해서 읽어 보라. 또한 RealLove.com과 RealLoveParenting.com의 자료를 몰입해서 보기 바란다. (옮긴이: 본 자료는 현재 영어로만 제공되고 있다.)

제4장

네 번째 유아 원칙
내가 갖고 있지 않은 것을
다른 사람에게 줄 수 없으므로,
진정한 사랑을 주고 싶다면 먼저 받아야 한다

I can't give what I don't have:
I must find Real Love for myself

제4장

네 번째 육아 원칙
내가 갖고 있지 않은 것을 다른 사람에게 줄 수 없으므로, 진정한 사랑을 주고 싶다면 먼저 받아야 한다

제2장에서 아이의 "나쁜" 행동을 그저 물에 빠져 발버둥치는 것이라는 증거로 바라보게 되면, 우리의 기분과 행동이 어떻게 달라지는지에 관해 대화했다. 물론 아이의 행동을 이해하는 것이 급선무지만, 우리 스스로 물에 빠져 발버둥치고 있다면 아이를 돕는 데 온힘을 다하지 못할 수밖에 없다. 살기 위해 발버둥치는 아이에게 효과적으로 반응하려면, 아이의 상황을 더 이성적으로 이해할 필요가 있기 때문이다. 따라서 아이를 물 속에서 꺼내 주기 위해 진정한 사랑을 주어야 한다. 아이가 경험하고 있는 공허함과 두려움을 제거함으로써 얻고 보호하는 행동도 함께 제거된다.

우리가 아이를 조건 없이 받아들이고 가르치면, 부모가 저지르는 많은 실수에도 불구하고 아이는 배우고, 성장하고, 행복해질 수 있다. 다시 말해, 진정한 사랑이 있다면, 훌륭한 부모가 되는 것은 상대적으로 간단하다. 그러나 진정한 사랑이 없이는 무엇을 하더라도 효과적이지 않을 것이다.

진정한 사랑이 아이의 삶에 이토록 필요한 것이라면, 그냥 주는 것이 어떻겠는가? 왜, 대부분의 부모가 아이를 조건 없이 사랑하는 것을 어려워할까? 제1장에서 이미 논한 바와 같이, 우리가 갖고 있지 않은 것을 다른 사람에게 줄 수 없기 때문이다. 우리는 모두 아이들을 사랑하고 싶다. 그러나 우리 자신도 진정한 사랑을 한 번도 받아 본 적이 없다면, 아무리 주고 싶다고 해도 줄 수가 없는 것이다.

어느 날, 나의 부모교육 세미나에 참석했던 여성으로부터 전화가 왔다. 그녀의 이름은 리사였다 아들 캐빈이 화를 점점 더 많이 내고, 말수가 줄어들고 있으며, 무책임하게 행동한다고 말했다. 리사가 아들에게 말이라도 걸라치면, 아들은 짜증을 냈다.

리사는 아들에게 더 끔찍한 문제가 발생하기 전에, 아들이 보내는 경고 메시지를 지혜롭게 발견했던 것이다.

리사	세미나에서 제가 캐빈에게 할 수 있는 말들을 박사님께서 알려주셨잖아요. 그래서 제가 그 말들을 해보았는데, 좋은 반응이 오지 않았어요. 저에게 여전히 짜증을 내더군요.
나	리사, 제 질문에 대답하기 전에 잘 생각해 보세요. 캐빈과 대화를 할 때, 손톱 만큼이라도 실망하거나 짜증을 냈나요?
리사	(잠시 머뭇거리며) 아마도 조금은요. 그런데 그걸 느끼는 건 불가능할 거예요. 전혀 티를 내지 않았어요.
나	(가볍게 웃으며) 당신이 그렇게 믿는다는 거 알고 있어요. 그건 자신을 속이는 거예요. 당신이 캐빈에게 짜증났을 때 당신의 눈에서 불꽃이 튀고, 귀에서는 연기가 나요. 또 당신의 자세와 얼굴 표정에서 긴장감이 흐르죠. 그 순간 아들은 말로 표현하지는 못해도, 자신이 엄마에게 있는 그대로 받아들여지지 않고, 엄마는 자신을 위해 뭔가를 얻어내는 데만 관심이 있다는 걸 볼 수 있죠. 그걸 감지하는 순간, 이전보다 더 공허하고 또 두려워져요. 그러면 당신이 무슨 말을 하든, 듣는 대신 얻고 보

호하는 행동으로 반응하게 됩니다.

리사   그래서 박사님 말씀은, 제가 말을 할 때 캐빈이 제 사랑을 느끼지 못한다는 거군요.

나   정확해요. 느낌뿐만은 아니었을 겁니다. 당신이 실망하거나 화를 내면, 그때 당신은 오직 자신에게 관심을 가질 뿐이죠. 그 순간은 아들을 정말로 사랑하지 않고 있는 겁니다.

리사는 내 말을 어떻게 받아들여야 할지를 생각하며 침묵했다. 방어해야 할지, 아니면 이 상황에 대한 모든 책임을 인정해야 할지를 결정하고 있었다.

리사   그래요. 이제 제가 뭘 할 수 있죠? 아들이 무책임하고 반항적일 때, 어떻게 하면 제가 화를 안 낼 수 있지요?

나   화를 내지 않는 것은 당신 스스로 더 사랑받았을 때 가능해요. 당신이 사랑을 느끼면, 화도 당연히 사라지지요. 아들을 지금보다 훨씬 더 많이 사랑할 수 있게 될 겁니다.

그러자 리사는 진정한 사랑을 찾는 과정을 밟기 시작했다. (그 과정에 대해서는 곧 다룰 것이다.) 그리고 2개월이 지나 나에게 다시 전화를 했다.

리사   믿을 수가 없어요. 캐빈과 제 관계가 완전히 변했어요. 캐빈은 화를 내지도 않고, 저와 대화를 할 때 저항하지도 않아요.

부모가 되는 것은 기술이 아니다. 우리가 아이에게 할 수 있는 적당한 말들을 모아서 외운다고, 아이를 책임감 있고 행복하게 키울 수 없다. 아이에게 가장 필요한 진정한 사랑을 주기 위해서는 우리 스스로 진정한 사랑을 경험해야만 한다. 진정한 사랑을 충분히 경험하지 못하면, 우리는 그저 아이에게 상처를 입히는 얻고 보호하는 행동으로 반응할 뿐이다.

내가 부모들에게 다음과 같이 단 한 가지 조언을 하겠다.

"아이에게 절대로 실망하거나 화내지 마라."

이 말이 지나치게 이상적인 조언으로 들릴 수 있다는 사실을 잘 이해한다. 이는 수많은 육아 서적의 내용과 반대되는 내용이기도 하다. 그러나 우리가 아이에게 실망하고 화를 낼 때, 아이는 부모의 개인적 욕심이 더 중요하며, 자신을 조건 없이 받아들이지 않는다는 것을 느낄 뿐이다. 이런 상황에서 아이와의 긍정적인 상호작용은 불가능하다. 즉, 부모 스스로 사랑을 먼저 받고 나서야 아이에게 화를 내지 않을 수 있고, 삶에서 얻고 보호하는 행동들 또한 제거할 수 있다. 다행히, 우리는 모두 삶에서 간절히 필요한 진정한 사랑을 찾을 수 있다.

조건 없이 사랑하지 못한 것에 대한 죄책감:
우리가 갖고 있지 않은 것을 줄 수 없다

부모가 조건 없는 사랑을 주지 못해 아이가 불행한 것이라는 근본적인 사실을 이해해 보자. 이 진실은 우리에게 무거운 부담이 될 수 있는데, 아이를 제대로 사랑하지 않았다는 사실을 어느 누구도 인정하지 않으려고 한다. 그러나 이 진실을 인정해야만 실수를 바로잡을 수 있다.

우리의 실패를 인정하는 것이 가장 어려운 이유는 죄책감 때문일 것이다. 어린 시절, 우리는 실수를 저지르면 죄책감을 느껴야 한다고 배웠다. 아이에게 상처를 입힌 것에 대한 죄책감은 부모가 완전히 압도될 만큼 아주 큰 실수다. 이미 저질렀던 실수를 다시 저지르지 않고 또 실수로부터 성장할 수 있도록 동기를 부여해 준다면, 작은 죄책감 정도는 삶에 유용하다. 그러나 너무 과도한 죄책감과 수치심은 우리를 무력하게 만들 뿐이다. 수치심을 느끼는 순간, 우리는 사랑받을 수 없고, 상대를 제대로 볼 수도 없으며, 배우거나 성장할 수도 없다. 따라서 아이에게 저지른 실수들에 대한 죄책감 때문에 산만해지는 대신, 아이를 사랑하는 법을 배우는 일에 더 집중할 필요가 있다.

다음은 리차드와 나의 대화다. 리차드와의 대화를 통해 지나친 죄책감이 얼마나 부정적인 영향을 미치는지를 살펴보고, 삶에서 죄책감을 물리치는 일에 당신 또한 한 발자국을 내디뎌 보기를 바란다.

리차드는 지난 밤에 자신이 아들에게 내뱉었던 잔인한 말들을 나에게 전해주었다. 그리고 자신이 저지른 언행을 매우 수치스러워하고 있었다.

나	당신이 저지른 일에 대해 죄책감을 느끼고 있네요. 그런가요?
리차드	누구라도 그럴 걸요. 제 아버지가 저에게 그런 식으로 말했을 때, 제 기분이 어땠는지 지금도 기억이 나요. 제 아버지가 저에게 한 짓을 아들에게 그대로 한 거예요.
나	좀 다르게 행동했어야 할까요?
리차드	물론이죠.
나	혹시 골프의 규칙을 아세요?
리차드	아니요.
나	몰라서 죄책감이 느껴지세요?
리차드	아니요.
나	왜, 죄책감이 안 들죠?
리차드	배운 적도 없고, 가르쳐 주는 사람도 없었으니까요.
나	그렇죠. 당신은 사랑이 넘치는 아빠가 되는 방법을 배우지도 않았어요. 지금 당신은 사랑이 넘치는 아빠가 되는 법을 배우고 있는 중입니다. 그 과정에서 실수를 저질렀을 뿐인데, 왜 죄책감을 느껴야 하나요? 지금 할 수 있는 것은 자신이 저지른 실

수를 제대로 바라보고, 뭔가를 배우는 것이 훨씬 더 효과적입니다.

아이가 사랑을 느끼지 못한다면, 그건 부모의 책임이다. 부모의 책임이 아니라면 누구 책임이겠는가? 아이가 태어나서 지금까지 함께 살아온 사람은 부모뿐이다. 제1장에서 말했듯, 아이의 불행에 대해 다른 누군가를 비난한다고 해서 뭐가 더 나아지겠는가? 아이가 느끼는 공허함, 두려움 그리고 얻고 보호하는 행동에 대해 부모가 책임을 져야만 한다. 책임을 지는 것만이 우리가 할 수 있는 가장 합리적이고 효과적인 행동일 것이다.

그러므로 우리는 죄책감에서 허우적거릴 필요가 없다. 제1장에서 말한 바와 같이 우리는 아이에게 의도적으로 사랑을 주지 않았던 것이 아니다.

부모 역시 삶에 필요한 사랑을 받지 못했다

우리가 아이를 조건 없이 사랑하지 못하는 이유는 단 한 가지다. 우리 역시 조건 없이 사랑을 받아 본 적이 없기 때문이다. 즉, 한 번도 받아 본 적이 없는 사랑을 줄 수가 없는 것이다. 사람들 중 대부분은 어린 시절에 자신이 조건 없이 사랑을 받았다고 진심으로 믿는다. 그러나 30쪽에서 마리와 내가 나누었던 대화처럼 그게 사실이 아니라는 증거들이 있다. 대부분의 사람이 조건 없는 사랑을 받지 못했다는 증거들은 충분하다. 그 증거들은 보통 어린 시절에 나타난다.

자신에게 다음 질문을 해보자.

- 배우자와 종종 말다툼을 하는가(공격하기)?
- 스트레스를 받는 대화나 관계를 피하는가(도망치기)?
- 교통 체증이 심할 때 다른 운전자에게 쉽게 화가 나는가(공격하기)?
- 자신이 옳다는 걸 증명하기 위해 자신의 주장을 강력하게 펼치는가(힘을 얻기 위해 공격하거나 거짓말하기)?

- 내가 저지른 실수를 지적당할 때, 다른 사람 탓을 하거나 핑계를 대는가(피해자 행세하기)?
- 다른 사람들에게 자신이 어떻게 보이는지 혹은 어떤 일들을 성취했는지에 대해 칭찬을 듣고자 애쓰는가(매달리기)?

당신이 하고 있는 이 얻고 보호하는 행동들이 바로, 당신이 조건 없이 사랑받지 못했다는 절대적인 증거인 것이다. 조건 없이 사랑을 받은 사람들은 이런 행동들을 하지 않는다. 그러므로 진정한 사랑을 받아 본 경험이 없다면, 아이를 사랑하고 또 책임과 행복을 가르칠 수 없다.

우리가 할 수 있는 선택들
몇 해 전에 있었던 일이다.

나는 우리집 장남이며, 10살이었던 조나단에게 차고를 청소하라고 했다. 그러나 두 번의 요청에도 불구하고 장남은 청소를 하지 않았다. 그래서 나는 화를 내며 소리를 질렀다.

"차고를 청소하라고 도대체 몇 번이나 말을 해야 하니?"

쓰디쓴 잔소리를 하면서 큰 덩치로 아이를 위협했고, 감정적인 언어폭력이 이어졌다. 그러자 아이는 겁에 질려 몸을 움츠렸다.

조나단은 주먹에 맞은 상처보다 언어폭력으로 인해 생긴 마음의 상처가 더 아팠을 것이다. 이미 말했듯, 부모로서 우리가 저지른 일들에 대해 책임을 져야 한다. 죄책감 때문이 아니라, 아이를 도와줄 수 있는 선택을 하기 위해 책임을 지는 것이다. 부모로서 내가 했던 언행은 아이에게 끔찍한 상처가 되었고, 이와 유사한 일들은 이후에도 많이 일어났다. 그러나 그 당시에 나는 그보다 더 나은 선택을 할 수 없었다. 나는 조건 없는 사랑을 받아 본 적이 없기에, 조나단에게 사랑이 넘치는 아빠가 되는 선택을 할 수 없었다. 즉, 우리는 갖고 있지 않은 것을 다른 사람에게 줄 수가 없다.

하지만 진정한 사랑을 찾는 법을 배우며, 내 삶은 엄청난 변화를 경험했다. (진정한 사랑을 찾는 법에 대해서는 곧 다루도록 하겠다.)

그 일이 있은 뒤 몇 년이 지나고, 나는 막내아들인 벤자민에게 같은 일을 요청했다. 차고 앞을 정리하라는 것이었다. 그러나 벤자민은 학교생활이 바빴는지, 내가 두 번이나 요청했지만 이를 무시했다.

어느 날, 벤자민이 학교에서 돌아왔을 때, 나는 하던 일을 멈춘 뒤 주방으로 가서 벤자민에게 다가갔다. 벤자민과 어깨동무를 하고, "아들을 보니 참 기쁘다"라고 말했다. 그러자 벤자민은 학교에서 무엇을 배웠는지를 나에게 말하며, 저녁 일과에 대해 대화를 나누었다. 그리고 몇 분 후 나는 벤자민에게 오늘 벤자민이 할일 중에서 차고 앞을 정리하는 것을 가장 먼저 해야 할 것이라고 말하며, 도움이 필요하다면 말하라고 전했다.

벤자민은 크게 미소를 지으며 말했다.

"아니에요, 아빠 도움은 필요 없어요. 며칠 동안 미뤄 왔던 일이잖아요. 아빠가 저에게 다시 말하지 않아도 되었다면 좋았을 텐데…. 지금 바로 가서 청소할게요."

제1장에서 당신이 정원에 나무를 엉망진창으로 심었을 때, 내가 부드럽게 말하며 문제들을 바로잡고 도움을 주었던 상황을 기억하는가? 그것은 벤자민이 하지 않은 일을 내가 다시 요청했을 때, 벤자민이 느꼈던 감정이다. 벤자민은 내가 화가 나지 않았다는 것을 느낄 수 있었다. 특히 내가 자신을 사랑한다는 사실을 느낄 수 있었다.

우리는 눈으로 한 번도 본 적 없는 행동을 선택할 수 없다. 공허하고 두려운 상황에서 우리는 보통 얻고 보호하는 행동을 한다. 내가 조나단에게 저질렀던 행동이 바로, 얻고 보호하는 행동이었다. 아이가 나쁜 행동을 하고 또 부모를 불편하게 할 때 부모는 어떻게 하면 아이를 조건 없이 사랑하고 가르쳐야 하는지, 알지 못할 때가 있다. 이는 그런 상태에 있을 때 조건 없는 사랑을 어떻게 주는지, 우리가 한 번도 본 적이 없기 때문이다.

이 책을 쓰게 된 목적은 우리가 평생 해오던 행동보다 더 효과적인 선택들이 있다는 것을 보여 주기 위해서다. 우리는 모두 얻고 보호하는 행동을 사용해서 아이를 혼자 남기고 또 불행하게 만들고 있다. 이제 얻고 보호하는 행동을 하는 대신, 아이를 사랑으로 가르치는 방법을 배울 수 있다.

진정한 사랑을 찾는 법

당신에게 필요한 조건 없는 사랑을 찾기 위해 다음 단계를 밟을 수 있다.

1. 변화하고자 하는 의지 갖기
2. 자신의 진실을 말하기
3. 믿음을 행동으로 실천하기
4. 얻고 보호하는 행동을 포기하기

한 단계를 밟으면, 다음 단계는 자연스럽게 따라오기도 한다. 그러면 우리가 마주하는 상황과 능력에 따라 다양한 패턴으로 각 단계를 밟게 된다. 이 단계를 거치는 것이 살아가는 방식이 될 것이다. 진정한 사랑을 찾는 과정에는 지름길 같은 것은 없다.

> 우리가 진실을 말할수록 사람들이 우리를 제대로 보고, 있는 그대로 받아들이고, 사랑할 수 있는 기회를 얻게 된다. 이로써 우리의 인생을 바꾼다.

1) 변화하고자 하는 의지

우리는 좋은 부모가 되고 싶다고 말한다. 하지만 우리가 취하는 행동은 아이가 부모에게 감사히 여기고, 명령에 복종하며, 아이가 하는 일들이 성공하기를 바라고 또 아이가 변하기를 원한다. 그러나 진정한 감사와 순종은 아이가 진정한 사랑을 받기 전에는 가르칠 수 없다.

사랑받는 아이로 키우는 것은 오로지 부모의 책임이다. 우리가 책임을 다하기 위해 자신이 먼저 진정한 사랑을 찾고, 받은 사랑을 아이와 나누어야 한다. 그러기 위해 변화하려는 의지를 스스로 가져야 한다.

다음에 소개하는 더그의 사례를 살펴보며, 의지를 갖는 것이 얼마나 중요한지를 알아보자.

어린 시절, 더그가 "좋은 행동"을 했을 때 부모님은 칭찬을 해주었고, "나쁜 행동"을 했을 때는 실망하고 비판적이었다. 그래서 더그는 칭찬과 인정을 받는 행동을 더 많이 하는 법을 배우며 살아왔다.

어른이 되자, 직장에서 열심히 일한 덕분에 꽤 여유로운 생활을 하며, 사람들에게 존경과 인정도 받았다. 그러나 삶에서 진정한 행복을 느낄 수 없었다. 더그가 받고 있었던 관심과 애정들은 자신이 행했던 좋은 행동의 대가로 얻어냈던 것이기 때문이다.

더그는 진정한 사랑이 부족했기 때문에, 아내와 자녀들을 조건 없이 사랑할 수 없었다. 더그는 자신이 원하는 대로 아이들이 행동할 때 기뻐했다. 그러나 무책임하거나, 불편한 상황을 만들거나, 자신의 기준에서 성공적이지 못한 결과를 가지고 올 때 실망하거나 인내심을 잃어버렸다. 그가 성취한 것 자체는 훌륭했지만, 진정한 사랑이 없이는 삶에서 얻는 그 어느 것도 더그를 행복하게 만들 수 없었다. 더그의 아이들은 아빠가 아이들을 비난하며, 성공해야 한다고 압박할수록 사는 것이 더욱 끔찍해졌다. 특히 더그의 아들 앤드류는 아빠의 통제와 비난에 더욱 반항했다. 시간이 갈수록 아빠를 피했으며, 학교에서는 말썽을 피우기 시작했다.

더그는 앤드류의 행동을 바꿀 수 있는 모든 것을 다 시도해 보았으나, 아들의 행동과 부자 관계는 더욱 악화될 뿐이었다.

더그는 나에게 앤드류의 문제점들을 나열하고 나서 이렇게 물었다.

더그	도대체 이 아이를 어떻게 해야 할까요?
나	당신의 아들 문제가 아닙니다.
더그	그럼 뭐가 문제죠?
나	바로 당신이죠.
더그	무슨 말씀을 하시는 거죠?
나	앤드류는 작은 소년일 뿐이에요. 그리고 당신은 아빠죠. 부모입니다. 아이들을 키우는 건 언제나 부모의 책임이죠. 아이들에게 문제가 생기는 건 바로 우리 잘못입니다. 아이들 잘못이 아니에요. 그 책임을 인정하고, 당신 스스로 변화해야겠다는 의지가 있어야 합니다. 그러면 아마도 당신의 아들을 도울 수 있을지도 모르죠. 당신 스스로 변화할 생각이 없다면, 아들을 도울 방법은 없어요.

그러자 더그는 변화하고자 하는 의지를 보여 주고, 나머지 세 단계를 밟아 갔다. 마침내 아들의 삶에 도움을 줄 수 있었다. 이처럼 모든 부모는 아이가 행복하고 또 책임감 있게 성장하기를 원한다. 그러나 아이가 변하기를 바라기보다 우리 스스로 변화하려는 의지가 있어야 한다. 그렇지 못하면 훌륭한 부모가 되고자 하는 바람은 그저 허무하게 흘러갈 뿐이다.

2) 자신의 진실을 말하기

우리는 스스로 저지른 실수, 약점, 두려움 등을 숨기는 경향이 있다. 이는 거짓말을 하는 것이다. 어린 시절, 사람들이 우리의 약점을 알게 되었을 때 받아들여지는 경험을 하지 못했기 때문이다. 우리의 약점을 발견한 사람들은 우리를 비난하고, 비웃고, 혼내고, 피했다. 그래도 우리는 거짓말을 한 짧은 순간이지만, 안전하다고 느꼈다. 그러나 거짓말의 끝은 결국 사랑받지 못하며 혼자 남겨지는 것이었다.

제2장에서 조건 없는 사랑을 받는 과정에 대해 설명한 바 있다.

진실을 말하기 → 온전히 보이기 → 있는 그대로 받아들여지기 → 사랑받기

나에게 당신의 약점과 실수 등의 진실을 말할 때, 당신은 아주 겁을 먹을 수 있다. 내가 당신을 싫어하게 되거나 거절하게 될지도 모르는 빌미를 던져 준 것이기 때문이다. 그러나 이 행동은 내가 당신을 제대로 볼 수 있고, 당신이 진정 누구인지를 알 수 있는 기회를 준 것이기도 하다. 당신이 자신의 진실을 말하고 나서야 비로소 내가 당신을 있는 그대로 받아들이고, 사랑하고 있다는 것을 느낄 수 있다. 반면, 당신이 자신을 보호하기 위해 거짓말을 한다면, 있는 그대로 받아들여지고 또 사랑받는 것은 불가능할 것이다. 내가 바라보는 당신의 모습이 모두 거짓이라면, 당신은 나에게 사랑을 받고 있다는 사실을 결코 느낄 수 없을 것이다. 당신의 진정한 모습을 보여 주지 않은 채 가식과 거짓말을 하면, 그 순간 당신은 사랑을 받을 수가 없다.

더그는 진실을 말하겠다고 결심했다. 아들에 대한 불평을 늘어놓는 대신, 자신이 느끼는 감정들을 털어놓기 시작했다. 그가 느끼는 분노와 부족한 참을성 그리고 아들을 조건 없이 사랑하지 못했다는 사실 등을 털어놓았다.

더그	제가 여기 올 때, 저는 아들이 문제라고 생각했어요. 그런데 앤드류는 제가 사랑해 주지 않았던 고통에 반응하고 있었을 뿐이네요. 창피합니다.

평생 주변 사람들에게 좋은 인상을 주기 위해 애써 온 삶을 뒤로하고, 더그는 아들과에 관계에서 자신에게 문제가 있었음을 인정했다. 그리고 더그는 아빠로서, 인간 자체로서 다른 사람들에게 부정적인 인상을 줄까 봐 두려움을 느낀다고 말했다. 이러한 말을 할 수 있는 데까지 어마어마한 용기가 필요하다. 나는 더그에게 죄책감을 느낄 필요도, 스스로 창피해할 이유도 없다고 말해 주었다.

나	당신 스스로 진정으로 사랑을 느껴 본 적이 없기에, 매 순간 더 잘할 수가 없었습니다. 당신이 아들을 조건 없이 사랑하지 않았다는 건 사실이지만, 이제 그것을 제대로 직면할 수 있지요. 그러니 이제부터 아들을 도와줄 수 있어요. 그게 중요한 겁니다.

내가 아들 벤자민에게 했듯이, 더그에게 어깨동무를 하고 사랑한다고 말해 줄 필요가 없었다. 자신의 약점들이 있는 그대로 받아들여지는 것이 필요했을 뿐이다. **진실을 말하기 → 온전히 보이기 → 있는 그대로 받아들여지기 → 사랑받기**를 통해 자신의 진실을 말하는 매 순간, 기적과 같은 치유의 과정이 열리게 된다.

나	자신에 대해 뭔가 더 배운 것이 있나요?
더그	앤드류뿐만 아니라 다른 아이들도 제대로 사랑해 주지 않았어요. 물론 아내도 마찬가지죠. 내가 원하는 행동을 하지 않을 때 비판적이고, 화를 내고, 사랑을 주지 않았어요. 상처를 많이

	주었다는 생각을 하니 마음이 무겁네요. 평생 저는 가짜 사랑을 이용해서 제 기분이 나아지게 하려고 애썼어요. 돈, 힘 그리고 사람들이 주는 칭찬들이나 섹스 같은 거요. 엉망진창이네요.
나	여러 면에서 엉망진창이긴 하지만 대부분의 사람들과 그리 다르지 않아요. 그렇게 털어놓으니 기분이 어때요?
더그	지금까지 인생을 낭비했어요. 멍청하다는 생각이 드네요. 그래도 안심이 되기도 해요. 평생 뭘 잘못했는지 이제 제대로 볼 수 있어요. 그리고 다르게 살 수 있다는 희망도 보여요.

더그는 자신이 저지른 실수가 나에게 있는 그대로 받아들여졌다고 느꼈다. 나와 나눈 한순간의 대화를 통해 삶이 점차 변하기 시작했다.

1년 후, 더그와 나는 함께 저녁 식사를 했다.

더그	제가 박사님을 처음 만났을 때 앤드류에 대해 했던 말들 기억 나세요?
나	물론이죠.
더그	제가 문제라고 말씀하셨을 때 얼마나 끔찍했는지 몰라요.
나	그럴 만해요. 제가 가족에게 상처를 입히고 있었다는 사실을 직면했을때, 저도 그렇게 좋아하지 않았으니까요.
더그	(미소 지으며) 그 말을 듣고 자리를 박차고 나갈 뻔했어요. 제가 그러지 않아서 정말 다행이에요. 그 대화를 통해 시작된 변화들 좀 보세요. 전 항상 화를 내고 있었죠. 교통 체증이 심하면 사람들에게 소리를 질렀어요. 직장에서도 공포의 대상이었어요. 아이들은 저를 피해 다녔죠. 근데 지금의 제 삶은 제가 상상도 해본 적 없을 만큼 부부 관계도 행복해요. 앤드류는 저를

보고 다른 방으로 더이상 휙 가 버리지 않아요. 이제 대화를 많이 해요. 제 인생이 바뀌었어요.

내가 더그의 인생을 바꾼 것이 아니다. 더그는 처음에는 나였지만, 점점 더 많은 사람에게 자신의 진실을 말하면서 조건 없는 사랑을 받았기에 인생을 스스로 바꾼 것이다. 이처럼 진정한 사랑은 강력한 효과가 있다. 더그가 자신이 진정 누구인지 있는 그대로 받아들여지자, 얻고 보호하는 행동을 매 순간 일으키도록 하는 마음속의 공허함과 두려움이 점차 사라졌다. 이제 더그는 처음으로 아들을 제대로 바라보고, 있는 그대로 받아들이기 시작했다. 스스로 사랑을 받기 전에는 더그 자신의 기분을 좋게 만들기 위해 아들이 해야 하는 행동과 하지 말아야 하는 행동을 지적하는 것밖에는 할 수가 없었던 것이다.

▶ 진실은 지혜로운 사람에게 말하라

사랑을 받기 위해서는 우리의 완벽하지 않은 모습까지도 있는 그대로 받아들이며, 제대로 볼 수 있는 사람을 찾아야 한다. 진정한 우리의 모습을 보고도 불쾌해하거나 도망가지 않고, 그들이 원하는 것을 얻기 위해 우리를 조종하려고 들지 않는 사람들을 만나야 한다. 그렇다고 해서 우리를 완전하게 사랑해 줄 수 있는 사람을 찾는 것이 아니다. 짧은 순간이라도 우리를 제대로 바라보고, 있는 그대로 받아들일 수 있는 사람을 찾는 것이다.

조건 없는 사랑을 받아 본 적이 없는 사람들은 공허함과 두려움을 느낄 수밖에 없다. 이들은 상대로부터 무엇을 얻을 수 있는지 혹은 자신에게 상처를 주지는 않을까, 하고 생각하느라 상대를 제대로 보지 못한다. 그렇기 때문에 우리가 진정 누구인지, 제대로 볼 수도 없다.

우리가 진정한 사랑을 충분히 느낄 때, 공허함과 두려움에 눈이 멀지 않는다. 그러니 사람들로부터 무엇을 얻어낼 수 있는지 혹은 상처받지 않을지를 걱정하는 대신에 상대를 제대로 볼 수 있게 된다. 나는 이런 사람들을 지혜로운 사람이라고 부른다. 『리얼러브: 조건 없는 사랑을 찾고, 충만한 관계를 만드는 진실』 에서 〈사마귀왕 이야기〉에 나오는 지혜로운 사람처럼 우리 삶에서 그러한 역할을 해줄 사람들을 말한다.

한편, 책 전반에 걸쳐 지혜로운 사람이라는 단어를 자주 사용할 것이다. 지혜로운 사람이란 사랑을 충분히 받았기에 우리를 있는 그대로 받아들이고, 우리의 진실을 제대로 볼 수 있는 사람들을 말한다. 사랑을 줄 수 있는 시간이 짧더라도 지혜로운 사람이라고 할 수 있다.

다행히, 우리의 인생을 완전히 바꿔 줄 사랑이 넘치는 사람들을 우리는 모두 찾을 수 있다. 그들은 우리 주변에 있다. 친구들, 직장 동료, 친척, 배우자 등 그들을 찾기 위해 필요한 것은 오직 우리 자신의 진실을 말하는 것뿐이다.

▶ 진실을 말하는 방법

우리를 있는 그대로 받아들일 수 있는 사람들을 찾기 위해 어떤 진실을 말해야 할까? 어떤 단어를 써야 할까? 그렇게 복잡하지 않다. 그러나 우리에게 익숙한 말들과는 다르다. 우리는 사람들과 항상 대화를 나눈다. 그러나 대화 주제는 날씨, 쇼핑, 자동차, 돈, 사건, 사고, 자신이 한 선행들이 대부분이다. 이 주제들로 대화를 아무리 하더라도 조건 없이 사랑을 받는 순간을 창조할 수 없다. 이따금 우리의 감정에 대해서도 대화하지만, 이마저도 진실하거나 효과적이지는 않다. 우리가 화가 났다고 말할 때, 상대가 우리의 기분을 얼마나 망쳐 놓았는지를 비난하기 위한 것이다. 이런 대화는 어느 누구에게도 도움이 되지 않는다. 그래서 우리는 인생을 바꿔 줄 수 있는 진실을 말하는 방법을 배울 필요가 있다.

이제, 새로운 것을 시도해 보겠다는 결단을 내려 보자. 당신이 진정 누구인지를 친구가 볼 수 있도록, 당신을 내놓는 도전을 해보자. 앞서 나왔던 더그와 나의 대화처럼 말이다.

다음은 당신이 사용할 수 있는 몇 가지 예시들이다.

- "우리 아들은 한동안 끔찍한 태도를 계속 보였어. 학교나 집안일, 가족들을 대할 때 얼마나 끔찍하게 행동했는지 몰라. 난 아들을 바꾸려고 온 힘을 쏟았지. 여러 가지 처벌을 하고, 화를 내기도 했어. 이제 아들의 태도가 나 때문이었다는 걸 알게 되었어. 아들은 무슨 일을 하더라도 내가 자신을 있는 그대로 사랑해 주길 바라고 있었던 거야. 하지만 나는 그렇게 해주지 못했어. 아들이 문제를 일으킬 때 짜증을 냈고, 그럴 때마다 아들은 내가 자신을 조건 없이 사랑하지 않는다는 걸 알았던 거야. 그것이 아들에게 상처를 얼마나 입히고 있었는지 몰랐어. 혼자서 좋은 아빠라고 생각했는데, 사실은 그게 아니었어."

- "어젯밤에는 아내가 내가 좋아하지 않는 행동을 했어. 그러면 나는 보통 화를 내지. 최근 들어 부부 관계에 대해 생각해 보았어. 서로 점점 멀어지고 있다는 것을 느꼈고, 그게 언제나 아내 탓이라고 생각했어. 지금은 아내 문제가 아니었다고 생각해. 내가 사랑을 주는 남편이 아니었어. 이기적이고 또 비판적이었어. 아내를 어떤 식으로 행복하게 해줄 수 있을까를 생각하기보다는 내 자신이 원하는 게 뭔지를 훨씬 더 걱정했어. 그렇게 부부 관계를 바라보니 정신이 번뜩 들더라고…."

- "그동안 제가 원하는 모든 것을 다 갖기 위해 일했습니다. 돈, 집, 자동차, 직장 등입니다. 그런데 이제 삶에서 뭔가 놓치고 있다는 생각이 들어요. 지금까지 사람들과 어떤 관계를 맺고 싶은지에 대해 관심을 기울이지 않았어요."

- "요즘 『리얼러브: 조건 없는 사랑을 찾고, 충만한 관계를 만드는 진실』이라는 책을 읽고 있어. 여기서 사람들이 화를 내는 것은 자신을 보호하는 거래. 그것에 대해 곰곰이 생각해 봤어. 난 언제나 사람들이 나를 화나게 만든다며 욕을 했거든. 그런 행동이 나를 행복하게 만들거나 관계를 나아지게 해준 적은 한 번도 없어. 좋은 관계를 만들기 위해 배워야 할 것이 많다는 걸 깨닫고 있어."

- "어제 부장님이 저를 계속 쪼아 대더군요. 점점 더 화가 나기 시작했죠. 그런데 그 순간, 언제나 이런 식으로 반응하는 내 모습이 떠올랐어요. 직장뿐만 아니라 집에서도 그래요. 제 자신이 잔소리를 할 때는 그럴 만한 이유가 항상 있지만, 남들이 제게 잔소리를 하면 그런 식으로 나를 대해서는 절대 안 되는 것처럼 굴죠."

- "며칠 전에 딸이 짜증이 났는데, 그걸 보니 저도 딸에게 화가 나는 거예요. 그런데 그 순간, 딸이 원하는 건 사랑받는 것뿐이라는 걸 기억했어요. 그래서 딸을 안아 주었더니, 순간적으로 짜증을 멈추더라고요. 기적 같았죠. 지금까지 제가 딸에게 화를 내서 상황을 악화시킨 경우가 대부분이거든요."

진실을 말하는 방법을 더 심도 있게 배우고 싶다면, 다음 책을 읽는 것을 추천한다.
『리얼러브: 조건 없는 사랑을 찾고, 충만한 관계를 만드는 진실』

▶ 진실을 말하면 어떤 결과가 올까

이따금 친구와 진실을 나눌 때, 상대가 관심이 없거나 불편해하는 게 분명할 때가 있다. 이는 진실을 나누는 것이 일반적인 대화가 아니기 때문이다. 그러나 그런 상황이 생기더라도 우리가 시도해 본다고 해서 잃을 것은 없다. 진실을 말하는 것을 불편해하는 사람이 있다면, 대화 주제를 편안하고 평범한 것들로 바꾸면 된다. 예를 들어, 날씨나 쇼핑 등 무엇이라도 상관이 없다. 그렇다고 해서 한 번 시도해 보고 포기하지 말자. 또 다른 친구와 진실을 말하는 것을 계속해서 시도하다 보면 멍한 표정이나 당황한 눈빛으로 당신을 바라보지 않는 사람들을 반드시 만나게 될 것이다. 그 사람들은 이렇게 말할 것이다.

"우와, 너 정말 솔직하구나."

이처럼 진실에 매력을 느끼는 사람들을 만날 것이며, 그들은 당신을 있는 그대로의 모습으로 받아들일 것이다. 그리고 상대 또한 당신에게 진실을 나누어 줄 것이다.

이것이 바로, 지혜로운 사람을 찾는 방법이다. 이 사람들은 어느 곳에나 있다. 그러나 그들조차 자신이 지혜로운 사람인지를 알지 못한다. 마침내 조건 없이 받아들여지는 경험을 하며 마음이 따뜻해지면, 지혜로운 사람을 찾기 위해 시도할 때 받았던 당황스러운 표정과 불편해하던 반응들은 더이상 문제가 아니다. 이렇듯 진정한 사랑은 모든 것을 걸고 찾을 만큼 가치가 있다.

매 순간 당신을 제대로 볼 수 있는 상대를 찾으려고 하지 말자. 당신을 언제나 제대로 보기 위해서는 항상 사랑받고 있다고 느끼는 사람이어야만 하는데, 그런 사람은 찾기가 쉽지 않다. 그러나 당신의 결점 한두 가지 정도를 나누었을 때, 당신을 있는 그대로 받아들일 수 있는 사람들은 찾기 어렵지 않다. 그리고 또 다른 사람을 찾고, 또 찾아 조금씩 진실을 말해 보자. 마침내 당신 자신이 온전히 보이며, 사랑받는다고 느끼게 될 것이다.

진실을 말하는 것이 단순히 지혜로운 사람을 찾는 것만이 아니다. 상대를 지혜로운 사람으로 만들어 주는 것이다. 우리는 모두 상대를 있는 그대로 받아들이고, 사랑하고자 하는 자연적인 마음을 지니고 있다. 그러나 일반적으로 자신의 진실을 '거의' 혹은 전혀 말하지 않고 살기 때문에 있는 그대로 받아들이고, 사랑을 주는 연습을 할 기회가 없었다. 그러므로 우리가 먼저 나서서 자신의 진실을 말하게 되면, 어떤 이는 상대를 있는 그대로 받아들이는 자신의 능력을 발견하게 될 것이다. 이는 자신에게 있는지조차 알지 못했던 능력인 것이다. 진실을 말하는 연습을 함께함으로써 서로 제대로 보고, 있는 그대로 받아들이는 법을 배우게 될 것이다. 그렇게 우리 모두 지혜로운 사람이 되어 우리 아이들을 진실로 사랑하는 능력을 갖게 된다.

▶ **우리는 자신의 공허함과 두려움, 얻고 보호하는 행동을 어떻게 숨기고 있는가**

얻고 보호하는 행동을 아이에게 사용할 때 부모의 기분이 좋지는 않다. 이 행동들은 이기적이며 무신경하다. 그러므로 우리는 그러한 행동들을 하고 있다는 것 자체를 무의식적으로 숨기는 경향이 있다.

다음은 부모들이 가장 많이 하는 거짓말이다. 그리고 거짓말 뒤에 숨겨진 진실도 함께 소개한다. 천천히 읽고, 무언가를 배울 수 있기를 바란다. 만약, 이 거짓말을 살펴보고 스스로 죄책감이 느껴지거나 반론을 제기하고 싶다면, 그 생각은 일단 접어 두고 읽어 보자.

자신의 진실을 볼 수 있도록 연습한 이후, 아래 소개된 거짓말과 그 속에 숨은 진실들을 가지고 지혜로운 친구와 대화를 해보자. 그 대화를 통해 제대로 보이고, 있는 그대로 받아들여지는 기회를 만들 수 있다. 그리고 당신은 더 사랑받고, 더 사랑을 주는 부모가 될 것이다.

처음에는 사소한 진실을 말하는 것도 두려울 수 있다. 하지만 진실을 말한 뒤 당신에게 닥칠 부정적인 결과는 거짓말을 하는 것보다는 훨씬 작다는 것을 알아 두자. 거짓말을 하면 우리는 언제나 사랑받지 못한 채 혼자 남겨진다.

다음은 우리가 다른 어른에게 진실을 말하기 위한 목적으로 준비한 것이라는 사실을 유념하자. 아이에게 이러한 진실을 나누기에는 지나치게 직설적이고, 가혹할 수 있다.

💕 ① 부모의 흔한 거짓말: "도대체 몇 번이나 말해야 하니?"
아이에게 하지 않아야 하는 행동 또는 해야 하는 행동을 반복적으로 말할 때 이렇게 말한다. 참을성 없는 목소리와 찡그린 표정으로···.

숨겨진 진실: "네가 얼마나 멍청한지 믿을 수가 없다. 네가 멍청한 게 아니라면 이렇게 여러 번 반복해서 이 말을 할 필요는 없을 거야. 내가 사랑이 넘치는 부모라면 인내심을 가지고 오래 걸리더라도 친절히 가르쳐 주겠지만, 내 삶이 너무 공허하고 불행해. 그리고 주변의 모든 게 제대로 돌아가는 게 없어. 너무 화가 나. 그래서 네가 내 말을 안 들을 때, 너를 사랑해 주고 가르치는 것 따위는 생각할 수가 없어. 너를 공격하고, 내가 원하는 대로 네가 행동하게 만들기 위해 이기적으로 애쓰지."

우리가 사랑받지 못하고 공허할 때, 부모의 역할이 아이들을 사랑으로 가르치는 것이라는 사실을 망각한다. 다른 사람에게 줄 수 있는 사랑을 갖고 있지 않을 때는 우리의 삶을 더 쉽게 만들어 주거나, 불편하지 않게만 해달라며 아이에게 요구한다. 그 기대를 충족시키지 못하면, 아이를 공격한다. "도대체 몇 번이나 말해야 하니?"라는 말을 할 때마다 아이는 "멍청한 자식"이라고 해석한다.

💕 ② 부모의 흔한 거짓말: "그만해!"

"그만해"라고 말하는 대부분의 순간, 숨겨진 진실은 다음과 같은 의미가 있다.

"네 자신으로 존재하지 마. 네 나이 또래처럼 행동해서 나를 귀찮게 하지 말란 말이야. 너에게 기대하는 바가 아주 크다. 기대를 충족하지 못하면, 난 아주 많이 실망하겠지."

"그만해"의 다양한 표현	숨겨진 진실
"그만 싸우지 못해!"	네가 공허하고 두려울 때, 너 자신을 방어해서는 안 돼. 다른 사람들은 다 그래도 너는 안 돼. 나도 그렇지만, 너는 안 돼. 너는 방어해서는 안 되고, 언제나 사랑을 주어야 해.
"조용히 해!"	난 너무 이기적이고, 참을성이 부족하고, 강압적인 사람이야. 네 나이 또래 아이들이 당연하게 만드는 소음은 견딜 수가 없어.
"가만히 좀 있을 수 없니?"	네 나이 또래처럼 움직이지도 말고, 행동하지 마. 어른처럼 행동하란 말이야.
"그렇게 시끄럽게 해야만 하니?"	나는 세상의 중심이야. 내 평화와 조용함을 방해하는 행동은 어느 것도 용납하지 않겠어.

> "방에서 뭘 하는지 모르겠는데, 제발 그만해 줄래?"
>
> 숨도 쉬지 마. 네가 하는 모든 행동이 성가시니까.

아이가 소란스럽게 하고, 꼼지락거리고, 어리석은 행동을 하는 것은 피할 수 없는 자연스러운 행동이다. 우리가 사랑을 충분히 받았을 때, 이 행동들을 성가시게 여기지 않는다. 또한 아이가 하는 얻고 보호하는 행동을 빨리 멈추어야 하며 또 불편하다고 생각하는 것이 아니라, '아이가 공허함과 두려움에 반응하고 있구나'라고 생각해 볼 필요가 있다. 그것을 안다면 "그만해!"라는 말이 얼마나 이기적이고, 아이에게 해로운 말인지를 제대로 볼 수 있다. 다시 말하지만, 아이가 저지르는 부적절한 행동을 무시해야 한다고 말하는 것이 아니다. 아이를 통제하려는 행동 대신에 아이를 사랑으로 가르쳐 주어야 한다고 말하는 것이다.

💙 ③ 부모의 흔한 거짓말: 찡그린 표정

대부분의 사람은 자신의 얼굴에 실망과 못마땅함이 얼마나 자주 표출되는지 깨닫지 못한다. 이러한 표정들은 아이에게 소리 없는 해악을 끼치며, 아이들은 이런 방식의 소통에 매우 취약하다.

숨겨진 진실: "나를 정말 기분 나쁘게 하는구나. 너 때문에 내 삶의 행복이 줄어들었어. 넌 나를 불편하고 또 짜증나게 만들어. 네가 좀 다르게 행동하길 바라."

아이들은 사소한 찡그림 하나하나까지 다 느낀다. 우리 스스로 사랑을 느끼지 못할 때, 아이들이 우리를 행복하게 만들어 주기를 엄청나게 기대한다. 그게 아니라면, 우리가 경험하는 불행에 가담하지 않기를 기대한다. 이처럼 기대하는 것이 이해가 되기도 하지만, 기대는 아이에게 여전히 해롭다. 이 기대들이 불합리함에도 불구하고 아이들은 부모를 행복하게 만들기 위해 최선을 다해 노력한다. 그러나 아이들은 결코 부모를 행복하게 만들 수 없다. 하지만 아이들이 기대를 충족시켜 주지 못하면, 우리는 실망감을 표현하며 아이들을 짓누른다.

④ 부모의 흔한 거짓말: "엄마(아빠) 볼에 뽀뽀"

부모는 아이들에게 사랑한다는 증거를 보여 달라는 표현을 자주 한다. 특히 학교에 갈 때나 잠자러 갈 때 이런 요구를 한다.

숨겨진 진실: "나는 사랑받지 못한 채 혼자라는 외로움을 종종 느낀단다. 그런데 네가 나에게 미소를 짓거나 뽀뽀를 해주면 내 자신이 가치 있게 느껴지고, 중요하다고 여겨지고, 외로움이 줄어들어. 그런데 내가 원할 때마다 다른 사람에게 사랑을 받기 위해 의존할 수가 없어. 내가 너에게 해준 것들이 있으니, 너는 다른 사람들처럼 나를 거절할 가능성이 없지. 오히려 너는 나를 행복하게 만들어 줄 책임이 있어."

우리가 불행할 때, 아이에게 더 많이 기대한다. 존중, 복종, 예의, 사랑까지 달라고 요구한다. 아이에게 사랑을 달라고 요청하는 것처럼 보이지만, 원하는 것을 아이가 주지 않으면 결국 실망하고, 떼를 쓰며, 화를 냄으로써 원하는 것을 끊임없이 요구하고 있다는 것이 들통난다. 그러나 아이들은 부모를 행복하게 만들어 줄 책임이 없다.

⑤ 부모의 흔한 거짓말: "사랑해"

숨겨진 진실: "사랑해"라는 말은 "네가 필요해. 네가 감사히 여기고, 나를 존중하고, 사랑해 주길 원해. 내가 너를 진정으로 사랑한다면, 너의 행복을 우선적으로 생각할 거야. 하지만 사실은 내 행복이 훨씬 더 중요하지. 그 사실은 네가 나의 기대를 충족시키지 못할 때, 너에게 실망하고 화를 낼 때마다 드러나지.

내가 너를 사랑한다고 말하는 이유는 사실, 부모는 그렇게 해야 하기 때문이야. 사랑을 주는 부모는 아이들에게 그런 말을 해야 하지. 사랑한다고 말하면 내가 좋은 부모처럼 보이는데, 사랑한다고 말하지 않으면 나쁜 부모처럼 보이잖아. 그리고 내가 사랑한다고 말하면, 너는 사랑한다는 말을 나에게 돌려줄 가능성이 높지. 그게 나를 기분 좋게 해."

우리가 아이들을 진정으로 사랑한다는 것을 전달하고 싶다면, 말이 아니라 행동으로 전달해야 한다. 우리가 상대를 사랑하는지 아닌지는 우리의 미소, 찡그린 얼굴, 침묵, 목소리의 높낮이 그리고 얼마나 많은 시간을 함께 보내는지를 통해 강력하게 소통하는 것이다. 우리가 아이를 인정하지 않고, 통제하고, 조건적으로 받아들이는 등 부모가 이런 행동을 보이며 "사랑한다"라는 말을 할 때, 아이들은 사실 부정적으로 반응한다. 아이들은 그 말이 진심이 아니라는 것을 알기 때문이다. 물론 이 거짓말은 부모가 의도적으로 하는 것은 아니다. 최선을 다해 우리가 가진 것을 아이에게 주는 것이다. 아이를 사랑하는 데 실패하는 이유는 단지, 우리 스스로 진정한 사랑을 충분히 받지 못했기 때문이다.

한편, 아이들을 사랑한다고 말하는 또 한 가지 이유는, 변명하기 위해서다. 그 말 속에는 아이를 진심으로 사랑하고 싶은 욕구가 숨어 있다.

💕 ⑥ 부모의 흔한 거짓말: "어디 가니?"

아이가 외출을 할 때, 아이가 무엇을 하기 위해 외출하는지 부모가 알지 못할 때 하는 질문이다. 보통 비난의 형태로 내뱉는다.

숨겨진 진실: "너를 신뢰하지 않아. 너는 어리석고 무책임해서 내가 보지 않는 곳에서 현명한 시간을 보내는 것이 불가능하지. 게다가 네 스스로 결정을 내릴 때는 나에게 말하지 마. 내 자신이 무력하게 느껴지니까. 사랑받지 못한 채 혼자 남겨진다고 느껴져. 그게 싫어."

나는 아이가 어디로 가는지를 물어봐서는 안 된다고 말하는 것이 절대 아니다. 물론 우리는 아이들이 어디로 가는지 알아야 한다. 그러나 아이들은 자신의 사생활을 침범당하고, 통제당한다는 느낌을 종종 받는다. 이렇듯 부모는 아이를 있는 그대로 받아들이고, 사랑한다는 느낌을 주지 않는다. 아이가 어디로 가는지 또 무엇을 하는지 말해 주지 않으면, 부모는 자신을 존중하지 않는다고 여긴다. 더욱이 아이가 자신의 통제 밖으로 벗어난다고 여기며, 세세히 보고할 것을 요구한다. 아이가 과거에 많은 계획을 부모에게 말했을 때 부모의 비난과 못마땅함을 경험했고, 그 감정을 다시 경험하는 데 두려움을 느끼기 때문에 자신의 계획을 부모에게 말하지 않는 것이다.

아이가 사랑을 충분히 받으면, 자신이 어디에 있는지를 부모에게 말하는 것이 편하다. 그렇다면 아이가 사랑을 받지 못한다고 느끼는 상황에서 부모는 어떻게 해야 할까? 우리에게 말하지 않고 아이가 그냥 집을 나가 버리면 어떻게 할까? 아이에게 어디에 가는지 적절하게 물어볼 수 있는 방법이 있을까? 그 방법은 직설적이고, 간단하게 물어보는 것이다. "어디 가니?"라고 물어보자. 여기서 어떤 단어와 문장을 사용하는지는 중요하지 않다. 여기서 중요한 것은 실망하지도, 화를 내지도 않는 것이다. 실망과 화가 아이들에게 상처를 입히는 것이다.

♥ ⑦ 부모의 흔한 거짓말: "너 정말 ––!"

아이에게 화가 났을 때, 문장 자체를 마무리 짓지 않는 경우가 있다. 짜증과 좌절감으로 인해 문장을 마치지 못하는 것이다.

다음과 같이 말한다.

"너 ––"

"내가 ––"

"내가 정말 ––"

"아니 어떻게 ––"

네 번째 육아 원칙 | 165

"이걸 그냥 --"

숨겨진 진실: "난 너무 이기적이기 때문에, 네가 감히 나를 불편하게 만들면 화가 나. 정말 잔인하고 또 상처를 주는 말을 하고 싶지만, 너무 악마처럼 보이고 싶지는 않아서 네 머릿속에서 끔찍한 말들로 스스로 끝맺을 수 있게 내버려 두는 거지. 이렇게 내가 마지막 말을 내뱉지 않으면 지나치게 나쁜 부모가 될 필요도 없고, 자신을 통제하지 못하는 것처럼 보일 필요도 없지. 문장을 끝맺지 않아도 넌 나의 못마땅함과 분노의 메시지를 충분히 이해할 수 있을 거야."

♥ ⑧ 부모의 흔한 거짓말: 침묵

부모는 침묵을 다음과 같이 다양한 형태로 이용한다.

- 실망한 눈초리와 함께 침묵하는 상태
- 말을 꺼낼 수도 없는 상태: 아이가 집에 들어올 때 부모가 아무 말도 하지 않으면, 아이는 그것을 '관심이 없다'라는 의미로 받아들인다. 아이의 이름을 부르고 인사를 하는 데 얼마나 긴 시간이 필요한가? 아이의 이름을 불러 주지도 않고, 인사조차 하지 않는 것에 대해 부모는 어떤 변명을 할 수 있을까? 당신이 하고 있는 일 중에 아이를 인정하고 또 존재하는 것 자체에 감사하는 것보다 더 중요한 일이 무엇인가?
- 육체적으로 거리를 둠: 아이에게 화가 나면 우리는 자신이 아이를 얼마나 피해 다니는지, 본인조차 제대로 인지하지 못한다.
- 아이의 삶에 대한 무관심: 부모가 아이에게 무엇을 하는지 물어보며 관심을 경험한다. 따라서 아무것도 물어보지 않으면, 무관심하다고 여긴다. 하지만 말하고 싶어하지 않는 것들까지 캐묻거나, 말하라고 요구하는 것은 진정한 관심이 아니다.

숨겨진 진실: "너와 대화를 어떻게 시작해야 할지, 도대체 알 수가 없구나. 우

선 어디서부터 어떻게 말을 해야 하는지, 나조차도 충분히 배우지 못했어. 그래서 가장 쉬운 방법으로 말을 하지 않는 걸 선택했지. 가끔 나는 실망하거나 짜증날 때도 말을 안 하곤 하지. 어떨 때는 내가 무슨 말을 해도 너는 나를 짜증나게 만드는 행동을 하니까, 너를 가르치고 바로잡아야 되는 부모로서의 책임에서 도망치기도 하지."

우리는 얻고 보호하는 행동으로 침묵하기를 사용한다. 어려운 대화에서 도망치는 방법이다. 이로 인해 아이들은 혼자 남겨지고, 사랑받지 못한다는 느낌을 더 받는다.

💙 ⑨ 부모의 흔한 거짓말: "너를 도대체 어떻게 해야 할지 모르겠다"

숨겨진 진실: "네 자신이 사랑을 느끼지 못한다는 건 분명하게 알아. 그렇지 않다면 이런 행동들을 하진 않겠지. 하지만 너를 어떻게 사랑으로 가르쳐야 하는지, 나는 도무지 모르겠어. 네가 이럴 때마다 내 자신이 멍청하고 또 무력하게 느껴져. 그래서 모든 비난과 불편함을 네 탓으로 돌리는 거란다."

아이의 행동을 통제하지 못해서 좌절감을 느낄 때, 부모는 모든 잘못을 아이들 탓으로 돌리고 싶어한다. 아이에게 문제가 있다고 자신을 안심시키면, 자신이 변해야만 한다는 고통스러운 생각을 할 필요가 없어진다. 자신을 편안하게 하는 쉬운 방법이지만, 이런 소통은 아이에게 엄청난 상처를 남긴다.

💙 ⑩ 부모의 흔한 거짓말: "부모에게 말버릇이 그게 뭐니?"

숨겨진 진실: "나는 사랑받지 못하고 혼자라고 느낀단다. 진정한 사랑이 없을 때, 가짜 사랑을 얻기 위해 애를 쓰지. 존중, 힘, 칭찬 등 내가 찾을 수 있는 거라

면 뭐든 좋아. 내가 너를 위해 해준 것들이 있으니, 너는 적어도 나에게 조금은 존경을 표해야 하는 거잖아. 그리고 부모라는 위치는 너에게 그걸 요구할 수 있지. 내가 너에게 하는 행동들을 다른 사람들에게 하는 건 용납되지 않지만, 부모가 아이에게는 할 수 있는 행동이지."

아이들은 자신을 보호하고 또 무력감을 해소하기 위해 어른에게 반항한다. 우리가 반항하는 아이를 제대로 볼 수 있다면, 아이가 진정 필요로 하는 것을 줄 것이다. 바로, 조건 없는 받아들임과 사랑으로 바른 길을 안내하는 것이다. 또한 아이를 제대로 볼 수 있다면, 아이에게 우리를 존중하라고 요구하지 않을 것이다. 아이가 사람들을 존중하는 법을 배워야 하는 것은 맞다. 존중이라는 것은 배려하고 또 감사히 여기는 마음이기에 사람이 행복해지는 데 필요한 성품이기 때문이다. 그러나 아이의 행복을 위한다면, 대부분의 부모는 아이에게 존중을 요구하지 않는다. 다만, 우리는 자신을 위해 아이에게 존중을 요구한다. 아이에게 진정한 존중과 감사를 가르치는 방법은 오직 사랑으로만 가능하다. 이 방법은 제7장에서 더 다루도록 하겠다.

💕 ⑪ 부모의 흔한 거짓말: "네 성적을 어떻게 설명할 거니?"
성적뿐만 아니라 다양한 영역에서 아이들이 불만족스러운 결과를 가져왔을 때 이런 식으로 말한다.

숨겨진 진실: "네가 제대로 된 결과를 가져오지 못해 아주 실망스럽구나. 더 잘하라고 격려하는 것은 너를 위해 하는 말이기도 하지만, 사실 상당 부분은 나의 이기심 때문이지. 네가 잘 해내지 못할 때는 내가 부족한 부모인 것처럼 느껴지고, 사람들이 나를 어떻게 볼지 생각만 해도 창피해. 난 네가 더 똑똑했으면 좋겠고, 더 열심히 하면 좋겠고…. 나를 이런 식으로 불쾌하게 만드는 게 정말 싫어."

부모의 기대를 충족시키지 못해 받게 되는 실망감을 온몸으로 느끼는 순간, 아이는 조건 없이 사랑받고 있지 않다는 것을 인지한다. 따라서 아이가 가져온 결과를 비판하는 것은 아이를 결코 행복하게 해주지도 않으며, 다음 결과를 향상시키지도 못한다.

역설적이지만, 자신이 성취한 것에 대해 칭찬을 받는 아이들도 이따금 우울함을 경험한다. 시간이 많이 흐른 후에 우울 증세가 나타나기도 한다. 자신이 받은 칭찬이 조건적인 것임을 알기 때문이다. 자신을 좋아하는 사람들의 기대에 부응하기 위해 살지 않으면 사람들은 비난하기 시작할 것이며, 지금까지 주고 있던 애정들이 사라지게 될 것이라는 사실을 무의식적으로 알고 있는 것이다. 특히 아이들에게 사람들의 애정은 끔찍하게도 필요한 것이다. 따라서 칭찬에 의존하며 살아가는 사람들은 항상 성공해야 한다는 늪에 빠져 있다는 느낌을 받는다.

💕 ⑫ 부모의 흔한 거짓말: "넌 정말 나를 화나게 만들어!"

이 거짓말은 아이에게 가장 많이 하는 거짓말 중 하나다. 아이에게 화를 내는 매 순간, 이 문장을 고스란히 입 밖으로 내뱉는 것은 아니더라도 아이가 우리를 화나게 만든다고 말하는 것이나 다름없다.

숨겨진 진실: "네가 날 불편하게 만드는 상황이 너무 싫어. 나는 이기적으로 너를 통제해서 나를 방해하는 너의 모든 행동을 멈추게 하고 싶어. 너는 어디를 가든 네 스스로 선택을 하고 또 실수를 저질러도 상관없지만, 내 앞에서는 절대 안 돼. 세상이 나를 중심으로 돌아간다는 사실을 네가 한시라도 잊는다면 나는 화가 날 거고, 내 기분을 망친 너를 비난할 거야. 내 삶에 진정한 사랑이 부족하기 때문에 화가 나는 것인데, 그게 내 책임이라는 걸 절대 인정하지 않을 거야."

제3장에서 사람들은 우리를 화나게 만들지 않는다는 사실을 이미 설명했다.

친구들과 자신의 진실에 대해 대화를 나눌 때, 자녀에게 저지른 실수들만을 말할 필요는 없다. 부부 관계, 직장, 주변 사람들에게 보인 이기적인 행동들도 말해 보자. 조건 없이 받아들여질 수 있는 상황들을 최대한 많이 기억해서 말해 보자.

▶ 진정한 사랑을 주고받는 것이 삶에서 실제로 어떻게 나타나는가?

진실을 말하고, 진정한 사랑을 찾는 것에 대해 이론적으로 말하는 것은 쉽다. 그러나 실제 삶에서 이것이 어떻게 나타날까? 오랫동안 친구 사이였던 애비와 브랜다의 대화를 통해 설명해 보겠다.

애비는 딸 알리사와 겪어야 했던 어려운 상황에 대해 브랜다와 대화를 했다. 알리사는 엄마가 요청하는 모든 것에 저항하며 반항하고 있었다. 그러자 애비는 인내심이 바닥났고, 결국 딸에게 소리를 지르고야 말았다. 애비의 목소리가 날카로워져 갈 때쯤, 얼마 전에 읽은 『리얼러브: 조건 없는 사랑을 찾고, 충만한 관계를 만드는 진실』이라는 책의 내용이 떠올랐다.

애비는 핸드백에 넣고 다니던 작은 암기카드를 꺼내 들었다. 그 카드에 '화를 제거하는 법'을 메모해 두었던 것이다.

- 말을 멈추기
- 자신의 잘못을 인정하기
- 사랑을 느끼기
- 사랑을 받기
- 사랑을 주기

애비는 딸에게 날카롭게 내뱉던 말을 즉시 멈추었다(말을 멈추기). 그리고 자신이 화를 내는 것이 이기적이고 또 사랑이 없음을 깨달았다(잘못을 인정하기). 그래서 자신을 사랑해 주었던 사람들을 기억해 보았다(사랑을 느끼기). 그러나 여전히 화가 났다. 결국 딸에게 이렇게 말했다.

"잠깐 저기 가서 장난감이랑 놀고 있어. 엄마는 전화를 해야 해. 곧 돌아올게."
애비는 브랜다에게 전화를 했다(사랑을 받기).

애비	브랜다, 이 아이를 쥐어패고 싶어.
브랜다	내가 너희 집에 가서 위험한 물건들을 모조리 치워 줄까?
애비	그래야 할지도 모르겠어. 이 녀석이 내가 하는 말은 귓등으로도 안 들어.
브랜다	그래서 너는 어떻게 반응했니?
애비	음, 한동안 잘 참았지.
브랜다	참는다는 말은 참 불편한 단어지. 딸의 행동을 견뎌 내고 있었다는 뜻이잖아. 그게 쌓이고 쌓여서 결국 폭발했단 말이지. 인내심을 잃고 나서 무슨 일이 있었니?
애비	딸에게 소리를 질렀지.
브랜다	왜 화가 났었는지 말해 줄래?
애비	말했잖아. 딸이 내가 하는 말을 귓등으로도 안 듣는다니까. 했던 말을 계속 반복하게 만들어. 청개구리가 따로 없어.
브랜다	사실, 네가 화나는 이유는 알리사 때문이 아니야. 내가 무슨 말을 하는지 너도 알 거야. 너도 『리얼러브: 조건 없는 사랑을 찾고, 충만한 관계를 만드는 진실』이라는 책을 이미 읽었잖아.
애비	너무 짜증나서 지금은 그 대답을 못 하겠어.
브랜다	그럴 만해. 우리는 공허하고 두려울 때, 그리고 기대가 이루어지지 않을 때 화를 내지. 너는 딸이 더 협조하고, 더 감사히 여기고, 네 말을 더 잘 듣고, 더 존중하길 기대하고 있어. 짧게 말해서, 딸이 널 신경써 주길 바라고 있지. 다른 말로 하자면, 딸

	이 널 사랑해 주길 기대하고 있어.
애비	내가 알리사를 위해 얼마나 많은 걸 해주고 있는데….
브랜다	네가 하고 있는 모든 것이 엘리사를 위한 거라면, 너는 아무것도 기대하지 않을 거야. 그런데 지금 넌 기대하는 바가 있지. 감사하는 마음, 협조하는 것 등 말이야. 뭐라고 말하든, 딸이 너를 사랑해 주길 기대하고 있는 거야. 얼마나 이상한 상황인지 알겠니?
애비	(잠시 침묵) 그래서 내가 너에게 전화를 한 거야. 어째서인지 모르지만, 나도 내가 이상하다고 생각했어. 하지만 기대하고 있는 순간에는 내가 그러고 있다는 걸 알 수가 없다는 거야. 특히 화가 날 때는 더 그렇지. 브랜다, 네가 내 자신을 제대로 볼 수 있도록 도와주었어.
브랜다	자신을 제대로 볼 수 있었다니 기쁘다. 지금은 네 기분이 어떤지가 더 중요하지. 기분이 좀 어때?
애비	기분이 훨씬 좋아졌어. 이기적이고 화가 나는 상태에서 너에게 전화를 했어. 그리고 너는 나를 사랑해 주었어. 그 사랑이 나에게 엄청난 변화를 주었어. 고마워.

애비가 사랑을 받자마자 분노는 사라졌고, 딸과 더 효과적으로 상호작용하는 방법을 브랜다와 함께 생각해 낼 수 있었다. 중요한 것은, 통화를 마친 뒤 알리사가 엄마의 사랑을 느끼게 되었다는 것이다. 남은 하루를 엄마와 딸이 따뜻하게 마무리할 수 있었다.

애비는 화가 나자마자 마음을 진정시키기 위해 브랜다에게 전화했지만, 화가 날 때까지 기다릴 필요는 없다. 매일같이 전화를 하고 또 사람들을 만나 자신을 제대로 보이고, 조건 없이 받아들여질 기회를 만들 필요가 있다. 이를 실천할수록 더 행복해지고 또 더 강해질 것이며, 사랑이 없을 때와 같은 어려운 상황들이 많이 일어나지 않게 될 것이다. 그런데 하나의 위기에 대처한 뒤 그 다음 위기를 준비하며 또 생존을 위해 고군분투하며 하루하루 살아가야 한다면, 그런 삶은 더이상 사는 것이라고 할 수 없을 것이다.

훌륭한 부모가 되도록 이끌어 주는, 진정한 사랑을 받고 또 주는 일은 지능이 높아야만 하는 고급 기술을 연마하는 것이 아니다. 지혜로운 사람에게 당신의 진실을 말하고 또 진정한 사랑으로 마음을 다 채우면, 그로 인해 당신과 아이들의 삶에 변화가 찾아올 것이다.

> 진실을 말하기 → 온전히 보이기 → 있는 그대로 받아들여지기 → 사랑받기

3) 믿음을 실천하기

우리는 자신이 저지른 실수와 결점을 발견한 사람들이 우리를 비난하고, 거부하고, 비웃거나 아예 무관심하게 대한다는 것을 과거의 경험을 통해 알고 있다. 하지만 너무 일반적인 일이기에, 자신을 보여 주거나 솔직해질 필요가 없다며 스스로 합리화한다. 또한 진실을 말하지 않는 이유로, 다음과 같이 말할 것이다.

"과거에 내 진실을 본 사람들이 나에게 불친절하게 대했어. 그런데 긍정적으로 반응할지, 말지도 알지 못하는 지금과 같은 상황에서 일어나지도 않은 진정한 사랑의 효과 때문에 도대체 왜 진실을 말해야 하는 거지?"

당신이 진실을 말할 때, 상대가 당신에게 긍정적인 반응을 보일지 말지는 직접 물어보기 전에는 아무도 알 수 없다. 그렇기 때문에 진실을 말할 때는 믿음이 필요하다. 믿음은 우리가 잘 모르는 것들을 경험해 보겠다는 의도적인 선택을 하는 것이다. 즉, 원하는 곳까지 갈 수 있는 길임이 확실하지 않은데도, 그 길을 따라 발을 들여놓는 것이다.

다만, 믿음을 실천하면 위험한 상황에 처할 수 있다. 그와 동시에 배우고 성장할 수 있는 기회를 만들기도 한다. 확실하게 알고 있는 것만을 언제나 신뢰한다면, 이 상태 그대로 머물게 될 뿐이다. 믿음을 실천할 때, 진정한 사랑과 진실한

행복을 찾을 수 있다.

행복을 찾는 데 있어 우리가 믿어야 하는 것들을 소개하겠다.

- 진실에 대한 믿음
- 진정한 사랑으로 치유될 수 있다는 믿음
- 신에 대한 믿음
- 행복을 찾는 원칙들을 삶에 지속적으로 적용했을 때, 우리가 찾던 행복을 찾을 수 있다는 믿음
- 아이들과 사람들이 최선을 다해 살아가고 있다는 믿음
- 아이들을 통제하는 것보다 사랑으로 가르치는 것이 더 효과적이라는 믿음

이 책의 후반부에서 아이들을 사랑하고 가르치는 데 있어 왜, 믿음이 필요한지에 관해 대화하도록 하겠다. 지금은 어른이 된 우리가 삶에서 진실을 말하고, 진정한 사랑의 힘을 믿는 과정을 다루어 볼 것이다.

▶ 진실을 말할 때 처하게 될 위험

우리가 진실을 말해야만 사랑과 행복을 느낄 수 있다. 이는 아주 큰 이득이다. 그럼에도 불구하고 사람들은 진실을 말하는 데 두려움을 느낀다. 지금 우리는 계속 거짓말을 하거나, 두꺼운 가면 뒤에 숨어 조심스럽게 지낸다. 그러면서 사람들이 우리의 진실을 알고 나면 우리를 좋아하지 않을지도 모른다는 두려움을 느낀다. 그렇다면 우리가 실제로 처하게 될 위험이 얼마나 심각한지를 살펴보자.

만약, 당신이 사람들에게 거짓말을 한다면, 당신이 조건 없는 사랑을 받을 가능성은 0%다. 하지만 당신의 진실을 말한다면, 어떤 이는 당신을 있는 그대로 사랑해 줄 가능성이 생긴다. 그 가능성은 거짓말로 인해 얻게 되는 0%와는 비교조차 할 수 없을 정도로 크다. 그러니 진실을 말해서 당신이 잃는 것은 아무것도 없다. 사람들이 당신을 있는 그대로 받아들이지 않는다고 하더라도 당신

의 사랑이 줄어들지는 않는다. 다만, 그들이 당신에게 사랑을 주지 않을 뿐이다. 즉, 진실을 말하고 나서 거절을 당한다고 해도, 상대가 당신의 사랑을 빼앗아 가지 못한다는 말이다. 쉽게 말해, 당신은 상대로부터 사랑받고 있다는 환상에서 벗어나게 될 뿐이다.

거짓말을 하는 것은 어리석을 뿐이며, 진실을 말하는 데 있어 위험성이 없다는 것을 발견할 수 있을 것이다. 이를 기억한다면, 진실이 우리의 삶에 가져올 변화에 대한 믿음은 물론 우리가 바라고 바라 왔던 진정한 사랑을 줄 수 있는 사람을 꼭 만나게 될 것이라는 믿음을 갖는 게 더 쉬울 것이다.

진실을 말할 때, 어떤 이들은 우리를 사랑하지 않을 것이다. 그러나 진실을 말해야만 우리를 사랑해 줄 사람을 찾을 수 있다. 거짓말을 하면, 우리를 사랑해 줄 수 있는 사람들을 결코 만날 수 없다. 간단히 말해, 거짓말은 우리를 혼자 남기며, 진실을 말하는 것은 우리를 자유롭게 해줄 것이다.

▶ 믿음 그리고 진실을 말하는 것

진정한 사랑을 찾는 네 가지 단계를 앞서 소개했다. 그 단계에서 진실을 말하는 것을 믿음을 갖는 것보다 앞 순서에 두었다. 이는 설명하기 편하게 하기 위해서일 뿐 어떤 것을 먼저 할지는 크게 상관이 없다. 무엇을 믿어야 하는지도 모르는 상태에서 믿음에 대해 설명하기 어렵기 때문에 믿음을 갖는 것을 두 번째에 두었던 것이다. 아무튼 진실을 말하는 데 앞서 믿음이 꼭 필요하다. 우리가 사랑받을 수 있다는 것을 믿는 것이 선행되어야 진실을 말할 수 있다. 진실을 말하자마자 누구나 우리에게 사랑을 주지 않더라도 말이다.

이 장을 시작하며 진정한 사랑을 찾는 단계 중에 믿음을 연습하는 것을 세 번째 단계로 언급했다. 이후에는 사랑을 느끼는 과정에서 믿음을 갖는 것을 두 번째 단계로 설명할 것이다.

4) 얻고 보호하는 행동을 포기하기

제2장에서 이미 논의했듯, 얻고 보호하는 행동을 계속 사용하며 가짜 사랑을 얻는다면, 진정한 사랑을 느끼는 것은 불가능하다. 그 이유 하나만으로도 얻고 보호하는 행동과 가짜 사랑을 버리기에 충분하다.

이 장을 시작하면서, 아빠 더그와 아들 앤드류의 어려운 관계에 대해 대화했다. 대화 속에서 더그는 자신의 삶을 바꾸기를 원했다(진정한 사랑을 찾는 1단계). 그래서 믿음을 실천했다(진정한 사랑을 찾는 2단계). 그리고 자신의 진실을 말했다(진정한 사랑을 찾는 3단계). 더 나아가 더그는 자신이 제대로 보이고, 있는 그대로 받아들여지고, 사랑받을 수 있는 기회를 놓치지 않았다. 진정한 사랑을 받는 단계를 시작하면서 처음에는 사랑을 받는다고 느끼더라도 과거에 사랑받지 못했던 경험에 압도될 수 있다. 특히 얻고 보호하는 행동을 할 때 과거의 상처에 쉽게 압도된다.

어느 날 저녁, 더그가 나에게 전화를 했다.

더그	지금 기분이 아주 처참해요. 사랑이 넘치는 부모가 되는 방법을 조금 알 것 같다고 생각했는데, 앤드류에게 소리를 질러서 아이를 아프게 만들었어요. 화를 내기 시작한 순간 멈춰야 한다는 걸 알았지만, 그럴 수 없는 것처럼 느껴졌어요.
나	단순하게 생각하세요. 당신을 바꿀 수 있는 사람은 오직 당신 자신뿐이에요. 그리고 당신을 바꿀 수 있는 건 오직 진정한 사랑뿐이죠. 진정한 사랑을 찾는 데는 네 단계를 밟아야 한다는 건 알고 있죠? 당신은 변하고자 하는 의지가 있어요. 이건 첫 번째 단계예요. 그 의지가 없었다면 지금 저한테 전화를 하지도 않았을 것이고, 이런 대화를 나누지도 않았을 거예요. 두 번째, 지금까지 당신은 자신이 얼마나 놀라운 믿음이 있는지, 행동으로 보여 주었어요. 세 번째, 당신은 자신의 진실을 많은

사람에게 말하고 있지요. 이는 아주 큰 용기가 필요한 행동입니다.

더그 그러면 제 문제가 뭔가요?

나 바로 네 번째 단계에서 어려움을 겪고 있네요. 얻고 보호하는 행동들이 당신이 행복해지는 걸 방해하고 있어요. 마치 뒷걸음을 치는 것처럼 느끼게 하죠. 또한 당신이 행복해지는 걸 가장 많이 방해하는 행동은 공격하기예요. 공격하기에는 화를 내고, 비난하고, 통제하는 행동이 포함되지요. 우리는 살면서 진정한 사랑을 느낄 수 없었기 때문에 이런 행동을 항상 해왔어요. 공격을 하면 기분이 조금 나아지죠. 그래서 생각 없이 습관적으로 하고 있는 거예요. 당신이 화를 내고, 비난하고, 사람들을 통제하려고 할 때, 당신은 칭찬·힘·안전함이라는 형태의 가짜 사랑을 얻지요. 문제는 공격하기를 사용하는 순간, 사랑을 받지도 또 다른 사람에게 주지도 못한다는 사실입니다. 최근 당신은 자신의 진실을 말할수록 더 사랑을 받고, 다른 사람들에게 사랑을 주고 있다는 것을 느끼고 있었잖아요. 그런데 화를 내자마자, 지금까지 받은 사랑의 감정들이 다 사라지지 않던가요?

더그 맞아요. 그럼, 화가 날 때 어떻게 해야 하죠? 화가 안 난 척이라도 해야 하나요?

나 물론 아니죠. 화가 안 난 척을 한다고 해서 화가 사라지진 않을 거예요. 당신이 화가 났다고 느끼는 순간, 항상 해오던 행동과 다른 행동을 해보세요. 하던 말을 멈출 수도 있지요. 화를 내고 있는 상대에게 말하는 걸 멈추는 거예요. 앤드류와의 상황이었다면, 앤드류에게 화를 내며 말하는 걸 멈춰야 했던 거죠. 그리고 당신을 있는 그대로 받아 주고 또 사랑해 주는 사람에게 전화를 하는 거예요. 마음속에서 더이상 화가 나지 않을 때까지 그 사람과 대화하세요. 그리고 나서 앤드류와의 대화를 다시 마무리할 수 있을 겁니다. 그러면 그 결과는 아주 다를 거예요.

다음 날, 더그는 내가 제안한 그대로 행동했다. 앤드류에게 화가 났다고 느끼는 순간, 아들에게 대화를 조금 있다가 마무리하자고 말했다. 그리고 나에게 전화를 했다. 자신이 앤드류에게 저지른 실수들에 대해 말했고, 나 또한 내가 아이들에게 저질렀던 많은 실수에 대해 대화를 나누었다.

나	당신이 전화를 했을 때는 앤드류에게 화가 나 있었죠? 그리고 아주 불행해하고 있었어요. 대화를 나누고 나니 기분이 어떤가요?
더그	제 마음속에 있던 화가 사라졌어요. 어제 저에게 알려 주고자 했던 핵심이 무엇이었는지 이제 이해가 돼요. 제가 화를 내면, 저뿐만 아니라 아이들에게도 부정적인 영향을 주죠. 화가 날 때는 말하는 것을 멈추고, 사랑을 받을 수 있도록 대화를 해야 해요.

더그는 앤드류와의 관계에서 얻고 보호하는 행동을 포기하겠다고 결심했다. 자신이 얼마나 중요한 사람인지, 힘 그리고 안전함을 느끼기 위해 아들을 공격하는 대신 나에게 전화를 했다. 그리고 조건 없이 받아들여졌다. 이것이 훨씬 더 바람직한 행동인 것이다.

시간이 흐르고, 더그는 사람들에게 진실하게 보이는 법을 배웠다. 덕분에 몇몇 친구들에게 사랑을 받았다. 그리고 앤드류나 다른 아이들에게 화를 낼 이유가 점차 없어졌다. 이는 부모가 아이에게 줄 수 있는 아주 큰 선물이다. 더그가 가지고 있던 욱하는 성질은 사라지고, 깊고 영원한 마음의 평화가 찾아왔다.

진정한 사랑을 받은 부모는 어떤 변화를 가져오는가

부모가 조건 없는 사랑을 받는다면, 가장 소중하고 충만함을 주는 보물을 갖는 것이나 다름없다. 우리는 더이상 공허하지도 않을 것이며, 아무것도 두려워하지 않게 될 것이다. 그러니 가짜 사랑을 얻으려고 애쓰거나 자신을 보호할 필요도 없어진다. 특히 공허함과 두려움 때문에 눈이 가리지 않아 아이들을 선명하게 보게 되고, 아이들의 행복에 관심을 기울이게 된다. 또한 아이에게 자연스럽게 다가가고, 부모와 자녀 사이는 강력한 유대감을 형성한다. 이와 함께 아이들은 부모의 삶 속에 자신들이 포함되어 있다고 여기며, 가족이라는 위대한 단체의 한 구성원으로서 자신이 가치가 있다고 느낀다. 더욱이 아이들은 사랑받는다고 느끼며, 혼자라는 생각을 전혀 하지 않는다.

더그가 사랑을 받음으로써 그가 찾은 것은 ① **더이상 두렵지 않고, 자신을 항상 보호할 필요가 없다는 것**과 ② **더그 자신을 행복하게 만들기 위해 다른 사람들의 행동을 바꾸려고 조종할 필요가 없다**는 것 두 가지다. 더그는 더이상 앤드류를 조종하거나 비판할 필요가 없어졌다. 아들을 있는 그대로 받아들이게 되었고, 아들의 행복에 관심을 갖게 되었다. 이것이 진정한 사랑이다. 특히 아들을 변화시키기 위해 애쓰지 않고, 아들을 사랑으로 가르쳤다. 앤드류는 자신의 선택들을 통해 인생을 배울 것이다(이에 대해 제7장에서 더 다루겠다). 이로써 부모의 방해와 통제 없이 행복해질 것이라는 믿음이 생겼다.

앤드류는 아빠에게 있는 그대로 받아들여지자, "사랑"을 얻기 위해 더이상 애쓸 필요가 없어졌고, 아빠의 기대와 비난에 맞서 자신을 보호할 필요도 없어졌다. 그 결과, 더그와 앤드류는 사랑이 넘치고 행복한 부자 관계를 만들었다.

내가 경험했던 부모라는 입장

나는 좋은 아빠라면 어떻게 해야 하는지를 모두 따르기 위해 오랫동안 노력했다. 그러면서 아이들과 오랜 시간을 함께 지냈다. 아이들의 학업은 성공적이었고, 어른들 앞에서 예의 바르게 행동했다.

그러나 보이지 않는 진실이 있었다. 사실, 나는 끔찍한 아버지였다. 아이들이 성공적이고, 명령을 따르고, 조용하고, 협조를 잘하면 친절하게 대했다. 나는 아늑한 집과 훌륭한 교육, 교통수단, 오락거리 그리고 멋진 가족 휴가를 정기적으로 제공했다. 또한 가장 유행하는 옷들 외에도 아이들에게 많은 것을 주었다. 그 모든 것을 주었음에도 불구하고 나는 가치 없는 아빠였다. 나는 아이들이 시끄럽고, 말을 듣지 않고, 무책임하게 행동하고, 나를 불편하게 하면, 날카롭고 또 비판적이었다. 거기에는 사랑이 없었다. 그런 상황들을 떠올려보면, 나의 사랑이 조건적이었다는 사실이 아주 명확하다. 즉, 내가 원하는 행동을 하지 않을 때 실망하며 화를 냈다. 이는 내 사랑이 조건적임을 증명한 것이다.

그 결과, 내 아이들은 공허하고 두려움에 점차 사로잡혀 불행해했다. 아이들은 얻고 보호하는 행동들을 조합해서 서로 대항했다. 형제자매끼리 화를 내는 등 말다툼이 계속해서 일어났다. 그러자 성적도 영향을 받기 시작했다. 아이들은 술과 마약 그리고 불건전한 행동을 하는 친구들과 어울리기 시작했다. 당연한 일이지만, 아이들은 할 수 있다면 나를 피해 다녔다. 이로써 아이들이 끔찍한 삶을 살고 있다는 건 분명했다.

나는 더 나은 아빠가 되고 싶었다. 그렇게 되려고 애썼지만, 아무것도 도움이 되지 못했다. 나 자신조차 사랑받지 못한 채 공허함을 느끼고 있었기 때문에, 아이들이 가장 필요로 하는 단 한 가지를 줄 수가 없었던 것이다. 내가 갖고 있지 못한 것을 쉽게 줄 수가 없었다. 나는 부모로서 그리고 한 인간으로서 더 외로워했고, 좌절감을 느꼈다.

결국 약물중독으로 몇 년을 흘려보내면서, 아이들을 더 비난하며 시간을 낭비했다. 급기야 우리집 뒷마당 숲속에 홀로 앉아 내 스스로 머리에 권총을 겨누었다. 그때 나는 다른 사람의 도움이 필요하다는 사실을 깨달았다.

마침내 나는 약물중독 치료 시설에 입원을 했다. 내 자신의 삶과 아이들의 인생에 휘갈겨 놓은 모든 잘못에 대한 책임이 나에게 있다는 것을 스스로 인정했다. 삶에서 가장 인정하기 어려운 것이었지만, 그 책임을 인정하고 나니 스스로 변할 수 있다는 자유를 느꼈다. 그리고 내 자신에 대한 진실을 말하는 법을 배웠고, 나를 조건 없이 사랑해 주는 사람들을 찾아다녔다. 처음에는 받아들여지는 순간들이 아주 적고 또 짧았지만, 이 책에서 설명한 단계들을 집요하게 계속 밟았다. 그러자 내 인생이 변하기 시작했다. 사랑을 더 느끼면 느낄수록, 아이들에게 더 많은 사랑을 줄 수 있었다. 아이들을 조건 없이 사랑할 수 있는 법을 지속적으로 배우게 되면서 아이들의 삶도 변했다. 아이들은 가짜 사랑을 얻으려고 애쓰거나 자신을 보호할 필요성이 없어지고, 자신에게 해가 되는 행동들을 멈추었다.

한편, 사람들이 사랑을 느끼면, 말다툼을 할 필요도 또 두려움을 느낄 필요도 없어진다. 지금 내 가족은 결코 가능할 것 같지 않았던 사랑과 행복을 경험하고 있다. 그리고 이 변화의 시작은 바로 아이들을 사랑하지 않았던 내 자신의 책임을 인정하고 난 뒤부터다. 자신의 잘못을 인정하면, 아주 작은 대가를 주고 영원한 행복을 누릴 수 있다. 진정한 사랑을 찾는 그 단계들은 아주 단순하다.

진정한 사랑을 받고 다시 주는 선택을 동시에 하면 얻을 수 있는 효과

당신이 눈치챘을지 모르겠지만, 제3장과 제4장에서 분명히 반대되는 두 가지 제안을 했다.

- 아이들에게 얻고 보호하는 행동을 하지 않겠다고 순순히 선택하라.
- 삶에서 진정한 사랑을 경험해야 얻고 보호하는 행동을 멈출 수 있다.

이 상반되는 두 가지 제안을 동시에 실천할 수 있다는 것과 더불어 이 두 가지 행동이 상호 보완적이다. 인간은 자기 절제력이라는 특별한 능력을 갖고 있다. 그러나 진정한 사랑을 경험하지 못했을 때, 지혜로운 선택을 하거나 사람들에게 사랑을 주는 능력이 제구실을 하지 못한다. 자기 절제력을 연습하면 할수록 습관적이던 얻고 보호하는 행동을 자제하게 된다. 그리고 조건 없는 사랑을 더 쉽게 느끼고, 사랑을 주는 것이 쉬워진다. 게다가 자신의 진실을 말하고 또 진정한 사랑을 찾을수록, 얻고 보호하는 행동을 해야 할 필요성도 줄어든다.

이처럼 자기 절제력과 진정한 사랑은 강력한 시너지 효과를 발휘한다. 그러므로 우리가 삶에 변화를 가져오고 또 진정 행복해지고 싶다면, 그저 뒷자석에 앉아서 누군가 차를 몰아 주기를 기다려서는 안될 것이다. 또한 아무런 준비가 되지 않은 상태로 정신없이 날뛰는 황소 같은 삶을 살아가면서, 황소의 뿔을 움켜쥔 채 마음대로 통제할 수 있을 거라고 믿는 것도 현명하지 않다. 이 두 가지 행동에 동시에 접근해서 두 마리 토끼를 한꺼번에 잡아야 한다.

진정한 사랑을 찾는 방법에 대한 더 많은 정보

이 장의 의도는 진정한 사랑을 찾는 방법을 간단히 소개하는 데 있다. 다음 책은 진정한 사랑을 받고 주는 과정에 대해 많은 것을 배울 수 있기에 강력하게 추천한다.

『리얼러브: 조건 없는 사랑을 찾고, 충만한 관계를 만드는 진실』
리얼러브의 기초적인 원칙들을 소개한 책이다.

제5장

다섯 번째 육아 원칙
부모는 자녀를 사랑으로 가르쳐야 한다

My child needs to be loved and taught

제5장

다섯 번째 육아 원칙
부모는 자녀를 사랑으로 가르쳐야 한다

삶의 목적은 행복해지는 것이다. 행복 없이는 어떤 성공도 의미가 없다. 아이의 삶에 진짜 행복을 가져오는 방법은 진정한 사랑을 가득 채워 주는 것뿐이다. 하지만 아이가 행복한 삶을 살 수 있도록 도와주기 위해 아이가 원하는 모든 것을 해줄 필요는 없다. 부모의 책임은 사랑을 주는 것이며, 아이에게 책임지는 법과 사람들에게 사랑을 주고 또 스스로 행복해지는 방법을 가르치는 것이다.

진실을 말하기→제대로 보이기→
있는 그대로 받아들여지기→사랑받기

제2장에서 주변 사람들이 우리의 있는 그대로의 모습을 보지 못할 때, 조건 없는 사랑을 느낄 수 없다고 말했다. 그리고 있는 그대로 보이기 위해서는 우리가 자신의 진실을 말할 필요가 있다.

특히 아이들이 사랑을 느끼고 행복해지기 위해서는 자신의 진실을 말해야만 한다. 예를 들어, 자신들의 실수를 숨기거나, 성취한 것을 부풀리거나, 사람들과 말을 하지 않고 자신의 감정을 숨기는 등 거짓말을 하게 되면, 부모를 포함한 그 누구에게라도 제대로 보일 수 없는 것은 물론 있는 그대로 받아들여지거나 사랑받고 있다는 것을 느낄 수 없다.

그러므로 아이에게 자신의 진실을 말하도록 가르치는 것은 아주 중요하다. 진실을 말함으로써 부모와 주변 사람들에게 있는 그대로 받아들여지고 또 사랑받는다는 것을 느낄 수 있기 때문이다. 우리가 아이에게 진실을 말하는 방법을 성공적으로 가르친다면, 아이는 앞으로 행복하게 살 수 있는 준비를 하게 될 것이다.

일반적으로, 부모는 아이를 제대로 보고, 있는 그대로 받아들이고, 사랑을 받을 수 있는 최고의 기회를 제공하는 사람이다. 만약, 가정에서 진실을 말하는 방법을 배우지 못하고 또 사랑을 느끼지 못한 채 세상으로 나아간다면, 아이는 살아가면서 공허함과 두려움 그리고 무력감을 느끼게 될 것이다.

대부분의 아이는 앞으로도 그렇게 살아갈 가능성이 매우 높다. 그러면서 친구들과 배우자 그리고 주변 사람들에게 얻고 보호하는 행동을 하며, 행복을 찾고 싶다는 생각이 들어 칭찬·힘·쾌락과 안전함을 얻기 위해 발버둥칠 것이다. 하지만 얻고 보호하는 행동을 하면 할수록 주변에는 비판적·공격적이며, 서로 조종함으로써 관계를 쉽게 끊어 버리는 사람들이 모이게 된다. 또는 아이 스스로 주변 사람들을 이용하고, 사람들에게 상처를 주며 살아갈 것이다.

반면, 가정에서 사랑을 충분히 느끼고 세상으로 나아간다면, 아이들은 행복을 느끼고 또 사랑을 나누며 살아갈 것이다. 얻고 보호하는 행동을 할 필요성을 느끼지 못할 것이다. 이 모든 것이 바로, 자신의 진실을 말하는 것에서부터 시작된다.

우리는 아이에게 다음과 같은 방법으로 진실을 말하는 것을 가르칠 수 있다.

- 부모의 진실을 아이에게 말한다.
- 아이가 진실을 말할 때 사랑해 준다.

- 아이의 진실을 부모가 말해 준다.

부모의 진실을 아이에게 말한다

아이는 보통 부모를 따라 한다. 더불어 부모가 거짓말을 하는 모습을 목격한다. 부모가 자주 하는 거짓말의 예시는 160쪽을 참고하도록 하자. 사람들이 우리를 좋아하게 만들기 위해 혹은 비판을 피하고 싶어서 거짓말을 한다. 거의 매일같이 거짓말을 한다.

대부분의 경우, 무의식적으로 거짓말을 한다. 그런데 이렇게 거짓말을 하는 행동은 아이에게 심각한 영향을 미친다. 부모가 거짓말을 한다면, 아이 역시 거짓말을 하고 있을 것이다. 반대로, 부모가 진실을 말하며 살아갈 때, 아이 역시 진실을 말하며 살아가는 경향이 있다.

부모는 아이와 상호작용을 하면서 많은 실수를 저지른다. 그러나 대부분의 부모는 자신의 실수를 인정하려고 하지 않는다. 아이가 부모의 잘못을 알게 되면, 약해 보이거나 어리석다고 생각하며 존경심을 잃게 될까 봐 두려워한다. 그래서 부모는 자신을 보호하기 위해 아이 앞에서 강한 척을 하고, 부모의 말이 언제나 옳으며, 모든 것이 부모의 손안에서 통제가 가능한 척을 하며 살아간다.

우리의 부모를 포함해 다른 어른들도 그렇게 살아가는 것을 보았으니, 우리도 그렇게 살아간다. 그러나 우리가 저지른 실수와 결점을 아이에게 숨길 때, 즉 우리가 거짓말을 할 때, 아이와 거리를 두게 되고 또 우리 스스로 고립된다.

우리의 잘못을 인정하는 것

나의 아들 벤자민은 매주 일요일 아침이면 마당의 잔디를 깎는 책임을 맡았다. 토요일 저녁, 벤자민이 늦은 시간에 나에게 와서 잔디 깎는 기계에 연료가 다 떨어졌다고 말했다. 그리고 나에게 연료를 사다 줄 수 있느냐고 물었다. 이때 나를 불편하게 만드는 상황에 짜증이 났다. 벤자민의 책임감이 부족해서 일어난 상황이었다. 그래서 이렇게 말했다.

"벤자민, 어젯밤이나 오늘 아침 일찍 연료가 충분한지 확인했어야지! 너는 해야 할 일을 미루고, 나는 해야 할 일을 멈추고서라도 너를 돕길 원하고 있어. 네가 항상 해오던 일인데, 이게 뭐니? 자신의 일에 책임을 지는 법을 도대체 언제 배울 생각이니?"

내가 한 모든 말은 진심이었다. 아들은 조금 더 책임감을 가질 필요가 있었다. 그러나 찡그린 표정과 날카로운 목소리는 책임감을 가르치기보다는 벤자민에게 다른 의미를 전달하고 있었다. 나의 언행은 벤자민에게 이렇게 말한 것이나 다름없다.

"벤자민, 넌 나를 불편하게 만들었어. 날 불편하게 만들면 너를 좋아하지 않아."

이런 메시지는 아이에게 필요하지도 않을 뿐만 아니라 파괴적이다. 그리고 이 메시지는 벤자민의 마음에 아프게 박혀 버렸다.

그날 밤, 나는 아들의 방으로 갔다.

"저녁때 네가 사소한 실수를 저지르는 바람에 아빠가 너에게 화가 났어. 화를 내는 것은 내 잘못이야. 가족 모임에서 이미 대화했듯이, 화를 내는 것은 내 선택이고, 내가 화가 난 건 너의 잘못이 아니란 걸 알았으면 좋겠어."

그러자 아들은 나를 덥썩 안고, 조용한 목소리로 말했다.

"고마워요, 아빠…. 저를 찾아와 그렇게 말씀해 주셔서 기뻐요. 사실, 기분이 좀 안 좋았거든요."

우리가 잘못한 사실을 인정하고, 대화를 자주 할 필요가 있다. 꼭 화를 내는 것만 말해야 하는 것은 아니다. 우리가 저지른 실수가 많이 있다는 것을 하늘은 알고 있다. 하지만 아이가 우리를 얕잡아 보지 않을까, 하고 걱정하며 부모는 잘못을 인정하는 것을 종종 두려워한다. 그러나 부모의 솔직함은 아이가 혼자가 아니라 부모에게 받아들여지고 있으며, 사랑을 느끼도록 도와준다.

부모 역할의 터닝 포인트: 과거에 대한 진실을 말하기

우리가 아이에게 실망하고, 화를 내고, 아이로부터 도망치는 순간마다 아주 명확한 의미를 전달한다. 바로, 아이를 조건 없이 사랑하지 않는다고 말하는 것이다. 그 순간만큼은 그런 의미를 전달하고 있다는 것이다. 그럴 의도가 없다고 하더라도 상관없다. 이와 같은 하나하나의 경험들은 아이의 마음에 여전히 상처를 입힌다. 즉, 아이는 마치 온몸에 타박상을 입은 것처럼 그 고통을 온전히 경험한다. 그러나 과거에 아이에게 상처를 입혔던 순간들에 대한 진실을 말해주면 아이의 마음에 생긴 오래된 멍들을 치유할 수 있다.

다음 이야기를 통해 이를 명확하게 이해할 수 있을 것이다.

상상해 보라. 내가 차를 몰고 가다가 운전대를 당신의 마당으로 돌려서 집을 부수고, 거실까지 박차고 들어갔다. 그 순간 당신은 나를 조심성도 없고 또 무책임하다며 욕하고, 음주 운전을 했는지도 모를 것이라고 판단할 가능성이 높다. 그리고 내가 저지른 행동에 의해 불편함을 경험하고 매우 언짢아할 것이다.

또다시 다음 이야기를 상상해 보자. 이틀이 지나고 나서 당신은 다음 이야기를 듣게 된다. 내가 운전을 하다가 뇌출혈이 일어나서 운전 도중 갑작스럽게 정신을 잃었다는 것이다. 이제 당신은 이 모든 상황을 조금 다른 관점으로 바라볼 것이다.

이처럼 과거의 진실을 알게 되면, 과거를 바라보던 관점이 바뀌게 된다. 더 나아가 과거에 대한 현재의 감정 또한 변한다. 이와 마찬가지로, 부모가 저지른 실수를 아이에게 말하기 시작하면, 아이가 살아가며 사랑을 느끼는 데 매우 중요한 영향을 미친다. 그래서 나는 아이에게 과거의 진실을 말하는 것이 바로, 부모 역할의 터닝 포인트라고 부른다. 부모 역할의 터닝 포인트가 자녀에게 얼마나 많은 영향을 미치는지, 매들린의 사례에서 살펴볼 수 있다.

매들린은 세 자녀를 둔 엄마다. 6살, 8살, 10살이 된 아이들이 있어 지난 몇 년간 아이들을 키우는 데 상당한 에너지를 쏟아부었다. 최선을 다했음에도 불구하고, 자신이 원하는 모습으로 자라지 않는 아이들을 보며, 상당히 실망하고 또 좌절감을 느꼈다. 매들린의 아이들을 다음과 같이 묘사했다.

- 형제자매 사이에 다툼이 계속해서 발생했다.
- 아이들은 자신들이 원하는 대로 상황이 돌아가지 않으면 피해자 행세를 했다.
- 아이들은 사소한 불편을 경험할 때마다 주변 사람들에게 화를 냈다.
- 아이들은 자신들이 저지른 모든 실수에 대해 변명을 했다.

이 목록들은 평범한 가정에서는 일상적으로 발생하는 문제들이다. 그러나 매들린은 어떻게 하면 더 좋은 부모가 될 수 있는지를 의식적으로 고민하는 엄마였고, 그 고민들이 있었기에 『리얼러브: 조건 없는 사랑을 찾고, 충만한 관계를 만드는 진실』에서 제안하는 원칙들을 공부하고 있었다. 매들린은 자신의 아이들을 이대로 두면 앞으로 살아가면서 감정적인 탓에 제대로 된 기능을 하지 못하리라는 것을 이해했다. 그녀는 아이들이 이와 같은 부정적인 결과를 경험하지 않도록 무슨 일을 해서라도 돕겠다고 결심했다.

일주일 뒤, 『리얼러브: 조건 없는 사랑을 찾고, 충만한 관계를 만드는 진실』을 읽고, 나에게 전화를 했다.

매들린	어이, 거기 아주 똑똑한 박사님! 지금 제 세 아이들이 옆방에서 뭐 때문인지 모르겠지만 싸우고 있네요. 뭐가 문제인지 누가 알겠어요. 저는 그저 저 방으로 건너가서 그만 싸우라고 소리를 지르고 싶은 마음뿐이에요. 아이들이 싸우는 걸 보는 게 진절머리가 나요. 시끄러운 소리 때문에 머리가 제대로 돌아가지 않는다고요.
나	자, 아이들이 왜 싸우고 있나요?

매들린	저야 모르죠. 아직 방에 가 보지 않았거든요.
나	아이들의 싸움에 대한 세세한 이유를 물어보는 게 아니에요. 그건 전혀 의미가 없죠. 아이들이 싸우는 진짜 이유를 물어보는 겁니다.

그러자 긴 침묵이 흘렀다. 매들린은 책에서 읽은 것들을 기억해 내기 위해 애쓴 뒤 이렇게 대답했다.

매들린	그건 공허하고 두렵기 때문이죠. 삶에서 진정한 사랑을 받지 못했기 때문이에요. 그리고 그건… 제 잘못이죠.
나	매들린, 아주 놀랍군요. 당신이 금방 했던 문장을 모든 부모가 자신의 입으로 말할 수 있는 용기가 있다면 이 세상은 완전히 변할 겁니다. 사랑을 주는 부모가 되는 길에서 당신은 이제 첫 한 발을 내디뎠어요. 아주 큰 걸음이지요.
매들린	그치만 애들은 건넌방에서 아직도 싸우고 있는 걸요. 이제 제가 뭘 할 수 있나요?
나	우선, 하룻밤 안에 아이들의 행동이 변하지 않을 거라는 걸 이해해야 해요. 아이들이 지금처럼 행동하도록 가르쳐 온 지 수년이 지났어요. 그래서 그 문제를 고치는 데 있어서 며칠은 더 걸릴 겁니다.
매들린	그건 괜찮아요. 하루 이틀 이렇게 살아온 건 아니니까….
나	좋은 자세예요. 의심이 들 때마다 언제나 자기 자신의 진실을 들여다보는 걸로 시작해 보세요. 당신은 평생 공허하고 또 두려움에 빠져 있었죠. 그 공허함을 채우고 두려움을 없애기 위해 얻고 보호하는 행동을 해왔어요. 그 상태로는 아이들을 조건 없이 사랑할 수 없어요. 당신은 최선을 다해 사랑해 왔지만,

	그건 아이들에게 전혀 도움이 되지 않았죠. 이해가 되나요?
매들린	그래요. 하지만 죄책감이 드네요.
나	죄책감은 버려요. 이미 말했듯이, 당신은 최선을 다했어요. 지금 중요한 것은 자신의 실수를 제대로 마주하고, 그 실수들을 바로잡는 데 있습니다. 다음으로 해야 할 일은, 당신이 지금 배우고 있는 것들을 아이들과 나누는 거예요. 이제 아이들이 있는 방으로 가서 이렇게 말하세요. '너희들 아주 불행해 보이는구나. 잠시 앉아 엄마가 하는 말을 들어 보겠니?' 이렇게 말하는 동안 사소한 짜증을 비치거나 조금이라도 인내심을 잃어서는 안 됩니다.
매들린	이미 조금 짜증나 있는 걸요.
나	침착하게 말할 수 있을 때까지 저와 대화하며 사랑을 받을 수 있도록 해요. 아이들에게 화를 내며 그만하라고 소리를 지르는 대신, 친절하고 또 사랑스럽게 말하는 거예요. 이렇게 하면 아주 효율적으로 아이들의 관심을 집중시킬 수 있을 겁니다. 그러면 당신의 사랑을 아이들이 느끼기 시작할 거예요. 그리고 다음과 같이 말해 보세요.

"우리가 정말로 원하는 것은 행복이란다. 그렇지 않니? 우리가 행복하지 않다면 다른 모든 것은 아무런 가치가 없단다. 내가 이 방으로 들어왔을 때, 너희들은 전혀 행복한 것처럼 보이지 않았어. 그리고 그런 일이 우리 집에서 아주 자주 일어나지. 너희들은 많이 싸우고 짜증내지. 그 말은 너희들이 행복하지 않다는 걸 표현하는 거야.

엄마는 최근에 공부를 하면서 사람들이랑 대화를 많이 하고 있어. 그러면서 알게 된 것이 있어. 우리 가족이 행복하지 않은 이유는, 엄마의 잘못이란 걸 알게 되었어. 엄마로서 너희들에게 정말 큰 잘못을 저지르고 있었어.

우리에게 가장 필요한 건 사랑이란다. 우리는 언제나 사랑을 받는다고 느껴야만 해. 실수를 저지를 때도, 어리석은 행동을 할 때도 말이지. 만약, 사람들이 우리가 "좋은 행동을 할 때"만 사랑해 준다면, 그건 그리 가치가 없단다. 이게 바로 엄마의 실수였어. 너희들이 엄마가 원하는 행동을 하지 않을 때, 엄마가 짜증을 냈던 순간들을 떠올려 보렴. 린지, 어제 설거지를 제시간에 하지 않았다고 엄마가 너에게 화를 냈지. 기분이 어땠니? 셰럴, 너와 저스틴이 어제 싸우고 있을 때 엄마가 들어와서는 그만 싸우라고 소리를 질렀지. 그럴 때 기분이 좋았니?

엄마가 너희들에게 화를 낼 때 너희들이 정말 싫어한다는 것을 잘 알아. 그건 내 생각만 하고 너희들 생각은 하지 않는다는 것을 의미하는 거니까. 너희들을 완전히 사랑한다면 너희의 실수를 친절한 목소리로 침착하게 말해 주었을 거야. 그게 너희에게 신경쓰고 있다는 걸 의미하는 거지. 하지만 난 언제나 즉각적으로 화를 냈어. 내가 원하는 것만 생각했어. 그러니까 엄마가 너희를 사랑한다는 걸 느낄 수 없었던 거란다. 엄마는 이런 행동들을 셀 수 없이 많이 했어. 상처를 주어서 정말 미안하구나. 화만 내고 너희를 사랑해 주지 않는 엄마와 함께 지낸다는 건 아주 가슴 아픈 일이야.

이제 엄마는 어떻게 하면 너희를 더 많이 사랑해 줄 수 있는지를 배우고 있단다. 시간이 좀 걸릴 거야. 그동안 엄마가 실수도 많이 할 거야. 그렇지만 우리 모두 행복해질 거야."

매들린 이럴수가…. 너무 충격적이네요. 당신이 한 말은 모두 진실이네요. 제가 해왔던 모든 행동에 죄책감을 느껴요. 이 모든 말을 제가 다 할 수 있을지 모르겠어요.

나	그럼, 여기서 당신이 이 말을 할 수 있을 때까지 함께 연습하죠. 자신의 잘못을 인정하는 것이 변화에 있어서 첫걸음이에요. 그러므로 당신이 할 수 있을 거란 걸 저는 잘 알아요. 자신의 실수를 인정하는 것은 그저 잘못을 인정하는 것일 뿐이에요. 자신을 끔찍하게 나쁜 사람이라고 말하는 게 아닙니다. 따라서 울며불며 눈물을 흘리면서 말하지 않을 때까지 연습해야 해요. 저나 다른 지혜로운 사람들과 말이죠. 눈물범벅이 되어 아이들에게 이 내용을 전달하면, 우리 자신의 상처에 집중하게 됩니다. 즉, 당신이 저지른 실수에 집중하게 되기 때문에, 아이들에게 사랑을 주는 데 마음이 흐트러지게 돼요.

매들린은 아이들에게 수년간 분노를 내뿜고 비판하며 상처를 입혔다. 그녀의 행동으로 셀 수 없이 많은 순간순간, 다음과 같은 의미를 아이들에게 전달했다.
"날 불편하게 할 때는 너를 사랑하지 않는다."
그 때문에 아이들은 공허하고 또 사랑받지 못한다고 느꼈던 것이다. 그리고 부모에게 얻고 보호하는 행동을 서로 사용했던 것이다.
매들린은 자녀들에게 자신의 실수를 계속해서 말했다. 앞서 소개한 상황에서는 물론 이후에도 이런 대화를 계속해서 이어 갔다. 그러면서 매들린은 아이들에게 과거의 경험을 다르게 볼 수 있는 기회를 주었다. 과거에 엄마가 자기들에게 했던 "너를 사랑하지 않아"라는 메시지가 사실은 "나는 공허하고 두려워. 그래서 너희들이 필요한 진정한 사랑을 줄 수 있는 능력이 없단다"라는 의미였다는 것을 이해하게 된 것이다. 또한 아이들은 엄마가 화를 내는 것이 자신의 잘못이 아니라는 것을 이해하게 되었다. 이렇듯 아이들에게 진실을 말함으로써 매들린은 아이가 사랑받지 못했던 순간으로 온전히 되돌아갈 수 있었다. 특히 매들린은 아이들을 사랑하는 방법을 배우고, 아이들은 엄마에게 사랑을 받는 법을 배워 가는 과정에서 공허함과 두려움이 서서히 사라져 갔다. 그와 함께 얻고 보호하는 행동도 자연스럽게 그만두게 되었다.

　이처럼 과거의 실수에 대한 진실을 말함으로써 아이의 상처가 치유되는 기적을 만들 수 있다. 우리는 공허함과 두려움을 느끼기 때문에 아이를 조건 없이 사랑할 수 있는 능력이 없는 순간들을 아이에게 말해 주어야 한다. 그러면 아이는 부모가 화를 내며 내뱉는 "너를 사랑하지 않아"라는 메시지가 사실은 다음과 같은 의미가 내포되어 있다는 것을 알게 된다.
　"나 자신을 보호하고, 내 공허함을 채우려고 너를 공격하는 거야. 내가 화를 내는 건, 네 잘못이 아니란다."
　그러므로 화를 내는 상황뿐만 아니라 모든 얻고 보호하는 행동을 할 때도 마찬가지로, 진실을 말할 필요가 있다. 아이가 지금 이 순간 어떤 기분일까, 하는 것은 셀 수 없이 많은 과거의 경험이 쌓여서 이루어진 것이다. 지금 아이가 사랑받지 못한다고 느낀다면, 그것은 수많은 사람으로부터 못마땅히 여기는 경험들이 쌓였기 때문이다. 그리고 그 못마땅함은 대부분 부모로부터 경험한 것이다. 따라서 우리가 저지른 과거의 행동들에 대해 진실을 말함으로써 아이의 마음속에 있는 과거가 변화될 수 있는 기회를 만들어 줄 수 있다. 우리는 아이들의 과거를 변화시킬 수 있도록 도울 수 있다. 이는 현재의 감정도 변화시킨다. 결코 작은 일이 아니다.

부모가 아이에게 진실을 말하는 목적과
다른 어른에게 진실을 말하는 목적의 차이

　당신이 저지른 실수를 아이에게 말할 때와 다른 어른에게 진실을 말할 때 우리의 목적은 완전히 다르다는 것을 명심하자.
　다른 어른에게 당신의 진실을 말할 때 우리의 목표는 다음과 같다.

- 자신의 진실을 말함으로써 제대로 보이고, 있는 그대로 받아들여지고, 사랑을 받

- 는 기회를 만든다.
- 얼마나 자주 공허하고 또 두려워하는지를 깨닫기 위해 진실을 말한다. 또한 얼마나 자주 얻고 보호하는 행동을 하는지를 깨닫기 위해 진실을 말한다. 이 깨달음만으로도 다른 선택을 하는 시작점이 될 수 있다.
- 지혜로운 사람들에게 조언을 들을 수 있고, 미래에는 더 지혜로운 선택을 하기 위해 진실을 말한다.

아이에게 당신의 진실을 말하는 목표는 다음과 같다.

- 아이의 과거를 새롭게 기억하고, 당신이 아이를 사랑하지 못했던 이유가 아이의 잘못이 아니라는 것을 이해하는 데 도움을 주기 위해서다.
- 진실한 것이 어떤 것인지, 예시를 보여 주기 위해 아이에게 진실을 말한다.
- 아이가 사랑을 느끼는 걸 돕기 위해 아이에게 진실을 말한다

다만, 부모가 아이에게 있는 그대로 받아들여지기 위해 진실을 말하는 것은 적절하지 않다. 아이에게는 부모를 있는 그대로 받아들일 만한 책임도 또 그럴 능력도 없다. 아이의 이익을 위해 부모의 진실을 말하는 것이지, 아이로부터 사랑을 받기 위해 진실을 말하는 것이 결코 아니다.

부모가 저지른 과거의 실수를 아이가 말해 줄 때

부모가 과거의 진실을 말하면, 아이는 지금도 여전히 고통을 느끼는 경험들을 부모에게 말할 수 있을 정도로 안전하다고 생각한다. 그러나 고통을 부여한 사건들에 대해 부모는 아마도 기억하지 못할 수 있다.

한편, 아이가 부모의 실수를 언급하는 것은 부모가 그 말을 듣고 고통을 받거나, 괴로워하거나, 용서를 구하기를 바라는 마음에서 하는 게 아니다. 아이가 이런 대화를 꺼내는 이유는, 부모로부터 진실한 사랑을 받기를 원하기 때문이다.

이런 소통을 하며 지금까지 오래 묵은 상처들은 자연스럽게 치유될 것이다.

어느 날, 나는 아들 마이클과 정원을 가꾸고 있었다. 장작을 옮기는 과정에서 수레가 부서지면서 장작들이 그만 길바닥에 쏟아졌고, 나는 발을 잘못 디뎌서 넘어지고 말았다.
우리는 수레를 고치고, 장작을 주워 담은 뒤 다시 일을 마무리했다.

마이클	나쁘지 않았네요. 예전에 우리가 정원에서 함께 일을 할 때 무슨 일이 있었는지 기억하세요?
나	(미소를 지으며) 기억이 나는 것 같기도 하구나. 무슨 일이 있었는지 말해 주겠니?
마이클	5년 전이었어요. 그때도 수레가 이렇게 부서졌죠. 그리고 아빠가 오늘처럼 넘어지셨어요. 그때 화를 얼마나 내셨는지…. 무슨 일이 잘못될 때마다 저에게 소리를 지르셨잖아요.
나	기억이 나는구나. 나와 함께 일하는 게 정말 싫었겠구나.
마이클	네, 가끔은 정말 싫었어요. 그런데 이제 더이상 그렇게 생각하지 않아요. 지금 우리 가족이 얼마나 행복한지를 느끼면 그저 감사할 뿐이에요.

과거에 우리가 저질렀던 실수들에 대해 아이가 부모에게 말을 하게 되면, 다음과 같은 멋진 일이 일어난다.

- 부모의 잘못을 지적하는 순간에도 불구하고 부모에게 있는 그대로 받아들여지는 기회가 생긴다. 대부분의 사람은 자신이 저지른 실수를 지적할 때 저항하는 모습을 자주 보인다. 하지만 자녀가 부모를 비판하는 순간, 아이는 부모가 자신의 말을 들어주는 터라 특별히 더 사랑을 받는다고 느낀다.

- 사랑을 충분히 느끼는 사람들은 실수를 지적당했을 때 방어하지 않고, 어떻게 대처하는지 배운다. 우리가 저지른 실수에 대해 창피해하지 않을 때야 말로 실수로부터 무엇인가를 배우려는 의지가 생긴다. 이를 통해 아이에게도 실수로부터 무엇인가를 배울 수 있다는 것을 가르칠 수 있다. 이 얼마나 아름다운 선물인가.

만약, 과거에 저지른 부모의 실수에 대해 아이가 아무런 말도 하지 않는다면, 이는 부모와 대화를 할 때 안전하다고 느끼지 않기 때문이다. 그러나 다음과 같은 질문으로 아이와의 대화를 이끌어 낼 수 있다.
"엄마(아빠)가 했던 일 기억나니?"
이때 너무 오랜 시간이 흘렀고, 제대로 기억나지 않는 실수를 언급하는 것은 지양해야 할 것이다.

> 아이의 상처를 치유하고, 부모와 자녀 사이에 사랑을 창조하는 것은 부모가 과거에 아이를 조건 없이 사랑하지 못했다는 진실을 말하는 것으로부터 시작된다.

우리가 어떻게 느끼고 무엇을 배우는지에 대한 진실

다음은 줄리와 지혜로운 친구의 대화다. 이를 통해 진실을 말하는 것이 가져오는 또 다른 가치를 배울 수 있다.

줄리   거의 대부분 나는 혼자라고 느끼며 두려워요. 왜 그런지 도무지 알 수가 없어요.

지혜로운 친구 너는 다른 사람들과 그렇게 다르지 않아. 어느 누구도 너를 제대로 보지 않고, 있는 그대로 받아들인다고 느끼지 않기 때문에 외롭고 두려운 거야. 그 느낌은 아주 어린 시절에 시작되었

	어. 주변에 가까운 사람들이 너를 제대로 보지도, 사랑해 주지도 않았던 거지. 그렇지만 지금도 제대로 보이지 않고, 사랑받지 못한다고 느끼는 이유는, 네 스스로 진정 어떤 사람인지 숨기고 살아가기 때문이지.
줄리	제 스스로 어떻게 숨기고 있다는 말인가요?
지혜로운 친구	사람들이 너를 제대로 볼 수 있는 순간이 언제일까? 너는 다른 사람들에게 네가 두려움에 떨고 있거나, 화가 나거나, 혼자라고 느낀다고 말을 하니?
줄리	거의 하지 않죠.
지혜로운 친구	네 자신을 숨기는 한, 너는 결코 제대로 보이거나 사랑받을 수 없어. 넌 사실, 진실하게 존재하는 법을 알지 못해. 왜냐하면, 살면서 네 두 눈으로 그걸 본 적이 없거든. 진실을 말하는 걸 주변에서 본 적이 없는 거야. 생각해 봐. 네 엄마가 스스로 어떤 감정을 느끼는지, 요즘 뭘 배우고 있는지, 너에게 몇 번이나 말했니?
줄리	한 번도 없죠.

 우리는 좋은 부모란 언제나 강하게 보여야 한다고 생각하는 경향이 있다. 물론 자녀들에게 안정적이고, 강한 부모가 필요한 것은 사실이다. 그러므로 부모가 저지른 모든 실수, 결점들과 두려움, 환상 같은 것들을 아이가 모두 알 필요는 없다. 그러나 우리가 무엇을 느끼고 배우는지를 아이에게 계속해서 숨긴다면, 아이는 거리감을 느끼게 될 것이다. 우리가 침묵하면 우리가 경험하고 배운 삶의 아주 중요한 교훈을 아이가 배울 수 있는 기회를 빼앗는 것이다. 따라서 우리가 저지른 실수들과 두려움에 떠는 모습, 자신을 어떻게 보호하는지를 가끔 직면할 필요가 있다. 또한 아이는 부모가 진실을 말하고, 사랑을 받는 것을 보고 배우고, 부모가 자신 혹은 다른 사람에게 사랑을 주는 것을 보고 배울 필요

가 있다.

얼마 뒤, 줄리의 딸 비키는 엄마가 화났다는 것을 알 수 있었다. 비키는 엄마에게 물었다.

비키   엄마, 무슨 일 있어요?

줄리는 "아무것도 아니야"라고 말하며, 어깨를 으쓱하고는 대화를 끝내고 싶은 충동을 꿀꺽 삼켰다. 그리고는 딸에게 이렇게 말했다.

줄리   아빠가 자동차 부품을 사 오라고 해서 자동차 부품 가게에 갔어. 점원이 질문을 했는데, 뭐라고 말해야 할지 몰랐어. 그랬더니 점원이 아주 거들먹거리며 무례하게 굴더구나. 그래서 점원에게 나도 불친절한 말을 던져 버렸지.
비키   누군가 저에게 무례하게 군다면 저도 화가 날 것 같아요.
줄리   내가 그 상황에서 화가 난 건 이해할 만하지. 그렇지만 화를 낸 건 내 잘못이야. 그 순간 난 두려워하고 있었고, 그 점원을 공격해서 나 자신을 보호했어. 내 스스로 화를 내겠다고 선택한 거야.
비키   엄마는 뭐가 두려웠어요?
줄리   엄마가 어린 시절에 뭔가 잘못을 하거나, 뭘 잘 모르는 상황에서 사람들은 비웃거나 비난을 했어. 그래서 스스로 멍청하다는 생각이 들게 만들었어. 그런데 엄마는 그 기분이 너무 싫었어. 그래서 화를 내서 스스로 보호하는 법을 배웠단다. 내가 화를 내면, 무력하다는 느낌은 순간적으로 사라지지. 화를 내면 사람들은 비웃는 걸 멈추거든. 어른이 된 지금도 실수를 하

거나 멍청하다는 생각이 들면, 두려움을 여전히 느낄 때가 있
단다. 그래서 화를 내면서 나 자신을 보호하지. 오늘 자동차 부
품 가게 점원에게 그 행동을 했던 거야. 엄마가 두려울 때, 비키
너에게도 화를 낸 적이 있잖아.

이 대화가 비키에게 얼마나 훌륭한 교훈이 되었는지 살펴보자.

- 비키는 자신과 마찬가지로 엄마 또한 사랑받지 못하고, 두려움을 느끼는 경우가 있다는 것을 제대로 볼 수 있는 기회가 되었다.
- 비키는 엄마가 실수를 함으로써 무엇인가를 배운다는 것을 보았다.
- 비키는 화가 통제할 수 없는 반응이 아니라 선택이라는 사실을 이론상으로 듣는 것뿐만 아니라 실생활에서 일어나는 예시를 보았다.
- 비키는 엄마가 진실을 말했을 때 엄마와 더 연결된다고 느꼈다.

이러한 교훈은 아이들의 삶을 변화시킬 수 있다.

아이가 진실을 말할 때 사랑해 준다

부모들은 아이에게 솔직해지라고 단순히 말함으로써 진실을 말하는 법을 가르칠 수 있다고 믿는다. 그러나 부모는 이와 같은 행동으로 인해 거짓말을 하라고 가르치고 있다는 것이 문제다. 아이들은 말보다는 행동으로 더 잘 배운다. 우리는 아이가 실수를 저지르면 표정이 일그러지고, 한숨을 쉬며 실망하는 것은 물론 아이를 인정해 주지도 또 사랑을 주지도 않는다. 더욱이 아이에게 미소를 짓지도 않으며, 안아 주지도 않는다. 이때 아이가 배우는 교훈은 명확하다.
'내가 저지른 실수를 사람들이 알게 되면 나를 덜 사랑하는구나. 그러니까 거짓말을 해야지.'

이것이 바로 62쪽에서 소개했던 킴벌리와 엄마의 상호작용에서 배운 교훈이다.

아이는 자신을 보호하기 위해 거짓말을 한다. 만약, 아이가 실수를 저지를 때 부모가 사랑을 해준다면, 부모 앞에서 진실을 말해도 된다는 안전함을 느낄 것이다. 뿐만 아니라 진실을 말하면 부모에게 더 제대로 보이며, 더 사랑받는다고 느끼게 된다. 반면, 우리가 아이의 실수를 비난하고 처벌을 가한다면, 아이는 사랑을 느끼지 못하는 것은 물론 다른 사람들과 부모에게 진실을 숨기는 것을 배울 것이다. 그 행동은 앞으로 살아가면서 아이가 혼자 남겨지고, 두려움에 떨게 만들 것이다. 여기서 아이가 실수를 하더라도 사랑하라는 말은, 그들이 저지르는 실수를 바로잡지 말라는 의미가 아니다. (실수를 바로잡는 방법에 대해서는 이후에 더 논의하겠다.) 실수를 저지르더라도 사랑해 주면, 부모와 솔직하게 대화하는 것이 더 쉬워진다는 것을 다음 사례에서 알아보자.

스티븐의 아빠는 언제나 비판적이고 또 화를 냈기에 스티븐은 자신의 결점에 대해 거짓말을 했다. 그리고 아빠를 언제나 피해 다녔다. 결국 스티븐은 화를 많이 내며, 불행한 아이가 되었다. 그러자 아빠는 진정한 사랑을 찾는 과정을 시작했는데, 아들을 점점 제대로 보고 또 있는 그대로 받아들이는 법을 배웠다. 아빠가 사랑을 더 주게 되자, 스티븐은 아빠를 신뢰하는 것이 더 쉬워졌다. 당시 스티븐의 나이는 16살이었다.

스티븐	아빠가 화를 낼까 봐 무서워서 말하지 못했던 것이 있어요. 아빠가 오랫동안 화를 잘 내지 않게 되었다는 걸 잘 알아요. 그래서 아빠 앞에서 뭔가를 숨긴다는 기분이 싫어요.
아빠	그래, 말하고 싶은 게 뭐니?
스티븐	저는 친구들이랑 가끔 담배를 피우고, 맥주도 마셔요.
아빠	(스티븐을 꼭 안아 주며) 나도 네 나이대 그랬단다. 그렇게 했

을 때 친구들에게 받아들여진다고 느꼈기 때문이지. 그리고 술에 취하면 그 순간 만큼은 기분이 꽤 좋아지기도 해. 네가 아빠에게 사랑을 받았더라면, 그런 기분을 느낄 필요가 없었을 거야. 너도 이미 술과 담배가 건강에 좋지 않다는 사실을 알고 있잖니? 집에서 사랑을 많이 받게 되면 옳은 선택을 할 수 있을 거라는 걸 믿어. 아빠에게 말해 줘서 고마워. 네가 술과 담배에 어떻게 대처하고 있는지, 2주 뒤에 다시 대화하고 싶구나.

시간이 더 흘러 스티븐의 아빠는 다른 어른들에게 사랑을 더 받게 되었고, 그 사랑을 아들과 나눌 수 있는 능력도 점점 커졌다. 스티븐이 사랑을 더 받게 되면서, 담배를 피우고 또 술을 마심으로써 친구들에게 받아들여지는 경험을 얻어 낼 필요가 없어졌다. 이것은 부모에게 사랑을 받는 아이들에게 나타나는 일관된 현상이다. 조건 없이 사랑을 받는 아이들은 가짜 사랑을 필요로 하지 않는다. 진정한 사랑이 주는 어마어마한 충만감과 비교해서 가짜 사랑은 보잘것없이 느껴지기 때문이다.

여기서의 핵심은 스티븐의 행동 변화가 아니다. 그렇지만 자세히 살펴볼 가치가 있다. 스티븐은 아주 가끔, 맥주를 여전히 마셨다. 만약, 당신의 자녀가 술을 많이 마시고 또 주기적으로 마약을 한다면, 스티븐의 아버지가 했던 대화보다는 훨씬 더 적극적으로 개입해야 할 것이다. 이에 대해 제10장에서 더 설명하겠다.

아이가 어떤 행동을 하더라도 부모에게 있는 그대로 받아들여진다고 느끼게 되면, 자신에 대한 진실을 말하는 데 있어 훨씬 안전하다고 느낀다. 진실을 말할수록, 더욱 있는 그대로 받아들여지고 또 사랑받는다고 느낀다. 이는 아주 바람직한 선순환이라고 할 수 있겠다.

특히 아이가 거짓말을 하는 순간에 사랑해 주는 것은 더 중요하다. 부모는 아이가 거짓말을 하면 화를 내거나, 처벌을 가하는 경향이 있다. 이는 아이를 더 두려움에 떨게 만들 뿐이다. 더 나아가 거짓말을 더 하고, 자신을 더 보호하는 이유가 될 뿐이다. 아이가 거짓말을 할 때 대처할 수 있는 더 나은 방법은 제6장에서 다루도록 하겠다.

실수를 했을 때 사랑해 주는 것이 진정한 사랑이다

당신이 내가 좋아하는 행동을 할 때 내가 당신을 받아들인다면, 그게 무슨 사랑이겠는가? 그것은 사랑이 아니다. 나는 그저 내가 원하는 것을 준 당신을 받아들이는 것으로 대가를 지불하는 것이다. 당신이 나를 불편하게 하거나 도움이 되지 않는 행동을 했을 때, 내가 어떻게 대처하겠는가? 그것을 봐야 내가 당신을 진정 어떻게 생각하는지 알 수 있다.

이는 아이들에게도 마찬가지다. 아이가 "좋은 행동"을 할 때 열 번 연속으로 사랑해 주고, 아이가 당신을 불편하게 하는 순간 단 한 번의 못마땅함을 표현한다면, 아이는 당신의 사랑이 조건 없는 사랑이 아니라는 느낌을 받는다. 그 느낌은 확고하다. 아이가 실수를 하는 동안에도 있는 그대로 받아들여지는 것은 말로 표현할 수 없을 만큼 아이에게 강력한 영향을 미친다.

나의 막내아들 벤자민의 사례를 통해 설명해 보겠다.

벤자민이 대학교 1학년 때 제출했던 과제 중에 이런 것이 있었다. '삶에서 결코 잊을 수 없는 기억'을 적어 오는 것이었다.

다음은 아들이 학교에 제출했던 과제다.

몇 년 전에 있었던 일입니다. 제 아버지는 지프차를 소유하고 있었습니다. 저와 형제들은 아버지의 차를 몰아 당신이 상상조차 할 수 없는 가장 험난한 비포장도로를 아슬아슬하게 내달렸습니다.

그러다 자동차 문 위까지 진흙 범벅이 되어 구조가 불가능한 상황에 빠지고 말았습니다. 윈치(원통형의 드럼에 로프를 감아 도르래를 이용해 중량물을 높은 곳으로 끌어

당기는 기계)를 사용해 근처에 있는 나무를 통해 차를 들어올려 차의 몸뚱아리를 꺼내고, 우리도 진흙에서 간신히 빠져나올 수 있었습니다. 그 당시 상황을 떠올릴 때마다 오랜 시간 형제들과 키득거리며 대화를 나누었습니다. 우리 형제들은 그 지프차를 정말 사랑했습니다.

제가 어른이 되어 독립한 뒤, 아버지는 지프차를 중고 매물로 내놓으셨습니다. 자동차보험도 취소를 한 상태라 누구도 차를 사용해서는 안 된다고 당부하셨습니다.

어느 늦은 밤, 지프차로 마지막 재미를 보고 싶다는 생각을 했습니다. 친한 친구들을 모아 지프차를 끌고, 친구 중 한 명이 소개한 아무도 모르는 길을 달리기 시작했습니다. 액셀러레이터를 힘껏 밟고, 어둠 속에서 낯선 숲의 풀밭을 내달렸습니다.

그러다 갑자기, 순간적으로 붕 뜨더니 지프차는 강둑 모서리에서 2미터 가량 내리 굴러떨어졌습니다. 차가 멈추자, 깜짝 놀란 저는 지프차에서 간신히 나왔습니다. 그런데 차의 상태를 보니 앞유리는 박살이 나 있었습니다. 또한 자동차 오른쪽 부분과 후드, 휀더는 심하게 손상되어 있었습니다. 그걸 보자마자 제 심장은 쿵 하고 바닥으로 내리꽂히는 듯했습니다. 그때 아버지께서 예전에 하셨던 말씀이 눈앞에 불꽃처럼 지나가며 뇌에 꽂히는 듯한 아픔을 느꼈습니다.

"기억하렴, 지프차로 도로가 아닌 곳을 운전할 때는 정말 조심해야 한다."

아버지께서는 엄하게 말씀하지 않으셨습니다. 어려서부터 저에게 항상 옳은 일을 하라고 가르치셨기 때문에 저를 신뢰하고 계셨습니다. 그 당시 아버지께서는 컴퓨터로 뭔가를 타이핑하고 계셨기 때문에 하던 일을 멈추지 않고 흘러가듯 말씀하셨습니다. 아무튼 두려움이 제 온몸을 휘감았습니다.

'아버지께서 뭐라고 말씀하실까? 어떻게 하실까? 아니, 그보다 더 급한 것은 이 상황을 도대체 뭐라고 설명하지?'

아버지의 말씀은 머릿속에서 점점 희미해져 갔고, 저는 눈앞에 펼쳐진 재앙과 같은 현실을 다시 직면했습니다.

안전벨트에 묶인 채 물에 빠져 있던 친구 중 한 명을 건져 올리고, 다른 친구들도 괜찮은지를 확인했습니다. 강둑 여기저기에 친구들이 쓰러져 있었습니다. 잠시 후 친구들과 함께 초인적인 힘을 다해 지프차를 다시 길 위로 올리고, 자동차 엔진이 돌아가는 소리를 들은 뒤 모두 안심했습니다.

친구들을 집에 데려다주고 나서 제가 마무리해야 하는 상황이 기다리고 있다는 것을 잘 알고 있었습니다. 아버지께 뭐라고 말해야 할지 이말 저말들을 떠올려 보았지만, 도무지 생각해 낼 수 없었습니다.

한밤중에 집으로 기어 들어가서 두어 시간 눈을 붙일 수 있었습니다. 이튿날 아침처럼 침대 밖으로 나오기 어려웠던 순간은 없었습니다. 최대한 느린 걸음으로 방에서 거실로 나오면서 아버지께서 제발 일어나지 않으셨기를 희망했습니다. 그렇지만 아버지께서는 서재에서 일을 하고 계셨습니다.

제 목소리가 들리지 않기를 바라는 마음으로 속삭이듯 아버지를 불렀습니다. 아버지께서 너무 바쁘셔서 제 말을 듣지 못해 말할 수 없었다고 변명이라도 할 수 있을 거라고 생각했지요. 그렇지만 아버지는 제 목소리를 들으시고 저를 쳐다보셨습니다. 아버지께 저를 따라 나와 달라고 말씀드렸습니다.

밖으로 나오자, 햇빛에 눈이 부셨습니다. 그때 저는 마음속으로 기도했지요. 차라리 눈이 계속 부셔서 차가 어떤 상태가 되어 버렸는지 볼 수 없게 해달라고요.

저는 지프차를 손으로 가리켰습니다. 그러나 제 예상과는 달리, 아버지의 화가 난 목소리는 들리지 않았습니다. 그 대신 아버지께서는 다음과 같은 말씀을 하셨습니다.

"아들아, 나는 여전히 너를 사랑한단다."

그렇게 저를 안심시키고는 무슨 일이 있었는지, 모두 괜찮은지 물어보셨습니다. 그때 저는 제 자신을 제외한 모든 것을 탓했습니다.

아버지께서는 저에게 이런 말씀을 종종 하셨습니다.

"벤자민, 자신의 잘못을 인정하는 게 세상에서 가장 어려운 일 중 하나란다."

그럼에도 불구하고 저는 제 잘못을 인정할 수 없었습니다. 우리가 탐험했던 장소를 선택했던 친구를 탓하고, 뒷자석에 앉았던 친구가 흐르는 강을 제대로 보지 않았다고 탓했습니다. 심지어 수풀이 너무 높게 우거진 것을 탓하고, 강이 도대체 왜 거기 있어야 했는지를 탓했습니다.

그러자 아버지께서 이렇게 말씀하셨습니다.

"벤자민, 이 모든 것이 네 책임이라는 걸 볼 수 있겠니?"

더 많은 변명을 하려고 하던 찰나, 아버지의 따뜻하고 이해심 넓은 눈빛을 마주하니 이성을 찾을 수 있었습니다. 사랑이 넘치는 아버지의 눈빛을 보니, 제 마음속에서 무엇인가 바닥으로 떨어지는 느낌을 받았습니다.

그 순간 아버지의 말씀이 진실임을 온몸으로 느꼈습니다. 그제야 저는 고개를 바닥에 떨군 채 눈물을 흘리기 시작했습니다. 뚝뚝 떨어진 눈물은 바닥에 고이더니 이내 흐르기 시작했습니다.

그때 아버지의 발이 제게 천천히 다가오고 있음을 보았습니다. 아버지께서는 큰 팔로 저를 부드럽게 안아 주셨습니다. 그리고 어깨동무를 하고는 저를 조심스럽게 바라보셨습니다. 그때 깨끗하게 세탁된 아버지의 셔츠에서 나던 향기가 아직도 기억납니다. 그런 상태로 몇 분을 함께 있었습니다.

한 시간 정도 흘렀을까요. 아버지께서 제 얼굴을 두 손으로 잡으시고 이렇게 속삭이셨습니다.

"아들아, 사랑한다."

그 당시 제가 느꼈던 감정은 감당할 수 없을 만큼 부풀어 올랐습니다. 저는 통제할 수 없을 만큼 흐느적거리며 울기 시작했습니다. 그리고 아버지의 말씀이 진심이라는 것을 온몸으로 느꼈습니다.

이런 상황과 같은 일이 일어난다면 우리는 기회를 얻게 된다. 즉, 자녀가 실수를 저질렀을 때, 우리는 아이를 진정으로 사랑한다는 잊을 수 없는 기억을 아이의 마음에 새기는 기회를 얻게 될 것이다. 이런 귀중한 기회를 잘 활용해야 할 것이다.

나 자신이 위대한 부모라고 말하려는 것이 아니다. 이런 상황이 있기 전에 나는 부모로서 수많은 실수를 저질렀다. 아마 그 실수는 다른 사람들보다 더 많았을 것이다. 내가 실수를 저지르지 않았더라면, 벤자민은 내가 어떻게 반응할지 저토록 두려워하지 않았을 것이다.

우리가 아이를 사랑하는 법을 배우게 되면 어떤 일이 일어날 수 있는지, 하나의 예시로서 벤자민의 경험을 소개한 것이다.

> 아이는 나쁜 행동을 저지를 때 부모가 자신을 어떻게 대하는지에 따라 자신을 사랑하는지, 아닌지를 판단한다. 아이가 나쁜 행동을 할 때 부모가 실망하거나 화를 내지 않으면, 그것을 진정한 사랑이라고 말할 수 있다.

아이의 진실을 부모가 말해 준다

우리는 오랜 시간 동안 아이를 비판해 왔다. 그래서 아이는 부모의 비판으로 인한 불쾌함을 피하기 위해 거짓말을 했다. 이런 파괴적인 패턴을 바꾸기 위해서는 아이가 진실을 말할 수 있도록 이따금 도움을 줄 필요가 있다. 이때 부모는 아이의 진실과 직면해야 하는 두 가지 이유를 명확하게 이해해야만 한다.

- 아이에게 제대로 보이고, 있는 그대로 받아들여지고, 사랑받을 수 있는 기회를 주기 위해 아이의 진실을 말한다.
- 아이가 어떤 행동을 하고 있는지를 분명히 볼 수 있도록 도와주어서 지혜로운 선택을 할 수 있도록 진실을 말한다.

진실을 말할 때, 우리는 진정한 목적을 잊을 때가 있다. 아이가 우리를 불편하게 하는 것을 멈추게 하기 위해 아이의 진실을 지적하고는 한다. 이러한 접근 방식을 사용하게 되면 끊임없이 기대하고 조종하며, 아이에게 실망하는 이기적인 부모가 된다. 이는 우리 자신을 지치게 할 뿐만 아니라 좌절감을 느끼게 한다. 이기적인 양육의 가장 끔찍한 결과는 바로, 사랑받지 못한 채 끔찍한 삶을 살아가는 아이의 인생이다. 아이에게 진실을 말하게 하고, 우리가 아이의 진실을 말해 주는 이유는 아이의 삶을 어렵게 만들고 또 겁에 질리게 하기 위해서가 아니라는 걸 기억해야 한다. 그러면 진실을 말하는 경험은 부모와 자녀의 관계에서 사랑이 넘치고 보람찬 경험으로 남을 것이다.

이후에 소제목 "가르치는 것(아이의 행동에 대한 진실을 말해주는 것)"에서 아이에게 진실을 어떻게 말하는지에 대해 더 자세히 다루도록 하겠다.

아이들을 사랑하는 법 배우기

중요한 기술을 배우기 위해서는 그것을 배우고 또 연습하는 과정이 필요하다는 사실을 우리는 잘 알고 있다. 예를 들어, 의사가 되기 위해 능력이나 재능을 가지고 태어나는 것이 아니다. 의사가 무엇을 알고 행동하는지를 배우고, 연습해야 한다. 골프 선수, 야구 선수, 변호사, 뮤지션 등이 모두 자신들이 맡은 일들을 배운다.

그러나 어떤 이유에서인지 두 사람이 만나 한 아이를 이 세상에 태어나게 하는 데 있어서는 아이를 사랑하고 가르치는 일을 마치 마법인 양 자연스레 알게 되는 것처럼 여긴다.

우리가 부모가 되는 법을 얼마나 공부하는지를 보면, 사람들이 "부모가 되는 마법"을 얼마나 신뢰하고 있는지를 알 수 있다. 부모가 되는 것보다 운전면허를 따는 데 더 많은 연습이 필요하다고 여긴다. 고등학교, 대학교에서는 수학, 역사, 경제 등을 배운다. 하지만 부모공부는 어디에서도 가르쳐 주지 않는다.

결국 자신의 아이가 사람들을 제대로 사랑하지 못하고 엉망진창이 되고 나서야 이상하게 여긴다. 이를 이상하게 생각할 필요가 없다. 아이를 사랑하는 것은 자연스럽게 일어나는 것이 아니다. 우리가 잘할 수 있도록 배워야 하는 것이다.

다른 모든 것을 배우는 것과 동일하다. 우리는 교재를 가지고 배워야 하고, 배우는 과정에서 실수도 하며, 연습함으로써 더 나아져야 한다. 이렇듯 아이를 사랑하는 법은 모두 배워야만 할 수 있는 일이다.

사랑받기→제대로 보기→있는 그대로 받아들이기→사랑을 주기
제2장과 제4장에서 사랑을 받는 과정에 대해 대화했다.

진실을 말하기→제대로 보이기→있는 그대로 받아들여지기→사랑받기

여기서는 우리가 다른 사람을 사랑하는 과정을 다루도록 하겠다.

사랑받기→제대로 보기→있는 그대로 받아들이기→사랑을 주기

만약, 아이를 사랑하는 것이 이렇게나 중요하다면, 아이를 사랑하는 데 방해가 되는 것은 무엇일까? 어떨 때는 아이를 사랑스럽고 소중하게 다루고 싶어하지만, 어떨 때는 아이로부터 도망쳐 버리고 싶은 마음이 굴뚝 같을까? 도대체 부모에게 무슨 일이 일어나고 있는 것일까?

그 답은 다음과 같다.

첫째, 아이에게 줄 수 있는 사랑을 우리가 가지고 있지 않다. 둘째, 아이를 사랑하기 어려운 순간은 단지, 아이를 제대로 보지 못하기 때문이다. 아이가 "좋은 행동"을 할 때 부모는 아이를 받아들이고 사랑하기 쉽다. 그러나 아이가 말을 듣지 않고 화를 낼 때, 부모는 아이가 그저 공허함과 두려움에 대한 자연스러운 반응으로 얻고 보호하는 행동을 하고 있을 뿐이라는 사실을 보지 못한 채 그 순간을 잊어버리는 것이다. 그게 아니라면 이 모든 것을 배운 적이 없다. 반면,

아이가 "나쁜 행동"을 하는 그 순간, 우리가 아이에게 화를 내거나 통제하는 것은 아이에게 좋은 영향을 미치지 못한다. 이는 곧 아이에게 가장 필요한 것은 부모의 사랑이라는 사실을 우리는 보지 못하는 것이다.

아이는 문제 행동을 하는 순간, 우리에게 도와달라며 울부짖고 있는 것이다. 그러나 부모 스스로 공허하고 또 두려움에 사로잡혀 있을 때 아이의 상태를 제대로 볼 수가 없다. 우리가 필요한 것을 채우려는 데 급급하고, 스스로 보호하느라 정신이 없다. 아이에게 정말 큰 비극이 아닐 수 없다.

진실을 말하기→제대로 보이기→있는 그대로 받아들여지기→사랑을 받기

아이는 부모에게 자신의 모습이 있는 그대로 보였다고 느껴야만 받아들여지고 또 사랑을 받을 수 있다. 아이를 제대로 보는 것은 지적인 두뇌 활동이 아니다. 다시 말해, 부모가 아이를 제대로 보지 못하는 이유는 기술이 부족하기 때문이 아니라는 것이다. 우리가 눈이 먼 이유는 공허함과 두려움 때문이다. 따라서 우리가 조건 없는 사랑을 먼저 받으면 눈이 제대로 떠질 것이다.

제4장에서 소개했던 진정한 사랑을 찾는 과정을 밟게 되면, 우리가 느끼는 공허함과 두려움으로 덮였던 눈을 뜨게 되고, 아이를 명확하게 바라보기 시작할 것이다. 그제야 아이가 화를 내고 반항을 할 때 그 행동들이 우리에게 상처를 입히기 위한 행동이 아니라는 것을 진실로 이해하게 될 것이다. 더 나아가 아이의 얻고 보호하는 행동이 우리를 불편하게 하는 데 반응하지 않고, 있는 그대로 받아들이고 또 사랑하는 것이 가능해질 것이다. 부모가 자신의 행복에 조건 없는 관심을 갖는다는 것을 아이가 느끼게 되면, 모든 것이 변한다.

'사랑받기→제대로 보기→있는 그대로 받아들이기→사랑을 주기'의 과정에서 제대로 보기, 있는 그대로 받아들이기, 사랑을 주기는 사랑을 받는다고 느낄 때 자연스럽게 따라오는 결과다.

14살이 된 케이트의 엄마인 패트리샤의 사례를 살펴보자.

케이트는 학교에 돌아오자마자 식탁 위에 봉투 하나를 툭 던졌다. 그리고 발로 쿵쿵대며 자신의 방으로 들어가 버렸다. 봉투 안에는 케이트의 성적표가 들어 있었다. 성적은 형편이 없었고, 담임 선생님은 케이트의 생활 태도에 문제가 있다고 적어 놓았다.

패트리샤는 케이트의 방으로 가서 케이트와 마주 보고 앉았다.

패트리샤	도대체 어떻게 이럴 수가 있니?
케이트	(화난 목소리로) 난 학교가 정말 싫어. 담임은 멍청하고 또 불공평해.
패트리샤	잘 들어, 꼬맹아. 뭔가 좀 바꾸어야 할 필요가 있겠어. 오늘부터 넌 집 밖으로 한 발짝도 나갈 수 없어. 친구들은 더이상 우리 집에 올 수 없다. 휴대폰도 금지야. 학교 숙제를 잘했는지, 엄마가 매일같이 확인하겠어. 알겠니?

케이트와 패트리샤 둘 다 화가 났고, 대화는 거기서부터 수렁으로 점점 빠지기 시작했다. 서로 비난하며 소리를 지르고 또 울부짖었다.

패트리샤는 지금까지 살아오며 늘 공허하고 또 두려웠다. 그 상태에서는 뭔가 잘못 돌아가거나, 실수하거나, 비난받는것 그리고 그 어떤 불편함도 자신의 행복을 위협하는 것으로 보였다. 케이트가 형편없는 성적표를 받아 돌아왔을 때, 패트리샤에게는 해결해야 할 또 하나의 문제로 다가왔다. 다른 사람들에게 형편없는 엄마로 보이는 것이 두려웠다.

패트리샤는 자신의 욕구와 두려움에 이미 사로잡혀 있는 상태였고, 케이트의 모든 행동은 그저 자신을 더 공허하고 또 두렵게 만들 뿐이었다. 패트리샤가 느끼는 고통 속에서 딸이 경험하고 있는 고통이 보일 리가 없었다.

그래서 케이트의 상황을 도와주는 대신, 두려움과 공허함에 눈이 먼 엄마는 자신을 보호하느라 바빴다. 이로써 케이트는 이전보다 훨씬 더 공허하고 또 두려움에 떨 수밖에 없었다. 즉, 끔찍한 불행을 경험하는 두 사람은 더 깊은 수렁으로 서로 잡아당기고 있었다. 지난 몇 년 동안 패트리샤는 케이트 그리고 케이트의 오빠와 비슷한 말다툼을 셀 수 없이 반복해 왔다.

도저히 감당할 수 없는 좌절감을 느끼자, 지혜로운 친구를 찾아가 조언을 구했다. 패트리샤는 딸의 행동을 통제할 수 있는 방법을 찾고 있었다. 그러나 지혜로운 친구는 딸의 문제가 아니라 패트리샤 자신이 진짜 문제라는 조언을 해주었다. 패트리샤는 그 말을 이해하기 어려웠다. 그렇지만 지금까지 해왔던 모든 행동이 모녀 사이에 부작용을 낳고 있었기에, 자신과 자식들의 인생을 바꾸기 위해 필요하다면 무엇이든 하겠다고 결심하고는 친구의 말을 쓰게 삼켰다. 그리고 친구가 제안하는 것을 삶에 적용해 보기로 했다. 패트리샤는 『리얼러브: 조건 없는 사랑을 찾고, 충만한 관계를 만드는 진실』이라는 책을 읽고, 자신의 진실을 말하는 법을 배웠다.

시간이 흐르자, 조건 없이 받아들여지고 또 사랑받는 것을 경험하기 시작했다. 그러자 패트리샤가 경험하던 공허함과 두려움은 사라졌고, 아이들을 바라보는 눈은 점차 맑아졌다. 결국 자신과 아이들을 제대로 볼 수 있게 되었다.

패트리샤는 자신이 케이트를 언제나 조건적으로 받아들이고 있었다는 것을 직면하기 시작했다. 케이트가 협조적일 때는 사랑하는 것이 쉬웠다. 그래서 케이트를 받아들이고, 친절하게 대했다. 그러나 케이트가 불편하게 굴거나 "나쁜 행동"을 할 때는 자신이 내뱉는 말과 표정, 목소리 톤 등 모든 것을 동원해 딸을 있는 그대로 받아들이지 않는다는 메시지를 전달했다. 패트리샤는 케이트가 느끼는 분노가 진정한 사랑을 경험하지 못한 결과며, 거기서 나오는 공허함과 두려움에 대한 반응이었다는 것을 깨닫게 되었다.

케이트의 문제 행동의 원인은 학교도, 멍청한 선생님도 아니었다. 근원적인 책임은 바로, 엄마인 패트리샤 자신에게 있었던 것이다. 이로써 패트리샤는 케이트가 가장 필요로 하는 것은 사랑을 받는 것이었다는 가장 중요한 사실을 볼 수 있게 되었다. 비난받거나 통제당하는 것이 아니었던 것이다. 패트리샤가 지혜로운 친구들에게 사랑을 더 많이 느끼게 되자, 자신이 받은 사랑을 케이트에게 나눌 수 있게 되었다.

케이트는 이번 학기에도 형편없는 성적과 나쁜 태도에 대한 평가가 적힌 성적표를 가져왔다. 그러자 패트리샤가 케이트의 방으로 갔다.
"케이트, 그동안 내가 좋아하지 않는 행동을 하면 나는 너에게 언제나 실망하고 화를 냈지. 그건 엄마가 잘못한 거야. 너에게 상처를 주었어. 엄마가 그랬던 이유는, 내 스스로 사랑받는다고 느끼지 못했기 때문이야. 너를 사랑하는 방법을 몰랐어. 나 자신이 원하는 것만 볼 수 있었지, 네가 뭘 필요로 하는지는 볼 수 없었어. 과거를 바꿀 수 없지만, 이제 너를 진짜 사랑할게. 네 성적은 상관이 없어. 엄마가 너를 사랑한다는 걸 네가 아는 게 훨씬 더 중요해."

그 순간 케이트는 엄마가 무슨 말을 하는지 믿을 수가 없었다. 마음속의 분노는 가라앉기 시작했다. 시간이 흐를수록 엄마가 자신을 제대로 보고, 사랑하고 있다는 증거들을 더 볼 수 있게 되었다. 케이트가 사랑을 느끼게 되면서 모녀 사이에 말다툼을 할 이유가 없어졌다. 더불어 패트리샤가 강요하지 않았음에도 불구하고 케이트의 성적은 향상되기 시작했다.

제대로 볼 때 느낄 수 있는 보람

사랑을 받기→제대로 보기→있는 그대로 받아들이기→사랑을 주기

우리 스스로 사랑을 느낄 때, 우리가 느끼는 욕구나 두려움에 상대의 행동이 왜곡되지 않는다. 예를 들어, "못마땅하다고 여기는" 아이들의 행동인 공격하기, 명령 불복종하기, 욕하기, 조종하기, 이기적인 태도 보이기, 화내기, 삐치기 등 이 모든 행동이 공허함과 두려움에 반응하는 것이라는 것을 볼 수 있게 된다. 여기에는 우리를 짜증나게 하거나 상처를 입히려는 의도가 없다. 그저 공허함을 채우고, 자신을 보호하기 위해 애쓰고 있는 것이다.

이처럼 아이를 명확하게 보면, 우리는 노력을 할 필요도 없이 아이를 있는 그대로 온전히 받아들일 수 있다. 그와 동시에 아이의 행복에 대한 관심도 자연스레 따라온다. 이것이 진정한 사랑의 의미다. 즉, **사랑을 받기→제대로 보기→있는 그대로 받아들이기→사랑을 주기**는 단순하고 반복적인 과정인 것이다.

부모가 아이를 제대로 볼 수 있게 되면 엄청난 이익이 따라온다. 그 이익에 대해 알아보자.

마음의 상처를 입히거나 화를 내지 않는다

아이가 공허함과 두려움을 경험할 때만 배려심 없고 또 상처를 주는 행동을 한다는 사실을 부모가 마침내 깨닫게 되면, 아이의 행동에 의해 상처받거나 화를 내는 것이 얼마나 어리석은지를 이해할 수 있게 된다.

83쪽에서 소개했던 내용을 보면, 물에 빠져 발버둥치는 사람이 물을 뿌렸다는 사실을 알게 될 때, 그 사람에 대한 짜증이 즉시 사라진다. 이와 유사하게 아이가 보이는 "나쁜 행동"이 감정적인 고통의 수렁 속에서 얼굴을 내밀고 살아 보겠다는 발버둥임을 알게 되면 마음속의 화는 사라진다.

죄책감을 느끼지 않는다

우리가 아이에게 화를 내거나 불친절한 행동을 했던 이유 또한 우리 자신의 공허함과 두려움을 느낀 뒤 반응하고 있었다는 것을 보게 되면, 죄책감을 느끼는 것 또한 어리석다는 것을 144쪽에서 이미 설명한 바 있다.

어느 정도의 죄책감은 실수를 직면한 뒤 더 낳은 행동을 할 수 있도록 동기를 부여하고 성장하는 데 있어 유용하지만, 과도하고 무거운 죄책감을 느끼며 질질 끌려다니는 것은 무의미하고 또 파괴적인 짐이 된다. 이는 곧 우리가 행복을 느끼고, 아이를 제대로 보고 사랑하는 데 방해가 된다. 따라서 죄책감에 고뇌하는 대신, 자신의 실수에 대해 진실을 말하고 또 있는 그대로 사랑을 받는 편이 훨씬 더 바람직하다. 우리가 사랑을 더 느끼게 되면, 그 사랑을 아이에게 나눌 수 있게 될 것이다.

> 진실을 말하고 다른 사람들로부터 진정한 사랑을 가득 채우게 되면, 아이가 가장 필요로 하는 것을 줄 수 있다.

있는 그대로 받아들이기

우리가 공허함을 느끼며 두려움에 떨고 있을 때, 아이가 우리에게 부정적인 영향을 미칠지도 모를 행동만 볼 수 있다. 그 상태에서 우리가 원하는 것을 아이가 주지 않거나 우리를 불편하게 만들면, 아이를 받아들이지 않는 것은 당연하다고 생각할 수 있다. 그러나 진정한 사랑이 충분한 상태에서는 공허함과 두려움은 사라지고, 아이를 명확하게 볼 수 있다. 또한 아이가 부모를 행복하게 만들어 주어야 할 의무가 없다는 것을 완전히 이해할 때, 아이를 있는 그대로 받아들일 수 있고, 실망하거나 화를 내지 않게 된다.

아이를 있는 그대로 받아들이는 것은 나쁜 행동까지 허용한다는 것이 아니다

아이를 있는 그대로 받아들이는 것은 이기적이고 무책임한 행동들까지 허용한다는 의미가 아니다. 그런 행동들은 바로잡을 필요가 있다. 이는 우리가 조건 없이 사랑을 주고 있을 때만 효과적으로 바로잡아 줄 수 있다. 대부분의 사람은 진정한 받아들여짐과 동시에 실수를 바로잡아 주는 것을 목격한 적이 거의 없다. 대부분의 순간, 어려서 혹은 어른이 되어서 우리의 행동에 대한 비난을 들었으며, 동시에 찡그린 얼굴과 실망감을 표현하기도 했다. 이를 통해 우리는 사랑받지 못한 채 혼자라는 외로움에 빠졌다.

우리는 아이에게 화를 내고 또 처벌을 가하면서 사랑한다고 말하기도 한다. 예를 들어, "너를 사랑하지만, 네 행동에 화가 나는구나"라고 말한다. 의도는 없겠지만, 이는 화내는 것을 정당화하기 위한 거짓말이다. 만약, 아이를 있는 그대로 받아들인다면, 실수를 설명하면서 실망하거나 화를 내지 않는다. 실망하고 화를 내는 것은 원하는 것을 얻지 못했을 때 느끼는 이기적인 감정이다. 아이를 조건 없이 사랑하는 방법을 배우면, 이러한 이기적인 감정들은 사라진다.

어느 날, 아들 조셉이 나에게 와서 자동차가 만신창이가 되었다고 말했다. 과거의 나였다면 화를 내면서 독을 품은 말들을 내뱉었을 것이다. 게다가 얼마나 어리석고 무책임한지에 대해 쏘아붙이며, 아이의 기분을 끔찍한 수렁으로 내던졌을 것이다. 8년 전, 조셉의 형이 차를 망가트려 왔을 때처럼 말이다.

그러나 나는 지난 8년 동안 진정한 사랑을 어떻게 찾는지를 배웠고, 아이들을 어떻게 사랑하는지도 배웠다. 그렇다고 해서 아이들을 사랑한다는 것이 무책임한 행동들을 허용한다는 의미는 아니다. 나는 조셉에게 차를 망가트린 이 경험을 통해 무엇을 배웠냐고 물었다.

"옆 사람이 하는 말을 듣는 동시에 뒷좌석에 앉은 세 명이 하는 말까지 듣고, 음악을 들으며, 샌드위치를 먹으면서 안전하게 운전할 수 없다는 걸 배웠어요."

내가 아들에게 실수를 저질렀다는 사실을 굳이 말할 필요조차 없었다. 아이는 모든 걸 이미 알고 있었다. 만약, 내가 화를 냈다면 가르치려고 하는 모든 것을 아이가 들을 수 없었을 것이다. 내가 화를 내면 아들이 들을 수 있는 메시지는 "너를 사랑하지 않아"라는 것일 뿐이다.

아이가 언제나 알아야 하는 가장 중요한 것은, 우리가 아이를 사랑한다는 사실이다. 그러나 부모가 자신을 사랑한다는 사실을 느끼지 못한다면, 아이는 공허함과 두려움으로 인해 얻고 보호하는 행동을 할 것이다. 게다가 좋은 말과 중요한 것들을 듣고 배우는 게 불가능할 것이다. 따라서 나의 아들은 자신이 조심성 없이 행동했고 또 나를 불편하게 만들었다고 하더라도, 자신을 있는 그대로 받아들이고 또 여전히 사랑한다는 것을 알 필요가 있었다.

우리가 진정으로 아이를 사랑할 때, 좋지 않은 행동들을 그냥 넘어가는 것이 아니다. 아이를 있는 그대로 받아들이는 동시에 가르치고 바로잡아 주어야 한다. 우리는 사랑받지 못한 채 혼자 남겨졌을 때보다 사랑받고 있을 때 교훈을 훨씬 더 잘 배운다.

그러나 조셉은 자신이 저지른 행동에 대한 결과에 대해 여전히 경험할 필요가 있었다. 사고로 인해 인상된 보험료를 스스로 지불해야 했다. 그리고 어떻게 하면 방어적으로 안전하게 운전할 수 있는지, 나와 함께 연습했다. 이처럼 조셉은 삶의 중요한 지혜를 배웠다. 내가 살아가면서 삶의 지혜를 배운 방식과 동일한 방법이었다. 바로, 실수를 하는 것이다. 나는 아이의 실수를 있는 그대로 받아들였다. 동시에 아들 자체를 있는 그대로 받아들인 것이다. 실수를 저지르는 순간, 아이를 있는 그대로 받아들이는 것의 효과는 매우 강력하다.

물론 실수에 대해 아이 스스로 말하도록 하는 것이 가장 좋겠지만, 부모의 도움 없이 진실을 말하는 것이 언제나 가능한 것은 아니다. 우리는 아이의 문제점을 가끔 지적해 줄 필요가 있다. 그에 대해 다음 장들에서 더 깊이 다루도록 하겠다.

미안하고… 용서한다

나는 아이들이 실수를 저질렀을 때, 나에게 용서를 구하라고 요구하며 또 먼저 그렇게 행하기를 기대했다. 이를 가르치는 데 아주 많은 시간과 에너지를 쏟았다. 아이가 용서를 구하고 나서야 관대하게 용서를 해주거나, 처벌을 가할지 여부를 고민했다.

만약, 아이를 있는 그대로 받아들인다면, 아이가 부모에게 도대체 왜 용서를 구해야 하는가? 아이가 살아가며 무엇인가 배우려면, 실수를 저지르고 또 주변 사람들에게 불편을 주는 것을 피할 수 없다. 주변 사람들에는 부모도 포함된다.

아이에게 실수에 대해 사과하라고 요구하는 것은, "우리에게 영향을 미치는 실수를 저지를 권리가 너에게는 없다"라고 말하는 것이나 마찬가지다. 더 나아가 이 세상에 존재하는 모든 사람보다 우리 자신이 더 중요하다고 말하는 셈이다.

사실, 용서를 구하는 것 자체에는 의미가 없다. 아이가 용서를 구할 때, 그 말에 숨겨진 의미는 다음과 같다.

"듣켜서 정말 싫지만, 용서를 구하고 있으니 나에게 화를 내지 않으면 좋겠네요."

일반적으로, 아이는 좋은 사람처럼 보이기 위함이거나 문제에서 벗어나고자 용서를 구한다. 그게 아니라면 우리가 요구하기 때문이다. 따라서 용서를 구하도록 요구하는 것보다는 실수를 명확하게 볼 수 있도록 도움을 주는 편이 훨씬 더 효과적이다. 우리가 아이를 있는 그대로 받아들인다면, 아이에게 용서를 구걸하라고 가르치지 않을 것이다. 그 대신 아이가 실수를 제대로 직면할 때 같은 실수를 반복하지 않을 것이라는 믿음을 갖게 될 것이다. 그렇다고 해서 자신을 낮춘 채 진심이 섞인 사과를 해서는 안 된다고 말하는 게 아니다. 진심 없이 습관적으로 사과를 하는 이 세상에서 진정 어린 사과는 더욱 귀하다. 그러나 전체적으로 보았을 때, 아이는 부모에게 사과를 할 필요가 없다. 우리가 조건 없이 아이를 받아들이는 가운데 아이는 자신이 저지른 실수를 보고, 인정하고, 실수로부터 배울 필요가 있다.

사랑을 주기

사랑을 받기→제대로 보기→있는 그대로 받아들이기→사랑을 주기

우리 스스로 진정한 사랑을 가득 느끼게 될 때, 그제야 우리는 아이에게 사랑을 줄 수 있다. 양동이에 담긴 물을 나누는 것과 사랑을 주는 것을 비교해서 설명해 보겠다. 양동이가 비었을 때, 누군가에게 나눠 줄 것이 아무것도 없는 것이다. 사랑을 느끼지 않을 때도 마찬가지다. 아무리 사랑하고 도움을 주려고 해도 그럴 수가 없다. 양동이가 비어 있기 때문에 줄 것이 아무것도 없다. 그러나 우리의 양동이를 채우기 시작하면, 그제야 가진 것을 아이와 나눌 수가 있다. 더 많이 가질수록 줄 것이 많아진다. 즉, 양동이가 흘러넘치게 되면, 어떤 노력을 하지 않고도 사랑을 줄 수가 있다.

처음에 당신의 양동이에는 줄 수 있는 것이 별로 없었을 것이다. 그리고 아이의 여러 행동이 양동이에 있는 사랑을 고갈시킬 때도 있었을 것이다. 이럴 때 부모는 상대적으로 무력하다는 느낌을 받는다. 그런 상황이 일어나기 전에 대책을 강구해 보자. 제4장을 다시 복습하고, 가능한 한 당신의 진실을 많이 말하고, 진정한 사랑을 받을 수 있는 한 많이 받자. 아이는 당신이 받을 수 있는 모든 사랑이 필요하다. 그것은 당신도 마찬가지다.

아이를 조건 없이 사랑하려는 당신의 첫 시도는 아주 어색할 것이다. 진정한 사랑을 스스로 느껴 본 경험이 없기 때문이다. 이따금 진정한 사랑을 주고 있는지, 아니면 가짜 사랑을 주고 있는지를 구분하기 어려울 수도 있다. 진정한 사랑은 변하지 않는 속성을 가지고 있다. 이를 알아 둔다면 구별하는 데 도움이 될 것이다.

진정한 사랑의 속성들은 다음과 같다.

기꺼이 주는 것

제2장에서 이미 논의한 바와 같이 진정한 사랑은 기꺼이 주는 것이다. 되돌려 받을 기대를 하지 않고, 상대를 조종하지 않고, 실망하지도 않으며, 화를 내지 않는다. 우리가 아이에게 실망하거나 화를 낼 때, 우리는 진정한 사랑을 주는 것이 아니다. 그렇다고 해서 우리의 행동에 대해 죄책감을 느낄 필요는 없다. 그러나 진실하게 지속적으로 존재해야만 자신에게 필요한 진정한 사랑을 받고, 받은 사랑을 아이들에게 돌려줄 수 있다.

애쓰지 않고 주는 것

우리에게 진정한 사랑이 충분할 때, 별다른 노력도 없이 사랑을 자연스럽게 줄 수 있으므로 사랑이 흘러넘친다. 만약, 아이를 사랑하기 위해 "애쓰고 있다"면, 진정한 사랑을 주는 것이 아니다. 또한 사랑을 주는 것에 스트레스를 받는다면, 우리 자신을 위해 뭔가를 얻고자 한다거나 자신을 보호하고 있다는 신호다. 그러므로 조건 없이 사랑을 주기 위해 의식적으로 노력할 필요는 있다. 진정한 사랑을 줄 때 우리는 지치지 않는다.

처음에는 아이에게 조건 없는 사랑을 주는 것이 고된 일처럼 느낄 수 있다. 이는 당연하다. 사랑을 주는 행동에 익숙하지 않기 때문이다. 하지만 자신이 사랑을 더 받게 되면, 점점 더 쉬워지고 또 자연스러운 행동이 될 것이다.

보람을 느낀다

아이에게 진정한 사랑을 주는 것과 양동이에 든 물을 나누는 것을 비교해서 설명했다. 양동이에 물을 채우고 나서야 아이에게 물을 나누어 줄 수 있다. 여기서 물을 나누는 것과 사랑을 나누는 일은 조금 다르게 일어난다. 사랑을 나누는 일은 기적과 같은 방식으로 이루어진다. 사랑의 양동이가 진정한 사랑으로 가득 채워지면, 우리가 나누는 즉시 노력할 필요도 없이 다시 채워진다. 사실, 더 나누면 나눌수록 더 가득 채워진다. 아이를 진정 조건 없이 사랑하게 될 때, 우리 자신이 사랑을 더 느낀다. 우리가 준 사랑을 아이가 돌려주지 않더라도 말이다. 이 순환작용은 부모와 아이에게 에너지가 되어 즐거움을 느끼게 한다. 즉, 사랑을 받는 일은 즐거운 일이지만, 사랑을 나누는 일은 훨씬 더 큰 행복을 가져다준다.

사랑을 주겠다는 의식적인 선택 :
아이에게 사랑을 주는 법

진정한 사랑으로 치유되는 기적과 사랑을 아이와 나눔으로써 양동이에 사랑이 배가 되는 경험을 할 수 있는 방법은 단 한 가지다. 실제로 사랑을 주어야 한다. 아이에게 사랑을 주기 전, 우리 자신이 사랑을 받는다고 온전히 느낄 때까지 기다려도 된다면 아주 편안할 것이다. 그러나 인생은 그런 식으로 흘러가지 않는다. 부모 스스로 사랑을 온전히 느끼기 이전부터 아이는 사랑받을 필요가 있다. 즉, 우리가 사랑을 주는 능력이 어느 정도 있느냐와 상관없이 아이를 사랑하는 의식적인 선택을 지금부터 당장 해야 한다는 말이다. 당신이 얼마나 완벽하게 사랑을 주고 있는지, 아닌지는 상관이 없다. 사랑을 줌으로써 아이는 사랑을 더 느끼고, 우리의 진정한 사랑과 행복이 함께 성장할 것이다.

특히 당신이 아이를 사랑하는 방법을 배움으로써 두 가지 과정이 동시에 진행될 것임을 인지해 보자. 첫째, 다른 어른으로부터 당신의 삶에 필요한 진정한 사랑을 받아 당신의 양동이를 채우고 또 자신의 행복을 성취할 필요가 있다. 그리고 나서 아이와 나눌 수 있다. 둘째, 양동이에 담긴 진정한 사랑을 아이에게 나누어 준다는 의식적인 선택을 해야 할 것이다. 심지어 당신의 양동이에 사랑이 얼마 남지 않은 순간조차도 말이다.

아이를 사랑하는 의식적인 선택을 하라고 내가 제안할 때, 그게 삶에서 어떻게 나타나 보일까? 아이가 원하는 것은 무조건 해주어 응석받이로 키우라는 의미일까? 진정한 사랑의 의미는 아이의 행복에 진정으로 관심을 갖는 것이다. 행복에 관심을 갖는다는 것은 사랑으로 가르치는 것도 포함된다.

책 전반에 걸쳐 사랑을 주는 예시가 많이 있을 것이다. 그러나 그중 몇 가지를 여기서 먼저 다루도록 하겠다. 아이의 행복에 관심을 갖는다는 것을 보여 줄 수 있는 다양한 방법이 있다.

"사랑해, ○○야"

우리는 사랑한다는 말을 하는 데 거부감을 느낀다. 특히 남자들은 더 그렇다. 특별한 날이 아니면 사랑한다는 말을 하지 않는다. 그러나 아이에게 "사랑한다"는 말을 가능한 한 많이 해줄 필요가 있다. 아침에 일어날 때, 학교에 갈 때, 잠자리에 들 때, 전화로 대화를 나눌 때…. 그뿐만 아니라 아무런 이유가 없을 때조차 할 수 있다. 단순히 말 한마디를 가지고 진정한 사랑을 줄 수 있는 것이 아니다. "사랑한다"는 말과 당신의 행동이 일치하지 않는다면, 말 자체는 그리 의미가 없을 것이다. 또한 실망하고 화를 내면 "사랑한다"는 말은 가치가 없어진다.

대화하기

13세기에 로마제국의 황제 프리드리히 2세는 인간이 가진 자연 그대로의 언어가 무엇인지 궁금했다. 그래서 한 가지 실험을 진행했다. 그 내용은 프로방스와 립톤이 1962년에 공동 발간한 저서 『살림베네 디 아담(Salimbene di Adam in a book by Provence and Lipton)』에 묘사되어 있다.

프리드리히는 아기들을 모아 유모들에게 일반적인 방식으로 키우라고 지시했다. 유모들은 아이들을 먹이고, 씻겼다. 그러나 유모들은 아기에게 한마디의 말도 하지 말라는 지시를 받았다. 프리드리히 2세는 아기들이 히브리어, 그리스어, 라틴어, 아랍어 중 하나를 자연스럽게 하게 될 것이라고 희망했다. 그게 아니라면 아기들의 친부모들의 언어를 말하리라 생각했다.

그 시대를 살았던 살림베네의 말을 인용하자면, 당시 프리드리히 2세는 이렇게 말했다고 한다.

"아기들이 다 죽었기 때문에 모든 연구는 의미가 없다. 유모들이 쓰다듬어 주고, 행복한 표정을 지으며, 사랑의 말을 해주지 않으면 아이들은 살아갈 수 없다."

아이는 부모와 사랑이 담긴 대화를 자주 나누어야 한다. 먹이고 또 안전한 공간에서 사는 것만큼이나 부모의 목소리를 들어야 하는 것이다. 예를 들어, 우리가 거실에 앉아 있을 때, 아이가 우리 앞을 지나간다면 하던 행동을 멈추고 말을 건네야 한다. 단순한 행동이지만, 그 효과는 어마어마하다. 우리의 언어로서 아이에게 다가갈 때, 아이는 사랑을 경험한다.

그러나 짧은 말이라도 아이에게 강요하지 말자. 아이가 당신에게 말하고 싶어 하지 않는 내용까지 강요해서 얻어내려고 해서는 안 된다. 기대를 갖고 대화를 하는 것은 대화를 하지 않는 것만 못하다. 당신 앞을 지나가는 아이의 이름을 가볍게 불러 줄 수도 있다. 아이는 자신의 이름이 불리는 걸 좋아한다. 그건 우리도 마찬가지다.

또한 가족 모임을 자주 갖자. (가족 모임에 대해서는 이후에 자세히 설명을 할 것이다.) 가족 모임을 하게 되면 아이와 대화할 수 있는 많은 기회가 생기게 될 것이다. 이때 아이의 친구나 학교에 대해 대화를 나누자. 책의 전반에 걸쳐서 이런 대화를 어떻게 진행할 수 있는지, 예시들을 보게 될 것이다. 아이와 대화를 지속적으로 나누면, 대화에 익숙해질 것이다. 그러면 아이는 당신과의 대화를 기다리게 될 것이다. 마치 허기질 때 음식을 찾고, 목이 마르면 물을 마시고 싶은 것처럼 말이다. 당신의 양동이에 사랑이 넘쳐흐르기 때문에, 아이들은 당신과 함께 시간을 보내고 싶어하게 될 것이다.

스킨십

20세기 초, 독일에서 가장 큰 고아원에서 양육에 대한 연구가 이루어졌다. 이 연구를 통해 깨끗한 환경, 충분한 영양소, 안전한 보금자리, 병원 진료까지 제공되었음에도 불구하고 고아원의 아기들 중 ¾이 돌을 넘기지 못한 채 죽어 갔다는 사실을 알게 되었다. 또한 같은 시기에 미국의 대형 고아원 10여 곳에서도 아기들 중 90%가 사망했다는 사실이 밝혀졌다. 이 아기에게도 좋은 영양소와 병원 진료가 진행되고 있었다.

이후 수십 년이 지나고, 고아원의 양식이 많이 변했다. 대규모의 시설에서 아기들을 돌보는 대신, 아기들이 위탁가정으로 보내졌다. 각 가정은 고아원의 시설보다 열악한 환경과 불충분한 영양 공급 및 병원 진료조차 잘 지원되지 않았다. 이러한 상황에도 불구하고 거의 대부분의 아기가 돌을 지나서도 살 수 있었다. 그 차이는 무엇이었을까?

위탁가정의 양부모들은 아기가 원할 때는 안아 주고 또 쓰다듬어 주었다. 반면, 고아원에서는 각 침대에 눕힌 채 몇몇 직원들이 먹이고 씻기기 바빴다. 아기들이 울 때는 누구도 안아 주지 않았다. 이처럼 신체 접촉을 받지 못했던 아기들은 정신적·육체적으로 쇠약해져 갔고, 결국 목숨을 잃었다.

고아원의 관리자들은 먹이고 씻기는 것만큼 아기들이 누군가에게 안기고 또 쓰다듬어지는 것이 얼마나 중요한지를 처음에는 생각하지 못했던 것이다. 이는 우리 아이들도 마찬가지다. 아이는 부모에게 이용당하거나 상처받는 것을 두려워하는 것이 아니라면, 부모의 스킨십을 좋아한다. 사실, 우리 모두 스킨십을 좋아한다. 사람들이 사랑으로 토닥거리거나 쓰다듬어 줄 때, 우리는 기분이 좋아진다. 심지어 상대의 영혼에서 생명의 에너지가 우리에게 들어오는 것처럼 느낀다. 우리 아이 또한 생명의 에너지가 필요하다.

다행스럽게도, 부모는 아이에게 스킨십을 해줄 기회가 많다. 그 기회들을 놓치지 말고 스킨십을 하자. 그리고 어떤 일이 일어나는지를 살펴보자. 멀리서 아이에게 소리를 지르는 대신, 아이가 있는 곳으로 가까이 가서 앉아 보라. 대화를 하면서 경우에 따라 손을 뻗어 아이의 어깨와 손, 팔, 무릎을 쓰다듬어 주라. 아이가 TV를 보고 있다면, 다른 방으로 들어가 버리거나 소파 끝에 앉지 말고 아이 옆에 앉으라. 우리는 아이를 무서워하고 있다는 것을 가끔 행동으로 표현한다.

아이에게 다가가서 당신의 손을 아이의 무릎에 얹고 부드럽게 쓰다듬어 보라. 혹은 어깨동무를 해보라. 물론 아이를 불편하게 하는 행동은 하지 말자. 그러나 당신을 불편하게 느낀다고 해서 아이를 피하지 마라.

특히 집 안에서 아이를 지나칠 기회가 있을 때마다 스킨십을 하자. 아이의 볼을 만지고, 그 부드러운 찰나를 경험하자. 또한 아이에 대한 애정이 느껴질 때는 안아 주자. 이런 행동이 익숙하지 않다면, 편안한 것부터 차근차근 시작해 보자. 그리고 아이가 학교에서 돌아와 처음 볼 때나 아침에 일어나 방에서 나올 때, 환영하고 축하해야 한다. 삶에서 당신의 아이보다 더 중요한 것이 어디 있겠는가?

우리는 특별한 순간을 위해 애정 표현을 참고 표현하지 않는 경향이 있다. 예를 들어, 아이가 오랜 시간 집을 떠나 있다가 돌아올 때, 수학여행을 갔다 오거나, 학교를 졸업하거나, 결혼을 하거나, 특별한 상황에서만 애정 표현을 한다. 가능한 한 모든 순간 아이와 스킨십을 하자. 이런 모습이 익숙해지면 아이는 당신과의 스킨십을 즐거워하게 될 것이다. 부모가 아이를 진정으로 사랑할 때, 아이는 부모와의 신체 접촉을 정말 좋아한다.

아이의 눈을 바라보자

연구에 따르면 대부분의 사람은 몇 초 이상 눈을 마주치고 바라보는 것에 대해 불편함을 느낀다고 한다. 사람들과 눈이 마주치는 것을 불편해하는 이유는, 상대방이 뭔가 잘못된 부분을 찾아낼 거라고 생각하기 때문이다. 하지만 우리가 사랑받고 있다는 것을 확신할 때, 상대의 눈을 마주하고 바라보는 것은 아주 비범한 사랑 표현이 될 수 있다. 우리는 서로 바라보고, 대화하고, 스킨십을 해 주는 것을 좋아한다. 그러나 삶에서 손톱만큼도 경험하지 못하고 있다. 이는 우리 아이들도 마찬가지다.

부모는 아이의 눈을 바라보지 않는 경향이 있다. 아이가 우리를 지나쳐 방으로 들어갈 때, 가까이 존재하고 있다는 사실조차 인지하지 못한다. 대화할 때 끄덕이거나, 말을 하거나, 아이를 쳐다보지만, 보통 눈을 똑바로 마주 보지 않는다.

들어주기

매 순간 아이가 말을 할 때, 단 두 가지의 메시지를 전달할 수 있는 기회가 생긴다. 그 두 가지의 메시지는 다음과 같다.

1. "너를 사랑해. 네가 하는 모든 말은 나에게 정말 중요해. 나는 너의 행복에 정말 많

은 관심이 있기 때문이지."
2. "너를 사랑하지 않아. 네가 하는 말은 전혀 중요하지 않아. 너의 삶에 관심이 별로 없어."

부모가 이 두 가지 의미를 알든 모르든 관계없이, 둘 중 하나의 의미를 아이에게 전달한다. 이따금 두 가지를 섞어서 전달하기도 한다. 그러나 아이가 말하는 주제와는 상관이 없다. 어쨌든 아이의 말을 듣는 매 순간, 부모는 두 가지 의미 중 한 가지를 전달하는 것이다.

대부분의 책은 효과적인 듣기에 대한 기술들을 설명한다. 그러나 아무리 좋은 기술들도 긍정적인 변화를 지속적으로 이끌어 내는 데 실패하고는 한다. 모든 사람에게 진정한 사랑이 필요하다는 사실을 간과하기 때문이다. 그래서 소통의 기술로 자주 회자되는 것은 바로, 상대의 말을 인정해 주는 것의 중요성이다. 상대가 한 말을 되풀이해 주거나 반복해 주는 것이다. 이 방법은 아주 유용하긴 하지만, 상대방에게 진정한 사랑이 필요하다는 사실을 간과한다면, 효과적인 소통법으로 이어질 수 없을 것이다.

아이가 당신에게 말을 하는 매 순간, 아이는 당신에게 아주 사적인 선물을 주고 있는 것이다. 아이는 자신이 누구인지 당신에게 보여 주고 있다. 아이의 말을 어떻게 듣는가는 아이가 주는 소중한 선물을 어떻게 받는지를 나타낸다. 진정으로 상대의 말을 듣는 데 있어 상대의 말을 받아들이고 인정하는 기계적인 의사소통 기술, 그 이상이 필요하다. 당신이 아이의 말을 진정으로 듣는다면, 이는 다음과 같은 메시지를 전달하는 것이다.

"나에게 너는 정말 중요하고, 나는 너에게 정말 관심이 많이 있다."

진정한 듣기는 사랑을 표현하는 한 가지 방법이다. 다음은 진정한 듣기의 두 가지 예시다.

예시 1: 아이가 "배고파요"라고 말하면 보통 부모는 이렇게 말할 것이다.

"배가 고플 리가 없어. 두 시간 전에 밥을 먹었잖아."

당신은 자신도 자각하지 못한 상태로 아이에게 다음과 같이 말하는 것이나 마찬가지다.

"너는 네 스스로 무슨 말을 하고 있는지조차 모르는구나. 자신이 배가 고픈지, 아닌지도 모르는 어리석은 녀석…. 너무 멍청해서 네가 하는 말을 더이상 듣지 못하겠다. 그러니 네가 배가 고픈지, 아닌지는 내가 결정해 주겠다."

물론 아이가 원하는 모든 것을 줄 필요는 없다. 그러나 아이의 말을 들어야 한다. 아이가 "배고파요"라고 말하면, 그 말을 들어라. 다음과 같이 대답하며 당신이 듣고 있다는 사실을 아이에게 보여 줄 수 있다.

"2시간 뒤에 저녁 식사를 할 거란다. 그 정도 기다릴 수 있겠니?"

"곧 밥을 먹을 텐데…. 너무 배가 고프면 바나나랑 사과가 있는데, 뭘 먹을래?"

여기서 핵심은 무엇을 먹느냐가 아니다. 아이들이 알고 싶은 것은 '부모가 내 말을 들었는가?'라는 것이다.

예시 2: 아이가 "담탱이가 정말 멍청해"라고 말하면, 보통 부모는 "그럴 리가"라고 말하거나, "선생님을 그런 식으로 말하면 안 되지", "설마, 진짜 그렇게 생각하는 건 아니겠지"라는 식으로 반응한다.

이러한 반응 또한 아이의 말을 듣는 게 아니다. 아이는 자신에게 당면한 진짜 문제가 무엇인지, 당신에게 더 많은 질문을 할 기회를 주고 있다. 당신이 아이의 말을 귀담아 들을 때 아이와 대화하며 다음과 같은 사항을 느끼게 될 것이다.

- 수업을 따라가지 못해서 자신이 똑똑하지 않다고 느끼고 있구나. 선생님이 아무리 도와주고 친절하게 대하더라도 아이는 여전히 혼란스러울 수 있고, 선생님이 접근

하는 것 자체가 기분을 더 상하게 만들었다.
- 학급 친구들과 문제를 겪고 있는데, 선생님이 도와주려고 하다가 상황을 더 악화시켰다.
- 선생님의 성품이 화가 많고, 상대를 비난하고, 사랑이 없는 분이다. 이런 상황이라면 아이에게 어른들도 공허하고 또 두려움을 느낀다는 것을 가르칠 수 있는 기회가 된다. 그리고 화를 내는 어른들에게 어떻게 반응할 수 있는지를 가르쳐 줄 수 있다. 이에 대한 설명은 549쪽에서 더 자세히 다루도록 하겠다.
- 아이가 집에서도, 학교에서도, 더 나아가 삶에서 불행을 경험하고 있다. 선생님은 아이가 느끼는 분노에 있어 작은 불쏘시개가 되었을 뿐이다.

물론 진정한 사랑이 상대방의 말을 제대로 듣는 핵심적인 재료지만, 몇 가지 듣기 기술에 대해 추가적으로 다루어 보도록 하겠다. 이어서 소개하는 방법을 사용한다면 아이의 말을 있는 그대로 듣고, 대화를 더 효과적으로 진행할 수 있을 것이다.

> 아이를 사랑하겠다고 의식적인 선택을 하라. 아이의 말을 듣고, 눈을 바라보고, 스킨십을 하고, 대화를 하고, 시간을 함께 보내라. 그리고 절대로, 절대로, 화를 내면서 대화하지 마라.

▶ 입을 다물자

많은 부모가 아이의 말을 아예 듣지 않는다. 스스로 무슨 말이라도 내뱉을 기회를 찾느라 바쁘다. 그래서 아이를 고려하지 않고, 아이가 말하는 도중에 자주 끼어든다. 물론 아이와 소통하면서 좋은 대답을 해줄 필요가 있을 때도 있지만, 우리가 아이의 말을 듣고 있다는 것을 가장 강력하게 표현하는 방법은 윗입술과 아랫입술을 꾹 붙이고 듣는 것이다. 아이가 말을 끝마칠 때까지 내버려 두자.

아이가 할 말이 더 있는지 없는지 확실하지 않다면, "내가 하고 싶은 말이 있는데, 네가 하는 말을 방해하고 싶지 않구나. 하고 싶은 말 다 했니?"라고 간단히 물어보자.

▶ 조언을 한다면 천천히 하자

부모와 대화하면서 아이가 원하는 것은 대부분 사랑과 지원을 받는 것이다. 부모의 사랑과 지원만 있다면, 아이는 못할 것이 거의 없다는 듯 자신감을 갖는다. 그런데 부모는 듣는 사람으로서의 역할을 망각하며 살아간다.

그리고 지나친 조언을 한다. 부모가 원치 않는 조언을 계속 제공하게 될 때, 아이는 부모가 자신을 신뢰하지 않는다고 생각한다. 그러면서 부모가 이끌어 주지 않으면, 자신의 삶을 제대로 살아갈 수 없 거라는 불안감에 휩싸인다.

그렇다고 해서 너무 섣부르게 조언을 하면, 아이들은 우리의 지시에 이끌려 살아가는 것을 배울 뿐이다. 아이 스스로 선택을 할 수 있고 또 실수도 저지르게 내버려 두면, 독립심과 강한 내성 그리고 자신감이라는 훌륭한 성품을 배운다. 이 성품은 아이가 살아가는 동안 삶에서 행복을 찾을 수 있도록 도울 것이다.

나는 조언을 해서는 안 된다거나 아이의 허락 없이 무슨 말도 해서는 안 된다고 제안하는 것이 결코 아니다. 아이를 직접적으로 지도해야 할 때가 종종 있다. 그래서 나는 아이 스스로 결정하고 배울 수 있는 기회를 빼앗기 전에 심사숙고해 볼 것을 제안하는 것이다.

제7장에서 스스로 배우는 기회를 주는 것과 조언을 하는 것에서 어떻게 균형을 찾는지에 대해 더 다루도록 하겠다.

▶ 아이의 말을 바로잡을 때 시간을 두자

아이가 부모에게 지식적인 정보를 나눌 때, 부모는 아이가 틀린 말을 하면 즉시 바로잡으려고 하는 경향이 있다.

두 가지 예를 들어 보겠다.

아이	오늘 세계사 시간에 미국 남북전쟁에 대해 배웠어요. 그런데 수백만 명의 사람이 그 전쟁 때문에 죽었대요.
부모	수백만 명이 아니야. 60만 명 정도가 죽었어.

아이	마이크랑 제가 오늘 숲속에 갔다가 살모사를 봤어요
부모	그럴 리가…. 아마 다른 뱀일 거야. 살모사는 독사인데, 이 근처에 살지 않아.

부모는 지혜를 나누어 준다고 생각하며, 스스로 정당화하려는 마음이 든다. 결국 부모의 말이 옳다고 생각하기 때문이다. 다시 한번 강조하겠다. 육아의 첫 번째 원칙이면서 아이가 가장 필요로 하는 것은 바로, 사랑을 받는 것이다. 의미 없는 정보에 대한 잔소리를 듣는 것이 아니라는 것이다. 아이는 자신의 입에서 나오는 모든 말을 부모가 중요하게 느끼기를 원한다. 그렇다면 아이의 말에 무슨 말을 해줄 수 있을까?

아이	오늘 세계사 시간에 미국 남북전쟁에 대해 배웠어요. 그런데 수백만 명의 사람이 그 전쟁 때문에 죽었대요.
부모	(하고 있던 행동을 잠시 멈추고 아이의 눈을 보면서) 그래. 배운 것에 대해 더 말해 주겠니?

아이	마이크랑 제가 오늘 숲속에 갔다가 살모사를 봤어요.
부모	그거 멋지구나. 그래서 어떻게 했니? 무서웠니?

아이가 필요로 하는 것은 언제나 부모의 지식보다 사랑이다.

▶ 아이를 있는 그대로 받아들이고 있다는 사실을 비언어로 표현하라

연구에 따르면, 사람들이 의사소통을 할 때 93%가 비언어로 진행된다고 한다. 그중에 절반은 표정으로 전달되고, 나머지는 목소리 톤, 다리와 발, 손의 움직임 및 전체적인 자세를 통해 소통한다는 것이다. 눈썹이 올라가거나 눈을 치켜뜨기, 미간 찌푸리기, 한숨 쉬기, 다리 꼬기, 팔짱 끼기, 목소리 톤이 바뀌는 등의 행동으로 인해 아이는 부모가 자신을 있는 그대로 받아들이고 있지 않다는 것, 자신에게 관심이 없다는 사실을 쉽게 인지할 수 있다. 그러면 아이는 하고 있던 말을 바꾸거나 자신을 보호하려고 하기도 하고, 부모에게 받아들여지거나 협조를 해서 자신이 원하는 것을 얻기 위해 애쓴다.

아이가 당신과 대화할 때 이러한 행동을 하고 있다면, 당신과 아이는 더이상 대화하고 있는 것이 아니다. 당신은 방어적인 태도로 상호작용하거나 아이를 조종하려는 것이다. 이런 상황에서 아이는 당신이 원하는 말이라고 생각되는 것을 말하고 있는 것뿐이므로, 대화는 의미 없는 거짓말과 말다툼으로 이어질 뿐이다.

▶ 비난하는 말을 피하라

아이가 말을 하는 매 순간, 아이는 자신이 누구인지를 당신과 나누는 것이다. 그러면서 부모에게 자신을 제대로 볼 수 있고, 있는 그대로 받아들이고, 사랑할 수 있는 기회를 주고 있는 것이다. 아이가 말을 할 때 비난을 하면, 아이는 결국 말을 하지 않거나 스스로 방어하려고 할 것이고, 부모와 자녀의 관계는 심각한 상처를 입게 될 것이다.

우리는 아이의 말을 듣는 것에 정말 관심이 많다고 말하지만, 아이가 실제로 말을 할 때는 숨겨 두었던 목적을 드러낸다. 그 목적 때문에 아이와 말다툼을 하게 되고, 아이가 한 말 속에 아이를 가두며, 아이가 내뱉은 말을 증거로 삼아 그것을 지키지 않는다는 것을 비난하기도 한다.

예를 들어, 아이가 말을 할 때 부모의 입에서 "하지만"이라는 말이 나온다고 생각해 보자. 물론 우리는 대화를 아주 효율적으로 이어 간다고 믿지만, "하지만"이라는 말을 하는 순간 우리의 진정한 목적은 다음과 같다.

"네가 하는 말을 사실 잘 듣고 있지 않아. 나는 그저 내 말이 옳다고 믿고 싶을 뿐이란다."

이처럼 아이가 하는 말을 비난하고 반대하면, 우리는 더 강하다는 것을 스스로 느끼고 또 아이보다 자신이 더 낫다는 느낌을 받는다. 그런데 이 대화법이 아이에게 미치는 영향은 아주 부정적이다.

한편, 아이가 선택한 행동과 다른 것들을 제안할 필요가 있는 순간들이 명확하게 존재한다. 또한 아이가 잘못 알고 있는 정보를 수정해 줄 필요가 있을 때도 있다. 그러나 진정한 사랑이 없는 가운데 아이의 말을 고치려고 드는 것은 부모에게 받아들여지지 않는다는 느낌을 아이에게 더욱 확고하게 심어 줄 것이다.

▶ 아이의 말을 반복해 주고 "8을 말하라"

있는 그대로 받아들여지는 것은 아이에게 필수적이기에 결코 잊어서는 안 된다. 또한 아이는 자신이 한 말을 부모가 제대로 이해하고 있다는 사실을 알 필요가 있다. 만약, 자녀가 특정한 일을 도와달라고 요청한다면, 아이에게는 부모에게 따뜻하고 또 있는 그대로 사랑스럽게 받아들여지는 것 이상의 도움이 필요하다. 아이가 부모에게 요청한 것이 무엇인지를 이해했다는 소통이 이루어져야 요청한 것이 이루어질 것이라고 희망할 수 있을 것이다.

상대방의 메시지를 잘 이해하는 것은 요청한 일을 해결하기 위해 매우 중요하다. 더 나아가 메시지 자체를 이해하는 것은 상대는 있는 그대로 받아들이고, 관심을 갖고 있다는 것을 전달할 수 있기에 중요하다.

당신이 아이의 말을 이해했다면, 아버지 웨인과 아들 숀의 대화를 통해 충만감을 주는 방법으로 소통하는 모습을 살펴보자.

"아빠, 저 정말 화가 났어요."

숀이 말을 꺼냈다.

"스테파니(동생)에게 자전거를 타고 나서 제자리에 두라고 수백 번은 말했는데, 한 번도 제자리에 둔 적이 없어요."

여기서 숀이 화가 난 이유가 무엇일까? 자전거 때문일까? 숀이 화가 난 이유가 5미터 떨어진 곳까지 걸어가서 자전거를 가져와야 하기 때문이었을까?

모든 갈등은 진정한 사랑이 부족해서 느껴지는 공허함과 두려움 때문이라는 사실을 기억하라. 따라서 숀의 진짜 불만은 사랑을 느끼지 못하고 있다는 것이다. 스테파니가 자전거를 제자리에 돌려놓지 않을 때마다 숀에게 전달되는 메시지는 바로, "난 너를 사랑하지 않아"라는 것이다. 그것이 여기서의 핵심 주제며, 숀의 아빠는 이를 이해하고 있었다.

"숀, 스테파니가 네 자전거를 제자리에 돌려놓지 않는 걸 아빠도 몇 번 보았단다. 사실, 스테파니가 그런 식으로 행동하는 건 자전거뿐만이 아니. 네가 들어오지 말라고 해도, 네 방에 마음대로 들어가기도 하지. 네가 TV를 보고 있을 때 채널을 마음대로 바꾸기도 하지. 너에게 말할 때 퉁명스럽게 대하기도 하지. 많은 부분에서 스테파니가 '널 신경쓰지 않는다'는 말을 하고 있어."

숀은 아빠의 말을 듣자마자 자신이 제대로 보이고 있음을 즉각적으로 느꼈다. 자신은 자전거에 대해 말을 했을 뿐이지만, 자신이 진짜 하고 싶은 말이 무엇인지를 아빠가 부가적으로 들려주었다. 바로, '스테파니는 숀의 행복에 관심이 없다'는 핵심을 말해 주었는데, 아빠가 그것을 알아주는 것만으로도 안정감을 느낄 수 있었다.

이렇게 아이의 말을 반복해서 소통하는 법을 나는 **"8을 말하기"** 라고 부른다. 다음 상황을 상상해 보라.

내가 당신에게 "2, 4, 6…"이라고 말한다. 그리고 내가 한 말을 이해했냐고 당신에게 묻는다. 당신은 나에게 "2, 4, 6…"이라고 대답한다. 당신은 내가 한 말을 정확히 반복하는 능력이 있다. 그러나 내가 한 말의 의미가 무엇인지를 이해했다는 사실을 나에게 알려 주지는 않았다. 반면, 간단하게 "8"이라고 나에게 말한다면, 내가 한 말을 완전히 이해했다는 것을 알 수 있다. 내가 말해 주지 않아도 2, 4, 6 다음에 올 숫자를 당신이 말해 주었기 때문이다. 아이들은 보통 "2, 4, 6"이라고 말하는 경우가 많다. 그리고 부모가 "8"이라고 말해 주면 충만함을 아주 많이 느낀다.

제8장에서 아빠와 숀의 대화가 어떻게 진행되었고, 스테파니를 비난하지 않은 상태에서 진정한 사랑을 어떻게 가르쳐 주었는지를 더 살펴볼 것이다.

▶ 가능하다면 아이의 말에 동의하라

숀이 스테파니에게 자신의 자전거를 제자리에 두라고 수백 번 말했다고 했을 때, 아빠 웨인은 "수백 번은 아니잖니?"라며 아들의 말을 고치려고 들 수 있었다. 그러나 그렇게 했다면 핵심을 완전히 피해 가는 꼴이 되었을 것이다. 웨인은 아들이 진짜 하려는 말, 즉 '스테파니가 많은 순간 숀을 배려하지 않는다'라는 사실에 동의했다. 그랬기 때문에 이 둘의 대화는 아주 효율적으로 진행되었.

사람들은 말을 할 때 많은 실수를 한다. 그 실수를 지적하기가 아주 쉽다. 그러나 대부분의 상황에서는 동의하는 부분을 찾는 것이 훨씬 더 유용하다.

이후 상대를 제대로 보는 법에 대해 더 자세히 다룰 것이다. 이를 통해 당신이 아이의 말을 더 잘 듣는 데 도움이 될 것이다.

▶ 질문하라

주제와 상관없이 아이와 대화를 더 많이 하게 되면 아이는 부모가 자신에게 관심이 있다고 여길 것이며, 부모에게 받아들여지고 있다는 경험을 하게 된다. 아이의 삶에 관심을 갖는 한 가지 방법이 바로, 질문을 하는 것이다.

자녀가 문을 열고 집 안으로 들어온다고 생각해 보자. 가만히 앉아 신문을 보거나 TV를 계속해서 보지 말자. 자녀의 기분이 어떤지, 어떻게 지내는지 물어보자. 그리고 나서 "음…."이라고 말하며 한두 마디로 대화를 끝내지 말고, 자녀가 기꺼이 대답을 해줄 것 같다면 좀 더 자세한 내용을 질문해 보자. 자녀가 "피곤해요"라고 말한다면, 피곤함에 대해 더 물어보라. 세세한 정보에 대해 알기 위한 것이 아니라 자녀의 삶에 당신이 관심을 갖고 있다는 표현을 하기 위한 것이다.

기억하라. 당신이 하는 질문은 아이의 삶을 위한 것이지, 당신 자신의 호기심을 채우기 위한 것이 아니다. 만약, 아이가 질문에 대한 대답을 더이상 하고 싶어하지 않는다면, 당신의 질문이 아이를 위한 관심이 아니라는 것이 명백해진다. 그럴 때는 질문하는 것을 멈추자. 만약, 아이가 원하는 만큼의 선을 넘어서게 되면 아이는 취조를 당하거나 의심을 받는다고 느낄 수 있기 때문에 자유로운 소통은 끊어질 것이다.

질문을 하는 것은 일반적으로 적용할 수 있다. 그리고 질문의 목적은 아이에게 당신의 사랑을 전달하는 것이다. 그러나 아이가 대답하기를 원하지 않는 선을 넘어 질문을 계속해야 할 때도 있다. 예를 들어, 친구들과 가는 졸업여행 참석 여부를 결정할 때 세세한 일정이 어떻게 되는지는 부모가 알아야 할 것이다. 그리고 당신이 알아야 하는 정보는 아이가 기꺼이 말하고 싶은 내용을 넘어설 수 있다. 아이가 대화하기를 거부한다면, 졸업여행 참석 여부를 결정하기 위해 더 많은 정보가 필요하다고 말해 줄 수 있다. 또한 마음이 안정되면, 다음에 다시 이야기하자고 제안할 수 있다.

한편, 아이와 직면해서 질문을 할 때는 부모의 주의가 필요하다. 다음과 같은 질문을 한다고 생각해 보자.

"지금까지 어디 있었니?"

이 질문은 진정으로 관심을 갖고 있다는 의미가 될 수도 있고, 아이를 비난하기 위한 의미가 될 수도 있다. 의미를 결정하는 데 있어 당신의 목소리 톤과 비언어적인 자세가 매우 결정적인 역할을 한다. 그런데 의심과 비난하기 위한 의도를 가지고 아이에게 이런 질문을 할 때가 종종 있다. 이런 방식의 질문은 아이가 부모에게 받아들여지는 데 있어 아무런 도움이 되지 않는다.

▶ 아이의 얻고 보호하는 행동에 동요하지 말자

아이가 말을 할 때, 얻고 보호하는 행동을 할 때가 있다. 우리 혹은 다른 사람을 향해 얻고 보호하는 행동을 하는 것을 이따금 보기도 한다. 또는 제3자에게 화를 내기도 하다. 불공평한 취급을 받았다며 우리에게 와서 불평을 할 수 있다 (피해자 행세하기). 그럴 때 일반적인 부모들은 다음 두 가지 방식으로 반응하는 경향이 강하다.

- 아이의 얻고 보호하는 행동에 동조한다. 만약, 아이가 불공평한 취급을 받았다고 불평하면 동정심을 베풀고 또 위로해 주며, 얼마나 불공평했는지 같이 비난한다. 이때 부모의 동의는 아이가 피해자 행세를 지속하도록 격려하는 셈이 된다.
- 아이의 얻고 보호하는 행동으로부터 자신을 보호한다. 그러면 우리를 보호하느라 아이에게 주던 사랑은 끊어진다.

제6장에서 아이의 얻고 보호하는 행동에 어떻게 대처할 수 있는지에 대해 더 자세히 다루도록 하겠다.

시간을 함께 보내자

우리에게 중요한 것이 무엇인지는 말로 표현하는 것보다 우리가 얼마나 많은 시간을 투입하느냐에 따라 더 확연히 드러난다. 상담 중에 만난 많은 부모는 자녀가 삶에서 가장 중요하다고 말은 하지만, 대화를 나누다 보면 아이와 함께 보내는 시간이 얼마나 적은지를 알게 된다. 이로써 아이가 삶에서 가장 중요하다는 말이 사실이 아니라는 것이 명확해진다.

사람들은 자신에게 중요하다고 여기는 것이 있다면 그것을 위해 시간을 만든다. 아이도 이를 알고 있다. 부모의 핑계가 아무리 훌륭하고 또 아이와 시간을 보내지 못하게 하는 그 일정들이 얼마나 중요한지를 설명한다고 해도, 바쁜 부모의 행동을 보고 아이가 내리는 결론은 다음과 같다.

"나를 사랑하지 않는다."

그 말은 사실이다. 우리가 시간을 바쳐 진행하고 있는 많은 업무보다 아이를 더 사랑하지 않는 것이다. 아이는 부모가 하고 있는 많은 업무가 세세하게 무엇인지는 관심이 없다. 아이가 아는 것은 자신이 충분히 가치 있고 또 사랑받고 있는가, 아닌가에 관한 것이다. 그러므로 아이는 우리의 핑계와 변명들에는 아무런 관심이 없다.

한 아빠가 나와 상담을 하면서 자녀들이 얻고 보호하는 행동을 얼마나 끔찍하게 하는지를 줄줄이 설명했다. 이는 아이들이 얼마나 불행한가를 설명하는 것이기도 했다. 그리고 나서 이렇게 말했다.

아빠	아이들과 보낼 시간이 더 있다면 정말 좋겠어요.
나	당신이 원하는 만큼 아이들과 많은 시간을 보낼 수 있어요.
아빠	일 때문에 제가 원하는 만큼 집에 자주 올 수가 없어요.
나	마치 자신이 아무것도 결정할 수 없는 것처럼 말씀하시네요. 우리에게는 언제나 선택권이 있어요. 뭐가 가장 중요하세요? 훌륭한 직원이 되는 것? 아니면, 훌륭한 아버지가 되는 것? 상사를 행복하게 만들고 싶으세요? 아니면, 아이들을 행복하게 만들고 싶으세요?
아빠	당신은 제 상황을 이해하지 못해요.
나	당신을 비난하는 게 아닙니다. 당신 스스로 선택을 하고 있다는 걸 말하는 거예요. 우리는 아무것도 할 수 없는 무력한 사람들이 아닙니다. 언제나 선택권을 갖고 있지요. 이 상황에서 당신은 상사를 기쁘게 하는 것을 선택하고, 아이들을 방관하

	는 핑계로 상사를 이용하고 있지요.
아빠	상사에게 가족과 시간을 더 보내고 싶다고 말한다면 전 목이 날아갈 겁니다.
나	그럴 수도 있지요. 그렇지만 해보지 않고서야 모르죠. 지금까지 집에서 더 많은 시간을 보내기 위해 뭘 해야 할지 알아보지도 않았잖아요. 저는 엄마와 아빠들이 가족과 더 많은 시간을 보내기 위해 결단을 내리는 걸 아주 많이 보았습니다. 그리고 유연성 있는 직장을 새로 구하기도 하고, 하고 있던 업무 시간을 조절하는 경우도 보았지요. 당신의 말이 맞아요. 직장을 바꿔야 할지도 몰라요. 아버지로서 무엇을 우선순위에 둘 건지, 스스로 결정해야 합니다. 아이들이 불행한 건 확실해요. 아이들에게 가장 필요한 건 사랑이지요. 당신이 아닌 어느 누구도 당신의 아이들을 도울 수 없지요. 아이들을 사랑하기 위해 해야 할 일들을 기꺼이 하실 건가요?

아이와 함께 시간을 보내는 것을 선택할 때, 그제야 아이는 부모가 자신의 행복에 관심이 있다고 느낄 수 있다. 그 선택에 대한 결과는 어떤 노력을 쏟아부어서라도 얻을 만한 가치가 있을 것이다.

삶에서 화를 제거하자

제4장에서 화를 내는 것만큼 아이에게 "너를 사랑하지 않는다"라는 메시지를 강력하게 전달하는 방법은 없다고 말한 바 있다. 10가지를 옳은 방식으로 대하더라도 한 번 화를 낸다면, 아이는 그 순간 사랑받지 못한다는 경험을 할 것이다. 만약, 아이에게 사랑을 표현하고 싶다면, 삶에서 화를 제거해야 한다는 것을 제3장과 제4장에서 이미 다루었다.

진정한 사랑을 주는 것은 '모' 아니면 '도'가 아니다

우리 스스로 사람들에게 사랑을 더 받고, 아이를 제대로 보고 또 있는 그대로 받아들이는 것을 연습하면 할수록, 우리는 사랑을 더 잘 주게 된다. 사랑하는 방법을 배우는 과정에서 우리는 실수를 저지를 것이며, 아이에게 사랑을 주는 대신 공허해지기도 하며 또 두려워하기도 할 것이다. 하지만 죄책감을 느낄 필요가 없다. 우리는 진실을 계속해서 말해야 하며, 사랑을 받고 또 사랑을 주는 과정을 계속해서 밟으면 된다. 그렇게 하면 할수록 사랑을 주는 우리의 능력은 성장할 것이다.

한편, 아이들을 사랑하는 방법을 배우는 과정에서 우리는 '내가 하고 있는 행동이 아이를 위한 것일까, 아니면 나를 위한 것일까?'라며 궁금할 때가 있을 것이다. 한 가지 행동이라도 보통 두 가지 동기가 동시에 존재한다. 부분적으로는, 아이의 행복에 진심으로 관심을 갖는 것이거나, 아이가 감사히 여기거나 우리의 기분을 좋게 하는 말을 받고 싶다는 이기적인 기대를 하고 있을지도 모른다. 그렇다고 해서 너무 걱정하지 말자. 우리는 배우는 과정에 있다. 이기적인 동기를 솔직하게 인정하고 또 계속해서 사랑을 주는 것을 연습한다면, 아이를 위해 주는 동기는 점점 강해지고 또 이기심은 점점 줄어들게 될 것이다.

아이에게 진정한 사랑을 주면 어떤 결과가 나타날까

아이가 일으키는 모든 문제의 원인은 조건 없이 사랑받지 못한다는 느낌인데, 이는 사랑으로 가르치지 않았기 때문이다. 따라서 해결책은 명백하다. 부모가 아이를 사랑해 주어야 한다. 이때 다른 접근 방식도 적용할 필요가 있다. 예를 들어, 행동에 대한 결과를 스스로 책임지도록 하는 것이다. (이는 이후에 다시 설명하도록 하겠다.) 언제나 진정한 사랑이 모든 해결책의 기반이 되어야만 한다.

우리가 아이를 제대로 보고, 있는 그대로 받아들이고, 사랑을 줄수록, 아이는 삶에서 가장 필요한 것으로 가득차게 되어 더이상 공허하거나 두려움을 느끼지 않을 것이다. 그러므로 가짜 사랑을 계속 얻으려고 하거나 자신을 보호하려고 할 이유가 없어진다. 특히 아이는 자신에 대한 진실을 말하는 것이 안전하다고 느낄 것이며, 그로 인해 더 많은 순간 상대에게 제대로 보이고 또 사랑받는 다양한 기회를 만들어 갈 것이다. 더욱이 공허함과 두려움에 눈이 멀지 않은 상태에 있는 아이들은 다른 사람들을 명확하게 볼 수 있으며, 있는 그대로 받아들이며 사랑하는 법을 배울 수 있다(제8장 참고). 또한 자신의 행동에 대해 책임지는 법을 배울 수 있다(제9장 참고). 마침내 우리는 아이에게 사랑을 줌으로써 언제나 행복할 것이다. 진정한 사랑이 모든 것을 변화시킬 것이다.

행복의 법칙

좋은 토양에 건강한 씨앗을 심고 제대로 돌보면, 새싹으로 자라기 마련이다. 그러면 농부는 자라나는 식물을 보고 어떤 종류의 식물인지를 판단할 수 있다. 이를 구체적으로 설명해 보겠다. 우리가 옥수수를 심으면 한 해를 마무리할 때 옥수수를 수확할 수 있다. 옥수수를 심었는데 사과를 수확할 수는 없는 노릇이다. 이것이 수확의 법칙이며, 결코 변하지 않는다. 심은 대로 거둔다는 사실은 명백하다.

행복의 법칙도 그와 다르지 않다. 우리가 사랑을 받고, 사랑을 주고, 책임을 지면 행복해질 것이다. 부모의 목표는 아이에게 사랑을 받고, 사랑을 주고, 책임지는 법을 가르치고 배울 수 있도록 돕는 데 있다. 이것을 배우고 실천하는 아이에게 행복이 다가오는 것은 당연하다.

상대를 제대로 보는 법

진실을 말하기→제대로 보이기→있는 그대로 받아들여지기→사랑받기

우리가 상대를 제대로 보는 법을 배워 아이에게 적용하면, 아이가 사랑을 느끼는 과정을 가속화할 수 있다. 대부분의 사람은 자신이 진정 누구인지를 숨기는 경향이 있는데, 이는 거의 대부분 무의식적으로 일어난다. 너무 오랜 시간 동안 그렇게 살아왔기에 자신이 누군인지를 아는 방법조차 알지 못한다. 따라서 처음에는 진실을 말하는 것이 불편하고 또 혼란스러울 수 있다. 마치 새로운 언어를 배우는 것처럼 말이다. 따라서 상대를 제대로 보는 법은 우리 자신의 진실을 말하는 것과 더불어 아이를 제대로 보는 것을 더 쉽게 도와준다.

[상대를 제대로 보는 법 1]
말하는 사람은 한 명이다

두 사람 혹은 그 이상의 사람들이 서로 말을 하려고 경쟁을 하게 되면 어느 누구도 제대로 듣게 되거나 보이는 경험을 할 수 없다. 그러므로 정말 효율적인 상호작용을 위해 한 번에 말하는 사람은 단 한 명만 존재할 수 있다. 말하는 사람이 상대에게 자신의 의사를 완벽하게 전했다고 느낀 후 나머지도 말하는 사람이 될 수 있다. 말하는 사람은 의사를 전달하는 사람이다. 목소리를 내지 않더라도 의사를 전달하고 있는 순간이 올 때가 있다.

아이는 다음과 같은 말을 할 수 있다. 인상을 찡그리고 있거나, 재킷을 바닥에 던지는 것처럼 행동하며 의사를 전달할 수 있다. 사만다의 사례를 살펴보자.

사만다는 주방을 깨끗하게 정리할 책임이 있으며, 남동생 아론은 거실을 관리하고 있다. (가족 모임에 대해서는 이후에 더 설명하겠다.)

사만다가 말을 꺼냈다.

"아론, 넌 주방을 계속 엉망으로 쓰는데, 내가 계속해서 청소해야 하잖아. 너무 지쳤어."

그러자 아론은 반박했다.

"넌 거실을 난장판으로 만들잖아. 그렇게 말할 처지가 아닐 텐데…"

여기서부터 대화가 어떻게 진행될지, 당신도 상상하기 어렵지 않을 것이다. 비난과 불평의 수렁으로 빠져들었던 경험이 당신에게도 있을 것이다. 사만다와 아론도 서로 말을 듣고 있지 않았으며, 결국 화가 나며 혼자라는 느낌을 받았다. 이와 같은 대화는 매일같이 반복되고 있지만, 대화하는 당사자들은 자신에게 무슨 일이 일어나고 있는지 이해하지 못한다. 이런 대화가 다시는 발생하지 않도록 하는 방법도 알지 못한다. 두 사람이 서로 상대에게 보이고 싶어 동시에 안달이 날 때는 이러한 갈등은 피할 수가 없다.

지혜로운 사람의 중재와 함께 이 대화를 다시 시도해 보자. 여기서 지혜로운 사람이란 부모를 가리킨다. 그리고 **상대를 제대로 보는 법 1 '말하는 사람은 한 명이다'**를 적용해 보겠다.

사만다	아론, 넌 주방을 계속 엉망으로 쓰는데, 내가 계속해서 청소를 해야 하잖아. 너무 지쳤어.
아론	넌 거실을 난장판으로 만들잖아. 그렇게 말할 처지가 아닐 텐데….
부모	아론, 네 어려움을 이야기하기 전에 사만다의 말을 끝까지 들어 보자구나. 우린 한 번에 단 한 명의 말을 들을 수 있단다.
아론	그치만 사만다는….
부모	사만다에게는 아무런 잘못이 없다고 말하는 게 아니란다. 사만다가 거실을 엉망으로 만드는 건 나도 봤어. 너도 말할 기회가 주어질 거야. 하지만 두 사람이 동시에 말하려고 했을 때 대화 자체가 무의미하다는 사실을 오랜 기간 경험하며 이미 배웠잖니?
아론	그런 것 같네요.
부모	자, 새로운 것을 시도해 보겠니?
아론	그래도 사만다가 거실을 엉망으로 쓰는 건 사실인 걸요.
부모	네 말이 맞단다. 그에 대해서도 대화를 할 거야. 그렇지만 지금

아론	은 아니란다. 두 사람의 말을 동시에 듣는 것은 쉽지 않단다. 알겠어요. 사만다의 말이 끝날 때까지 기다려 볼게요.
부모	아론, 너는 좀 기다렸다가 내일 가족 모임에서 네가 하고 싶은 말을 하렴. 사만다가 너에 대한 말을 끝마친 뒤 네가 하고 싶은 말을 바로 할 생각이라면, 지금 이 순간 사만다의 말을 제대로 듣지 못한단다. 사만다의 말을 듣는 대신, 무슨 말을 되갚을지 고민하게 될 것이고, 그렇게 되면 사만다는 자신이 한 말에 대해 네가 앙갚음한다고 느낄 수밖에 없을 거란다.

그렇게 해서 아론은 사만다의 말을 들었다. 듣고만 있는 것은 아론에게 처음 있는 일이었다. 언제나 자신을 방어하는 것이 습관이 있었기 때문에 사만다의 말을 들으며 앉아 있는 것이 위협적으로 다가왔다. 자신을 방어하는 습관은 가만히 앉아 공격을 받는 것보다는 안전하다는 것을 순간적으로 느꼈지만, 두려움과 혼자 남겨지는 외로움은 언제나 더 크게 다가왔다. 그리고 과거의 경험을 비추어 볼 때, 아론에게 공격받았던 사만다 역시 사랑받지 못한다고 느꼈기에 화가 나는 것은 마찬가지였다. 그러나 이번에는 사만다가 아론의 방해나 공격 없이 자신이 하고 싶은 모든 말을 끝까지 할 수 있었다. 아론이 자신의 말을 끝까지 들어주니, 사만다는 동생에게 제대로 보였다는 것을 느꼈다. 놀랍게도, 아론 역시 사만다를 공격했을 때보다 훨씬 행복하다는 생각이 들었다. 이런 결과는 두 사람이 동시에 보이기를 원할 때는 결코 가능하지 않다.

[상대를 제대로 보는 법 2]
말을 먼저 시작하는 사람이 말하는 사람이다

이 규칙을 따르게 되면 누가 먼저 말할지, 그리고 누가 듣는 사람이 되어야 하는지에 대한 갈등을 없앨 수 있다. 앞서 언급했던 사례에서 사만다가 먼저 말을 시작했다. 그러므로 사만다가 말하는 사람이다. 아론이 말하는 것이 금지된 것이 아니다. 아론이 말할 차례가 연기되었을 뿐이다.

[상대를 제대로 보는 법 3]
말하는 사람은 자신을 묘사하고 있다

한 사람이 어떤 말을 할 때, 그 사람은 자신에게 중요한 것을 말하고 있다. 다른 사람에 대해서나 어떤 것에 대해 말하거나 생각할 때조차도 말이다.

사만다가 말을 시작했을 때 아론의 이름이 언급되었지만, 중요한 문제는 아론의 행동이 아니었다. 사만다가 전달하려고 했던 진짜 메시지는 바로 그녀가 사랑을 받는다고 느끼지 못하며, 혼자라는 것과 두렵다는 것을 함께 느끼고 있었다는 것이다. 한편, 누가 무엇을 했는지에 대한 세부적인 내용은 사실상 듣는 사람들에게 방해가 되고, 혼란을 주고, 기분을 나쁘게 할 수 있다.

특히 부모가 아이의 말을 들을 때 중요하지 않은 세부적인 내용들에 빠질 수 있다. 부모는 아이가 얻고 보호하는 행동을 할 때 내뱉는 말, 예를 들어 누가 무엇을 했는지 또 안 했는지 등에 집중할 때가 있다. 부모가 진짜로 들어야 하고, 아이가 부모에게 진정으로 하고자 하는 말은 자신이 사랑을 받는다고 느끼지 못한다는 것이다. 아이가 사랑을 받는다고 느끼지 못할 때 자신들이 느끼고 있는 공허함에 대해 다양하게 소통하며, 부모가 숨겨진 의미를 알아차리기를 간절히 바란다. 아이를 제대로 보고 또 있는 그대로 받아들이게 되면, 아이는 마침내 그토록 바라던 진정한 사랑을 얻고, 공허함과 두려움이 사라지며, 얻고 보호하는 행동을 사용할 이유도 없어진다.

사만다가 말을 하는 동안, 아빠는 옆에 앉아서 그 말을 모두 들었다. 동정을 하지도 또 편을 들지도 않았고, 사만다를 있는 그대로 받아들였다. 그러면서 경우에 따라 몇 가지 질문을 했다. 아빠는 아론이 어지른 주방을 청소하는 데 1분 정도의 시간밖에 걸리지 않는다는 사실을 사만다가 알 수 있도록 도왔다. 그래서 아론이 주방을 어지르는 것이 사만다를 정말 힘들게 하는 것이 아니라는 것을 알 수 있게 했다. 사만다에게 진정으로 상처를 입힌 것은, 아론이 주방을 어지를 때마다 아론이 사만다에게 관심이 없고 또 신경쓰지 않는다는 메시지를 행동으로 전달받았다는 것이다. 사만다는 누구에게도 사랑받지 못하고 있다는 것을 종종 느꼈다,

사만다가 아빠에게 있는 그대로 받아들여지고 또 사랑을 느낌으로써 그녀가 아론에게 느끼던 두려움과 짜증은 사라져 버렸다. 아론 역시 아빠가 사만다를 받아들이자 사만다가 빠르게 안정을 되찾는 것을 보았다. 아론과 사만다 둘이서 말다툼을 할 때는 단 한 번도 일어나지 않았던 상황이다. 더불어 아론이 사만다의 말을 끝까지 듣게 되면서, 사만다의 행복에 진심으로 관심을 기울이는 자신을 발견했다.

[상대를 제대로 보는 법 4]
당신이 지혜로운 사람이 아니라면 지혜로운 사람을 찾으라

아이와 대화를 하다가 긴장되고, 짜증나고, 인내심을 잃을 때가 있는가? 그렇다면 당신이 사랑을 받지 못한다는 것을 스스로 느끼고 있다는 것을 의미한다. 당신은 공허함과 두려움에 눈이 멀 것이며, 아이를 제대로 볼 수 없으므로 하던 대화를 멈추는 게 맞다. 아이에게 줄 수 있는 진정한 사랑이 없는 상태에서 대화를 하면 어떤 좋은 영향도 줄 수 없을 것이다. 이때 배우자를 찾아서 당신보다 공허함과 두려움을 덜 느끼고 있는지, 그리고 당신을 위해 지혜로운 사람이 될 수 있는지를 판단해 보자. 또한 당신을 있는 그대로 받아들이고 또 사랑을 느낄 수 있도록 도와줄 수 있는 다른 어른과 대화할 수도 있다.

93쪽에서 이미 소개했던 조지의 사례를 보면 알 수 있다. 당신이 공허하고 또 두려울 때는 자신의 감정에 휩쓸리고, 스스로 얻고 보호하는 행동을 하는 데 눈이 멀게 된다. 그 상태로는 아이와 효율적인 대화를 하는 게 불가능하다. 그런데 지혜로운 사람은 당신이 느끼는 진짜 감정이 무엇인지, 어떤 행동을 할 수 있는지를 제대로 볼 수 있도록 도울 수 있다. 더욱이 지혜로운 사람에게 있는 그대

로 받아들여지고 또 사랑을 받게 되면, 보호하는 행동을 멈춰도 될 만큼 안전하다고 느끼게 될 것이다. 그러면 아이를 제대로 보고, 있는 그대로 받아들일 수 있게 될 것이다. 지혜로운 사람과 대화를 마치고 아이에게 돌아가면, 가능하지 않을 것만 같던 사랑이 넘치는 대화를 계속 이어 갈 수 있다.

상대를 제대로 보는 법을 적용한 예시

라이언은 8살 남자아이다. 학교 수업을 마치고 집으로 돌아온 라이언은 얼굴을 잔뜩 찡그리고 있었다. 남동생이 라이언에게 기분 나쁜 말을 내던지자, 그는 바로 남동생을 때렸다. 라이언의 아빠 찰스는 라이언이 남동생에게 던지는 사나운 말들을 듣고는, 라이언에게 날카롭게 소리를 질렀다.

"동생에게 그런 식으로 말하지 말거라! 당장 방으로 들어가서 숙제나 해."

찰스가 사리 분별을 못할 정도로 라이언에게 날카롭게 대했던 것은 의도적인 마음이 아니었다. 그 역시 조건 없이 사랑을 받아 본 적이 없는 것이다. 따라서 그는 자신이 느끼는 공허함과 두려움으로 인해 눈이 먼 상태였던 것이다.

찰스는 라이언이 집으로 들어올 때 찡그린 얼굴을 하고, 동생을 때리는 장면을 보지 못했다. 라이언은 자신에 대한 중요한 메시지를 비언어적인 방법으로 전달하고 있었다. 따라서 라이언이 여기서 말하는 사람이 된다(상대를 제대로 보는 법 2). 그런데 자신이 뭘 말하려고 하는지를 인지하지 못한 채 자신에 대해 말하고 있었다. 라이언이 하고자 하는 말은 바로, "누군가 나를 제대로 봐주고 사랑해 주는 것이 절실하다"라는 메시지였다(상대를 제대로 보는 법 3).

자신이 사랑받을 필요가 있다는 것을 통찰하고, 그걸 요구할 수 있는 용기가 우리들 중 몇 명이나 있을까? 찰스는 자신이 아이를 대하는 방식에 뭔가 문제가 있다는 것을 알고 있었다. 그러나 뭘 어떻게 해야 할지 몰랐다. 결국 지혜로운 친구에게 도움을 요청했고, **상대를 제대로 보는 법 4**를 행동으로 옮겼다. 자신의 진실을 말함으로써 사랑을 받았고, 아이에게 지혜로운 사람이 될 수 있도록 스스로 준비했던 것이다.

212쪽에서 소개했던 사례에서 패트리샤도 동일한 과정을 거쳤다. 그리고 자신이 받은 사랑을 아이들에게 나누기 시작했다.

어느 날, 찰스는 라이언이 동생을 때리는 걸 또 목격했다. 찰스는 라이언에게 말했다.

"행복하지 않아 보이는구나. 무슨 일이니?"

"아무것도 아니에요."

라이언이 퉁명스레 대답했다. 부모가 아이에게 개인적인 질문을 할 때 "아무것도 아니에요"라고 대답하는 데는 두 가지 이유가 있다. 첫째, 자신이 왜 기분이 나쁜지 자신도 이유를 모르기 때문이다. 둘째, 무엇이 문제인지 말해도 부모가 제대로 듣지 않거나 있는 그대로 받아들이지 않을 것이라는 믿음이 있기 때문이다. 수많은 경험이 이를 뒷받침해 준다.

찰스는 **상대를 제대로 보는 법 1과 2**를 기억했다. 라이언이 남동생을 어떻게 대했는지, 세부적인 내용을 들으면 혼란만 야기할 것 같다는 생각이 들었다. 그래서 라이언이 무엇을 말하려고 하는지, 일단 들어 보기로 결심했다. 이는 대화의 주제를 완전히 전환한 것이다. 찰스는 **상대를 제대로 보는 법 3**을 기억해 냈고, 이 순간 라이언은 자신에 대한 뭔가를 말하려고 애쓰고 있다는 것을 알아차렸다.

라이언은 사랑받고 싶은 욕구와 혼자라는 두려움을 말하고 싶었던 것이다. 찰스는 자리에서 일어나 라이언에게 어깨동무를 했다. 라이언은 순간적으로 저항했으나, 아빠가 자신을 있는 그대로 받아들인다는 것을 느끼자 마음이 안정되는 것을 느꼈다.

찰스가 말했다.

"나에게 정말 중요한 건, 네가 행복한 거야. 네 찡그린 표정을 보니 네가 행복한 것 같지 않구나. 아빠에게 아무것도 말하지 않아도 된단다. 그렇지만 네 말을 정말 듣고 싶어."

아빠에게 제대로 보이고 또 있는 그대로 받아들여진다는 것을 느끼자, 자신의 기분을 정말 나쁘게 하는 게 무엇인지를 말하는 것이 더 쉬워졌다. 라이언은 아빠에게 어느 누구도 자신의 말을 듣는 것 같지 않고, 자신에게 관심이 없는 것 같다고 말했다. 더욱이 남동생은 물어보지도 않고 자신의 방에 들어와 물건을 만지거나, 가져가서는 잃어버리고는 했다. 하지만 엄마는 라이언의 문제에 대해서만 항상 소리를 질렀다. 그리고 아빠는 자신과 함께 시간을 보내 주지 않았다. 라이언은 자신의 감정에 대해 어느 누구와도 대화를 해본 적이 없기 때문에 말로 표현하기가 어려웠다. 그래서 찰스는 라이언에게 이런저런 질문을 해서 라이언이 말할 수 있도록 도와주었다. 라이언은 혼자라는 외로움을 느꼈고, 두려웠으며, 화가 나 있었다.

이 대화가 끝난 뒤, 시간이 흘러 찰스는 나에게 이렇게 말했다.

"그날 아들의 말을 들었던 것보다 내 인생에 더 중요한 순간은 결코 없었다."

이 대화는 찰스가 하게 될 많은 사랑의 대화 중 가장 첫 번째 경험이었다. 라이언은 아빠의 도움 없이 그런 대화를 결코 할 수 없었을 것이다. 찰스 또한 상대를 제대로 보는 법을 이해하지 못한 상태에서 라이언이 남동생을 왜 때렸는지에 대한 진짜 이유를 이해할 수 없었을 것이다. 이처럼 아이를 제대로 보게 되면 기적과 같은 영향을 준다.

불행을 경험하고 있는 아이와 대화를 하는 데 있어서 특별한 기술을 배울 필요는 없다. 찰스와 동일한 방식으로 아이에게 접근하지 않을 수도 있다. 때때로 화가 난 아이를 있는 그대로 받아들이고, 사랑을 표현하는 것만으로도 변화를 꾀할 수 있다. 아이가 제대로 보이고 또 사랑받는다고 느낄 때, 얼고 보호하는 행동은 녹아내려 버린다.

이후 화가 난 아이와 상호작용하는 방법들에 대해 다루도록 하겠다.

> 주의 깊게 듣자. 그러면 아이가 말을 하는 대부분의 순간, 자신의 공허함과 두려움에 대해 말하고 있다는 것을 인지하게 될 것이다. 이를 깨닫게 될 때, 아이의 응석과 불만 그리고 다툼에 대한 세부적인 내용들에 길을 잃지 않게 된다. 그 대신, 아이의 삶에 진정으로 필요한 것이 무엇인지에 대해 대화하게 될 것이다.

아이의 행동 바로잡기

아이가 선택을 하는 데 있어 어떤 선택은 자신을 행복하게 만드는 반면, 어떤 선택은 자신을 슬프게 하거나, 사랑을 받거나, 분노하게 하거나, 재미를 주거나, 심심하게 만든다는 것을 배우게 된다. 그리고 경험이 부족하기 때문에 지혜롭지 못한 선택을 해서 자신을 불행으로 밀어 넣거나, 다른 사람들을 불편하게 만들기도 한다. 이 실수들은 피할 수가 없다. 결국 아이를 바로잡을 책임은 부모에게 있다. 어디까지 바로잡아 주어야 하는지는 나이에 따라 범위가 조절되어야 한다.

부모의 목표는 아이가 사랑을 받고, 사랑을 주고, 책임지는 법을 가르치는 것이다. 바로, 행복의 법칙을 가르치는 것이다. 아이를 바로잡는 목표도 같다. 아이의 행복을 위하는 의도가 적절할 것이다. 하지만 이 근본 목적을 잊은 채 아이에게 해가 되는 부모의 이기심으로 아이의 행동을 바로잡고는 한다.

한편, "바로잡는다"라는 단어는 부정적인 의미를 많이 함축하고 있다. 죄수들을 '바로잡기 위해' 교정 시설에 보낸다. 그리고 짜증나는 문제들이나 끔찍한 실수들을 '바로잡는다.' '바로잡는 것'은 뭔가 결함이 있거나 받아들일 수 없는 것들에 적용된다. 불행히도, 우리가 아이를 바로잡을 때도 아이에게 뭔가 결함이 있다고 여긴다. 아이들도 그것을 느낀다. 부모가 이기적인 마음으로 아이를 바로잡을 때 자신을 정당화하기 위한 두 가지 변명들에 대해 살펴보자.

- 우리의 편의를 위해 아이를 바로잡는 것
- 잘못된 행동을 당장 멈추게 하는 것

우리의 편의를 위해 아이를 바로잡는 것

아이를 키우는 데는 많은 시간을 투자해 관심을 줄 필요가 있다. 인정하고 싶지 않겠지만, 부모는 아이와 있는 것이 불편하다고 느끼며, 불편함을 줄이기 위한 이기적인 의도로 아이의 행동을 바로잡는 경우가 많다.

아이가 시끄럽게 할 때를 예로 들어 보자.

왜, 아이에게 조용히 하라고 하는가? 조용히 하면 아이가 더 행복해지기 때문인가? 아니다. 이는 부모가 시끄러운 것을 좋아하지 않기 때문이다. 더 나아가 우리가 아이보다 신체적으로 더 크기 때문에 마음에 들지 않는 행동을 멈추게 만들 수 있는 것이다. 아이를 위하는 생각은 어디에도 없다.

이렇듯 우리가 이기적인 이유에서 아이를 바로잡는다는 것을 아이는 느낄 수 있다. 특히 우리의 찡그린 표정과 목소리 톤을 통해 부모가 자신의 행복에 관심이 없다는 사실을 느낀다. 심지어 부모가 자신의 앞길을 가로막는 불편한 존재로 아이를 보고 있다는 사실도 알고 있다. 이처럼 이기적인 이유 때문에 아이를 바로잡으면, 상처를 주는 것이다.

잘못된 행동을 멈추는 것

앞서 소개했던 찰스는 라이언이 남동생에게 화를 내면서 말하는 것을 멈추게 했다. 찰스는 라이언의 잘못된 행동을 멈추게 했으므로, 스스로 정당하다고 느꼈다. 그러나 그의 행동이 정당했을까? 비록 순간적인 평화를 얻었지만, 훨씬 중요한 목표를 성취하지 못했다. 바로, 사랑을 받고 또 사랑을 주는 것을 아들에게 가르치지 못했다. 그 대신 다음과 같은 메시지를 아들에게 가르쳤던 것이다.

"라이언, 난 시끄러운 걸 좋아하지 않아. 네가 동생에게 화를 낼 때, 네가 정말 싫구나."

이로써 라이언은 자신이 화를 내면, 자신에게 뭔가 문제가 있다는 것을 배우게 되었다. 이렇듯 우리가 실망하고 짜증내면서 아이를 바로잡으면, 아이가 받아들이는 메시지는 부모가 자신을 받아들이지 않는다는 것이다. 결국 아이는 혼자라는 외로움과 두려움을 느끼게 된다. 또 공격을 하거나, 피해자 행세를 하거나, 도망치는 행동으로 반응한다. 이러한 얻고 보호하는 행동들은 아이를 더욱 공허하고, 혼자라는 외로움에 빠지게 한다.

우리는 아이들이 서로 다툴 때마다 다툼을 멈추게 하려고 한다. 그리고 '싸우는 건 잘못된 일이니까'라며 스스로 정당화한다. 아이들이 말다툼을 하는 건 공허하고 또 두렵기 때문이라는 것을 잊어버린다(상대를 제대로 보는 법 3). 화가 난 아이는 제대로 보이고, 받아들여지고, 사랑받을 필요가 있다.

찰스와 라이언의 사례처럼 부모는 아이의 행동을 바로잡아 줄 필요가 있다. 그러나 실망하고 화를 내면서 바로잡아서는 안 된다. 아이를 사랑해 주면 화를 내던 근본적인 원인인 공허함과 두려움이 사라지게 될 것이다. 이는 증상을 제거하는 것이 아니라, 근본적인 원인을 해결하게 되는 것이다.

한편, 부모는 아이의 얻고 보호하는 행동에 제대로 대처하지 않는 경향이 있다. 제6장에서 아이의 얻고 보호하는 행동에 효율적으로 대처하는 법을 살펴보도록 하겠다.

아이의 행동을 효과적으로 바로잡는 법

아이의 행동을 효과적으로 바로잡는 법은 꽤 단순하다.
부모에게 필요한 태도는 다음과 같다.

1. 아이를 사랑해 주는 것
2. 가르치는 것(아이의 행동에 대한 진실을 말해 주는 것)
3. 아이를 믿는 것

4. 아이가 저지른 행동에 때때로 책임을 지게 하는 것

① 아이를 사랑해 주는 것

제5장을 시작하면서 아이를 제대로 보고, 있는 그대로 받아들이고, 사랑을 주는 법을 배울 수 있다고 말했다. 그 과정은 어떤 기술이 아니다. 더욱이 아이에게 해줄 수 있는 말들을 리스트로 만들고, 암기하고, 적절한 상황에서 사용하는 것이 아니다. 이는 마치 아이가 굶주릴 때 음식이 우리 손에 없으면 실질적으로 먹이지 못하는 것처럼, 우리 스스로 조건 없는 사랑을 받아야 줄 수 있는 것이다. 진정한 사랑을 주는 것은 사기를 칠 수 있는 것도 아니다. 이 과정을 거치지 않은 상태에서 아이를 바로잡는 것은 큰 의미가 없을 것이다.

화를 낼 때마다 우리는 스스로 거짓말을 한다. 그리고 그것이 사실이라고 믿고 싶어한다. 그 거짓말은 다음과 같다.

"아이를 옳은 길로 이끌기 위해 화를 낼 필요가 있다."

부모가 이런 거짓말을 하는 이유는, 화를 내는 것은 가장 익숙한 도구로서 즉각적인 결과를 보여 주기 때문이다. 그러나 화를 내면서 가르치면, 아이는 우리가 가르치려는 어떤 교훈도 제대로 듣지 못한다. 아이가 들을 수 있는 메시지는 단 하나, '부모가 나를 사랑하지 않는다'는 것뿐이다.

② 가르치는 것(아이의 행동에 대한 진실을 말해 주는 것)

옳고 그른것, 부지런한 것과 게으른 것, 사랑을 주는 것과 이기적인 것을 구분하지 못하면 인간은 행복해질 수 없다. 아이에게 이를 가르치는 최고의 방법은 아이의 행동에서 이러한 성품을 발견할 때마다 지속적으로 말해 주는 것이다. 아주 어린 나이부터 가르칠 수 있다. 더욱이 아이가 이기적으로 행동하고, 화를 내고, 게으를 때는 말을 해줄 필요가 있다. 그러나 이때 실망을 표현하고 화를 내서는 절대 안 된다. 또한 아이가 상대를 위하고 사랑을 줄 때도 말해 줄 필요가 있다.

아이의 진실에 대해 말을 하는 목적은 아이가 사랑을 받고, 다른 이들에게 사랑을 주고, 책임지는 것을 배우고 또 도와주기 위함이라는 사실을 기억하자. 이때 아이를 통제하거나 아이의 기분을 상하게 만들기 위해 실수에 대한 진실을 말해서는 안 된다. 만약, 아이 스스로 실수를 제대로 보고 인정한다면, 그것을 지적할 필요가 없다.

나의 아들 조셉이 지프차를 망가트렸을 때를 예로 들어 보자. 그 당시 나는 조셉이 실수를 저질렀고, 무책임한 행동을 했다는 것을 말해 줄 필요가 없었다. 조셉 스스로 그것을 이미 알고 있었으며, 기꺼이 인정했다. 그러나 자신이 저지른 실수를 아이가 제대로 보지 못할 때는 진실을 말해 줄 필요가 있다.

다음은 10살인 크리스토퍼의 사례다.

크리스토퍼가 학교에서 돌아와 주방에 있는 쿠키 상자 앞으로 곧장 달려갔다. 그리고 쿠키 상자 앞에 서 있던 6살 여동생 헤더를 밀쳐 낸 뒤 상자 속에 들어 있던 마지막 쿠키를 얼른 입에 넣었다. 그러자 여동생은 억울하다는 듯 울부짖었다.

엄마는 딸의 울음소리를 듣고는 주방으로 와서 물었다.
"무슨 일이니?"
"오빠가 마지막 남은 쿠키를 먹었어요. 그리고 저를 밀었어요."
헤더는 울면서 말했다.
"내가 먼저 집었어. 그러니까 내 꺼지."
크리스토퍼가 받아쳤다.

아이의 행동을 바로잡을 때 가장 첫 번째 단계가 있다. 첫 번째 단계를 뛰어넘어서는 안 된다. 크리스토퍼가 사랑을 받지 못한 상태에서는 아무것도 배울 수가 없으며, 진정한 사랑은 가식적으로 줄 수가 없다. 우리가 사랑받지 못하고 짜증난 상태에 있다면, 이런 상황이 닥쳤을 때 아이에게 유용한 어떤 것도 가르칠 수 없다. 다행히 크리스토퍼의 엄마는 진정한 사랑을 찾는 과정을 이미 밟았기 때문에 사랑을 느끼고 있었다.

두 아이의 상호작용을 마주했을 때, 여유로운 척을 하거나 화를 숨기려고 하지 않았다. 진정한 사랑을 이미 느끼고 있었던 그녀는 쉽게 화가 나지 않았으므로, 여유롭게 사랑을 주고 있었다. 화를 내거나 인내심을 잃을 이유가 없었던 것이다. 엄마는 침착하게, 크리스토퍼를 사랑으로 가르칠 수 있었다.

"크리스토퍼, 엄마는 너에게 화나지 않았어. 그걸 느낄 수 있겠니?"

크리스토퍼는 어깨를 으쓱해 보이며 알겠다는 듯 고개를 끄덕였다. 그는 엄마가 자신에게 화를 내지 않고 있다는 것을 느낄 수 있었다.

엄마	엄마는 네가 어떤 행동을 했는지, 네 스스로 볼 수 있게 돕고 싶을 뿐이란다. 네가 쿠키를 먹었을 때, 너 자신만을 생각했다는 것을 볼 수 있겠니?
크리스토퍼	그런 것 같네요.
엄마	헤더에게 뭔가를 나누어 주었던 상황이 있다면 기억을 해볼 수 있겠니?
크리스토퍼	네.
엄마	그때 기분이 어땠니?
크리스토퍼	좋았어요.
엄마	사랑을 줄 때는 언제나 기분이 좋단다. 지금 사랑이 넘치고 행복하다고 느끼니?
크리스토퍼	(잠시 멈추었다가) 음…. 아니요.
엄마	그게 바로 자기만 생각할 때의 문제란다. 네가 원하는 것을 얻을 수는 있지. 쿠키처럼 말이야. 그렇지만 사랑을 줄 때만큼 결코 행복해질 수 없지. 네가 나쁜 아이라고 말하는 게 아니란다. 아들아! 네가 이기적일 때, 사랑을 줄 때만큼 행복해질 수 없다

는 걸 말해 주는 거란다. 내 사랑을 줄 때 언제나 더 행복하다는 걸 엄마는 알고 있거든. 엄마가 너를 사랑해 줄 때처럼 말이야.

아이가 저지른 행동에 대한 진실을 말해 주는 것은 아주 중요하다. 아이는 자신이 이기적일 때, 두려워하고 있을 때, 화가 났을 때, 그 행동이 자신을 불행하게 만든다는 사실을 알아야 한다. 이 교훈을 통해 아이들은 삶에서 얻고 보호하는 행동을 피하고, 언제나 행복을 선택하는 통찰력과 힘을 얻게 된다. 아이를 처벌하고 또 통제한다고 해서 내면의 자기 주도적인 힘을 기를 수는 없다.

크리스토퍼의 엄마는 아들을 사랑으로 가르치는 게 그리 어렵지 않았다. 그녀 스스로 이미 사랑을 받았기 때문에 공허함과 두려움으로 인한 방해를 받지 않았기 때문이다. 짜증을 내는 대신에 아들이 명확하고 또 제대로 볼 수 있도록 했고, 아들을 있는 그대로 받아들일 수 있었다. 아들이 있는 그대로 받아들여졌다고 느꼈기 때문에, 엄마에게 자신이 저지른 행동에 대한 진실을 들었음에도 불구하고 공격당한다고 느끼지 않았다. 특히 엄마와 대화를 하며 안전함을 느꼈기 때문에 엄마에게 거짓말이나 공격하기, 피해자 행세, 도망치기 등의 행동으로 자신을 보호할 필요가 없었던 것이다. 즉, 엄마가 가르치는 교훈을 집중해서 들을 수가 있었다.

> 모든 상황에서 아이에게 필요한 것은 아주 간단하다. 아이는 부모의 사랑과 가르침이 필요하다.

아이는 자신이 진정 누구인지, 자신의 결점이 무엇인지 등에 따라 제대로 보이고 또 있는 그대로 받아들여졌을 때 가장 사랑받고 있다는 것을 느낀다. 크리스토퍼가 이기적으로 행동하는 순간에도 누군가에게 제대로 보이고, 있는 그대로 받아들여질 필요가 있었다. 그래서 엄마는 크리스토퍼가 이기적인 행동에 대한 진실을 스스로 말할 수 있도록 도와주었다. 스스로 마주했기 때문에, 미래에 동일한 상황에 부딪히게 되면 헤더에게 사랑을 줄 수 있는 선택을 할 수 있도록 한 발자국을 내디딘 것이다.

아이에게 진실을 가르쳐 주면서 진심으로 사랑해 주면, 아이는 자신을 보호하는 대신 부모의 말을 들으며 배울 수 있다. 그러나 우리가 진정한 사랑을 찾기 시작한 지 얼마 되지 않았을 때는 아이가 심각한 문제를 자주 일으켜도 형편없이 대처하기도 할 것이다. 사소한 어려움을 경험하더라도 그 스트레스는 당신의 모든 사랑을 비워 버릴 정도로 심각한 타격을 줄 수 있는데, 그러면 당신은 얻고 보호하는 행동을 다시 사용하게 될 수 있다. 그리고 벗어날 수 없는 늪에 빠진 것처럼 느낄 것이다. 그럴 때는 어떻게 해야 할까?

- 아이들에게 가장 필요한 것은 당신의 조건 없는 사랑이다.
- 실망하고, 조바심을 내고, 짜증을 내는 등 진정한 사랑이 아니라면 아이는 상처받을 것이다.
- 당신에게는 아이에게 줄 진정한 사랑이 없다.
- 부모라는 게임에는 종료 버튼이 없다. 당신은 사랑이 넘치는 부모의 가르침으로, 아이의 그릇된 행동을 지금 당장 바로잡아 주어야 한다.

위 문장들이 마치 말도 안되고, 불가능한 것처럼 보일 수 있다. 다행히, 당신은 이 책을 통해 화에 대처하는 5가지 방법을 배웠다.

- 입을 다물자. 화를 내면서 절대 말하지 않는다. 화를 내면서 말을 하는 것은 서로 상처만 남길 뿐이다.
- 자신의 잘못을 인정하자. 화를 내고 있다는 사실은 상대를 사랑하지 않기 때문이라는 것을 염두에 두자. 사랑하지 않으면서 화를 내는 것은 언제나 옳지 않다.
- 사랑을 느끼자. 다른 사람에게 당신의 진실을 말하고, 지금까지 받아 온 조건 없

는 사랑을 기억해 보자.
- 사랑을 받자. 앞의 세 가지 방법들을 시도해 보아도 화가 가라앉지 않는다면, 아이와의 대화를 멈추고 그 자리에서 잠시 벗어나 보자. 그리고 당신을 사랑해 주고, 당신의 실수를 볼 수 있도록 도와줄 다른 어른에게 전화를 하거나 만나자. 제4장에 소개했던 애비와 더그의 사례를 보면 이를 잘 이해할 수 있다.
- 사랑을 주자. 앞선 네 가지 방법을 시도해 본다면, 사랑이 넘치는 방법으로 아이와 상호작용할 준비가 되었을 것이다.

아이의 행동을 지금 당장 바로잡아 주어야 하기 때문에 때때로 화를 내는 것이 정당하다고 믿고 싶을 수 있다. 그 길로는 들어서지 말자. 후회로 가득찰 것이다.

💕 아이에게 어떤 진실을 말해야 하나?

제5장을 시작하면서, 세부적인 내용들에 집중하면 아이를 사랑하고 또 바른 길로 인도할 수 있는 기회를 놓치게 될 수 있다고 말한 바 있다. 예를 들어, 앞서 소개했던 크리스토퍼와 엄마의 사례는 잔소리와 취조를 하는 방향으로 아주 쉽게 흘러갈 수도 있었다. 부모를 샛길로 빠지게 하는 세부적인 내용들은 다음과 같다.

- "동생을 밀지 말라고 했을 텐데?"
- "동생이 다칠 수 있다는 것 몰랐니? 네 덩치가 훨씬 크잖아."
- 크리스토퍼가 헤더를 밀치고 난 뒤, 헤더가 욕을 했다는 크리스토퍼의 고자질을 들을 수 있다.
- 이번 주에 누가 쿠키를 더 많이 먹었는지, 서로 비난하며 대화할 수도 있다.
- 지난해에 크리스토퍼가 했던 공격적인 행동들을 나열할 수도 있다.

크리스토퍼의 엄마는 지혜롭게도, 위에 나열한 세부적인 사항들에 빠지지 않았다. 그녀는 크리스토퍼의 행동에서 가장 중요한 한 가지만을 보았다. 그가 사랑을 받고 있다는 것을 느끼지 못한다는 사실이었다. 그래서 아들을 사랑해 주었고, 다음에는 더 지혜로운 선택을 할 수 있도록 도와주었다.

이처럼 우리는 세부적인 것들을 빠르게 살피고, 아이가 경험하고 있는 분노와 이기심 그리고 다른 사람들을 사랑하는 능력과 책임감이 부족한 것에 대해 알려 줄 필요가 있다.

♥ 아이가 다른 사람에게 진실을 말하도록 도와주기

아이가 부모에게 진실을 말하는 법을 배우면, 주변 사람에게도 동일하게 행동하도록 도와줄 수 있다. 다음에 제시하는 앨리슨 엄마의 사례를 살펴보자.

14살인 앨리슨은 친구 엘리자베스와 심하게 싸운 뒤 울며불며 엄마에게 와서 어떻게 해야 할지 물어보았다. 앨리슨의 엄마는 아주 현명한 사람이었다.

엄마	진실을 말하렴. 진실이 남은 일들을 해결하는 기초가 될 거야.
앨리슨	진실을 말했어요. 엘리자베스가 얼마나 이기적인지 말했어요.
엄마	(살짝 웃으며) 아니, 네 자신의 진실을 말하라는 거야.
앨리슨	제 잘못이 아니었는 걸요.
엄마	네 방식대로 엘리자베스와 대화를 했더니 어떤 결과가 나왔니?
앨리슨	엉망이었죠.
엄마	엉망이었던 걸 계속 반복하고 싶니? 아니면 다른 방법을 시도해 보면 어때? 엘리자베스와 대화할 때, 친구를 있는 그대로 받아들이고 사랑해 주었니?
앨리슨	제가 왜요? 엘리자베스가 잘못을 한 당사자인데…

엄마	다시 말해 줄게. 엘리자베스가 잘못했을지도 몰라. 그런데 상대의 잘못을 탓하면 너와 친구 둘 다 불행해진다는 걸 이제 알게 되었지. 뭘 어떻게 해야 한다고 말하는 게 아니란다. 엄마가 말하는 건, 화를 내고 또 친구의 잘못을 비난하는 행동은 너희 둘 다 행복하게 만들지 못한다는 거야. 엄마는 너 자신의 진실을 친구에게 말해 보는 걸 제안하는 거란다. 기억하렴. 앨리슨, 엄마는 네가 엘리자베스에게 어떻게 대하든 상관없이 너를 있는 그대로 사랑한단다. 다시 한번 물어보마. 네가 엘리자베스와 대화할 때 사랑을 주었니?
앨리슨	음…. 아니요. 전 그때 두려웠어요. 그리고 화를 내면서 제 자신을 보호했어요.

앨리슨은 지금까지 오랜 시간 동안 엄마에게 조건 없이 사랑받았기 때문에, 엄마에게 자신의 진실을 말하는 것이 안전하다고 느꼈다. 스스로 하고 있었던 얻고 보호하는 행동을 제대로 볼 수 있었기에 가능했다. 또한 앨리슨의 가족은 정기적으로 가족 모임을 하며 얻고 보호하는 행동에 대해 많은 대화를 했다. (가족 모임에 대해서는 곧 자세히 다루도록 하겠다.)

엄마	(미소를 지으며) 아주 솔직하구나. 엄마는 네 나이보다 30살을 더 먹기 전까지는 너처럼 솔직하지 못했단다. 네가 한 행동을 인정하고 나니 기분이 어떠니?
앨리슨	제 자신의 잘못을 말하고 싶지 않았어요. 이기적으로 보이는 게 두려웠거든요. 진실을 말하고, 제 자신이 누구인지 보여드렸는데도 엄마가 실망하지 않으시는 걸 보니까 안심이 돼요.
엄마	엘리자베스에게도 엄마에게 했던 말을 해보는 게 어때?
앨리슨	그건 좀 어려워요.

엄마	엘리자베스와 관계가 이런 식으로 지속되어도 괜찮겠니?
앨리슨	아뇨.
엄마	그렇다면 잃을 게 없을 텐데…. 과거와 다른 행동을 해보렴. 처음에는 친구에게 진실을 말하는 게 무서울 수도 있어. 그런데 지금 네가 느끼는 슬픔만큼 아프진 않을 거란다. 가장 중요한 건, 진실한 사랑을 주는 걸 연습할수록 넌 더 행복해진다는 거야. 친구가 네 말에 긍정적으로 반응하지 않더라도 말이야. 한번 해보겠니?

앨리슨은 엘리자베스에게 다가가 대화를 했다. 엘리자베스와 대화할 때 자신이 얼마나 이기적이고, 두려워하고 있었으며, 화를 냈다고 말했다. 그것은 온전히 자신의 책임이라고 덧붙였다. 앨리슨의 뜻밖의 말에 엘리자베스는 감동을 받았고, 이후 둘의 관계는 예전처럼 돌아가 더 굳건해졌다.

한편, 앨리슨의 엄마가 가르쳐 준 교훈이 얼마나 큰 가치가 있는지는 측정할 수도 없다. 그러나 아이에게 진실을 말하는 법을 가르치면 가르칠수록, 아이는 살아가면서 행복해지는 방법을 알게 되는 것이다.

이후에도 아이들이 진실을 말하는 사례들을 계속해서 제공할 것이다.

③ 아이를 믿는 것

아이를 사랑으로 가르치면서 얻는 변화는 영원한 가치가 있다. 그 가치를 온전히 얻기까지 오랜 시간이 걸린다. 그래서 우리는 결과를 더 빨리 이끌어 낼 수 있는 방법인 화를 내고, 처벌을 가하고는 한다. 화를 내고 처벌을 가하는 방법을 이용하면 아이는 겁에 질리고, 우리가 원하는 행동을 재빠르게 한다. 두려움은 즉각적인 영향을 미치기 때문에, 겁을 주며 강압할 때 아이가 더 빠르게 배우는 것처럼 보인다. 그러나 두려움이 만드는 결과는 끔찍한 환상일 뿐이다. 두려움을 통해 아이를 통제함으로써 개별적인 일을 더 빠르게 진행할 수 있을지는 모르지만, 이러한 접근법은 부모가 해야 할 가장 중요한 일을 하지 못하도록 막는다. 부모가 진정으로 원하는 것은 아이가 사랑을 받고, 사랑을 주고, 책임을 지며 살아가는 것이고 또 행복해지는 것이다. 그 행복은 아이 스스로 올바른 선택을 하는 법을 배울 때 가능하다.

사랑으로 행동을 변화시키는 것이 두려움으로 행동을 변화시킬 때보다 더 오랜 시간이 걸린다. 그러나 우리가 비난하고 또 통제하는 대신 계속해서 사랑으로 가르친다면, 아이는 강한 내성과 영원한 행복을 경험하게 될 것이다. 아이가 사랑을 받고, 무엇이 옳은 것인지를 배우게 되면 실수를 적게 하게 될 것이라고 믿어야만 한다. 부모가 아이를 조종하고, 겁을 주려는 오래된 습관들을 포기하기 위해서는 믿음이 필요하다. 아이에게 진실과 사랑을 가르치고, 그 결과가 나타나기 전까지는 믿을 수밖에 없다. 그 결과는 기다려 볼 만한 가치가 있다.

아이를 믿는 것, 진실의 힘을 믿는 것 그리고 진정한 사랑의 힘을 믿는 것에 대해서는 제7장에서 더 논하도록 하겠다.

④ 아이가 저지른 행동에 때때로 책임을 지게 하는 것

인간은 편안한 것을 더 좋아한다. 우리 앞에 두 갈래의 길이 있다면 지름길을 선택할 것이다. 또한 변해야만 한다는 동기가 없다면 같은 행동을 계속해서 반복한다. 물리학에서는 이와 같은 현상을 관성이라고 한다. 관성은 어떤 물체가 한 방향으로 움직이고 있을 때, 중간에 방해만 없다면 같은 방향으로 계속 움직이려는 힘을 말한다. 관성의 법칙은 아이에게도 적용된다. 아이는 우연히 현명해지고, 강해지고, 더 행복해지는 것이 아니다. 부모의 도움이 없다면 습관들을 반복하는 경향이 있다.

대부분의 아이는 누군가 가르쳐 주지 않는다면 열심히 일하고, 책임지는 것을 선택하지 않을 것이다. 당연히 더 쉽고, 재미있고, 무책임하게 먹고 자며 오락거리들로 시간을 보내는 걸 선택할 것이다. 따라서 우리를 성장시키고 또 행복한 길로 이끌어 줄 오르막길을 스스로 선택할 수 있는 힘을 기르기 전까지, 부모는 아이를 사랑으로 가르쳐 주어야 한다. 어떤 경우는 사랑을 주고, 길을 인도해 주는 것만으로 충분하지 않을 때도 있다.

엄마 수잔과 아들 카일의 사례를 살펴보자.

수잔은 세 자녀를 둔 싱글맘이다. 세 자녀들은 각각 빨래, 설거지, 주방 청소, 잔디 깎기 등 집안일을 각각 책임지고 있다. 그중에서 카일은 집 안에 있는 모든 쓰레기통을 매일매일 비우고, 쓰레기차가 가져갈 수 있도록 일주일에 한 번 집 앞에 모아 두어야 했다. 그런데 카일은 자신의 맡은 바 책임을 지지 않고, 이따금 내버려 둘 때가 있다. 그러면 집 안에 있는 쓰레기통은 가득차서 쓰레기가 밖으로 흘러넘쳤다.

그러자 수잔은 카일과 대화를 하며, 책임을 제대로 이행하고 또 할 일을 제때 해야 한다는 것을 볼 수 있도록 도와주었다. 이때 수잔은 어떻게 일을 해야 하는지를 아들에게 알려 주며, 조건 없이 사랑해 주었다. 카일 또한 엄마가 자신에게 전혀 짜증내고 있지 않다는 것을 분명히 느꼈다.

카일은 한 주 정도는 맡은 일을 잘 처리했으나, 2주 정도가 지나자 다시 게을러지기 시작했다. 수잔은 카일의 책임에 대해 다시 대화를 했는데, 2주 뒤에 또 다시 대화를 해야 했다. (사랑으로 가르칠 때 인내심을 잃지 않는 것이 중요하다.) 단순한 가르침으로 소용이 없자, 수잔은 새로운 접근을 해보기로 했다.

"카일, 가족과 함께 여기서 사는 게 좋니?"

잠깐 망설이다가 카일은 좋아한다고 대답했다.

"어떤 부분을 좋아하니?"

수잔이 다시 물었다. 수잔은 카일이 어떤 부분에서 가족과 함께 사는 것이 좋은지를 볼 수 있도록 도와주었다.

- 지붕이 있어 겨울에는 따뜻하고, 여름에는 시원한 공간을 확보한다. 수잔이 직장

에서 지속적으로 일을 하는 덕분에 가족이 이런 공간에서 살 수 있다.
- 깨끗한 옷을 입을 수 있다. 여동생이 빨래를 책임지고 있는 덕분이다.
- 뛰어놀 수 있는 잔디밭이 있는 마당이 있다. 형이 잔디를 깎고, 잡초를 뽑고, 나무들의 잔가지를 자르는 책임을 제때 하는 덕분이다.
- 건강하고 맛있는 음식을 먹을 수 있다. 엄마가 대부분 요리를 하지만, 여동생이 도와주기도 한다.

"자, 카일, 쾌적한 공간을 만들기 위해 맡은 바 책임을 다하기 때문에 우리가 여기서 살 수 있는 거란다. 너도 책임을 져야 하는 사람 중 한 명이지. 네가 책임을 다할 때, 집 안이 편안한 공간이 되는 거야. 네가 맡은 일을 하지 않으면, 모든 사람이 불편해지지. 그걸 이해하겠니?"

아이가 자신이 맡은 집안일을 할 때 부지런해야 하는 이유는 아주 많다. 쓰레기 버리기는 집안일 중에서도 가장 작고 단순한 일이다. 아이가 집안일을 하면 가족의 행복에 기여한다는 큰 목적을 경험한다. 그 과정에서 가족을 어떻게 사랑할 수 있는지를 배우며, 소속감을 느낀다. 아이가 자신에게 주어진 책임을 다하고, 주변 사람들을 돕고, 사랑을 줄 때 더 행복하다는 것은 단순한 이치다.

카일은 엄마가 무슨 말을 하는지를 이해하고, 한 달 정도는 쓰레기 버리는 일을 제대로 했다. 얼마 뒤 카일이 또다시 게을러지자, 수잔은 같은 대화를 반복하며 사랑으로 가르쳤다. 하지만 카일은 주어진 일을 제대로 할 생각이 없다는 것을 분명히 알게 되었다. 엄마의 반복적인 사랑과 가르침도 소용이 없었다. 그래서 수잔은 추가적인 방법을 사용해 보기로 마음먹었다.

"카일, 쓰레기 버리는 일을 제대로 해보자는 의미에서 우리가 꽤 오랜 시간 동안 반복적으로 대화하고 있어. 하지만 대화로는 변하는 게 없는 것 같구나. 엄마 말에 동의하니?"

카일은 엄마의 말에 동의했다. 수잔은 계속해서 말을 이어 갔다.

"어떻게 하면 네 일을 제대로 할 수 있을 것 같니? 좋은 생각 있니?"

"아뇨."

"그럼, 엄마가 새로운 방법을 시도해 보려고 한단다. 이제 엄마는 네가 쓰레기통을 비우는 것에 대해 더이상 아무 말도 하지 않을 거야. 어때 좋은 생각이니?"

카일은 엄마의 새로운 방법이 마음에 들었다. 동시에 엄마가 무슨 계획을 가지고 있는지, 약간 의심이 들었다.

"네가 해야 할 일에 대해 엄마가 계속 말하지는 않겠지만, 이제 모든 책임은 너에게 달려 있는 거야. 엄마는 아무 말도 하지 않을 거야. 대신, 너는 네가 하지 않은 일에 대한 결과를 책임지게 될 거야. 일을 제때 하지 않아 발생하는 당연한 결과에 대한 책임을 져야 해. 평범한 어른들이 자신에게 주어진 책임을 지지 않을 때처럼 말이야."

이때 부모는 아이에게 행동에 대한 결과를 부여하기 전에 결과에 대한 책임을 지는 것과 처벌을 받는 것의 차이를 이해해야 한다. 그 차이는 기술의 차이도 아니고, 사용하는 단어의 차이도 아니다. 결과와 처벌의 차이는 바로 부여할 때의 동기에 있다. 사랑이 넘치는 부모가 부여하는 것은 결과에 책임을 지게 하는 것이고, 화를 내면서 부여하는 것은 처벌이 된다.

결과에 대한 책임을 지게 할 때 부모의 태도는 다음과 같다.

- 삶의 원칙을 가르치기 위해서다.
- 아이의 성장과 행복에 진정한 관심을 갖기 때문에 결과를 부여한다.
- 가짜 사랑을 얻으려는 욕구가 없다.
- 인내심을 잃지 않는다.
- 화를 내거나 짜증을 내지 않는다.

처벌을 가할 때 부모의 태도는 다음과 같다.

- 아이의 행동에 대한 대가를 치르게 하기 위해 처벌을 가한다.
- 부모를 불편하게 만들어서는 안 된다는 교훈을 가르치기 위해 처벌을 가한다.

- 정당하고 공평한 상황을 위해 처벌을 가한다.
- 부모가 인내심을 잃은 상태에서 처벌을 가한다.
- 제대로 통제되고 있다는 강력한 힘을 느끼고자 처벌을 가한다.
- 아이가 불편해하는 데 쾌락을 느낀다.
- 화를 내면서 처벌을 가한다.
- 수치심을 주면서 처벌을 가한다.

요약하자면, 결과에 따른 책임을 지게 하는 것과 처벌을 가하는 것의 차이는 화를 내느냐 안 내느냐의 차이다. 당신이 화를 내는 순간, 아이에게 결과에 대한 책임을 지게 하는 것이 아니다. 그것은 아이에게 처벌을 가하는 것이다. 처벌을 가할 때 아이가 이해하는 단 한 가지 메시지는 바로, "너를 사랑하지 않아"라는 것이다. 아이에게 짜증을 느끼는 순간 처벌을 가하면, "더이상 너를 받아들일 수 없다"라는 것을 아이에게 가르치게 될 뿐이다. 더 나아가 아이는 부모에게 조종당하고 또 통제당하는 존재라고 생각하며, 공허함과 두려움을 느끼게 된다. 그리고 얻고 보호하는 행동으로 반응한다. 처벌을 가하면 아이의 행동이 순간적으로 변하는 것처럼 보일지 모르나, 아이가 겪는 전체적인 피해는 끔찍하다.

부모로서 우리는 결과를 부여하는 목적을 이해해야 한다. 아이가 잘못된 선택을 했을 때 충분한 불편함을 느껴서, 다음에는 옳은 선택을 할 수 있도록 하는 것이다. 결과를 부여하는 것은 아이의 삶을 장기적으로 보았을 때, 진정한 행복으로 이끌어 줄 수 있도록 인도하기 위한 단 하나의 이유뿐이다. 결국 사랑으로 가르침을 충분히 받은 아이는 스스로 원하기 때문에 올바른 선택을 해 나갈 것이다. 올바른 선택이 자신을 행복하게 만들기 때문이다. 그러면 결과를 더이상 부여할 필요가 없어진다. 부모가 아이를 평생 쫓아다니면서 옳지 않은 행동을 지적하며, 그 결과를 책임지게 할 수는 없는 노릇이다.

아이의 행동을 효과적으로 바로잡는 법은 꽤 단순하다.

1. 아이를 사랑해 주는 것
2. 가르치는 것(아이의 행동에 대한 진실을 말해 주는 것)
3. 아이를 믿는 것
4. 아이가 저지른 행동에 대해 때때로 책임을 지게 하는 것

수잔은 카일과 대화할 때 결과를 부여하는 이유를 잘 이해하고 있었다.
"네가 쓰레기통을 매일 비울 수 있도록 동기를 부여할 생각이야. 네가 할 일을 계속 잊어버리는 것을 보니, 이 일이 중요한 일이라고 생각하지 않는 모양이구나. 이제 이렇게 해보자. 쓰레기통을 오후 6시 전까지 모두 비워야 해. 저녁 식사 전까지 말이야. 우리 약속이지. 6시 전까지 비우지 않으면, 나는 아무 말도 하지 않을 거야. 그렇지만 엄마가 직장에서 일을 하지 않을 때 받게 되는 것과 동일한 경험을 하게 될 거야. 엄마가 직장에 가지 않으면, 아무도 잔소리를 하지 않지. 그냥 월급을 받을 수 없단다. 엄마가 일을 안 하면, 우린 밥을 못 먹는 거야. 너도 같은 결과를 경험하는 거지. 오후 6시까지 쓰레기통을 비우지 않으면, 저녁 식사는 없단다. 이해가 되니?"

카일은 엄마의 생각이 썩 마음에 들지 않는다고 말했다. 그래서 엄마는 카일에게 더 좋은 생각이 있냐고 물었다. 그러나 카일은 더 나은 생각을 해낼 수 없었다. 이렇게 카일의 행동에 대한 결과가 정해졌다. 수잔은 아들에게 명확하게 설명했다. 자신에게 주어진 집안일을 하지 않으면, 저녁 식사를 하지 않는 선택을 스스로 하는 것이었다. 쓰레기통을 비울지, 비우지 않을지는 카일의 선택이다. 그와 마찬가지로 저녁을 먹는지, 먹지 않는지 또한 카일의 선택인 것이다.

카일은 2주 동안 쓰레기통을 제때 비웠다. 그런데 하루는 "오늘 깜빡했어요"라고 말하며 식탁에 앉았다. 그러자 엄마는 카일의 접시를 조용히 치우며 이렇게 말했다.

"내일 오후 6시까지 쓰레기통을 비우면 가족과 저녁 식사를 함께할 수 있단다." (아침과 점심 식사는 할 수 있다. 저녁 식사만 하지 못하는 것이다.) 수잔은 결과에 대한

책임에 대해 카일에게 반복해서 말하지도 않았으므로, 짜증난 듯한 느낌은 전혀 없었다. 더욱이 잔소리도 하지 않았고, "그러니까 내가 몇 번이나 말했잖니"라는 말도 하지 않았다. 수잔은 카일에게 가서 일정한 시간을 함께 보내며 애정을 표현했다. 그렇다고 해서 서로 미안해하거나 사과하지 않았다. 서로 논의한 뒤 결정한 결과를 부여한 것이므로….

카일은 저녁 식사를 하지 못한 것이 기쁘지 않았지만, 화를 내거나 얻고 보호하는 행동을 하지는 않았다. 그 이유는 두 가지다.

- **엄마가 이미 설명한 대로 자신이 한 행동에 대한 결과를 책임지는 것이라는 사실을 이해하고 있었다.**
- **엄마가 자신이 한 행동의 결과를 책임지도록 할 때 전혀 화를 내지 않았기 때문에 공격받거나 통제당한다고 느끼지 않았다.**

아이들은 한 끼의 식사 정도만 놓치게 되면 행동에 변화가 필요하겠다는 동기가 부여된다. 제9장에서 행동에 대한 결과에 책임지는 것에 대해 더 많은 내용을 다루도록 하겠다.

♥ 행동에 대한 자연스러운 결과를 부여하기

아이의 행동에 따른 결과를 부여할 때, 무책임한 행동에 따른 자연스러운 결과를 책임지게 하는 것이 가장 효과적이다. 또한 결과를 책임질 때 그 결과가 합리적이어야 한다. 만약, 아이가 창문을 깼다면 깨진 유리를 치우고 또 고치는 것을 도와주거나, 유리를 새로 교체하는 비용을 지불하는 것 등이 자연스러운 결과가 될 것이다. 이 상황에서 아이를 때리거나, TV를 보지 못 하게 하는 것 등이 부자연스럽고 적절하지 못한 결과가 될 수 있다. 이 두 가지 결과는 아이가 저지른 행동과 아무런 관련이 없기 때문이다.

대부분의 부모는 아이에게 결과를 부여할 때 생각 없이 부여하거나, 자신이 전혀 신경쓰지 않아도 되는 결과들을 부여하려고 한다. 그러나 아이에게 사랑이 담긴 자연스러운 결과를 부여할 때, 부모의 창의력을 발휘해야 한다.

💕 결과에 대한 책임을 주기 전에 대화하고 선택지를 주자

아이들은 다음과 같은 상황에서 결과에 대한 책임을 더 잘 받아들인다.

- 결과에 대한 책임을 주기 전에 대화하기
- 선택지를 주기

행동에 따른 결과를 책임지게 할 때 미리 논의하지 않으면, 아이는 마치 독단적인 강요를 받는다고 느낀다. 이런 경우에는 사랑으로 결과를 부여하더라도 처벌받는다고 느낀다. 따라서 결과를 미리 논의한다면, 부여된 결과가 자신의 선택이라며 더 쉽게 받아들일 수 있다. 한편, 카일은 쓰레기통을 비우지 않는 것을 선택했을 때, 저녁 식사를 하지 않는 선택을 스스로 했다는 것을 알고 있었다.

이처럼 아이는 자신에게 선택지가 주어지면 결과를 더 기꺼이 받아들이는 경향이 있다. 예를 들어, 아이가 저녁 식사 후 설거지를 하는 책임이 있다고 하자. 설거지를 하지 않았을 때 다양한 결과를 부여할 수 있다.

- 이틀 동안 TV를 보지 못한다.
- 아침과 저녁 식사 후 설거지를 사흘 동안 한다.
- 남동생이 할 일을 한 주 동안 대신한다(잔디 깎기).

상황이 일어나기 전부터 모든 행동에 따른 결과에 대해 대화하는 것은 말이 안되는 일이다. 예를 들어, 창문을 깬다는 등의 행동과 같은 것들에 대해서는 그 사건이 발생한 순간, 결과에 대한 책임을 놓고 아이와 대화할 수 있다.

💕 잘못된 방법으로 결과를 부여하는 것

결과에 대해 책임지도록 가르치는 것은 기술이 아니다. 그 이상이다. 아이가 저지른 실수에 적합한 결과를 부여하더라도, 실망을 하고 화를 내면 그 가치를 잃을 뿐만 아니라 아이에게 해롭다.

다음에 제시하는 엄마와 아들의 사례를 통해 이를 살펴보자.

칼슨은 주방을 청소하는 책임을 맡고 있었다. 엄마가 몇 번이고 반복해서 말을 했지만, 종종 일을 제때 마무리하지 않았다.

어느 날 아침, 칼슨은 주방을 청소하지 않고 학교에 가 버렸고, 엄마가 청소를 대신하느라 해야 할 일들을 처리하지 못했다. 엄마는 학교에 전화를 걸어서 아들에게 축구 연습을 하지 말고, 집으로 돌아오라는 메시지를 남겼다.

칼슨이 집에 돌아왔을 때는 화가 이미 잔뜩 나 있었다.

"도대체 왜, 제가 축구 연습에 참여하지 못하고 집에 와야 하는 거죠?"

엄마에게 불평 쏟아내기 시작했다. 그런데 엄마는 하루 종일 칼슨에게 이미 짜증이 나 있는 상태였다.

"학교에 가기 전에 주방을 정리하지 않았지? 이미 수천 번은 말했는데, 이젠 정말 질렸다."

칼슨의 엄마는 무책임한 행동에 대한 결과를 적절하게 책임지도록 요구했다. 학교를 마치자마자 집에 돌아와서 칼슨이 했어야 할 일들을 마무리하도록 했던 것이다. 그래서 칼슨은 축구 연습에 참여하지 못했다.

이는 칼슨의 선택에 대한 직접적이고 자연스러운 결과다. 그리고 엄마는 이 결과에 대해 이미 칼슨과 두어 번 대화를 한 적이 있다. 그러나 아이를 바로잡는 것은 기술이 아니다. 비록 칼슨의 엄마는 책임지는 것을 가르치려고 했지만, 화난 엄마가 아들에게 가르칠 수 있는 것은 오직 하나뿐이었다.

'엄마는 화가 났다. 엄마는 이기적이다. 내가 엄마를 불편하게 만들면 엄마는 나를 사랑하지 않는다.'

엄마가 화를 냈기 때문에 '적절한' 결과도 아들에게 해를 입히는 처벌이 되고, 결국 사랑받지 못한다는 생각만 확고해지는 결과를 낳았다.

💕 사랑이 넘치는 결과 부여하기

사랑을 주며 결과를 부여하는 것과 사랑 없이 결과를 부여하는 것의 차이는 다음 사례를 보면 명확하게 알 수 있다. 칼슨 모자와 아주 유사한 상황에 놓였던 밥과 엄마의 사례를 살펴보자.

밥이 집안일을 대하는 태도는 칼슨과 아주 유사했다. 그렇지만 밥의 엄마는 지혜로운 친구들에게 자신의 진실을 말하는 법을 지금까지 배우고 있었고, 있는 그대로 받아들이고 또 사랑받고 있었다. 또한 아들을 바로잡는 법, 사랑하고 또 있는 그대로 받아들이는 방법을 배우고 있었다. 더욱이 아들이 짜증내고 무책임할 때도 최선을 다해 사랑해 주고 있었다(효과적으로 아이를 바로잡는 법 1). 그리고 아들의 무책임한 행동에 대해 진실을 말해 주었다(효과적으로 아이를 바로잡는 법 2). 마지막으로, 사랑으로 가르치면 아들은 배우고 성장할 거라며 진심으로 믿었다(효과적으로 아이를 바로잡는 법 3). (아이의 행동을 효과적으로 바로잡는 법 252쪽 참고)

엄마의 사랑과 가르침을 받은 지 몇 주가 지났지만, 밥은 자신이 맡은 일에 책임을 다하지 않고 무시했다. 엄마는 밥이 좀 더 신중하게 생각하고, 자신의 일에 책임지는 행동을 할 수 있도록 동기를 부여할 필요가 있었다.

어느 날, 엄마는 가족 모임에서 밥에게 주방 정리를 하지 않으면, 다음 날 농구 연습을 하지 못한 채 집에 곧바로 돌아올 것이라고 말했다. 밥은 더 좋은 생각을 해낼 수 없어서 결국 엄마의 말을 따르기로 결정했다.

밥은 더욱 책임감 있게 집안일을 했지만, 그리 오래가지 못했다. 결국 주방 청소를 하지 않았다. 엄마는 학교에 전화를 해서 밥이 농구 연습을 하지 않고 집으로 돌아오도록 메시지를 남겼다.

집에 돌아온 밥은 무척 화가 나 있었다.

"도대체 왜, 농구 연습에 빠지라고 하시는 거죠?"

밥은 불평하기 시작했다. 그러나 밥의 엄마는 사랑이 충분한 상태였다. 공허하지도 또 두렵지도 않았다. 그러므로 아들이 자신을 기쁘게 만들어 줄 필요가 없었다. 밥의 엄마는 아들이 청소를 하지 않은 행동을 상대적인 사소한 불편함으로 느꼈으므로, 인내심이 바닥나지도 않았다. 게다가 아들이 화를 내고 또 반항해도 전혀 위협적으로 느끼지 않았다.

엄마는 아들의 어깨에 손을 가만히 올리고 말했다.

엄마	아들아. 오늘 아침에 주방을 정리하지 않고 학교에 갔지? 주방이 깨끗하든 더럽든, 나는 너를 사랑한단다. 네가 집에 일찍 돌아오도록 한 이유는, 엄마는 네가 행복하길 바라기 때문이다. 무책임한 행동을 하는 사람들은 결코 행복해질 수 없다는 걸 엄마는 배워서 알고 있단다. 네가 주방 청소를 하지 않았다고, 몇 번이나 반복해서 말했는지 혹시 알고 있니?
밥	음…. 자주 말씀하셨던 것 같아요.
엄마	그러면 너에게 말로 반복하는 건 도움이 안 된다는 게 이미 증명되었구나. 가족 모임에서 네가 맡은 일을 제때 하지 않는다면 농구 연습에 빠진다고 결정했지. 그렇게 하면 네가 더 집중해서 자신이 맡은 책임을 지는 걸 배울 거라고 이야기를 나누었지. 이에 대해 어떻게 생각하니?

밥은 얼굴을 일그러뜨리며, 엄마의 가르침에 대한 거부감을 표현했다. 그러나 그와 관계없이 엄마는 밥을 안아 주었다. 밥은 엄마가 자신을 평화롭게 대할 때는 화를 내는 것이 아주 어렵다는 것을 느꼈다.

결과에 대한 책임을 부여하는 목적은, 아이가 삶을 현명하게 선택하도록 동기를 부여하는 데 있다. 이는 옳은 선택을 하도록 강요하거나, 어리석은 선택을 했다고 처벌을 하는 것과 아주 다른 일이다. 즉, 아이에게 상처를 주기 위해 결과를 부여해서는 안 된다. 하지만 잘못된 행동을 계속 반복하는 것은 서로 불편하고 언짢은 결과를 가져오기에, 어리석은 선택을 반복하지 않도록 가르칠 필요가 있다. 이는 곧 작은 불편함을 주고, 미래에 마주하게 될 더 큰 고통을 피할 수 있도록 돕는 것이다. 이를 통해 앞으로 살아가면서 무책임하고 또 사랑이 없는 행동이 반복되는 끔찍한 결과도 피할 수 있도록 도울 수 있다.

하지만 밥은 이미 게으르고, 무책임한 행동은 이미 타성에 젖어 있었다. 따라서 단순히 사랑을 주고 가르치는 것으로는 올바른 방향으로 바꾸기에 충분하지 않았다. 밥의 엄마는 이를 잘 이해하고 있었기에 방향을 바꿀 수 있을 만한 결과를 부여했던 것이다. 이는 아주 효과적이었다.

그날 이후, 밥은 농구 연습에 빠지는 것이 정말 싫었다는 기억을 떠올리며, 주방을 청소하고 학교로 향했다.

행동에 따른 결과를 책임지도록 가르칠 때 부모의 태도는 다음과 같다.

- 사랑으로 결과를 부여해야 한다.
- 가능하다면 결과에 대해 아이와 미리 상의한다.
- 자연스러운 결과가 좋다.

결과를 부여할 때 죄책감은 필요 없다

아만다는 화장실을 청소하는 책임을 제때 이행하지 않는 경우가 가끔 있다. 가족 모임에서 그 이야기가 나왔다.

"화장실이 며칠째 엉망이구나. 이젠 진절머리가 난다. 지난주에 블루투스 이어폰을 생일 선물로 주었는데, 너는 고맙다는 인사를 무책임한 행동으로 보답하는 모양이구나."

아빠는 자신이 하는 말을 딸이 이해하기를 원했다. 마침내 생일 선물로 시작된 아빠의 말은 딸의 관심을 끄는 데 성공했다. 하지만 그 결과는 끔찍했다. 아만다는 책임을 지는 것은 전혀 배우지 못했다. 그녀가 배운 것들은 다음과 같다.

- 사람들이 나에게 뭔가를 줄 때는 그에 대한 보상을 기대한다.
- 내가 잘못을 하면 아빠는 나를 사랑하지 않고, 나를 기분 나쁘게 만든다.

"내가 이렇게까지 해주었는데…"라는 말을 시작할 때마다 아이에게 죄책감을 이용해 처벌을 가하는 것이다. 죄책감과 수치심을 이용해 아이를 가르치려고 한다면, 아이는 부모가 공허하고 또 두려워하고 있으며, 자신을 지키기 위해 상대에게 상처 입히는 일을 기꺼이 함으로써 자신이 원하는 것을 얻으려고 한다는 것만을 배울 뿐이다. 다시 말해, 죄책감을 준다면 사랑과 책임에 대해 아무것도 가르칠 수 없다. 죄책감은 아이가 사랑을 느끼지 못하게 하고, 혼자라는 외로움에 빠지게 되는 기회를 하나 더 던져 주는 것뿐이다.

가족 모임

한 기업이 각 부서와 직원들을 위해 어떤 경우에도 모여서 논의하지 않는다고 생각해 보자. 훈련도, 계획도, 일정도…. 그러면 직원들은 자기가 원하는 일을 하고, 아무에게도 보고하지 않는다. 누군가 실수를 하면, 상사가 찾아와서 날카롭게 처벌한다. 그런 기업은 아마 오래가지 못할 것이다. 이는 가족도 마찬가지다. 가족은 어떤 기업체보다 더 가치가 있다. 그러나 가족 안에서 계획, 교육, 소통은 소규모 비즈니스보다도 제대로 진행되지 않는다.

가족 모임의 목적

각 개인은 자신의 경험과 통찰에 의해 삶의 내성을 쌓고, 행복해지는 방법을 배운다. 이를테면, 우리가 동일한 내용을 배우고 있는 사람들과 경험을 나누고, 앞서 배운 사람들과 대화를 나누게 되면 배움의 속도는 더욱 빨라진다. 이처럼 가족 모임은 삶을 나누는 기회를 서로 주고받으며, 배움의 과정을 내실 있게 만들어 준다.

41쪽에서 우리는 부모의 기본적인 책임 3가지에 대해 이미 대화했다. 가족 모임의 목표도 아주 유사하게 이와 연결된다.

- 부모가 아이들을 제대로 보고 사랑하는 기회를 만든다(제5장).
- 다른 사람들을 어떻게 사랑하는지 가르친다(제8장).
- 아이들에게 책임지는 법을 가르친다(제9장).

위의 목표를 가지고 가족 모임을 진행하면 가족 구성원 모두 성장이 가속화된다. 물론 일정을 정하고, 보고하고, 조직하는 데만 이용한다면 그리 가치가 없을 것이다. (가족 모임의 예시는 책 전반에 걸쳐 설명하고 있으니 이를 살펴보면 될 것이며, 가족 모임이 어떻게 진행되고 또 무슨 내용으로 대화하는지에 대해서는 제8장과 제9장에서 더 자세하게 다룰 것이다.)

가족 모임은 아이가 자신의 진실을 말하는 법을 배우고, 부모와 형제자매에게 제대로 보이고, 있는 그대로 사랑받을 수 있는 훌륭한 기회다.

가족 모임을 얼마나 자주 해야 할까?

우리 가족이 처음으로 가족 모임을 시작했을 때, 주말을 제외한 모든 평일에 만났다. 그만큼 서로 배워야 하는 내용이 많이 있었다. 몇 년이 지나서도 모든 평일에 가족 모임을 여전히 하고 있다. 이는 가족이 함께 모여서 하는 가장 중요한 활동이다. 가족 모임이라고 해서 너무 긴 시간이 필요하지 않다. 가끔은 10여 분 안에 끝나기도 한다.

자신이 옳다고 주장하기

우리가 자신의 진실을 말하고 또 사랑을 받을수록, 아이에게 사랑을 주며 가르치는 일은 굳이 노력하지 않아도 쉬울 만큼 매우 효율적이다. 그러나 이를 배우는 동안 우리는 수많은 실수를 할 것이다. 스스로 사랑받지 못한다고 느끼며 이따금 두려움에 떨기도 할 것이며, 자연스럽고 또 익숙한 얻고 보호하는 행동을 하게 될 것이다. 그런 상황에서 우리는 아이에게 상처를 주게 될 것이며, 다음 행동 중 한 가지 혹은 두 가지 행동을 동시에 할 것이다.

1. 죄책감을 느끼기
2. 자신이 옳다고 주장하기(거짓말하기)

1) 죄책감을 느끼기

우리가 알고 있는 정보를 가지고 최선을 다하더라도 우리의 행동 때문에 아이가 상처를 받고, 어려움을 경험한다고 해서 죄책감을 느끼는 것은 어리석은 일이다. 우리는 무엇인가를 배울 때 주변 사람을 불편하게 만드는 대가를 치를 수밖에 없다. 우리가 완벽하지 않기에 실수를 하지 않고는 아무것도 배울 수가 없다.

2) 자신이 옳다고 주장하기(거짓말하기)

평생 우리는 옳은 행동을 했을 때 주변의 칭찬을 받았다. 그리고 잘못된 행동을 하면 비난을 받았다. 그래서 실수를 저지르면 주변 사람들이나 아이에게 비난을 받을까 봐 두려워하면서 숨기기 일쑤다. 숨긴다는 것을 다른 말로 하면 "거짓말", "핑계 대기", " 옳다고 주장하기"다. 비록 자신이 옳다고 주장할 때 순간적인 안도와 함께 힘을 경험하지만, 개인의 성장과 행복에 있어서는 이 행동이 아주 치명적이다. 일반적으로 자신이 옳다고 주장할 때, 배우려고 하거나 변화하려는 마음은 생기지 않는다. 하지만 사랑을 받고 또 다른 사람에게 사랑을 나눠 주기 위한 첫걸음이 바로 배우고 변화하려는 마음이다. 그러나 우리가 옳다는 것을 주장하고 싶을 때는 실수를 숨기고, 우리의 결점을 정당화한다. 이는 아이를 사랑으로 가르치는 데 아주 큰 장애물이 된다.

▶ 왜, 부모는 아이 앞에서 옳다는 것을 보여 주고 싶어할까?

부모는 아이들 앞에서 항상 옳은 모습을 보여 주고 싶어한다. 무엇인가를 가르치기 위해 아이보다 더 많은 것을 알아야 하며, 실수를 덜 해야 한다고 생각하거나, 실수를 아예 하지 말아야 한다고 생각한다. 한편, 교사는 학생보다 더 우월해야 한다는 것이 일반적인 생각이다. 잘못한 것을 인정하게 되면, 아이가 부모를 어리석다고 생각하거나, 존경심을 잃게 될까 봐 두려워한다. 하지만 존경은 부모가 아이에게 받고 싶어하는 가짜 사랑 중 하나다. 따라서 아이 앞에서 실수를 하면, 우리가 옳다고 주장하는 경향이 있다. 이는 곧 거짓말이다.

▶ 하지만 우리는 옳지 않다

부모는 아이 앞에 약해 보이거나 혼란스러워 보이지 않도록 실수를 숨긴다. 하지만 우리는 약하며 또 혼란에 빠져 있다. 무엇인가를 배울 때, 강해지기 위해 처음에는 약해야 한다. 야구 경기에서 홈런을 날리기 전에 수많은 공을 놓칠 수밖에 없다. 또한 피아노를 배울 때 잘못된 건반을 수만 번이나 친다. 이렇듯 무엇이든 잘하게 되려면 수만 번의 실수를 거쳐야만 한다. 부모가 아이를 사랑하는 것을 잘하기 위해서도 다른 모든 것을 배우는 것과 유사하게 많은 실수를 하게 된다.

나는 매년 이맘때면, 지금 이 순간 내가 아는 것보다 더 많이 알고 있기를 바란다. 지난해보다는 지금 이 순간 훨씬 더 많이 알고 있는 것만은 확실하다. 이것이 배움이다. 하지만 미래의 나 자신과 비교를 한다는 것은 아주 어리석은 행동이다. 우리는 자신이 멍청하다는 사실을 받아들이는 걸 끔찍이도 싫어한다. 그렇지 않은가? 그러나 멍청한 것에는 수치심을 느낄 필요가 없다. 진짜 멍청이는 자신의 무지를 인정하고, 그게 너무 자랑스러워서 멍청한 채 계속 살아간다. 그렇게 되면 무지에 대해 아무런 대책을 세울 수도 없다.

당신이 아기였을 때 기저귀를 착용한 채 대소변을 가렸던 것이 수치스러운가? 당연히 아닐 것이다. 그것은 신체를 통제하는 법을 배우는 데 있어 피할 수 없었던 과정이다. 모든 무지와 배움은 이와 같다. 배우기 위해서는 먼저 약해야 하고 또 어리석어야 한다. 그러므로 약하고 어리석은 것을 부끄러워하며 숨길 필요는 없다. 그럼에도 불구하고 우리는 배워 가는 과정에서 하는 실수들을 부끄러워하며 숨긴다. 그리고 아무런 실수도 없이 마법처럼 지혜로워져야 한다고 생각한다. 그래서 실수를 숨기고, 자신이 옳다고 끈질기게 주장한다. 슬프지만, 그런 식이라면 배우는 것은 불가능하다. 이미 자신이 옳다고 생각하는 판에 뭔가를 어떻게 배울 수 있겠는가? 다시 말해, 약해 보이고 또 어리석어 보이는 걸 피하려다가 여전히 혼자인 채 불행한 삶을 살아가게 된다.

▶ 행복하고 싶은가, 아니면 옳고 싶은가?

아이와 소통하면서 부모가 옳고 싶어한다면, 자신의 행동을 정당화할 수 있는 핑계들만 찾게 된다. 제5장을 시작할 때, 찰스가 아들 라이언에게 날카롭게 소리를 질렀던 사례를 소개했다.

찰스는 자신이 옳다고 여겼다. 그리고 속으로 이렇게 생각했다.

'동생한테 저런 식으로 말하면 안 되는 거야. 하지만 방에 가서 숙제나 하라고 한 화 않았다면 숙제도 하지 않았을 걸.'

찰스는 자신이 얼마나 옳은지에 집중했다. 어떤 면에서는 그가 옳았다. 라이언이 동생에게 화를 낸 것은 잘못된 일이고, 숙제는 해야 했다. 그러나 육아의 세 번째 원칙을 기억해 보자.

"화를 내면 무조건 잘못이다."

라이언이 얼마나 잘못했는지는 상관이 없다. 찰스는 라이언에게 화를 냈으므로 이는 잘못이었으며, 결국 화를 냄으로써 매우 부정적인 영향을 미쳤다.

아이가 실수를 저지를 때, 부모는 아이의 행동을 바로잡아 주어야 한다. 그것이 우리의 책임이다. 그러나 아무리 귀한 가르침을 준다고 하더라도, 아무리 명확하게 지적한다고 하더라도, 실망하고 화를 내는 것은 부모의 잘못이다. 이 사실을 기꺼이 인정하지 않는다면 우리 아이는 계속해서 불행한 삶을 살아갈 것이다.

한편, 우리가 옳다는 것을 주장할 때, 안도하며 또 자신이 강하다는 느낌을 받는다. 그 느낌은 순간적이며 아주 짧다. 자신을 정당화하고, 옳다고 주장하는 것은 누구의 행복에도 도움이 되지 않는다. 우리가 저지른 실수들에 대해 진실을 말하고 나서야 우리 자신과 아이가 행복해지는 법을 배울 수가 있다.

행복해지고 싶은가? 아니면 옳고 싶은가? 사랑이 넘치는 부모가 되고, 아이를 행복하게 해주고 싶은가? 아니면 언제나 옳고 싶은가? 이 두 가지를 동시에 가질 수는 없다.

▶ **잘못을 인정하는 것은 즐겁다**

어느 날, 아빠 마이크는 8살이 된 아들 필립에게 방을 치우라고 세 번이나 말했다. 그러나 방은 여전히 엉망이었다. 마이크는 화가 나서 아들의 방으로 들어갔다.

"이 돼지우리를 치우라고, 도대체 얼마나 반복해서 말해야 하지? 이제 말하는 것도 진절머리가 나는구나."

필립은 끔찍한 기분으로 어깨가 움츠러들며, 땅을 쳐다보고 있었다. 다행히, 마이크는 몇 달 전부터 지혜로운 친구들과 진실을 말하는 모임에 참가하고 있었다. 그래서 사람들에게 사랑을 받고, 사랑을 주는 경험을 하며 진정한 행복을 맛보기 시작했다. 그래서 마이크는 자신이 내뱉은 말이 마음에 걸려 영 개운치가 않았다. 최근에 자신을 충만하게 해준 사랑이 주는 경험과 판이하게 달랐다.

마이크는 입을 다물고, 자신이 배우고 있는 사랑을 떠올려 보았다. 자신이 화가 난 이유는 사랑받지 못하고, 두렵기 때문이었다. 그래서 지혜로운 친구들에게 사랑을 받았던 경험들을 떠올려 보았다(화를 제거하는 법 136쪽). 그러자 더이상 공허하지도, 두렵지도 않았다.

마이크는 필립으로부터 자신이 원하는 것을 이기적으로 얻어내려고 하는 대신, 아이를 제대로 보자고 생각했다. 필립은 게으르고, 무책임하게 행동하는 아이였다. 이는 사랑받지 못한 채 외로움을 경험하는 아이들의 전형적인 패턴이다. 그래서 마이크는 자신이 소리를 지르고 화를 내는 상태에서 책임을 가르칠 수 없다는 것을 알았다.

마이크는 아들을 안아 주었다.

"필립, 너에게 소리를 지른 건 아빠 잘못이야. 방을 돼지우리로 만들어도 너를 사랑해."

필립은 아빠가 하는 말을 믿을 수가 없었다. 마이크는 필립의 눈을 바라보며 미소를 지었다. 그리고 부드러운 목소리로 말을 이었다.

"물론 너는 이 방을 치워야만 한단다."

마이크는 화를 낸 자신이 옳다는 것을 계속해서 주장할 수 있었다. 필립은 책임감을 기를 필요가 있었기 때문이다. 특히 상대방이 명백하게 잘못된 행동을 하고 있을 때, 우리가 옳다고 주장하는 것은 아주 쉽다. 마이크는 과거에 이와 같은 상황에서 자신이 옳다며 수백 번은 정당화해 왔다. 그러나 이번에도 같은 행동을 했다면 어땠을까? 아이에게 사랑이 없는 행동을 하고 나면 언제나 그렇듯이, 하루 종일 복잡한 기분으로 지내야 했을 것이다. 그리고 마이크와 필립은 하루 종일 서로 피해 다녔을 것이다. 결국 둘 다 혼자 남겨졌다는 외로움에 빠지고 말았을 것이다. 우리 모두 그 느낌이 아주 익숙하다.

그러나 이번에는 마이크가 자신의 잘못이라고 인정하며 말했고, 결과는 완전히 달라졌다. 화를 낸 뒤 옳다고 생각하는 대신, 아들을 사랑으로 가르쳤다. 심지어 아들에게 청소를 말하고 있음에도 불구하고, 자신과 아들의 기분이 좋다는 데 놀라지 않을 수 없었다. 이처럼 자신의 잘못을 인정하는 것이 계속해서 옳다고 주장하는 것보다 훨씬 즐겁다. 아이에게 우리의 실수를 계속 인정하면, 아이 또한 자신이 저지른 실수를 솔직하게 인정할 수 있다.

어느 날, 내가 외출을 하려고 하는데, 아이들의 대화 소리를 듣고 멈춰서 들었다. 딸 레이첼과 아들 조셉이었다. 그날 오전, 레이첼은 허락 없이 자신의 물건을 만진 조셉에게 화를 내며 싸웠다. 몇 시간이 지난 지금, 오전에 있었던 일로 서로 대화를 나누고 있었다.

레이첼　　너에게 소리를 지른 건 잘못했어. 사실, 그게 필요하지도 않았는데…. 내가 이기적이었어.
조셉　　아니야. 내 잘못이야. 네 물건을 만지기 전에 먼저 물어봤어야 했어. 내 생각만 했어.
레이첼　　그래도 내가 더 심했어. 내가 먼저 소리를 질렀잖아.

나는 웃음을 참을 수 없었다. 두 아이가 싸웠던 일을 두고 자신에게 책임이 더 있다며 서로 주장하는 날이 올 것이라고 생각지도 못했다. 이처럼 레이첼과 조셉은 잘못을 인정했을 때 얻을 수 있는 자유로움을 즐길 수 있었다. 우리가 옳다고 주장할 때는 분노와 거짓말, 피해자 행세가 따라온다. 이는 아주 무거운 짐이다. 따라서 자신의 잘못을 인정하는 것은 진실을 말하고, 삶을 배우고, 사랑을 받는 출발점이다.

끊임없이 배우기
진실을 말하고 또 더 강한 자신감을 갖기 위해 끊임없이 배우자.

- 『리얼러브: 조건 없는 사랑을 찾고, 충만한 관계를 만드는 진실』을 읽자.
- https://realloveparents.com/ 리얼러브 홈페이지를 방문해 부모교육을 듣자.
- https://www.youtube.com/c/RealLoveCompany 리얼러브 유튜브를 구독하고, 부모교육 영상을 보자.

제6장

여섯 번째 육아 원칙
사랑으로 가르치고, 다시 사랑으로 가르쳐라

After my child has been loved and taught,
he or she needs to be loved and taught again

> 제6장

여섯 번째 육아 원칙
사랑으로 가르치고, 다시 사랑으로 가르쳐라

이제부터 부모가 아이를 사랑하고 가르치는 방법에 대해 대화해 보자. 아이가 우리를 당황시키고 또 좌절하게 하는 등 특정한 행동을 할 때, 어떻게 하면 사랑으로 가르칠 수 있는지를 살펴볼 것이다.

아이가 얻고 보호하는 행동을 할 때 어떻게 반응할까?

우리가 조건 없이 사랑받은 경험이 충분하지 않다면, 우리가 느끼는 공허함을 채우기 위한 그리고 자신을 보호하는 행동에 끌려다니며 살아갈 것이다. 부모와 자녀의 관계를 포함해 인간관계가 얼마나 성공적인가를 고려할 때, 사람들은 가짜 사랑을 얼마나 많이 받고 있는지를 기준으로 판단한다. 주변 사람들이 우리의 기분을 좋게 만들어 주기를 바라면서, 기분을 나쁘게 만들면 실망하고 짜증낸다.

아이가 얻고 보호하는 행동을 할 때는 자신의 감정에 몰입한 상태다. 그렇기 때문에 얻고 보호하는 행동을 하는 아이로부터 우리가 원하는 가짜 사랑을 얻을 수 없다. 만약, 우리 스스로 공허한 상태에 있을 때 아이가 얻고 보호하는 행동을 하면 공허함은 강화된다. 그 상황이 아주 괴롭다. 그러면 아이에 대항해 우리도 얻고 보호하는 행동을 한다.

사람들이 얻고 보호하는 행동을 할 때마다 우리에게 전달하는 메시지는 다음과 같다.

- "제발 나 좀 사랑해 줘. 나는 공허하고 두려워. 사랑받고 싶어."
- "난 너를 사랑하지 않아." 더 정확하게 말하자면 "난 널 사랑할 수 없어."

사람들은 공허함을 느끼며 두려움에 빠져 있을 때, 가짜 사랑을 얻는 데 집중하기 때문에 어느 누구에게도 조건 없는 사랑을 줄 수가 없다.

아이와 부모가 동시에 얻고 보호하는 행동을 할 때는 다음과 같이 매달리고, 요구하고, 거부하는 악순환이 반복된다.

아이	사랑해 줘요.
부모	아니, 나를 사랑하란 말이야.
아이	내 말을 안 듣고 있어요. 지금 당장, 사랑을 받고 싶어요.
부모	불가능해. 내가 사랑이 훨씬 더 필요해. 당장 나를 사랑하거라.
아이	제가 왜 사랑해드려야 하죠? 당신은 나를 사랑한 적이 없잖아요.
부모	네가 그런 태도를 보이고 있는데, 내가 너를 어떻게 사랑해 줄 수 있니?

이처럼 아이들과의 대화가 엉망진창으로 끝날 수밖에 없다.

아이의 얻고 보호하는 행동에 대해 부모는 다음 중 한 가지 행동으로 반응하거나, 두 가지 행동을 동시에 한다. 바로, **통제하기**와 **지나치게 허용하기**다. 이는 부모가 어린 시절에 경험했던 방법인데, 자신이 마주하고 있는 아이에게 가장 효과적인 방법이라고 여긴다. 그러나 많은 부모가 극단적으로 통제를 했다가, 극단적으로 허용하기를 반복해서 사용하기 때문에 아이는 갈피를 잡지 못한 채 혼란스러움을 느낀다.

> 아이가 문제 행동을 할 때 "나를 사랑해 주세요"라는 진심이 담겨 있다. 부모가 얻고 보호하는 행동으로 반응하면 아이는 "너를 사랑하지 않는다"라는 메시지를 받게 된다. 이 메시지는 아이와 부모가 비효율적인 상호작용을 할 때마다 전달된다.

통제하기(공격하기, 피해자 행세하기)

부모 스스로 충분히 사랑받지 못했을 때 아이가 게으르고 또 무신경하며, 화를 낼 때 불편해하고 또 두려워한다. 보통 그 불편한 감정을 최소화하기 위해 아이를 통제하려고 애쓴다. 부모라는 권위와 분노, 비난과 처벌 등 모든 공격하기를 사용해 아이에게 겁을 준다. 때때로 우리가 아이를 통제하기 위해 얼마나 많은 상처를 받았는지를 표현한다. 이는 피해자 행세하기다. 아이를 통제하면 우리 자신을 보호하고, 통제할 수 있다는 힘을 얻는다. 순간적이며, 아주 짧은 보상을 얻게 되는 것이다. 그러나 아이가 우리에게 얻고 보호하는 행동을 할 때 아이에게 공격받고, 무력하다고 느끼는 것보다는 훨씬 나은 것처럼 느낀다.

그러나 아이를 통제하면 더 높은 대가를 치러야 한다. 부모가 아이를 통제하면 아이는 조건 없이 사랑받는다고 느끼지 못한다. 그뿐만 아니라 다른 사람들을 사랑하고, 맡은 책임을 다하라고 가르칠 수도 없다. 그러므로 부모 역할을 다하지 못하는 셈이다.

사실, 부모가 사랑으로 가르치는 법을 모르기 때문에 아이를 통제하는 것이다. 부모의 권위라는 가짜 사랑을 잃을까 봐 두려워하며, 아이의 행동을 통제하지 못하게 되면 어떤 일이 일어날지 몰라 안절부절하기 때문이다. 부모 스스로 행복하지 않으면, 행복한 아이로 키울 수 없는 것이다.

당신은 자신이 통제하는 부모인지, 아닌지가 궁금할 것이다. 통제하는 부모를 일반적으로 엄격한 부모라고 부르기도 한다. 가장 만연하게 사용하는, 아이를 통제하는 방법 두 가지를 살펴보겠다. 화내기와 규칙을 적용하는 것이다.

제3장에서 아이에게 화를 내는 행위는 결코 정당화될 수 없다고 했다. 그런데 부모는 화를 내서 원하는 것을 이기적으로 얻어낸다. 화를 내는 방법으로는 아이를 결코 행복하게 해줄 수 없다.

행복한 삶을 위한 가르침이 필요하다는 것은 명확하다. 아무런 가르침 없이 무엇인가를 배우는 것은 불가능하다. 하지만 아이에게 지나친 규칙을 적용하면, 부모 스스로 이런 질문을 해보아야 한다. 이렇게 많은 규칙을 적용하는 동기는 우리 스스로 편해지기 위함인가, 아니면 아이를 효과적으로 가르치기 위함인가?

지나치게 허용하기(피해자 행세하기, 도망치기, 거짓말하기)

아이가 얻고 보호하는 행동을 할 때 부모가 느끼는 두려움을 피하기 위해 원하는 것을 뭐든지 해줄 때가 있다. 아이가 저지른 실수를 직면하거나 바로잡지 않고, 용돈을 주거나 원하는 옷을 사 주고, 오락거리나 자동차를 자유롭게 사용하도록 하고, 자유 시간을 충분히 주면 떼를 쓰거나 불평하는 등 부모에게 핏대를 세우며 반항하는 일이 많이 일어나지 않을 수 있다. 그리고 이런 행동을 통해 '사랑이 넘치는' 부모라는 이름표를 받는다. 사실, 부모의 입장에서 보면 이는 아이를 조종하는 것이다. 또한 부모가 준 것에 대해 아이는 감사함과 애정을 돌려주어야 한다는 사실을 직설적으로 말하지 않고 숨기기 때문에 거짓말을 하는 것이다. 더 나아가 아이가 내비치는 못마땅과 불쾌함을 경험하는 것이 두려워 부모의 역할로부터 도망을 치고 있는 것이다.

또한 아이가 받은 것에 대한 감사함을 표현하지 않으면 상처받았다며 피해자 행세를 하고, 아이를 바로잡고 가르쳐야 하는 책임을 회피한다. 즉, 부모 개인의 편안함을 위해 아이를 응석받이 혹은 떼쟁이로 치부하며 망치고 있는 것이다.

아이가 부모를 조종하도록 내버려 두면, 아이는 사랑받는다는 것을 진정 느끼지 못한다. 우리가 무엇인가를 자유롭게 주고받지 못하기 때문이다. 따라서 지나치게 허용하기는 통제하는 것만큼이나 파괴적인 행동이다. 이 두 가지 행동이 모두 아이가 사랑받지 못함으로써 공허하다고 느끼는 데 일조한다.

아이의 얻고 보호하는 행동에 적절하게 반응하는 법

아이의 얻고 보호하는 행동에 적절하게 반응하는 방법은 통제하는 것도 아니며, 지나치게 허용하는 것도 아니다. 또한 적당히 통제하고, 적당히 허용하는 중간 지점을 찾는 것도 아니다. 통제하기와 지나치게 허용하기를 반복하면, 아이는 얻고 보호하는 행동을 지속할 것이므로, 우리는 진정한 사랑을 제대로 주지 못할 뿐만 아니라 사랑을 주고 또 책임지며 사는 법을 가르칠 수 없다.

아이가 얻고 보호하는 행동을 하는 이유는 바로, 공허하고 또 두렵기 때문이다. 다시 말해, 아이가 사랑을 받는다고 느끼지 못하기 때문이라는 것이다. 따라서 얻고 보호하는 행동에 대한 올바른 대처법은 명백하고 단순하다. 거짓말을 하고, 공격하고, 피해자 행세를 하고, 도망치고, 매달리고, 징징거리는 아이는 부모에게 제대로 보이고, 있는 그대로 받아들여지고, 사랑을 받아야 한다. 앞으로 특정한 아이의 행동에 대해 어떻게 대처해야 하는지를 소주제로 나누어 다루도록 하겠다.

많은 부모는 아이를 키우면서 적당히 화내고 통제할 필요가 있다고 주장한다. 이따금 화를 내고 통제하지 않으면, 자신이 하는 말이 아이에게 먹혀 들어가지 않는다고 믿는다. 그러나 이는 사실이 아니다. 아이를 통제해야 한다고 주장하는 부모는 살아오면서 사랑으로 가르치는 힘을 어디서도 경험해 본 적이 없기 때문이다. 하지만 화를 내고, 통제하고, 조종하는 것은 복잡하고 또 아무런 효과가 없으며, 서로 지치게 만든다는 것을 경험을 통해 이미 증명하지 않았는가?

그렇다면 이 행동들을 포기해 보는 것이 어떻겠는가? 이 책에서 제안하는 원칙 중 효과가 증명되고 있는 원칙을 당신의 삶에 적용해 보는 것이 어떻겠는가? 사랑으로 가르치는 것은 아이를 키우는 다른 어떤 방법들보다 궁극적이며, 훨씬 단순하고 또 쉽다. 이는 행복한 아이로 키우는 가장 효과적인 단 하나의 방법이다.

사랑으로 가르칠 때 당신이 얻는 것

아이가 가짜 사랑을 얻고자 애쓰고, 자신을 보호할 때도 부모가 아이를 사랑하는 법을 배우면, 아이는 자신의 결점에도 불구하고 사랑을 받는 경험을 한다. 게다가 아이의 삶은 진정한 사랑으로 가득차고, 더이상 자신을 보호해야 할 이유가 없어진다. 또한 가짜 사랑을 얻어야 할 이유도 없어진다. 반대로, 아이가 얻고 보호하는 행동을 할 때 부모까지 얻고 보호하는 행동으로 반응하면, 상황은 더 깊은 수렁으로 빠진다.

절대 포기하지 말자

대부분의 아이는 사랑을 받으면 아름답게 변화한다. 더욱이 부모가 아이를 조건 없이 사랑하는 법을 배우면, 아이의 마음이 치유된다. 그리고 아이는 온전하며, 진정으로 행복한 사람이 된다. 아이의 아름다운 탈바꿈을 보는 것은 삶에서 가장 흐뭇한 일이다. 그러나 어떤 아이는 다른 아이들보다 상처가 더 깊어서 부모를 쉽게 신뢰하지 않기 때문에 시간이 훨씬 더 오래 걸릴 것이다. 그래서 부모가 최선을 다해 사랑을 주어도 얻고 보호하는 행동을 계속할 수 있다. 이런 상태에 있는 아이와 마주할 때, 부모는 아이를 사랑으로 가르치는 것을 포기하려고 한다. 결국 통제하고, 지나치게 허용하는 방법을 다시 사용하게 될 수 있다.

이를 엄마 패트리샤와 딸 니콜의 사례를 통해 살펴보자.

패트리샤	『리얼러브 부모공부: 행복한 아이를 키우는 9가지 육아 원칙』이라는 책을 다 읽었어요. 배운 것을 딸에게 적용했는데, 너무 힘들어요. 사실, 책에서 배운 내용을 말하려고 하면 딸이 더 끔찍하게 반항해요.
나	당신이 아이를 조건적으로 사랑해 온 시간이 몇 년 정도 되나요?
패트리샤	글쎄요….
나	니콜의 나이가 어떻게 되죠?
패트리샤	무슨 말을 하고 계신지 알겠어요. 니콜은 13살이에요.
나	당신이 최선을 다해 사랑을 주는 것은 사실 그렇게 중요하지 않아요. 당신은 사랑을 받은 경험이 아직 많지 않으니까요. 지금까지 아이가 정말 필요로 하는 사랑을 주는 데 형편없는 부모였죠. 당신을 비난하는 게 아닙니다. 딸이 왜 그렇게 행동하는지를 더 쉽게 볼 수 있도록 과거의 행동들을 되돌아보는 거예요.
패트리샤	『리얼러브: 조건 없는 사랑을 찾고, 충만한 관계를 만드는 진실』과 『리얼러브 부모공부: 행복한 아이를 키우는 9가지 육아 원칙』을 다 읽어 보니, 박사님이 무슨 말을 하시는지 이해가 돼요. 지금까지 딸아이를 사랑하는 법을 전혀 몰랐어요.
나	자, 아이를 사랑하는 법을 13년 동안 몰랐어요. 조건 없이 사랑하는 걸 실천한 지는 얼마나 되셨나요?
패트리샤	(미소 지으며) 3주 정도 되었네요.
나	(웃으며) 지금 이 상황이 얼마나 재미있는지 아시겠어요? 13년 동안 아이를 형편없이 대했던 것을 만회하기 위해 13년을 사랑해야 한다고 말하는 게 아닙니다. 그렇지만 3주보다는 더 오랜 시간이 걸릴 거라는 걸 말씀드리는 거예요. 멈추지 말고 계속

하세요. 다른 사람들에게 더 많은 사랑을 받으시고, 니콜을 사랑하는 법을 연습하세요. 주고 또 주고…. 멈추지 마십시오. 당신의 모든 노력을 쏟아부을 만큼 니콜은 가치가 있잖아요. 안 그래요?

나와 대화를 나누고 난 후 1년 뒤, 패트리샤는 나에게 다음과 같이 이메일을 보냈다.

박사님과 대화를 나눈 뒤 무슨 일이 일어났는지 꼭 말씀드리고 싶어서 메일을 보냅니다. 딸에게 이렇게 말했어요.
"너를 사랑하는 데 있어 내가 얼마나 형편없는 엄마였는지 인정한다. 그래서 너를 더 사랑할 수 있도록 최선을 다해서 노력할 거야."
그리고 나서 저는 사랑하는 법을 배우는 데 관심이 있는 여성들의 모임에 참여했습니다.
제 스스로 사랑을 더 받고 나니, 니콜을 정말 사랑할 수 있었어요. 그래도 몇 달 정도는 딸이 저를 여전히 거부했습니다. 계속해서 화를 내고, 대화를 거부했죠. 그래도 저는 결코 포기하지 않겠다고 결심했어요. 딸이 어떻게 행동하든, 계속해서 사랑했어요.
1년 정도 지났을 때, 어느 날 딸이 제게 와서 이렇게 말하더군요.
"엄마, 제가 엄마에게 끔찍히도 나쁘게 굴었죠?"
그래서 제가 이렇게 대답했어요.
"엄마는 괜찮단다. 내가 원하는 건 니콜 네가 행복해지는 것뿐이란다."
그러자 딸이 저를 껴안고 엉엉 울며 다음과 같이 말했어요.
"엄마. 저를 사랑해 줘서, 저를 포기하지 않아서 감사해요."
순간순간 포기하고 싶었다는 것을 인정합니다. 하지만 포기한다면 너무나 비참할 거라는 걸 알았습니다. 생각했던 것보다 더 오래 걸렸지만, 니콜과의 경험은 기적이었어요. 제가 니콜을 포기하지 않고 사랑했다는 것이 무척이나 기쁩니다.

아이를 사랑하는 법을 배울 때 처음에는 때때로 힘이 빠지는데, 이는 자연스러운 일이다. 심지어 아이와 자신에게 짜증이 날 수 있다. 그럴 때는 다음의 단계를 밟자.

- 진정한 사랑을 배우는 동안 실수하는 것은 피할 수 없다. 우리는 실수를 통해 배운다. 많이 넘어질 것이며, 사랑을 주지 못하는 실수를 저지를 수밖에 없다는 사실을 깊이 이해해야 한다.
- 실수를 계속하는 동안, 아이가 긍정적으로 변화하거나 관계가 개선되기를 기대하지 마라. 앞서 설명한 가상의 상황을 기억해 보자. 나와 당신이 함께했던 10분 중 마지막 1분간 내가 칼을 들고 당신을 죽이겠다며 따라다녔던 결과가 어떠했는가. 이렇듯 우리가 아이를 사랑하는 순간에도 화를 내면, 사랑이 충분하지 못했던 과거의 경험들이 되살아나며 아이에게 너무나도 안 좋은 영향을 미치게 된다.
- 처음에는 아이에게 극적인 변화가 나타나지 않는 것처럼 보여도, 사랑하는 법을 배우는 동안에는 사랑이 주는 영향을 잘 볼 수 없다는 사실을 알아야 한다. 씨앗을 뿌렸을 때, 땅속에서 일어나는 어마어마한 현상은 보이지 않는다. 땅을 뚫고 새싹이 나왔을 때야 비로소 그 결과를 볼 수 있다. 사랑을 주고 믿음을 갖는다는 것은 이와 같다. 강력한 영향이 언제나 눈에 보이는 것은 아니다.
- 아이를 사랑하는 데 있어 즉각적인 변화를 보지 못한다고 해서 포기하는 것은 어리석다. 사랑이 없는 상태에서 아이를 가르치는 것이 얼마나 효과가 없는지, 당신은 지금까지 살아오며 이미 경험했을 것이다. 사랑을 주는 데도 당신이 원하는 만큼 빠른 결과가 나타나지 않는다고 해도, 그것은 행복을 위한 유일한 방법이다.
- 우리가 주는 사랑에 아이가 긍정적으로 반응하지 않는다고 해도, 사랑을 주는 법을 배우면서 우리 스스로 행복을 훨씬 더 많이 느낀다. 사랑하는 것은 살아가는

데 있어 최고의 방법이다.

아이의 거짓말에 대처하는 법

앞에서 치마에 얼룩이 묻은 것을 발견한 엄마 이야기를 소개했다. 킴벌리의 엄마였다. 킴벌리는 엄마가 자신에게 화내는 것을 피하기 위해 거짓말을 했고, 거짓말은 킴벌리를 사랑받지 못한다는 고통과 혼자라는 외로움에 빠지게 했다. 거짓말은 엄마가 자신에게 화내는 것을 효과적으로 피할 수 있도록 해주었다. 따라서 킴벌리는 두려움을 경험할 때마다 자연스럽게 거짓말을 하게 되었다.

아이들은 킴벌리처럼 배운다. 부모를 짜증나게 만들기 위해 거짓말을 하거나, 나쁜 아이라서 거짓말을 하는 것이 아니다. 아이는 자신이 공격받을까 봐 두려워하거나, 자신의 실수와 결점을 발견하면 사랑받지 못할까 봐 극심한 두려움을 느낀다. 부모가 자신을 사랑하지 않을 거라는 두려움은 부모가 아이의 결점을 보고 실망하거나 인내심을 잃었던 수많은 상황이 쌓이고 쌓여서 생겨난다. 즉, 완벽하지 못한 아이가 다른 사람들이 자신을 못마땅하게 여기는 것을 피하기 위해 거짓말하는 법을 배우는 것이다.

아이러니하게도, 아이는 거짓말을 하면 사랑받지 못한 채 혼자라는 외로움을 더 깊이 느끼게 된다. 지혜로운 부모라면 아이의 거짓말을 제대로 보고, 진실을 말하도록 도울 것이다. 그리고 그 기회를 통해 제대로 보이고, 사랑받을 수 있는 기회를 주게 된다. (진실을 말하기→제대로 보이기→있는 그대로 받아들여지기→사랑받기)

1) 거짓말하는 것을 예방하기

아이는 사람들의 못마땅함과 있는 그대로 받아들여지지 않고 있다는 고통으로부터 자신을 보호하기 위해 거짓말을 하는 경우가 대부분이다. 만약, 부모가 아이의 행동과 상관없이 아이를 있는 그대로 받아들이고 또 사랑해 준다면, 아이는 자신을 보호할 필요가 없을 것이다. 더욱이 인정을 얻어내려고 할 이유도 없을 것이다. 진정한 사랑을 받을 때 거짓말을 할 필요가 없으니, 아이는 자연스럽게 거짓말을 하지 않을 것이다.

다시 킴벌리의 사례로 돌아가 보자.

이번에는 킴벌리의 엄마가 1년 전부터 진정한 사랑을 받는 과정을 밟고 있었고, 조건 없이 딸을 사랑하는 법을 배웠다고 가정해 보자. 이상적인 상황에서 엄마는 딸의 행동에 어떻게 반응할 수 있었는지 살펴보자.

킴벌리의 엄마가 방에 들어왔고, 딸이 자신의 드레스를 더럽히며 놀고 있는 것을 발견했다. 엄마는 미소를 지으며, 딸을 안았다.

"재미있나 봐."

엄마가 말했다.

아이가 부모에게 가장 필요로 하는 것은 사랑이다. 사랑 없이는 다른 무엇을 주든지 의미가 없다. 그러나 아이를 사랑한다는 것은 잘못된 행동을 하도록 내버려 두는 것을 의미하지는 않는다. 여전히 사랑으로 가르치고, 바로잡아 주어야 한다. 킴벌리의 엄마는 이를 잘 이해하고 있었다.

"기억하니? 엄마가 음식은 식탁에서만 먹는 거라고 했는데…. 봐봐, 치마가 엉망이 되었네."

엄마는 킴벌리가 치마의 얼룩을 지우고, 세탁기에 넣는 것을 도와주었다. 그리고 킴벌리가 실수를 저질렀다는 것을 가르쳐 주었다. 그렇지만 실망하거나 화를 내지 않았다.

이것이 아이를 효과적으로 가르치는 유일한 방법이다. 킴벌리는 엄마에게 배우면서 사랑을 느꼈다. 그리고 이후에 같은 실수를 다시 했을 때 두려움을 느끼지 않았고, 거짓말로 자신을 보호할 필요가 없었다.

이처럼 조건 없는 사랑은 우리 삶에서 거짓말이 필요하지 않게 만든다.

2) 아이의 거짓말에 대처하는 적절한 방법

사랑을 받으면서 살아가는 세상은 거짓말이 존재하지 않을 것이다. 그러나 대부분의 아이는 조건 없는 사랑 속에서 성장하지 못하므로, 자신을 보호하기 위해 거짓말을 한다. 그러한 상황에서 아이를 제대로 보고, 있는 그대로 받아들이고, 사랑해 줄 필요가 있다.

① 의도적인 거짓말

대부분의 거짓말은 의도가 있지 않지만, 아이는 자신의 거짓말을 인지한 상태에서 할 때도 있다. 다음 조슈아의 사례를 살펴보자.

조슈아는 아빠의 야구 글러브를 빌려서 가지고 논 뒤 집 밖에 두고 왔다. 이틀 뒤 조슈아의 아빠 프레드는 글러브를 마당에서 발견했다. 그런데 글러브는 비에 이미 완전히 젖어 손상되어 있었다. 프레드는 조슈아에게 책임이 있다는 사실을 이미 알고 있었고, 이 사건을 가족 모임에서 말했다.

"누가 아빠의 글러브를 빗속에 두고 왔니?"

조슈아는 자신이 저지른 일이라는 사실을 알고 있었지만, 다른 형제들처럼 "잘 모르겠어요"라고 대답했다. 조슈아는 프레드가 화를 낼까 봐 두려웠고, 그걸 피하고자 거짓말을 했다.

아이가 거짓말을 할 때 부모는 대부분 기분이 매우 나쁘다. 그래서 아이를 더 두렵게 만들며, 더 큰 거짓말을 계속하게 만들 수 있다. 사실, 우리가 화를 내서 화가 나게 하는 행동을 더 강화시키는 셈이다. 아이가 거짓말을 할 때, 효과적으로 할 수 있는 유일한 행동은 제대로 보고, 있는 그대로 받아들이고, 사랑하는 것이다.

💛 제대로 보기

공허함과 두려움은 사람의 눈을 멀게 만든다. 우리 스스로 사랑을 받지 못하면, 아이를 제대로 볼 수 없다. 우리가 보고 싶어하는 것만 보고, 우리를 불편하게 만들거나 창피하게 만들고, 상처를 줄까 봐 두려워할 뿐이다. 부모 스스로 사랑을 받으면 아이를 제대로 보기가 쉽다.

프레드는 조슈아가 거짓말을 하고 있다는 것을 알았다. 몇 년 전 같았으면 아들에게 화를 내면서 거짓말을 했다고 소리를 질렀을 것이다. 프레드의 화는 결국 아빠가 화를 낼까 봐 두려워하고 있던 조슈아에게 거짓말을 해야 할 필요성을 더욱 강화시켰을 것이다. 그러나 프레드는 지혜로운 친구들로부터 자신의 진실을 말하는 법을 배웠고, 조건 없는 사랑을 받아 왔다.

당시 프레드는 사랑을 충분히 경험하고 있었기에 조슈아를 명확히 볼 수 있었다. 조슈아가 공허함을 느끼고, 아빠가 화를 낼까 봐 두려워서 거짓말을 하고 있다는 사실을 알 수 있었다. 또한 조슈아는 아빠가 자신을 있는 그대로 받아들이고, 사랑해 주기를 바란다는 사실을 프레드는 알고 있었다.

프레드	조슈아, 글러브를 네가 밖에 두었니?
조슈아	아뇨.
프레드	이틀 전에, 네가 글러브를 가지고 놀다가 마당에 두고 오는 걸 보았단다.

조슈아는 머리를 푹 숙였다.

프레드	넌 거짓말을 했어. 그건 네가 아빠의 글러브를 망가트리면 아빠가 너를 덜 사랑하게 될까 봐 겁이 났던 거지. 네가 두려워하는 이유는 아빠 잘못이란다. 네가 이런 실수를 저지를 때마다

아빠가 너를 덜 사랑했으니까. 너에게 소리를 지르고 비난을 했지. 그리고 마치 네가 아주 나쁜 사람인 듯 대했지. 네가 거짓말한 이유는 아빠가 널 사랑하지 않는 걸 피하기 위해서였어. 거짓말은 여전히 잘못된 거지만, 왜 거짓말을 했는지 이해할 만하구나.

프레드는 조슈아의 거짓말이 자신에게 어떤 불쾌한 영향을 미쳤는지에 집중한 것이 아니다. 아들의 마음을 제대로 보았고, 아들이 실수를 저지르게 된 이유까지 명확히 보았다. 이것이 가능했던 이유는, 프레드가 사랑을 충분히 경험했기 때문이다.

아이를 제대로 보기 위해서는 아이 스스로 진실을 말할 필요가 있다(제5장: 진실을 말하기→보이기→받아들여지기→사랑받기). 만약, 아이가 계속해서 거짓말을 한다면 사랑을 받을 수 없을 것이다.

💕 있는 그대로 받아들이고 사랑해 주기

프레드는 조슈아 옆으로 가서 앉았다.
"너는 아빠의 글러브를 조심성 없이 가지고 놀았어. 그렇지만 책임지는 것을 배울 때 실수를 저지르는 것은 피할 수 없단다. 네 실수를 제대로 보고, 그 과정에서 사랑을 받게 되면, 나중에 실수가 줄어들게 되지. 난 그걸 믿는단다. 조슈아, 네가 사랑을 더 받을수록 너는 두려움이 없어지고, 더이상 거짓말을 하지 않게 될 거야. 아빠는 글러브보다 네 행복에 관심이 훨씬 더 많단다."

프레드가 조슈아를 명확하게 볼 수 있을 때 아이를 있는 그대로 받아들이는 것은 어렵지 않았다. 그리고 조슈아에게 거짓말과 무책임한 행동은 잘못된 것이라는 것을 가르쳐 주었다. 가르침 속에 실망과 화는 없었다. 프레드는 아들을 사랑으로 가르치는 것은 필요하지만, 비난하는 것은 필요하지 않다는 사실을 이해하고 있었다. 그리고 있는 그대로 받아들이고 가르치면, 아들이 책임질 줄 알고 또 솔직해질 것이라고 믿었다. 따라서 아이를 가르칠 때, 분노는 결코 필요하지 않다는 걸 반복해서 기억해야 한다.

② 의도가 없는 거짓말

위 사례에서 한 가지를 수정해서 다시 살펴보자.

프레드가 글러브에 대해 가족 모임에서 대화를 나누었을 때, 조슈아가 글러브를 밖에 두고 왔다는 사실을 정말 기억하지 못했다면 어땠을까. 아들이 모르겠다고 했을 때, 아들은 거짓말을 하려는 의도가 없었다. 대부분은 거짓말을 하려는 의도가 없는 경우가 많다.

프레드	조슈아, 아빠의 글러브를 밖에 두고 온 게 너니?
조슈아	(정말 혼란스러운 표정을 지으며) 전 아닌 거 같은데요.
프레드	조슈아, 나 말고 이 집에서 누가 이 글러브를 가지고 논다고 생각하니?
조슈아	저밖에 없죠. 그런데 전….
프레드	네가 의도적으로 거짓말을 하는 거라고 말하는 게 아니란다. 하지만 아빠가 물었을 때 너는 문제 상황에서 벗어나는 데만 관심이 있지? 밖에 글러브를 두고 왔는지, 아닌지를 진심으로 기억해 보려고 하지 않았어. 하지만 안심해도 돼. 너에게 뭔가 가르쳐 주려고 하는 거란다. 이틀 전에 친구랑 밖에서 야구를 했던 것 기억나니?
조슈아	(잠시 멈췄다가) 네.
프레드	지난달에 너는 네 글러브를 잃어버렸지?

조슈아	네.
프레드	친구와 야구를 하려면 너는 글러브가 필요했을 거야. 그렇지 않니?
조슈아	(잠시 멈춘 뒤 상황을 이해하고) 네.
프레드	그럼, 네가 아빠의 글러브를 사용할 확률이 얼마나 될까?

조슈아는 아빠가 화를 내고 있지 않다는 걸 알 수 있었기에, 있는 그대로 받아들여지는 터라 안전하다고 느꼈다. 그리고 두려움으로 가려졌던 기억이 떠올랐고, 자신이 글러브를 가지고 놀다가 마당에 남겨 두었다는 것을 기억해 낼 수 있었다. 이처럼 두려움은 사람이 생각을 제대로 하지 못하게 만든다.

조슈아	이제 기억이 나요. 제가 글러브를 사용했고, 사용한 뒤 제자리에 두었는지는 얼른 생각하지 못했네요.

이 순간, 조슈아는 비난이나 수치심 그리고 처벌을 더이상 받을 필요가 없다. 자신이 저지른 행동에 대한 진실을 스스로 인정했고, 아빠에게 사랑이 담긴 가르침을 받으며 책임지는 것을 배웠기 때문이다. 그 이상 아빠가 해야 할 일은 없다. 만약, 아빠가 화를 냈다면, 조슈아는 아무런 교훈도 배울 수 없었을 것이다.

③ 거짓말하는 의도가 없고, 거짓말이 확실하게 드러나지 않을 때

아이가 거짓말을 하려는 의도가 없고, 거짓말인지 아닌지 확실하게 드러나지 않을 때도 있다. 다음 사례를 보고 설명해 보겠다.

부모	설거지를 하라고 했는데?
아이	했는데요?
부모	그릇들이 식탁에 그대로 있지 않니?

| 아이 | 아, 싱크대에 있는 걸 말씀하시는 줄 알았어요.

우리 모두 이런 핑계를 대고는 한다. 집에서, 학교에서, 직장에서도 말이다. 누군가 어떤 요청을 했을 때, 요청한 것보다 제대로 마무리하지 않을 때가 있다. 이는 우리가 요청을 제대로 이해하지 못했기 때문이라기보다는 제대로 이해하고 싶지 않았기 때문이라고 보아야 한다. 즉, 우리가 해야 할 일이 더 많이 있다는 것을 깊이 이해하고 싶지 않았기 때문이다.

아이나 어른이나 이런 말을 하는 경우를 보았을 것이다.

"그런 말을 하셨는지, 저는 정말 몰랐어요."

그러나 그 말은 대부분 진실이 아니다.

다음은 의도가 확연히 드러나지 않는 거짓말을 아이가 할 때, 내가 해주었던 이야기다. 다음과 같은 이야기를 몇 번 해준 다음부터 아이들은 "저는 아빠가…. 이렇게 말씀하시는 줄 알았어요"라고 더이상 말하지 않게 되었다.

나는 같은 가게에 가서 매주 물건을 산다. 가게 점원이 거스름돈을 주는데, 계속 실수를 한다. 나는 그 점원이 저지른 실수들을 장부에 적어 두었다.

1년 뒤에 나는 그 장부를 점원에게 보여 준다. 점원은 가격표의 글씨가 너무 작아서 제대로 보지 못했다고 말한다. 그가 하는 말이 진실인지 아닌지, 어떻게 판단할 수 있을까? 이는 쉽다. 그가 저지른 실수로 인해 얻은 점원의 이익과 나의 이익이 50:50이라면, 점원의 말이 사실일 수 있다. 그러나 점원의 실수가 점원에게 훨씬 이익이 된다면, 그 점원은 도둑이며 거짓말쟁이인 것이다.

아이가 "아빠가…. 이렇게 말씀하시는 줄 알았어요"라고 말할 때를 유심히 살펴보자. 우리가 요청한 일보다 언제나 덜 마무리되어 있을 것이다. 해야 할 일보다 더 많이 마무리되어 있는 상황은 거의 없다. 따라서 이는 이해력이 부족한 것이 아니라, 아이가 게으르고 또 이기적이기 때문이다. 이는 어른들도 마찬가지다. 우리는 듣고 싶은 말만 듣는다. 거짓말을 하고 있다는 것조차 우리 스스로 알지 못할 때가 있다. 그러나 거짓말은 여전히 거짓말이다. 아이가 거짓말을 할 때 아이 스스로 그것을 볼 수 있도록 도와주어야 한다.

아이가 공격할 때 대처하는 법

공격하기는 자신을 보호하거나 상대에게 겁을 주어 원하는 것을 얻어내고, 상대를 조종할 때 사용한다. 우리는 화를 내고, 비난하고, 짜증내고, 겁을 주고, 욕을 하고, 권위를 이용해서 압박하고, 죄책감을 주어서 공격하기도 하고 또는 수동적으로 저항하거나 애정을 표현하지 않는 방법으로도 상대를 공격한다.

왜, 우리는 사람들을 공격할까

당신은 영양분을 충분히 섭취하고 있어 건강한 상태인데, 이틀 동안 금식을 해야 한다고 가정해 보자. 물론 불편하겠지만, 위험하지는 않을 것이다. 건강한 상태에서는 추운 날씨, 몸을 많이 움직여야 하는 상황 등과 같이 스트레스를 받는 여러 상황을 이겨낼 수 있다. 그러나 같은 경험이라도 굶주리고 아픈 상태에 있는 사람이라면 생명에 치명적이다. 특히 건강이 나쁜 상태라면 사소한 스트레스도 생명을 위협한다.

이는 감정을 비롯한 정신 건강에도 똑같이 적용된다. 우리가 진정한 사랑을 충분히 경험하고 있다면, 강하므로 두려움이 없을 것이다. 이는 삶에서 가장 필요한 것을 갖고 있기 때문인데, 이로써 사람들과 함께 살아가는 동안 필연적으로 경험할 수밖에 없는 불편함과 정당하지 못한 상황들을 이겨낼 수 있다. 그러나 진정한 사랑을 경험하지 못한다면 마음과 정신이 굶주리고 아픈 상태에 이른다. 이런 상태에서 경험하는 모든 불편함은 고통과 두려움을 키우게 된다. 대부분의 사람이 이를 경험한다. 우리 아이도 마찬가지다.

우리는 순간적이나마 자신이 강하다고 느끼고, 무력감이 줄어들기 때문에 사람들을 공격한다. 또한 우리에게 상처를 줄 수 있는 사람들을 두려워하기 때문이다. 아무튼 공격하기는 진정한 사랑이 부족할 때 공허함과 두려움에서 벗어나기 위한 강력한 방법이다.

아이는 왜 공격할까?

아이들은 주변에 있는 대부분의 사람보다 더 어리고, 경험과 힘이 부족하다. 더욱이 자신이 이용되고, 쉽게 상처받을 수 있다는 사실을 생각보다 잘 인지하고 있다. 그래서 자신을 공격할지 모르는 사람들로부터 자신을 보호할 수 있는 방법을 자연스럽게 찾으려고 한다. 공격하기는 아이가 자신을 보호하는 방법 중 아주 유용한 방법이다.

그렇다면 왜, 아이는 부모가 많은 것을 해주는데도 불구하고 부모를 공격하는 걸까? 그 이유는 바로, 부모 앞에서 더 무력하다고 느끼기 때문이다. 부모는 아이가 무엇을 하는지, 언제나 통제할 수 있는 권력을 갖고 있다. 그래서 아이는 부모가 제공하는 음식과 안전한 공간, 사랑에 의존한다. 부모는 아이가 어디에 사는지, 무엇을 입는지, 먹을 음식이 충분히 있는지를 통제한다. 또한 기저귀를 갈거나, 콧물을 닦아 주거나, 눈물을 닦아 주는 등 가장 취약한 순간까지 마주하는 것이 부모다. 그래서 부모는 아이의 모든 결점과 두려움을 알고 있다. 그러므로 다른 사람들보다 상처를 훨씬 더 쉽게 줄 수 있는 능력이 있다. 말 한마디와 눈빛만으로도 아이를 완전히 망가뜨릴 수 있는데, 아이에게 그런 행동을 실제로 저지르기도 한다. 따라서 아이는 부모에게 완전히 통제당하고 있다는 것을 느낀다. 우리가 아이를 이용하거나, 상처를 입히면 그 영향은 파괴적이다. 아이는 겁에 질려 있고, 온 힘을 다해 자신을 방어하기 위해 할 수 있는 모든 행동을 한다. 그 행동에 공격하기가 포함되는 것이다.

15살이 된 애슐리가 외출을 하려고 할 때 아빠가 그녀를 보았다.

아빠　　이 시간에 네가 어딜 갈 수 있다고 생각하니?

애슐리	브리트니 집에요.
아빠	이 늦은 시간에? 넌 아무데도 못 가.
애슐리	그렇게 늦은 시간도 아니에요.

아빠가 말을 하고 있는 순간에도 애슐리는 문 쪽으로 걸어가고 있었다. 아빠는 얼굴을 점점 더 찡그렸고, 목소리는 더욱 크고 날카로워졌다.

아빠	내일 학교에 가야지. 그리고 네 녀석은 아무에게도 허락받지 않았지?
애슐리	브리트니 집은 5분이면 간다구요.

대화는 점점 큰 다툼이 되었다.

아빠	내 말 안 들려? 당장 문 닫고 이리 오지 못해?
애슐리	제 맘대로 할 수 있는 건 아무것도 없죠! 이렇게 사는 거 정말 싫어요!
아빠	방으로 들어가서 가만히 있어!

애슐리는 출입문을 쾅 닫고는 쿵쿵거리며 자신의 방으로 들어갔다.

애슐리가 사용한 얻고 보호하는 행동을 살펴보자. 아빠에게 큰 목소리로 "이렇게 사는 거 정말 싫어요!"라며 소리를 질렀다. 그리고 문을 쾅 닫고, 쿵쿵거리며 자신의 방으로 들어갔다. 이 행동은 공격하기다. 또한 애슐리는 보호하는 행동도 사용했다. "제 맘대로 할 수 있는 건 아무것도 없죠!"라고 말하며 피해자 행세를 했으며, 다음 날도 하루 종일 삐친 상태로 가족들을 피해 다니는 도망치기를 사용했다.

애슐리가 태어날 때부터 화를 내며 얻고 보호하는 행동을 했던 것은 아니다.

해가 지날수록 진화한 것이다. 어린 시절, 아빠의 사랑을 얻기 위한 행동이라면 모든 것을 했다. 그리고 실수를 하지 않으려고 온갖 노력을 했지만, 실수를 피할 길은 없었다. 자신이 실수를 저지를 때 아빠가 어떻게 반응하는지를 보면서 참을 수 없이 고통스러운 교훈을 얻었다.

아빠는 조건적으로 자신을 사랑한다는 것이었다. 그런 교훈은 세상 어느 아이에게도 끔찍한 경험이다. 받아들여지고 또 비난받는 것을 피하기 위해 더욱 열심히 해야 했다. 시간이 지나면서 아빠를 기쁘게 만들기 위해 끊임없이 노력해야 한다는 사실에 지쳐 버리고 말았다. 결국 아빠를 행복하게 만드는 걸 포기하고, 아빠의 분노와 통제에 대해 화로 반응하게 된 것이다. 진정한 사랑을 느낄 수 없을 때는 적어도 화를 내어 순간적인 힘과 안전함이라는 쾌감을 느낄 수 있었다.

애슐리는 나쁜 아이가 아니었다. 그녀는 공허하고, 두려웠을 뿐이다. 그래서 아빠가 자신에게 부정적으로 대할 때 자신을 방어했던 것뿐이다. 이는 그녀의 잘못된 행동 자체를 정당화하는 것이 아니라, 왜 그런 행동을 하는지를 설명하는 것이다. 사랑을 받지 못한 상태에서 애슐리는 당장 하고 있는 행동 이외의 것을 선택할 능력이 없다.

청소년기뿐만 아니라 어떤 나이든, 아이는 부모와 싸우기 위해 의도적으로 반항하지는 않는다. 지금까지 살아오면서 물에 빠져 허우적거리는 동안 얼굴이라도 잠시 물 밖으로 내밀어 숨을 쉬게 해준 얻고 보호하는 행동을 하는 것일 뿐인데, 이 행동이 부모에게 불쾌감을 줄뿐이다.

아이가 화를 낼 때 부모는 어떤 느낌을 받을까?

애슐리의 아빠는 어린 시절부터 조건 없는 사랑을 받아 본 경험이 없다. 상상해 보자. 애슐리라는 작은 소녀가 이 땅에 태어나 아빠에게 웃어 주고, 손을 잡아 주며 시키는 대로 행동하고, 뽀뽀를 해주고, 웃게 만들며 "사랑한다"라고 말했다. 이는 삶의 낙이며 "사랑"을 충전하는 시기였기에, 아빠는 머리부터 발끝까지 딸을 아꼈다.

애슐리의 아빠는 딸이 자신에게 주는 관심과 애정을 무척이나 좋아했지만, 딸이 아빠에게 진정한 사랑을 줄 수는 없었다. 진정한 사랑은 상대의 행복에 진실한 관심을 갖는 것이다. 진정한 사랑은 우리 스스로 조건 없이 사랑을 받은 다음, 다른 사람에게 주는 법을 배우는 데서 비롯된다. 그러나 애슐리는 아빠로부터 조건 없는 사랑을 받은 적이 없다. 살아가면서 받아 본 적이 없는 것을 누군가에게 주는 것 자체가 가능하지 않다.

아이가 부모에게 애정을 표현하고, 미소를 지으면서 전달하는 진짜 메시지는 다음과 같다.

"당신이 먹여 주고, 입혀 주고, 안전한 곳을 제공해 주니 기분이 좋아요. 절 안전하게 보살펴 주시네요. 계속 이렇게 해주신다면 전 기분이 좋을 거예요."

아이는 부모를 조건 없이 사랑하지 않는다. 다만, 부모를 필요로 한다. 이는 지극히 정상이다.

부모가 공허하다고 느낄 때, 아이가 필요로 하는 진정한 사랑을 줄 수 없다. 부모 자신이 갈구하는 애정을 찾아다니느라 바쁠 뿐이다. 한편, 아이가 부모에게 협조적이고, 애정을 보일 때 부모는 다음과 같이 해석한다.

"사랑해요. 부모님은 제게 세상에서 가장 소중한 존재예요. 당신이 해주신 모든 것에 진심을 다해 감사드립니다. 당신을 행복하게 만들기 위해 무엇이든 할게요."

다시 말해, 아이는 우리를 필요로 한다고 말하고 있는데, 부모는 아이가 자신을 사랑한다고 말하고 있다는 착각을 한다. 우리가 그 말을 듣고 싶어하기 때문에 그렇게 들리는 것이다. 인간은 사랑한다는 말을 누구에게든지 듣고 싶어하니까 이는 당연하다.

그런데 부모가 되고 아이가 자라자, 생각지도 못했던 일들이 벌어진다. 아이가 부모에게 화를 내는 사건이 일어난다. 지금까지 아이로부터 받아 오던 칭찬, 감사, 사랑과 미래의 희망은 완전히 산산조각이 난다. 부모는 배신감을 느끼고,

두려움에 빠진다. 그것이 애슐리가 아빠에게 화를 냈을 때 애슐리의 아빠가 느꼈던 감정이다.

아이가 화를 낼 때 어떻게 반응할까?

우리가 사랑을 충분히 느끼지 못할 때는, 아이가 화를 내면 위협적으로 받아들인다. 아이가 우리에게 분노의 화살을 향하지 않을 때도 마찬가지다. 아이는 화를 내면서 부모가 원하는 애정을 줄 수가 없다. 또한 아이가 화를 내면 부모는 아이를 통제할 수 없는 것처럼 느낀다. 다른 사람들이 화를 내면 우리 자신을 보호하는 게 당연한 것처럼, 아이의 분노에도 보호하는 행동으로 반응한다.

일반적으로, 부모가 어떤 보호하는 행동들을 하는지 살펴보자.

① 공격하기

애슐리의 아빠는 딸이 외출하려고 할 때, 딸이 자신의 통제 밖으로 벗어났다고 느꼈다. 딸이 자신의 명령에 따르지 않자, 인생에서 마지막으로 남은 권력을 빼앗기는 느낌이었다. 부모라는 권위를 잃게 되자, 어떻게 해야 할지 갈피를 잡을 수 없었다. 그래서 무력감과 두려움에서 벗어나기 위해 무의식적으로 화를 내어 자신을 방어했다. 그의 분노는 얻는 행동이기도 했다. 존경과 힘을 되찾기 위한 것이었다. 애슐리 또한 화를 내어 다시 반박하자, 아빠의 분노는 점점 더 커져 갔다.

이처럼 우리는 자신이 생각하는 것보다 아이를 훨씬 더 많이 공격한다. 일반적으로, 분노하며 아이를 비난하는 것을 정당화하지만, 그것 또한 공격하기의 한 형태다. 실망을 하는 것뿐이라도 아이에게 아주 치명적인 메시지를 전달한다. 부모의 실망을 경험한 아이는 부모의 사랑이 줄어든다는 고통을 느낀다. 부모는 날카로운 말, 한숨, '너는 어쩔 수 없는 애'라는 듯 어깨를 으쓱해 보이며 비꼬는 표정, 목소리 톤 등으로 실망을 표현한다. 이 모든 행동이 아이의 마음에 상처를 남기고, 외로이 혼자 남기며, 두려움에 떨게 만들고, 부모를 공격해서 자신을 보호하게 될 가능성을 만든다.

아이가 부모에게 화를 내거나 다른 사람들에게 화를 낼 때, 형제자매들과 싸울 때, 부모는 아이의 화를 통제하려고 애쓴다. 부모가 아이의 화를 멈추게 하기 위해 다시 공격하는 꼴이다.

아마도 다음과 비슷한 말들을 내뱉은 적이 있을 것이다.

- "그만두지 못해!"
- "당장 그만 싸워!"
- "누구 앞에서 그런 식으로 소리를 지르는 거야?"
- "좋은 말이 안 나오면 그 입을 좀 다물어."
- "그만 진정해."
- "엄마에게 그렇게 말하는 거 아니야."

아이가 화를 낸다는 것은 물에 빠져 허우적거리고 있다는 의미다(제2장). 아이가 화내는 것을 멈추기 위해 우리가 위와 같은 방식으로 애쓴다면, 이는 물 밖으로 얼굴을 내밀어 겨우 숨을 쉴 수 있는 유일한 방법을 멈추라고 요구하는 것이다. 화난 아이에게 "그만해!"라고 말하는 것은 가장 흔하면서도 가장 어리석은 반응이다. (이후 좀 더 효과적으로 반응할 수 있는 방법을 설명하도록 하겠다.)

우리가 화를 내는 행동 자체가 이기적이고 또 비효과적이지만, 그 행동을 여전히 반복한다. 결과를 만들어 내기 때문이다. 우리가 화를 내면 아이들은 더 빨리 움직이고, 겁에 질려 존경심을 보이고, 순간적인 평화와 조용함을 준다. 그러나 그 행동의 대가는 끔찍하다. 두려움에 반응하며 살아가는 아이는 책임을 지고 또 사람들에게 사랑을 주는 법을 배우지 못한다. 자신을 보호하는 법만 배울 뿐이다. 자신의 실수를 감추고(거짓말하기), 사람들에게 화를 내며(공격하기), 피해자 행세를 하고, 부모와 다른 사람들을 피하면서(도망치기) 살아가는 법을 배울 뿐이다.

② 거짓말하기

아이에게 화를 내는 매 순간, 우리는 거짓말을 하고 있다. 우리는 아이가 저지른 행동이 우리를 화나게 만든다며 직간접적으로 표현한다. 우리 스스로 진정한 사랑을 받지 못했기에, 자신을 보호하느라 화를 내고 있을 뿐이다.

③ 피해자 행세하기

애슐리가 문을 쾅 닫고 자신의 방으로 들어가자, 아빠는 딸의 행동에 상처를 받았다. 그리고 이렇게 생각했다.

'도대체 아빠를 어떻게 이런 식으로 대할 수 있느냐 말이야. 내가 딸에게 해준 게 얼만데…!'

아빠는 피해자 행세를 하고 있었다.

공격하기에 포함된 모든 행동인 통제하기, 비난하기, 화내기는 서로 지치게 만들어 효과적이지 않다. 따라서 이럴 때 우리는 공격하는 행동을 포기하고 새로운 시도를 한다. 바로, 피해자 행세를 하는 것이다. 애슐리 아빠가 했던 생각과 유사한 말을 한다.

"도대체 나에게 어떻게 이럴 수 있지? 내가 해준 게 얼만데…!"

우리가 상처를 입은 것이 아이의 책임인 양 비난한다. 어떤 부모는 공격하고 나서 피해자 행세를 하는 것이 아니라, 처음부터 피해자 행세를 하기도 한다. 자신이 어렸을 때 공격하기보다 피해자 행세하기가 더 효과적이라는 것을 경험했기 때문이다.

피해자 행세를 함으로써 아이를 통제하는 경험을 하고, 아이가 우리에게 상처 주는 행동을 멈추게 만들 수 있다. 그로 인한 결과를 얻게 되면 자신의 행동이 정당했다고 생각한다. 그러나 피해자 행세하기로 인한 대가도 어마어마하다. 아이가 사랑받지 못한 채 혼자라는 외로움에 빠지기 때문이다.

④ 도망치기

애슐리와 아빠는 며칠 동안 서로 화를 내며 다툼이 이어졌고, 아빠는 애슐리와 대화하는 것을 피하기 시작했다. 아빠는 자신이 그러고 있다는 것조차 인지하지 못했다.

우리가 아이를 피하면, 자신을 보호하기 위해 도망치는 것이다. 화를 내는 아이를 피하는 것은 당연하고 또 이해할 수 있다. 화를 내는 아이와 함께하는 것은 즐거운 일이 아니기 때문이다. 그러나 도망치는 행동은 우리에게 안전하다는 느낌을 주지만, 아이에게는 사랑받지 못한 채 혼자라는 외로움을 남긴다. 모든 얻고 보호하는 행동은 우리가 사랑받지 못한 채 외로움 속에 홀로 남겨지는 결과를 초래한다.

아이가 화를 낼 때 적절하게 반응하는 법

아이는 오직 공허하고 두렵기 때문에 부모를 공격한다. 이 사실을 기억한다면, 공격하기에 가장 적절하게 반응하는 법은 명백하다. 아이는 제대로 보이고, 있는 그대로 받아들여지고, 사랑받을 필요가 있다. 아이가 사랑을 느끼면 더이상 두려워하지 않을 것이며, 공격을 해서 자신을 보호해야 할 이유가 사라질 것이다.

아이가 화를 낼 때 대처할 수 있는 몇 가지 효과적인 방법을 제안해 보겠다. 아이에게 연습을 해보면서, 당신에게 가장 알맞는 방법을 찾아보자. 개인에 따라 그리고 연령에 따라 적절한 방법이 다르게 나타날 것이다.

1. 아이를 제대로 보고, 있는 그대로 받아들이고, 사랑해 주자.
2. 진정한 사랑과 얻고 보호하는 행동에 대해 가르치자.
3. 아이를 사랑하지 못한 것에 대해 온전히 책임을 지자.
4. 화를 내는 것이 우리의 행복에 어떤 영향을 미치는지, 아이와 대화해 보자.
5. 화를 내지 않고 반응할 수 있는 대책을 논의해 보자.

6. 행동에 대한 결과를 부여하자.

이미 언급했듯이, 아이를 키우는 일은 기술이 아니다. 올바른 말과 행동을 모두 암기해 두고, 중요한 상황마다 아이를 도울 수 있다고 기대할 수는 없다. 또한 아이가 화를 낼 때, 우리 스스로 보호하고 통제하는 대신에 사랑을 줄 수 있는 사람이 될 수 있도록 하는 자제력을 연습한다고 해서 반드시 얻게 되는 것도 아니다. 아이에게 사랑으로 반응하려면 우선, 우리 스스로 진정한 사랑을 받아야만 한다. 그래서 애슐리의 아빠는 사랑을 받는 과정을 밟아 보기로 했다. 자신의 진실을 말하는 법을 배우고, 지혜로운 친구들과 대화를 나누며 있는 그대로 받아들여지고, 사랑을 받았다.

① 아이를 제대로 보고, 있는 그대로 받아들이고, 사랑해 주자

애슐리의 아빠가 스스로 사랑을 경험하기 시작하자, 자신이 사랑받아야 한다는 욕구와 두려움에 더이상 사로잡히지 않게 되었다. 그래서 딸을 명확하게 보는 순간들이 훨씬 많아졌다. 그는 딸이 "나빠서" 그렇게 행동하는 것도 아니고, 문제를 일으키려는 의도적인 행동이 아니라는 것을 알게 되었다. 그것은 단지, 딸이 살아가면서 느끼는 무력감과 혼자라는 외로움으로부터 벗어나기 위한 행동이라는 것을 느끼게 되었다.

몇 달이 지난 후, 애슐리기 외출하는 것을 목격했다.

아빠	어디 가니?
애슐리	브리트니 집에 가요.
아빠	외출하기 전에 엄마나 아빠에게 말하고 나가기로 했지? 허락을 받았니?

애슐리가 현관문을 쾅 닫고는 소리를 질렀다.

애슐리　　도대체가…. 아무것도 마음대로 못 하게 하시네요!

애슐리가 발을 쿵쿵거리며 자신의 방으로 가려는데, 아빠가 길을 가로막았다. 그리고 딸을 안아 주며 말했다.

아빠　　네게 화나지 않았단다. 네가 어디 가는지 알고 싶었을 뿐이야.

그는 계속해서 딸을 안아 주면서 딸에게 화가 나지 않았다고 부드럽게 말했다. 그리고 딸을 사랑한다고 말했다. 그러자 딸의 분노는 천천히 가라앉았다.
애슐리는 자신의 분노가 이런 식으로 사라지는 것을 경험해 본 적이 없다. 결국 그녀는 울기 시작했다.

애슐리　　문을 쾅 닫아 버려서 죄송해요. 화가 났었어요.
아빠　　괜찮아. 넌 아빠가 화가 났을까 봐 그랬던 거야. 이해할 수 있어. 아빠는 과거에 수많은 순간 너에게 화를 냈어. 후회하고 있단다. 너를 사랑하는 방법을 몰랐어.

얼마나 아름다운 순간인가. 과거에 언제나 그랬듯, 서로 보호하기 위해 안간힘을 쓰는 대신, 아빠가 딸에게 자신의 진실을 말하며 사랑해 주었다. 애슐리 또한 자신의 진실을 말하며 사랑을 받았다. 이러한 경험은 한 사람의 인생을 변화시킬 수 있다.
아빠가 애슐리를 명확하게 볼 수 있게 되자, 있는 그대로 받아들이는 것이 쉬워졌다. 겁에 질려 자신을 보호하려고 애쓰는 사람이 우리를 아무리 불편하게 하더라도 어떻게 화를 낼 수 있겠는가? 물에 빠진 채 허우적거리고 있는 사람에게 허우적거리지 말라며 어떻게 화를 낼 수 있겠는가?

애슐리의 아빠가 사랑을 충분히 느꼈기에, 딸의 행복에 진심으로 관심을 가질 수 있었다. 그것이 딸과 소통하는 방법을 극적으로 변화시켰던 것이다.

앞서 소개했던 밥과 엄마의 사례(271쪽), 패트리샤의 사례(290쪽)를 보면 공격하는 아이에게 효과적으로 반응하는 법을 더 많이 알 수 있다. 우리가 사랑을 충분히 느끼고, 아이를 조건 없이 사랑할 수 있게 되면, 아이가 화를 내고 또 이기적으로 행동하는 것은 두려움에 대한 반응이라는 것을 이해하게 된다. 그리고 아이의 행동이 우리 자신에게 어떤 영향을 미치는지가 아니라 아이의 행복에 진정으로 관심을 갖게 된다.

아이를 사랑하는 것은 잘못된 행동을 방관하는 것이 아니다. 우리는 아이에게 진실을 가르치며, 행동을 바로잡아 주어야 한다.

② 진정한 사랑과 얻고 보호하는 행동을 가르치자

다니엘라와 제이콥의 엄마 이야기를 통해 진정한 사랑과 얻고 보호하는 행동을 어떻게 가르칠 수 있는지 살펴보자.

제이콥과 다니엘라가 다투는 소리를 옆방에서 들은 엄마는 하던 일을 멈추고 아이들이 있는 방으로 갔다.

엄마   다니엘라, 화가 난 것 같구나.

엄마는 아주 침착한 상태였고, 사랑이 넘치는 목소리였다. 싸움을 멈추라고 화를 내면서 소리를 질렀다면, 이는 온전히 엄마 자신을 위한 행동이었을 것이다. 다행히, 그런 실수는 저지르지 않았다. 화를 내는 아이에게 반응하는 첫 번째 단계는 아이를 제대로 보고, 있는 그대로 받아들이고, 사랑해 주는 것이다. 다니엘라의 엄마가 한 행동이 바로 그것이었다. 사랑으로 이 모든 행동을 하지 않았다면, 나머지 행동들도 줄줄이 다 망쳐 버렸을 것이다.

다니엘라	(큰 소리로) 제이콥이 저를 엄청 쎄게 때렸어요!
엄마	제이콥이 너를 왜 때렸는지 알고 있니?
다니엘라	제가 하고 있던 게임기를 가지고 놀고 싶었는데, 제가 주지 않았어요.
엄마	네가 제이콥에게 정확하게 뭐라고 말했니?
다니엘라	제이콥에게 저는 "귀찮게 하지 말고 저리 꺼져"라고 했어요.
엄마	자, 엄마의 질문에 신중하게 생각하고 대답해 보렴. 제이콥에게 그 말을 내뱉을 때, 지금처럼 조금이라도 화를 냈니?
다니엘라	네, 아마도요.
엄마	물론 화를 냈겠지. 자, 우리가 가족 모임에서 대화했던 것들을 떠올려 보자. 우리는 모두 사랑받는 걸 가장 원한단다. 사랑이 없을 때는 공허하고 또 두려움을 느끼지. 그럼, 공허함과 두려움에서 벗어나기 위해 온갖 행동을 일삼지. 우리 기분은 나아지겠지만, 다른 사람들은 상처를 받게 되지. 네가 제이콥에게 화를 냈을 때, 제이콥이 받은 메시지는 "너를 사랑하지 않아"란다. 그때 제이콥은 아주 기분이 나빴을 거야. 그래서 너를 때린 거지. 그 순간은 스스로 강하다고 느꼈을 거야. 그렇다고 해서 때리는 행동이 정당화되지는 않지만, 제이콥이 너를 왜 때렸는지는 이해할 수 있지.

다른 사람들이 자신에게 나쁜 행동을 할 때, 그것이 단지 공허하고 또 두려움에 떨고 있기 때문이라는 사실을 아이들이 이해하면, 갈등 상황을 제3자의 입장에서 잠시나마 바라보며 다른 선택을 할 수 있게 된다. 특히 자신의 행동이 상대방의 공허함과 두려움에 가담했다는 것을 알게 되면, 다른 선택을 하는 게 더 쉬워진다.

③ 아이를 사랑하지 못한 것에 대해 온전히 책임을 지자

다니엘라와 엄마의 대화는 계속해서 이어졌다.

엄마	자, 제이콥이 사랑받지 못한다는 느낌에 반응했다는 걸 왜 이제 이해했지? 왜, 제이콥이 사랑받지 못한다고 느꼈는지 알고 있니?
다니엘라	그건, 제가 화를 냈기 때문이죠.
엄마	물론, 그것도 맞아. 그런데 그건 극히 일부분일 뿐이란다. 제이콥은 지금까지 진정한 사랑을 충분히 받지 못했기 때문이란다. 그건 네가 한 행동과는 상관이 없지. 이 문제는 엄마가 제이콥을 충분히 사랑해 주지 못했기 때문이란다. 제이콥이 실수를 할 때마다 엄마는 사랑으로 가르쳐 주기보다는 인내심을 잃고 짜증을 내고는 했지. 그건 진정한 사랑이 아니란다. 그리고 다니엘라 너에게도 그렇게 대했지. 그래서 엄마가 하고 싶은 말은, 제이콥이 너에게 화를 낸 이유는 엄마 잘못이야.

다니엘라의 엄마처럼, 부모가 잘못을 인정하면 아이들은 완전히 안심을 한다.

④ 화를 내는 것이 우리의 행복에 어떤 영향을 미치는지,
　아이와 대화해 보자

엄마는 다니엘라에게 화에 대해 가르쳐 줄 것이 여전히 남아 있었다. 그래서 말을 계속 이었다.

엄마	다니엘라, 엄마가 너에게 화를 낼 때 너는 좋니?
다니엘라	(고개를 세차게 흔들며) 아니요.
엄마	사람들이 자신에게 화를 내는 것을 어느 누구도 좋아하지 않

	는단다. 사람들이 우리에게 화를 낼 때, 우린 사랑을 느끼지 않거든. 아주 끔찍한 기분이 들지. 자, 네가 화를 냈을 때 제이콥의 기분이 어땠을까? 제이콥은 기분이 좋았을까?
다니엘라	아니요.
엄마	네가 화가 났을 때, 너는 기분이 좋았니?
다니엘라	아니요.
엄마	그래, 그럼 네가 화를 내면 모든 사람이 끔찍해지는구나. 너도 불행하고, 제이콥도 불행해졌구나. 그럼, 너도 행복하고 또 제이콥도 행복해지는 것, 아니면 둘 다 불행해지는 것 중에 어떤 걸 더 좋아하니?
다니엘라	둘 다 행복해지는 거요.
엄마	그래, 그럼 다음에 또 화가 날 것 같을 때 이걸 기억해 보렴. 화를 내는 건 누구도 행복하게 만들지 못한다는 걸 말이야.
다니엘라	그럼, 제이콥이 갑자기 와서는 제가 하고 있는 걸 달라고 하면 어떻게 해야 하나요? 게임기처럼요. 화가 나면 어떻게 해야 하지요?

⑤ 화를 내지 않고 반응할 수 있는 대책을 논의해 보자

아이에게 화가 무엇을 의미하는지, 그리고 어떻게 생겨나는지를 가르치고 난 이후에는 스스로 다양한 선택을 할 수 있다는 것도 가르쳐야 한다.

엄마	다니엘라, 네가 게임을 하고 있는데 제이콥이 게임기를 달라고 한다면 어떻게 해야 할지를 생각해 보자. 그런데 이번에는 제이콥이 그저 사랑을 느끼지 못해 공허하고 또 두려워하고 있다는 걸 알 수 있다고 하자. 그럼, 제이콥에게 뭐라고 말할 수 있겠니?

다니엘라	그럼, 게임기를 그냥 줄 수 있어요.
엄마	그렇지. 그렇게 할 수도 있지. 좋은 생각이야. 그렇지만 꼭 주어야 할 필요는 없단다. 네가 먼저 게임을 하고 있었고, 계속할 권리도 있어. 사랑해 준다는 것이 달라는 걸 다 주어야 한다는 걸 꼭 의미하는 건 아니야. 즉, 사람들이 원한다고 해서 뭐든지 다 주어야 하는 게 아니란다. 그럼, 제이콥에게 또 어떤 말을 할 수 있을까?

다니엘라와 엄마는 제이콥에게 무슨 말을 할 수 있을지, 서로 대화하면서 몇 가지 대화법을 찾았다.

- "제이콥, 난 이걸 끝내고 싶어. 20분 정도 걸릴 거야. 그리고 나서 너에게 게임기를 줄게. 괜찮니?"
- "게임을 하고 싶은 거 잘 알겠어. 난 30분만 더 할게. 그리고 이후엔 네가 하고 싶은 만큼 해도 돼. 내가 끝나면 너에게 가서 끝났다고 말해 줄게. 괜찮지?"

다니엘라	하지만 그렇게 말해도 제이콥이 절 계속 귀찮게 하면요? 분명히 그럴 거예요.
엄마	네가 친절하게 말하고, 제이콥이 곧 게임을 할 수 있다는 걸 명확하게 말해 주면, 네 말을 더 잘 들을 거다. (제이콥은 이 모든 대화를 옆에서 함께 들었다.) 제이콥, 만약에 다니엘라가 지금처럼 너에게 친절하게 말한다면, 잘 들을 수 있겠니?
제이콥	아마도요.
엄마	다니엘라, 네 말이 맞을 수도 있어. 제이콥이 네 말을 듣지 않을 수도 있지. 그리고 너를 계속해서 귀찮게 할 수도 있어. 그럴 때 필요한 것이 엄마, 아빠란다. 엄마에게 와서 말해 주렴. 해결할

수 있도록 도와줄게. 제이콥이 뭘 잘못했는지를 고자질하려고 하지 말고, 어떻게 하면 상황을 더 잘 해결할 수 있는지를 물어보기 위해서 오렴.

엄마는 다니엘라에게 모든 잘못을 덮어 버린 것이 아니다. 엄마는 한 아이에게 집중해서 대화를 진행할 때, 아이들이 더 잘 배울 수 있다는 지혜가 있었던 것이다. 그 이후, 엄마는 제이콥과도 대화를 하면서 제이콥이 화를 내는 이유가 무엇인지, 그리고 어떻게 하면 누나와 더 효과적인 방법으로 관계를 맺을지에 관해서도 이야기했다.

⑥ 행동에 대한 결과를 부여하자

다음 날, 다니엘라와 제이콥은 게임기를 가지고 또 다투고 있었다. 그 모습을 본 엄마는 이렇게 말했다.

"서로 사랑을 주는 것보다 더 중요한 것은 우리 가족에게 없단다. 세상 그 어느 것도 말이야. 그래서 우리가 서로 사랑을 주지 않는 순간들에 대해 더 관심을 기울일 거야. 필요하다면 엄마가 끼어들어서 도와줄 거란다. 이런 상황까지 온 건 엄마 잘못이야. 이런 일이 있기 전부터 엄마가 너희를 더 가르쳤어야 했어."

여러 과정을 거쳤음에도 불구하고 아이들은 여전히 서로 못 잡아먹어서 안달이었기에, 엄마는 마침내 결단을 내렸다.

"이 상황을 해결하기 위해 엄마가 도와줄 거야. 지금 너희들은 너무 화가 나서 서로 상대의 말을 들을 수가 없어. 그러니 각자 방으로 들어가서 생각해 보렴. 서로 공격하지 않고 해결할 수 있는 방법을 말할 수 있는 사람은 언제든지 방에서 나와 엄마에게 말해 주렴. 둘 다 동의할 수 있는 해결책이 있다면 침착하게 앉아서 말해 줘. 그리고 나서 게임기 사용을 어떻게 할지, 대화해 보자구나."

10여 분 뒤, 다니엘라가 제이콥의 방으로 갔다. 이때 제이콥은 여전히 화가 나 있었다.

"그래, 네가 준비가 되면 대화하자."

다니엘라가 말했다. 20분 뒤, 제이콥과 다니엘라가 엄마에게 다가왔다. 그리고 게임기를 사용하는 것에 있어서 서로 동의하는 방법을 엄마에게 제안했다.

"지금 이 느낌을 잘 기억하렴. 서로 화를 내는 대신, 사랑으로 서로의 차이를 해결하는 이 느낌 말이야. 화를 내면, 어느 누구도 행복해지지 않는단다. 오늘 이 문제를 어떻게 해결했는지를 기억한다면, 다음에는 더 잘할 거야."

💛 "생각하는 시간"

많은 육아 서적에서 "생각하는 시간"에 대한 기술을 소개한다. 아이가 잘못된 행동을 하면 자신의 방으로 들어가는 것이다. 그리고 특정한 시간을 주어 방에서 시간을 보내도록 한다. 예를 들어, 나이마다 1분을 부여한다. 하지만 나는 "생각하는 시간"이라는 단어를 사용하지 않기를 원한다. 보통 "생각하는 시간"은 부모로부터 아이를 분리해서 처벌을 가하는 식으로 부여되기 때문이다.

위 사례를 보면, 제이콥과 다니엘라는 원래 하고 있던 방식들이 제대로 작동하지 않아서 각자 방으로 보내졌다. 그리고 엄마는 서로 얻고 보호하는 행동에 방해받지 않고, 둘에게 모두 독립적으로 생각할 시간을 주기를 원했다. 엄마는 자신이 편안하기 위해서가 아니라, 다니엘라와 제이콥을 위해 방으로 보냈다. 그리고 "서로 공격하지 않고 해결할 수 있는 방법을 말할 수 있는 사람은 언제든지 방에서 나와 엄마에게 말해 주렴"이라고 말했기 때문에 그 목적이 성취되었다.

아이를 방으로 보낼 때 필요한 부모의 태도는 다음과 같다.

- 특정한 목적을 성취하기 위해 방으로 보낸다. 마음을 안정시키고, 부모 혹은 상대방의 얻고 보호하는 행동이 끝날 때까지 있는 것이다. 흥분한 상태에서는 잘 생각이 나지 않기 때문에 해결책을 조용히 생각해 볼 시간을 주는 것이다.
- 처벌을 하는 것이 아니라, 무엇인가 배울 수 있는 기회로 삼는다.

- 부모의 편안함을 위해서가 아니라, 아이를 위해 방으로 보낸다. 만약, 우리가 쉴 시간이 필요하다면, 부모가 방으로 들어가야 한다. 이때 아이를 방으로 보내지 않는다.
- 위에 나열된 목적을 성취하기 위한 시간 동안만 방에 있는 것이다.
- 밖으로 최대한 빨리 나올 수 있도록 사랑으로 제안한다.

💕 아이의 화를 최대한 빨리 발견하기

아이가 부모에게 소리를 지르거나, 상대에게 화를 쏟아부을 때까지 기다리는 것은 최선이 아니다. 그 전에 아이의 얻고 보호하는 행동인 화를 인지하는 것이 가장 좋다. 아이가 화를 내는 것은 공격하기를 사용하는 것이며, 아주 어린 나이부터 그런 행동을 시작할 것이다. 이에 대해 다음 사례에 나오는 엄마는 아이의 화를 발견하고 현명하게 대처했다.

룻에게는 4살이 된 아들이 있었다. 아들은 분리된 장난감을 맞추고 있었다. 한 부분을 맞추는 데 어려움을 겪다가 몇 분 뒤에 장난감을 벽에 집어던졌다. 아들이 물건을 던지면 "그러지 마"라고 짧게 말하며 끝냈겠지만, 최근 리얼러브에 대해 배우면서 지금 이 순간이 아들을 제대로 보고 사랑할 수 있는 기회라는 것을 깨달았다. 만약, 지금 "그만해"라고 말한다면, 아들이 보내는 메시지를 무시하는 꼴이 되었을 것이다. 그런데 아들은 자신이 사랑받지 못하며, 혼자라고 느끼고 있다는 것을 엄마에게 전달하고 있었던 것이다. 룻은 사랑을 충분히 받는 아이들은 화를 내며 물건을 던지지 않는다는 사실을 알고 있었다. 또한 "그만해"라는 말을 이미 첫째와 둘째 아이에게 반복해서 말한 바 있고, 통제하는 것이 전혀 효과적이지 않다는 것을 경험으로 잘 배웠다.

룻은 하고 있던 일을 멈추고 아들에게 다가갔다. 무릎을 꿇고 아들 앞에 앉아서, 아들의 눈을 보며 사랑한다고 말했다. 그리고 그녀는 아들과 같이 앉아 놀아 주며 뭘 하고 있었는지 물어보았다. 그러나 아들을 위해 장난감을 조립해 주지는 않았다. 아들이 실제로 경험하고 있는 문제는 블록을 잘 맞추지 못하는 것이 아니었다. 룻은 아들이 정말로 필요로 하는 것을 주었다. 바로, 있는 그대로 받아들여지고 사랑받는 것이었다. 그러자 아들의 좌절감은 사라지고 없었다.

부모에게 사랑으로 가르침을 받은 아이들은 가짜 사랑을 받을 필요도, 보호하는 행동을 할 필요도 없다. 그래서 다른 사람을 공격할 필요도 없고, 벽에 물건을 던질 필요도 없다. 아이가 어릴 때 화를 나타내는 표시를 부모가 찾아낼 수 있다면, 자기 파괴적인 행동을 미리 예방할 수 있다. 우리가 제대로 보고, 있는 그대로 받아들이고, 사랑해 주게 되면, 아이는 화를 내며 끔찍한 인생을 살아가지 않게 된다. 앞으로는 사랑을 받고, 다른 사람들에게 사랑을 주는 능력을 갖게 된다. 우리가 아이에게 주는 이 선물은 무한한 가치를 지닌다.

♥ 화가 만들어 내는 수많은 부산물

아이들은 화가 났다는 것을 다양한 방식으로 표현한다.

- 사람들이나 자신의 일에 좌절감을 느낀다.
- 삐친다.
- 다른 사람에게 폭력을 행사한다.
- 다른 사람을 통제하려고 애쓰며, 힘이 센 우두머리 행세를 한다.
- 반항적인 태도를 보인다.
- 다른 사람의 실수나 결점에 대해 쉽게 인내심을 잃고 지적을 한다.
- 의도적으로 물건을 부순다.
- 부모나 다른 사람들에게 소리를 지른다.

307쪽에서 이미 언급했던 "아이가 화를 낼 때 어떻게 반응할까?"라는 부분을 다시 읽어 보면, 다양한 형태의 화에 효과적으로 대처할 수 있을 것이다.

아이가 피해자 행세를 할 때 적절하게 대처하는 법

제2장에서 피해자 행세가 무엇을 의미하는지, 이미 다루었다. 또한 아이가 피해자 행세를 어떻게 하는지, 다양한 예시를 제시했다.

다음은 아이들이 피해자 행세를 왜 하는가에 대한 몇 가지 이유다.

- 아이가 불편함을 경험할 때 그 이유가 부모라는 것을 설득하면, 우리는 죄책감을 느끼며 아이가 원하는 것을 줄 가능성이 높다. 아이는 어린 시절부터 이것을 배웠다. 또한 쇼핑하다가 자신이 원하는 것을 얻지 못해서 울고, 삐치며, 응석을 부리는 수많은 아이를 주변에서 보았다. 그러면 부모는 죄책감을 느끼고 싶지 않고, 다른 사람에게 사랑이 없는 부모로 보이기 싫어서, 결국 두 손 두 발을 다 들고 원하는 것을 사 준다. 그렇게 모든 것을 얻은 아이는 앞으로 주변 사람들과 부모를 강탈하는 행동을 반복하며 살아갈 가능성이 높다.
- 더 깊은 상처를 받는 것으로부터 자신을 보호한다. 아이가 상처받고 또 충분히 취약한 상태라는 것을 표현할 때, 즉 입을 삐죽인 채 삐치거나 운다. 그러면 부모는 아이에게 미안한 마음을 갖기 때문에, 비난하거나 상처를 주는 행동을 덜하게 될 가능성이 높다.
- 책임을 회피하기 위해 피해자 행세를 한다. 아이는 피해자 행세를 하며 모든 잘못을 부모, 선생님, 친구 등 모든 사람에게 돌려서 자신이 저지른 행동에 대한 책임을 회피한다.
- 자신을 제대로 대접해 주지 않는 사람들을 비난하면서 스스로 강하다는 느낌을 받고, 그것을 즐긴다. 아이는 보통 어른들 앞에서 무력하고 또 약하다고 느낀다. 특히 부모 앞에서는 더욱 그러하다. 그렇기 때문에 부모 혹은 다른 사람들의 부당한 행동을 비난할 수 있다고 느낄 때 자신이 강하다는 것을 느끼고, 모든 것이 자신의 통제 안에 있는 것처럼 여긴다.

아이가 피해자 행세를 할 때,
부모는 왜 아이가 원하는 것을 주는가?

대부분의 사람은 부당한 취급을 받은 사람들을 도와주려는 경향이 있는데, 이는 자연스러운 일이다. 우리는 언제나 약자를 응원한다. 재난 피해자들과 아동 학대 피해 아이들, 전쟁 피란민들 그리고 멸종 위기에 처한 동물들을 대하는 사람들의 동정심과 지원을 한번 살펴보라. 이런 동정심과 지원의 동기는 대부분 진정한 공감으로부터 우러나온다. 그러나 아이가 피해자 행세를 할 때는 이러한 동정심과 공감이 아니라, 부모의 이기심에서 아이가 원하는 것을 그냥 줘 버리는 경우가 종종 있다.

만약, 우리 스스로 진정한 사랑을 받고 있지 않다면, 아이가 부모 때문에 상처받았다고 말할 때 죄책감을 느끼기 마련이다. 그러면 죄책감 때문에 아이가 원하는 것을 줘 버린다. 원하는 것을 주지 않았을 때 벌어질 상황이 두렵기 때문이다. 우리는 아이에게 관심과 사랑이 많은 부모로 비치기를 바란다. 아이에게 원하는 것을 주지 않으면, 부모로 인정하지 않거나 아이가 돌려주는 애정이 줄어드는 것이 두려운 것이다. 그리고 다른 사람들 앞에 나쁜 부모로 비치기를 원하지 않는다. 우리 사회에서는 부당한 취급을 받았다고 주장하는 사람들을 지지하지 않거나 무관심한 태도를 보이면 뭔가 단단히 잘못된 것처럼 바라보고는 한다.

더 나아가 아이가 누군가에 의해 상처받았다고 말할 때, 부모는 사랑이 넘치는 특별한 부모로 보일 수 있는 아주 좋은 기회를 갖는다. 자신이 아주 중요한 사람처럼 느끼고, 아이에게 없어서는 안되는 존재처럼 느낀다. 그리고 아이를 방어하면서, 진실과 정의의 편에 선 자신이 아주 정의롭고 또 강하다는 느낌까지 받는다. 이런 상황에서 우리는 아이와 좀 더 연결되었다고 느끼며, 혼자라는 외로움을 순간적으로 덜 느낀다. 즉, 우리는 자신이 더 사랑받기 위해 피해자 행세를 하는 아이를 구출할 때도 있다.

다음 사례를 통해 이를 살펴보자.

루이스가 학교에서 집으로 돌아왔을 때 화가 아주 단단히 나 있었다.

루이스	담탱이가 진짜 멍청해요. 오늘 아침까지 영어 과제를 제출해야 했는데, 전 준비가 안되어 있었어요. 어제 하루 종일 아팠잖아요. 아프고 싶어서 일부러 아팠던 것도 아니고…. 그런데도 수행평가에 0점을 주셨어요.
아빠	아주 불공평하구나. 너는 어제 하루 종일 침대에 있었잖니? 아팠다고 말씀드렸니?
루이스	말하려고 했는데, 들으려고 하지도 않으셨어요.
아빠	걱정하지 마렴. 아빠가 전화해서 해결해 볼게.

이처럼 부모는 부당한 상황에 처한 아이를 구출해 주고 싶은 유혹을 느낀다. 그게 좋은 일인 것처럼 보이기도 한다. 그러면 아이는 살아가며 언제나 정당하게 대접받아야 할 의무가 있다는 잘못된 가르침을 받게 된다. 루이스의 아빠는 아들을 도와주고 있다고 생각했지만, 사실 아빠의 동기는 아주 이기적이며 또 해로운 결과를 가져왔다. 하지만 루이스의 아빠는 그 사실조차 인지하지 못했다.

루이스에게 가져온 해로운 결과들을 살펴보자.

- 루이스가 피해자라고 느끼도록 돕고 있다. 언제나 공정한 대접을 받아야 한다는 것을 아들에게 무의식적으로 가르쳤다. 이는 아주 어리석으며, 위험한 생각이다. 먼저, '공정하다'라는 생각 자체가 이미 심각한 실수다. 우리가 공정하다고 생각하는 것은 보통 우리 자신에게 이익이 될 때를 말하고, 다른 사람들에게 공정한가에 대해서는 관심이 없다. 더 나아가 아이들은 모든 삶은 인간관계와 조직으로 이루어져 있다는 사실을 이해할 필요가 있다. 가족, 친구들, 학교, 직장, 사회 등 공정하다는 것을 정의하는 일은 전적으로 다른 사람들의 일이다. 예를 들어, 회사에서는

고용주가, 사회에서는 사법제도가 그 일을 한다. 만약, 아이들이 자신의 이익대로 언제나 공정한 대접을 받아야 한다고 생각하도록 내버려 둔다면, 삶에서 끊임없는 갈등과 실망을 경험하게 될 것이다.

- 루이스의 아빠는 삶에서 부당한 경험을 한 적이 있다. 그런 경험을 통해 자신이 느낀 무력감과 외로움은 당연히 싫었다. 루이스를 방어함으로써 과거에 자신을 피해자로 만들었던 사람들에 대한 좌절감과 분노를 표출할 수 있는 기회가 되었다. 루이스를 동정하는 것은 자신이 강함을 느낄 수 있는 이기적인 도구가 되었고, 결국 아들을 사랑으로 가르치는 진짜 부모로서의 책임은 망각하고 말았다.

- 루이스에게 도움을 주면서 아빠는 아들의 애정을 얻는다. 아들을 무의식적으로 이용해 자신이 중요하며, 사랑받는다는 느낌을 받은 것이다. 자신이 선생님에게 전화해서 문제를 해결하겠다고 말했을 때, 아들이 자신에게 즉각적으로 보이는 애정 어린 표정을 보았다. 루이스의 아빠는 그런 식으로 사람들을 이용해 왔다. 사람들이 원하는 말이나 행동을 해서, 자신을 좋아하게 만들거나 자신의 기분이 나아지게 해왔다. 우리는 대부분 그런 행동을 한다. 그저 인지하지 못할 뿐이다.

루이스의 아빠는 위와 같은 대처 방식으로, 아들에게 아주 중요한 교훈을 줄 기회를 놓치고 말았다. 아들에게 책임지는 법과 자신이 선택한 결과를 받아들이는 교훈을 줄 수 있었는데 말이다. (이후 이에 대해 더 다루도록 하겠다.) 또한 사람들은 스스로 선택하는 법을 배우는 과정에서 우리를 불편하게 만들 권리가 있다는 교훈을 가르쳐 줄 기회 또한 놓쳐 버렸다. (이 교훈에 대해서는 제7장에서 자세히 다루도록 하겠다.) 더 나아가 루이스의 아빠는 사람들이 우리를 결코 화나게 만들지 못한다는 사실 또한 가르치지 못했다(제3장 참고). 매 순간 아이들과 상호작용 할 때, 우리는 아주 많은 원칙을 가르쳐 줄 기회가 있다.

잠시 후 루이스의 아빠가 했던 것보다 더 나은 방법으로 어떻게 해서 루이스를 사랑으로 가르칠 수 있었는지, 대화해 보도록 하겠다.

모든 부모가 루이스의 아빠처럼 아이가 피해자 행세를 할 때 원하는 것을 주지는 않는다. 어떤 부모는 피해자 행세를 하는 아이의 행동에 짜증을 내기도 한다. 그리고 징징거리고 우는 아이에게 처벌을 가하기도 한다. 아이가 피해자 행세를 하는 순간, 가족 내의 어떤 어른이라도 보상을 해주지 않는다면 아이는 그 행동을 사용하지 않을 것이다. 반면, 가족 내에 피해자의 행동에 따라 보상을 해주는 부모와 처벌을 하는 부모가 동시에 존재한다면, 아이에게 세상은 너무나 혼란스러운 공간이 되고 말 것이다.

피해자 행세하기가 불러오는 끔찍한 결과

제2장에서 진정한 사랑은 기꺼이 주고받는 것이라고 말한 바 있다. 아이가 피해자 행세를 하며, 다른 사람들을 조종해서 관심 외에도 다양한 것을 얻는다. 피해자 행세를 해서 무엇인가를 얻게 되면 진정한 사랑은 느낄 수 없다. 피해자 행세를 하는 동안, 아이는 오직 공허하고 외로울 뿐이다.

만약, 아이가 피해자 행세를 하도록 내버려 둔다면, 아이는 불행으로 향하는 문으로 들어서는 것이나 다름없다. 더욱이 피해자 행세에 동정심을 보내고, 어려운 상황에서 구출해 주고, 원하는 것을 주고, 화를 내는 등 피해자 행세에 얻고 보호하는 행동으로 반응하게 되면 아이의 인생을 망치게 된다.

피해자 행세를 하는 아이에게 적절하게 대처하는 방법

아이가 피해자 행세를 할 때, 진정으로 필요한 것이 뭘까? 생각할 것도 없이 아이에게는 사랑과 가르침이 필요하다.

우리는 아이가 피해자 행세할 때 정확히 집어내야만 한다. 그리고 자신의 행동과 마주하도록 도와주어야 한다. 이를 사랑으로 가르쳐 줌으로써 부모에게 사랑을 느끼게 되고, 피해자 행세를 하며 가짜 사랑을 받거나 보호하는 행동을 할 필요가 없어진다. 그러면 피해자 행세를 하는 행동을 없애기 위해 애쓰지 않더라도 스스로 사라지게 될 것이다.

루이스는 과제를 제출한 뒤 0점을 받아 집에 왔을 때, 이미 과거의 경험을 통해 주변의 모든 사람이 자신을 비난하며, 있는 그대로 받아들이지 않을 거라는 생각을 했다. 물론 부모도 마찬가지였다. 그래서 루이스는 자신을 부당하게 대접한 선생님에게 화를 내며 비난함으로써 0점을 받은 자신을 무의식적으로 보호했다. 또 숙제를 하지 못한 책임을 자신이 아팠던 상황으로 돌려서 피해자 행세를 했다.

자, 지금부터 아빠와 아들의 상호작용을 수정해서 살펴보도록 하겠다. 몇 달 전에 루이스의 아빠가 진정한 사랑을 받는 과정을 시작했다고 가정해 보자. 그리고 이 상황에서 루이스는 아빠에게 선생님에 대해 불평하고 있다. 아빠는 사랑을 충분히 받았기에 공허함과 두려움에 눈이 멀지 않고, 아들을 제대로 볼 수 있다. 그래서 아들이 진정으로 필요로 하는 것을 줄 수 있었다.

루이스가 학교에 돌아왔을 때 화가 아주 단단히 나 있었다.

루이스	담탱이가 진짜 멍청해요. 오늘 아침까지 영어 과제를 제출해야 했는데, 전 준비가 안되어 있었어요. 어제 하루 종일 아팠잖아요. 아프고 싶어서 일부러 아팠던 것도 아니고…. 그런데도 0점을 주셨어요.
아빠	네가 어제 하루 종일 침대에 있었다는 걸 알고 있단다. 그런데 선생님이 언제 숙제를 내주셨니?
루이스	(잠깐의 침묵) 음…. 일주일 좀 더 전에요.
아빠	그렇다면, 숙제를 내주신 날 바로 할 수도 있었겠구나. 일주일 전에 말이야. 그렇지 않니?
루이스	글쎄요….
아빠	일주일 전에 과제를 했다면, 어제 아팠더라도 아무런 문제가 되지 않았겠지? 제시간에 과제를 제출할 수 있었을 거야. 네가 0점을 받은 이유는, 과제를 마지막 날까지 미루겠다고 네가 선

택했기 때문이지. 선생님은 과제를 할 수 있는 시간을 충분히 주셨다고 생각하지 않니?

루이스   그런 것 같네요.

아빠   우리는 문제를 다른 사람 탓으로 돌리기를 좋아하지. 안 그래? 자신이 실수했다는 걸 인정하는 것보단 남 탓을 하는 게 더 쉬우니까. 사람들은 멍청해 보이고 싶어하지 않지. (미소 지으며) 너는 실수를 저지른 거야. 다음에 과제를 받으면, 0점을 받은 오늘을 기억하겠지. 그리고 더 현명한 선택을 할 수 있을 거다. 네가 0점을 받아도 아빠는 너를 여전히 사랑한단다.

루이스의 아빠는 아들에게 훌륭한 교훈을 가르쳐 주었다. 아들 스스로 가치가 없다고 느끼지 않게 하면서, 자신의 행동에 대한 결과에 전적으로 책임지는 것을 가르쳤다. 그리고 아들이 피해자가 아니라는 것을 가르쳤다.

피해자 행세를 하는 아이에게 적절하게 대처하는 또 다른 사례
어느 토요일 아침, 케이트가 집을 나서려는데 엄마가 멈춰 세웠다.

엄마   어제 하라고 했던 빨래는 다 했니?

케이트   시간이 없었어요. 춤 연습이 있어서 지금 가야 해요. 지금은 할 수 없어요.

케이트가 한 말의 두 문장을 자세히 보면, 피해자 행세를 하고 있다는 것을 알 수 있다. "시간이 없었어요"라고 말하면서 자신이 책임지지 않아도 되도록 시간에게 잘못을 전가하고 있다. 자신의 책임을 전가하는 것이 피해자 행세의 정의다.

"지금 가야 해요. 지금은 할 수 없어요."

이렇듯 춤 연습을 위해 가야 한다는 자신을 엄마가 멈춰 세운다면, 그것은 매우 부당하다는 것을 표현하고 있다. 이는 자신의 계획을 방해하면 자신이 엄청난 피해를 당하게 된다며 상대를 위협하고 있는 것이다.

엄마　　음, 그렇다면 집에 돌아오면 빨래를 해놓도록 하렴.

케이트는 딸의 핑계를 받아들이는 쉬운 길을 택했다. 우리는 갈등이 벌어지는 것이 싫기 때문에 갈등을 피하기 위해 아이가 피해자 행세를 하도록 내버려둔다. 아이가 좋아하지 않는 책임지는 것에 대한 가르침은 반복적으로 말하고, 지루하고 어려운 교훈을 주고 싶어하지 않는 것이다. 어른인 우리도 책임지는 것을 좋아하지 않기 때문이다. 그래서 게으른 길을 선택한다. 그러나 이런 방식으로는 아이가 배워야 하는 것을 가르치지 못하며, 보호하는 행동인 도망치기를 우리 스스로 하고 있는 셈이다. 우리는 아이의 행동을 직면하고, 바로잡는 것이 불편하기 때문에 도망친다. 아이를 가르치고 바로잡을 때, 부모에 대한 애정이 줄어드는 것을 보고 싶어하지 않기 때문이다.

한편, 아이가 자신의 행동에 핑계를 댈 때, 언제나 도망치는 것으로 반응하는 것은 아니다. 짜증을 내기도 한다. 우리가 짜증을 내면 아이는 핑계를 대던 것을 멈추고, 우리가 원하는 행동을 할 것이다. 그러나 아이에게 화를 낸다고 해서 아이가 책임을 지는 사람으로 성장하게 하고, 사랑이 넘치는 사람이 되도록 도울 수는 없다.

▶ 케이트에게 더 효과적으로 대처하는 방법

케이트의 엄마가 진정한 사랑을 받는 과정을 밟고, 사랑으로 가르치는 법을 배웠다고 가정해 보자. 이 상호작용에서 케이트의 엄마는 딸에게 인정을 받기 위해 더이상 애쓰지 않는다. 그녀는 딸이 엄마의 가르침을 좋아하지 않을 거라는 것을 알지만, 진실을 가르쳐야 하는 것을 알고 있기에 가르치는 것이 두렵지 않다.

엄마	어제 하라고 했던 빨래는 다 했니?
케이트	시간이 없었어요. 춤 연습이 있어서 지금 가야 해요. 지금은 할 수 없어요.
엄마	그 일을 부탁한 지 24시간도 더 지났단다. 지금까지 TV를 본 적 있니?
케이트	네, 그치만….
엄마	친구와 전화 통화를 한 적 있니?
케이트	크리스랑 잠깐 대화했어요. 그런데….
엄마	엄마는 네가 샤론과 대화하는 것도 들었단다.
케이트	그건 깜빡했네요.
엄마	자, 그러니까 너는 엄마가 부탁한 빨래를 하는 것 대신 적어도 3가지 행동을 하는 것을 선택했구나. 그러니 "시간이 없었다"라는 말은 앞뒤가 안 맞아. 그렇지 않니?
케이트	그런 것 같네요.
엄마	또 하나…. 방금 전에 지금 빨래를 하고 나가라고 말했을 때, 너는 "춤 연습이 있어서 지금 가야 한다"라고 말했어. 그러면 샤론이 너에게 전화를 했을 때 빨래를 해야 하니까 조금 뒤에 대화하자고 말했니?
케이트	아뇨.
엄마	엄마가 무슨 말을 하고 있는지 알겠니? 너는 네가 원하는 일을 하는 걸 선택했던 거야. 그리고 빨래를 하지 않는 걸 반복적으로 선택했지. 집에서 맡은 바 책임을 다하는 것은 적어도 네가 춤 연습을 열심히 하는 것만큼이나 중요하단다. 너는 최근에 네가 한 선택들에 대해 무책임했어. 이미 많은 대화를 했지만

충분하지 않았던 것 같구나. 맡은 바 책임을 다하는 것이 중요하다는 걸 네가 이해할 수 있도록 도움이 필요한 상황이야. 그래서 지금 빨래를 하고 가는 걸 통해 배울 수 있도록 엄마가 도와줄 생각이야.

케이트   빨래를 하면 춤 연습에 빠지게 돼요. 저 없이는 춤 연습이 진행되지 못한다구요. 팀 전체에 피해가 가요. 그렇게는 할 수 없어요.

엄마   내가 네 팀에게 피해를 주고 있는 게 아니란다. 바로 네가 팀에게 피해를 주고 있는 거야. 네가 책임지는 걸 선택했다면, 어제 엄마가 빨래를 부탁했을 때 했을 거고, 이런 일은 일어나지 않았겠지. 네 선택으로 빚어진 결과란다. 네 팀에게는 엄마 잘못이라고 해도 상관없어. 그렇지만 네 스스로 알 거야. 그게 사실이 아니란 걸…. 과거에는 네가 할 일을 마무리하지 않더라도 춤 연습에 가도록 내버려 두었지. 그리고 네가 배운 것은 하고 싶은 대로 뭐든지 해도 된다는 거였지. 그건 엄마의 실수야. 그리고 그 실수를 이제는 반복하지 않을 생각이란다. 네가 살아가면서 하는 선택들은 너와 다른 사람들에게 영향을 미치게 된단다. 그리고 이번에는 네가 그 결과를 경험해 볼 수 있도록 해줄 거야.

케이트는 춤 연습을 빠지게 되어 기분이 매우 좋지 않았다. 그렇지만 엄마가 화를 내지 않을 때, 자신도 화를 내는 것이 어렵다는 것을 발견했다.

케이트의 엄마는 대화 속에서 지금까지 책에서 제안한 많은 원칙을 적용했다. 따라서 딸이 무책임하게 행동하며, 피해자 행세를 한다는 것을 제대로 보았다. 그러면서도 딸을 있는 그대로 받아들이고 사랑해 주었다. 그리고 나서 케이트에게 엄마가 저지른 실수를 말해 주며, 행동에 대한 결과를 부여함으로써 다음에는 스스로 현명한 선택을 할 수 있도록 도왔다.

자녀와의 사랑이 넘치는 상호작용은 부모가 사랑을 충분히 받지 못한 상태에서는 불가능하다. 아이의 진실을 말해 주며 결과를 부여할 때, 아이는 종종 화를 내며 반항하고 또 자신이 느끼는 분노와 고통은 모두 부모의 탓이라고 표현할 때가 있다. 그러면 우리는 아이의 비난을 받아 겁에 질린 나머지 사랑을 주기보다는 위협을 느낀다. 그래서 자신을 보호하는 행동을 하게 될 가능성이 있다. 그렇게 되면 사랑이 넘치는 상호작용은 사라지고, 부모와 자녀의 관계는 수렁으로 빠져들게 된다.

엄마와 케이트의 상호작용은 제5장에서 논의했던 원칙들을 기억하고 적용한다면 더 훌륭하게 진행될 수 있다. 그중 262쪽에서 이미 언급했던 **'아이가 저지른 행동에 때때로 책임을 지게 하는 것'**이라는 부분을 고려하면 더욱 효과적이다.

아이에게 결과를 부여할 때 다음 두 가지를 고려하면 아이는 훨씬 더 잘 배울 수 있다.

- 어떤 결과를 부여할지, 미리 논의한다.
- 어떤 결과를 부여할지, 선택지를 제공한다.

케이트의 엄마는 딸에게 어떤 결과를 부여할지, 미리 논의하지 않았다. 맡은 일을 제대로 책임지지 않았을 때 어떤 결과가 일어날지, 케이트가 미리 알았다면 부여된 결과를 더 쉽게 인정할 수 있었을 것이다. 엄마의 입장에서 볼 때, 결과를 미리 논의하는 것이 번거로울 수 있다. 아이가 미래에 저지를지도 모르는 행동에 대해 모든 결과를 미리 정해 놓는다는 것은 너무 많은 일이기도 하고 또 불가능하다.

아이에게 사소한 요청을 할 때마다, 그 행동을 제대로 해내지 못했을 때 어떤 결과를 부여받을지에 관해 매 순간 대화를 나누어야 한다고 생각해 보자.

엄마가 케이트에게 요청한 것은 빨래를 하는 것이었다. 이는 한 번으로 끝나는 일이다. 따라서 엄마가 이 행동에 대한 결과를 미리 결정해 놓지 않은 것은 충분히 이해할 만하다.

그렇지만 케이트의 엄마는 몇 가지 선택지를 제시할 수 있었다. 다음과 같은 결과들을 더 제안할 수 있다.

"너는 빨래를 하는 책임을 다하지 않았으니, 그 결과로 엄마가 몇 가지 제안을 할게."

- "오늘 너는 춤 연습에 가지 않는 거야(앞서 적용했던 결과다)."
- "오늘 춤 연습에 참석할 수 있지만, 엄마가 네 대신 빨래를 해야 하니, 춤 연습이 끝나고 돌아오면 너는 엄마 대신 주방 청소를 하렴." 기억하자. 결과를 부여하는 것은, 어리석은 선택을 하는 것이 너무나도 불편하다는 것을 가르쳐서 다음에는 더 나은 선택을 하도록 돕는 데 있다. 케이트의 엄마는 주방 청소를 하는 것이 빨래를 하는 것보다 시간이 3배 가량 더 오래 걸린다는 사실을 알고 있었기에 주방 청소를 제안했던 것이다.
- "네 오빠가 빨래를 해야 할 테니, 이틀 동안 오빠의 집안일을 해주렴."

어려운 상황에서 아이를 구출해 주는 것과 지원하는 것의 차이

앞에서 살펴봤던 걸음마를 갓 뗀 아이의 이야기를 떠올려 보자. 아이가 넘어질 때마다 부모가 달려가서 어디가 아픈지 또 얼마나 슬픈지 동정을 보인다면, 아이는 위협을 느끼거나 불편해질 때마다 징징거리고 또 응석을 부리는 법을 배우게 된다. 더욱이 아이는 어려운 상황에 처할 때마다 부모가 자신을 구출해 줄 거라고 기대하게 된다. 그렇게 아이를 계속 "구출"해 주면 아이가 스스로 살아갈 수 없도록 인생을 망치게 된다. 그러므로 대부분의 경우, 아이를 구출해 줄 필요가 없다. 아이에게는 사랑과 지원, 가르침이 필요하다.
　진정한 사랑이 무엇인지를 이해하고 있는 엄마가 걸음마를 갓 뗀 아이가 넘어졌을 때 어떻게 반응하는지 살펴보자.

　조안은 아이가 넘어지는 것을 봤다. 땅바닥에 쓸리며 손바닥의 살갗이 살짝 벗겨졌다. 조안은 의자에서 곧바로 일어나지도 않고, 겁에 질리거나 깜짝 놀라지도 않았다. 부모가 보이는 갑작스러운 움직임이나 혼란스러운 표정만으로도 대부분의 아이는 눈물을 흘리며 울어 버린다.
　"큰 소리가 났네. 여기와서 엄마한테 보여 줄래?"
　아이는 엄마에게 걸어갔다 그러자 엄마는 사랑스러운 표정으로 아이의 손과 얼굴을 살피며, 깊은 상처가 없는지 확인해 본다.
　"다행이네. 괜찮구나. 가서 더 놀아도 돼. 사랑해, 아가…."
　조안은 갓난아기를 돌보듯, 아이를 들쳐 안지 않았다. 아이 스스로 일어날 힘이 충분히 있었다. 이렇듯 아이에게 필요한 것은 자신이 안전하고, 사랑받고 있다는 걸 확신하는 것이다.

　아이들이 성장할수록 많은 상황을 겪으며 넘어지게 된다는 것을 우리는 기억해야만 한다. 우리가 아이를 매 순간 구출해 주면, 아이에게 스스로 피해자라는 것을 가르치는 것이다. 그리고 스스로 책임을 지는 법을 배울 기회를 빼앗는 것이다.
　조안처럼 아이를 사랑해 주며 인생을 살아가다 보면 불편함과 고통은 자연스러운 일이라는 것을 자연스럽게 가르치는 것이다. 가능하다면 그 불편과 고통을 최소화해 줄 수 있지만, 두려워할 필요는 없다. 이렇게 효과적인 상호작용을 통해 아이는 세상의 모든 것이 자신이 원하는 대로 돌아가리라는 어리석은 기대를 하지 않게 될 것이다. 특히 살아가면서 경험하게 되는 불가피한 불편함들을 위협적으로 느끼지 않고, 이런저런 불편함들이 자신의 삶에 많은 영향을 미치지 않는 사소한 것으로 여기게 될 것이다. 게다가 피해자 행세를 하며 살아갈 때 빠지게 되는 불행이라는 함정을 피할 수 있도록 가르치게 되면, 이는 아이의 삶에 엄청난 선물이 된다.

아이가 피해자 행세를 할 때 대처하는 법을 배우자

린다는 5살이 된 자신의 딸 신디와 어떻게 관계해야 할지 몰라, 나에게 도와달라고 전화를 했다. 딸은 신경질을 끊임없이 부리고, 찢어질 듯한 목소리로 응석을 부리며, 자신이 원하는 대로 모든 것을 해주기를 원했다. 심지어 즉각적으로 만족시켜 주지 않으면, 원하는 것을 얻을 때까지 점점 더 심하게 큰 소리를 내는 행동을 반복했다. 그래서 린다는 아이가 원하는 것을 매일매일 모두 맞춰주고 있는 것 같았다. 하루 종일 딸의 비위를 맞춰야 했던 린다는 아무데도 갈 수가 없었고, 전화 통화를 하기도 어려웠다. 더욱이 신디의 방해 없이 어떤 일도 처음부터 끝까지 한 번에 마무리할 수 없었다. 언제나 기진맥진한 상태였으며, 딸의 존재를 부담으로 느꼈다.

신디는 부모에게 사랑을 느끼지 못하고 있었다. 아주 어린 나이부터 피해자 행세를 해서 이미 관심을 받아 왔다. 그래서 신디는 자신이 원하는 관심을 받기 위해 할 수 있는 유일한 행동은 모든 힘을 모아 소리를 지르며 요구하는 것뿐이었으니, 어찌 보면 당연한 일이다. 심지어 피해자 행세를 넘어, 주변 사람들을 공격하고, 매달리기도 했다.

신디에게 가장 필요한 것은 조건 없는 사랑이다. 진정한 사랑을 충분히 받은 상태라면 관심을 달라고 요구할 필요가 없어진다. 나는 이를 린다에게 설명했다. 린다는 아이의 행복이 자신의 책임이라는 사실을 받아들일 수 있는 현명한 부모였다. 자신과 신다를 위해, 진정한 사랑을 찾기 위해 모든 일을 기꺼이 하리라고 다짐했다.

린다 스스로 진정한 사랑을 찾는 법을 배우는 과정에서, 딸이 응석을 부릴 때 어떻게 대처할 수 있을까? 아이가 피해자 행세를 하는 이유는, 피해자 행세를 하면 사람들이 원하는 것을 주기 때문이다. 아이를 조건 없이 사랑하는 방법을 배우는 동안, 아이가 피해자 행세를 할 때 원하는 것을 더이상 즉각적으로 얻어낼 수 없다는 것을 가르치는 것이 부모가 할 수 있는 일이다.

나는 린다에게 몇 가지 방법을 제안했다. 다음 날, 린다는 그 방법을 바로 적용했다.

신디의 동생이 신디가 좋아하는 장난감을 가지고 놀고 있었다. 그래서 신디는 동생에게 소리를 질렀다.

"내놔!"

과거에 린다는 신디를 행복하게 만들기 위해 동생에게 장난감을 포기하라고 요구했다. 그러나 이번에는 그러지 않았다.

"신디, 동생이 이미 가지고 놀고 있잖니. 그러니 지금은 가지고 놀 수 없단다. 집에 있는 다른 장난감을 가지고 놀 수 있어. 그렇지만 동생이 놀고 있는 장난감은 아니란다."

린다는 신디에게 전혀 화를 내지 않았다. 린다는 신디가 부모를 힘들게 만들겠다는 의도를 가지고 그런 행동을 하는 것이 아니며, 그저 공허하고 또 두려워서 얻고 보호하는 행동을 하고 있을 뿐이라는 것을 이해하고 있었기 때문이다.

하지만 신디는 엄마의 말을 전혀 좋아하지 않았다. 발을 쿵쿵거리며 여기저기 뛰어다니고, 주먹을 꼭 쥐고 소리를 질렀다.

"지금 당장 가지고 놀고 싶어! 내가 갖고 싶어! 내가 갖고 싶다고!"

부모는 이런 상황에 이르면 화를 내는 아이를 그냥 진정하게 만들고 싶은 유혹을 느낀다. 그동안 린다는 신디에게 장난감을 그냥 줘 버리고, 엄마를 받아들여 주기를 원했다. 그러나 『리얼러브 부모공부: 행복한 아이를 키우는 9가지 육아 원칙』을 통해 아이에게 필요한 것은 사랑으로 가르치는 것이라는 사실을 기억했다. 지금까지 자신이 신디의 행동에 대처했던 모든 것이 전혀 효과적이지 않다는 사실을 알았고, 딸에게 사랑으로 가르치는 것이 변화를 가져오리라고 믿으며 결단을 내렸다. 딸이 피해자 행세를 계속하도록 내버려 둔다면, 성인이 되어서도 사랑받지 못한 채 외로워할 것이라는 것을 느낄 수 있었다. 아이가 격렬하게 저항하더라도 사랑으로 가르치는 것을 지속하는 것이 진정한 사랑이 넘치는 부모가 할 일이었다.

린다는 집 안에 있는 다른 장난감들을 신디에게 계속 주었다. 그러나 신디는 멈추지 않고 성질을 부렸다. 결국 린다는 신디에게 결과를 부여하기로 결정했다. 신디가 다음에는 같은 행동을 하지 않도록 도와주려는 것이었다.

린다는 신디를 안으며 말했다.

"신디, 나는 너를 정말 사랑한단다. 하지만 이런 식으로 행동하면서 다른 모든 사람과 이 공간에 있을 수 없어. 여기 있는 사람들은 모두 친절하고, 즐거운 시간을 보내고 있단다. 소리를 지르고 짜증을 내고 싶다면, 그렇게 해도 돼. 그렇지만 네 방으로 가야 해. 네 방에서는 소리 지르고 싶은 만큼 지를 수 있단다. 그렇지만 여기서는 안 돼."

신디는 깜짝 놀라 멈칫했다. 지금까지 엄마가 이렇게 말한 적이 없다. 그러나 신디는 짜증내고 화를 내는 것 말고는 어떤 방식으로 행동해야 하는지 알 수 없었다. 그래서 다시 응석을 부리며 소리를 지르기 시작했다. 린다는 신디의 손을 잡고 방으로 데려갔다. 그리고 신디에게 소리 지르지 않고 말할 수 있을 준비가 되면 언제든지 나올 수 있다고 말했다.

"빨리 널 다시 볼 수 있으면 좋겠다."

이렇게 말한 뒤 린다는 방문을 닫고 나왔다. 그러자 신디는 곧 울음을 멈췄다. 혼자 남은 공간에서 아이가 오랜 시간 소리를 지르고 성질을 부리는 일은 드물다. 아이가 잘못된 행동을 하는 이유는, 어떤 것을 얻어내기 위해서다. 원하는 결과를 얻지 못하는 이상, 그 행동을 계속할 이유가 없다.

몇 분 뒤, 신디는 방에서 나왔고, 엄마는 딸을 열렬히 환영해 주었다. 엄마는 신디와 함께 지내는 것을 고대하고 있었기에, 신디가 방에서 나와 얼마나 신나는지를 표현했다.

그날 이후, 엄마는 신디를 한 번 더 방으로 보내야 했다. 그리고 일주일 정도 지났을 때, 신디는 자신이 원하는 것을 얻기 위해 소리를 지르는 행동을 거의 하지 않게 되었다. 성질을 부리며 소리를 지르는 것이 도움이 되지 않는다는 단순한 사실을 배우게 되었던 것이다. 게다가 린다의 사랑과 믿음으로, 신디에게 깊숙히 자리 잡았던 피해자 행세하기라는 습관에서 벗어날 수 있었다.

시간이 흐른 뒤 린다는 신디를 조건 없이 사랑하는 법을 더 깊이 배워 사랑을 주자, 신디는 물론 엄마도 신디를 방으로 보내서 일으킨 변화보다 훨씬 더 행복해졌다.

피해자 행세를 하는 주변 사람에게 대처하는 법 가르치기

아이는 살아가는 동안 피해자 행세를 하는 사람들을 마주하게 될 것이다. 우리는 그 행동을 마주하게 되었을 때 그 행동을 인지하고, 이해하고, 효과적인 방법으로 대처할 수 있도록 아이를 충분히 가르칠 필요가 있다.

다음은 글랜이 아버지로부터 피해자 행세하기에 대해 어떻게 배웠는지에 관한 사례다.

글랜은 찡그린 표정을 지은 채 집으로 돌아왔다.

아빠	뭔가 힘든 일이 있니?
글랜	마크(글랜의 친구)가 저에게 화가 났어요.
아빠	뭐 때문에?
글랜	아빠가 사 주신 티켓 기억나시나요?

글랜의 아빠에게 야구 경기 티켓 네 장이 생겼다. 그래서 직장 동료와 글랜을 데리고 갈 생각이었다. 그리고 글랜에게 친구 한 명을 데리고 올 수 있다고 말했다.

아빠	물론 기억하지.
글랜	마크가 저에게 정말 화가 났어요. 제가 마크에게 물어보지 않고, 마이클에게만 야구를 보러 가자고 한 걸 알게 되었거든요. 그런데 한 명에게만 물어볼 수 있었잖아요. 도대체 어떻게 했어야 하는 건가요?
아빠	자, 마크 때문에 네가 죄책감을 느끼고 있구나. 그렇지?
글랜	네.
아빠	가족 모임에서 이미 대화한 적이 있지. 마크는 얼기 행동을 해서 자기가 원하는 것을 얻어내려고 애쓰고 있는 거야. 어떤 얼기 행동일까?
글랜	피해자 행세를 하는 거죠.
아빠	맞아. 마크는 마치 네가 자신에게 상처를 준 것처럼 행동하고 있어. 그런데 네가 마크에게 상처를 주었니?
글랜	잘 모르겠어요. 마크는 제가 상처를 주었다고 생각하죠. 저는 마크를 초대하지 않았어요. 물론 마음이 아팠겠죠. 아마도 제 잘못인 거 같아요.
아빠	아니야. 너는 마크에게 상처를 주지 않았어. 너는 마크가 피해자 행세를 하기 때문에 네가 마크에게 상처를 주었다고 믿는 거란다. 네가 다른 사람의 행복과 불행을 결정할 수 있을 만큼 강하다고 생각하니?
글랜	잘 모르겠어요.
아빠	야구 경기 당일, 너는 마크가 재미있는 일을 아무것도 하지 못하도록 막을 생각이니?
글랜	아니요.
아빠	사람들이 우리를 화나게 만들 수 있니? (제3장 참고)
글랜	아니요.

아빠	마크가 사랑을 충분히 받았다면, 이 상황에서 화가 났을까?
글랜	아마도 아닐 거예요.
아빠	마크가 화난 것이 아직도 네 잘못이니?
글랜	아닌 것 같네요.
아빠	아니란다. 전혀…. 이제 죄책감은 사라졌니?
글랜	(미소 지으며) 네. 그런 거 같아요.
아빠	글랜, 살아가면서 너는 주변 사람들이 자신들을 불행하게 만든 책임이 너에게 있다고 말할 거야. 그렇다고 해서 그게 진실은 아니야. 기억하렴. 그렇다고 해서 사람들의 행복에 전혀 신경을 쓰지 말라는 뜻이 아니란다. 우린 다른 사람들의 행복에 항상 관심을 갖고, 행복해지는 걸 도울 수 있다면 도와줘야 해. 그렇지만 사람들을 행복하게 만들어 줄 책임은 없단다. 마크에게 친구로서 최선을 다하렴. 마크가 그렇게 행동하는 이유는 충분히 사랑을 받지 못해서란다. 만약, 마크가 계속 화를 내고 싶다면, 계속 화를 낼 거야. 시간이 지나면 아마 스스로 벗어날 수 있을 거라고 희망해 보자.

이처럼 아이들을 사랑으로 가르치면, 사람들이 왜 피해자 행세를 하는지를 아이 스스로 볼 수 있도록 도울 수 있다. 그러면 세상에 존재하는 수많은 불행한 관계 속에서 나타나는 공통점인 죄책감, 의무감, 조종이라는 족쇄에서 자유롭게 살아갈 수 있을 것이다.

아이가 매달릴 때 적절하게 대처하는 법

매달리기는 얻기 행동이다. 우리가 사랑받지 못한 채 공허하다고 느낄 때, 조금이라도 관심을 보여 주는 사람이 있다면 그 사람을 꼭 붙잡고 매달린다. 걸음마를 갓 뗀 아이가 엄마의 치맛자락을 붙잡고 안 놓아 주는 것은 신체적으로 매달리는 예시다. 유아 시절에는 당연한 모습이지만, 이후의 발달 과정에서는 사랑을 충분하게 받지 못한 아이들이 보이는 특성이다. 사랑을 충분히 받은 아이들은 매달릴 필요가 없다. 자신이 사랑을 받고 있다는 안정감을 느끼기 때문에 사랑받고 있다는 것을 지속적으로 증명해 줄 필요가 없다.

아이는 조금씩 성장하면서 다른 방식으로 매달린다. 각각의 작은 행동에 대해 칭찬을 받고 싶어서 부모에게 찾아온다. 어떤 아이는 스스로 할 수 있는 일인데도 부모에게 일일이 도움을 요청하며 인정받고 싶어한다. 그러면서 스스로 선택하는 것을 조심스럽게 회피한다. 특히 부모나 집을 떠나는 것을 두려워한다. 이런 식으로 매달리는 아이는 자립하는 것을 배울 수가 없다. 대부분의 아이는 성인이 되어 결혼을 하고 난 후에도 부모에게 계속해서 매달리기도 하는데, 이들에게 행복한 결혼 생활은 불가능하다.

아이가 매달릴 때 우리는 일반적으로 어떻게 대처하는가?

대부분의 부모는 아이가 매달릴 때 기뻐한다. 매달리는 행동은 자신이 유용하며, 중요한 것처럼 느끼게 해준다. 또한 부모는 아이가 스스로 와서 조언을 구하고, 허락을 받아야 하게끔 요구하기도 한다. 이는 아이로부터 칭찬과 힘을 얻기 위해 조종하는 것이다. 아무리 무의식적인 행동이라고는 하나, 아이가 우리에게 매달리도록 훈련을 시키고 있는 셈이다. 아이의 선택과 행동에 대해 끊임없이 조언을 하고, 아이의 삶에서 부모라는 존재를 필수불가결한 존재로 만든다. 그러면서 아이의 감사와 관심이 무척 좋기 때문에 그것을 내려놓을 수 없다. 그러므로 아이는 부모로부터 독립하면 자신이 어떤 결정도 내릴 수 없다고 믿는다.

한편, 어떤 부모는 매달리는 아이를 부담스러워하며 원망한다. 그리고 아이를 감정적으로 분리시켜 버린다. 이렇게 하면 매달리는 행동은 멈추게 되지만, 아이는 다른 얻는 행동을 사용하게 된다.

매달리는 행동이 불러오는 결과

부모에게 매달리는 아이는 독립적이지 못하고, 행복한 어른이 될 수 없다. 아이 스스로 부모의 확장된 한 존재라고 생각할 뿐이다. 또한 자신이 직접 경험하며 삶을 배우는 대신, 부모를 기쁘게 만들기 위해 끊임없이 애쓴다. 이러한 아이는 내성이 약하기 때문에 부모를 기쁘게 해줌으로써 인정받는 것을 즐거워한다. 하지만 인정받는 것은 그저 가짜 사랑일 뿐이기에 진정한 사랑으로 얻을 수 있는 삶의 깊은 만족감을 느낄 수 없다. 따라서 진정으로 행복하다는 경험을 결코 하지 못한다. 더욱이 이들은 사람들과 바람직한 관계를 형성하지 못한 채 살아가며 위협과 공허함을 항상 느낀다.

매달리는 행동을 예방하는 법

유아기에는 부모에게 매달려야만 한다. 사랑을 받고, 안전함을 느끼고, 주변 사람들과 연결되는 법을 배우기 위해 육체적·감정적인 애착을 끈끈하게 형성할 필요가 있다. 이때 부모는 유아기의 아이와 연결되어 있다는 확신을 제공해야 한다. 그러나 시간이 흘러갈수록 아이는 스스로 탐험하고, 독립적인 존재로서 자신이 누구인지를 배워야만 한다. 만약, 마우스를 쥐고 있는 것처럼 아이의 모든 행동을 하나하나 조종한다면, 아이는 자신이 누구인지를 결코 배울 수가 없다. 결국 부모의 확장된 한 부분으로서 존재한다고 믿게 되는데, 이는 전혀 바람직하지 않다. 오히려 아이로 하여금 새로운 방식으로 매달릴 수 있는 계기만 주게 된다.

따라서 아이 스스로 세상을 탐험하도록 내버려 두자. 이것이 자신감을 기르는 방법이다. 아이가 스스로 탐험하는 것을 격려하고, 부모로부터 점차 분리될 수 있도록 바람직하게 도와주자. 이를테면, 아이 스스로 모험하고 또 실수를 하도록 내버려 두자. 이것이 바로, 아이가 부모에게 매달리지 않도록 예방하는 방법이다.

아이가 매달릴 때 적절하게 대처하는 방법

대부분의 부모는 아이를 낳고 부모가 되었지만, 아이를 조건 없이 사랑하는 방법을 모르는 터라 많은 실수를 저질렀다. 아마도 아이가 당신에게 이미 매달리고 있는지도 모를 일이다. 그렇다면 어떻게 대처해야 할까? 그 방법은 다른 모든 얻고 보호하는 방법에 대처하는 것과 동일하다. 매달리는 아이는 제대로 보이고, 있는 그대로 받아들여지고, 사랑받을 필요가 있다.

앞서 소개했던 갓 걸음마를 뗀 아이의 사례를 살펴보라. 이미 피해자 행세하기를 시작한 예시로 다루었지만, 이 아이는 엄마의 도움을 받기 위해 매달리고 있는 상황이기도 하다. (제6장을 시작할 때, 조안은 넘어진 아이에게 아주 현명한 방법으로 대처했다.)

이제 또 다른 엄마 루시가 매달리는 아이에게 어떻게 대처하는지를 살펴보자.

루시는 직장 일과 육아로 힘겨웠던 긴 한 주가 지나고, 친구들과 함께 편안한 저녁 식사를 하기로 약속을 한 터라 기대에 부풀어 있었다.

집을 나서려는데, 6살이 된 딸 나탈리가 엄마에게 달려와서 이렇게 말했다.

"엄마, 제발 가지 마세요."

이런 상황에서 대부분의 부모는 매달리는 아이에게 동정심을 보내는 바람직하지 못한 반응을 한다.

"아이고, 제발 울지 마렴. 괜찮을 거야. 엄마가 빨리 돌아올게."

심지어 어떤 부모는 아이를 집에 두고 외출하는 것을 사과하기도 한다. 따라서 집을 나가는 시간이 점점 늦어진다. 이 행동은 아이에게 피해자 행세를 하면 다른 사람의 일정까지 조정할 있다는 것을 가르치는 것이다.

이와 같은 상황이 두려운 부모들은 자신이 가는 모든 곳에 아이들을 데리고 다니면서, 이를 아이를 위한 행동이라고 포장하기도 한다. 또 다른 부모들은 보호하는 행동으로 반응한다. 아이가 일으킨 불편한 상황에 대해 화를 내며, 조용히 하라고 소리를 지른다. 언급된 모든 대처법은 아이가 진짜 필요로 하는 것을 주고 있지 않다.

하지만 루시는 아이를 조건 없이 사랑해 주는 법을 조금 배우고 있었다.

루시	엄마가 집을 나가면, 집으로 다시 돌아오니?
나탈리	네.
루시	언제나 집으로 돌아오니?
나탈리	네.
루시	(미소 지으며) 엄마가 없는 사이에 미란다(베이비시터)가 너를 때린 적 있니?
나탈리	(웃으며) 아니요.
루시	나탈리는 몇 시에 잠을 자지?
나탈리	8시 30분요.
루시	좋아. 눈을 뜨자마자 엄마를 만날 수 있을 거야. 사랑해, 우리 딸….

아이는 제대로 보이고, 있는 그대로 받아들여지고, 사랑받을 필요가 있다. 그러면 동정심을 주거나 모든 응석을 다 받아 줄 필요가 없다. 대부분의 아이는 자신이 할 수 있는 일이라도 계속해서 부모에게 도움을 요청한다. 이는 또 다른 종류의 매달리기다. 하지만 아이가 처하는 모든 어려운 상황에서 구출해 줄 필요가 없으며, 아이가 직면한 문제를 모두 해결해 줄 필요가 없다. 만약, 매번 구출하고 해결해 준다면, 이는 아이로 하여금 부모에게 의존하게 만들 뿐이다. 즉, 약한 아이로 키우는 것이다. 아이에게 필요한 것은 사랑으로 가르침을 받는 것뿐이다.

한편, 가장 평범한 매달리기의 예시 중 하나는 어른이 되어서도 재정적 혹은 육체적으로 부모에게 지나치게 의존하는 것이다. 이에 대해서는 제10장에서 더 다루도록 하겠다.

아이가 도망칠 때 적절하게 대처하는 법

아이는 조건 없이 사랑을 주는 부모와 자연스럽게 함께 있고 싶어한다. 아이를 행복하게 해주는데, 왜 떨어져 있고 싶겠는가? 그러나 우리가 조건 없이 사랑을 주지 않을 때는 다르다. 사랑받지 못하는 상황은 이미 공허하고, 부모가 사랑해 주지 않는 순간순간은 아이에게 공포일 뿐이다. 따라서 부모가 아이에게 필요한 진정한 사랑을 주는 대신, 공허함과 두려움을 부추기기만 한다면 감정적 혹은 신체적으로 부모로부터 도망치는 것은 당연한 일이다. 도망치기를 함으로써 자신을 보호할 수 있지만, 이 역시 자신을 더 고립시키고 또 불행하게 만든다.

아이가 도망치는 행동은 너무 일반적으로 일어나기 때문에 부모들도 마치 당연한 일처럼 받아들인다. 그러나 부모는 아이가 도망치고 있다는 것을 알아차리고, 모든 책임이 자신에게 있다는 것을 인정해야 한다.

다음은 에밀리의 사례다.

에밀리는 14살이다. 학교를 마치고 돌아온 그녀는 언제나 자신의 방으로 들어간다. 그리고 음악을 듣거나 친구와 전화 통화를 하며 시간을 보낸다. 에밀리는 부모가 어디 있는지 알아보거나, 부모와의 대화를 생각조차 하지 않는다. 저녁 식사를 하거나 TV를 볼 때만 방 밖으로 나온다. 부모와 대화를 하는 순간은 오직 부모가 직접 말을 걸 때뿐이다.

어느 날, 에밀리가 학교를 마치고 집에 들어오자 엄마가 이렇게 물었다.

"학교생활은 어땠니?"

"괜찮았어요."

에밀리는 학교에서 무슨 일이 있었는지, 한 문장 이상으로 말하고 싶어하지 않았다. 엄마는 에밀리의 대답이 신통치 않다는 것을 알았다.

"뭔가 재미난 일 없었니?"

엄마가 물었다.

"없었어요."

그렇다고 해서 에밀리가 우울하거나 기분이 나쁜 상태는 아니었다. 더욱이 "사춘기" 소녀처럼 행동하고 있는 것도 아니었다. 그녀는 사랑받지 못한다고 느꼈기 때문에 공허해서 엄마와의 대화를 회피하고 있었던 것이다. 그녀는 엄마와 대화를 계속하다가는 사랑받지 못하므로, 외롭다는 느낌이 더 심해질 뿐이라는 것을 이미 알고 있었다.

다음은 데이비드의 이야기다. 데이비드는 14살이다. 학교를 마치고 집으로 돌아오자마자, 아빠가 어디 있는지를 찾아봤다. 아빠를 보자, 달려가 안겼다. 그는 언제나 그렇게 아빠에게 달려가 안기고는 한다.

아빠와 몇 분간 대화를 하며, 학교에서 화가 난 친구와의 일을 꺼냈다. 그 친구는 학교에서 많은 문제를 일으켰다. 데이비드는 자신이 그 상황에 아주 잘 대처했다고 자부했다. 데이비드는 부모로부터 사랑을 충분히 받았고, 가족 모임에서 관계에 대해 많은 것을 배웠기 때문이라고 생각했다. 아빠는 데이비드가 배운 것들에 대해 아주 기뻐했고, 아빠가 아들을 얼마나 사랑하는지를 지속적으로 확인시켜 주었다.

데이비드의 아빠는 언제나 이런 식으로 아들과 상호작용을 한다. 진정한 사랑을 충분히 받은 아이들은 사랑의 근원지인 부모에게 저항할 수 없는 끌어당김을 느낀다.

부모는 자신에게 이렇게 질문해야 한다.

'내 아이는 데이비드처럼 나에게 달려와서 자신의 삶에 대한 대화를 얼마나 자주 나눌까?'

만약, 아무런 대화가 없다면, 이는 아이가 당신으로부터 조건 없는 사랑을 느끼지 못하다고 말하고 있는 것이다. 즉, 아이가 부모로부터 도망치는 것이다. 그렇다고 해서 죄책감을 느낄 필요는 없다. 그러나 자신에 대한 진실을 인정할 필요가 있다. 진실을 말하고 나서야 문제를 직시하고, 앞으로 헤쳐나갈 수 있을 테니 말이다.

일반적으로 아이가 도망칠 때 부모는 어떻게 반응하는가?

우리의 삶에 진정한 사랑이 부족하다면, 아이가 부모에게 관심과 협조 그리고 애정을 표현하지 않으면 개인적인 문제로 받아들인다. 아이에게 사랑받지 못한다고 느끼며, 좋은 부모가 아니라는 사실에 두려워한다. 그리고 얻고 보호하는 행동으로 아이에게 반응한다. 이에 대해 부모들은 일반적으로 어떻게 반응할까?

① 거짓말을 한다

아이가 우리를 피할 때 우리는 두려워하며 아이와 시간을 더 보내려고 하거나, 애정을 얻어내기 위해 무의식적으로 애쓴다.

- 아이에게 돈, 자동차, 자유 시간, 오락거리, 옷 등을 사 주며 부모를 좋아하게 만들 수 있는 것들을 제공한다.
- 아이가 화를 내거나, 더이상 마음이 멀어지는 것을 막기 위해 아이의 잘못된 행동을 되도록 지적하지 않는다.
- 아이에게 책임을 지우지 않는다. 맡은 일을 제대로 하지 않더라도 책임을 묻지 않는다. 귀찮게 했다며 짜증을 낼지도 모르기 때문이다.
- 부모를 더 좋아해 주기를 바라는 마음에 아이의 작은 행동에도 칭찬 세례를 퍼붓는다.
- 부모에게 관심을 조금이라도 준다면, 정도가 지나친 고마움을 표현한다. 이는 관심을 더 달라며 아이를 조종하는 것이다.

부모 스스로 위 행동들을 하고 있다는 것을 인정하는 것이 창피할 수도 있다. 하지만 우리는 여전히 그런 행동을 하고 있다. 아이가 자신을 사랑하지 않는다고 느낄 때, 그 경험은 부모에게 고통스럽다. 대부분의 부모는 세상에 홀로 남았다고 느낀다. 앞서 이미 설명했듯, 대부분의 부모는 우리를 조건 없이 사랑해 주는 사람은 바로, 아이들이라고 믿는다. 아이의 사랑이 우리의 손아귀에서 빠져나간다고 느낄 때, 그것을 되찾기 위해 많은 일을 기꺼이 한다. 심지어 대가를 지불하고 애정을 사기도 한다.

아이로부터 애정을 사기 위해 대가를 지불하는 행동 그 자체가 사실 거짓말이다. 그것은 무의식적인 행동이기는 하지만, 선물 뒤에 의도가 숨어 있기 때문이다. 즉, '아이의 애정을 얻기 위해 주는 선물'이라는 이름표를 숨기기 때문이다. 아이는 선물을 받는 것이 처음에는 즐겁다. 하지만 애정과 협조를 사기 위한 뇌물이라는 사실이 숨어 있기 때문에, 얼마 지나지 않아 그 선물이 진정한 사랑이 아니라는 것을 느낄 수 있다.

② 공격한다

에밀리가 엄마의 질문을 피했을 때, 엄마는 두려움을 느꼈다. 그래서 다음과 같이 딸을 공격했다.

"맨날 똑같은 대답이지, 재밌는 일이 아무것도 없었다니…. 매일같이 어떻게 아무 일도 일어나지 않을 수 있니? 입 다물고 앉아서, 가족이 아닌 것처럼 행동하는 것도 이제는 진절머리가 나는구나. 엄마의 질문에 똑바로 대답하고 존경심을 표해야지."

우리 스스로 사랑을 충분히 경험하지 못했을 때, 아이가 멀어진다고 느낄 때마다 무력감을 느끼고 두려워한다. 그러나 아이에게 화를 내고 비난하면, 그 전보다는 힘이 순간적으로 더 있다고 느낀다. 한편, 공격을 하면, 아이의 행동을 통제할 수 있고 또 아이가 혼자 숨어 버리는 것을 막을 수 있다. 하지만 공격을 하면 관심과 협조를 어느 정도 얻어낼 수 있으나, 그것은 그리 오래가지 못한다. 아이가 기꺼이 관심을 주고 협조한 것이 아니기 때문에 결국 마음이 더 멀어지는 끔찍한 대가를 치르게 된다. 이렇듯 아이를 공격하면 아주 값비싼 대가를 치러야 한다.

③ 피해자 행세하기

에밀리가 엄마의 질문에 대답하지 않을 때, 엄마는 이렇게 말한 적도 있다.

"부모가 이렇게 열심히 일해서 좋은 집과 네가 필요한 것들을 다 해주잖아. 너를 위해 얼마나 희생하는데, 너는 입 꾹 다문 채 비협조적인 태도로 감사하다는 표현을 하는구나. 그런 식으로 행동하면 엄마가 얼마나 상처받는지 아니?"

엄마는 피해자 행세를 하는 것이다. 그리고 또 다른 상황에서는 이런 말을 내뱉기도 했다.

"옛날에는 같이 앉아서 좋은 대화를 많이 나누고는 했잖니? 그때가 그립다. 네 삶에 대해 엄마랑 대화를 더 나누면 좋겠어."

이는 피해자 행세하기와 매달리기를 동시에 시연하고 있는 것이다.

아이가 멀어질 때 겁을 주는 행동(공격하기)이 효과가 없으면, 부모는 아이의 동정과 협조를 바라면서 상처받은 듯 행동한다. 이처럼 아이의 어깨에 죄책감을 지속적으로 얹어 주면, 아이의 관심을 순간적으로는 얻어낼 수 있다. 그러나 아이는 부모를 행복하게 해주어야 한다는 끔찍하고 부적절한 책임과 부담을 짊어진다는 느낌을 받는다. 심지어 사랑받지 못한 채 혼자라고 느끼며, 얻고 보호하는 행동을 더 많이 하게 된다.

④ 도망친다

아이를 조종해서 관심을 얻어내는 데는 많은 에너지가 소비된다. 결국 진정한 사랑을 받지도 못하는 것은 물론 아이의 얻고 보호하는 행동에 질려 버린 부모는 아이를 피하게 된다. 즉, 도망치는 것이다.

에밀리의 엄마는 딸을 조종하는 데 질려 버렸다. 결국 아이에게 손을 떼 버리고, 매일같이 방으로 들어가는 딸을 내버려 두었다. 엄마는 딸로부터 도망치는 걸 선택했다. 이는 에밀리와 마주 보고 말다툼을 하거나, 딸에게 필요한 진정한 사랑을 주는 것보다 훨씬 쉬운 일이다.

도망치는 아이에게 적절하게 대처하는 방법
아이가 부모에게 상처를 주기 위해 혹은 부모를 싫어한다는 것을 증명하기 위해 부모로부터 멀어지는 행동을 하는 것이 아니다. 사랑받지 못한 채 혼자라는 고통을 최소화하기 위해 도망치는 것뿐이다. 도망치기는 보호하는 행동이다. 따라서 해결책은 명백하다. 아이는 부모의 사랑을 받아야 한다. 다시 말해, 부모가 아이의 행복에 관심을 기울임으로써(진정한 사랑), 사랑을 느끼고, 부모와 함께 있고 싶어진다. 그러면 아이가 부모로부터 벗어나 도망치려고 하지 않는다.

부모가 자신을 진정으로 사랑한다고 믿으며 도망치지 않을 때까지는 꽤 오랜 시간이 걸린다. 만약, 하룻밤만에 아이가 마법처럼 변하기를 기대한다면, 좌절감을 빠르게 느끼고 또 인내심을 잃어버리게 될 것이다. 이런 부모의 행동은 아이의 불신을 더 강화시키고 만다. 사랑으로 가르침을 주는 것이 도망치기를 포함한 모든 얻고 보호하는 행동을 멈추는 데 효과적이라는 믿음을 가져야만 한다.

어떻게 하면 아이를 사랑해 줄 수 있을까? 제5장에서 설명했던 사랑을 주는 행동들의 예시를 다시 읽어 보자. 또한 책 전반에 걸쳐 소개했던 사랑으로 가르치는 부모들의 사례를 많이 참고 하자.

아이의 얻고 보호하는 행동을 사전에 예방하기

지금까지 아이의 얻고 보호하는 행동에 대처하는 방법을 논의해 보았다. 그러나 얻고 보호하는 행동을 사전에 예방할 수 있도록 우리의 모든 노력을 쏟아붓는 게 훨씬 더 효과적일 것이다.

다음의 몇 가지 행동으로 아이가 얻고 보호하는 행동을 시작하기 전에 예방할 수 있다.

1. 조건 없이 아이를 사랑하기
2. 가짜 사랑을 주고받는 거래를 멈추기
3. 스스로 책임지고, 사람들에게 사랑을 주는 법을 가르치기
4. 가족 간의 규칙을 명확히 정하기
5. 행동에 대한 결과를 지속적으로 부여하기
6. 아이에게 "안 돼"라고 말하는 법 배우기
7. 아이가 책임지고 또 사랑을 주는 행동을 할 때 감사하는 마음 갖기

1) 조건 없이 아이를 사랑하기

이 책의 전반에 걸쳐 이 주제로 대화를 했다. 아이에게 조건 없는 사랑을 주면, 아이는 행복해지고 또 온전해진다. 더욱이 얻고 보호하는 행동을 할 이유가 쉽게 사라진다.

아이에게 사랑을 주는 것은 어떤 과정을 단순하게 밟는 것 그 이상이다. 제5장에서 나열했던 사랑을 주는 행동들을 하나하나 실천하는 것보다 더 많은 것이 필요하다. 부모의 우선순위, 즉 제일 꼭대기에 아이가 있다는 사실을 아이가 느낄 수 있어야 한다. 그 사실이 진실인지 아닌지, 우리는 매 순간 그리고 매 행동으로 소통한다. 그러므로 아이와 함께 연결될 수 있는 기회가 온다면 놓치지 말고 잡아라. 당신이 하는 어떤 일도 아이와 연결되는 것보다 중요하지 않다. 외출해서 처리해야 할 일이 있다면 아이를 데리고 가자. 또한 대화를 나누며, 아이의 눈을 바라보자. 그러면서 당신의 사랑을 온몸으로 보여 주자.

사랑을 표현하는 방법 중 아주 중요한 하나는 아이가 요청하지 않을 때 관심을 주는 것이다. 다음 사례를 살펴보며 이를 알아보자.

샬롯은 나에게 와서 하루 종일 어떤 일도 마무리할 수 없었다며 불평했다. 4살배기 아들 이안이 엄마의 발 언저리에 붙어서 안아 달라고 하거나, 어딜 가자고 하거나, 놀자고 하거나, 질문에 대답해 달라는 등 조르며 쉴새 없이 항상 쫓아다녔기 때문이다.

나	아이가 꽤 성가시게 구는 것 같군요.
샬롯	말도 마세요.
나	아이가 발 언저리에 붙어서 쫓아다니는 걸 안 할 때 아들과 어떤 상호작용을 하시나요?
샬롯	'드디어 쉴 수 있겠구나'라고 생각하지요.
나	아주 중요한 부분입니다. 이안의 관점에서 당신을 볼 수 있도록 도와줄게요. 상상해 보세요. 당신이 저와 대화하는 걸 너무 좋아한다고 해봅시다. 당신이 저와 대화하길 원하는 걸 저는 잘 알고 있어요. 그런데 저는 당신과 대화하기 위한 노력을 1도 안 보여 주는 겁니다. 당신은 저와 대화를 하기 위해 약속을 잡는데, 약속 시간마다 제가 오지 않는 거예요. 결국 총을 가지고 와서 제 머리에 겨누고는 앉혀 놓아야 대화를 할 수 있다고 합시다. 그런 상황이라면, 그 대화가 얼마나 보람 있을까요?
샬롯	별로 없을 것 같네요.
나	왜죠?
샬롯	당신의 머리에 총을 겨눈 상태에서 대화를 나누어야 한다면, 그렇게 만족감이 없을 것 같아요.
나	맞아요. 그게 바로, 당신을 쫓아다니면서 작은 관심이라도 얻어내려고 했을 때 아들이 느끼는 감정입니다. 당신이 아들을 귀찮은 존재로 바라보고 있다는 걸 아들은 느껴요. 아들이 징징거리고, 응석을 부리고, 구걸하고, 당신을 꼬셔서 원하는 관

	심을 얻어내지요. 마침내 당신이 그걸 주더라도, 아들은 만족감을 그리 느끼지 못할 겁니다.
샬롯	그럼, 도대체 어떻게 해야 하지요?
나	아들이 당신을 쫓아다니며 관심을 달라고 매달리는 것은 당신에게 조건 없는 사랑을 받지 못한다고 느끼기 때문이에요. 아들이 의심할 수 없을 정도로 사랑을 지속적으로 쏟아부어야 변할 수 있습니다.
샬롯	하루 종일 마무리해야 할 일들이 산더미라고요. 아들이 원하는 관심을 다 주면서 그 일들을 어떻게 다 할 수 있나요?
나	우선, 아들을 키우는 것보다 세상에서 더 중요한 것은 없다는 사실을 기억하세요. 아들이 당신에게 질문이 있어서 온다면, 하던 일을 멈춰야죠. 그리고 아들의 눈을 보고, 어루만져 주며 대답을 해주는 겁니다. 아들이 관심을 달라며 쫓아다니지 않더라도, 때때로 하고 있던 일을 멈춘 뒤 아들에게 가 보세요. 그리고 아이를 어루만져 주고, 눈을 바라보고, 상호작용하세요. 재미있는 이야기를 해주든지…. 아니면 아들이 하고 있는 일을 어떻게 도울 수 있는지 보여 준다든가, 청소나 요리를 같이한다든가…. 뭐든 좋아요. 아들이 요구하지 않을 때 관심을 주면 줄수록, 당신의 조건 없는 사랑을 더욱 더 느끼게 됩니다. 당신에게 관심을 달라며 조를 필요가 점점 더 없어지게 될 거예요. 당신이 자신을 사랑한다는 것을 확신하게 될 테니까요.

아이가 당신에게 시간을 달라고 조른다면, 시간을 준다고 해도 아이는 만족감을 그리 크게 느끼지 못할 것이다. 그러므로 의도를 가지고 아이와 상호작용할 수 있는 기회를 먼저 찾아보자. 하지만 어떤 일을 하고 있는 도중이라면, "엄마, 이것 좀 보세요"라고 하는 아이의 말을 들어주지 못할 수 있다. 그러나 하고

있는 일을 제대로 하면서 아이와 상호작용을 동시에 할 수 있는 방법이 많이 있다. 그것을 통해 엄마에게 아이가 얼마나 중요한 존재인지를 소통할 수 있다.

> 우리 아이가 조건 없는 사랑을 충분히 받았다면, 아이는 공허하고 또 두려워하지 않을 것이다. 그러니 얻고 보호하는 행동을 할 필요도 없어진다.

다음 예시를 살펴보며, 일을 하면서도 어떻게 하면 아이에게 관심을 줄 수 있는지를 알아보자.

- 잠깐 멈춰서 아이의 눈을 보고 이렇게 말하자. "지금 하고 싶은 말을 종이에 그림으로 그려 봐. 잊어버리지 않도록 말이야. 엄마가 하던 일이 끝나면 너에게 갈게. 그리고 네가 대화하고 싶은 것에 대해 이야기를 해보자."
- 종이를 꺼내서 "이 일이 끝나면 아이(자녀의 이름)와 대화하기"라고 적어서 아이에게 보여 준다. 하던 일이 끝나면 아이와 대화를 할 것이라는 것을 아이가 알 수 있도록 한다.
- 지금 하고 있는 일이 언제 끝나는지를 적어서 아이에게 보여 주고, 그 일이 끝나면 아이에게 관심을 온전히 기울이겠다고 말한다
- 타이머를 이용해 하고 있던 일이 마무리될 시점을 정한다. 그리고 타이머를 아이에게 주고, 다른 방에 가서 놀다가 타이머가 울리면 다시 오라고 한다. 그리고 시간 안에 일을 끝내고, 아이에게 온전히 관심을 준다.

위에 나열된 방법을 사용하면, 아이는 부모가 자신을 중요하게 생각한다는 것을 느낀다. 당신 역시 일을 제때 마무리할 수 있다.

한 엄마가 나에게 다음과 같은 편지를 보냈다.

『리얼러브: 조건 없는 사랑을 찾고, 충만한 관계를 만드는 진실』과 『리얼러브 부모공부: 행복한 아이를 키우는 9가지 육아 원칙』을 읽고 나서 제가 어떤 엄마인지 제대로 보이기 시작했습니다.

오랜 시간 동안 아이들을 사랑으로 키우고 싶었지만, 대부분의 순간 나를 불편하고 또 산만하게 만드는 존재로 바라보고 있었다는 걸 깨달았습니다.

얼마나 이기적인가요. 만약, 제가 아이를 낳을 수 없는 처지였다면 어땠을까요. 이 아름답고 건강한 아이들을 갖기 위해 무엇이든 했을 겁니다. 하지만 지금 저는 아이가 있는데도 감사하지 않고 있습니다.

이 책은 아이들을 바라보는 제 관점을 순식간에 변화시켰습니다. 아이와 함께 보낼 수 있는 매 순간은 저에게 축복입니다. 이제 남은 제 삶은 저를 산만하게 만드는 것들에 불과해요. 사실, 이외의 것들은 그리 중요하지 않습니다. 오늘 하루 종일 제 목표는 아이들을 사랑하고, 같이 놀고, 사람들을 사랑하는 법과 행복해지는 법을 가르치는 것이었습니다. 이렇게 집중하니, 하루 종일 기분이 달랐습니다. 물론 여전히 피곤하긴 했지만, 행복한 고됨이었어요.

이 엄마는 아이를 사랑하는 것이 진정 무엇을 의미하는지, 제대로 보기 시작한 것이다. 아이를 사랑하기 위해서는 온 마음이 필요하다. 예를 들어, 아이의 말을 듣는 것은 귀가 아니다. 우리의 온 마음과 온 정신을 다하는 것이다.

다음에 이어지는 빌리 아빠의 사례를 살펴보자.

빌리가 슬픈 표정을 지으며 학교에서 돌아왔다. 우리는 아이들이 보내는 수만 가지의 비언어적인 표현들을 놓치고는 한다. 그러나 빌리의 아빠는 그것을 놓치지 않았다. 아들의 불행을 즉시 알아차렸고, 그에 대해 물었다.

아빠	빌리야. 행복해 보이지 않는구나.
빌리	음….

아빠	학교생활은 어땠니?
빌리	학교가 너무 싫어요.

아이가 이런 말을 하면 부모는 아이의 말을 가로막으며, 진짜 의미를 무시하고 넘어가거나 해결책을 종종 잊어버리고는 한다. 그리고 부모는 다음과 같은 말을 한다.

- "에이 그럴 리가…. 진짜 싫다는 건 아니지?"
- "얘야, 학교는 정말 중요하단다. 싫어해서는 안 되지."
- "내가 어렸을 때는 학교를 정말 좋아했단다."
- "더 열심히 공부해야지. 성적을 좀 올려 봐."

다행히, 빌리의 아빠는 아들이 제대로 보이고 또 있는 그대로 받아들여질 필요가 있다는 것을 이해하고 있었다.

아빠	싫은 부분이 뭔지 말해 보렴. 정말 듣고 싶구나.
빌리	아무도 저랑 점심을 나누어 먹지 않아요.
아빠	왜?
빌리	몰라요. 쪼잔해요. 다른 애들과는 모두 나눠 먹는데, 저랑은 안 나눠 먹는다고요.
아빠	다른 애들이 아무도 너랑 나눠 먹지 않으니, 학교가 싫을 만하구나. 학교에 싸 가는 도시락에 문제가 있다고 생각하니?
빌리	애들이 저더러 "건강한 쓰레기"를 가져온다고 해요.
아빠	(미소 지으며) 이제 이해할 것 같구나. 엄마가 네 점심을 당근이랑 과일 등 건강한 것들만 싸 주지. 그렇지?
빌리	(인상을 쓰며) 네.

아빠	다른 아이들은 맛있는 샌드위치나 케이크 등 달콤한 것들도 가지고 오는구나?
빌리	맞아요.
아빠	왜, 너와 나눠 먹지 않는지도 이해가 되는구나. 그렇다면 엄마랑 대화를 해서 건강하지 않은 음식들도 싸 달라고 말해 보면 어떻겠니? 그래서 친구들과 나누어 먹을 수 있도록 말이다. 그게 도움이 되겠니?
빌리	엄마는 제가 그런 음식들을 먹도록 놔두지 않으실 거예요.
아빠	해결해 볼 수 있는지, 함께해 보자꾸나. 엄마가 네 도시락에 건강한 것들만 넣는 이유는 네 건강에 신경쓰기 때문이란다. 조금 건강하지 않은 것을 먹는다고 해서 죽진 않을 거야. 그러면 친구들과 같이 나눠 먹을 수 있겠지? 엄마가 어떻게 생각하는지, 대화하러 가자꾸나.

이처럼 아이의 말을 진정으로 들으면, 아이는 부모가 자신에게 신경쓰고 있다는 것을 느낀다. 그러므로 우리는 아이에게 진정한 관심을 주어야 한다.

2) 가짜 사랑을 주고받는 거래를 멈추기

아이를 충분히 사랑해 준 뒤, 아이가 행복한지 아닌지를 어떻게 알 수 있을까? 그 해답은 아이의 얼굴에 미소가 얼마나 많이 비치는지를 보는 것이다. 아이에게 원하는 것을 주고, 책임을 부여하지 않고, 아이의 잘못된 행동을 직면한 후 바로잡아 주지 않더라도 아이는 그 순간만큼 행복한 것처럼 보일 수도 있다. 그러나 그것이 행복을 의미하지 않는다.

진정한 행복은 깊은 평화로움이다. 주변 환경이 변한다고 해서 사라지지 않는다. 진정한 행복은 사랑을 받고, 다른 사람들에게 사랑을 줄 때 경험할 수 있다. 또한 행복은 어려움과 고난을 겪을 때도 우리 안에 여전히 존재한다. 오락거리로 재미를 주고, 우리가 원하는대로 주변 사람들이 행동한다고 해서 행복해지는 것은 아니다. 아이가 진정으로 행복하다는 것을 보여 주는 확실한 표시는 바로, 얻고 보호하는 행동을 하지 않는다는 것이다.

▶ 아이들과 가짜 사랑을 거래하지 말자

우리가 깨닫지 못하는 가운데, 부모는 아이들과 가짜 사랑을 거래하고 있다. 가짜 사랑 중 두 가지에 대해 대화해 보겠다. 바로, 칭찬과 감사를 거래하는 것이다.

▶ 칭찬을 거래하는 것

제2장에서 가짜 사랑의 형태로, 칭찬을 하며 상대를 옭아맬 수 있다고 말한 바 있다. 아이가 어떤 것을 잘 해냈을 때, 우리는 "자랑스럽구나"라고 말한다. 어찌 보면 이는 당연하며, 아이로 하여금 자신이 받아들여지고 또 사랑받고 있다는 것을 느끼게 해준다. 그러나 아이가 "나쁜" 행동을 했을 때는 칭찬받지 못한다는 사실을 알아차린다. 그러면 칭찬은 조건적인 사랑의 한 형태가 되며, 자신들이 대가를 지불하고 얻어내야만 하는 것이라고 느낀다. 거의 대부분의 아이는 부모에게 받아들여지기 위해 애써야 한다는 강한 압박을 느낀다. 따라서 이는 진정한 사랑이 아닌 것이다.

부모의 목표는 아이가 진정으로 행복해지도록 돕는 데 있다. 우리가 행복해지기 위해서는 사랑을 받고, 다른 사람을 사랑해 주어야 한다. 그러므로 진짜 행복은 어떤 것을 성취해 내는 것과는 아무런 상관이 없다. 아이가 뭔가를 성취했다고 해서 왜, 칭찬을 받아야 하는가? 아이가 가장 필요로 하는 것은 부모가 있는 그대로 받아들이고, 사랑해 주는 것일 뿐 칭찬을 받는 것이 아니다.

대부분의 경우, 칭찬하는 게 익숙하기 때문에 부모가 아이에게 칭찬을 해준다. 우리 역시 오랜 경험으로 인해 칭찬받는 것이 영원히 지속되는 행복과는 아무런 상관이 없다는 것을 알고 있음에도 불구하고, 주변의 모든 사람이 칭찬을 거래하기 때문에 당연하게 여기거나 칭찬을 해주어야만 하는 것처럼 여긴다. 게다가 우리가 좋아하는 행동을 아이가 할 때 칭찬을 해주면, 그 행동을 반복해서 하려고 노력한다는 사실을 부모는 알고 있다.

그렇다면 아이에게 칭찬을 해서는 절대 안 되는 걸까? 아니다. 아이가 조건 없이 사랑을 받은 경험이 상당히 많고, 우리를 기쁘게 해주기 위해 강한 압박을 느끼고 한 행동이 아니라면, 그 결과에 긍정적인 피드백을 줄 수 있다. 부모가 자신을 사랑한다는 것을 확신하고 있을 때 칭찬은 그저 정보의 한 조각이 될 뿐이며, 자신의 가치를 확인시켜 주는 증거가 아니라는 것을 알게 된다.

한편, 우리가 충분히 사랑받는다고 느끼지 못할 때 아이에게 칭찬을 하면, 자신을 아주 복잡한 미로 속으로 집어넣는 경우가 될 수 있다.

가짜 사랑의 형태로 칭찬하는 것을 피할 수 있는 두 가지 제안을 하겠다.

- 칭찬하는 것보다 사랑으로 가르치는 것을 우선순위에 두자.
- 칭찬을 할 때 다음과 같은 문장은 피하자. "너는 훌륭한 아이야." 그 대신에 다음과 같은 적절한 문장을 활용하자. "네가 해낸 결과가 아주 훌륭하구나. 그렇지 않니? 기분이 아주 좋지?"

💕 칭찬하는 것보다 사랑으로 가르쳐 주는 것을 우선순위에 두자

나의 아들 롭은 고등학교 시절, 훌륭한 수영 선수였다. 수많은 지역 경기와 주 경기에서 우승을 하기도 했다. 학교에서 최고 기록을 경신하기도 했다. 아들이 경기를 마치고 돌아온 날, 다음과 같은 대화를 나누고는 했다.

나	좋은 시간 보냈니?
롭	네. 재미있었어요. 피자도 먹고…. 친구들이 다 모였거든요. 경기장까지 갈 때랑 올 때 버스에서 재밌게 놀았어요. 정말 재미있었어요.

나	수영은 어땠니?
롭	꽤 잘했어요. 한 경기에서 개인 신기록을 경신했어요.
나	기분이 아주 좋았겠구나. 뭔가 배운 것이 있니?
롭	평범한 것들요. 어떤 사람들을 너무 심각하게 경쟁해요. 진짜요. 즐길 줄을 모르는 것 같아요. 제가 그 정도로 심각하지 않게 임해서 다행이에요. 그리고 아빠도 제가 수영하는 걸 너무 심각하게 바라보지 않으셔서 기뻐요. 버스에서 진짜 성질머리 더러운 아이가 있었는데, '아, 저 아이는 불행에 빠져서 허우적거리고 있구나'라고 생각했어요. 그리고 그 친구랑은 거리를 좀 두어야겠다고 결정했어요.
나	좋은 시간을 보냈다니 아빠도 기쁘구나.

나는 아들이 경기에서 우승을 했는지 여부는 물어보지도 않았다. 우승 여부는 전혀 중요하지 않았기 때문이다. 아들이 좋은 시간을 보냈는지, 그 경험에서 뭘 배웠는지를 물었다. 아이가 행복한지, 삶에서 무엇을 배우고 있는지가 진정으로 중요한 것이기 때문이다.

며칠 뒤, 롭은 5개 경기에 나가서 3경기에서 우승을 했으며, 팀 경기에서도 우승을 차지할 수 있도록 많은 역할을 했다는 것을 이웃이 찾아와 알려 주었다. 흥미로운 뉴스였지만, 이는 아들의 행복에 그렇게 중요한 내용이 아니었다. 만약, 아이가 중요한 위치로 올라갈 때 격한 기쁨을 표현한다면, 아이는 삶에서 칭찬과 힘이라는 가짜 사랑을 얻어내는 것이 행복이라고 생각할 것이다. 그러나 가짜 사랑 속에서는 행복을 찾을 수 없다.

💕 칭찬을 할 때 "너는 훌륭한 아이야" 라는 문장은 피하자

좋은 성적이나 무언가를 성취한 아이에게 "너는 훌륭한 아이야"라고 칭찬을 하면, 다음과 같은 메시지를 전달하게 된다.

"네가 훌륭한 성적을 냈기 때문에 너는 훌륭한 아이인 거야."
아이가 이와 같은 칭찬을 받으면 해가 된다.

다음은 아이가 무언가를 잘했을 때, 가짜 사랑의 형태로서 칭찬을 하지 않고 부모가 해줄 수 있는 적절한 반응의 예시다.

[상황 1] 2개의 과목에서 1등을 한 성적표를 가지고 왔다.
부모의 반응:
- 수업 준비를 잘했으니 좋은 결과가 나왔네. 기분이 좋지?
- 그 과목들 공부를 열심히 했구나. 좋은 성적이 나오니까 기분이 좋지?
- 이 과목은 지난번에 80점 받았던 걸 기억하고 있단다. 이번 수업은 더 재미있었니?
- 1등을 하기 위해 지난번이랑 다르게 해본 건 뭐니? 그렇게 해보니 뭘 배웠니?

[상황 2] 아이가 주방을 청소했는데, 특별히 깨끗하게 정리했다.
부모의 반응:
- 아주 깨끗해 보이는구나. 엄마가 내일 주방에서 요리할 때 아주 감사하겠어.
- 청소를 잘했구나. 청소해 줘서 고마워.

[상황 3] 요청하지 않았는데도 쓰레기통을 비웠다.
부모의 반응:
- 아무도 부탁하지 않았는데, 어제 네가 쓰레기통을 비웠다는 걸 알고 있단다. 고마워. 많은 도움이 되었단다.
- 어제 쓰레기통을 비우는 걸 봤어. 아무도 잔소리를 하지 않으니까 좋지? 잘했어.
- 맡은 일에 책임을 지는 건 기분이 좋아. 그렇지 않니?

자기 책임을 훌륭히 완수했을 때, 아이에게 줄 수 있는 효과적인 피드백은 아이 자체의 가치에 대한 평가보다는 아이의 행동에 대한 결과에 대해 유용한 정보를 준다는 태도가 가장 도움이 될 것이다. 그리고 이 말을 할 때 우리가 어떤 목소리 톤을 사용하고, 비언어적 표현을 하는가 역시 어떤 말을 하는 것만큼이나 중요하다고 할 수 있다. 만약, 아이가 당신의 기대에 맞게 모든 행동을 했을 때는 미소를 짓고 웃어 주다가 그렇지 못할 때는 긍정적인 태도가 사라진다면, 아이의 행동에 대해 하는 말 자체는 별다른 의미가 없다. 다만, 당신은 가짜 사랑의 형태로서 칭찬을 하고 있는 것이며, 아이는 그것을 느낄 수 있을 것이다.

두 부모가 자신의 아이에게 "잘했어"라며 말하는 상황을 가정해 보자.

아이가 자신이 맡은 집안일을 훌륭하게 해냈다. 엄마 A는 격하게 즐거워하는 등 열렬한 반응을 보이며 잘했다고 말한다. 평소에는 이런 반응을 전혀 보이지 않다가, 자신이 좋아하는 행동을 했을 때만 보여 준다. 즐거움과 활기찬 목소리는 다른 경우에는 결코 보여 주지 않기 때문에 아이가 조건적으로 사랑을 받고 있다는 것이 확실하다.

반대로, 엄마 B는 "잘했어"라고 말할 때, 평소처럼 대수롭지 않다는 듯 차분한 목소리로 말한다. 여기서 엄마 B의 평소 목소리는 사랑이 넘치며 친절하다. 예를 들어, 엄마 B가 "방 청소 다했어?"라고 말할 때와 동일하게 사랑이 넘치는 친절한 목소리이므로, 아이는 엄마가 정보를 제공해 주고 있다는 것을 인지한다. 그리고 엄마 B에게는 아이가 어떤 결과를 만드는 것이 자신의 행복과는 관계가 없다.

나는 부모들에게 아이가 뭔가 성취했을때, "네가 정말 자랑스럽구나"라는 문장은 사용하지 않도록 각별히 권유한다. 부모가 기대한 만큼 성취하지 못했을 때 우리는 자랑스러움을 표현하지 않기 때문이다. 그 결과는 참담하다. 우리가 "네가 자랑스럽구나"라고 말할 때, 아이를 생각하기보다 우리 자신에게 집중한다.

그렇다면 조건적인 사랑이 되지 않기 위해 어떻게 표현해야 할까? 이미 몇 가지 예시를 앞서 제안했다. 그러나 아이가 뭔가를 잘했을 때, 우리가 추가적으로 기억해야 하는 것이 있다. 부모가 긍정적인 피드백을 주지 않더라도 대부분의 아이는 자신이 성취한 것을 두고 이미 자신감을 느낀다. 즉, 아이는 이미 더 행복해하고 또 자신감이 높아진다. 따라서 우리가 축하해야 하는 것은 아이의 성취로부터 우리가 느끼는 만족감이 아니라, 아이가 경험하는 행복감이다. 그러므로 이렇게 말해 줄 수 있다.

"이 결과가 정말 좋은가 보구나. 행복한 너를 보니 엄마도 기쁘구나."

여기서 우리는 나 자신의 만족감보다 아이의 행복에 집중한다.

이렇듯 우리는 칭찬이 무엇을 의미하는지를 아이에게 가르쳐 주어야 한다. 사람들이 주는 솔직하고 또 사랑이 넘치는 칭찬은 학교나 경력 등에 있어서 유용한 정보에 지나지 않는다. 우리가 어떻게 하고 있는지, 그 다음은 어떻게 성장할 수 있는지를 판단할 수 있는 피드백으로 사용할 수 있다. 그러나 충분히 사랑을 받지 못한 사람들(이는 거의 대부분의 사람을 포함하며, 부모도 여기 포함된다)의 칭찬은 "네가 만든 결과 덕분에 내 기분이 좋구나"라는 의미가 담겨 있다. 이런 칭찬은 우리에 대해 거의 말하고 있지 않다. 이런 사람들이 하는 말은 우리가 그 사람들의 기분을 어떻게 좋게 만들어 주었는가를 말하고 있을 뿐이다.

그렇다고 해서 아이로 하여금 칭찬을 받을 때 냉소적으로 반응하도록 가르치라고 제안하는 것이 아니라, 대부분의 칭찬이 우리 자신에 대한 정보를 제공하는 것이 아닌 경우가 많다는 사실을 가르치라고 제안하는 것이다. 즉, 칭찬을 하는 사람에 대해 말하고 있다는 것이다.

진정한 사랑이 없는 사람들은 자신이 원하는 것을 얻어내기 위한 방법으로 칭찬을 이용한다. 우리가 아이에게 진정한 사랑을 충분히 준다면, 아이는 다른 사람들이 조종하기 위해 하는 듣기 좋은 속삭임에 놀아나지 않을 것이다.

▶ 감사하는 마음을 거래하는 것

아이가 누군가에게 어떤 것을 받았을 때 상대에게 감사하다고 표현하는 대신, 받은 물건에 대해 감사하는 마음을 갖는 것이 어떤 긍정적인 영향을 주는지, 우리는 앞에서 이미 대화를 했다.

어떻게 하면 아이에게 감사함을 더 바람직하게 가르칠 수 있을까?

우선, 우리가 배워 온 방식의 감사함을 표현해야 하는 의무감을 버리자. 아이가 선물을 받을 때, 우리는 이렇게 말한다.

"이제 뭐라고 해야지?"

이는 아이에게 진정한 감사함을 느끼는 것이 아닌, 감사함을 표현해야 한다는 의무감을 가르치는 셈이다. 그러나 진정한 감사함은 사랑을 충분히 받은 아이가 경험하는 자연스러운 마음이다. 제시카의 사례를 통해 이를 살펴보자.

제시카는 좋아하는 가수의 콘서트 티켓을 사기 위해 매표소 앞에서 두 시간 동안 서서 기다렸다. 그렇지만 자신의 차례가 오기도 전에 티켓은 이미 품절되고 말았다. 그 일로 제시카는 하루 종일 화를 내며 불평을 했다.

콘서트에 참석하지 못하게 된 것이 제시카가 불행하다고 느끼는 근본적인 원인이 아니다. 많은 사람이 좋아하는 가수의 콘서트에 참석하지 않아도 행복하게 살아간다. 제시카가 불행한 진짜 이유는 바로, 사랑받지 못한다고 느끼기 때문이다. 우리 삶에 진정한 사랑이 충분히 없을 때, 우리는 사랑에 굶주린인 채 벼랑 끝에 서 있는 꼴이다. 그래서 가짜 사랑의 흔적을 조금이라도 보면 그게 매우 중요한 것처럼 매달린다.

콘서트는 가짜 사랑을 주는 작은 부스러기였다. 제시카는 순간적으로 나마, 자신의 공허함을 채울 수 있기를 기대했던 것이다. 그런데 자신이 원하는 것을 얻지 못하게 되자, 자신이 느끼는 무력감을 조금이라도 줄이기 위해 화를 내며 피해자 행세를 했던 것이다.

다행스럽게도, 제시카의 부모는 진정한 사랑을 찾는 과정을 밟고 있었고, 그 사랑을 딸에게 나누고 있었다. 콘서트 사건이 있고 1년 뒤, 제시카가 또다시 티켓을 구매하기 위해 오래 기다리다가 집으로 돌아왔다.

엄마	티켓을 살 수 있었니?
제시카	아니요. 다 팔렸어요.
엄마	아주 실망했겠구나.
제시카	조금은요. 하지만 친구들이랑 같이 가서 기다리는 동안 재밌게 놀았어요. 음악도 같이 듣고, 대화도 하고요. 콘서트가 열리는 날 저녁에 그냥 함께 놀기로 했어요. 티켓을 구하지 못한 건 그리 큰일이 아니에요.

같은 일이 두 번이나 반복되어 일어났지만, 제시카가 보인 두 번째 반응은 완전히 달랐다. 그 이유는 무엇일까? 바로, 감사함이다. 두 번째 상황에서 제시카는 티켓을 구하지 못한 사실을 불평하는 대신, 줄을 서며 기다렸던 경험까지 감사히 여겼다. 감사히 여기는 마음은 제시카가 사랑을 충분히 받은 데 따른 자연스러운 결과였던 것이다. 이처럼 우리가 사랑을 받는다고 느낄 때, 진정한 행복을 느끼게 된다. 그러면 특정한 물건이나 사건, 사람들이 순간순간 우리를 기분 좋게 만들어 주어야 할 필요가 없게 된다. 충만한 순간에는 주변에 끊임없이 기대하거나 실망하지 않는다. 그 대신 우리가 경험하는 모든 것에 감사한다.

더 나아가 모든 순간을 배우고, 행복해질 수 있는 기회로 본다. 지금 말하고 있는 것은 어떤 환상이 아니다. 진짜 이렇게 살아가는 사람들이 있다. 이 사람들에게 삶에서 경험하는 즐거움은 깊고 일관적이다.

특히 아이가 사랑을 느낀 후 우리는 말로도 감사함을 가르칠 수 있고, 우리의 행동으로도 감사함을 가르칠 수 있다.

💙 아이에게 감사함을 가르치기

나의 딸 자넷이 학교를 마치고 울면서 집으로 돌아왔다. 친구 미스티가 자신에 대한 부정적인 뒷담화를 하고 돌아다닌 것을 알게 되었던 것이다.

나	아빠가 너를 사랑하니?
자넷	네. 그렇지만….
나	엄마가 너를 사랑하니? 네 형제들은? 다른 친구들은 너를 사랑하니?
자넷	음… 네.
나	누군가 너에게 불친절하게 굴 때는 너를 사랑하고 있는 많은 사람이 있다는 걸 잊어버리기 쉽지. 너를 사랑해 주는 많은 사람이 있단다. 그건 어마어마한 일이지. 그걸 기억한다면, 누군가 너를 푸대접한다고 해도 신경쓰이지 않을 거야. 얼마나 많은 사람이 너를 좋아하지 않는지는 그리 중요하지 않단다. 누군가는 오직 너를 사랑한다는 사실이 중요한 거야. 그러니까 너를 사랑해 주는 사람들에게 감사하며 살면 된단다.

감사한다는 것은 긍정적인 생각으로 전환하는 것이 아니다. 감사함이라는 것은 우리가 실제로 가지고 있는 것들에 대해 진실을 말하는 것이며, 그것들을 온전히 누릴 수 있도록 자신에게 허락하는 것이다. 아이에게 자신이 가진 사랑을 다시 기억할 수 있도록 도움을 줄 때, 삶에서 가장 중요한 것을 이미 갖고 있다는 것을 기억해 낼 수 있다. 그러면 사람들이 자신에게 상처를 주는 행동들이 작게 느껴진다. 특히 우리가 감사할 때 상대에 대한 기대, 두려움, 화, 실망, 징징거림, 질투 등은 사라진다. 즉, 감사한 가운데 불행을 경험하는 것은 불가능하다.

하지만 자넷은 자신이 받고 있는 사랑에 감사할 필요가 있었고, 자신을 사랑해 주는 사람들이 있다는 것을 감사히 여기지 않았다. 이런 태도가 자넷을 불행하게 만들었던 것이다.

♥ **감사히 여기는 마음을 부모가 보여 주자**

우리는 감사하지 않는 것을 행동으로 가르치고는 한다. 그런데 아이는 부모의 행동을 따라 한다. 그러면서 우리가 가지고 있는 것들에 대해 감사하기보다 대부분 불평을 한다. 우리가 좋아하는 야구 팀이 게임에서 지면, 친구들과 함께 그것을 신나게 볼 수 있었다는 것에 감사하기보다 패했다는 사실에 실망하며 화를 내기도 한다. 또한 교통 체증 때문에 도로에 갇혔을 때, 걷는 대신 차를 탈 수 있다는 것에 감사하기보다 움직이지 않는 도로 상황을 불평한다. 뿐만 아니라 사랑하는 사람과 살아생전 함께 지낼 수 있었다는 것을 축하하고 기념하기보다 사랑하는 사람의 죽음에 대해 오랜 시간을 지나치게 절망하며 슬퍼하고는 한다. 그리고 우리가 일을 할 수 있는 능력과 기회에 대해 감사하기보다는 일을 해야 한다는 상황에 대해 불평하고는 한다. 이렇듯 아이는 부모가 보여 주는, 끊임없이 감사할 줄 모르는 일관적인 태도를 보고 그대로 따라 한다. 그렇게 불평하고 비난하는 법을 배우며, 삶에 대해 냉소적이고 비관적인 태도를 갖게 된다.

우리가 사랑을 받으면 공허함과 두려움으로 인해 왜곡되어 보이던 세상이 선명해진다. 게다가 어디를 가든, 즐거움을 느끼며 아름다움을 볼 수 있게 된다. 우리의 모든 경험이 겉보기에 어려워 보일지라도, 다른 사람들을 사랑하는 법을 배우는 기회로 나타난다. 우리가 그 경험들을 즐기게 되면, 이를 아이에게 나누어 줄 수 있다. 모든 것에서 결점을 찾아내 비난하는 대신, 우리 눈에 비치는 아름다움과 감사한 순간들을 아이에게 표현할 수 있다. 또한 어려운 상황들이 주는 불편함에 대해 불평하는 대신, 그 속에서 경험하고 얻을 수 있었던 교훈과 배움에 대해 감사할 수 있다. 우리가 이렇게 감사하면, 아이도 감사하는 법을 배울 수 있다.

3) 스스로 책임지고, 사람들에게 사랑을 주는 법을 가르치기

이 주제에 대해서는 제8장과 제9장에서 더 많은 내용을 다루도록 하겠다. 아이가 자신이 맡은 바 책임을 지고 또 다른 사람들에게 사랑을 줄 때, 얻고 보호하는 행동을 하지 않음으로써 자신의 자리를 쉽게 잃지 않는다.

> 우리는 아이가 진심으로 감사하도록 강요할 수 없다. 아이에게 뭔가를 주고 부모에게 감사하도록 가르치기보다, 아이가 가진 것에 대해 감사할 수 있도록 가르칠 필요가 있다.
>
> 부모가 모델이 되어 감사하는 것을 보여 주면서 가르칠 수 있고, 사랑해 줌으로써 가르쳐 줄 수 있으며, 아이의 삶에 주어진 축복들을 하나하나 말해 줌으로써 감사하는 것을 가르쳐 줄 수 있다.

4) 가족 간의 규칙을 명확히 정하기

부모의 말이나 행동을 보고 아이가 혼란스러워하는 것은 놀랄 일이 아니다.

- 아이가 자러 가야 할 시간이라고 말하지만, 자러 가지 않아도 아무런 대처를 하지 않는다.
- 아이에게 주어진 집안일을 하라고 말해 놓고, 하지 않을 때 나타내는 반응은 아주 다양하다. 어떨 때는 신경쓰지 않고, 어떤 때는 심하게 화를 낸다.
- 가끔은 조용히 하라고 말하고, 어떨 때는 시끄럽게 해도 아무 말을 하지 않는다.
- 어떨 때는 방을 청소하라고 하고, 어떨 때는 하지 않는다.

위와 같이 우리가 제시하는 규칙들이 명확하지 않다면, 아이는 어떻게 해야 할지 몰라 혼란스러울 것이다. 그로 인해 우리가 좋아하지 않는 실수들을 저지를 가능성이 더 많아질 것이다.

어디로 가야 할지, 부모가 방향을 제시해 주고 또 인도해 줄 때 아이는 더 안전하다고 느낀다. 그런데 우리의 우유부단함으로 인해 아이를 불안에 떨게 하며, 얻고 보호하는 행동을 더 하게 만들고 있는 것이다.

5) 행동에 대한 결과를 지속적으로 부여하기

제5장에서 책임을 부여할 때, 사랑으로서 자연스러운 결과를 부여해야 한다

고 말한 바 있다. (책의 후반부에서 결과를 부여하는 다양한 방법에 대해 구체적으로 논할 것이다.) 아이가 규칙을 지키지 않았을 때, 결과가 따라온다는 것을 이해해야 한다. 어른들이 사회생활을 할 때처럼 말이다. 예를 들어, 우리가 운전 중 속도를 위반하면, 그 행동에 대한 자연스러운 결과로서 과태료나 범칙금을 내야 한다. 경찰이 당신을 쫓아와서 신경질을 내는가? 아니다. 과태료 혹은 범칙금 통지서가 집으로 날아온다. 과태료나 범칙금을 계속 내다 보면 미래에 속도위반을 할 동기가 줄어들 것이라는 것을 알고 있기 때문에 경찰들이 쫓아와서 신경질을 낼 필요가 없다.

우리는 위의 경찰처럼 아이에게 결과를 부여할 필요가 있다. 단순히 결과를 부여하는 것이다. 화를 내지도 않고, 설교를 길게 할 필요도 없다. 부여하는 결과는 아이가 불편을 충분히 느껴서 다음에는 더 나은 선택을 할 수 있도록 도울 수 있는 것이어야 할 것이다. 아이가 어리석은 선택을 하면 부정적인 결과가 자연스럽게 따라온다는 것을 이해할 때, 얻고 보호하는 행동이 줄어드는 경향이 있다.

당신이 TV를 시청한다고 가정해 보자. 아이가 갑자기 엄청나게 시끄러운 소리를 내며, 당신이 가장 좋아하는 TV 프로그램을 평화롭게 보는 시간을 방해한다. 조용히 해야 한다며, 두 번 정도는 아이에게 차분하게 말한다. 그러나 그 순간에만 조용해질 뿐이다. 사랑으로 가르쳐 보았지만 충분하지 않았다. 이제 결과를 부여할 시간이다.

언제나 원하는 만큼 소리를 내도 되지만, 다른 사람들이 하고 있는 일을 방해해서는 안 된다는 것을 아이에게 설명한다. 그래서 너무 시끄러운 소리를 내면 방으로 들어가게 될 것이라고 말한다. 이윽고 아이는 또다시 시끄러운 소리를 내며 논다. 그렇다면 당신은 아이를 방으로 보내야만 한다. 아이에게 "네가 정말 보고 싶을 거야. 네가 다시 나오게 될 순간을 기다릴게"라고 말하자. 그리고 다른 사람들이 하고 있는 일을 방해할 때는 소리를 질러서는 안 된다고 다시금 강조하자. 아이에게 부여하는 결과는 아이의 나이에 따라 다르게 적용될 수 있다.

6) 아이에게 "안 돼"라고 말하는 법 배우기

하루는 공항에서 한 아이가 근처 가게에서 파는 사탕을 사 달라고 응석을 부리는 걸 보았다. 엄마는 안 된다고 말했지만, 아이는 더 심하게 난동을 부렸다. 엄마는 무시해 보기도 하고, "안 돼"라고 말하는 것을 몇 번 반복했다. 그러자 아이는 발버둥을 치고 소리를 지르며, 엄마가 사탕을 사 와서 손에 쥐여 줄 때까지 난리를 쳤다. 이때 아이가 배운 교훈은 무엇일까? "엄마가 '안 돼'라고 말하는 것은 내가 소리를 충분히 지르고 또 난동을 부리면 원하는 것을 줄 것이다"라는 것이다.

우리는 "안 돼"라고 말하지만, 사실은 "안 돼"를 의미하지 않는다. 그러니 아이가 혼란스러워한다. "안 돼"라는 것이 유동성 있는 하나의 제안이라고 생각하면, 아이가 성장하면서 교사·상사·경찰관 혹은 다른 권위 있는 사람들이 "안 돼"라고 말할 때 어떻게 대처할까? 아이에게 "안 돼"라는 말을 제대로 가르치지 않으면, 살아가면서 아주 단단한 벽에 부딪히게 될 것이다.

따라서 아이에게 "안 돼"라고 말할 때는 진정한 의미에서 "안 돼"를 말해야 한다. 그러나 너무 자주 "안 돼"라고 말하지 않도록 주의하자. 독립적인 존재가 되는 과정에서 아이는 주변을 탐험해 볼 필요가 있다. 우리가 모든 것에 안 된다고 한다면, 아이의 성장을 방해하게 된다.

경우에 따라서는 안 된다고 하기보다는 대체할 수 있는 활동을 제시하는 편이 좋다. 만약, 아이가 그릇을 벽에 던져 보고 싶다고 한다는 것을 예로 들어 보자. 이럴 때 안 된다고 하기보다, 그릇을 매트리스에 던질 수 있다고 하거나, 숟가락으로 그릇을 때려 본다거나, 장난감을 넣고 흔들어 보자는 등 그릇이 망가지거나 벽에 무리가 가지 않는 행동을 하도록 제안할 수 있다. 무조건 안 된다고 하기보다 아이와의 상호작용 속에서 부모의 창의력을 발휘하라.

한편, 안 된다는 말을 너무 자주 하지 않을 때 얻을 수 있는 가장 큰 이점은,

부모가 "안 돼"라고 하는 상황에서 아이가 주의를 더 기울이며 말을 듣게 된다는 것이다.

7) 아이가 책임지고 또 사랑을 주는 행동을 할 때 감사하는 마음 갖기

아이를 사랑으로 가르치면서, 부모가 즉각적인 결과를 보고 싶어하는 것은 당연하다. 그러나 이러한 욕구가 생기면 아이의 작은 성장들은 보지 못한 채 지나칠 수 있다. 이는 아주 큰 실수다. 부모의 긍정적인 격려가 없다면, 대부분의 아이는 힘이 빠지고 또 배우고 성장하려는 노력을 하지 않으려고 할 것이기 때문이다.

배움의 과정에서 아이는 수많은 실수를 저지를 것이다. 자신의 실수를 가장 잘 아는 사람은 아이 자신이므로, 부모가 계속해서 실수를 지적할 필요는 없다. 그보다는 아이가 맡은 바 책임을 지고 다른 사람들에게 사랑을 줄 때, 격려의 말을 친절하게 해주는 편이 훨씬 중요하다.

아이의 성취를 제대로 보고 인정하려는 의식적인 노력을 한다면, 부모는 아이의 성장에 감사하는 태도를 갖게 된다. 이러한 태도는 실수를 지적하며 비난하는 태도보다 훨씬 더 효과적이다. 감사히 여기는 마음이 커질수록, 아이가 최선을 다하고 있다는 믿음도 커지게 된다. 이는 아이를 제대로 보고, 있는 그대로 받아들이고, 사랑하는 데 있어서 아주 긍정적인 영향을 미친다. 마지막으로, 부모가 아이에게 감사하며 신뢰할 때, 아이는 부모의 지지와 사랑을 느낀다.

제7장에서 낸시와 마샤의 사례를 소개할 것이다. 이 두 부모는 아이의 작은 성장에도 감사하는 법을 배웠다.

아이의 감정에 대처하는 법

지금까지 얻고 보호하는 행동을 방지하고, 대처하는 법을 다루었다. 아이는 다양한 감정을 경험하기 때문에, 부모는 그 모든 감정에 대처할 필요가 있다.

몇 가지를 다루어 보도록 하겠다.

호기심
아이의 호기심은 만족을 모른다.
"왜 그렇죠?"
"이건 왜 그런 거죠?"

이런 질문을 하루 종일 하기도 한다. 그래서 우리는 그 질문들이 이따금 귀찮게 느껴지기도 한다. 그런 상황에서 부모는 꼭 기억해야 하는 것이 있다. 아이의 질문에 대답하는 것이 일과 중에 하게 될 그 어떤 일보다 더 중요하다는 사실이다. 어떻게 대답하느냐에 따라 부모가 아이를 얼마나 가치 있게 여기는지를 나타내는 것이다.

한편, 우리가 대답할 수 없는 질문들을 가끔 할 때가 있다. 그런 상황에서는 우리의 무지를 자연스럽게 인정할 필요가 있다.

- 잘 모르겠단다.
- 그 부분에 대해서는 생각해 본 적이 없구나. 잠시만 시간을 다오. 조금 있다가 이에 대해 이야기를 더 해보자.
- 전혀 모르겠구나. 그래도 알고 싶은 걸…. 알아보고, 내일 이에 대해 대화해 보자꾸나.
- 이 질문에 대한 대답을 같이 찾아보자. 인터넷에서 검색하면 찾을 수 있을 거야.
- 잘 모르겠어. 백과사전에서 찾아보고, 배운 걸 엄마(아빠)에게도 알려 줄래?

아이가 중요하게 생각하는 것에 흥미를 보여 줌으로써 우리가 아이를 사랑한다는 마음을 전해 주며 소통할 수 있다.

걱정이나 두려움

어른들도 거의 모든 순간에 두려움을 느끼고는 한다. 아이는 어른보다 약하므로, 비록 사소한 것에도 위협을 느낄 수 있다.

- 부모의 사랑을 잃게 될까 봐
- 학교 시험에서 낙제할까 봐
- 전쟁, 지진, 태풍에 대한 뉴스
- 납치나 유괴의 가능성
- 부모나 친척의 건강 문제
- 괴물
- 어둠
- 혼자 있는 것
- 바늘이나 주사(병원이나 치과)
- 천둥과 번개
- 새로운 집으로 이사하거나 전학을 가는 것

어떤 두려움들은 부모에게 우습게 보일 수 있으나, 우리는 사소한 것으로 치부해 버리지 않도록 주의를 기울여야 한다. 아이에게서 두려움의 표시를 보게 된다면, 그에 대해 즉시 대화를 해야 한다. 물론 문제를 해결해 주거나 두려워움을 없애 줄 필요는 없다. 아이가 필요로 하는 것은 부모의 진심 어린 관심과 자신에 대한 사랑을 소통하는 것이다.

"뭔가 걱정이 있어 보이는구나. 나에게 말해 주겠니?"
"네가 걱정이 있다는 걸 알 수 있어."
"어떤 일이 일어나든, 너는 혼자가 아닐 거야. 너를 사랑해 줄 거야."
"무서움이 줄어들 수 있도록 뭘 할 수 있을지 대화해 볼까?"

"너무 심하게 무서워지면, 엄마(아빠)에게 와서 말해 주겠니?"

아이와 대화하면서 손을 잡아 주자.
위와 같이 부모가 겁에 질린 아이의 두려움을 이해하면서도 지나치게 걱정하지 않는 모습을 보여 주면 아이는 안심을 한다. 만약, 부모가 걱정스럽고 지나치게 불쌍하게 여기면, 뭔가 걱정할 만한 것이 있다는 믿음이 더욱 강하게 들뿐이다.

슬픔
아이가 뭔가를 잃어버리는 경험을 할 때, 즉 장난감이 부서지는 등의 상황에서 어른의 관점으로 상황을 최소화하는 경향이 있다. "에이, 그렇게 큰일이 아니잖아", 더 심하게는 "슬퍼하지 마"라고 말한다.
이때 우리는 그 말을 듣고, 관심을 갖는 것이다. 이렇게 말해 줄 수 있다.
"너에게 아주 소중한 것이었구나."
이처럼 아이가 슬픔을 표현할 수 있도록 격려하자. 손을 잡아 주자. 얼마나 슬픈지, 잘 알고 있다고 말하자. 우리가 자신의 슬픔을 격려해 주며 공감하고 있다는 것을 아이가 알게 되면, 그 슬픔이 급격히 줄어든다.

아이의 다양한 삶의 영역에 대처하기

우리는 아이의 행동 중 얻고 보호하는 행동이 아닌 것들도 다수 마주하게 될 것이다. 아이가 지루하거나, 피곤하거나, 배가 고프거나, 스트레스를 받을 수 있다. 그러한 상황에서 아이는 울기도 하고, 징징거리는 등의 행동을 한다. 아이가 그 상황에서 필요로 하는 것이 무엇인지를 파악하고, 그것을 해결하도록 최선을 다해 보자. 아이가 배가 고프고 피곤할 때 진정한 사랑을 경험하는 것은 어렵다.

아이들은 모두 다르게 태어났다

아이들은 크기만 다른 것이 아니라, 다양한 영역에서 다르게 태어난다.

- 지적 능력
- 집중력
- 감각에 대한 예민함의 정도: 어떤 아이들은 시끄러운 소리, 지나치게 밝은 빛이나 과격한 스킨십에 더 쉽게 화를 낸다.
- 정리 정돈의 필요성: 어떤 아이들은 물건이나 장소가 정리 정돈되지 않거나 제자리에 있지 않으면 매우 불편함을 경험한다.
- 사교성: 어떤 아이들은 다른 사람들의 감정에 민감하게 반응하고, 또 다른 아이들은 다른 사람들의 감정에 둔감하다.
- 에너지: 어떤 아이들은 태어나면서부터 불꽃 같은 에너지가 있는 반면, 어떤 아이들은 침착하다.
- 공격성
- 호기심
- 두려움: 어떤 아이들은 태어나면서부터 두려움이 없는가 하면, 어떤 아이들은 선천적으로 조심스럽다.
- 운동신경
- 음악 재능

아이들은 유전적·감정적·신경학적·정서적인 성품을 타고난다. 그러므로 부모의 목표는 아이를 조건 없이 사랑함으로써 아이가 타고난 성품을 가지고 진정으로 행복한 삶을 살아가도록 힘쓰는 것이다.

과잉행동장애, 강박장애, 우울증, 자폐증 등이 있는 아이들

일부 아이들은 주의력결핍장애, 강박장애, 다양한 유형의 자폐증 등을 선천적으로 갖고 태어난다. 나는 이 모든 병리학적인 근거들을 설명하지 않을 것이다. 만약, 당신이 진정한 사랑을 부지런히 연습해서 아이에게 적용했음에도 불구하고 행동의 문제가 지속적으로 발생한다면, 소아과 의사나 소아심리학자 혹은 소아정신과 의사와의 상담이 필요할 것이다. 미국 공립학교에서는 아이들의 상태에 대한 검사를 제공하기도 한다.

비록 의학적·정신과적인 문제들을 말하고 있지만, 모든 아이에게 진정한 사랑이 필요하다는 사실을 다시금 강조한다. 진정한 사랑을 경험하지 못한 아이들은 정신과적인 문제 행동과 유사한 증상들을 보이기도 한다.

다음 사례를 살펴보자.

줄리는 8살이 된 아들의 행동으로 인해 수년간 어려움을 겪고 있었다. 아들의 이름은 에릭이다. 줄리의 아들은 야생에서 자란 것처럼 행동이 매우 거칠고, 무언가를 계속 요구하는 등 부모를 당혹스럽게 하는 행동을 자주 한다. 여러 전문가와 상담해 본 뒤, 주의력 결핍 과잉행동장애(ADHD) 진단을 받았다. 또한 자폐증의 한 형태인 아스퍼거증후군으로 진단받았다. 이후 학교에서도 특수교육 수업에 참여했는데, 줄리는 진정한 사랑을 공부하며 아이에게 실천하기 시작했다.

몇 개월 뒤, 줄리로부터 연락이 왔다. 줄리는 최근에 화를 내지 않고 에릭과 상호작용하는 법을 배웠다고 말했다. 그리고 아들에게 진정한 사랑을 쏟아부었다. 그러자 아들은 급격히 변하기 시작했다. 아들이 걸핏하면 성질을 부리는 상황도 거의 사라졌다. 모든 약물을 끊었고, 일반 수업에 훌륭하게 참가하게 되었다.

나는 모든 아이가 진정한 사랑을 받는다고 해서 에릭처럼 잘 대처하게 될 것이라고 제안하는 것이 아니다. 그러나 조건 없는 사랑을 지속적으로 받기 전까지는 진정한 사랑이 이끌어 낼 수 있는 기적을 결코 경험할 수 없을 거라고 감히 말할 수 있다.

계속해서 배우자

얻고 보호하는 행동을 할 때 행복을 경험한다는 것은 절대적으로 불가능하다. 얻고 보호하는 행동을 분별하고, 이해하고, 제거하기 위해 더 많은 것을 배울 수 있다.

다음 자료들을 더 살펴보자.

『리얼러브: 조건 없는 사랑을 찾고, 충만한 관계를 만드는 진실』을 읽어 보자.

관계에 있어서 가장 중요한 원칙은
바로 선택의 법칙이다.
우리는 모두 무엇을 생각하고, 말하고,
행동하는지를 스스로 선택할 수 있는 권리가 있다.

제7장

일곱 번째 육아 원칙
선택의 법칙

The Law of Choice

제7장

일곱 번째 육아 원칙
선택의 법칙

무엇을 생각하고, 말하고, 행동하는지를 스스로 선택할 수 있는 권리보다 더 필수적인 것은 없다. 이러한 권리가 없다면 우리는 누군가의 손아귀에 놀아나는 꼭두각시고, 미래가 이미 결정난 채 살아가야 하는 무의미한 존재가 되고 말 것이다. 이는 집 안에 놓인 가구 혹은 땅바닥에 널브러진 흙덩이나 다름없다.

잘못된 행동이라고 하더라도 스스로 선택하지 않는다면, 우리는 결코 배우지도 또 성장할 수도 없다. 스스로 선택을 할 수 있는 권리는 성공적인 관계를 형성하는 데 있어서 가장 중요한 법칙이다. 무척 중요해서 나는 이것을 선택의 '법칙'이라고 부르기로 했다.

선택의 법칙이라는 것은, 모든 사람은 어떤 말을 하고 또 어떤 행동을 할지 스스로 선택할 권리가 있다는 것을 의미한다. 부모는 아이를 효과적으로 가르치기 전에 선택의 법칙을 이해해야 한다. 그리고 나서 아이가 이 법칙을 이해할 수 있도록 도와주어야 아이의 삶에 사랑과 행복이 넘칠 수 있다.

한편, 인류는 스스로 선택할 권리를 필사적으로 지켜 왔다. 그 권리를 지키기 위해 수많은 전쟁이 일어났다. 그럼에도 불구하고 우리는 다른 사람들의 권리를 지키기 위해 적극적으로 나서지 않는다. 사실, 우리를 불편하게 만드는 주변 사람들의 선택에 훼방을 놓는 경우가 더 많다.

선택의 법칙에 대해 다음과 같은 주장을 펼치고는 한다.

- "나 자신이 무슨 말을 하고, 어떤 행동을 하는지 선택할 권리가 있다. 그리고 다른 사람들도 나와 마찬가지로 같은 권리를 가진다. 하지만 그 행동은 내가 좋아하는 행동이어야 한다."
- "나 자신이 무슨 말을 하고, 어떤 행동을 하는지 선택할 권리가 있다. 그리고 다른 사람들도 나와 마찬가지로 같은 권리를 가진다. 하지만 그 행동이 내가 하고자 하는 일을 방해하거나 나에게 해를 입혀서는 안 된다."
- "나 자신이 무슨 말을 하고, 어떤 행동을 하는지 선택할 권리가 있다. 그리고 다른 사람들도 나와 마찬가지로 같은 권리를 가진다. 하지만 내 자녀에게는 스스로 선택할 권리가 없다."

이처럼 부모는 선택의 법칙에 자녀를 예외로 두는 우를 범하고는 한다. 아이가 선택할 수 있는 권리를 침해하면, 아이가 행복해질 수 있는 가능성을 짓밟는 것이나 마찬가지다. 나는 여기서 아이에게 뭘 해야 하는지, 결코 말해서는 안 된다고 말하는 것이 아니다. 특히 아이가 어릴 때는 무엇이 필요한지, 부모가 명확하게 말해 줘야 하는 경우가 상당히 많다. 그러나 아이의 모든 행동을 통제하며 선택의 권리를 침해하면, 이후에 우리가 지불해야 하는 대가가 훨씬 더 많아진다는 것을 기억하는 게 현명할 것이다.

아이를 가르칠 때 선택에 대해 이해하자

아이는 경우에 따라 선택의 법칙에서 예외가 되고는 한다. 부모는 아이의 선택을 통제해야 할 때가 자주 있다. 예를 들어, 두 살배기 아이가 고속도로 중앙에서 놀도록 내버려 두거나, 주방 세제를 마시도록 내버려 두거나, 폭발물을 가지고 놀도록 한다면 이는 매우 어리석은 행동이다. 그러나 많은 부모가 이러한

"예외 상황"을 지나치게 남용한다. 대부분의 부모는 너무 많이, 그리고 너무 오랜 기간 동안 아이들을 통제한다. 아이의 선택이 불러올지도 모르는, 잠재적인 위험이 있더라도 스스로 선택하는 법을 최대한 일찍 배워야만 한다. 이를 통해 아이는 배우고 성장한다.

아이가 스스로 결정을 하면 많은 실수를 저지르는데, 이는 피할 수 없다. 또한 실패로 인한 상실감과 외로움, 창피함, 더 나아가 실망과 분노 등을 경험한다. 이러한 경험을 하며 자신이 내린 결정이 불러오는 결과에 대해 배우게 되고, 다가올 미래에는 현명한 선택을 할 동기가 된다. 그러므로 아이가 경험하는 모든 불편과 어려움을 보호하려고 하는 것은 지혜롭지 못하다. 결국 아이는 독립적인 개인으로서 제기능을 해야만 하며, 그날을 준비하기 위해 고통스러운 실수라도 스스로 선택할 수 있도록 가급적 내버려 두어야 한다.

훌륭한 배움의 기회를 빼앗지 않는 수준에서, 삶에서 경험할 수 있는 불편한 상황을 피할 수 있도록 도와주는 것 또한 부모의 일이다. 부모는 아이의 선택에 대한 결과가 무엇인지를 이해할 수 있을 때까지 선택할 수 있는 권리를 제한할 수 있다. 또한 아이가 고속도로 중앙에서 뛰어노는 것을 허락하지 않는 것처럼, 필요 이상의 심각한 피해를 가져올 때는 아이를 위해 대신 선택해 줄 수 있다. 점진적이고 효과적인 방법으로 아이가 스스로 선택을 할 수 있도록 하락하는 방법에 대해서는 곧 다루도록 하겠다.

> 관계에 있어서 가장 중요한 원칙은 바로 선택의 법칙이다. 우리는 모두 무엇을 생각하고, 말하고, 행동하는지를 스스로 선택할 수 있는 권리가 있다.

부모는 아이의 선택권을 어떻게 침해하는가?

대부분의 부모는 깊이 생각해 보지 않고 아이를 매일같이 통제한다. 이는 아이가 무엇을 할 수 있고 또 할 수 없는지를 말해 준다. 그리고 뭘 해야 하고, 뭘 해서는 안 되는지도 말한다. 예를 들어, 무엇을 입는지, 머리를 어떻게 빗는지, 음식을 어떻게 먹는지, 어떤 친구를 만나야 하는지, 의자에 어떻게 앉아야 하는지, 쉬는 시간에는 뭘 해야 하는지, 직업은 뭘 선택해야 하는지, 손주를 어떻게 키워야 하는지 등….

그리고 부모는 단지 몇 가지 "제안"을 하는 것뿐이라고 말하면서 아이를 통제한다는 사실을 숨긴다. 통제가 좋은 것처럼 포장하지만, 부모는 아이가 진정 누구인가를 여전히 바꾸려고 한다. 이 행동이 아이에게 미치는 영향은 생각보다 훨씬 해롭다. 따라서 부모가 아이를 통제할 필요가 없다. 아이에게 필요한 것은 가득한 사랑이다. 이를 수년간 경험하며, 부모가 아이를 통제한다는 것이 아이를 진정으로 행복하게 만들어 주지 않는다는 사실을 증명했다. 그러나 여전히 통제하고 있다. 책 전반에 걸쳐 이미 설명했듯이, 통제를 하며 자신을 보호하고, 가짜 사랑을 다양하게 얻을 수 있기 때문이다.

다음은 아이의 선택을 통제하기 위해 부모가 일반적으로 사용하는 변명들의 예시다.

"그냥 도와주고 싶었을 뿐이야"

부모는 자신의 간섭 없이 아이가 옳은 행동을 할 수 없다는 의미를 온몸으로 전달한다. 사랑으로 가르치는 것의 힘을 온전히 믿지 않고, 아이에게 필요하지도 않은 "도움"을 제공한다. 이 행동의 진실은, 우리가 도움을 주면 다른 사람들에게 좋게 보이기 때문이다. 사실, 우리가 그러고 있다는 것조차 알지 못한다.

다음 사례는 나의 친구 딘의 이야기다.

아담은 새집을 고정할 기다란 막대기를 자르고 있었다.

아담의 아빠인 나의 친구 딘은 창밖으로 딘을 지켜보다가 아들을 도와주기 위해 마당으로 나왔다. 딘은 아담이 쥐고 있던 톱을 가져가서 더 좋은 방법을 보여 주기 시작했다. 아담의 할아버지도 딘과 아담을 보더니 도와주기 위해 나왔다. 할아버지는 딘의 톱을 가져가더니 그보다 더 좋은 방법이 있다고 가르쳐 주었다. 결국 집 안에서 지켜보던 증조할아버지가 나오더니 할아버지의 톱을 받아 들고는 나무를 잘랐다.

딘은 나에게 이 이야기를 해주면서 얼마나 이기적인 실수를 했는지를 돌이켜 보며 자신의 행동을 놀라워했다. 세 명의 아빠는 **그냥 도와주고 싶었다.** 그러나 아담이 스스로 선택하며 배우는 것이 나무토막을 효과적으로 자르는 기술보다 훨씬 더 중요하다는 사실을 알지 못했던 것이다.

딘이 아들의 손에서 톱을 가져올 때, 아담의 얼굴에 비친 섭섭한 얼굴을 볼 수 있었다. 하지만 개의치 않고 톱을 빼앗아 자신의 손에 쥐었다. 딘의 아빠가 자신의 톱을 가져갈 때, 아담이 느꼈을 법한 섭섭함을 느꼈다.

이후 딘은 아빠가 간섭하는 것이 아니라, 있는 그대로 온전히 받아들여지는 것을 아담이 진정으로 원했다는 사실을 깨달았다. 나무토막을 올바르게 자르는 방법을 아는 것과 조건 없이 있는 그대로 지원하는 것에 대한 아이의 경험을 비교해 보면, 나무를 올바르게 자르는 기술은 아무런 의미가 없다. 딘, 할아버지, 증조할아버지…. 이 세 명의 아버지는 지혜로운 사람이 되어 아들을 제대로 보고, 있는 그대로 받아들이고, 사랑할 수 있는 아주 중요한 기회를 놓쳐 버리고 말았던 것이다.

우리는 "그냥 도와주고 싶었어"라는 말을 이용해서 아이의 행동을 다양한 방식으로 통제하며 이를 정당화하고 있다.

- "아들은 어떻게 하는지 몰라."
- "제대로 하는 법을 배워야 해."
- "너무 어려."
- "난 엄마니까 괜찮아."

"어차피 실수할 테니까", "다치는 건 보고 싶지 않아"

특히 부모가 아이를 보호하려고 할 때, 내 아이의 삶이므로 간섭해도 된다며 정당화한다. 그러면서 모든 사람은 실수를 하면서 배운다는 사실을 잊어버리고는 한다. 사실, 아이는 실수를 저질러야 한다. 아는 것이 많이 없기 때문이다. 그런데 매 순간 아이를 보호하려고 든다면, 고통스러운 경험을 하지 못하도록 이런저런 상황에서 구해낼 수 있겠지만, 실수를 통해 배울 수 있는 귀중한 기회를 빼앗게 된다.

부모가 아이들을 구해 주는 이유 중 하나는 본인이 강인하고, 지혜로워 보이기 때문이다. 우리가 아이를 "구조"할 때 다른 사람들 앞에 좋은 부모처럼 보이고, 아이가 우리의 노력에 "감사"하는 것을 즐긴다. 그리고 아이의 실수를 통제하는 또 다른 이유는 통제하지 않았을 때 무슨 일이 일어날지, 두려워하기 때문이다. 게다가 아이가 스스로 선택을 하도록 내버려 두면, 불편한 상황을 다양하게 경험하기도 하고 또 다른 사람 앞에 나쁜 부모처럼 보이는 여러 상황이 일어날 수 있다.

아이의 야구 경기에 참석해서 이래라저래라 소리를 지르는 부모를 보라. 이 부모의 근본적인 관심은 아들을 돕는 것이 아니다. 다른 부모가 자신을 비웃으며 실패한 부모라고 바라볼 때, 느끼게 되는 창피함을 피하기 위해 애를 쓰고 있는 것이다. 아이가 좋은 학업 성적을 내도록 강요하는 것도 이와 똑같은 이유다. 우리는 아이 때문에 창피해지는 것을 좋아하지 않는다.

우리가 아이를 통제하는지, 가르치고 있는지, 어떻게 알 수 있을까?

아이를 위해 무엇을 해야 하는지, 말해 주는 것을 가르침이라고 한다. 하지만 우리 자신의 편의를 위해 아이의 선택을 제한하는 것은 아이를 통제하고 이용하는 것이다.

아이들을 위해 하는 일이라고 말하는 것은 쉽다. 그렇지만 우리가 가르치고 있는지, 아니면 통제하고 있는지를 어떻게 알 수 있을까? 이는 쉽다. 실망과 화를 생각해 보자. 우리가 제안하는 것을 아이가 듣지 않을 때 실망하거나 짜증이 난다면, 우리는 제안을 함으로써 칭찬·힘·감사 등 무언가를 얻고 싶어했다는 사실이 증명된다. 실망과 화는 아이를 이기적으로 통제하고 있으며, 아이의 행복에 관심을 갖고 도움을 주는 게 아니라는 것을 의미한다.

통제하는 것은 이기적이다

아이와의 관계에 어려움을 겪는 부모들이 다음과 같은 질문을 한다.
"어떻게 하면 아이가 ○○○를 하게 만들 수 있을까요?"
지혜로운 부모는 아이가 무엇인가를 하게 만들지 않는다. 지혜로운 부모는 사랑으로 가르친다. 그러므로 어떻게 하면 아이가 부모가 원하는 행동을 하게 만들 수 있는지를 생각하게 되면, 아이를 제대로 보고 또 있는 그대로 받아들이는 것은 불가능하다.

한편, 부모는 아이에게 무엇을 해야 한다고 말할 수 있는 기회를 아주 많이 얻는다. 이런 상황에 주의하자. 만약, 우리가 아이를 있는 그대로 받아들이지 않고 또 사랑을 주지 않는다면, 아이를 제대로 보지 못한 채 우리가 원하는 방식으로 아이를 조종하게 될 것이다. 따라서 아이를 통제하는 순간을 정당화하는 대신, 부모는 그 행동이 얼마나 이기적인지를 깨달아야 한다. 특히 아이를 통제할 때 우리는 순간적으로 안전하다는 것을 느끼며, 자신이 마치 중요한 존재라도 된 것처럼 굳건하다는 느낌을 받을 뿐이라는 것을 인지해야 한다.

아이를 키우며, 선택의 법칙을 위배하면
어떤 결과가 나타나는가?

우리가 아이의 선택을 지나치게 통제하면, 아이가 저지를지도 모르는 많은 실수를 미연에 방지할 수 있지만, 그 결과는 아주 참담하다. 아이를 통제하면, 다음과 같은 결과를 야기할 수 있다.

1. 의존적이며, 미약한 아이로 자란다.
2. 사랑받지 못하고, 불행한 아이로 자란다.
3. 화를 내고, 반항하는 아이로 자란다.

1) 의존적이며, 미약한 아이로 자란다

당신이 운동선수라고 생각해 보자. 나는 당신의 코치다. 나는 당신이 과도하게 훈련받거나 훈련 과정에서 부상을 당하지 않을까, 하고 염려해서 당신을 위해 모든 훈련을 대신 해준다. 이로써 당신이 흘릴 땀과 고통을 줄여 줄 수 있겠지만, 경기 일정이 다가오면 내 도움이 당신을 망가뜨렸다는 것을 알게 될 것이다.

아이 스스로 선택을 하면서 경험, 지혜, 내성이 쌓인다. 만약, 아이 대신 선택을 다 해주면, 아이는 배우지도 또 성장하지도 못한다. 이는 운동선수가 훈련에 참가하지 않으면 실력이 늘지 않는 것과 마찬가지다. 그런데도 부모는 아이의 행동을 통제하면서 아이를 망가뜨린다. 만약, 지금부터라도 아이에게 선택을 할 수 있는 기회를 충분히 주지 않는다면, 사회에 나가 술과 마약 그리고 직업 등 잘못된 선택의 결과가 더욱 심각한 해가 될 때는 어떻게 할 것인가?

2) 사랑받지 못하고, 불행한 아이로 자란다

우리는 자신의 진정한 가치로 인해 사랑받을 때, 즉 자신을 독립적인 존재로 인정할 때 사랑받는다고 느낀다. 만약, 내가 당신을 어떤 방식으로든 통제하고 있다면, 당신은 사랑받는다고 느끼지 못한다. 다만, 당신은 자신에게 결함이 있기 때문에, 내가 당신을 변화시키려고 애쓰고 있다는 결론을 내릴 뿐이다. 그리고 내가 변화시킨, 당신의 결함이 없는 모습을 사랑한다고 믿을 것이다.

아이는 스스로 실수를 저지르고, 실수와 함께 있는 그대로 받아들여지고 또 사랑받을 때 진정한 사랑을 느낀다. 이것이 진정한 사랑의 경험인 것이다. 이러한 사랑은 우리를 강력하게 연결해 준다. 만약, 우리가 원하는 행동을 할 때만 아이를 사랑한다면, 진정한 사랑이 아니기 때문에 아이는 사랑받지 못한 채 혼자라는 경험을 할 것이다.

3) 화를 내고 반항하는 아이로 자란다

부모는 반항하는 아이로 자랐다는 사실에 간혹 혼란스러워한다. 어찌 보면 이는 당연한 일이다. 아이가 반항을 하도록 이끄는 데 많은 역할을 한 것이 바로 부모다. 아이는 어느 누구에게도 넘겨주고 싶지 않은, 선택할 수 있는 권리를 부모가 자신을 통제함으로써 빼앗기고 있다는 사실을 감지한다. 이러한 경험은 아이를 두려움에 빠뜨린다. 이로 인해 참담한 상실감으로부터 자신을 보호하기 위해 반항을 하면서, 통제당하고 또 사랑받지 못한다는 무력감과 외로움에서 벗어나 기분이 나아지게 해주는 강한 힘을 경험한다.

사실, 아이는 사랑이 넘치고 지혜로운 누군가에게 가르침을 받고, 그가 이끌어 주기를 원한다. 그런데 아이 스스로 사랑을 받고 있는 것이 아니라, 통제당하고 있다는 것을 느끼기 때문에 반항을 하는 것이다.

그렇다고 해서 지나친 절망감에 빠지지는 말자. 나는 여기서 아이들에게 옳은 길을 제시하거나 인도해 줘서는 절대로 안 된다고 말하고 있는 것이 아니다. 책 전반에 걸쳐 이미 설명했듯이, 바른 길로 인도하는 것 또한 부모의 몫이다. 내가 하고자 하는 말은 선택의 법칙은 인생에 있어 아주 중요하며, 아이가 선택할 수 있는 권리를 방해하는 순간마다 이 사실을 염두에 둘 필요가 있다는 것이다.

아이 스스로 결정하도록 내버려 두기(가이드 라인)

아이가 성장할수록, 더 많은 선택과 결정을 하도록 허락할 수 있다. 부모와 자녀가 대화해 볼 수 있는 몇 가지 선택권의 예시를 설명하겠다. 적당한 나이를 제시하겠지만, 어떤 아이는 동일한 선택을 할 준비가 되기까지 더 오래 걸릴 수 있다는 것을 알아 두자. 아이가 나이를 먹어 가고 또 경험이 많아질수록 점차 더 많은 선택을 할 수 있도록 인도하기 위한 **간략한 가이드라인**을 제공하겠다.

① 학교 과제

8살 정도에는 오직 소수의 아이들만이 수업 준비와 과제의 중요성을 이해할 수 있다. 만약, 이 나이에 아이가 언제 과제를 할 것인지를 스스로 결정하도록 허락하면, 아이는 놀거나 TV를 보느라 시간을 보내게 된다. 게다가 무책임한 습관과 함께 부족한 직업윤리, 나쁜 성적, 학업 준비 부족이라는 부정적인 결과를 가져올 수 있다. 따라서 이러한 결과는 향후 10년간의 인생에 있어서 행복한 삶을 사는 데 방해가 될 것이다. 다시 말해, 8살 정도의 아이에게 학교 수업 준비를 스스로 하도록 허락하는 것은 부정적인 대가가 너무 심각하다. 이 나이에는 학교 과제를 하는 데 있어 부모가 주도해 영향을 미치는 것이 적절하다. 더욱이 과제가 언제까지 끝나야 하는지, 명확한 시간과 규칙을 정할 필요가 있다.

나의 아들 조셉이 13살이었을 때, 저녁 시간에 친구와 놀고 싶어했다. 그렇지만 아들은 영어 과제를 하지 않았다. 나는 친구들과 놀도록 허락했다. 그리고 아들이 이 경험을 통해 뭔가를 배울 수 있을 것이라고 생각했다. 한편, 아들이 8살이었을 때는 학교 과제를 혼자 해결하도록 내버려 두지 않았다.

다음 날, 나는 학교에서 돌아온 아들에게 영어 과제는 어떻게 되었냐고 물었다.

조셉   과제를 안 했어요. 그래서 수행평가를 0점을 받았어요.
나   기분이 어떠니?
조셉   정말 싫어요. 어제 친구들과 나가서 놀지 말았어야 했어요.

이로써 조셉은 무책임한 선택이 어떤 결과를 가져오는지를 배울 수 있었고, 이 후부터는 과제를 하는 데 있어서 더 현명한 선택을 하게 되었다. 내가 아들에게 스스로 결정하고, 그로 인해 실수하도록 내버려 두었기 때문에 교훈을 얻을 수 있었던 것이다. 아들이 지불한 대가는 영어 성적을 안 좋게 받은 것이다. 앞으로 살아가면서 많은 선택을 하는 데 있어 도움이 될 지혜를 얻었기 때문에, 영어 성적은 그리 중요하지 않았다. 만약, 아들이 놀러 가는 순간 내가 아들을 대신해서 선택해 주었다면, 아들이 배운 교훈은 다음과 같으리라.

"아빠가 시키니까 과제를 해야만 해."

이러한 교훈은 어느 누구의 삶에서도 그리 유용하지 않다.

② 방 정리 정돈

아이가 방을 엉망진창으로 사용하면 대부분의 부모는 잔소리를 하거나 처벌을 가한다. 그러므로 아이는 방을 정리해야 하는 진짜 목적을 이해하지 못한다. 방이 더럽다고 해서 어느 아이도 죽지 않으며, 돼지우리 같은 아이의 방을 이웃들이 본다고 해도 부모가 아이를 엉망으로 가르친다는 소문을 내며 우리의 명성에 먹칠을 하려고 들지 않을 것이다.

아이가 방을 깨끗하게 정리해야 하는 이유는 다음과 같다. 바로, 책임을 배우기 위해서다(제9장). 모든 사람은 주어진 책임을 져야 하며, 책임을 지지 않을 때는 그에 따른 결과가 주어진다. 그러나 6살 아이에게 이러한 원칙을 가르치지 않고, 방 정리 정돈을 어떻게 할지를 스스로 결정하도록 하는 것은 적절하지 않다.

방을 정리하는 데 있어 스스로 선택할 수 있는 나이는 13살 정도가 적절하다. 아이의 성장 속도에 따라 다르겠지만, 아이가 충분히 성장했을 때 자신들이 원하는 상태를 선택하도록 내버려 두어야 한다.

부모가 아이의 선택을 영원히 대신해 줄 수 없다. 결국 집을 나가서 스스로 살아가야 하는데, 그렇게 되면 부모가 방 상태를 더이상 점검할 수도 없다. 아이가 이미 충분히 성장한 상태일 때 방을 너무나도 지저분하게 사용해서 당신을 화나게 만든다면, 아이의 방문을 닫자.

③ 어떤 옷을 입을까?

비가 오거나, 춥거나, 눈이 오는 날, 아이에게 재킷과 모자, 따뜻한 옷, 장화를 신어야 한다고 몇 번이나 반복해서 말하고 있을까? 캐나다 북부지방에서는 영하 20도의 날씨에 밖으로 나갈 때 세 살배기 아이에게 어떤 옷을 입으라고 말해 주는 것은 생명을 구하는 일이 될지 모르지만, 아이가 어느 정도 성장하고 나면 외출을 할 때 무슨 옷을 입을지 스스로 선택하도록 내버려 두어야 한다.

나의 아들 마이클이 5살 때의 일이다.

가족이 모두 함께 백화점으로 외출을 하기로 했다. 바깥 날씨는 살을 에는 영하의 날씨였고, 나는 어린아이들의 옷을 입히고 있었다. 나는 마이클이 무슨 옷을 입을지, 오늘이 바로 스스로 선택하도록 기회를 줄 수 있는 시간이라고 생각했다. 그리고 마이클은 무슨 옷을 입을지를 스스로 결정했다. 재킷을 입으라고 말하는 대신, 밖은 매우 추우니 아마도 재킷이 필요할 것이라고 말해 주었다. 예상했던 대로, 마이클은 "재킷이 필요 없다"라고 말했다.

모두 차에 타고 나서 나는 차 시동을 걸고 출발했다. 물론 차 안은 곧바로 따뜻해지지 않았다. 몇 분 뒤에 마이클은 자신이 얼마나 추운지 불평하기 시작했다.

"아빠는 안 추운데, 엄마는 추워?"

내가 아내에게 물었다.

"나도 안 추운데…."

아내가 미소를 지었다. 나는 다시 마이클의 형에게도 물었다.

"조나단, 너는 춥니?"

조나단은 어릴 때 같은 방식으로 교훈을 얻었기에, 이 상황이 매우 재미있다고 생각하며 이렇게 대답했다.

"아니요. 아빠, 전혀 안 추워요. 따뜻한 재킷을 입으니까 안 춥네요."

백화점에 도착하자, 마이클은 아주 불편한 상태였다. 차에 내리자마자 백화점 안으로 쏜살같이 달려갔다. 쇼핑이 끝난 이후에도 마이클은 집으로 돌아가는 차 안에서 부르르 떨어야만 했다.

이로써 날씨가 추울 때 재킷을 입어야 한다고 말해 줄 필요가 없었다. 추위에 잠깐 노출된다고 해서 아이가 폐렴에 걸리거나 감기에 걸려 죽지 않을 것이다. (마이클은 왕복 10분 가량 차에서 추위에 떨어야 했다.) 추운 날씨에 노출되면 감기와 폐렴에 걸린다는 것은 사실이 아니다. 감기나 폐렴은 바이러스와 박테리아로부터 비롯된다는 사실이 의학적으로 이미 밝혀졌다. 그러므로 짧은 순간 추위나 물에 젖는 경험은 아이에게 매우 유익하다.

하지만 아이가 저체온증과 동상에 걸리도록 내버려 두어서는 안 된다.

④ 식사를 하는 방법

식사 시간은 부모와 아이 모두 스트레스를 받는 시간이다.

"가만히 앉아서 먹어."
"야채 좀 먹으렴."
"이거 먹기 싫어요."
"네 그릇에 있는 음식을 다 먹지 않으면 식탁에서 벗어날 수 없다."
"맨날 이것만 먹어요? 진짜 질려요."
"동생은 어디니? 저녁 식사 시간인지 모르는 거니?"
"식사 시간에 네가 먹던 음식을 개에게 주지 말라고 했지!"
"안 돼. 디저트는 식사 끝나고 먹는 거야."

부모는 자신이 생각하는 최고의 방법으로 아이를 먹이기 위해 많은 시간을 쏟는다. 아마도 두 살배기 아이에게 무엇을 먹을지 말해 주는 것을 정당하다고 여길지 모르겠지만, 일반적으로 건강하다고 여기는 식단을 유지하면서 결국 아이 스스로 무엇을 얼마나 먹을지를 선택하도록 점차 내버려 둘 필요가 있다. 아이가 "난 브로콜리가 싫어!"라고 말할 때, 부모는 아이의 싫어하는 감정을 무시하는 경향이 있다. "그렇게 나쁘진 않아"라고 반박하며, "몸에 좋은 거야"라고 말한다.

아이의 생각이 당신의 의견과 다르다고 해서 아이가 싫어하는 것을 절대로 무시하지 말자. 사모아섬(남태평양 중부 폴리네시아 서부에 있는 제도)의 원주민들은 살아 움직이는 벌레와 돼지의 뇌를 식용으로 사용한다. 당신이 이 말을 듣고 혐오스러워한다면, 그들은 당신이 어리석다고 생각할 것이다. 이는 마치 아이가 특정한 채소를 좋아하지 않는 것을 당신이 이해하지 못하는 것과 같은 이치다. 아이가 브로콜리를 싫어하는 것을 무시하는 대신, 아이에게 합리적인 선택권을 주자.

다음과 같이 말할 수 있다.

"식사 때마다 초록색 채소를 먹어야 해. 건강하게 먹기 위해서란다. 브로콜리를 먹을 필요는 없어. 그래도 다음 몇 가지 중 하나는 먹어야 해. 아스파라거스, 청경채, 시금치 중에서 말이야."

채소를 그릇에 담아 줄 때 다음과 같이 제안할 수 있다.

"이만큼 먹을래(많은 양을 주면서), 아니면 이만큼 먹을래(적당한 양을 주면서)?"

아이가 채소를 먹는 것을 거부한다면, 아이를 협박하거나 처벌하지 말자. 아이에게 부모가 원하는 것을 하도록 강요하면, 사랑을 주는 것보다 공격을 함으로써 자신이 원하는 바를 성취해 낼 수 있다는 것을 아이가 배울 뿐이다. 또한 음식을 특정한 방식으로 먹는 것을 강요하는 대신, 건강한 음식을 먹지 않는 것에 대한 결과를 부여하자.

다음은 부모가 부여할 수 있는 몇 가지 결과다(부모 스스로 창의적인 결과를 만들어

낼 수 있다).

"네게 야채를 억지로 먹이지는 않으마. 그렇지만 네가 먹지 않는다고 선택한다면, 다음과 같은 결과가 일어날 거란다."

- "야채를 다 먹지 않으면, 다음 식사 때는 야채를 두 배로 먹어야 할 거야."
- "야채를 다 먹지 않으면, 디저트는 먹지 못할 거란다."
- "야채를 다 먹지 않으면, 다음 식사는 없을 거야."
- "지금 야채를 다 먹지 않으면, 다음 식사 때는 야채만 먹을 거야. 억지로 먹이지 않겠지만, 야채를 다 먹지 않는다면 다른 음식은 없을 거야."

아이가 균형에 맞는 식사를 하는 것은 중요하지만, 어떤 아이들은 부모의 식단을 쉽게 따라오지 못할 수도 있다. 그런 경우에는 비타민 보충제를 매일 주어야 할지도 모른다.

▶ 더 많은 선택권을 주자

매 순간, 아이에게 선택할 수 있는 기회를 주자. 선택을 하면 할수록, 아이들은 더 강해지고 또 독립적이라고 느낀다.

- "집에 돌아오자마자 숙제를 할래, 아니면 한 시간 쉬었다가 숙제를 할래?"
- "욕조에서 이제 나올까, 아니면 조금만 더 놀다가 나올래?"
- "우유를 마실래, 주스를 마실래?"
- 헤어스타일, 입는 옷에 대해 점점 더 많은 선택권을 주자. 나는 50세 여성과 상담을 진행한 적이 있다. 어린 시절, 머리가 눈을 가릴 때마다 머리카락을 치웠던 것 때문에 엄마를 여전히 원망하고 있다.
- "엄마(아빠)랑 같이 가게에 갈래, 아니면 아빠(엄마)랑 집에 있을래?"

- "지금 잘까, 아니면 책을 한 권 더 읽을까?"

제10장에서 아이에게 줄 수 있는 더 많은 선택권에 대해 다룰 것이다. 또한 제9장에서 책임을 가르치는 것과 결과를 부여하는 것에 대해 더 다룰 것이다.

▶ 아이에게 스스로 선택할 수 있는 힘을 주고 독립심 기르기

아이가 진정으로 행복한 삶을 살기 위해서는 언젠가 독립을 해야 한다. 그리고 부모는 아이가 스스로 선택하도록 힘을 주면서 독립을 준비하도록 도와야 한다. 그러나 부모들은 아이가 스스로 할 수 있는 일이라도 대신 해주는 경우가 많다. 그러면 아이가 배우고 성장하는 기회를 빼앗게 된다. 부모는 여러 영역에서 아이가 스스로 선택을 할 수 있는 연습을 할 수 있도록 힘을 실어 줄 수 있다.

- 부모에게 계속 질문하고 답을 찾는 대신 사전이나 백과사전, 책, 인터넷을 사용해서 궁금한 점에 대한 답을 얻을 수 있다.
- 필요한 물건이 있다면, 가게에 전화를 하거나 인터넷 지도 혹은 쇼핑몰에서 찾아볼 수 있도록 가르쳐 줄 수 있다.
- 용돈을 스스로 관리하는 법을 가르칠 수 있다.
- 주방에서 도구들을 스스로 찾고, 레시피를 보며 요리를 할 수 있다.
- 씨앗을 고르고, 식물을 심고, 관리하고, 추수를 할 수 있다. 그리고 수확한 채소나 작물을 가족과 나누어 먹을 수 있다. 더 나아가 아이가 원한다면 이웃이나 친척과 나누어 먹을 수 있다.
- 이웃이나 마을을 위해 눈을 치우거나, 잔디를 깎을 수 있다.

부모는 아이가 스스로 자립할 수 있도록 도와주는 것이 목표다. 그 목표를 성취하기 위해 스스로 선택하는 연습을 할 수 있도록 많은 기회를 줘야 한다.

> 아이의 선택을 방해하지 않도록 주의해야만 한다. 아이를 위해 부모가 대신 선택해 주어야 하는 상황은 다음과 같다.
> - 스스로 내린 선택의 결과를 아이가 이해할 때까지
> - 선택의 결과가 필요 이상으로 심각한 피해를 줄 경우

아이가 다른 사람과 상호작용할 때 선택의 법칙을 적용하는 법을 가르치기

선택의 법칙은 성공적인 관계를 형성하기 위해 가장 중요한 원칙이다. 아이를 사랑하고 가르치는 데 있어서 아이가 이 원칙을 이해한 뒤 관계에 적용하도록 도와주어야 한다.

어느 토요일 오후, 막내아들 벤자민의 테니스 경기가 있었다.

그런데 벤자민이 손에 테니스 라켓을 들고, 얼굴을 붉힌 채 발을 쿵쿵대며 집으로 들어왔다. 아들은 어떤 말도 하지 않았지만, 큰 소리를 내며 자신이 어떤 감정을 느끼고 있는지를 여전히 표현하고 있었다(제5장 상대를 제대로 보는 법을 참고하자). 벤자민이 말하는 사람이 되었다.

아들이 좀 더 분명하고 또 명확하게 말하는 것을 돕기 위해 나는 아들에게 "오늘 테니스 경기가 재미없었나 보구나"라며 편하게 말을 시작했다.

"진짜 나쁜 놈이에요."

벤자민이 말했다. 아들이 나를 보고 하는 소리가 아니기를 바라며 다시 물었다.

나	이번에도 네 테니스 파트너 때문에 그러니?
벤자민	브랜던은 경기를 할 때마다 멍청한 행동을 해요. 오늘은 심판

	의 판정에 몇 번이나 반항하고, 상대 팀이랑 싸웠어요. 그리고 나서도 화를 참지 못해 테니스에 집중을 못 하더라고요. 결국, 경기에서 졌어요. 브랜던이 계속 이런 식으로 행동하게 내버려 둘 수는 없어요.
나	브랜던은 계속 그런 식으로 행동할 수 있단다. 브랜던은 스스로 선택할 수 있는 권리가 있어.
벤자민	그게 무슨 말이지요? 제 게임을 계속 그렇게 멍청하게 망칠 권리는 없어요.
나	그에게는 선택할 권리가 있단다. 우리가 이미 대화를 나누었던 선택의 법칙을 기억해 보렴. 브랜던은 스스로 선택할 권리가 있지. 그게 멍청한 선택이든 혹은 그게 너에게 어떤 부정적인 영향을 준다고 하더라도 말이야.
벤자민	불공평한 것 같은데요.
나	벤자민, 뭐가 공평한 거니? 공평한 것은 우리 모두 스스로 선택하고, 실수로부터 배우는 것이지. 브랜던이 저지른 실수가 너에게 부정적인 영향을 준 것은 아주 안된 일이지만, 생각해 보렴. 우리가 좋아하지 않는 선택을 한다고 해서 그 사람들을 통제하려고 한다면 무슨 일이 일어날까? 가족 모임에서 대화를 했었는데, 기억나니? 그 통제의 끝은 어디였지? 그렇게 통제하면 모든 사람의 행복에 어떤 결과를 가져올까?
벤자민	알겠어요. 브랜던이 한 행동은 마음에 들지 않지만, 그러지 못하게 막을 권리는 제게 없어요. 마음에 들진 않지만, 그럴 수밖에 없다는 걸 이제 알겠어요.
나	놀랍구나. 선택의 법칙을 기억하고, 브랜던이 스스로 선택한 뒤 나쁜 행동을 하더라도 너에게 통제할 권리가 없다는 사실을 기억하렴. 그러면 브랜던에게 계속 화를 내는 건 쉽지 않을 거란

다. 그렇지 않니?

벤자민이 선택의 법칙을 이해하고 또 브랜던을 있는 그대로 받아들인다고 해서, 복식경기를 망치고 피해를 주는 친구와 경기를 계속할 필요는 없다. 이 선택에 대해서는 제8장에서 더 다루도록 하겠다.

> 부모가 아이의 선택에 너무 심하게 간섭하면, 부모는 아이가 저지르게 될 실수들을 미연에 방지할 수 있다. 그러나 그 결과는 참담하다. 아이들을 통제하면, 다음과 같은 아이로 성장한다.
> - 의존적이며, 미약한 아이
> - 사랑받지 못하고, 불행한 아이
> - 화를 내고, 반항하는 아이

모든 것은 믿음에 달려 있다

아이가 스스로 선택을 하도록 내버려 두어야 한다는 사실을 인지하면서도 실수를 저지르고, 바보같이 보이고, 심지어 다칠 수도 있는 미지의 결과를 경험하도록 내버려 두는 것은 부모에게 있어 여전히 어려울 수 있다.

모든 것은 우리의 믿음에 달려 있다. 우리가 아는 것에만 매달리게 되면, 현재 상태에 머무를 수밖에 없다. 믿음이란 의식적으로 익숙하지 않을 길에 우리 자신을 집어넣고, 아이가 우리의 통제에서 완전히 벗어나는 경험을 하도록 허락하는 것이다. 또한 믿음은 우리 자신을 불확실한 결과에 밀어 넣고, 아이가 경험할지도 모르는 잠재적인 실망과 고통에 밀어 넣는 일이다. 하지만 이 또한 배우고 성장하는 다양한 기회를 만들어 낸다. 특히 믿음을 가질 때 진정한 사랑과 진실된 행복을 찾을 수 있다.

무엇에 믿음을 가지면 좋을지는 앞서 이미 제시했던 174쪽의 목록을 참고하면 좋을 것이다. 그중 두 가지에 대해서는 이미 논의한 바 있다. 진실을 말하는 것에 대한 믿음, 진정한 사랑이 주는 힘에 대한 믿음이다. 이제 남은 두 가지의 믿음에 대해 대화를 해보자.

1. 진실과 진정한 사랑이 주는 힘에 대한 믿음
2. 아이에 대한 믿음

1) 진실과 진정한 사랑이 주는 힘에 대한 믿음

부모로서 오랜 시간 동안 나는 좌절감으로 인해 머리를 쥐어짜며 혼자 궁금해했다.

'아이들이 잘살아가는 법을 이해하게 하려면 도대체 뭘 해야 하는 거지? 도대체 내 아이들에게 무슨 문제라도 있는 게 아닐까?'

아이들이 제시간에 잠을 자거나, 이를 닦는 것, 숙제하는 것 등을 완강하게 거부할 때 너무 당황스러웠다. 살아가는 법을 배우는 것이 이토록 복잡해야만 한단 말인가? 수백만 명의 부모가 나와 같이 혼란스러움을 경험했을 것이다.

내가 부모가 되고, 수년이 흐르고 나서야 아이의 배움에 있어서 장애가 되는 존재가 보통은 선생님이라는 진리를 깨달았다. 아이는 배우고, 성장하고, 옳은 일을 하려는 자연스러운 욕구를 가지고 있다. 그러므로 부모의 첫 번째 책임은 배우고, 성장하고, 옳은 일을 하려는 아이의 자연스러운 욕구를 부모의 얻고 보호하는 행동으로 파괴하고, 강압하고, 방해하지 말아야 한다. 이것이 나의 아이들과 내가 경험했던 지속적인 문제다. 나는 아이들을 가르친다고 생각했지만, 내가 실망하거나 화를 내면서 또는 아이들을 조종하면서 자연스러운 배움의 과정을 방해하고 있었던 것이다.

아이가 배우고 성장하는 데 있어서 필요한 것은 오직 조건 없는 사랑을 느끼고, 진실을 배우는 것이다. 그 진실이란 옳고 그름의 차이를 아는 것, 책임을 지는 것, 사랑을 주는 법을 아는 것이다. 충분한 사랑으로 가르친다면 아이는 옳은 일을 하며 행복해질 것이다. 아이는 누군가로부터 조종당하거나, 통제당하거나, 처벌을 받을 필요가 없다.

대부분의 사람이 사랑으로 가르치는 힘을 믿지 않는 게 확실하다. 우리는 기회가 주어질 때마다 아이의 행동을 통제하려고 든다. 아이의 실수를 지적하며, 통제해야 마땅하다고 주장한다. 심지어 옆에 붙어 서서 무엇을 해야 하는지를 일에서 십까지 말해 주지 않는다면, 아이가 더 많은 실수를 저지를 것이라고 확신한다. 그러면서 우리가 통제를 덜 하게 되면, 아이는 더 잘 배우고 또 실수를 적게 할 것이라는 진실을 상상하지도 못한다. 따라서 진실과 진정한 사랑을 경험할 수 있도록 아이를 옭아맨 손아귀에서 힘을 빼기 위해서는 믿음이 필요하다.

조건 없는 사랑과 진실보다 부모가 아이의 삶에 긍정적인 영향을 더 효과적으로 미칠 수 있다고 믿는다면, 우리가 좀 오만한 것인가? 그 오만함이 어리석어 보이기는 하지만, 그래도 이해할 만하다. 대부분의 부모는 아이를 조종하지 않고 사랑으로 가르치는 것을 본 적도 또 경험한 적도 없는데, 어떻게 사랑으로 가르치겠다고 생각할 수 있겠는가?

앞이 잘 보이지 않을 때는 어떤 길이 옳은 길인지를 볼 수가 없다. 그래서 가장 효과적이고 또 옳은 길로 가지 않는다. 가장 익숙한 길로 간다. 부모도 마찬가지다. 우리의 부모 혹은 다른 어른들이 우리에게 했던 방식으로 행동한다. 비록 한결같이 불쾌한 결과를 가져왔음에도 불구하고 우리의 부모와 같은 얻고 보호하는 행동을 반복한다. 우리의 부모가 우리를 키울 때 사용했던 육아 방식이 실패했음에도 불구하고 익숙한 방법을 계속 선호하고, 한 번도 경험해 본 적 없는 방식으로 아이를 키우는 데 있어 냉소적으로 반응하는 것은 이해할 만하다.

사랑으로 가르치는 것의 힘을 믿는 시작점은 아이의 "나쁜" 행동들, 즉 명령 불복종, 이기적인 행동, 화를 내는 것 등이 얻고 보호하는 행동이며, 물에 빠져 허우적거릴 때 발버둥치는 것임을 기억하는 것이다. 그러면 사랑으로 가르치는 것의 힘을 믿는다는 게 더 쉬울 것이다. 이 하나만 기억하더라도, 지금까지 아이를 키우며 사용했던 도구들인 통제하기, 지나치게 허용하기, 절절매기, 처벌하기, 칭찬 세례 퍼붓기, 피해자 행세하기가 사랑이 넘치고, 책임지고, 행복한 아이로 만들어 주지 않는다는 것이 명백해진다. 아울러 아이에게 사랑을 주지 않는 육아는 결코 성공할 수 없다는 것을 기억한다면, 사랑으로 가르치는 것을 믿는 것이 그리 어렵지 않을 것이다.

특히 아이를 사랑으로 가르치는 것이 주는 힘을 믿는다면, 아이가 저지르는 실수를 마주할 때마다 언성을 높일 필요가 없다. 그 실수는 단지 성장의 과정일 뿐이며, 사랑으로 가르치면 아이가 알아야 할 모든 것을 결국 알게 될 것이라고 믿는 것이다. 그러면 지금까지 제대로 작동하지도 않으며, 많은 노력이 지나치게 요구되었고, 모든 사람을 끔찍하게 만들었던 육아의 도구인 비난, 통제, 처벌을 내려놓을 수 있다. 다시 말해, 사랑으로 가르치는 것에 믿음을 가지면, 육아에 대한 모든 걱정과 좌절은 사라진다.

> 부모가 충분한 사랑으로 아이를 가르친다면 아이가 옳은 일을 하며 더 행복해질 것이라는 것을 믿어야 한다. 부모가 조종하고, 통제하고, 처벌을 가하는 것은 진정한 사랑의 힘을 믿지 않고, 아이를 신뢰하지 않는다는 사실을 드러내는 것이다.

▶ 사랑을 믿는 것은 당신의 선택이다

우리가 행하는 행동 하나하나가 우리가 무엇을 믿는지를 나타낸다.

- 집을 나서는 행동은 부정적인 일들보다 긍정적인 일들이 더 많이 일어날 것이라는 믿음을 보여 주는 것이다.

- 고등학교를 졸업하고 난 뒤에도 다양한 교육을 계속해서 받는다면, 긴 시간 동안 열심히 공부하며 노력함으로써 돈을 지불한 것에 대한 보상이 이루어질 것이라는 믿음을 보여 주는 것이다.
- 데이트를 하러 갈 때, 지금의 노력이 미래를 함께할 파트너를 결국 찾을 것이라는 믿음을 보여 준다.

유감스럽지만, 자신도 모르게 자신을 파괴하는 원리와 행동을 선택하는 경우도 흔하다.

- 아이에게 화를 내는 순간마다 얻고 보호하는 행동을 이미 10,000번이나 사용하며 끔찍한 결과를 경험했지만, 10,001번째는 좋은 결과를 얻을지도 모른다고 믿는 선택을 하는 것이다. 이렇게 희박한 확률임에도 불구하고 매 순간 우리는 같은 선택을 한다는 사실이 아주 놀랍다.
- 부모가 되는 공부를 하는 데 시간과 노력을 쏟지 않는 것은 부모로서 부족한 부분들이 마법과 같이 향상될 거라는 믿음을 선택하는 것이다.
- 삶의 다른 모든 영역에서 성공하기 위해 정보를 교환하고, 일정을 조절하고, 서로 지원하는 모임이 필요하다고 생각한다. 하지만 가족관계를 성공시키기 위해 그런 노력이 필요하지 않다고 믿는 것을 선택하기 때문에 우리가 정기적인 가족 모임을 하지 않는 것이다. 이를테면 행복한 가족이 하늘에서 기적처럼 떨어질 것이라고 단순하게 믿는 것이다.
- 우리가 필요로 하는 사랑을 줄 수 있는 지혜로운 친구에게 자신이 저지른 실수들을 숨기고, 진실을 말하는 것을 피하는 행동은 사랑이 넘치는 사람이 마법처럼 될 것이며, 노력이 필요하지 않다고 믿는 것을 선택하는 것이다.

진실과 진정한 사랑으로 아이를 양육하는 데 따른 믿음이 필요하다고 제안하는 것은, 수많은 육아 방법 중 또 다른 기술에 대한 믿음이 필요하다고 제안하는 것이 아니다. 진정한 사랑이라는 것은 수많은 선택 중 하나가 아니다. 그것은 효과적이라고 입증된 유일한 선택이다. 진정한 사랑만이 우리를 행복으로 데려다줄 것이며, 믿어 본다고 해서 손해를 볼 일이 없는 몇 안되는 선택 중 하나다.

믿음을 갖겠다고 결정할 때, 잠재적으로 일어날 수 있는 위험한 상황을 고려해 보는 것은 유용할 수 있다. 상상해 보자. 진실하기로 결심을 하고, 진정한 사랑을 찾기 위해 친구에게 진실을 나누었다. 그러나 즉각적으로 눈에 띄는 긍정적인 반응을 친구에게 보여 주지 않는다. 그렇다고 해서 당신이 손해 보는 것이 있는가? 새로운 삶의 방식을 몇 달 동안 지속해 보고, 몇몇 순간 불편함을 경험할 것이다. 하지만 당신이 원한다면 지금까지 살아오며 사용해 왔던 얻고 보호하는 행동들로 언제라도 쉽게 돌아갈 수 있다. 시도를 해보는 것으로 잃을 것이 별로 없다.

또한 아이를 조건 없이 충분히 사랑하는 방법을 배우고, 아이가 당신의 사랑을 느끼게 될 때 얻게 되는 보상은 값으로 따질 수 없다. 당신은 진실된 행복을 경험할 것이며, 아이 또한 행복할 것이다. 그러면 아이를 키우는 것이 즐거운 경험이 될 것이다. 나는 진정한 사랑을 지속적으로 경험하기로 선택한 사람들 중 삶에서 긍정적인 변화를 경험하지 못한 사람을 본 적이 없다.

대부분의 부모는 진정한 사랑을 찾고, 그 노력이 충분히 보상받을 수 있다는 것을 확신할 수 있기를 기대한다. 그러므로 확실히 보장되는 것이 없을 때, 익숙하지 않은 길에 들어서고 싶어하지 않는다는 것은 이해할 만하다. 그러나 부모가 조건 없이 사랑을 할 때, 아이가 더 행복해진다는 것을 알 수 있는 단 한 가지뿐이다. 확실한 증명을 보기 전에 먼저 사랑을 해야만 한다. 그렇기 때문에 믿어야 한다고 말하는 것이다. 아이의 변화는 믿음을 실천하고, 진정한 사랑이라는 선물을 아이에게 주고 나서야 올 것이다.

다시 한번 강조하자면, 믿음은 단어 그 이상이다. 믿음은 어떤 것이 진실이라고 생각하고, 의심과 두려움이 느껴지더라도 그대로 행동하는 것이다. 대부분은 아이를 사랑하고 가르치는 것의 효과에 대해 냉소적이라는 것을 이해할 수 있다. 부모가 아이를 바라볼 때, 아이는 언제나 좋지 않은 선택을 한다는 믿음을 이미 갖고 있기 때문이다. 그러한 관점에서 아이를 바라보면, 아이를 지속적으로 통제해야 한다고 생각할 수밖에 없다. 그러나 그 관점은 틀렸다. 아이는 기본적으로 나쁘지 않고 선하다. 그 진실은 우리가 아이를 통제하는 대신, 오직 사랑으로 가르치겠다고 선택한 이후에 볼 수 있다.

아이의 본성이 선하다는 것, 세상의 진실 그리고 사랑의 힘을 믿지 않는다면, 부모는 아이를 통제하기 마련이다. 또한 공허함을 느끼며, 두려움에 떨면서 매 순간 반응할 것이다. 그러면 아이는 더 많은 얻고 보호하는 행동을 사용하게 될 것이다. 사랑에 대한 믿음이 없다면 더 나은 부모가 될 수 없고, 아이가 행복해지도록 도울 수도 없다. 이미 수만 번의 경험으로 이를 증명하지 않았는가?

2) 아이에 대한 믿음

진실과 사랑의 힘을 믿는 것만으로는 충분하지 않다. 우리의 아이를 믿어야 한다. 부모가 아이를 사랑으로 가르치는 가운데, 아이가 배우고 성장하기 위해 최선을 다하고 있다는 사실을 부모가 믿는다는 것을 아이가 마음속 깊이 느껴야 한다.

다음 사례를 통해 더 자세히 알아보자. 낸시가 나를 찾아왔을 때, 딸 린지에게 화가 단단히 나 있었다.

낸시	제가 딸을 있는 그대로 받아들이고 사랑한다면 모든 문제가 사라질 것이라고 박사님이 말했잖아요.
나	네, 그렇지요. 무슨 일이 있었나요?
낸시	일주일 정도 화를 전혀 내지 않았어요. 그런데 딸의 태도는 전혀 변화가 없어요.
나	(웃으며) 지금 당신은 사랑 넘치는 부모가 되는 준비를 하고 있을 뿐이에요. 지난 몇 년 동안 실망과 비난으로 아이에게 수천

번은 상처를 주었죠. 그러니 당신이 변했다는 것을 딸이 믿지 않는 건 당연해요. 게다가 딸을 사랑하는 법을 배우는 동안, 당신은 여전히 많은 실수를 하게 될 것이고, 딸에게 짜증을 내는 엄마로 돌아갈 때도 이따금 있을 거예요. 지금처럼 말이지요. 린지는 당신의 그런 모습들을 보고 당신이 변하지 않았다고 생각할 거고요.

낸시   얼마나 오랫동안 이렇게 유지해야 하는 건가요?

나   딸이 필요한 만큼요. 딸이 당신에게 친절하게 대하길 원하지만, 그건 부모가 자녀에게 할 적절한 기대가 아닙니다. 부모가 할 일은 딸을 계속 사랑하는 것이고, 사랑으로 가르치면 변화를 가져올 거라고 믿는 겁니다. 화를 내며 통제해야 한다고 믿는 대신에 말이죠. 딸에게 필요한 건 사랑으로 가르쳐 주는 것뿐이에요. 진정한 사랑의 효과를 볼 때까지 시간이 걸립니다. 서둘러 당신을 신뢰하라고 딸에게 강요할 수 없어요.

낸시   하지만 딸은 제가 잘해 주니까 저를 이용해 먹으려고 하고, 계속 무례하게 굴 거예요.

나   그래요. 어느 정도까지는 그럴 겁니다. 그런데 그게 왜요? 딸이 무례하게 굴어도 당신이 잃는 것은 약간의 가짜 사랑 정도지요. 그건 어차피 당신에게 필요하지 않아요. 딸에게 잘해 준다고 해서 당신이 잃을 것은 없어요. 당신이 해야 할 일은 딸이 무례하더라도 사랑해 주는 겁니다. 그러면서 당신도 다른 성인들에게 사랑을 받아야 해요. 그러면 당신 또한 변할 수 있고, 사랑을 주는 사람이 될 수 있다고 믿어야 합니다. 린지를 사랑할 수 있다는 믿음이 필요해요. 잔소리하고 또 통제하는 믿음이 아니라, 사랑할 수 있다는 믿음 말이에요. 그 믿음이 당신과 딸을 행복하고 또 사랑이 넘치는 관계로 만들어 줄 겁니다. 아무

	튼 린지를 믿어야 해요. 딸은 최선을 다하면서 배우고 또 실수를 하고 있어요. 그 믿음이 없다면, 딸과 사랑이 넘치는 관계는 결코 가능하지 않을 거예요.
낸시	그럼, 다 제 잘못이라는 말씀이군요.
나	그렇죠. 언제나 부모의 잘못입니다. 자신이 옳다고 계속 주장하셔도 됩니다. 당신이 몇 가지는 옳을지도 몰라요. 하지만 뭐가 더 중요하죠? 당신이 옳은 것이 중요한가요? 아니면 딸의 행복이 중요한가요?
낸시	제가 아무리 사랑을 해도 딸이 변하지 않으면 어떡하나요?
나	그래서 믿으라고 하는 겁니다. 당신이 원하는 결과가 나오지 않더라도 계속해서 사랑하는 거죠. 만약, 딸이 노력해서 얻어낸 사랑이 아니라 당신이 기꺼이 사랑한다면, 언젠가는 딸도 느끼게 될 겁니다. 그러면 딸은 거의 확실히 변할 겁니다. 당신이 원하는 것보다 조금 천천히 변하겠지만 말이죠.
낸시	그러니까, 저에게 무례하게 굴더라도 계속해서 사랑해 주어야 한다는 말씀이군요.
나	물론이죠. 딸을 진정으로 믿는 것은 겉보기에 아무런 변화가 일어나지 않는 것처럼 보이더라도 딸이 최선을 다하고 있다고 믿는 겁니다. 린지를 기꺼이 믿겠다고 결심하기 전까지 당신과 딸의 관계는 희망이 없어요.

아이를 사랑으로 가르치는 동안 아이는 부모를 '이용'할 것이다. 이는 '공평한 관계'가 결코 아닐 것이다. 아이가 우리에게 돌려주는 것보다 훨씬 많은 것을 아이에게 쏟아부을 것이다. 원래 그것이 정상이다. 아이를 사랑하는 것은 일편단심 짝사랑이다.

우리가 아이에게 믿음을 주면 아이는 있는 그대로 받아들여진다고 느끼고,

자신이 가치 있다고 여길 것이다. 그러면 부모에게 진실을 터놓고 말하게 될 가능성이 높아진다. 더욱이 사랑을 더 느끼고, 얻고 보호하는 행동을 버릴 수 있다. 그렇게 되면 아이는 자신을 믿어 주지 않고, 비난하고, 통제하려고 하는 부모를 가진 아이들보다 훨씬 더 행복해지고 또 훨씬 더 빠르게 배울 것이다.

이는 아이가 언제나 올바른 선택을 할 것이라고 믿으라는 말이 아니다. 그렇게 믿는다면 어리석다. 아이가 언제나 지혜로운 선택을 하는 것은 아니다. 나는 아이의 노력이 이따금 큰 결점으로 나타나더라도 아이가 최선을 다하고 있다는 것을 믿으라고 제안하는 것이다. 우리가 그렇게 믿는다면 아이가 저지른 실수를 마주하더라도 화가 나지 않을 것이고, 사랑으로 가르칠 수 있을 것이다. 그것이 아이에게 가장 필요한 것이다.

아이가 최선을 다하고 있다고 믿는 것이 그렇게 어려운가? 제1장에서 했던 말을 다시 해보겠다. **아침에 일어나자마자 "오늘 내 아이들을 행복으로 가득 채우고, 조건 없는 사랑으로 가르쳐야겠다"라고 생각했다가 "아니야, 이기적이고 또 비판적으로 잔소리하는 부모가 돼야지"라고 생각을 바꾸는 부모를 본 적이 없다.** 이를테면, 진정한 사랑이 넘쳐 흐르는 샘물을 비밀리에 감춰 두고 아무에게도 보여 주지 않으려고 애쓰고 있는 사람은 없다. 따라서 당신이 사랑을 주지 못하는 이유는 단지, 사랑을 받아 본 적이 한 번도 없기 때문에 줄 것이 하나도 없는 것이다. 즉, 당신이 가진 사랑을 가지고 최선을 다해 순간순간을 살아가고 있다. 아무튼 우리는 진정한 사랑을 찾고 나누기 위해 항상 노력해야 하기에 지금 한 말들이 당신의 어리석은 선택들에 대한 변명이 될 수는 없지만, 우리가 왜 그러는지를 설명할 수는 있다.

오직 몇몇의 부모만이 아이를 믿는다. 부모가 아이를 믿는지, 안 믿는지는 아이가 실수를 저지를 때마다 증명된다. 아이를 조건 없이 사랑하고, 아이가 최선을 다해 배우고 있다는 것을 믿는 대신 잔소리를 하고, 비난하고, 통제하고, 아이를 인정하지도 또 애정 어린 표현을 해주지 않는 부모들이 있다. 이러한 행동이 바로, 아이가 최선을 다하고 있다는 것을 믿지 않는다는 증거다. 우리는 아이가 게으르고, 무책임하며, 부족한 존재기 때문에 무엇이 옳은 행동인지를 통제하며 조종해야 한다고 믿는 것이다. 물론 이런 메시지를 아이에게 전달하려는 의도가 있는 것은 아니지만, 우리의 행동으로 그 의미를 이미 전달하는 것이나 마찬가지다. 아이는 그것을 이미 느끼고 있다. 아이는 부모가 자신을 조건 없이 받아들이지 않는다는 것을 느끼면 더 쉽게 거짓말을 하고, 공격하고, 피해자 행세를 하고, 매달리며, 도망치기를 할 가능성이 높아진다. 결국 우리가 귀찮다고 여기는 그런 행동을 부모가 모두 이끌어 내는 셈이다.

아이를 믿는 것은 부모의 선택이다

"신뢰를 얻어야 한다"라는 말을 수없이 들었을 것이다. 보통 어떤 사람이 신뢰를 잃었을 때 그 사람을 비난하기 위해 이 말을 한다. 이 문장은 종종 부모가 아이에게 하기도 한다. 아이가 실수를 저지를 때 실망하며, 부모의 신뢰를 얻기 위해 노력해야 한다고 가르친다. 상대를 믿는 것이 우리의 선택이라는 관점으로 보면, 모든 것이 뒤바뀐다. 믿음이라는 것은 느낌이 아니다. 따라서 희망하고, 고대하는 것이 아니라는 말이다. 믿는다는 것은 어떤 것이 진실이라고 믿고, 그 믿음에 따라 행동하는 것을 말한다.

우리가 아이를 믿는다는 것은 아이가 실수를 저질렀을 때 실망하지 않고, 짜증내지 않고, 통제하지 않겠다고 선택할 때 증명된다. 우리가 아이를 사랑으로 계속해서 가르치면서, '아이가 실수를 저지를 때조차 최선을 다하고 있구나'라고 믿는 것이 진정한 믿음이다.

다음 사례에서 부모가 딸 카일리와의 대화를 통해 믿음을 실천하는 모습을 볼 수 있다.

카일리는 학교나 집은 물론 어디를 가더라도 말썽을 피우는 것처럼 보였다. 그래서 카일리의 부모는 그녀를 비난하고, 통제하고, 소리를 지르기도 하면서 처벌을 가하기도 했다. 그러나 이 모든 시도는 부모가 원하는 결과를 가져오지 못했다. 지혜로운 친구의 도움을 받으며 부모 스스로 진정한 사랑을 찾는 과정을 밟기 시작했고, 딸을 있는 그대로 받아들이며 사랑해 주는 법을 배웠다. 그 덕분에 카일리는 부모의 사랑을 느낄 수 있었지만, 여전히 많은 실수를 저질렀다.

어느 날, 카일리는 부모와 약속한 시간보다 훨씬 늦게 집에 돌아왔다. 그래서 아빠 잭은 화가 많이 났다. 그러나 입을 열기 전에 두 가지 중요한 원칙을 기억해 보았다.

- 세 번째 육아 원칙: 화를 내면 무조건 잘못이다.
- 상대를 제대로 보는 법 4번째: 당신 자신이 지혜로운 사람이 아니라면, 다른 지혜로운 사람을 찾아라.

잭은 카일리와 지금 대화를 한다면, 딸의 행복에 도움이 되지 않을 것이라는 사실을 깨달았다. 그래서 입을 굳게 다물고, 아내에게 가서 말했다.

"카일리는 절대 변하지 않을 것만 같아. 사랑해 주며 노력했지만, 아무런 변화가 없어. 카일리가 이렇게 행동할 때는 도대체 내가 어떻게 해야 하는 거야?"

다행스럽게도, 그때 아내인 마샤는 남편보다 사랑을 많이 느끼고 있었다.

마샤	카일리가 한 달 전보다 얼마나 더 행복해 보이는지 봤어? 문을 더이상 쾅 닫지도 않고, 집에 들어올 때 우리에게 말도 걸잖아. 물론 배울 것이 여전히 많이 있어. 그렇지만 소리를 지르는 건 카일리의 기분을 상하게 만들고, 아이가 아무것도 배울 수 없다는 걸 잘 알고 있잖아. 우리가 할 수 있는 건 계속해서 사랑으로 가르치는 거야. 카일리가 최선을 다하고 있다는 걸 믿어 보자. 카일리를 믿어 봐. 다 괜찮아질 거야.
잭	(잠시 침묵한 뒤) 잘 모르겠어.

| 마샤 | 조금만 더 믿어 봐. 방에서 잠시 안정을 취하고 있어. 카일리가 오늘 늦게 들어온 것에 대해 내가 대화하는 게 어떨까? |

부모가 아이를 믿지 않겠다고 선택하면 아이는 사랑받지 못한다고 느끼게 되므로, 부모가 그토록 멈추려고 애쓰는 얻고 보호하는 행동을 가장 강력하게 사용한다. 그 행동은 아이에게 상처를 입히고, 불행하게 만든다. 그래서 마샤는 딸을 사랑하고, 딸이 최선을 다하고 있다는 것을 믿었다. 그 믿음은 카일리와 부모의 관계에 엄청난 변화를 가져왔다.

손해 볼 것은 없다

우리는 새로운 것을 믿는 데 두려움을 느낀다. 제대로 적용하지 않을까 봐 두려워한다. 앞에서 소개했던 낸시의 사례처럼 아이가 우리를 이용하지는 않을까, 하고 걱정한다. 이 두려움은 우리가 얻는 것보다 잃을 것이 많을까 봐 두려워하는 것이다. 얻는 것보다 잃는 것이 많으면 어떤가? 아이에게 더 많은 사랑을 준다고 해서 우리가 목숨을 잃지는 않는다. 아이를 통제하고, 화를 내서 얻게 되는 불행한 인생보다 끔찍하지는 않을 것이다. 다른 시도를 해보지 않는 이상, 아무것도 변하지 않을 것이다. '아이에게 필요한 것이 오직 사랑으로 가르치는 것이다'라는 것을 믿는다고 해서 손해 볼 것이 없다. 지금까지 좋은 결과를 가져오지 않았던 행동들을 왜, 굳이 계속하려고 하는가?

부모가 아이를 사랑해 주는 능력과 아이의 선택적인 능력을 지속적으로 키워주는 것은 떼려야 뗄 수 없는 관계다. 이것이 시너지를 이루어 부모에게 진정한 힘이 된다. 우리가 권위를 이용해 아이를 조종하고 이용하면, 아이를 통제할 수 있다고 느끼며 일시적으로 안도할지 모른다. 하지만 부모의 진정한 힘은 순식간에 사라지고 말 것이다. 그리고 아이에게 진정으로 필요한 부모의 가르침을 받지 못하도록 하고, 아이를 외로이 혼자 내버려 두게 된다.

슬프지만, 부모는 칭찬과 권위 그리고 안전함을 얻기 위한 수단으로 아이를 이용하는 경우가 많다. 그렇기 때문에 제대로 된 부모 노릇을 할 수가 없다. 우리는 아이를 이용하는 대신, 친절하게 대하며 사랑을 주어야 한다. 또한 가르치며 바른 길로 인도해야 한다. 때에 따라 행동에 대한 결과를 가르쳐야 한다. 행동에 대한 결과를 가르치는 과정에서도 사랑을 주어야 하며, 당장의 편안함을 위해 아이를 조종하는 것보다 오랜 시간 사랑을 주는 것이 더 효과적이라는 것을 믿어야 한다. 이를 기억한다면 죽음도 부모와 자녀와의 관계를 갈라놓지 못할 것이다. 특히 아이는 부모의 사랑을 언제나 느낄 것이다. 그리고 부모를 신뢰할 것이다. 아이는 부모의 발치에 앉아서 부모의 사랑과 가르침 그리고 진실된 말들을 마음으로 받아 새길 것이다.

부모의 말에 복종하기

아이가 스스로 선택하는 법을 배우는 것은 아주 중요하지만, 경우에 따라 부모의 말을 들어야만 하는 여러 상황이 있다. 그러나 복종을 지나치게 요구하지 않도록 조심하자. 그렇다고 해서 복종을 요구해 놓고 사과를 해서는 안 된다.

아이가 복종해야 하는 상황을 몇 가지 제시해 보겠다.

- 양치질하기: 아이에게 양치질을 선택하도록 내버려 두기에는 건강과 금전적인 손해가 너무 많다. 양치질을 하라고 지시할 때 아이에게 양치질과 관련한 몇 가지 선택권을 줄 수 있다. 예를 들어, 어떤 맛의 치약을 사용할지, 어떤 칫솔을 살지, 몇 시에 양치질을 할지 등을 제시할 수 있다.
- 숙제하기: 이 주제는 이미 다루었기에 생략하겠다.
- 취침 시간: 이 주제는 제10장에서 다루도록 하겠다.
- 집안일: 이 주제는 제9장에서 다루고 있다.
- 불을 다루는 법
- 성적인 옷차림 피하기

- 욕설 사용을 자제하기
- 폭력적이거나 성적인 영상물 피하기
- 음란물 피하기

한편, 아이는 인생을 살아가면서 선생님, 직장 상사, 경찰관 등 권위적인 사람들을 많이 만나게 될 것이다. 이들 중 절대적으로 복종하도록 요구하는 사람도 있을 것이다. 만약, 부모가 아이에게 모든 것을 타협할 수 있다고 가르친다면, 몇몇 권위적인 위치에 있는 사람들과 관계를 맺는 데 어려움을 느낄 것이다.

금지하기

부모가 한 톨의 이기심도 없이 아이를 돕기 위해 복종하라고 요구해야 하는 상황이라면, 망설이지 말자. 나와 내 아이의 경험을 소개해 보겠다.

딸 레이첼이 13살이 된 해, 나는 조건 없이 사랑하는 법을 미처 알지 못했다. 그 결과, 딸은 아주 불행했다. 딸은 자신이 받고 싶어하는 관심을 다른 곳에서 찾기 시작했는데, 자신과 같이 불행한 삶을 살아가는 친구들과 자연스럽게 어울리기 시작했다. 그 친구들은 모여서 어리석고 대범해 보이는 행동을 서로 보여 주며, 서로 칭찬하고, 화를 내고, 어른들에게 반항함으로써 힘을 경험했다. 그중 몇몇 여자아이는 남자들과 섹스를 하며 상대로부터 칭찬, 힘, 쾌락을 경험하고 있었다.

레이첼은 그 그룹 속에서 경험할 수 있는 모든 가짜 사랑을 받으며 흥분한 상태에 있었다. 그러나 여전히 혼란스러웠으며, 좌절감을 느꼈다. 친구들과 재미있는 일들을 신나게 해도, 화가 나고 또 끔찍한 기분이 여전히 들었기 때문이다.

내 스스로 사랑을 더 느끼기 시작하자, 내가 바로 딸을 불행하게 만드는 뿌리라는 사실을 깨달았다. 나는 딸을 사랑하기 위해 노력했지만, 조건 없이 사랑하고 또 있는 그대로 받아들이는 데 자주 실패했다. 나는 딸이 위험한 미래에 발을 들여놓고 있다는 것을 알 수 있었다. 그렇지만 딸이 끔찍한 결과를 경험하지 않도록 도와줄 수 있을 만큼 딸에게 진정한 사랑을 줄 수가 없었다. 하지만 딸이 심각한 상처를 받기 전에 무엇인가 대책을 강구해야 했다.

어느 날, 나는 레이첼과 앉아서 대화했다. 딸아이가 어떤 행동을 하더라도 나는 그녀를 사랑할 것이라고 말해 주었다. 아빠가 부모로서 얼마나 많은 실수를 저질렀는지도 말해 주었다. 그리고 레이첼이 진실로 행복해지는 것을 돕기 위해서는 무엇이든 할 것이라고 다시 한번 말해 주었다. 딸이 지금 친구들과 하고 있는 행동들은 자신의 생각보다 훨씬 더 파괴적인 결과를 가져올 것이기에, 아빠가 불행한 친구들과 어울리는 것을 금지하겠다고 말했다. 그리고 뒤따르는 엄청난 고통을 피할 수 있도록 도와줄 것이라고 덧붙였다.

딸과 대화하기 전에, 나를 사랑해 주는 많은 사람으로부터 엄청난 지원을 받았다. 딸과 대화하는 그 순간 나는 사랑으로 가득차 있었으며, 부드러운 목소리로 말했다.

처음에는 아주 어려워했던 레이첼은 그 친구들과 다시는 어울리지 않았다.

6개월 뒤, 레이첼이 나에게 와서 이렇게 말했다.

"아빠가 저를 살렸어요. 그 친구들은 지금 마약도 하고, 학교에서 퇴학을 당하기도 했어요. 두 명은 임신을 했어요. 그들은 가족을 혐오해요. 혼자라고 느끼고, 불행해요. 아빠가 저를 막지 않았다면, 저도 그 친구들처럼 되었을 거예요."

아이의 행동이 때때로 너무 파괴적이라면 점진적인 사랑과 가르침으로는 해결이 안 될 수 있다. 제10장에서 아이가 술과 마약을 사용하거나 심각하게 반항할 때, 어떻게 대처할 수 있는지를 알아볼 것이다.

최소한으로 금지하기

아이를 사랑으로 올바르게 가르친다면, 아이의 행동을 금지해야 하는 경우는 드물다. 우리가 선택의 법칙을 이해하기 때문에, 가능하다면 스스로 많은 실수를 하도록 내버려 둘 것이다. 아이는 그러한 실수를 하며 무엇인가를 배울 것이다. 아이가 실수를 저지르도록 내버려 둘 때 부모가 자신을 신뢰하고, 사랑하고, 통제하려고 하지 않는다는 것을 믿게 된다. 부모가 아이 스스로 대부분의 선택을 하도록 허락한다면, 아이를 대신해서 선택을 해야만 하는 상황에서 아이의 저항이 줄어들게 될 것이다.

아이에게 사랑과 인간관계를 가르치려면,
우선 아이가 사랑을 받아야만 한다.

제8장

여덟 번째 육아 원칙
행복은 사랑을 줄 때 온다

Happiness comes from being loving

제8장

여덟 번째 육아 원칙
행복은 사랑을 줄 때 온다

사랑받는다는 느낌은 황홀하다. 그러나 누군가의 행복에 조건 없이 관심을 갖는다면 그보다 더 깊은 즐거움을 준다. 따라서 아이에게 사랑을 주는 즐거움을 경험할 수 있도록 가르치는 것보다 더 중요한 것은 아무것도 없을 것이다.

대부분은 아이에게 사랑을 주면서 살아가라고 말하기만 하면 끝이라고 생각한다. 그러면서 아이 둘이 다투고 있을 때 그 중간에 끼어들어 다음과 같이 말하고는 한다.

"그만 싸워. 사이좋게 지내야지."

아이가 다투는 것은 보호하는 행동이며, 그 순간 공허하고 또 두렵기 때문이라는 사실을 알아차리지 못한다. 그런 상태에서 서로 친절하게 대하는 것은 불가능하다. 화가 난 아이에게 좋은 말로 하라는 것은 물에 빠져 허우적거리는 사람에게 그만 힘 빼고 물 밖으로 나와서 저기 옆에 물에 빠진 사람 좀 구해 보라고 말하는 것이나 마찬가지다. 물에 빠져 허우적거리는 사람이 물에 빠진 또 다른 사람을 구하는 것은 불가능하다.

아이러니하게도, 아이들이 싸우는 근본 원인은 부모라는 사실이다. 아이가 공허하고, 사랑받지 못하기 때문에 형제자매와 싸운다. 그것은 부모가 아이를 충분히 사랑해 주지 못했기 때문이다. 이는 희소식이다. 형제자매가 다투는 문제를 부모가 바로 해결할 수 있으니 말이다.

> 아이들의 말다툼과 불평의 세부적인 내용들에 집착하지 말자. 그 대신 어떻게 하면 서로 사랑을 줄 수 있는지를 가르쳐 주어야 한다. 그것만이 살아가는 동안 얼마나 행복해지는지를 결정할 것이다.

사람들을 사랑하는 법 가르치기

다음 네 단계를 거쳐서 아이에게 사랑하는 법을 가르칠 수 있다.

- 1단계: 부모가 아이의 결점을 제대로 보고, 있는 그대로 받아들이고, 사랑을 주는 것이다. 모든 부모의 의미 있는 가르침은 아이를 사랑하는 데서 시작된다.
- 2단계: 아이가 자신의 진실을 말한다.
- 3단계: 아이가 제대로 보이고, 있는 그대로 받아들여지고, 사랑받는다고 느낀다. 이는 1~2단계의 자연스러운 결과다. (제2장을 참고하자.)
- 4단계: 아이가 다른 사람들을 제대로 보고, 있는 그대로 사랑하게 된다. 공허함과 두려움에 가려졌던 시야가 선명해지기 시작하면서, 다른 사람들을 제대로 보고 또 받아들일 수 없었던 성품들이 단지 얻고 보호하는 행동이라는 사실을 발견하게 된다. 그렇게 되면 다른 사람들을 있는 그대로 받아들이는 것이 쉽고 자유로우며, 그들의 행복에 자연스럽게 관심을 갖게 된다. 사랑을 받고, 제대로 보이고, 있는 그대로 받아들이고, 사랑을 주게 되는 것이다. (제5장을 참고하자.)

아이 앞에 부모가 모델이 되자

아이는 진정한 사랑이 어떻게 보이는지, 어떤 느낌인지 보아야 알 수 있다. 이때 부모는 아이 앞에 조건 없이 사랑을 주는 모델이 될 수 있다. 또한 아이와 상호작용을 함으로써 다른 사람들을 있는 그대로 받아들이고, 사랑하는 방법을 가르쳐 줄 수 있다. 아이뿐만 아니라 직장 동료, 직원, 가게 점원, 이웃, 친구들, 친척 그리고 도로 위에서 마주치는 운전자를 대하는 방법으로도 아이를 가르칠 수 있다. 우리가 비난조로 말하고 화를 낸다면, 아이도 그렇게 행동하도록 가르치는 것이다.

[사랑을 주는 법을 가르친 사례 1] 저스틴과 세라의 이야기

다이앤이라는 엄마가 두 자녀인 저스틴과 세라에게 위의 단계를 밟아 사랑을 주는 법을 가르쳤다. 그 사례를 살펴보자.

다이앤은 두 아이가 싸우는 소리를 들었다. 문제를 알아보기 위해 방으로 들어갔다.

"둘 다 화가 나 보이는구나."

다이앤의 질문을 잘 살펴보자. 그녀는 두 아이에게 누가, 무엇을, 어떻게 했는지 등 세세한 정보를 캐묻지 않았다. 대신, 가장 중요한 질문을 했다. 바로, 아이들이 화가 나 있다는 사실인데, 이는 공허하고 또 두려울 때 하게 되는 얽고 보호하는 행동이다.

저스틴	전 그냥 세라의 샴푸 좀 썼을 뿐이에요. 근데 저에게 소리를 지르고, 멍청하다고 하잖아요.
세라	그랬더니 저스틴이 저를 때렸어요.

이때 대부분의 부모는 "그만 멈추지 못해! 세라, 다시는 오빠에게 멍청하다고 말하지 말거라. 저스틴, 동생을 절대 때려선 안 돼!"라고 말하며 통제하려고 한다. 그렇게 해서 이 다툼을 끝낸 뒤 순간적인 평화를 만끽할 것이다. 그러나 이런 방식으로는 아이들을 결코 행복하게 해줄 수 없다. 게다가 이 경험을 통해 상대를 제대로 보고, 사랑하는 법을 배우지 못한다.

▶ 1단계: 아이를 제대로 보고, 있는 그대로 받아들이고, 사랑을 주자.

다이앤은 아이들이 '4단계: 상대를 제대로 보고, 사랑을 주는 것'이 가능하지 않다는 것을 알았다. 아이들이 다툰다는 사실 자체가 공허함과 두려움을 나타내고 있었다. 따라서 지금 이 순간 서로 사랑을 준다는 건 불가능했다. 그래서 다이앤은 1단계부터 다가갔다. 아이들을 제대로 보고, 사랑해 주는 것이었다.

다이앤은 제5장의 상대를 제대로 보는 법에서 첫 번째 규칙과 두 번째 규칙을 잘 기억하고 있었다. 저스틴이 먼저 말을 꺼냈기 때문에 저스틴이 말하는 사람이므로, 저스틴의 말을 들어주었다.

다이앤	저스틴 기분이 어떠니?
저스틴	화가 나요.
다이앤	가족 모임에서 배웠지. 화를 내는 사람들은 두려워서 자신을 보호하는 거라고 말이야.
저스틴	전 세라가 두렵지 않아요.
다이앤	네가 샴푸를 썼다고 세라가 소리를 지를 때, 세라가 너를 어떻게 생각하는 것 같았니?
저스틴	(이 질문에 대답하는 데 있어서 엄마의 도움이 조금 필요했다.) 세라는 하잘것없는 저 샴푸가 나보다 더 중요하다고 생각하는 것 같았어요.

우리 삶에서 진정한 사랑이 충분하지 않을 때, 사람들이 "너에게 관심이 없어"라는 말을 듣는 걸 좋아하지 않는다. 그 메시지를 받게 되면 스스로 가치를 잃고, 혼자라고 느끼며 고통스러워하고, 겁에 질린다. 저스틴이 바로 그런 느낌을 받았다. 세라가 저스틴을 공격했을 때, 저스틴은 세라로부터 자신에게 관심이 없다는 메시지를 받았다. 저스틴은 두려웠기 때문에 화를 내서 자신을 보호했다. 그래서 엄마는 사랑받지 못한 채 혼자라고 느끼는 두려움이 바로, 모든 얼

고 보호하는 행동의 뿌리라는 것을 저스틴이 볼 수 있도록 도와주었다.

다이앤	엄마가 너를 충분히 사랑해 주었다면, 세라의 행동은 너에게 그리 큰 영향이 아니었을 거야. 그러니 이건 엄마 잘못이지. 네가 실수를 했던 많은 순간, 엄마가 너에게 실망하고 화를 냈잖아. 지금까지 엄마가 너를 조건 없이 사랑해 주지 않았기 때문이야. 조건 없이 사랑받는 것이 너에게 가장 필요한 거란다. 이제 엄마가 너를 잘 사랑해 주는 법을 배우고 있어.

다이앤은 자신의 진실을 말할 수 있는 용기가 있었다.

우리가 믿음을 가지고 실천해 보지 않는 이상, 아이에게 어떤 변화를 가져올 수 있는지를 상상하는 것조차 가능하지 않다. 여기서 다이앤이 아이들에게 확실히 짜증나지 않았다는 사실은 그 무엇보다 중요하다. 그녀는 목소리를 높이지도 않았고, 얼굴을 찡그리지도 않았으며, 어떤 실망의 표정도 내비치지 않았다. 그래서 저스틴은 자신이 있는 그대로 받아들여지고 있다는 것을 명확히 알 수 있었다.

다이앤은 저스틴에게 사랑하는 법을 가르치는 1단계를 실행했다. 아들을 제대로 보았고, 있는 그대로 받아들였으며, 사랑했다. 저스틴이 자신의 진실을 말해도 될 만큼 안전하게 느낄 수 있는 환경을 제공했던 것이다. 그것이 바로 2단계다.

▶ **2단계: 아이가 자신의 진실을 말한다.**

다이앤	저스틴, 네가 세라에게 어떤 행동했는지 아니?
저스틴	세라의 샴푸를 사용하기 전에 물어보아야 했어요. 세라의 샴푸를 쓰면 좋아하지 않을 거라는 걸 이미 알고 있었어요. 저는 세라의 기분이 어떨지, 신경쓰지 않았어요. 제가 이기적이었어

	요.
다이앤	또 세라에게 어떻게 행동했니?
저스틴	세라가 저에게 소리를 지르니까 저도 화를 냈어요.
다이앤	세라가 뭘 했는지는 문제가 아니란다. 어떤 반응을 할지, 우린 언제나 스스로 선택할 수 있어. 엄마가 물어본 건, '네가 세라에게 어떻게 행동했는가'라는 거란다.
저스틴	(미소를 지으며) 알겠어요. 세라에게 못되게 굴었죠.
다이앤	(미소를 지으며) 그래. 네가 그랬지. 너는 이기적이었고, 화를 냈고, 못되게 굴었어. 그러나 엄마는 여전히 너를 아주 많이 사랑한단다.

아이가 자신의 진실을 말하고 또 결점까지 제대로 보이기 전에는, 상대에게 제대로 보이고, 있는 그대로 받아들여지고, 사랑받는다는 것을 느낄 수 없다. 만약, 저스틴이 자신이 저지른 행동을 부정하고 또 인정하려고 하지 않았다면, 엄마가 아들을 아무리 제대로 본다고 하더라도 저스틴은 엄마가 자신을 제대로 보고 있다고 느끼지 못했을 것이다.

특히 저스틴이 저지른 행동을 다이앤이 사소한 일로 만들지 않았다는 사실을 잘 인지하자. 즉, 아들이 이기적으로 행동했다는 사실을 확실히 했다. 이는 엄마가 아들을 제대로 본 것이다. 그리고 아들의 이기적인 결점조차 있는 그대로 받아들였다. 이를 통해 있는 그대로 받아들여지는 것을 아들이 느낄 수 있었다. 바로 3단계다.

▶ 3단계: 아이가 제대로 보이고, 있는 그대로 받아들여지고, 사랑받는다고 느낀다.

저스틴이 엄마의 사랑을 느끼자, 기분이 좋아졌다. 의자에서 일어나 엄마를 껴안았다. 이러한 경험이 아이의 삶을 변화시킨다. 과거의 상처가 치유되고, 부모와 자녀의 관계가 더욱 친밀해진다. 사랑만이 이런 관계를 이루어 낼 수 있다. 돈, 값비싼 선물, 아이의 성취에 따른 칭찬 세례 등 그 어느 것도 이런 관계를 이루어 낼 수 없다. 이는 아이가 실수를 저지르는 순간조차 제대로 보고, 조건 없이 사랑을 주는 것이 만들어 내는 기적이다.

아이를 제대로 보고 또 있는 그대로 받아들이는 연습을 하면서, 당신은 많은 순간 1단계를 제대로 진행하지 못할 때가 있을 것이다. 그래서 2~3단계까지 이르지 못할지도 모른다. 그렇다고 해도 포기하지 말자. 스스로 계속해서 사랑을 받자(제4장 참고). 당신이 사랑으로 가득찰 때, 아이를 제대로 보고 받아들이는 능력 또한 더 커질 것이다.

부모가 아이를 있는 그대로 받아들이더라도 아이는 그렇게 느끼지 못할 수 있다. 그것은 부모의 사랑이 진짜라는 것을 아직 믿지 못해서 그렇다. 거듭 강조하지만, 포기하지 말자. 당신 스스로 사랑받는 일을 계속하자. 그러면 사랑을 주는 능력도 더욱 커질 것이다. 결국 당신의 사랑을 아이가 믿는 날이 올 것이고, 마침내 당신이 주는 사랑을 느낄 것이다.

다이앤이 다른 사람을 사랑하는 법 3단계에 도달했을 때, 아들이 배울 수 있는 것은 여기까지라는 것을 알았다. 그리고 세라와도 비슷한 대화를 나누었다. 세라가 자신을 보호하기 위해 저스틴을 공격했다는 사실을 볼 수 있도록 도와주었다. 세라 또한 제대로 보이고, 있는 그대로 받아들여지고, 사랑을 느낄 수 있게 해주었다.

▶ **4단계: 아이가 다른 사람을 제대로 보고, 있는 그대로 사랑하게 된다.**

저스틴과 세라가 사랑을 느끼자, 그들이 느끼던 두려움과 화는 상당히 줄어들었다. 공허함과 두려움으로 인해 한 치 앞을 보지 못하던 둘은 이제야 서로 제대로 볼 수 있었다. 더욱이 서로 자신을 보호하는 행동을 하고 있었으며, 상대에게 상처를 주려는 의도가 없었다는 것을 이해할 수 있었다. 이를 이해하면 상대를 있는 그대로 받아들일 수 있고, 상대의 행복에 관심을 갖는 것이 더욱 쉬워진다. 이제 샴푸 문제는 더이상 중요하지 않다.

하지만 다이앤의 목표가 사랑하는 법을 가르치는 데 있는 것이 아니라 저스틴과 세라의 싸움을 멈추게 하는 데 있었다면, 아이들은 아무것도 배울 수 없었을 것이다.

[사랑을 주는 법을 가르친 사례 2] 빌과 제이의 이야기

빌은 남동생 제이를 괴롭히는 습관이 있었다. 동생을 비난하고, 놀리는 것이 되풀이되고 있었다. 빌의 부모는 진정한 사랑에 대해 조금 알고 있었지만, 빌이 동생을 괴롭히는 순간을 목격할 때만 그만하라며 다툼을 멈추게 할 뿐이었다. 그러면 다투는 것을 순간적으로는 멈출 수 있지만, 이는 어느 누구에게도 별다른 도움이 되지 못했다. 두 아이는 화가 점점 더 났으며, 서로 못살게 굴었다.

결국 빌의 부모는 다른 방식으로 접근해야 한다는 것을 알게 되었다. 자신이 진정한 사랑을 받기 위해 다른 어른들에게 진실을 말하는 법을 배웠고, 자신들이 받은 사랑을 자녀에게 나누어 주기 시작했다. 가장 중요한 것은, 매일 가족 모임을 했다.

빌의 가족 모임이 어떻게 진행되었는지를 소개해 보겠다. 아빠는 가족들이 직면하고 있는 어려움이 있다면 누구든지 말하라고 제안했다.

제이	형이 저를 계속 괴롭혀요. 이젠 진절머리가 나요.
아빠	형이 너에게 어떻게 행동하니?
제이	제가 무슨 말을 하든, 어떤 행동을 하든, 제가 멍청하다며 비웃어요. 다른 사람들 앞에서 저를 놀리기도 해요.
빌	조금 놀릴 뿐이에요. 아무것도 아닌 일을 가지고 큰일을 만들고 있는 거라고요.

아빠는 상대를 제대로 보는 법에서 첫 번째, 두 번째 규칙을 알고 있었다. 그

래서 제이를 말하는 사람으로 정했다. 그리고 세 번째 규칙을 기억했다. 제이가 자신이 사랑받는다고 느끼지 못하며, 형이 자신을 공격하는 것을 두려워하고 있다는 사실을 알 수 있었다.

따라서 이 대화의 주체는 빌이 아니었다. 아빠는 제이가 제대로 보이고, 있는 그대로 받아들여질 수 있을 때까지 자신의 느낌을 제대로 표현할 수 있도록 도왔다. 그리고 아빠는 빌과 대화를 했다. 빌이 배워야 할 것이 있었다. 빌은 자신의 진실을 말하고, 사랑을 받고, 동생을 사랑하는 법을 배워야 했다.

아빠는 제이에게 오늘 중 형이 자신에게 불친절했던 경험이 있냐고 물었다. 그러자 제이가 그 상황을 설명했다. 이때 빌은 세세한 내용들을 꼬집으며, 제이의 말이 옳고 그른지를 따지려고 했다.

아빠	빌, 세세한 내용들은 중요하지 않단다. 제이가 말한 그 상황에서 너는 제이에게 친절하게 대해 주었니?
빌	음, 아니요. 그치만….
아빠	제이가 무슨 행동을 했든, 어떤 일이 일어났든, 우리 가족 안에서 동생을 사랑하는 법을 배우는 것보다 더 중요한 것은 없단다. 네가 동생을 사랑하는 법을 배움으로써 주변에 있는 다른 모든 사람을 사랑하는 법을 배울 수 있게 되는 거란다. 이로써 앞으로 살아가면서 행복하게 살 수 있을지 없는지가 결정되는 거지. 너를 사랑하는 가족과 함께 그 교훈을 배우는 것이 가장 좋은 기회란다. 너는 제이를 놀릴 때마다 스스로 강하다고 느끼지. 만약, 네 자신이 사랑이 가득하고 또 행복하다면, 강하다고 느껴야 할 필요가 없을 거야. 이는 아빠의 잘못이란다. 아빠가 너를 충분히 사랑해 주었다면, 동생을 괴롭힐 필요가 없었을 거야. 네게 필요한 것은 사랑을 받는 거란다. 동생을 괴롭히는 네 모습조차 아빠에게 사랑받는다는 사실을 알 필요가 있

어(1단계). 네가 제이를 못살게 굴 때마다 온 가족이 함께 말을 해줄 거야. 우리는 네 행동을 멈추지도 않을 거고, 네 기분이 상하게 하지도 않을 거야. 네 스스로 어떤 행동을 하고 있는지를 볼 수 있을 때까지 계속 도와줄게(2단계). 네가 있는 그대로 받아들여지고 또 사랑받는다고 느낄 때(3단계), 동생을 괴롭히지 않을 거란 걸 아빠는 믿어(3단계). 네가 사랑을 받는다고 느낀다면, 올바른 선택을 자연스럽게 하게 될 거야. 화를 내는 대신, 사랑을 주는 것이 훨씬 더 행복할 거란다.

위와 같은 상황에서 아이가 잘못된 행동을 할 때 그 행동을 멈추려는 부모의 오래된 접근 방식은 장기적으로 보았을 때 결코 성공하지 못한다. 진짜 문제를 다루지 않기 때문이다. 진짜 문제는 아이가 사랑을 받지 못한다고 느끼는 것이다. 그래서 순간적으로 나쁜 행동을 저지하더라도, 어느 누구도 더 행복해지지 않는다.

이 상황에서 빌의 아빠는 두 아이가 사랑을 받을 필요가 있다는 사실을 지혜롭게 이해했다. 빌은 동생을 사랑하는 법을 배워야 할 필요가 있었다. 가족들은 가족 모임에서 다 같이 약속했다. 빌이 화를 낼 때마다 자신의 행동을 볼 수 있도록 온 가족이 인내심을 갖고 돕기로 했다.

몇 주 뒤, 빌은 더 사랑받는다고 느꼈고, 제이를 괴롭히는 일을 천천히 멈추었다. 그리고 둘은 서로 제대로 보고, 있는 그대로 받아들이는 좋은 친구가 되었다.

이 접근법은 정말 효과가 있다. 빌과 같은 결과를 이끌어 낸 수많은 가족을 나는 계속해서 보아 왔다. 충분한 사랑으로 가르친 아이들은 옳은 일을 하고자 하며, 이들이 더 행복해지는 것은 자연스러운 현상이다.

우리가 사랑을 주지 않을 때, 그건 우리의 잘못이다

빌의 가족 모임에서 있었던 일 중 다시 강조하고 싶은 부분이 있다. 빌의 아빠는 누가, 누구에게, 무엇을, 어떻게 했는지 등 세부적인 정보에 빠지지 않았다. 몇 시간 동안 말다툼을 하면서도 아무런 결과를 내지 못할 수 있는데, 아빠는 가장 중요한 게 무엇인지에 집중했다. 바로, 빌이 동생에게 사랑을 주지 않았다는 것이다.

행복은 삶의 목표며, 우리가 아이에게 줄 수 있는 가장 중요한 선물인 것이다. 사랑을 받고, 다른 사람에게 사랑을 줌으로써 인생에서 가장 큰 행복을 경험할 수 있다. 아이들이 서로 사랑을 주지 않을 때, 자신의 행동을 볼 수 있도록 도와주는 것은 상당히 중요한 일이다. 아이가 무슨 일을 했는지에 집착하는 대신, 아이에게 "우리가 사랑을 주지 않은 건 우리의 잘못이다"라는 것을 볼 수 있도록 할 필요가 있다. 그것이 핵심이다. 다른 사람이 우리에게 어떤 세세한 행동과 말을 했는지는 중요하지 않다. 또한 한쪽 편이 얼마나 "옳은가"라는 것도 중요하지 않다.

우리는 화를 내도 된다는 수만 가지의 정당한 이유를 설명할 수 있다. 그러나 그것은 상관이 없다. 우리가 사랑을 주지 않을 때, 그건 우리의 잘못이다. 특히 사랑을 주지 않는다는 것은 잘못이며, 우리와 주변 사람들을 모두 불행에 빠뜨리는 것이다.

우리가 사랑을 주지 않을 때 그것은 우리의 잘못이라는 것을 이해하면, 부모와 자녀가 살아가는 세상이 완전히 변한다. 그 원칙을 이해하고 있다면 싸움은 오랫동안 지속될 수 없고, 상대를 원망할 수 없으며, 원한을 품거나 편견을 가질 수 없다. 사랑을 주지 않는 것이 잘못일 때 다른 이에게 얼마나 오랫 동안 화를 낼 수 있겠는가? (259쪽에서 제시했던, 잘못을 인정하는 것이 주는 힘에 대한 앨리슨의 사례를 참고하자.) 이 위대한 진실을 이해한 뒤 아이를 가르치면, 값을 매기지 못할 만큼 귀한 선물을 주는 것이다.

사랑을 주는 사람이 호구는 아니다

234쪽에서 우리는 숀의 사례를 살펴보았다. 그는 여동생 스테파니가 자신의 자전거를 사용한 뒤 아무데나 놓고 오는 데 단단히 짜증이 나 있었다. 그래서 아빠 웨인은 스테파니가 "네 행복은 중요하지 않아"라는 메시지를 행동으로 전달했다는 것을 숀이 스스로 볼 수 있도록 도와주었다.

웨인과 숀의 대화는 다음과 같이 다시 이어진다.

숀	그러면 자전거를 아무데나 두지 않도록 하는 방법이 있을까요?
웨인	우선, 너에게 가장 중요한 것이 무엇인지 이야기를 해보자구나. 네 인생에서 자전거가 제자리에 있는 것이 더 중요하니, 아니면 동생에게 사랑을 주는 것이 더 중요하니?
숀	무슨 말을 하시는지 이해가 안 돼요.
웨인	동생이 자전거를 제자리에 놓게 만들었다고 가정해 보자. 동생에게 계속 화를 내서 겁을 주는 거야. 그랬더니 네 자전거는 이제 제자리에 있을 거야. 너는 동생에게 계속 소리를 지르며, 제자리에 두라고 화를 냈거든…. 그럼, 어떻게 될까? 너도, 스테파니도 기분이 아주 엉망이겠지. 좋은 해결책이라는 생각이 드니?
숀	음…. 아닌 것 같네요. 그렇지만 전 동생이 자전거를 제자리에 두면 좋겠어요.
웨인	물론 그렇겠지. 그리고 그렇게 생각해도 괜찮단다. 그치만 여기서 뭐가 더 중요하니? 사랑을 주고 행복해지는 것, 아니면 동생이 네 자전거를 제자리에 두는 것?
숀	알겠어요. 이해했어요. 사랑을 주는 것이 더 중요해요. 그치만 자전거도 제자리에 두었으면 좋겠어요.

웨인	좋아. 자, 이제 이 두 가지 목표를 동시에 이룰 수 있는 방법을 생각해 보자. 그렇지만 기억해 둬. 더 중요한 목표가 있어. 사랑을 주는 것이 우선이란다.
숀	만약, 제가 사랑을 주겠다고 선택한다면, 동생이 하고 싶은 대로 그냥 내버려 둬야 하는 거 아닌가요?
웨인	아니야. 그럴 필요 없어. 사랑을 준다는 것이 널 이용하게 내버려 두라는 의미가 아니란다. 동생에게 사랑을 주면서도 자전거를 제자리에 두게 할 방법에 대해 대화해 보자구나. 우선, 지금까지 네가 동생을 어떻게 대했는지 생각해 보렴. 동생이 자전거를 다른 곳에 두고 왔을 때, 어떤 식으로 대화를 했니? 사랑해 주었니?
숀	아니겠죠. 그치만….
웨인	동생에 대해서는 이미 대화를 했고, 자전거를 제자리에 두지 않는 행동은 이기적이라고 했어. 그 사실을 다시 말할 필요는 없단다. 지금은 네 자신에 대해 대화하고 있어. 동생이 자전거를 제자리에 두지 않았을 때, 사랑해 주었니? 아니면 불친절했니?
숀	불친절했죠.
웨인	좋아. 네 행동에 대한 진실을 볼 수 있으니, 그 행동에 변화를 줄 수 있겠구나. 사랑을 주고 행복하길 원하니, 아니면 화를 내고 끔찍한 기분이 되고 싶니?
숀	사랑을 주고, 행복하고 싶어요.
웨인	이 상황에서 스테파니에게 어떻게 사랑을 줄 수 있겠니?
숀	스테파니가 원할 때마다 자전거를 쓰고, 두고 싶은 데 두도록 할 수 있지요. 그런데 그러고 싶지 않아요.
웨인	이미 말했지만, 사랑을 준다고 해서 다른 사람들이 원하는 걸

	뭐든 다 들어줄 필요는 없단다. 네 자전거를 마음대로 사용하게 할 필요는 없어. 또 다른 방법으로 동생을 사랑해 줄 수 있는 방법이 있을까?
숀	모르겠어요.
웨인	네가 이미 말했듯이, 자전거에 대해 동생에게 대화를 할 때 사랑해 주지 않았다고 했지? 이제는 숀, 화를 낸 건 네 잘못이었다고 말하는 거란다.
숀	흠….
웨인	상대도 잘못을 한 상황에서 자신의 잘못을 인정하는 건 꽤 어려운 일이지. 그렇지만 동생이 무슨 일을 저질렀는지는 상관이 없단다. 네가 저지른 실수를 인정하는 것이 중요한 거야. 자신의 실수를 인정하는 것은 사랑이 넘치고 또 아주 용감한 행동이란다. 그렇게 해볼 수 있니?
숀	제가 뭐라고 말할 수 있죠?
웨인	이렇게 말할 수 있단다. "스테파니, 지난번에 네가 자전거를 아무데나 두고 왔을 때 기억나니? 내가 화를 내며 너에게 심한 말을 했어. 사과하고 싶어. 너를 그렇게 대해서는 안되는 거였어. 그렇지만 자전거를 차고에 넣어 주면 정말 좋겠어. 그렇게 해준다면 정말 고맙겠어.

숀은 스테파니에게 가서 아빠가 제안한 방식으로 대화를 했다. 그러자 숀은 마음속으로 진정한 평화를 느꼈다. 이처럼 평화로운 마음은 오직 사랑을 주는 행동을 했을 때 만끽할 수 있다.

며칠 뒤, 숀은 아빠에게 다시 와서 말을 시작했다.

숀	아빠, 스테파니가 자전거를 여전히 밖에 두고, 차고에 넣지 않

	아요. 화를 내면 안 된다는 건 아는데, 화가 나요. 소리를 지르고 싶었는데, 아빠와 먼저 대화를 하는 게 좋겠다고 생각했어요.
웨인	놀랍구나. 숀, 너는 점점 지혜로워지고 있어. 만약, 동생에게 소리를 지르고 화를 냈다면 어떻게 되었을까?
숀	보통 때처럼 큰 싸움이 일어났을 거예요.
웨인	그러면 너는 행복했을까?
숀	아니요.
웨인	화를 내는 게 좋은 결과를 가져오지 못한다는 걸 넌 이미 깨달았으니, 보통 어른들보다 더 낫구나. 잘했어. 며칠 전에, 자전거를 차고에 넣어 달라며 동생에게 친절하게 부탁했지?
숀	네.
웨인	그러니까, 스테파니가 자전거를 제자리에 넣을 생각이 없다는 사실이 이제 명확해졌구나. 이 상황에서는 자전거를 더이상 사용할 수 없다는 것을 동생에게 말하는 게 좋을 것 같구나.
숀	그렇게 말하더라도, 스테파니는 자기 마음대로 쓸 거예요.
웨인	자물쇠를 달아 버리면 그럴 수가 없지.

숀은 아빠의 생각이 훌륭하다고 생각했다. 그래서 자전거를 차고에 넣은 뒤 자물쇠를 사서 잠갔다. 그때부터 스테파니는 숀의 자전거를 더이상 탈 수 없었다. 이처럼 아이는 사랑을 주는 것이 언제나 가장 중요하다는 것을 배워야 한다. 사랑을 주면서도, 다른 사람들이 원하는 것을 거절할 수 있다.

사랑을 받기→있는 그대로 보이기
→있는 그대로 받아들여지기→사랑을 주기

아이에게 사랑을 주는 법을 가르치는 4단계를 진행하면서 다른 사람들을 제대로 보고 또 있는 그대로 받아들이고, 사랑을 주는 직접적인 방법도 부가적으로 가르칠 수 있다. 다시 말해, 다른 사람의 행동을 정확하게 볼 수 있도록 가르치는 것이다. 이 과정은 제5장에서 이미 다룬 바 있다.

사랑 받기→있는 그대로 보이기→있는 그대로 받아들여지기→사랑을 주기

397쪽에서 나의 아들 벤자민에게 있었던 이야기를 소개했다. 벤자민은 테니스 복식경기에서 파트너였던 브랜던의 불쾌한 행동 때문에 선택의 법칙을 배웠다. 나는 아들에게 추가적인 교훈을 주기 위해 그 대화를 더 이어 갔다.

나	가족 모임에서 사람들이 왜 화를 내며 또 나쁜 행동을 하는지에 관해 대화했지. 왜 그렇게 행동한다고 했는지 이해하니?
벤자민	그야, 사랑을 받지 못해서 그렇지요.
나	맞아. 그게 뿌리란다. 그러니까 브랜던이 소리를 지르며 사람들과 다툴 때, 얻고 보호하는 행동을 사용하는 거지. 그 행동으로 브랜던이 얻을 수 있는 건 뭘까?
벤자민	아마도, 사람들을 공격함으로써 자신이 강하다고 느낄 것 같아요.
나	정확해. 진정한 사랑을 충분히 받았다면, 화를 내서 힘을 느낄 이유가 없었을 거야. 브랜던의 집에 무슨 일이 일어나고 있는지는 우리가 알 수 없고 또 해결해 줄 수도 없지. 하지만 네가 브랜던과 함께 있을 때, 브랜던을 사랑해 줄 수는 있단다.

벤자민	테니스를 하면서 사랑을 해주라고요? 농담하시는 거죠?
나	절대 농담이 아니란다.
벤자민	어떻게 사랑을 줄 수 있지요?
나	브랜던이 화를 내고 소리를 지를 때, 너는 어떻게 행동하니?
벤자민	아무것도 하지 않아요.
나	그래. 브랜던에게 소리를 지르거나 그를 때리지 않는다는 건 좋은 거야. 그렇다고 해서 네가 브랜던에게 아무것도 하지 않는 건 아니란다. 예를 들어, 나에게 브랜던이 저지른 행동에 대해 말할 때 너는 눈을 날카롭게 뜨고, 얼굴은 일그러져 있었고, 짜증이 가득차 있었지. 그런 표정과 행동을 테니스 코트에서도 했다고 생각하니?
벤자민	아마도요.
나	브랜던은 너의 표정과 행동을 보았을 거란다. 보지 않았더라도 느낄 수 있지. 브랜던이 나쁘게 행동할 때 친절하게 대화를 하고, 좋은 친구로 대해 주니?
벤자민	음, 아닌 거 같네요.
나	내가 장담하건대, 네가 브랜던의 행동을 인정하지 않을 때 브랜던은 자신이 사랑받지 못한다는 것을 더 많이 느끼게 되지. 그래서 모난 행동을 할 가능성이 높단다. 그걸 알겠니?
벤자민	네, 알겠어요.
나	테니스 코트에서도 상대를 사랑하고, 신경쓰고 있다는 것을 보여 줄 수 있는 방법은 많단다. 브랜던이 옳은 행동을 할 때, 예를 들어 좋은 샷을 구사할 때 이렇게 말할 수 있지. "그렇지.", "나이스 샷.", "오, 좋은데!" 그리고 실수를 저지르거나 상대편에게 점수를 내줄 때는 이렇게 얘기할 수 있단다. "아깝다. 하지만 문제없어.", "걱정하지 마. 시작한 지 아직 반도 안 지났

어.", "브랜던, 그냥 경기일 뿐이야." 이런 말을 해줄 때 브랜던의 마음이 얼마나 든든할지, 생각해 보렴.

이후 벤자민은 브랜던을 다르게 대하기 시작했다. 그렇다고 해서 브랜던이 상냥한 아이로 변한 것은 아니지만, 같이 경기를 진행하기는 훨씬 즐거웠다. 이렇듯 사람들은 상대가 누구인지 상관없이 조건 없이 받아들여지는 것을 즐긴다

벤자민의 상호작용이 어떻게 변했는지 잘 살펴보자.

벤자민이 사랑을 받자, 친구를 제대로 보고 또 있는 그대로 받아들이며 사랑을 주는 게 가능해졌다. 벤자민은 친구를 제대로 보게 되자, 짜증내는 대신 있는 그대로 받아들이는 것이 더 쉬워졌다. 그래서 나는 벤자민이 브랜던의 행복을 위해 주도적으로 관심을 갖는 방법을 제안했다. 사랑을 주는 몇 가지 방법이었다. 하지만 벤자민이 사랑을 충분히 경험하지 못했다면, 이 모든 대화가 애초에 가능하지 않았을 것이다.

아이에게 인간관계를 가르치자

아이들은 학교에서 수학, 세계사, 생물학 등 다양한 주제로 교육을 받는다. 그 과정에서 우리는 각 과목에서 어떤 성적이 나올지, 심각하게 생각한다. 아이들은 하루에 8시간 이상, 일주일 중 5일을, 1년 중 9개월간 학교에서 시간을 보낸다. 더욱이 한국은 초등, 중등을 포함해 9년간 의무교육이다. 그 과정에서 학생들은 제대로 배우고 있는지, 시험을 봐서 지속적으로 확인한다.

이상하지 않은가? 인생을 살아가면서 사용하지도 않을 지식들을 배우기 위해 이처럼 긴 세월을 보내고 있다. 그러나 매일같이 경험하는 인간관계에 대해서는 아무것도 가르치지 않는다. 학교를 졸업한 이후 얼마나 많은 사람이 직각삼각형의 빗변의 길이를 계산해야 하는가? 또한 조선시대 왕의 이름을 줄줄이 외워야 하는 상황과 얼마나 자주 마주하는가? 많지 않을 것이다.

그렇지만 우리는 언제나 사람과 관계를 맺는다. 하루도 빠짐없이 말이다. 그럼에도 불구하고 우리는 아이에게 인간관계에 대해 아무것도 가르치지 않는다. 집에서도, 학교에서도, 어느 곳에서도 가르치지 않는다. 인간이 배워야 할 가장 중요한 것을 아이가 배우지 못하는 것이다. 그래서 아이는 인간관계가 어떻게 이루어지는지, 이해하지 못한다. 따라서 관계 속에서 우리는 왜 좌절감을 경험하고, 화가 나는지를 궁금해한다. 뿐만 아니라 어떤 아이는 왜 일진이 되고, 어떤 사람은 한 직장에 왜 오래 머물지 못하는지, 교도소는 언제나 죄를 지은 사람들로 붐비고, 결혼을 한 뒤 절반은 왜 이혼을 하는지, 길거리에서 사람들이 서로 주먹을 휘두르는 이유는 무엇인지, 어떤 아이는 왜 부모에게 학대를 당하고 방임되는지, 연인들은 사랑을 시작했다가 왜 낙엽처럼 헤어지는지, 뉴스는 하나같이 폭력과 전쟁 그리고 서로에 대한 혐오로 가득 채워져 있는지 등 아이들은 세상이 혼란스럽다. 이 모든 질문의 답은 명확하다. 우리가 아이에게 사랑과 인간관계에 대한 기본적인 원칙을 가르치지 못했기 때문이다.

그럼에도 불구하고 우리는 아이가 인간관계를 통해 셀 수 없이 많은 실수를 하며 성장하게 될 것이라고 기대한다. 우리가 인간관계를 그런 식으로 배웠으니 말이다. 그런데 아이들이 이렇게 끔찍하고, 고통스럽고, 전혀 예상할 수 없는 방식으로 인간관계를 배우기를 기대한다는 것이 이상하지 않은가? 아이에게 운전을 가르칠 때도 이런 방식으로 가르칠 것인가? 아이가 수학과 생물학을 배울 때도 이런저런 실수를 하며 고통스럽게 배우기를 원하는가? 나는 수많은 사람과 상담을 하며, 불만족스러운 관계를 경험한 뒤 다음과 같이 말하는 어른들을 많이 봤다.

"제가 그걸 알았더라면 이렇게 되지 않았을 겁니다."

그렇다면 왜, 사람들은 그 사람이 알았어야 하는 내용들을 가르치지 못했단 말인가? 우리는 부모가 되고 나서도 고통스러운 경험을 하며 배운 인간관계에 대해 혼자 간직하는 경향이 있다. 즉, 우리가 배운 지혜를 아이와 나누지 않는다. 물론 인간관계에서 수많은 실수를 저지르고도 스스로 배운 것이 없기 때문에 아이에게 가르칠 게 아무것도 없을 수 있다. 그렇게 다음 세대도 같은 실수를 반복하면서 끔찍한 경험을 하게 되는 것이다.

답은 언제나 진정한 사랑이다

부모는 기회를 만들어 아이에게 관계에 대해 가르칠 책임이 있다. 물론 아이를 가르치는 과정에서 가장 필요한 것은 진정한 사랑이다.

우리 스스로 조건 없이 사랑받지 못하면, 진정한 사랑을 가르친다는 것을 시작조차 할 수 없다. 다시 말해, 진정한 사랑이 없다면 우리는 그저 공허하고 또 두려울 뿐이다. 그런 상태에서는 아이를 가짜 사랑을 얻는 도구로 사용하고, 아이로부터 자신을 보호느라 바쁠 것이다. 따라서 인간관계를 효과적으로 가르칠 수 없다.

아이에게 사랑과 인간관계를 가르치려면, 우선 아이가 사랑을 받아야만 한다. 자신이 조건 없이 사랑을 받는다고 느끼지 못할 때는 얻고 보호하는 행동을 사용할 수밖에 없다. 이는 부모와 자녀 간의 친밀한 관계를 불가능하게 만든다. 그러므로 관계에 대해 아무리 좋은 교훈을 가르쳐 주어도 소용이 없다.

선택의 법칙

제7장에서 선택의 법칙을 설명한 바 있다. 선택의 법칙이란 **"우리는 모두 무엇을 생각하고, 말하고, 행동하는지를 스스로 선택할 수 있는 권리가 있다"**라는 것을 말한다. 아이가 이 법칙과 다음 두 가지 원칙을 이해하지 못한다면 사랑이 넘치는 관계와 행복한 삶이 불가능하다.

1. 모든 사람은 자신이 무슨 생각을 하고, 말하고, 행동하는지를 스스로 선택할 수 있는 평등한 권리가 있다. 따라서 다른 사람의 권리보다 나의 권리가 결코 더 중요하지 않다.

2. 나에게는 다른 사람들의 선택을 통제할 권리가 없다. 설사, 다른 사람의 선택이 나를 상당히 불편하게 만들더라도 말이다.

아이가 다른 사람들의 행동을 어떤 방식으로든 통제하려고 한다면, 그 관계는 결코 행복할 수 없다는 것을 이해할 수 있도록 도와주어야 한다.

다음 사례를 통해 자세히 알아보자.

빌리는 8살이다. 엄마 조앤이 주방에서 집안일을 하고 있는데, 빌리가 발을 쿵쿵거리며 주방으로 들어왔다. 그와 동시에 손에 들고 있던 야구 글러브를 엄마의 발 언저리로 휙 집어던졌다.

빌리   제럴드가 트럭을 가지고 놀지 못하게 해요!

빌리가 짜증난 듯 소리를 질렀다. 그리고 빌리는 엄마에게 제럴드와 마당에서 놀던 이야기를 해주었다. 얼마간 즐겁게 잘 놀았는데, 제럴드가 새로 산 전동 트럭을 가지고 이기적으로 행동하기 시작했던 것이다.

빌리   저는 제 모든 장난감을 가지고 놀게 해주었어요. 그런데 제럴드는 자신의 트럭을 만지지도 못하게 했어요. 나쁜 놈이에요. 불공평해요.

조앤   네가 원하면 계속 화를 내도 된단다. 그리고 끔찍한 기분으로 계속 있어도 돼. 아니면, 다음엔 어떻게 행동할 수 있는지, 엄마와 같이 대화해 볼 수 있단다. 어떤 걸 선택할래?

만약, 조앤이 빌리의 행동을 비난하며 화를 냈다면, 아들을 가르칠 수 없었을 것이다. 그리고 엄마가 화난 목소리로 하는 말은 아들의 귀에 전혀 들어가지 않앉을 것이다. 그러나 조앤은 사랑을 이미 충분히 느끼고 있었기에 아들이 상황을 해결하도록 돕는 데 진정으로 관심이 있었다. 빌리는 엄마가 자신을 있는 그대로 받아들인다는 것을 느꼈다.

> 우리는 아이들에게 관계와 선택의 법칙 그리고 사랑을 주는 법을 가르칠 수 있는 기회를 매일같이 만난다. 우리가 그 기회를 놓치지 않는 것은 매우 중요하다.

빌리는 엄마를 향해 미소를 지으며, "다음에는 어떻게 하면 좋을까요?"라고 물었다.

조앤	엄마는 빌리가 지금 뭘 하고 싶은지 알 것 같아. 제럴드에게 당장 가서 트럭을 빼앗아 오고 싶지? 그렇지 않니?
빌리	네.
조앤	아마도, 제럴드의 트럭을 이미 뺏앗아 보았을지도 모르지.
빌리	(웃으며) 네.
조앤	이렇게 해보면 어떨까. 엄마랑 같이 가서 제럴드를 때려눕히고, 트럭을 빼앗아 오는 거야. 그리고 제럴드를 차 트렁크에 실어서 멀리 보내는 거야. 그러면 너에게서 트럭을 다시는 빼앗지 못할 거야.

빌리는 엄마가 하는 말이 재미있다는 듯 웃었다.

조앤	재미있지? 다시 생각해 보자. 만약에 우리가 그렇게 한다면, 너랑 제럴드의 친구 사이는 어떻게 될까? 친구인 제럴드를 영영 잃게 될 거야. 그렇지 않니?
빌리	아마도요.

조앤	자, 조금 전의 기억을 떠올려 봐. 네가 주방으로 들어오면서 이런 말을 했어. "불공평해요." 정말 공평하고 싶다면, 제럴드는 자신이 원하지 않을 때 장난감을 너에게 주어야 하고, 너도 네가 원하지 않을 때 네 장난감을 제럴드에게 주어야 하는 거지. 제럴드가 네가 가진 것 중에 무엇이든 원하는 게 있다면, 제럴드랑 제럴드 아빠가 와서 너를 때려눕히겠지. 그리고 묶은 뒤 트렁크에 실어서 멀리 보내 버릴 거야. 그래도 '공평'해지길 정말 원하니?
빌리	아니요.
조앤	아니지? 그건 절대 원하지 않을 거야. 우리가 가족 모임에서 선택의 법칙에 대해 이미 대화했지? 모든 사람이 스스로 선택할 권리를 갖고 있는데, 네가 그걸 통제할 수 없어. 어떤 사람들은 다른 사람들을 통제하며 순간적으로 기분이 좋을 수 있지. 하지만 그런 식으로는 일이 해결되지 않는단다. 사람들이 서로 통제하려고 한다면 모든 사람이 화가 날 거야. 그게 바로 사람들이 서로 때려서 감옥에 가는 이유가 되기도 한단다. 그리고 전쟁이 일어나기도 하지. 이 모든 게 서로 통제하려고 들기 때문이야. 끔찍하지?

빌리는 정말 필요한 교훈을 배우고 있다는 생각이 들어 고개를 끄덕였다.

조앤	하지만 제럴드에게서 트럭을 빼앗아 오지 말아야 할 중요한 이유가 또 있지. 선택의 법칙보다 더 중요한 거란다. 엄마가 너를 사랑해 줄 때 너는 기분이 어떠니?
빌리	좋아요. 행복해요.
조앤	엄마도 그래. 나도 너를 사랑할 때 행복해. 우리는 언제나 다른

	사람을 사랑할 때 더 행복하단다. 하지만 다른 사람의 행동을 통제하려고 할 때는 그들을 사랑할 수 없어. 제럴드에게서 트럭을 빼앗아 오는 게 왜 좋은 생각이 아닌지, 이제 알겠니?
빌리	조금은요. 그런데 다음에 이런 일이 생기면 어떻게 할지, 엄마가 알려주신다고 하셨잖아요. 다음에는 어떻게 해야 해요?

우리에게 주어진 세 가지 선택

조앤	제럴드는 이기적으로 행동하는 것을 선택했단다. 제럴드에게 그런 선택을 할 권리가 있지. 그리고 빌리 네가 할 수 있는 세 가지 선택이 있어.

1. 그 상태를 좋아하면서 살기
2. 그 상태를 싫어하면서 살기
3. 관계를 떠나기

하나씩 살펴보자. 첫 번째, '그 상태를 좋아하면서 살기'라는 선택이야. 제럴드를 다시 만나면 다음 사항을 생각해 볼 수 있어. 제럴드가 이기적인 행동을 하기로 선택했고, 네가 그걸 좋아하지 않더라도 제럴드는 그렇게 행동할 권리가 있어. 또한 제럴드도 실수를 저지를 수 있지. 빌리 네가 실수를 저지르는 것처럼 말이야. 그러므로 제럴드가 트럭을 나누지 않겠다고 한 선택을 인정하고, 같이 노는 거야. 그리고 제럴드와 노는 걸 좋아하는 거지.

빌리	제럴드가 같이 나누려고 하지 않는데, 제가 어떻게 좋아할 수 있어요?
조앤	트럭이 뭐가 그렇게 중요하니? 어제까지는 트럭 없이도 좋은 시

	간을 잘 보냈잖아. 그렇지 않니?
빌리	(웃으며) 그러네요.
조앤	행복하기 위해 트럭이 꼭 필요하니?
빌리	아닌 거 같아요.
조앤	네게 정말 필요한 것은 사랑을 받는 거란다. 넌 엄마의 사랑을 듬뿍 받았지. 집에서도 사랑을 받고, 제럴드에게도 조금 받았을 거야. 잠시 트럭을 가지고 놀지 못했다고 해서 친구를 영원히 잃고 싶니?
빌리	(잠시 생각하다가) 음, 잘모르겠네요.

빌리는 친구가 자신과 장난감을 나누지 않았다는 사실이 여전히 짜증났다.

조앤	이게 첫 번째 선택이야. 제럴드의 상태를 좋아하면서 노는 거야. 제럴드랑 같이 놀면서 좋은 시간을 보낼 수 있지. 트럭을 가지고 놀지 못한다고 해도 가지고 놀 수 있는 장난감이 아주 많이 있잖아. 두 번째 선택은 '그 상태를 싫어하면서 살기'라는 선택이야. 제럴드의 행동에 계속 기분 나빠 하면서 다투는 거야. 네가 제럴드랑 놀 때 불행해하는 것은 네 선택일 뿐 제럴드 잘못이 아니라는 것을 알겠니?
빌리	(놀란 표정으로) 아니요. 제럴드가 트럭을 나누지 않았는데, 왜 제 잘못이죠?
조앤	제럴드가 트럭을 나누지 않은 것은 맞아. 그런데 그 상황에서 불행해하는 것은 네 선택이잖아. 만약, 엄마가 지금 제럴드랑 놀기 위해 밖에 나간다면, 내게 트럭을 나누어 주지 않았다고 해서 화가 날까?

빌리는 이런 방식으로 생각을 해본 적이 없다. 조앤은 빌리에게 다른 사람들은 우리를 결코 화나게 만들지 않는다(제3장 참고)는 것을 가르치고 있었다. 이는 아주 소수의 사람들만이 이해하고 있는 원칙이다.

조앤	빌리가 나와 트럭을 나누지 않았다고 해도 엄마는 화가 나지 않을 거야. 네가 화가 난 것은 네가 화를 내겠다고 선택했기 때문이야. 그러니 네가 화가 난 것과 네 불행을 제럴드 탓으로 돌릴 수 없지. 네 스스로 화를 내고, 불행을 선택하는 거란다. 그렇지만 지금은 누구 잘못인지, 걱정하지 말자구나. 조금 전에 네가 발을 쿵쿵거리며 주방으로 들어왔을 때, 행복했니?
빌리	아니요.
조앤	그런 끔찍한 기분으로 계속 있고 싶니?
빌리	아니요.
조앤	제럴드는 자신이 원하는 만큼 이기적으로 행동하는 걸 선택할 수 있어. 그건 제럴드가 결정할 일이지. 그리고 네가 제럴드의 행동을 싫어하는 걸 선택한다면, 불행을 선택하는 거야. 똑똑한 선택일까?

빌리가 생각에 잠기자, 조안은 말을 계속 이어 갔다.

조앤	엄마의 선택과 네 선택이 얼마나 자주 다를까?

빌리는 엄마가 원하는 만큼 자신의 방을 깔끔하게 정리하지 못했다. 더욱이 여러 번 말을 해야 과제도 겨우 끝냈다. 하루에도 몇 번씩, 엄마가 원하는 것과 다른 결정을 내렸다.

조앤	만약, 엄마가 원하는 것과 다른 결정을 네가 내릴 때마다 엄마가 계속 화를 낸다면 어떻게 될까? 너는 그걸 좋아할까?
빌리	아니요.
조앤	생각이 다르다고 해서 화를 내야 한다면, 엄마는 하루 종일 너에게 화를 낼 거야. 그렇지?
빌리	(웃으며) 아마도요.
조앤	그러면 엄마도 정말 불행할 거야. 이건 아주 어리석은 선택일 거야. 사람들이 스스로 화를 낼지 말지를 선택할 수 있는데, 화 내는 것을 선택하는 건 우스운 일이지.
빌리	그런 거 같네요.
조앤	네가 제럴드에게 하고 있는 행동이 바로 그런 거란다. 지금 이 순간, 제럴드가 이기적으로 행동했어. 하지만 제럴드도 그러지 않는 법을 언젠가 배우게 될 거야. 그 과정에서 제럴드에게 화를 내는 건, 너를 불행하게 만들 뿐이야. 결국 네 자신에게 상처를 입히는 것뿐이지. 그러니까 두 번째 선택에서 '그 상태를 싫어하면서 살기'라는 것은 참으로 어리석은 거야. 그런데도 대부분의 사람이 그 선택을 하면서 살아간단다. 자신이 원하는 행동을 주변 사람들이 하지 않았다고 해서 화를 내는 거지. 다음으로, 세 번째 선택은 제럴드를 떠나는 거란다. 트럭이 없이는 재미있는 시간을 절대 보낼 수 없다고 결정하는 거야. 즉, 제럴드랑 다시는 놀지 않는 거야. 트럭을 나누지 않는 제럴드랑 다시 놀 수 없다고, 너도 이기적으로 결정하는 거지. 모두 네 선택이란다. 넌 어떻게 생각하니?
빌리	제럴드가 이기적인 게 여전히 화가 나요.
조앤	이해할 수 있어. 제럴드는 이기적으로 행동하고 있어. 그렇지만 제럴드의 이기적인 행동에 대해 우리가 하루 종일 이야기한다

고 해서 아무런 변화도 일어나지 않는단다. 네가 행복한지, 아닌지는 완전히 네 선택이지. 제럴드가 얼마나 이기적인지와 상관없이, 네가 할 수 있는 선택은 세 가지란다. 어떤 선택을 하느냐에 따라 너의 행복이 결정될 거야. 이건 아주 중요한 거야. 제럴드가 뭘 선택했는지는 중요하지 않아. 네가 뭘 선택하는지가 중요하단다. 엄마는 네가 어떤 선택을 하든, 너를 사랑할 거란다.

빌리는 친구에게 여전히 화가 나 있었다. 그래서 집에 있기로 결정했다. 세 번째 선택인 '관계를 떠나기'를 선택했던 것이다. 빌리는 제럴드의 선택을 바꾸려고 했던 자신의 행동이 잘못된 것이었다는 것을 알 수 있었다. 그리고 첫 번째, 두 번째 선택을 하더라도 자신이 행복하지 않으리라는 것을 알았다. 그래서 제럴드와 아예 놀지 않는 것을 선택했던 것이다.

얼마 지나지 않아, 혼자 노는 것에 익숙해진 빌리는 트럭을 가지고 노는 것이 생각보다 그리 중요하지 않다는 것을 깨달았다. 그리고 첫 번째 선택인 '그 상태를 좋아하면서 살기'를 선택해 보기로 결심했다. 다시 밖으로 나가서 새로운 전동 트럭을 옆으로 치워 두고, 제럴드와 같이 놀았다. 이처럼 빌리는 엄마와의 대화는 물론 친구와 다양한 경험을 하며 많은 것을 배울 수 있었다.

이렇듯 대부분의 상호작용은 빌리와 제럴드만큼 단순하다. 모든 갈등은 결국 같은 뿌리를 두고 있다. "내가 원하는 걸 왜 안 줘!" 또는 "내가 좋아하지 않는 행동을 네가 하고 있어"라는 것이다. 그런 갈등에 따라서 우리는 다음에 제시하는 세 가지 선택을 적용할 수 있다.

이 세 가지 선택을 부모가 아이에게 가르쳐야 한다.

1. 그 상태를 좋아하면서 살기
2. 그 상태를 싫어하면서 살기

3. 관계를 떠나기

특히 우리는 아이에게 상대를 통제한다는 네 번째 선택지는 없다는 것을 가르쳐 주어야 한다. 이 세 가지 원칙으로 무장한 채 세상으로 나간다면, 아이는 인간관계에서 행복을 찾는 무한대의 능력을 갖추게 되는 것이다.

기대의 법칙

선택의 법칙을 온전히 이해하면 필연적으로 따라오는 것이 기대의 법칙이다. 기대의 법칙은 **다른 사람들이 우리를 위해 무언가를 해줄 것이라는 기대를 할 권리가 우리에게는 없다**는 것이다.

사람들에게 스스로 선택할 권리가 정말 있다면, 상대의 선택이 우리를 편리하게 하는 선택인지, 아닌지를 상대가 확인하는 것을 무슨 권리로 기대한단 말인가? 그럼에도 불구하고 우리는 다른 사람에게 여전히 기대를 한다. 매 순간 우리가 실망하고 짜증을 낸다는 것은, 상대에게 기대하고 있던 것이 충족되지 않았다는 것을 의미한다. 지금까지 다른 사람과 다투었던 상황들을 떠올려 보라. 그 말다툼은 뭔가를 기대했기 때문에 시작된다. 사랑, 감사, 지원, 협조, 봉사, 동의, 존경, 칭찬, 의리, 안전함 등 이런 것을 기대하고 있었기에 말다툼이 일어나는 것이다. 우리가 기대의 법칙을 이해한 뒤 이것을 아이에게 가르치면, 세상은 좀 더 행복한 곳으로 변하기 시작한다.

한 엄마와 딸의 사례를 통해 이를 살펴보자.

마리는 학교에서 돌아오자마자 물건들을 의자에 집어던지고, 소파에 털썩 앉아 TV를 노려보았다. 그러자 엄마가 다가와서 TV 전원을 끄고 마리 옆에 앉았다.

엄마　　뭔가 하고 싶은 말이 있니?

| 마리 | 아니요. 별로….

엄마는 마리 옆에 앉아서 어깨동무를 하고는 얼마간 그렇게 앉아 있었다. 잠시 후 마리는 엄마에게 가까이 다가오더니 말을 시작했다.

| 마리 | 친구들이 다 멍청해요.
| 엄마 | 어떻게 멍청하니?
| 마리 | 다들 자기 생각밖에 안해요.
| 엄마 | 정말?
| 마리 | 네. 무슨 옷을 입는지, 어떤 남자 친구를 만나는지, 자기 자신에 대해서만 말해요. 그리고 제 말은 안 들어요. 저에겐 관심이 없는 것 같아요.
| 엄마 | 물론 너에게 관심이 없겠지.
| 마리 | 무슨 말씀이세요?
| 엄마 | 조건 없는 사랑을 충분히 받아서 다른 사람들의 삶에 관심을 가질 수 있는 사람은 극소수란다. 네 친구들이 이상한 게 아니야. 너에게 관심이 없는 것이 의도적인 것은 아니란다. 사랑을 충분히 받는다고 느끼지 못하기 때문에, 자기 자신 말고 다른 사람에게 관심을 가질 수 없단다. 이기적으로 행동하기도 하지. 가족 모임에서 이 대화를 했어.
| 마리 | 무슨 말씀인지 알겠어요.
| 엄마 | 네 문제는 다른 친구들이 너에게 관심을 갖길 기대하고 있다는 거야. 친구들이 줄 수 없는 걸 달라고 하는 거지. 아주 답답한 기분일 것 같구나. 네 기대가 문제란다. 아예 모르는 사람들이 너에게 관심이 없다고 해서 기분이 나쁘진 않을 거야. 왜냐하면 넌 모르는 사람들이 너에게 관심을 갖길 기대하지 않으니

	까. 너는 그 친구들이 네 친구니까 관심을 가져야 한다고 기대하는데, 네 친구들은 너에게 관심을 가져 줄 능력이 없다는 것뿐이야.
마리	그럼, 이 생각에서 어떻게 벗어날 수 있죠?
엄마	친구들에게 기대하는 것을 멈추렴.
마리	하지만 제게 신경을 써 주면 좋겠어요. 기대를 어떻게 안할 수 있어요?
엄마	하룻밤에 기대를 하지 않게 되진 않을 거야. 하지만 다음 세 가지를 기억하면 기대하지 않는 게 더 쉬울 수 있어. 첫째, 다른 사람에게 기대할 권리가 너에게는 없다는 거야. 모든 사람은 스스로 선택할 권리가 있어. 네가 아무리 원한다고 하더라도 네가 원하는 행동을 다른 사람이 해야 할 필요가 없지. 두 번째, 네 친구는 네가 기대하는 것을 가지고 있지 않아. 그러니까 기대하는 게 어리석은 거지. 세 번째, 가족들이 너에게 이미 많은 관심을 주고 있어. 그걸 기억하면, 친구들로부터 관심을 얻고 싶다는 생각이 심하게 들지 않을 거야.

여기서 엄마가 한 말보다 더 중요한 것은, 마리가 엄마에게 있는 그대로 받아들여졌다는 것이다. 마리는 그 느낌에 감동을 받았다. 그 순간, 엄마에게 받은 사랑과 학교 친구들이 주는 조건적이고 표면적인 사랑이 아주 다르다는 것을 느꼈다. 그리고 엄마로부터 선택과 기대의 법칙을 더 많이 배울 수 있었다.

기대는 행복을 망친다. 우리가 기대하던 것을 얻지 못할 때는 언제나 실망하고 불행해진다. 아무리 많이 받더라도 우리가 기대한 만큼 받지 못하면, 그만큼 집착하기 때문이다. 심지어 기대한 만큼 받게 되더라도 우리가 최대한 얻을 수 있어야만, 내가 원하는 것이 이루어졌다는 만족감이 생기는 것이다. 하지만 그런 태도로는 감사함은 물론 사랑도 느낄 수 없다. 이처럼 기대는 삶에서 즐거움을 빼앗아 간다. 그러므로 아이에게 기대하는 것을 멈추도록 가르칠 때, 더 큰 행복이 아이들에게 찾아올 것이다.

마리의 엄마는 관계에서 세 가지 선택에 대해 설명해 주었다. 마리는 세 가지 선택 중 '그 상태를 좋아하면서 살기'로 결정했다. 마리는 친구들이 조건 없는 사랑을 받지 못했기 때문에 자신에게 충분한 관심을 줄 수 없으며, 친구들이 최선을 다해 자신을 받아들이고 있다는 것을 이해했다. 그러자 자신을 조건 없이 사랑해 주지 못하는 친구들 때문에 짜증이 나지 않았다.

한편, 친구들을 있는 그대로 사랑하는 법을 배울 수 있었다. 또 마리는 친구들에게 자신의 진실을 말하기 시작했다. 그러자 친구들도 마리를 통해 상대를 있는 그대로 받아들이고, 사랑하는 법을 배울 수 있는 기회를 얻을 수 있었다. 우리가 사람들에게 자신의 진실을 말하면, 주위 사람들을 지혜로운 사람으로 만들어 줄 수 있다.

그렇다면 친구들이 자신에게 관심이 없다며 마리가 처음에 말했을 때, 엄마가 했던 말에 주의를 기울여 보자. 대부분의 부모는 아이가 이런 말을 할 때, 다음과 같이 반응했을 것이다.

"오, 딸아…. 친구들이 너에게 관심이 있지, 왜 없어."

위와 같이 말하거나, 아이의 슬픔을 잠시 위로하고자 했을 것이다. 마리의 엄마는 딸이 있는 그대로 보이고, 사랑받고, 배울 필요가 있다는 것을 이해하고 있었다. 다만, 표면적인 위로를 받을 필요는 없다는 것을 알았다. 특히 진실은 좋은 의도를 가지고 위로하는 것보다 아이의 삶에 더 크고 지속적인 힘이 된다.

아이에게 선택의 법칙과
'다른 사람이 우리를 화나게 만드는 것이 아니다'라는
기본적인 원칙을 가르치자(제3장 참고)

우리는 화가 날 때마다 다른 사람의 탓으로 돌리는 경향이 매우 강하다. 이러한 태도는 다른 사람이 우리에게 채워 놓은 족쇄를 풀지 못한 채 그들이 이끄는 대로 살아가는 것이나 마찬가지다. 따라서 다른 사람들이 우리를 화나게 만든다는 생각의 오류를 이해한 뒤 아이에게 그 오류를 가르치면, 우리의 삶과 아이의 삶에 강력한 변화를 만들 수 있다.

이 오류에 대해 두 아이를 가르친 경험이 있는 한 엄마의 사례를 살펴보자.

한 엄마가 자신의 두 아이가 옆방에서 싸우는 소리를 들었다. 10살 제임스와 8살 신시아가 서로 소리를 지르고 있었다.

엄마	둘 다 화가 많이 나 보이네.
제임스	신시아에게 제 방에 들어가지 말라고 말했는데, 제 말을 안 듣잖아요. 신시아랑 신시아의 친구 꼬맹이 한 명이 같이 들어와서 제 물건을 가지고 놀았어요. 그리고….
신시아	아무것도 만지지 않았어요.

엄마는 제임스와 대화를 할 테니, 신시아에게 자신의 방으로 가 있으라고 말했다. 다툼이 있을 때, 부모는 두 아이와 동시에 대화를 하는 게 일반적이다. 대화를 하며 두 아이가 모두 배울 수 있기 때문이다. 그러나 어떤 상황에서는 한 아이와 대화하는 것이 더 유용하다. 두 아이가 서로 비난하고 또 고자질을 하려는 악순환의 고리를 즉각 끊을 수 있기 때문이다.

신시아는 친구와 제임스의 방에서 놀았다. 놀다가 제임스의 과제를 밟았고, 한 장이 찢어졌던 것이다. 그래서 제임스는 다시 프린트를 해야 하는 상황이다. 그래서 엄마는 신시아가 제임스의 방에 들어가지 않는다는 약속을 어겼다는 사실을 인정해 주었다. 신시아의 행동이 제임스를 불편하게 만들었던 것이다.

"신시아가 잘못한 게 명백해."

엄마가 제임스에게 이렇게 말하자, 제임스는 엄마가 자기 편이라고 느꼈기에 기분이 좋아졌다.

엄마	그러니까, 신시아가 너를 아주 화나게 만들었구나.
제임스	네.
엄마	그건 사실이 아니란다.

제임스는 깜짝 놀랐다. 제임스는 엄마가 무슨 말을 하려는지 몰랐지만, 자신에게 뭔가를 가르쳐 주려고 한다는 것은 알 수 있었다.

엄마	신시아가 너를 화나게 만든 것이 아니란다. 신시아는 네 방에 들어가서 네 과제를 찢어 버렸어. 그렇지만 너를 화나게 만들지는 않았어. 네가 화를 내는 것은 네 선택이란다. 그걸 이해하겠니?
제임스	아니요.
엄마	어제 신시아가 엄마가 좋아하는 꽃병을 깼던 것 기억하니?
제임스	네.
엄마	네가 숙제를 소중히 여기는 것만큼 엄마가 그 꽃병을 소중하게 여긴다고 생각하니?
제임스	아마도요.
엄마	엄마가 신시아에게 소리를 질렀니?
제임스	아니요.
엄마	신시아는 나를 화나게 만들지 않았단다. 신시아가 실수를 했을 때, 그 상황이 나를 불편하게 하더라도 나는 신시아를 있는 그대로 받아들이고 또 사랑하기로 결정했단다. 너도 배우고 또 연습하면 그렇게 할 수 있어. 하지만 지금은 동생을 사랑하는 것 대신 네 자신을 생각하고 있는 거지. 이 부분은 엄마의 잘

	못이야. 엄마가 너를 충분히 사랑해 주지 않아서, 네가 다른 사람을 사랑할 수 없는 거란다. 네가 엄마에게 더 사랑받게 되면, 이런 일이 일어나도 화가 덜 나는 것은 물론 아예 화가 나지 않을 거야. 하지만 지금 상황에 대해 대화해 보자. 조금 전과 비교해서 지금은 얼마나 화가 나니?
제임스	별로요. 사실, 지금은 화가 전혀 안 나요.

제임스는 엄마가 자신을 사랑해 주고 있다는 것을 이성적으로 이해하지는 못했지만, 엄마가 주는 사랑을 느끼고 있었다. 다시 말해, 화는 공허함과 두려움에 반응하는 것이기 때문에 진정한 사랑을 받으면 사라진다. 그래서 조건 없는 사랑을 받는 순간, 화를 낼 이유가 쉽게 사라지는 것이다. 즉, 사랑을 받으면 공허함과 두려움이 없어지기 때문이다.

엄마	네 마음이 지금 뭐가 바뀐 것 같니? 신시아가 문제는 아니었던 거야. 몇 분 전에 너는 사랑을 받는다고 느끼지 못했기 때문에 화가 났어. 지금은 엄마의 사랑을 받았지. 신시아가 아니라 엄마한테 사랑을 받은 거지. 이전보다 화가 나지 않는 지금의 상황을 이해할 수 있니?
제임스	그런 거 같아요.
엄마	다른 사람이 너를 화나게 만드는 게 아니라는 걸 이해하게 되면, 너는 아주 강해진단다. 네가 사랑을 더 받으면 받을수록 너는 사랑을 더 줄 수 있게 되고, 사람들이 너를 함부로 대하는 상황에서도 화를 내는 대신 사랑하는 걸 선택할 수 있게 되지. 그게 가장 강한 힘이란다. 주변 사람들이 무슨 짓을 해도 사랑과 행복을 선택할 수 있는 힘 말이야. 다른 사람들이 너를 화나게 만든다고 믿는다면, 너는 아무것도 할 수가 없지. 모든 순간

네 기분이 다른 사람에 의해 결정되니까. 그건 좋지 않지.

이렇듯 다른 사람이 우리를 화나게 만드는 것이 아니라, 삶에서 진정한 사랑이 부족해서 일어나는 반응이라는 것을 아이에게 가르치면, 화가 날 때 진짜 문제가 무엇인지를 다룰 수 있게 된다. 특히 상대를 공격하고 또 관계를 망가뜨리는 대신, 다른 사람에게 있는 그대로 받아들여지고 또 사랑받을 수 있는 기회를 찾으려고 노력할 것이다.

선택의 법칙 그리고 우리는 결코 피해자가 아니라는 것을 아이들에게 가르치기

우리가 선택의 법칙을 이해하지 못할 때, 주변 사람들이 우리에게 도움이 되는 선택을 하거나 피해를 주지 않아야 하는 의무가 있다고 믿는다. 그런 기대를 하면, 우리는 언제나 피해자처럼 느낀다. 일반적으로, 사람들은 우리를 불편하게 할 뿐 우리를 기쁘게 만들기 위한 선택을 하지 않기 때문이다. 피해자들은 자기 중심적이고, 주변 사람들이 언제나 자신을 실망시키며, 상처를 입히려고 한다는 생각을 한다.

사실, 어른이든 아이든 상관없이, 우리는 모두 사람들이 함부로 대할 때 자신이 피해자라고 느낀다. 그러나 우리는 피해자가 아니다. 사람들이 가짜 사랑을 얻으려고 애쓰는 과정에서 자신을 보호할 때, 우리가 불편함을 느끼게 되는 것일 뿐이다.

> 다른 사람은 스스로 선택할 권리가 있기 때문에, 우리는 상대가 우리를 편리하게 만들어 주거나 기쁘게 만들어 줄 수 있는 선택을 할 것이라고 기대할 권리는 없다. 이것이 기대의 법칙이다. 이것을 아이에게 가르치면 아이의 인간관계는 훨씬 더 효과적일 것이다.

모든 사람은 스스로 선택할 권리가 있다. 심지어 그것이 우리를 불편하게 하더라도 말이다. 그 불편함은 자신이 선택한 권리를 누리는 세상을 살아가면서 우리가 지불해야 하는 대가다. 그러나 누군가 경험하는 불편함을 방지하기 위해 우리를 대신해서 모든 선택을 해 버린다는 것은 상상할 수 없다.

그러므로 우리는 결코 피해자가 아니라는 사실을 아이에게 가르치면, 행복을 위한 열쇠를 선물로 주는 것이다. 그것을 가르칠 수 있는 기회는 많다. 아이가 실망하거나 화를 내는 모든 순간, 피해자 행세를 하는 것이다. 아이의 실망은 다른 사람들이 자신을 기쁘게 만들어 주어야 한다는 믿음의 결과인 것이다. 다른 사람들이 우리를 불편하게 만들더라도 사람들은 스스로 선택하고, 실수를 저지를 권리가 있다는 것을 가르쳐야 한다. (제6장에서 피해자 행세를 많이 하는 아이에게 어떻게 반응해야 하는지 이미 다루었으니 참고하자.)

특히 아이에게 "너는 피해자가 아니야"라고 말을 해주는 것보다 진정한 사랑을 충분히 주는 것이 더 중요하다. 공허함과 두려움이 없을 때는 다른 사람이 우리를 함부로 대하더라도 피해자처럼 생각하지 않는다. 그런 불편한 상호작용 속에서 두려움에 떨고, 사람들에게 요구하고, 이기적으로 행동하고, 화를 내는 대신 사랑하고 또 행복한 것을 선택할 수 있기 때문이다. 이것을 배운 아이는 주변 사람들이 어떤 선택을 하는지와 상관없이, 마음속 깊이 평화로움을 품고 살아갈 수 있을 것이다.

선택의 법칙과 이기적인 행동

이기적인 행동은 다른 사람의 선택보다 내 선택이 더욱 중요하다는 믿음에서 나온다.

몇 년 전, 나의 아들 롭은 가족 모임에서 동생에 대해 이야기하기 시작했다.

롭	벤자민은 저에게 물어보지도 않고 제 스피커를 써요. 계속 그래요. 저를 화나게 만들어요.

벤자민	형은 집에 없었잖아. 물어볼 수 없었어. 형도 내 물건을 마음대로 쓰잖아. 그렇게 말할 자격이 있어?
나	벤자민, 형이 무슨 말을 하고 싶은지 우선 들어보자. 상대를 제대로 보기 위한 첫 번째 규칙이잖니(제5장 참고). 벤자민, 네가 어떤 행동을 했든 상관없이 아빠는 너를 사랑한다는 걸 기억하렴. 네 기분을 상하게 하거나 처벌하지 않을 거란다. 그러니 물어보지 않고 스피커를 사용한 게 어떤 의미를 가지고 있는지, 시간을 갖고 생각해 보렴.

벤자민은 내 도움으로 자신이 행동이 의미하는 바를 알 수 있었다. '롭이 원하는 것보다 내가 원하는 것이 더 중요하니까 스피커를 마음대로 쓰겠어'라는 의미였다.

우리는 아이가 이기적으로 행동할 때 자신을 볼 수 있도록 도와주어야 한다. 만약, 이를 가르치지 않는다면 자신의 이기적인 행동을 알아차리지 못하게 될 것이며, 앞으로 살아가면서 공허함으로 인해 스스로 불행해지는 것을 경험하게 될 것이다. 여기서 나는 벤자민에게 잘못을 했다거나, 다시는 그런 행동을 하지 말라고 덧붙일 필요가 없었다. 벤자민 스스로 이미 알고 있었다. 벤자민은 자신이 그렇게 행동하고 있다는 사실을 제대로 볼 필요가 있었다.

한편, 아이들은 본성적으로 선하다. 그러므로 자신의 잘못을 인지함으로써 더 나은 선택을 할 수 있다는 것을 알게 되면, 잘못된 행동을 멈춘다.

인간관계를 성공시키는 두 가지 열쇠

성공적인 인간관계는 전혀 복잡하지 않다. 만약, 아이에게 다음 두 가지 핵심을 가르치면, 사랑이 충만한 관계를 평생 경험하게 될 가능성이 높다.

1. 자신의 진실을 말하라.
2. 어떤 사람 및 어떤 그룹의 사람들이 너를 언제나 사랑할 것이라고 기대하지 마라.

1) 자신의 진실을 말하라

사람들과 관계를 맺다 보면, 상대방의 잘못을 지적하는 것을 좋아한다. 그럼으로써 얼마나 많은 희열을 느끼는지는 모르겠지만, 상대를 비난하고 화를 내는 것은 장기적으로 볼 때 다른 사람들과 행복한 관계를 형성하는 데 있어 결코 기여하지 못한다. 따라서 사람들과의 관계에서 진정한 변화를 만드는 유일한 방법은 우리 스스로 변하는 것뿐이다. 그 변화는 자신의 진실을 말하는 것으로부터 시작된다. 만약, 아이에게 진실을 말하는 방법을 부모가 가르쳐 준다면, 아이는 인간관계에서 필요 없는 갈등을 피할 수 있는 강력한 도구를 갖게 된다. 특히 아이가 자신의 진실을 말하게 되면 친구·친척·선생님 혹은 미래 배우자에게 제대로 보이고, 받아들여지고, 사랑받을 수 있는 기회를 얻게 될 것이다. 그로 인해 진정한 사랑이 넘치는 관계가 형성되고 또 유지된다.

259쪽을 참고해 인간관계에서 아이에게 진실을 말하는 법을 가르치자.

2) 어떤 사람 및 어떤 그룹의 사람들이 너를 언제나 사랑할 것이라고 기대하지 마라

다음 사례를 살펴보자.

카터의 가족은 최근 새로운 도시로 이사를 했다. 카터의 딸 메건은 새로운 학교로 전학을 온 지 2주 정도 지났다.

어느 날, 학교에서 돌아온 메건이 화가 나 있었다. 엄마 레베카는 메건을 보고 말을 꺼냈다.

레베카	메건, 행복해 보이지 않는구나.
메건	이 학교 정말 싫어요.

레베카	뭐가 싫으니?
메건	모든 게 싫어요.
레베카	아, 그래? 학교 잔디밭도 싫고, 나무들도 싫고, 모든 것이 싫다는 말이니?
메건	(웃으며) 아뇨, 아마도 모든 게 싫은 건 아닌가 봐요.
레베카	선생님도 싫어하니?
메건	아니요.

대부분의 사람은 주변 사람들이 우리를 좋아하도록 설득하는 데 많은 시간과 에너지를 소비한다. 그렇게 살아가는 것은 우리를 지치게 하고, 그 행동으로 인해 얻을 수 있는 것은 가짜 사랑일 뿐이다. 그러므로 사람들이 우리를 좋아하도록 애쓰는 대신, 자신의 진실을 말하며 우리를 조건 없이 사랑해 줄 수 있는 사람을 찾는 편이 훨씬 더 효과적이다.

레베카	그러면 친구들 중 몇 명이 싫다는 거구나. 맞니?
메건	그냥 저에게 친절하지 않아요.
레베카	학교의 모든 친구가 너에게 친절하지 않다는 거니? 아니면 특정한 그룹의 애들을 말하는 거니?
메건	네 명이 모여서 모든 친구를 기분 나쁘게 해요. 모든 사람보다 자신들이 더 중요하다고 생각하나 봐요. 점심 시간에 대화를 해보려고 했는데, 저에게 너무 오만하게 굴어서 기분이 나빴어요.
레베카	문제는 언제나 똑같단다. 가족 모임에서 대화했잖아. 넌 그 친구들에게 원하는 게 있었고, 친구들은 너에게 그걸 주지 않았던 거야. 그게 뭐였을까?
메건	전 그 애들이랑 친구가 되고 싶었던 것뿐이에요.

레베카	그 친구들이 너를 좋아해 주길 바랐구나. 그랬니? 그 친구들이 너를 조금이라도 더 사랑해 주길 바랐던 거야.
메건	조금은요.
레베카	그 애들 네 명은 서로 좋아하는 것처럼 보였겠지. 그렇지 않니?
메건	네. 그렇지만 다른 애들은 모두 그 애들을 좋아하지 않는 것 같아요.
레베카	그럼, 네가 그 애들처럼 된다면, 다른 애들은 너를 좋아하지 않을 것 같구나. 그러니?
메건	아마도요.
레베카	그 애들이 너를 좋아하게 만들려면, 넌 지금과 다른 사람이 되어야 해. 완전히 다른 사람이 될 수 있겠니? 네가 누구인지를 포기하고, 그 애들이 좋아하는 모습이 되는 거야.
메건	별로 그러고 싶지 않아요.
레베카	만약, 네 자신을 그렇게 바꾸면, 그 친구들이 너를 조건 없이 사랑해 줄까?
메건	아니요.
레베카	그렇지. 그 친구들이 좋아하는 방식으로 행동해야만 좋아해 줄 거야. 그러니까 진정한 사랑이 아닌 거지. 너를 조건적으로 사랑해 주는 친구들을 갖고 싶은 거니?
메건	아닌 것 같네요.
레베카	좀 끔찍할 것 같은데…. 다른 사람들이 너를 좋아하게 만들려고 애쓰는 순간부터 그 사람들이 주는 사랑에 대가를 지불해서 구매를 하게 되는 거란다. 그걸 이해할 수 있니?
메건	그럼, 제가 어떻게 해야 하는 거죠? 전 친구가 아무도 없는 것 같은데요. 저에게 아무도 관심을 안 가져요.
레베카	좋은 친구를 만드는 열쇠는 말이야, 너를 좋아하게 하려고 애

쓰지 않는 거란다. 금방 말했듯이, 다른 사람이 너를 좋아하게 만들려는 그 순간, 너는 대가를 지불해서 사랑을 사게 되는 거야. 그러니까 다른 사람들이 너를 좋아하게 만들려는 대신, 있는 그대로 행동하렴. 네가 어떤 사람인지, 솔직하게 보여 주렴. 그러면 네가 진짜 어떤 사람인지를 좋아하는 사람들을 찾을 수 있을 거야. 그렇게 찾은 친구들은 너를 진정으로 사랑해 주는 사람들일 거야. 바로 진정한 친구지.

제9장

아홉 번째 육아 원칙
행복은 책임을 질 때 온다

Happiness comes from being responsible

제9장

아홉 번째 육아 원칙
행복은 책임을 질 때 온다

아이는 다음에 제시하는 두 가지 책임에 대해 배워야 한다.

1. 자신의 감정과 행동에 대해 다른 사람을 탓하는 것이 아니라, 스스로 책임지는 법을 배워야 한다. 실수를 한 뒤 거짓말을 하거나, 사람들을 공격하거나, 피해자 행세를 하거나, 관계에서 도망치지 않아야 한다. 그리고 자신의 진실을 말하고, 자신의 선택에 대해 말할 수 있어야 한다.
2. 아이는 신뢰할 수 있고, 자립할 수 있는 사람이 되는 법을 배워야 한다. 자신에게 주어진 업무를 책임질 필요가 있다.

1번 책임에 대해서는 책 전반에서 걸쳐 다루었다. 제9장에서는 2번 책임에 대해 대화를 해보도록 하겠다.

아이에게 책임을 가르치는 목적

모든 부모는 아이가 책임을 배워야 한다는 사실을 안다. 하지만 부모의 행동으로 인해 아이는 책임을 배워야 하는 목적이 무엇인지 혼란스러워한다. 아이가 무책임하게 행동할 때 부모는 인내심을 잃고 종종 짜증을 내기 때문에 혼란을 느끼는 것이다. 물론 우리의 목적이 아이에게 책임을 가르치는 데 있다고 하더라도, 짜증과 화로 이런 메시지를 보내는 것이다.

"내 관심은 나 자신이 편안해지는 데 있지, 네 행복에는 관심이 없다."

그런 태도로 아이에게 책임에 가르치려고 할 때마다 아이가 부모를 원망하고 화를 내는 것은 당연한 일이다.

아이에게 책임을 가르치는 진짜 이유는, 책임을 질 때 아이가 더 행복해지기 때문이다. 진실하고, 책임감 있고, 부지런하고, 독립적인 아이들이 그렇지 않은 아이들보다 훨씬 더 행복하다.

아이에게 책임을 가르치기

아이는 야구 경기나 피아노 연주를 하는 것과 같은 방법으로 책임을 배운다. 연습을 하는 것이다. 아이가 어릴 때 책임을 배울 수 있도록 몇 가지 과제를 주어야 한다. 우리는 아이에게 무거운 책임을 주는 것을 꺼리는데, 그 이유는 몇 가지가 있다.

- 아이가 좋아하지 않는 업무를 주었을 때 저항하는 것에 대처하고 싶지 않다.
- 아이에게 무거운 책임을 가르치기 위해서는 꽤 오랜 시간이 걸리고, 많은 노력이 필요하다.
- 아이의 애정을 잃을까 두려워하며, 업무를 주었을 때 원망받는 것을 두려워한다.

요약하자면, 아이들에게 충분히 책임질 수 있는 일을 주지 않고 회피하면, 부모가 자신을 보호하는 데 집중하는 것이다. 이렇게 책임을 가르치는 것을 회피하면 그 결과는 꽤 무겁다. 특히 자신에게 주어진 일을 마무리하는 법을 배우지 못한다면, 성인이 되어서 더 많은 어려움을 경험할 것이다.

> 아이들에게 책임을 가르치는 것은 부모가 편안해지려는 것이 아니라, 아이가 책임을 질 때 더 행복해지기 때문이다.

이제 아이에게 책임을 가르칠 수 있는 세부적인 방법들을 다루도록 하겠다.

집안일

과거에 대부분의 사람은 농장이나 가족이 운영하는 사업체에서 성장했다. 그래서 가족의 생존을 위해 모든 사람이 맡은 일의 책임을 완수했다. 그런 아이들은 책임지지 못하면 먹지를 않았다. 지금은 일부 가족들만이 그런 방식으로 살아가지만, 가족 내에서 아이에게 여전히 책임을 가르칠 수 있다. 설거지, 식사 준비, 방 청소, 동생 돌보기, 빨래 등 이러한 노동을 아이에게 부여해야 한다.

이때 부모는 일을 끝마치는 것이 중요하지 않다는 사실을 기억해야 한다. 바닥이 더럽거나, 옷장이 엉망이라고 해서 끔찍한 일이 일어나지는 않는다. 아이가 자신에게 주어진 일을 완료해야 하는 근본적인 이유는, 그렇게 할 때 아이가 더 강해지고 또 더 행복해지기 때문이다.

아이는 자신의 방과 자신이 어지른 방을 치우는 것 그 이상을 책임질 필요가 있다. 집안이 원활하게 유지되는 데는 모든 가족이 제 역할을 충실히 하며 기여하고 있다는 것을 이해해야 한다. 특히 집안일을 한다는 것은 부모의 부탁을 들어주는 것이 아니라, 모든 가족 구성원처럼 화목한 가족을 유지하는 데 참여하는 것이라는 생각이 앞서야 한다.

부모의 기본적인 책임 중 하나는 아이에게 다른 사람들을 사랑하는 법을 가르치는 것이다(제8장 참고). 따라서 집안일을 하며 가족을 사랑하는 기회로 삼을 수 있도록 해야 한다. 다른 사람을 위해 보상 없이 일을 할 때, 그 사람들이 조건 없이 사랑받을 수 있는 가능성을 만들어 준다. 이는 아이가 가족을 위해 주어진 책임을 다할 때 경험할 수 있는 것이다. 즉, 아이가 설거지를 하고, 빨래를 하고, 가족을 위해 봉사하면서 가족 구성원에 대해 관심을 갖는 법을 배운다.

아이에게 책임질 일을 나누기

우리는 순간적이고 또 개별적으로 필요한 상황에서 아이에게 할 일을 준다. 그러한 접근 방식은 잔소리를 계속하게 만든다.

"가서 설거지 좀 하라니까."
"거실에 청소기를 돌려라."
"저기 쓰레기들을 치우라고 몇 번이나 말해야 하는 거니?"
"마른 그릇들은 그릇장에 넣어야지."
"누가 설거지를 할 차례지?"
"바닥이 아직 지저분하잖니. 발에 치여서 걸을 수도 없구나."
"거실에 옷을 던져 놓은 애가 누구야?"

이처럼 잔소리는 끝이 없다. 그리고 누가 할 일을 했고 또 하지 않았는지를 살피는 일은 혼란스러우며, 짜증이 나기도 한다. 할 일을 주고 다시 확인하는 과정이 단편적으로 이루어지면, 부모와 아이에게 모두 귀찮은 일이 되어 스트레스가 쌓이게 된다. 그러면 부모는 하루에도 엄청난 양의 명령과 지시 그리고 약속들을 점검하는 교도관이 되고 만다. 그러므로 장기적인 업무가 주어지면 전체적인 노력과 갈등을 엄청나게 줄일 수 있다.

다음은 아이에게 줄 수 있는 몇 가지 집안일이다.

- **식탁 정리하기**
- **주방 청소하기**
- **가족을 위해 빨래하기**

- 아이들을 위해 빨래하기
- 잔디 깎기
- 화장실 청소하기
- 채소밭에 잡초 뽑기
- 필요할 때마다 집 안의 전구 갈기
- 마당 쓸기
- 집 안 청소기 돌리기
- 거실 청소하기
- 모든 쓰레기통을 비우고 모아서 마을 쓰레기 집합소에 놓고 오기

예를 들어, '거실 청소하기'라는 간단한 일을 아이에게 주면, 아이가 자신의 일을 어떻게 대처하는지를 점검할 수 있고, 아이는 책임지는 것에 대해 많은 것을 배울 수 있다. 이 일이 아주 간단하고, 직설적이고, 혼란스러울 것 없는 사소한 일이라며 단정지을 수 있다. 하지만 가장 단순한 업무에도 불구하고 아이는 미로와 같은 질문과 예외적인 상황들을 만들어 낼 것이다. 즉, 할 일이 명확하지 않거나 구체적이지 않다면, 다음과 같은 질문과 항의를 들을 수 있다.

"도대체 언제까지 이 일을 해야 하죠?"
"저건 제 물건이 아닌데요. 제가 왜 주어야 하는 거죠?"
"지금 청소하길 원하시는지 몰랐어요."
"제 눈에는 깨끗해 보이는데요?"
"청소기를 돌리기만 하면 되는 거죠?"
"근데 전 시간이 없어요."

8살이 된 셰릴은 거실을 청소하는 책임을 맡았다. 셰릴의 아빠는 일을 분담하는 데 있어 명확하고 구체적이어야 한다는 사실을 알았기에 다음과 같이 설

명했다.

- 거실은 매일 청소해야 해. 평일에도 주말에도…. 사람들은 언제나 이 공간을 지나가고 또 시간을 보내고, 앉아서 TV를 보기도 하니까 말이야. 너는 우리 집을 즐거운 공간으로 만드는 막중한 일을 하게 된 거야.
- 이 일은 적어도 3개월 동안 네 책임이 될 거야. 그리고 이후에 상태를 보고 다른 업무를 맡게 될 거란다.
- 너는 바닥을 쓸고, 청소기를 돌려야 해. 매일 오후 6시에 확인할 거란다.
- 보이는 모든 공간은 먼지를 닦아 주렴. 토요일 오전 12시에 확인할 거야.
- 매 순간 깨끗하게 유지한다는 건 가능하지 않으니까 매일 저녁 6시, 잠자기 전, 학교에 가기 전에는 깨끗이 청소해야 한단다. 그렇게 하면 가장 많이 사용하는 시간 동안 거실이 깨끗하게 유지될 거야.
- 모든 물건은 제자리에 있어야 해. 의자, 소파 그리고 바닥에는 책, 양말, 신발, 재킷, 접시 등 잡동사니들은 없어야 한다.
- 이 방이 이제부터 네가 책임져야 하는 곳이야. 바닥에 뭐가 떨어져 있다면, 그걸 제자리에 넣는 것이 네 책임이야. 누가 거기에 두었는지는 상관이 없단다. 만약, 누가 방을 어지럽게 쓴다면, 그것은 그 사람에게 반복적으로 말할 수 있단다. 그렇지만 정리를 하는 것은 여전히 네 책임이란다.

자신이 맡은 일을 완전히 책임질 때, 책임을 넘어선 또 다른 원칙을 배우게 된다. 바로, 사랑하고 용서하는 관계다.

10살이 된 메건은 셰릴의 언니로서 거실을 종종 지저분하게 사용한다. 셰릴은 언니에게 어질러 놓은 물건을 가져가라고 했지만, 메건은 그 말을 듣지 않았다. 이 문제로 인해 둘 사이에 다툼이 자주 일어나기 시작했다. 결국 가족 모임에서 메건이 이 문제를 꺼냈다.

메건	셰릴은 저에게 거실 청소를 도와야 한다고 계속 소리를 질러요. 그런데 거실은 셰럴 책임이잖아요. 제 물건을 제가 주어야 할 필요는 없는 거잖아요? 안 그래요?
셰럴	그치만 그건 메건 물건이잖아요! 옷이랑 책들을 바닥에 그냥 내버려 둔다고요. 메건이 청소해야 하는 공간에 저는 제 물건들을 내버려 두지 않아요. 이건 불공평해요!
엄마	(메건을 바라보며) 그래, 메건 넌 거실을 청소할 필요가 없지. 거실 관리자는 셰럴이니까. 거실이 지저분하다면 셰럴이 청소를 해야 해.
메건	봐! 내가 말했지?
엄마	그렇지만 메건, 여기서 너는 배워야 할 것이 있단다. 거실에 네 물건을 내버려 두고 갈 때, 네 행동이 셰럴에게 보내는 메시지는 뭐지?

입에서 나오는 말로만 메시지를 전달하는 것이 아니라, 행동으로도 메시지를 전달할 수 있다는 것을 가족 모임에서 이미 대화했다. 그래서 메건은 엄마가 무슨 말을 하는지 이해하고 있었다.

메건	제가 셰럴을 신경쓰지 않는다는 메시지를 보냈죠.
엄마	그래. 그렇게 이기적으로 행동하며 자신을 보호할 때 네 기분이 어땠니? 행복하지 않지? 거실에 있는 네 물건을 정리하는 책임은 셰럴에게 있어. 네 물건뿐만 아니라 모든 사람의 물건을 셰럴이 정리해야 하지. 그래서 셰럴이 책임지는 법을 배우는 만큼 네가 사람들에게 사랑을 주는 법을 배우는 것도 중요하단다. 그런데 네가 물건들을 거실에 내버려 두고 가는 행동으로는 사람들을 사랑하는 법을 배울 수가 없단다. 메건, 네 물건

	들을 줍는 데는 1분도 걸리지 않을 거야. 그 행동으로 넌 셰럴을 신경쓰고 있다는 걸 보여 줄 수 있어. 이해가 되니?
메건	그래서 엄마는 거실에 있는 제 물건을 제가 주워야 한다고 하시는 건가요? 거실은 셰럴 책임인데도요?
엄마	아니란다. 그럴 필요는 없어. 네가 억지로 그렇게 하도록 하진 않을 거야. 엄마는 제안하는 거야. 네 물건을 스스로 정리해 본다면, 동생을 사랑하는 법을 배울 수 있을 거야. 네 물건을 네가 가져가는 것은 옳은 일이란다. 사랑을 주는 일이지. 며칠 뒤에 있을 가족 모임에서 이 문제에 대해 다시 대화를 해보자구나.

메건은 자신이 엉망진창으로 사용한 거실을 셰럴이 청소해야 한다는 것이 공평하지 않다는 것은 이해할 수 있었다.

그러나 아이는 살아가면서 다른 사람들이 어질러 놓은 쓰레기 더미를 치워야 하는 상황에 놓이게 된다는 것을 배워야 한다. 만약, 메건이 물건을 거실에다가 계속 두고 간다면, 엄마는 일정 기간 동안 메건이 거실을 사용하지 못하도록 하는 결과를 부여할 수 있다.

맡은 일을 나누는 것

앞서 아이에게 부여할 수 있는 집안일 리스트를 소개했다. 이제 어떤 방식으로 아이에게 일을 나누어 줄 수 있을까? 다양한 방식으로 나눌 수 있지만, 다음은 내가 제안하는 세 가지 방법이다.

1. 부모가 아이에게 일을 주자.
2. 아이 스스로 어떤 일을 맡을지 결정하도록 내버려 두자.
3. 아이가 선택하는 과정에서 부모가 도움을 주자.

① 부모가 아이에게 일을 주자

아이의 의견과 관계없이 아이에게 부여할 일을 부모가 직접 결정할 수 있다. 이 접근법은 몇 가지 장점이 있다. 각 업무를 어떤 아이가 더 잘할 수 있는지, 부모는 이미 잘 파악하고 있을 것이다. 그러나 이 접근법은 단점이 있는데, 이는 아이에게 많은 영향을 미친다는 것이다. 만약, 아이가 자신이 하게 될 일에 대해 어떤 의견도 낼 수 없다면, 그 일을 할 때 원망하게 되고 또 자신의 일에 대한 주인 의식을 느끼지 못할 것이다.

② 아이 스스로 어떤 일을 맡을지 결정하도록 내버려 두자

가족 모임에서 아이들이 책임져야 할 리스트를 보여 주자. 당신은 466쪽에 나열해 놓은 집안일 목록을 사용할 수 있다. 다음 개념들을 가르치고, 자세한 방법을 설명해 주자.

- 이것이 너희가 완수해야 할 일들의 목록이란다.
- 엄마와 아빠는 네가 맡은 일을 완료했는지 점검할 거야. 이 일들은 우리집이 즐거운 곳이 되기 위해 꼭 필요한 일들이야.
- 네가 원하는 책임을 선택할 수 있어. 기억할 건, 여기 목록에 있는 모든 일을 누군가는 선택해야 해.
- 나이가 많은 아이가 조금 더 어려운 일을 선택하는 걸 제안할게.
- 모든 책임이 완벽하게 공평해야 한다는 걱정은 하지 않아도 된단다. 네가 이 일을 영원히 해야 되는 것이 아니라, 가족 모임에서 함께 바꾸거나 교환할 수 있단다.

아이들은 공평하게 일을 나누는 것에 대해 아주 좋은 생각을 다양하게 내놓을 것이다. 따라서 한 아이가 너무 쉬운 일을 선택해서 불공평해지는 상황은 일어나지 않을 것이다. 다른 아이가 그러도록 내버려 두지 않고, 바로 지적할 것이기 때문이다.

③ 아이가 선택하는 과정에서 부모가 도움을 주자

이 방법이 대부분의 가족에게 가장 알맞는 방법일 것이다. 부모의 지혜와 가르침이 적절하게 추가된 상태에서 아이의 의견을 상당히 반영할 수 있다.

다음은 어느 가족이 실제로 사용했던 내용이다. 참고해 보자. 쉽게 이해할 수 있도록 아이들의 이름을 아이 A, 아이 B, 아이 C로 표현했다(나이가 더 많은 아이에서 어린아이 순으로 A, B, C가 된다).

💕 **1. 자녀들이 완수해야 할 일을 결정한다.**
스미스 가족은 아이들이 완수해야 할 일을 부모가 리스트로 작성했다.

- **식탁 청소**
- **아이들의 옷 빨래하기**
- **잔디 깎기**
- **화장실 청소**
- **청소기 돌리기**
- **놀이방 청소**
- **거실 청소**
- **쓰레기통 비우고 모아서 집 밖으로 내놓기**

💕 **2. 부모는 앞서 각각의 업무를 완료하기까지 일주일 동안 몇 시간이 소요되는지 살펴보았다. 얼마나 소요되는지가 그 일의 어려움의 정도가 된다. 추측하지 말고, 일주일간 해본 뒤 시간이 얼마나 걸리는지 정확히 확인해 보자.**

- **식탁 청소: 일주일 2시간**
- **아이들의 옷 빨래하기: 4시간**
- **잔디 깎기: 2시간**

- 화장실 청소: 1시간 30분
- 청소기 돌리기: 1시간 30분
- 놀이방 청소: 1시간 30분
- 거실 청소: 1시간
- 쓰레기통 비우고 모아서 집 밖으로 내놓기: 1시간 30분

💕 3. 각 아이가 일주일 동안 몇 시간을 일해야 할지 결정하자.
아이의 나이에 따라 다음과 같이 결정할 수 있다.

- 아이 A: 7시간
- 아이 B: 5시간
- 아이 C: 3시간

💕 4. 가족 모임에서 아이들에게 주어진 시간만큼 목록에서 선택하도록 도와주자.

아이들에게 업무와 소요 시간이 적힌 리스트와 아이들에게 주어진 시간을 보여 준다. 아이들은 자신들이 가장 선호하는 일(혹은 가장 덜 싫어하는 업무)을 즉시 선택할 것이다. 그러면 아이 A는 4시간, 아이 B는 3시간, 아이 C는 2시간 정도 채울 것이다.

부모는 다음과 같이 말할 수 있다. "좋아. 모두 합쳐서 9시간을 채웠구나. 6시간 정도 해야 할 일이 남아 있단다. 서두를 필요는 없어. 자신에게 주어진 시간을 다 채울 때까지 여기 남아 있어야 한단다. 아마도 하기 싫어하는 일들도 해야 할 거야. 그렇지만 스스로 선택하는 거야."

스미스 가족은 모든 것이 결정될 때까지 30여 분이 소요되었다. 하지만 아이들은 자신이 하게 된 일에 대해 완전히 만족스러워하지는 않았다. 그러나 중요

한 것은 누군가 맡겨 버린 일이 아니라, 스스로 선택했다는 점이다. 일반적으로, 사람들은 스스로 맡은 책임을 더 잘 완수하는 경향이 있다.

위의 네 가지 접근 방법 중 한 가지 혹은 아이들의 연령에 따라 섞어서 사용할 수 있다. 아니면, 부모가 새로운 방법을 창의적으로 개발할 수 있다.

아이들이 맡은 일을 적어 두자

인간의 기억력은 완벽하지 않다. 수많은 연구 결과에서 사람들은 어떤 사건을 목격한 후 15분이 지나면 실제 일어난 일을 상당히 변형시켜 기억한다는 사실을 밝혀냈다. 이와 마찬가지로, 아이들도 빠르게 잊어버리거나 부모가 뭐라고 말했는지를 변형시키는 경우가 있다. 그 동기는 보통 자신이 맡은 책임을 조금 더 쉽게 만들려는 욕구에서 비롯된다. (이에 대해서는 300쪽 제6장의 소제목 '거짓말하는 의도가 없고, 거짓말이 확실하게 드러나지 않을 때'를 참고하자.)

그런 이유에서 아이들에게 주어진 모든 일을 다음 내용들과 함께 적어 두는 것이 현명하다.

- 아이의 이름
- 아이가 완료해야 할 일(명확하고 정확하게 적자.)
- 언제까지 완료해야 하는가?(날짜와 시간을 적자.)
- 어떻게 완료해야 하는가?(사용할 수 있는 물품과 사용해서는 안 되는 것까지 구체적으로 적자.)
- 보고하기: 완료한 일에 대해 어떻게 보고해야 하는가?
- 자신에게 주어진 일을 완료하지 못할 경우에 받게 되는 결과는 무엇인가?(이는 자신에게 반복적으로 주어진 일을 해내지 못할 경우에 적자.)

이 메모는 모든 사람이 볼 수 있도록 눈에 띄는 곳에 배치한다. 아이들과 부모를 위한 메모를 붙일 수 있는 큰 게시판을 사용할 것을 제안한다.

이 장을 시작하며, 셰릴의 아빠가 거실 청소를 맡기면서 어떻게 청소해야 하는지 알려 주는 부분을 소개했다. 아빠는 이후에도 그 방법을 글로 적어서 딸에게 주며 혼란을 방지했다.

산발적으로 발생한 할 일을 주기

어떤 일들은 산발적으로 발생하기 때문에 정기적인 일의 목록에 들어가지 않는다. 예를 들어, 마당에 호스가 부서진다거나 하수구를 청소해야 하는 상황들 말이다. 그런 상황들이 일어나면 가족 모임에서 세부적인 방법을 논의해야 한다. 그리고 각 역할이 정해지면 게시판에 명시하거나 눈에 띄는 곳에 메모를 붙일 수 있다. 가족 구성원은 자신의 역할이 적힌 메모를 가지고 가족 모임에 항상 참석하도록 한다. (가족 모임을 어떻게 운영하는지에 대해서는 이후에 더 자세히 설명하도록 하겠다.)

TV를 보거나, 어디로 가야 하거나, 여가 활동을 하기 전에 자신이 맡은 일을 마무리해야 한다. 또한 일을 마무리했을 때는 게시판에 체크해야 한다. 이렇게 하면 보고하는 것이 동시에 진행되며, 책임을 배우는 데 많은 도움이 될 것이다.

나이에 걸맞는 일

아이가 나이를 먹을수록 그에 걸맞는 책임을 부여해 줄 필요가 있다. 각 연령에 맞는 일을 일일이 설명하지는 않겠지만, 일반적으로 적당한 나이를 알려 줄 것이다. 예를 들어, 두 돌이 지난 아이에게 방을 치우라고 할 때, 걸레로 바닥을 닦거나 청소기를 사용하라는 뜻이 아니다. 거의 대부분의 유아는 자신이 가지고 놀던 장난감을 원래 있던 장소에 넣을 수 있고, 제자리에 넣는 것을 배울 수 있다. 더 이른 나이에 이 행동을 할 수도 있다.

① 신생아

신생아가 해야 하는 일은 오직 사랑을 받는 일이다. 신생아에게는 할 일을 줄 필요가 없다.

② 돌에서 5살까지

아이들은 자신에게 주어진 일에 점진적으로 책임을 지고, 그에 대한 결과를 이해할 필요가 있다. 이는 아주 어린 나이에 시작할 수 있다.

다음 사례를 살펴보자.

두 살배기 마커스는 유아용 식탁 의자에 앉아서 식사를 했는데, 음식을 먹다가 바닥에 던지는 것을 좋아했다. 음식이 바닥에 떨어지고, 엄마가 서둘러 치우는 것을 보는 것이 재미있었다. 엄마는 마커스에게 멈추라고 했지만, 말을 듣지 않았다. 엄마는 결국 마커스가 책임지는 법을 배워야 할 때가 왔다고 생각했다.

다음 날, 마커스가 음식을 바닥에 또 던지자, 엄마는 마커스의 음식이 남아있는 식판을 가져갔고, 내려와서 떨어진 음식을 치우라고 말했다. 마커스를 의자에서 내려 준 뒤, 발판을 놓아서 싱크대에 손이 닿도록 해주고는 행주를 적셔서 바닥을 닦는 법을 알려 주었다. 자신이 저지른 일을 스스로 해결하게 했던 것이다.

두 살짜리 아이는 바닥을 치우는 데 꽤 긴 시간과 노력이 필요하다. 그러나 엄마는 찡그리거나 목소리를 높이지 않았다. 그렇지만 식사를 계속하려면 다 치워야 할 것이라고 말했다. 마커스가 음식을 던질 때마다 스스로 치우게 하는 것을 반복했다. 그렇게 세 번 반복되자, 마커스는 음식을 던지던 행동을 멈췄다. 마커스는 스스로 치워야 하는 상황이 오니, 음식을 던지는 일이 더이상 재미가 없어졌다.

이것은 자연스러운 결과를 부여하는 정확한 예시다(제5장 참고). 결과가 부여되면 아이는 보통 이기적인 행동을 멈추는 것을 선택을 한다. 그러나 결과를 부여하지 않는다면, 그 행동을 계속할 것이다.

또한 이 나이가 된 아이들은 자신의 방을 스스로 청소할 필요가 있다. 부모가 대신 해주게 되면 아이들은 책임을 배우지 못하게 한다. 그러나 아이가 방을 정리하면서 끔찍한 경험을 함으로써 그것이 기억에 남도록 하지 않아야 한다. 아이에게 방을 정리하라고 하는 것은 아이에게 책임을 가르치기 위한 것이다. 따라서 군대식으로 방을 검열하며 깨끗한 방을 보고 부모가 만족감을 느끼지 않아야 한다는 사실을 기억하자.

그리고 아이가 말을 하기 시작하면 징징거리거나 떼를 쓰면서 우는 대신, 자신이 필요한 것이 무엇인지를 점차 명확하게 말하는 책임을 가르쳐야 한다. 아이가 말을 할 수 있는 나이임에도 불구하고 계속해서 떼를 쓰고 징징거리면, 무엇을 원하거나 요구하든지 들어주지 않는다는 자연적인 결과를 부여한다. 그렇게 접근하면, 아이의 말하는 능력은 상당히 빠르게 성장한다.

③ 5세에서 10세까지

이 나이에는 학교 과제를 스스로 하고, 집안일을 점차 증가시켜 줄 필요가 있다. 예를 들어, 여섯 살짜리는 바닥을 쓸고 또 식탁을 정리하는 일을 할 수 있다. 이러한 책임은 점진적으로 증가되어야 한다. 아이가 더 많은 일을 스스로 할 수 있을 때 더 강해지고 더 행복해진다.

④ 11세에서 13세까지

이 나이에 들어가면 가족 구성원에게 모두 이익이 되는 일들을 할 수 있다. 빨래, 잔디 깎기, 쓰레기통 비우기 등을 할 수 있다.

특히 자신이 참여하는 활동을 가족에게 알리고, 시간을 조율하는 책임을 주어야 할 필요가 있다. 예를 들어, 아이의 수업이나 약속 장소에 가기 위해서는 하루 전에 미리 알려 주어야 할 책임을 스스로 지는 것이다. 하루 전에 알려 주지 않고 출발해야 하는 순간이나 막바지에 말을 하게 되면, 다른 사람들이 불편을 겪기 때문에 그 활동에 참가하지 않는 결과를 부여한다.

또한 학교 과제를 하라는 잔소리를 줄여야 하는 나이다. 순간순간 스스로 내린 선택에 따른 자연스러운 결과를 경험하도록 내버려 둘 필요가 있다. (그에 대한 사례는 326쪽을 참고하자.) 그렇다고 해서 부모가 아이의 과제에서 완전히 손을 떼고 내버려 두라는 의미가 아니다. 완전히 내버려 두게 되면 아이가 겪게 되는 자연스러운 결과가 아이의 인생에 많은 손해를 입히게 될 것이다.

⑤ **14세에서 18세까지**

이 나이의 아이들은 곧 집을 나가 완전히 독립해서 살아가게 될 것이다. 그러나 준비가 되지 않은 상태로 아이들을 내보낸다면 부모의 도리가 아닐 것이다. 이 나이에는 식사를 준비하거나, 자신의 옷을 빨거나, 스스로 통장을 관리하는 등의 책임을 질 필요가 있다. 그러므로 아이가 원하는 특정한 물건을 구매할 때 자신의 노력으로 비용을 지불할 필요가 있다.

⑥ **성인 자녀**

제10장을 참고하자.

무책임하게 행동하는 아이에 대처하는 법

아이가 자신에게 주어진 일을 때때로 완료하지 못하고 실패하는 상황은 피할 수가 없다.

다음 홀리의 사례를 보면서 어떻게 대처할 수 있는지를 배울 수 있다.

홀리는 주방 청소를 제대로 하지 않을 때가 있다. 부모가 잔소리를 하고 처벌을 해도 홀리의 행동은 변하지 않았다.

이런 상황에서 대부분의 부모는 잔소리를 하거나 아이를 비난한다. 우리는 지금까지 우리의 부모나 다른 사람들이 잔소리를 하거나 비난하는 것을 보아 왔기에 그것밖에 할 수가 없다. 그러나 잔소리와 비난은 하지 않을수록 더 효과적이다. 그러나 부모는 잔소리를 더 많이 하고, 더 많이 비난하면 아이가 책임을 제대로 질지도 모른다고 생각한다.

우리는 아이를 비난하고 처벌하면 아이가 책임지는 것을 배울 수 있을 거라고 착각한다. 그러나 우리가 가르치는 것은 오직 부모의 분노와 부정적인 반응에서 벗어나기 위해 할 일을 해야 한다는 것뿐이다. 이런 교훈은 아이가 성인이 되어 행복감을 느끼도록 도와주지 못한다. 다시 말해, 아이는 부모가 사랑으로 가르칠 때 훨씬 더 잘 배운다.

사랑해 주자

홀리의 부모는 홀리가 잘못된 행동을 할 때마다 비난하고 처벌했지만, 어느 것도 효율적이지 못하다는 것을 깨달았다. 부모 스스로 홀리가 부정적인 태도를 지니도록 가르쳤다는 것을 인지하고, 이를 해결하기 위해 자신들이 변해야 한다는 결론을 내렸다. 우선, 부모 스스로 사랑을 받는 과정을 거치며, 딸을 제대로 보고 또 사랑하는 연습을 했다.

마침내 홀리는 사랑이 넘치는 가족의 한 구성원으로서 점차 있는 그대로 받아들여지는 느낌을 받았다. 그래서 자신을 사랑해 주고, 행복할 수 있도록 많은 것을 해주고 있는 가족들을 불편하게 만들거나 상처를 입히는 행동을 하고 싶지 않았다. 홀리가 자신을 진심으로 사랑해 준 가족에게 긍정적인 영향을 주기를 원했기 때문에, 자신이 맡은 주방 청소는 물론 집안일을 도와주기 시작했다.

세상에 그 어떤 잔소리도 이러한 결과를 가져올 수 없다. 아이가 겁에 질리고 또 두려움에 떨고 있을 때 배울 수 있는 것은, 해야 할 일을 의무적으로 하지 않으면 안 된다는 것뿐이다. 그러나 진정한 책임은 조건 없이 받아들여질 때 배울 수 있다. 아이를 비난하거나 부정하지 않고 사랑으로 가르치면, 책임지는 법을 점차 배울 것이라는 것을 믿어 보자. 우리 아이를 믿어 보자. 아이를 사랑하고,

믿는 것은 책임을 가르치는 데 있어 가장 중요한 부분이다. 부모는 다른 여러 가지 방법을 통해 책임을 가르칠 수 있겠지만, 진정한 사랑이 없다면 별다른 효과가 없을 것이다.

가르치자

홀리가 사랑을 받으면서 좀 더 책임감 있게 행동하기 시작했지만, 자신이 맡은 일을 여전히 완료하지 못할 때가 있었다. 이렇듯 아이에게 의미가 있는 영원한 변화는 오랜 시간이 걸린다.

어느 날, 홀리가 또 주방을 청소하지 않았다. 주방은 하루 종일 엉망진창이었고, 엄마 엘렌은 주방이 엉망진창이라 매우 불편했다. 과거에는 화를 내며 딸을 처벌했지만, 현재 그녀는 남편과 다른 사람들로부터 조건 없는 사랑을 받았기에 감정적인 영향을 받지는 않았다.

홀리가 학교에서 돌아왔을 때, 엘렌은 실망하거나 화를 내지 않고 말을 할 수 있었다.

엘렌	어제와 오늘, 넌 아침에 학교 가기 전에 주방을 청소하지 않았더구나.
홀리	죄송해요. 까먹었어요.
엘렌	네가 반복해서 하는 "죄송하다"라는 말과 "까먹었어요"라는 말에 대해 대화해 보자. 주방을 청소하지 않은 일에 대해 넌 진심으로 죄송하지 않아. 그렇지 않다면 계속해서 주방 청소를 하지 않는 일이 없었을 거야. 네가 '까먹은' 이유는 주방 청소를 별로 하고 싶지 않아서지.
홀리	아니에요. 진심이에요. 그리고 그냥 까먹은 것뿐이에요.
엘렌	(웃으며) 네 생일이나 학교를 마치는 시간을 까먹은 적 있니?
홀리	(잠시 멈추었다가) 아니요. 무슨 말씀을 하시는지 알겠어요.

엘렌	네가 진짜 하고 싶은 일들은 절대 까먹지 않지. 주방 청소를 하고 싶지 않아서, 먼저 하고 싶은 다른 일을 했다는 건 이해할 수 있단다. 그러다 주방 청소를 해야 한다는 생각은 점점 사라져 버렸겠지. 그걸 우리는 '까먹는다'라고 하지. 그렇지만 넌 까먹는 걸 선택한 거야. 그걸 이해하겠니?
홀리	이제 알겠어요.

홀리는 엄마가 화를 내지 않았기 때문에 엄마의 말을 제대로 들을 수 있었다. 한편, 엘렌은 홀리에게 교훈을 가르치고, 미래에 더 현명한 선택을 하는 것에 관심이 있었다.

선택과 책임을 이해하기

무책임한 아이는 지속적으로 피해자 행세를 하며, "어쩔 수 없었어요"라고 말한다. 자신의 행동에 대한 책임을 자신이 지지 않고, 다른 사람이나 다른 어떤 것을 비난하며 책임을 회피하려고 한다. 이런 행동을 하는 아이는 자신이 피해자가 아니라, 언제나 선택권이 있다는 것을 알 수 있도록 도와줄 필요가 있다. 또한 특정한 교훈을 완전히 배울 때까지 오랜 시간을 기다려 주고, 사랑으로 가르쳐 주어야 하는 경우가 많다.

홀리의 또 다른 사례를 보자. 홀리가 또다시 주방 청소를 하지 않았다. 그래서 엘렌은 홀리와 다시 대화를 했다.

엘렌	학교 가기 전에 주방을 치우지 않았더구나.
홀리	어쩔 수 없었어요. 청소를 하다가 마무리할 시간이 없이 학교에 가야 했단 말이에요.
엘렌	오늘 아침, 몇 시에 일어났니?
홀리	7시요.

엘렌	누가 그 시간에 일어나게 만들었지?
홀리	아무도 아니에요.
엘렌	네가 7시에 일어나는 걸 선택했구나. 그러니?
홀리	네.
엘렌	그러면 더 일찍 일어나는 걸 선택할 수 있었겠구나. 예를 들어, 주방 청소를 하기 위해 6시 30분에 일어날 수도 있었겠구나.
홀리	어젯밤에 늦게 잠들었단 말이에요.
엘렌	누가 그렇게 만들었지?
홀리	알겠어요. 무슨 말씀을 하시는지….

엘렌은 홀리가 7시에 일어나겠다고 선택했을 때, 주방을 청소할 시간이 없을 거라는 것을 스스로 알았다는 것을 설명했다. 홀리는 자신에게 주어진 일을 제대로 하지 않겠다는 아주 효과적인 선택을 했던 것이다. 6시 30분에 일어나는 걸 선택할 수 있었으나, 그러지 않았다. 엄마는 어떤 비난 섞인 억양이나 짜증 없이 차분한 어조로 대화를 했기 때문에, 홀리는 자신의 선택이 무책임했고 또 '어쩔 수 없는 것'이 아니었다는 것을 알 수 있었다.

> 아이가 무책임하게 행동할 때는 사랑과 가르침이 가장 효과적이다. 이는 화와 통제로 해결할 수 없다.

무책임한 행동이 다른 사람에게 미치는 영향

홀리는 엄마의 말을 들은 뒤 배우고 있었기에 엘렌은 부가적인 교훈을 알려주었다.

"네가 주방 청소를 하지 않으면, 엄마에게 어떤 영향을 미칠까?"

엘렌이 홀리에게 물었다. 그러자 답변이 잘 생각나지 않은 홀리는 고민하는 표

정을 지었다

엘렌	그 생각은 해본 적이 없는 모양이구나. 그렇지?
홀리	네.
엘렌	네가 주방을 정리하지 않으면, 엄마에게는 두 가지 선택이 있지. 엉망진창인 주방에서 할 일을 그냥 하는 것…. 꽤나 불편할 거야. 다음은 오늘 하려고 했던 일을 하지 않고, 주방을 청소해야겠지. 어떤 선택을 하든, 엄마에게는 그리 효과적이지 않은 상황이 되는 거지. 아, 어제 거실에 두었던 네 교과서를 누군가 치워 버렸지. 그때 네 기분이 어땠는지 기억나니?
홀리	네. 온 집 안을 뒤져서 찾아야 했어요. 화가 났죠.
엘렌	그렇지. 다른 사람이 네 삶을 어렵게 만드는 걸 좋아하지 않지? 그렇지 않니?
홀리	네.
엘렌	그런데 너는 아주 쉽게, 다른 사람을 불편하게 만들지. 엄마뿐만 아니라 다른 가족에게도 말이야. 그 부분에 대해 생각해 봤니?
홀리	맞아요. 그러네요. 죄송해요.
엘렌	창피해하지 않아도 돼. 네가 그냥 그러고 있다는 것을 보고 배울 필요가 있을 뿐이야. 그리고 엄마는 너를 여전히 사랑한다는 걸 기억하렴.

엘렌은 홀리를 조건 없이 받아들이고 있었다. 그러면서 홀리의 행동을 차분하게 설명했다. 절대 화를 내거나 비난하지 않았다. 그래서 홀리는 두려워하거나 자신을 보호할 필요가 없었다. 홀리는 엄마가 가르치는 동안 잘 듣고, 교훈을 그대로 받아들였다.

여기서 엘렌은 홀리가 책임지고, 다른 사람에게 관심을 갖도록 돕는 데 동기가 있다는 게 중요하다. 딸에게 죄책감을 주기 위한 말들이 아닌 것이다. 또한 엘렌은 피해자처럼 행동하지 않았다.

책임지고 보고하기

선택의 법칙과 떼려야 뗄 수 없이 연결되어 있는 법칙이 바로 책임의 법칙이다.

"내가 선택한 결과는 언제나 내가 책임진다."

스스로 선택하는 자유에 대해 스스로 책임을 지지 않을 때는 이기적인 행동을 하기 위한 핑계로 전락하고 만다.

게리 가족의 사례를 살펴보자.

게리의 아빠는 아들에게 다음과 같이 책임을 가르쳤다. 다음은 가족 모임에서 나눈 대화다.

아빠	어제 저녁 식사를 하면서 너는 TV를 보았지. 먹고 남은 음식과 그릇은 어떻게 했니?
게리	모르겠는데요.
아빠	거실에 그릇은 남겨 두고, 음식을 먹다가 바닥에 흘린 채 치우지 않았지. 그런 행동이 다른 모든 사람에게 어떤 메시지를 보낸 건지 알고 있니?

게리가 모르겠다는 듯 어깨를 으쓱해 보였다. 아빠는 게리가 다음과 같은 메시지를 모든 가족에게 보내고 있었다는 것을 알 수 있도록 도와주었다. 게리가 행동으로 보여 준 메시지는 "내가 저지른 결과를 다른 사람들이 책임지는 걸 기대하고 있다"라는 것이었다.

아빠	너는 음식을 거실에서 먹는 선택을 했어. 그 선택에 따른 결과는 네가 책임을 지는 거란다. 네 선택에 대한 결과를 다른 사람이 책임지는 것은 말이 안된다는 걸 이해하겠니?
게리	그렇게 생각해 본 적이 없네요.

　게리는 자신이 흘린 음식을 누군가 치울 거라고 생각했다. 이처럼 우리가 게으르고 무책임하게 행동한다는 것은 다른 사람들이 우리를 위해 봉사하기를 요구하고 또 희망하는 것이다. 하지만 아이가 게으르게 행동할 때, 수치심을 주는 것은 바람직하지 않다. 그런 방법으로 접근하면 아이는 그저 두려워하며 화를 낼 뿐이다. 우리는 아이의 게으른 행동을 지속적으로 바로잡아 주고, 가르치는 과정에서 조건 없이 사랑해 주는 게 중요하다. 우리가 사랑으로 가르치면, 아이는 자신의 진실을 말할 만큼 충분히 안전하다고 느낀다. 앞서 제시했던 게리의 사례처럼 말이다. 그렇게 되면 책임감이 더 있고, 행복해지는 법을 배울 수 있다.

　특히 아이가 자신의 책임을 다했을 때 보고할 수 있는 기회를 주어야 한다. 이때 부모는 아이의 상황을 점검하고, 자주 가르쳐 주어야 한다. 아이가 맡은 일의 책임을 잘 해냈을 때도 말해 주며, 해내지 못했을 때는 바로잡아 주어야 한다. 그렇게 해야 아이가 잘 배울 수 있다. 아이가 책임지고, 보고할 수 있는 방법은 후반부에서 더 자세히 설명하겠다.

결과를 부여하기

　책임의 법칙을 가르치기 위해 아이에게 결과를 부여해야 하는 상황이 때때로 발생한다. 맡은 일을 무성의하게 대하는 것을 아이가 선택한다면, 그 선택에 대한 결과를 가르칠 수 있다(제5장을 참고하자).

어느 여름날, 월요일이었다.

나는 아들 조셉에게 다음 주 월요일 저녁까지 마당의 잔디를 깎고, 잡초를 뽑고, 비료를 뿌리라고 요청했다.

일주일이 지나고, 다시 월요일이 되었다. 조셉이 그 일을 아직 완료하지 않았다는 것을 알았다. 조셉에게 그 이유를 물었더니 이렇게 대답했다.

"시간이 없었어요. 일주일만 더 주세요."

아들에게 사랑으로 요청했지만, 조셉은 이 일을 무책임하게 처리하는 선택을 했다. 그래서 옳은 선택을 할수 있도록, 동기를 추가적으로 부여해 주어야 했다.

나	너에게 지난 일주일이라는 시간이 있었어. 마당의 일을 하는 대신에 다른 일들을 하는 걸 아빠가 보았단다. 너는 미루는 선택을 했는데, 이제 그 결과를 경험할 차례야. 이 상황에서는 말 그대로 자연적인 결과를 경험할 거란다. 마당의 일을 다 하기 전까지는 마당에서 살아야 해. 그리고 그 일을 마무리하기 전까지는 아무데도 갈 수 없단다.
조셉	농담하시는 거죠?
나	아빠가 농담하는 걸로 보이니?
조셉	저에게 여기서 잠을 자라는 건 아니겠죠?
나	물론 여기서 자는 거지.

그날 밤, 조셉은 마당에 텐트를 치고 잤다.

다음 날, 퇴근을 하고 집에 돌아왔을 때 조셉이 나에게 이렇게 말했다.

"이번 주 안으로 요청하신 일을 다 할 수 없어요. 잔디 깎는 기계가 고장나서 수리해야 하는데, 수리점이 이번 주는 문을 닫았어요. 주인이 휴가를 갔대요. 다음 주에 돌아온데요. 그 기계를 수리해야 일을 마무리할 수 있어요."

나	지난주에 일을 하지 않고 미루겠다는 선택을 누가 했지?
조셉	아마도 제가 선택했겠죠. 그래도 저는 수리점이 다음 주까지 문을 닫을지는 몰랐잖아요.
나	아빠가 너에게 요청했을 때 바로 일을 시작했더라면, 수리점이 문을 닫는 것이 문제가 되지는 않았겠지. 그렇지 않니? 주어진 일을 바로 처리하는 게 언제나 더 현명하단다. 막바지에 벼락치기를 하면 기대하지 않았던 일들이 발생하기 마련이지. 일을 미루는 선택을 한 것은 네 자신이니, 그 결과도 네가 경험해야 하는 거란다. 일이 마무리될 때까지 마당에서 지내렴. 얼마나 오래 걸릴지는 너에게 달려 있단다.
조셉	음악 캠프가 이틀 뒤에 시작한단 말이에요. 거기에 빠질 수 없어요.
나	그 사실을 일주일 전에 생각하지 못했던 걸 미안하게 생각하는구나.
조셉	수리점이 문을 닫았는데, 제가 마당의 일을 도대체 어떻게 마무리할 수 있겠어요?
나	나도 잘 모르겠지만, 너라면 해결할 수 있을 거란다.

그러자 조셉은 이 일을 해결해야만 하는 강한 동기가 생겼다. 몇 번 전화를 한 뒤, 다른 지역에 있는 수리점에서 잔디 깎는 기계를 고칠 수 있었다. 그리고 먹고, 자는 것을 텐트에서 해결하며 주어진 일에 계속 집중했다. 마침내 아들은 목요일 아침이 오기 전까지 일을 마칠 수 있었고, 음악 캠프에 참석할 수 있었다.

텐트에서 잠을 자라는 말을 들었을 때, 조셉이 짜증났던 것은 이해할 수 있다. 그러나 자신의 선택이 불러온 결과를 몸소 경험할 수 있었다. 아들이 배울 수 있었던 것은 오직 다음과 같은 이유가 있었기 때문이다.

- 일을 마무리해야 하는 날짜를 조정하지 않았다. 나는 아들의 선택으로 인해 벌어진 결과로부터 아들을 구출해 주지 않았다. 만약, 내가 아들에게 "좋아, 일주일을 더 주마"라고 했다면, 아들은 아무것도 배우지 못했을 것이다.
- 아들은 있는 그대로 받아들여졌다고 느끼고 있었다. 우리가 대화를 하는 동안 나는 절대 화를 내지 않았다. 내 스스로 사랑을 충분히 받았기 때문이다. 이 상황이 벌어지기 전에 우리는 즐거운 경험들을 함께했다. 따라서 아들이 실수를 저지를 때 있는 그대로 그를 받아들이는 수많은 경험이 쌓여 있는 상태였다. 이 상황에서 내가 조금이라도 화를 내면서 결과를 부여했다면, 아이는 내가 자신을 공격한다고 느꼈을 것이다. 그래서 자신을 보호하기 위해 화를 내고, 피해자 행세하기 등으로 반응하고 말았을 것이다.

제5장에서 나는 "**결과에 대해 미리 논의하거나, 결과에 대한 몇 가지 선택지를 준다면, 아이들은 뒤따르는 결과에 책임을 지는 것을 자신이 선택한 것이라고 더 쉽게 받아들일 수 있다**"라고 말한 바 있다. 당신은 아마도 '조셉에게 결과를 부여할 때, 미리 논의를 하지도 않았으니 자신이 선택한 것이라며 쉽게 받아들일 수 없었을 텐데…'라고 생각할 수 있다. 그럼에도 불구하고 이렇게 가르치는 것이 가능할 수 있었던 데는 두 가지 이유가 있다.

- 결과를 미리 논의한다는 것은 언제나 정기적으로 반복되는 업무에서 부여할 수 있다. 만약, 거실 청소를 하지 않으면 나가서 친구와 놀 수 없다거나, TV를 볼 수 없다는 등 여가 활동과 연결해 결과를 부여할 수 있을 것이다. 산발적으로 일어난 일에 대해 결과를 미리 정한다면 잠재적인 단점 두 가지가 발생한다. 첫째, 아이에게 지시를 내릴 때마다 결과를 매번 부여하면 피곤하다. 둘째, 모든 산발적인 임무에 결과를 미리 부여하게 되면, 아이는 부모가 자신을 신뢰하지 않는다는 메시지로 받아들일 수 있다. 상상해 보라. 당신이 상사인데, 부하 직원에게 업무를 주면서 "자, 이제 당신이 이 일을 망치게 되면 무슨 일이 일어날지 한번 생각해 보자고"라는 말

을 매번 덧붙이면 그들은 어떤 느낌이 들겠는가?
- 어떤 결과를 경험할지, 아이에게 선택지를 주는 것에 대해 생각해 보자. 만약, 조셉에게 다른 결과를 부여했다면, 조셉이 음악 캠프에 참석하는 동안 잔디는 또 한참 자라게 되어 마당은 엉망이 될 것이다. 그래서 부모는 가끔 지혜를 발휘해서 어떤 가르침이 아이에게 더 많은 교훈을 줄 수 있는지를 선택해야 한다. 그 선택을 한 후, 결과를 부여한 것에 대해 사과하지 말라. 가정의 리더로서 용기를 내자.

조셉은 이 사건에서 자연적인 결과를 경험하며, 가치 있는 교훈을 배웠다.
이처럼 아이는 자신의 선택이 가져온 결과를 경험하지 않는 이상 행동을 바꿀 이유가 없다. 그래서 부모는 이러한 배움을 경험할 수 있는 기회를 제공해야 한다.

다양한 결과를 부여할 수 있다
각 상황에서 부모는 아이에게 다양한 결과를 부여할 수 있다.
앞서 소개했던 밥의 사례를 다시 살펴보자.

밥은 주방 청소를 하지 않고 학교에 갔다. 그래서 엄마는 아들에게 학교를 마치면 바로 집으로 돌아오라고 요청했다. 따라서 밥은 야구 연습에 참석할 수 없었다. 이제 밥은 야구 연습에 빠지는 것이 매우 싫었기 때문에 자신이 맡은 일에 더 주의를 기울일 것이다.
밥의 엄마가 부여한 결과는 밥에게 줄 수 있는 몇 가지 결과 중 그저 한 가지일뿐이다. 다음과 같은 결과를 부여할 수 있었다.

- 야구 연습에 참가하도록 한 후 밥에게 다음과 같이 말한다. "밥, 오늘 아침에 네 대신 엄마가 주방을 정리하느라 저녁 식사를 준비할 시간을 쓰고 말았구나. 그러니 네가 저녁 식사 준비하는 걸 도와야겠다."

- 집 안에 있는 다른 일을 하도록 지시할 수 있다. 그러나 주방 청소보다는 더욱 어렵고, 시간이 더 걸리는 일이어야 한다.

만약, 아이가 자신의 방을 제대로 청소하지 않는다면, 방을 청소할 때까지 방에서 나오지 못하게 하는 자연적인 결과가 나타날 수 있다. 하루 종일이 걸릴지라도, 결국 아이가 TV를 보거나 놀기 위해 혹은 식사를 하고 싶기 때문에 방을 빨리 청소할 충분한 동기가 될 수 있다.

한편, 엉망이 된 방을 치우지 않는 다른 결과로는, TV를 볼 수 있는 특권을 제한하는 것이다. 부모는 아이에게 "방을 치울 시간이 없다면, TV를 볼 시간도 확실히 없는 거지"하고 말할 수 있다. 이는 자연스럽고 또 명확한 이유기 때문에 어린 아이들조차 방을 치울 수 있는 좋은 동기가 된다.

모든 결과는 아이와 함께 미리 결정하고, 사랑으로 부여할 때 가장 좋은 효과가 나타난다.

경우에 따라 실수를 허용하기

아이를 가르치기 위한 목적으로 결과를 부여한다는 사실을 기억하자. 만약, 아이가 주어진 원칙을 온전히 이해했고, 일시적으로 실수를 저지른 것이라면 결과를 부여할 필요가 없을 수 있다. 게다가 아이가 자신에게 주어진 일을 계속해서 완료해 왔는데, 일시적으로 저지른 실수에 결과를 부여한다면 역효과가 날 수 있다.

앞서 소개했던 밥의 사례를 좀 더 살펴보자. 앞선 사례에서 계속 이어진다.

밥은 엄마의 지도에 따라 주방 청소를 끈기 있게 해냈다. 그런데 어느 날, 학교에 가기 전에 밥은 깜빡하고 주방 청소를 하지 못했다. 하지만 이미 몇 주 정도는 잘 해왔다.

밥의 엄마는 지금까지 맡은 일을 잘 해왔다는 것을 지혜롭게 살피고 있었다.

그래서 결과를 부여하는 대신, 학교에서 돌아오면 청소를 하라고 간단하게 말했다. 그리고 밥은 학교에서 돌아오자마자 청소를 했다.

맡은 일에 책임지는 행동을 잘했을 때 긍정적인 피드백 해주기

부모가 아이의 무책임한 행동에 대해 어떻게 반응하고 또 사전에 예방할 수 있는지에 대해 상당히 많은 대화를 나누었다. 그러면 맡은 일에 책임을 잘 지는 아이에게는 어떻게 반응하는 것이 최선일까?

파울라와 그녀의 아빠 사례를 살펴보며 그 질문에 답을 해보자.

파울라는 학교에서 훌륭한 성적표를 받은 뒤 집으로 돌아왔다. 이번 학기에는 이전보다 열심히 공부를 했던 터라, 의기양양한 표정을 지으며 아빠에게 성적표를 보여 주었다.

부모로서 이런 상황에서 어떻게 반응하면 좋을까? 이 상황에 대해 제6장에서 이미 다룬 바 있다. 이렇게 말할 수 있다.

"파울라, 네가 정말 자랑스럽구나!"

비록 이 말이 마치 긍정적인 말처럼 들리지만, 대다수의 아이는 이런 칭찬을 들으면 부모님을 자랑스럽게 만들기 위해 지속적으로 성공해야 한다는 견디기 힘든 압박을 느낀다. 칭찬을 들으며 성장한 아이들은, 실패하면 부모가 실망하거나 자신을 더이상 사랑하지 않을까 봐 실패하는 것을 두려워한다. 그 두려움은 당연하다. 아이들은 부모를 실망시키면 실망을 표현하고, 짜증을 낸다는 수많은 증거를 이미 보았다. 물론 부모가 의도적으로 그런 행동을 했던 것은 아니다. 하지만 아이가 성공할 때마다 칭찬을 쏟아부은 반면, 실패한 결과를 들고 집으로 돌아오면 자랑스러워하지 않는다. 다시 말해, 아이들은 조건적인 사랑을 받을 때 대가를 매번 지불해야 한다.

또한 우리는 비슷한 종류의 메시지를 이렇게 전달하기도 한다.
"정말 착하구나."
"나를 정말 행복하게 만들어 주는구나."

이 말을 할 때, 부모의 의도는 긍정적일 수 있다. 그러나 아이가 좋은 행동을 안 하거나 뭔가 부족하게 행동하면, 아예 칭찬하지 않는다. 그 결과는 끔찍하다. 제2장에서 칭찬을 할 때, 아이들이 경험하는 잠재적인 위험성에 대해 이미 논한 바 있다. 이렇듯 칭찬은 조건적인 사랑이다. 그렇다면 아이가 책임감을 가지고 일을 훌륭하게 해낼 때 뭐라고 해야 한단 말인가?

파울라의 아빠 리차드는 아주 현명하게 반응했다.

리차드	열심히 공부한 결과가 나왔구나. 성적이 이렇게 잘 나오니 기분이 좋니?
파울라	(웃으며) 네.
리차드	열심히 해서 결과가 좋으면 기분이 좋지. 그렇지 않니?
파울라	네.
리차드	지금 기분이 어떤지 기억해 두렴. 열심히 하고, 준비를 하면 항상 기분이 좋단다. 만족스럽고 평화롭지. 이번 학기에 네가 열심히 공부했던 것처럼 말이야.

삶에서 진정한 사랑보다 더 가치 있는 것은 없다. 파울라는 아빠로부터 조건 없는 사랑을 이미 받아 왔기에 칭찬을 받을 필요가 없다. 조건 없는 사랑을 받아 본 적 없는 사람들은 이를 상상하기가 어려울 것이다.

리차드는 파울라를 사랑으로 가르쳤다. 이는 아이들이 필요한 전부다. 리차드는 책임감 있는 선택을 하면 행복이라는 보상이 온다는 것을 가르쳤다. 잘 준비해서 책임을 지면, 기분이 쉽게 좋아지는 것이다. 따라서 책임감 있는 선택에 대한 보상은 칭찬이 아니다. 칭찬은 덧없고 공허하다. 칭찬을 받기 위해 열심히 하도록 아이를 가르칠 때, 아이의 삶을 실망과 불행의 구렁텅이에 빠트리게 된다. 삶에서 성취할 수 있는 가장 훌륭한 일은 배우자를 사랑하고, 훌륭한 부모가 되고, 부당함을 조용히 받아들이는 것일 뿐 결코 칭찬을 받는 것이 아니다. 그러므로 리차드가 파울라를 잘 가르친 것이다.

파울라가 좋은 결과를 가져왔을 때 리차드가 가르친 교훈보다 더 중요한 것은 파울라가 성공하지 못한 경우에 어떻게 대하는지에 따라 결정된다. 리차드는 파울라가 좋지 않은 성적을 가져왔을 때도 같은 방식으로 딸을 사랑해 주었다. 좋은 성적을 가져올 때와 좋지 않은 성적을 가져올 때 다르게 반응한다면, 아이가 내리는 결론은 부모가 자신을 조건적으로 사랑한다는 것뿐이다. 아이는 이를 알아차릴 수 있다. 아이가 공부를 하지 않는다면, 부모로서 그 행동에 대해 마땅히 대처할 의무가 있다. 이때 실망과 화를 내지 않고 대처하는 법을 배울 수 있다.

책임을 가르칠 때 필요한 통찰

대부분의 아이는 책임지는 법을 배울 때 저항한다. 일하는 것보다 노는 게 좋은 것이 당연하다. 더욱이 일하는 것을 피할 수 있는 기발한 방법을 알지 못하기 때문에 저항을 하는 것뿐이다.

아이가 책임을 지는 않기 위해 어떤 방식으로 저항하는지를 알아보자.

1) 질문을 한다

아이에게 책임져야 할 일을 주면 일반적으로 많은 질문을 한다. 이는 어떻게 하면 일을 제대로 마무리할 수 있는지, 순수하게 물어보는 것일 수도 있다. 하지만 다음과 같은 이유에서 질문을 하기도 한다.

① 맡은 일을 더 쉽게 만들기 위해

예를 들어, 아이에게 설거지를 하라고 하면, 어떻게 하면 주어진 일을 더 잘 해낼 수 있는지에 대한 질문보다는 더 적게 할 수 있는지 혹은 미룰 수 있는지에 대한 질문을 할 것이다. 또 맡은 일에서 벗어날 수 있는 방법이 있는지를 알고 싶어한다.

다음과 같이 질문할 수 있다.

- "냄비랑 후라이팬도 설거지를 해야 하나요?"
- "지금 당장 해야 하나요(제가 제일 좋아하는 TV 프로그램이 지금 진행 중인데, 그걸 못 볼 텐데요.)?"

이렇게 묻지, 다음과 같이 묻는 일은 없다.
"제가 싱크대랑 냉장고도 청소하고, 더 씻을 게 없는지 찾아봐도 될까요?"

② 부모에게 자신이 맡은 일을 어느 정도
　혹은 모든 것을 다 해줄 수 없느냐고 묻는다

몇 년 전, 아들 벤자민과 나는 배수구를 고치고 있었다.

내가 벤자민에게 물었다.

"벤자민, 압착 펜치(배수구를 고치는 데 필요한 공구)가 필요한데 가져와 줄 수 있겠니?"

그러자 벤자민이 되물었다.

"어디 있는데요?"

이 질문의 의도는 몰라서 하는 순수한 질문일 수도 있다. 그러나 벤자민은 이전에도 같은 공구를 나에게 가져온 적이 있다. 따라서 벤자민은 그 공구가 어디 있는지 알고 있었다. 하지만 그렇게 되물으면 내가 보통 "그냥 내가 가져오마"라고 대답했던 경우가 있었으니, 이 상황에서는 내가 직접 가서 가져오기를 바랐던 것이다.

그래서 내가 이렇게 말했다.

"네가 찾을 수 있을 거야. 지난번에 어디서 찾았는지 살펴보렴."

③ 실수를 저지르거나 비난받지 않기 위해 질문을 한다

위의 상황에서 벤자민의 "어디 있는데요?"라는 질문은 과거에 찾아오라는 도구를 찾아오지 못했을 때, 내가 벤자민을 비난하며 화를 냈기 때문에 한 것이기도 하다. 실수를 저지를지도 모르는 상황에 대비해 자신을 보호하고자 했던 것이다.

아이가 위와 같은 이유로 질문을 한다는 것을 부모가 이해할 때, 책임을 질 수 있도록 더 잘 도와줄 수 있다. 제9장을 시작하며, 조셉은 마당 관리에 대한 많은 질문과 변명을 했지만, 나는 조셉의 문제를 해결해 주지 않았다. 자신이 맡은 일에 대해 완전한 책임이 있다는 사실을 조셉이 깨달았을 때, 해결책이 갑자기 떠올랐던 것이다. 만약, 내가 모든 질문에 일일이 대답을 해주거나 날짜를 연장해 주었다면, 아들은 그 모든 것을 배우지 못했을 것이다. 아이에게 책임을 지도록 가르치는 것은 삶에서 아주 가치 있는 선물을 주는 것이다.

2) 진짜 집중해서 일을 마무리하는 것
vs 잔소리를 듣지 않기 위해 일을 하는 것

대부분의 아이는 맡은 일에 있어서 최소한의 노력을 하려고 한다. 일반적으로, 맡은 일을 다 했다고 말함으로써 부모가 자신을 더이상 귀찮게 하지 않기를 바라는 마음으로 일을 한다. 따라서 아이가 책임을 지는 법을 제대로 배우기 전까지 아이에게 주어진 업무를 지혜롭게 점검하는 것이 좋다.

다음 사례를 통해 이를 알아보자.

오전에 나는 자넷에게 내 셔츠를 다려 달라고 요청했다. 그런데 딸이 다린 셔츠를 보고 나서 대화가 필요하다는 생각이 들었다.

나	셔츠를 다렸니?
자넷	네.
나	(자넷이 다린 셔츠를 꺼내어 보여 주며) 네가 어떤 행동이나 말을 하는 것과 상관없이 아빠가 너를 사랑한다는 것을 기억하렴. 그리고 이 셔츠를 잘 보렴. 이 셔츠가 다림질이 얼마나 잘되었는지 점수를 준다면, 너는 얼마를 주겠니?
자넷	C 정도요.
나	잔소리를 그만 듣기 위해 다림질을 한 것이구나. 다했다고 말하면 내가 더이상 잔소리를 하지 않을 테니, 아주 대충한 것이구나. 그러니?
자넷	네. 제가 가져가서 이번에는 제대로 해 올게요.

아이에게 책임을 가르치는 것은 부모의 역할이다. 만약, 진정한 사랑으로 책임을 가르치면, 서로 보람 있는 경험일 것이다.

3) 일을 주는 사람에게 화를 내는 경우

만약, 아이가 해야 할 일을 부모가 계속 말해 주어도 여전히 제대로 하지 않는다면, 그 아이는 다음 두 가지 결과를 선택한 것이다.

1. 자신의 게으름에 대한 자연적인 책임을 지겠다는 선택(이런 선택을 하는 아이는 거의 드물다.)
2. 해야 할 일을 주고 계속 잔소리하는 부모를 원망하는 선택: 자신이 해야 할 일을 주는 사람이 비합리적이고, 계속 잔소리하는 괴물로 바라보면, 맡은 일을 하지 않는 것

이 아주 쉽게 합리화된다.

후자를 선택한 아이와 부모의 반응을 사례를 통해 살펴보겠다.

나와 아들 롭에게 있었던 일이다. 나는 롭에게 자동차 오일을 교환하라고 두 번이나 반복해서 말해야 했다. 3일 뒤, 롭은 나에게 친구를 만나러 가는데, 차를 사용해도 되냐고 물었다.

나	자동차 오일은 교환했니?
롭	아니요. 아직이요.
나	지금 당장 해.
롭	못해요. 15분 안에 친구 집에 도착해야 해요.
나	오늘은 친구 집에 늦겠구나.

화가 난 롭은 발을 쿵쿵거리며 자동차 오일을 교환하러 갔다. 결과는 롭이 저지른 무책임한 행동에 대한 자연스러운 결과라는 게 명백하다. 몇 분 뒤, 나는 롭에게 다가가 대화를 했다.

나	화가 나 보이는구나.
롭	(침묵)
나	(웃으며) 네 상황을 이해하게 도와주렴. 너는 3일 전에 하라고 한 일을 하지 않았고, 그 결과에 대처하면서 나에게 화를 내고 있어. 바로 지금, 네가 사용해야 하는 차를 제대로 관리하는 일인데도 말이지. 내가 지금 이상황을 제대로 이해하고 있니?

나는 롭을 오랫동안 조건 없이 사랑해 왔고, 이 말을 하는 순간에도 전혀 짜증을 내지 않았다. 롭은 자신이 화를 내고 있는 상황이 이상하다는 생각이 들

었다. 마침내 그 화는 사라졌다. 롭은 민망한 듯 웃으며, 자동차 오일을 교환하러 갔다.

책임지는 것의 즐거움

벤자민이 8살이었을 때, 아주 쉽게 화를 냈다. 학교 과제는 물론 맡은 집안일도 제대로 하지 않았다. 그리고 방도 엉망으로 사용했다.

나는 벤자민에게 가서 이렇게 말했다.

"벤자민, 우리가 올바른 선택을 하게 되면, 언제나 더 행복해진다는 걸 아빠는 살아가면서 배웠단다. 며칠 동안 내가 지켜보니, 너는 행복하지 않다는 것이 확실해. 그 말은 곧 너는 올바른 선택을 충분히 하지 않는다는 뜻이기도 하지. 예를 들어, 너는 책임을 지는 선택들을 하지 않는단다. 너에게 아무도 강요를 하고 있지 않지만, 주어진 일 때문에 짜증이 나는 거지. 이제 아빠가 뭔가 다른 시도를 해봐야겠다. 오늘부터 며칠 동안, 네 학교 숙제와 맡은 집안일을 제대로 해야 한다. 그 전에는 친구와 나가서 놀지도 못할 것이고, TV를 볼 수도 없다. 이건 처벌이 아니란다. 네가 책임을 제대로 질 때 기분이 어떤지 살펴보기 위한 실험이란다. 일을 제대로 마무리하고 있는지, 하루에 몇 번은 아빠가 너에게 물어보는 것으로 너를 도와줄게. 무슨 일이 일어날지, 함께 지켜보자."

처음에 벤자민은 계속해서 질문을 하며, 마무리된 일을 보고하는 것을 좋아하지 않았다. 그러나 자신에게 주어진 일을 하는 데 익숙해졌다.

며칠 뒤, 벤자민은 확실히 더 행복해 보였다. 형제들을 괴롭히는 일을 멈추었고, 다른 사람들에게 훨씬 더 친절하게 대했다. 이 결과에 대해 가족 모임에서 대화를 나누었다.

나	벤자민, 지난주보다는 더 행복해 보이는구나.
벤자민	기분이 더 좋아진 거 같아요. 숙제를 제대로 하는 게 좋아요.

이처럼 아이들은 무엇이 옳고 그른지를 알고 또 그것을 느낀다. 다시 말해, 자신에게 주어진 책임을 무시할 때, 그것이 그릇된 일인지 알고는 기분이 나빠진다. 즉, 책임을 질 때 더 행복해지는 것이다.

몇 년 전, 나는 가족 모임에서 집안일 목록을 보여 준 뒤 책임질 사람을 정할 때 이따금 이렇게 물어보고는 했다.
"자, 우리가 이 책임을 왜 지는 것일까?"
아이들은 소리를 지르며 내가 원하는 것을 농담처럼 대답했다.
"책임질 때 더 행복하고 강해지니까요!"
가끔은 다 같이 입을 맞춰서 대답하며 나를 놀리기도 한다. 이후 아이들이 성장하고 나서 그때 배운 문장이 주는 지혜에 감사하게 되었다.
하루는 청소년이 된 아들이 나에게 와서 이렇게 말했다.
"아빠, 제 친구들은 일을 어떻게 하는지 아무도 몰라요. 좀 불쌍해요. 부모님이 오냐오냐 키워서 불행한 거 같아요. 아빠가 저에게 일하는 법을 가르쳐 주셔서 기뻐요. 이제 '책임질 때 행복하고 더 강해진다'라는 말이 더이상 농담처럼 우습게 들리지 않아요."
이렇듯 책임지는 것을 배운 아이들은 정말로 더 행복해지고 강해진다. 그리고 이 가치를 가르치는 부모는 현명하고, 사랑이 넘치는 사람들이다.

다른 사람들이 내린 선택의 결과에 우리의 책임이 없다는 것 가르치기

제8장에서 우리가 선택한 결과의 책임은 우리에게 있다고 대화한 바 있다. 그 원칙은 아이에게 반드시 가르쳐야 한다. 그러나 우리가 살아가는 이 사회에서는 다른 사람이 내린 선택의 결과에 대해 우리에게도 책임이 있는 것처럼 말하기도 한다. 예를 들어, 불친절한 말을 하면 다른 사람들에게 상처를 준다고 말한다.

당신이 다른 사람에게 상처를 입힐 수 있다고 믿는 게 일반적이다. 다른 사람의 감정에 책임이 있다고 말하며 이런 말을 자주 하고는 한다.

"그 사람이 나를 화나게 해."

"넌 정말 나를 화나게 만들어."

앞서 나는 다른 사람들이 우리를 결코 화나게 만들지 않는다는 사실을 아주 긴 문장으로 이미 설명했다. 따라서 우리는 아이에게 우리가 다른 사람들을 결코 화나게 만드는 것이 아니라는 것을 가르쳐야 한다. 더 나아가 우리는 다른 사람이 특정한 방식으로 행동하거나 특정한 감정을 느끼도록 만들지 않는다는 것이다. 사람들은 자신이 어떤 감정을 느끼고 행동할지, 선택권이 있다.

다음 이야기를 살펴보며 이를 설명하겠다.

내가 숲속을 걷고 있다고 가정해 보자. 나는 주변의 아름다운 풍경에 집중한 채 이를 즐기느라 걸으면서 앞을 제대로 보지 못한다. 그러다가 길을 걷고 있던 네 남자와 시간을 두고 각기 다른 곳에서 부딪치고 만다. 물론 세게 부딪친 게 아니라, 약간 밀쳐서 헛발을 디딜 정도다. 나는 이 네 명의 각기 다른 사람과 동일한 방식으로 부딪쳤지만, 그 반응은 완전히 다르다.

- 첫 번째 남자는 나와 유사하게 깊은 생각에 잠긴 듯 숲속의 풍경과 평화로움을 즐기고 있었다. 나와 부딪쳤을 때 그는 잠깐 즐거움이 깨진 듯 보였지만, 자신처럼 즐기고 있는 또 다른 사람을 만난 것이 여전히 흥미로운 듯 보였다. 몇 분 정도 같이 걸으며 대화를 하고, 즐거웠다고 인사를 나누며 헤어졌다.
- 두 번째 남자는 친구와 함께 대화하면서 걷고 있었기에, 나와 부딪쳤다는 사실조차 인지하지 못한 채 계속 걸어갔다.
- 세 번째 남자는 온 세상에 화가 난 상태가 되어 공원에 분풀이를 하러 왔다. 직장에서도 또 집이나 다른 모든 곳에서 부당한 취급을 당하는 것 같은 느낌이 들었던 모양이다. 나와 부딪쳤을 때, 오버액션 연기를 하듯 과장되게 넘어졌다. 그는 펄쩍

펄쩍 뛰면서 나에게 소리를 지르다 그만 발목을 접질리고 말았다. 구급대가 구조해 들것에 실려 산을 빠져나가면서도 나를 향해 욕설을 퍼부으며 고래고래 소리를 질렀다.
- 네 번째 남자는 몹시 낙담한 채 분노가 끓고 있었다. 나와 부딪치자 주머니에서 총을 꺼내더니, "도대체 어딜 보면서 걷는 거야?"라고 소리를 지르며 내 다리에 총을 쐈다. 그는 총의 반동 때문에 뒤로 넘어지다가 발을 헛디뎌, 오솔길에서 비틀거리다 절벽으로 떨어져 목숨을 잃었다.

세 번째 남자는 자신의 발목이 부러진 것을 내 탓으로 돌렸다. 거의 대분의 사람이 이와 같이 반응한다. 만약, 네 번째 남자가 목숨을 부지했다면, 자신이 화가 난 것과 절벽으로 떨어진 것이 나 때문이라고 말했을 것이다. 그 사람들의 말이 맞을까? 이 사람들의 분노와 폭력을 내가 야기시킨 것인가? 만약, 내가 부딪친 것이 그들을 화나게 만든 것이라면, 나와 부딪친 모든 사람이 화가 나야 마땅하다. 그러했는가? 절대 아니다. 두 번째 사람과 부딪쳤을 때는 어떤 반응도 하지 않았으며, 더욱이 첫 번째 사람은 나를 만나 기뻐하기까지 했다.

이 네 가지 상호작용 속에서 나는 정확하게 동일한 행동을 했고, 각 인물은 어떻게 반응할지를 스스로 선택했다. 물론 무의식적인 선택이었다. 내가 첫 번째 남자를 행복하게 만든 것도 아니고, 내가 네 번째 남자의 목숨을 앗아 간 것도 아니다. 이 네 가지 상호작용에서 나는 스스로 저지른 실수에 책임이 있다. 즉, 네 가지 상황에서 동일한 책임이 있다. 조심성 없게 길을 걸어가다가 다른 사람에게 부딪친 것이 나의 책임인 것이다. 나의 책임은 그것뿐이다. 나의 부주의, 그 이상도 그 이하도 아닌 것이다. 이후에 일어난 반응에 대해서는 어떤 책임도 없다.

우리는 상대가 누구든, 그 사람의 반응에 책임이 없다. 우리의 책임은 우리 자신이 어떤 행동을 하는지에 있다. 다른 사람들이 스스로 선택한 반응에 대해 우리를 아무리 비난하더라도 이는 그 사람의 선택인 것이다.

여기서 다른 사람의 선택에 대해 우리에게 책임이 없다고 말할 때, 나는 다른 사람들의 감정을 배려하지 않는 상황이나 의도적으로 불친절하고 또 생각 없는 행동을 하는 것에 대해 정당화하고자 하는 것이 결코 아니다. 여기서의 의도는, 우리의 책임이 아닌 결과에 대해 죄책감을 짊어질 필요가 없다는 데 있다.

아이에게 이 원칙을 가르치지 않으면, 자신이 짊어지지 않아도 될 부담을 안고 살아갈 것이다. 심지어 피해자라고 주장하는 사람들에게 평생 발목 잡힌 채 살아가게 될 것이다.

부모의 책임

다른 사람의 감정과 행동에 책임이 있는 예외적인 상황이 있다. 앞서 다른 사람들의 반응에는 우리의 책임이 없다고 말했지만, 어린 자녀들이 어떻게 반응하는가 하는 것은 부모에게 책임이 있다. 부모의 사랑을 충분히 받지 못한 4살짜리 아이에게 부모가 화를 낸다면, 그 아이는 그 상황에서 사랑을 받고 또 사랑을 주는 선택을 하는 것이 불가능하다. 아이는 나이를 먹으면서 자신의 감정과 행동에 더 책임을 질 수 있게 된다.

특히 아이는 무엇이 옳고 그른지를 배워야 하고, 사랑받아야 한다. 또한 부모는 아이를 재미있게 해주고, 응석을 다 받아 주고, 모든 불편함과 부당한 상황으로부터 아이를 보호해 줄 필요가 없다. 특히 지혜로운 부모는 아이를 사랑으로 가르친다. 그리고 아이 스스로 행복에 책임을 지도록 돕는다. 아이가 책임지는 법을 배우지 못하는 채 독립하면, 아이의 삶은 무력하고 또 끔찍해질 것이다.

한편, 아이가 스스로 선택하고 또 감정을 조절하는 법을 배우는 과정에서, 모든 행복의 책임을 부모에게 떠넘기려고 할 것이다. 그러면 부모는 아이가 그렇게 하도록 종종 내버려 둘 때가 있다. 이럴 때 부모는 자신에게 아이를 "행복하게" 만들어 줄 힘을 느끼고, 자신이 아이에게 필요하다는 황홀한 기분이 든다. 부모는 아이가 미소를 지으며 부모에게 고마워할 때, 아이가 감사해하는 마음과 부모를 중요하게 여기는 마음을 받는 것을 아주 좋아한다.

그러나 아이의 인생 전체를 부모가 책임질 수는 없는 노릇이다. 성장하면 할수록, 사랑을 주고 또 책임을 지는 선택을 스스로 해야 한다. 우리는 아이가 자립해서 살아갈 그날을 지속적이고 점진적으로 준비하면서 더 많은 책임을 부여해야 한다.

하지만 아이가 책임지는 법을 배우는 것을 거부할 때가 종종 있다. 자신이 맡은 일을 무시하고, 우리가 지속적으로 상기시킬 때는 화를 내기도 한다. 대부분의 부모는 이 상황을 아주 불쾌하게 생각한다. 결국 책임을 가르치는 것을 포기해 버린다. 이는 아주 비극적인 실수다.

가족 모임에 대해

가족 모임의 목표는 다음과 같다.

- 아이를 제대로 보고, 사랑하는 기회 만들기(제5장 참고)
- 다른 사람을 사랑하는 방법 가르치기(제8장 참고)
- 책임지는 방법 가르치기(제9장 참고)

이제 아이를 사랑으로 가르치는 법을 배웠으니, 가족 모임을 더 잘 응용할 수 있다. 가족 모임에서 다음 세 가지 주제를 가지고 정기적으로 대화를 나누는 것을 제안한다.

다음과 같은 순서로 진행할 수 있다.

1. 일정을 정하고 맡을 일 정하기
2. 맡은 일에 대해 보고하기
3. 사랑으로 가르치기

이 순서를 반드시 따라야만 하는 것은 아니다. 융통성 있게 진행하면 된다. 그러나 대부분 이 큰 주제를 중심으로 가족 모임을 운영할 때 성취할 수 있는 것들이 더 많아진다. 따라서 가족 모임을 하는 이유는 가족 구성원이 더 행복해지는 데 도움을 주기 위한 것임을 명심하라. 그러므로 당신이 생각하는 올바른 회의 방법을 가족에게 강요하지 말자.

1) 일정을 정하고 책임 부여하기

일정을 미리 계획하면 성공할 가능성이 더 높아진다. 나는 아이를 키우면서 거실에 대형 달력을 설치해 두었다. 그것을 매일같이 확인하면서 누가, 어디로, 언제 갈 것인지를 결정했다. 그리고 어떻게 갈 것인지에 대해 대화했다. 예를 들어, 아이가 수영부 활동을 한다면, 달력에 연습 시작 시간과 마치는 시간, 그리고 교통수단을 적는다. 혹은 누가 운전을 해주어야 하는지까지 적어 둔다.

이와 함께, 정기적으로 반복되는 집안일에 대한 책임도 논의한다. 또한 일시적으로 부여되는 책임 역시 가족 모임에서 대화를 하며 결정한다. 여기에는 부서진 책장 수리, 자동차 정기 점검 맡기기, 금요일에 벤자민을 학교에서 집으로 데려오기, 나뭇가지 치기 등이 포함된다. 미리 논의한 뒤 벽에 적어 놓게 되면, 쉽게 점검할 수 있다.

▶ **가족 모임에서 일정을 정하고 책임을 부여하는 이유**

미리 계획하는 것은 일정을 부드럽게 진행하는 데 도움이 되고, 집안일을 아이에게 할당함으로써 책임을 배울 수 있게 도와준다. 그러나 그것이 전부가 아니다. 만일, 아이가 사랑을 느끼지 못해 행복하지 않다면, 잘 설계된 계획은 아무 소용이 없다. 아이가 할 일을 제대로 하지만, 사랑받는다고 느끼지 못한다면 가족 모임이 성공했다고 볼 수 없기 때문이다.

가족 모임에는 세 가지 목표가 있다는 것을 기억하자. 가족 모임을 진행하면서 가능한 한 세 가지 목표를 동시에 충족해야 할 것이다. 일정을 정하고 책임을 부여할 때, 아이를 가르치는 것은 비교적 기억하기 쉽다. 그러나 다음 두 가지 목표를 절대 잊어서는 안 된다.

- **아이를 제대로 보고, 사랑하는 기회 만들기:** 사랑이 넘치는 가족이 일정을 함께 계획할 때, 아이는 자신이 원하는 것이 부모에게도 중요하다는 증거를 보고 싶어한다. 부모가 자신이 원하는 일정을 중요하게 받아들일 때 아이는 있는 그대로 받아들여지고, 가족 안에 포함되었다고 느끼며, 사랑받는다고 느낀다.
- **다른 사람을 사랑하는 방법 가르치기:** 일정을 같이 계획하면서, 한 사람의 관심사와 다른 사람의 관심사가 부딪치며 갈등이 일어날 때가 있다. 아마도 두 일정이 같은 시간이 발생하기에 같은 교통수단을 사용하기 어려울 수 있다. 그러나 한 사람이 다른 사람을 위해 희생하면, 상대의 행복에 관심을 갖는 법을 배울 수 있다. 이런 방식으로 진정한 사랑을 주는 방법을 배우게 된다.

2) 맡은 일에 대해 보고하기

아이는 자신이 맡은 일을 마무리하고 누군가에게 보고해야 할 때, 책임지는 법을 더 잘 배우게 된다. 맡은 일을 적어 놓으면, 정기적으로 보고하기가 더 쉽다.

카일과 아빠의 사례를 살펴보며, 맡은 일에 대해 보고하는 법을 어떻게 가르치는지 알아보자.

카일이 맡은 일은 각 방에 있는 쓰레기통을 매일 비우는 것이다. 매주 화요일에 쓰레기를 모아서 집 앞 쓰레기 집합소에 내놓으면, 쓰레기차가 와서 쓰레기를 가져간다.

수요일 아침, 학교에 가기 전에 진행된 가족 모임에서 아빠가 카일에게 물었다.

"쓰레기통을 모두 비우고, 길에 쓰레기를 내놓았니?"

"아니요."

카일이 대답했다.

▶ 가족 모임에서 아이가 맡은 일을 제대로 했는지, 보고하도록 하는 이유

아이가 맡은 일을 점검할 때, 일을 제대로 마무리하지 않았다고 해서 화를 내거나 실망해서는 절대 안 된다. 아이에게 맡은 일을 보고하도록 하는 이유는, 수치심을 주거나 통제하기 위해서가 아니다. 맡은 일을 보고하게끔 하는 진정한 이유는, 가족 모임을 하는 이유와 동일하다.

- **아이를 제대로 보고, 사랑하는 기회 만들기:** 카일의 아빠는 아들의 무책임한 행동에 대해 대화를 했고, 아빠의 표정과 목소리는 아들을 여전히 사랑하고 또 있는 그대로 받아들이고 있다는 것을 전달했다. 그런 아빠의 태도는 아이에게 매우 긍정적인 영향을 미친다. 이는 칭찬이나 값비싼 선물 그리고 의미 없이 내뱉는 "사랑한다"라는 말보다 더 강력한 영향을 준다. 아이가 실수를 저지를 때 있는 그대로 받아들여지지 않으면, 진정한 사랑을 받는다고 느끼지 못한다.
- **책임지는 방법 가르치기:** 사랑으로 가르치는 것만으로 아이의 행동이 바뀌지 않는 경우가 가끔 있다. 카일은 부모의 사랑을 받으며 책임에 대해 배웠지만, 자신이 맡은 일을 여전히 제대로 하지 않았다. 그래서 아빠는 카일이 맡은 일에 좀 더 주의를 기울일 수 있도록 돕기 위해 결과를 부여하기로 했다. 원래는 집 앞에 내놓을 수 있는 것이었지만, 쓰레기차가 오는 날이 지나 버렸기에 쓰레기를 모두 모아 마을 쓰레기 집합장에 내놓아야 했다. 꽤 먼 거리였다. 그 일이 있은 뒤 쓰레기차가 오는 날을 놓침으로써 불편한 결과를 경험했던 카일은 쓰레기를 집 앞에 제때 내놓는 것을 선택할 수 있게 되었다.
- **다른 사람을 사랑하는 방법 가르치기:** 카일은 운전을 하기에 아직 어렸기 때문에, 아빠는 누나인 브룩에게 카일을 위해 쓰레기 집합장까지 운전을 해주라고 요청했다. 브룩에게는 불편한 상황이었지만, 카일을 있는 그대로 받아들이며 도와줄

수 있는 기회가 되었다. 그 과정에서 브룩은 진정한 사랑을 배울 수 있었다.

> 정기적으로 가족 모임을 하면 맡은 일을 보고하고, 책임지고, 사랑을 나누는 법을 아이에게 가르치는 기회가 된다.

▶ 성취한 것을 보고하는 것

맡은 일을 보고한다는 것이 실수를 점검하는 것만은 아니다. 아이들은 부모의 인정을 받고, 무엇을 배웠고, 성취했는지에 대해 함께 대화할 필요가 있다.

카일의 상황이 있고 난 뒤 몇 주가 지나고, 아빠는 가족 모임에서 카일의 이야기를 다시 꺼냈다.

아빠	카일, 어제 쓰레기통을 비운 뒤 쓰레기를 집 앞에 내놓았니?
카일	네.
아빠	몇 주 동안 네가 맡은 일을 잘 해내고 있구나. 기분이 어떠니?
카일	기분이 좋아요. 게으르게 행동해서 죄책감을 느끼는 것보단 훨씬 더 좋아요.
아빠	책임을 지는 선택을 하면 너는 평생 행복할 거란다. 너는 아주 중요한 교훈을 배운 거야. 기쁘구나.

카일의 아빠는 아들을 칭찬하지 않았다. 아이에게 지속적으로 칭찬을 하면, 부모를 기쁘게 하기 위해 혹은 비난을 피하기 위해 옳은 일을 하게 된다. 이는 성숙한 동기가 아니며, 아이가 성인이 되었을 때 살아가는 데 좋은 영향을 주지 않는다. 아이는 무엇이 옳은지, 그 행동이 사랑을 주는 일인지, 책임을 지는 일인지를 기준으로 어떤 행동을 할지 선택을 해야 한다. 다만, 그 행동을 선택할 때 부모를 기쁘게 하기 위한 선택을 하는 것이 아니다. 그러면 행복의 비밀을 발견할 수 있다.

카일의 아빠는 카일이 옳은 일을 했을 때, 자신을 더 행복하게 하는 선택을 했기에 기쁨을 표현했던 것이지, 카일이 아빠를 행복하게 만들었다고 해서 칭찬을 하지 않았다.

아이는 책임을 지며 즐거움을 느낄 필요가 있다. 그 기분을 지속적으로 느낄 때, 스스로 책임을 지겠다는 동기가 생긴다. 따라서 부모가 옳은 일을 하라고 계속해서 강압할 필요가 없다. 그러므로 가족 모임은 아이가 성취한 것을 인정해 주고, 책임지는 행동으로부터 오는 행복감과 충만함을 느낄 수 있는 아주 좋은 시간이 된다.

3) 사랑으로 가르치기

가족 모임에서 세 번째 순서는 가족 구성원의 감정 상태를 살펴보고, 현재 무엇을 배우고 있는지에 대해 대화를 할 수 있는 시간이다.

이제 8살이 된 재커리와 14살이 된 캐서린의 가족 모임에서 있었던 사례를 살펴보자.

재커리와 캐서린은 종종 다툰다. 그래서 아빠는 가족 모임에서 둘에게 물었다.

"대화를 하고 싶은 사람이 있니?"

그러나 아무도 대답하지 않았다. 아이들은 조건 없이 사랑받고 있다는 것을 확실히 느끼기 전까지, 자신의 감정에 대해 대화하는 것이 안전하다고 느끼지 않는다. 따라서 부모는 아이들이 말을 시작할 수 있도록 도와주어야 한다.

엄마	캐서린, 너와 재커리는 서로 상대에게 자주 짜증나 보여. 그에 대해 대화를 해보겠니?
캐서린	재커리는 항상 멍청하게 굴고, 절 짜증나게 만들어요.
재커리	안 그렇거든…. 네가 항상 날 놀리잖아.

누가, 무엇을 했는지에 대해 두 아이가 서로 세부적인 상황을 말하고 있었다. 그래서 엄마는 여기에 말려들지 않기 위해 지혜로운 선택을 했다. 세부적인 내용을 따지는 것은 아무런 도움이 되지 않을 것이다. 엄마는 아이들 사이에 일어나는 갈등의 근본적인 문제는 언제나 같다는 것을 알았다. 바로, 사랑을 느끼지 못한다는 것이다.

재커리는 집에서 막내였고, 언제나 아기 취급을 당했다. 캐서린은 재커리의 의견을 무시하고, 여러 활동에서 제외시켰다. 재커리가 아직 너무 어리다는 것이 그 이유다. 캐서린의 행동은 물론 다른 영향도 있겠지만, 재커리는 사랑받지 못하는 것은 물론 스스로 가치가 없다고 느꼈다. 그래서 캐서린에게 언제나 공격적으로 반응했던 것이다.

그래서 엄마는 재커리가 어떤 감정을 느끼고, 어떻게 반응하는지 스스로 볼 수 있도록 도왔다. 그리고 서로 상대를 볼 수 있도록 도와주었다. 재커리는 자신을 보호하느라 누나를 공격했고, 캐서린은 그 공격이 두려워서 다시 더 심하게 반응하고 있었다. 이에 엄마는 "이 모든 것은 엄마가 조건 없는 사랑을 충분히 주지 못했기 때문에 너희가 공허함을 느껴 쉽게 다투게 되는 것이야"라고 말했다.

캐서린과 재커리가 엄마에게 있는 그대로 받아들여진다고 느끼자, 그들이 느끼던 두려움과 화는 대부분 사라졌다. 그리고 분위기가 전환되기 시작했다. 이 모든 것이 20여 분의 가족 모임으로 가능했다. 이제 두 아이는 서로 제대로 보고, 있는 그대로 받아들일 수 있었다.

한편, 엄마는 제8장에서 소개했던 **'아이들에게 사랑을 주는 것을 가르치는 법 4단계'**를 그대로 적용했던 것이다.

▶ 가족 모임이 주는 보상

가족 모임에서는 기적과 같은 일들이 일어난다. 부모는 사랑을 주는 법을 배우고, 아이들은 사랑을 느끼고 또 사랑을 주는 법을 배운다. 또한 책임지는 법을 배운다. 특히 부모와 아이들은 가족 모임에서 진실을 말하고, 살아가면서 서로 사랑하면 가족 관계는 언제나 변할 수 있게 된다.

부모와 아이의 1:1 시간

가족 모임이 중요하지만, 아이와 1:1로 시간을 보낼 때 아이의 인생에 엄청난 영향을 미칠 수 있다. 아이와 1:1로 대화를 할 때, 아이는 자신을 아주 귀하게 여길 수 있는 기회를 얻게 된다.

1) 부모와 아이가 1:1 시간을 갖는 목적

부모와 아이가 1:1 시간을 갖는 목적은 가족 모임과 동일하다. 바로, 부모가 아이를 직접적으로 지원하는 데 있다. 그 세 가지 목적은 다음과 같다.

- 아이를 제대로 보고, 사랑하는 기회 만들기
- 다른 사람을 사랑하는 방법 가르치기
- 책임지는 방법 가르치기

2) 부모와 아이의 1:1 시간은 언제, 어떻게 가져야 할까?

부모와 아이의 1:1 시간은 두 종류로 나뉜다. 부모와 아이가 1:1로 짧은 대화를 하는 시간, 일정을 미리 계획한 부모와 아이의 1:1 시간이다.

① 1:1 짧은 대화 시간

아이와 개별적인 시간을 매일매일 갖는 것이 가장 이상적이다. 그러나 아이와 함께 보낼 수 있는 주어진 시간이 몇 분밖에 되지 않을 때도 있다.

이후 짧은 대화 시간이 실제로 어떻게 나타날 수 있는지에 대해 다루도록 하겠다.

② 일정을 미리 계획한 1:1 시간

매주 1회, 15~60분 정도는 부모와 아이의 1:1 시간으로 일정을 계획하고, 절대로 깰 수 없는 약속으로 정하자. 이는 어떤 방해 없이 한 아이에게만 완전히 집중하는 시간이다. 대부분의 부모가 이런 약속을 할 만큼 시간이 없다고 말하기도 한다. 만약, 그게 사실이라면 당신은 우선순위를 다시 조절해야 한다. 그 어떤 방법으로 시간을 보내더라도, 부모와 아이의 1:1 시간을 갖는 것보다 우리의 삶에 이익이 되지는 않을 것이다.

이 시간은 매주 일정하게 정해 두는 것이 가장 좋다. 예를 들어, 일요일 4시로 정해 두는 것이다. 이때 사업상 미팅도 이 시간은 제외해야 한다. 누군가 그 시간에 당신과 만나자고 하더라도, 다른 약속이 있어 그 시간은 안 된다고 말해야 한다. 이렇게 하면 아이는 자신이 부모에게 얼마나 중요한지를 알 수 있게 될 것이다.

3) 부모와 아이의 1:1 시간은 어디서 진행하는 것일까?

짧은 대화는 어디서든 일어날 수 있다. 설거지를 하면서, 낙엽을 쓸면서, 아이가 자는 방 침대에 앉아서 대화를 하는 등 모든 공간에서 할 수 있다. 다만, 미리 계획한 부모와 아이의 1:1 시간은 다른 것에 방해받지 않는 환경이어야 한다. 이때 아이의 관심이 분산되지 않고, 온전히 집중할 수 있는 기회를 아이에게 주어야 한다. 물론 집에서도 시간을 함께 보낼 수 있다. 그러나 방해받지 않는 공간이어야 한다. 같이 식사를 하러 가거나 공원 등과 같은 다른 장소에서 만날 수 있고, 아이가 어디로 갈지 정해 볼 수 있다.

4) 부모와 아이의 1:1 시간은 어떤 식으로 진행되는가?

짧은 대화든, 미리 계획한 시간이든, 다음과 같은 세 가지 주제에 따라 대화해 볼 수 있을 것이다.

- 아이가 맡은 일에 대해 보고하는 대화
- 아이의 생각과 감정에 대한 대화
- 부모가 가르쳐야 하는 것들에 대한 대화

③ 아이가 맡은 일에 대해 보고하는 대화

이 시간은 아이를 비난하거나 수치심을 주기 위한 시간이 아니다. 오직 책임에 대해 가르치고, 사랑을 느끼도록 하는 시간이다. 다음 몇 가지 문장을 사용하면, 아이와 대화하면서 맡은 일에 대해 보고하는 법을 가르칠 수 있다.

- "네가 맡은 집안일을 하는 게 어떠니? 할 수 있는 만큼 잘하고 있는 것 같니?"
- "최근에 배운 것이 있니? 네가 더 책임지고 또 더 사랑을 주는 사람이 되도록 해주었다거나, 더 행복해지는 데 도움이 되는 것을 배운 적이 있니?"
- "마당에 잔디를 보니까 꽤나 길어졌더구나. 깎을 때가 된 것 같다. 너도 보았니?"
- "학교 수업은 어땠는지 말해 보겠니?"
- "네 자신이 성장하거나 더 잘했으면 하는 부분이 있다면 말해 볼래?"

④ 아이의 생각과 감정에 대한 대화

아이는 제대로 보이고, 있는 그대로 받아들여지고, 사랑받고 싶어한다. 아이는 자신이 무슨 생각을 하고 또 어떤 감정을 느끼는지, 부모에게 정말 말하고 싶어한다. 사랑이 넘치는 관계를 당신이 아이와 이미 만들었다면, 그 생각과 느낌을 당신과 자유롭게 나눌 것이다. 그러나 어떤 아이는 생각을 나누기 전에 부모의 도움이 조금 더 필요할 수 있다.

다음과 같은 문장으로, 아이가 생각과 감정을 나눌 수 있도록 도울 수 있다.

- "어제, 불이 꺼진 거실에서 혼자 앉아 있는 걸 봤는데, 슬퍼 보이더구나. 무슨 생각을 하고 있었는지, 말해 줄 수 있겠니?"

- "며칠 전 동생에게 아주 화가 나 보였는데, 무슨 일이 있었니?"
- "너와 동생이 같이 놀고, 네가 동생의 숙제를 도와주는 것도 몇 번이나 봤어. 그럴 때마다 어떤 기분이 드니?"
- "지난번에 신시아라는 친구를 집에 데리고 왔었지. 그 친구 표정이 정말 불행해 보이던데…. 나에게 말해 줄 필요는 없지만, 그 친구에게 무슨 일이 있었는지 궁금하더구나."
- "어떻게 지내니? 엄마랑 너 사이에 문제가 있다면 말해 줄래?"

⑤ 부모가 가르쳐야 할 것들에 대한 대화

극소수의 아이만이 부모와 아이의 1:1 시간을 활용해 책임에 대해 긴 시간 동안 강의를 듣는 데 관심이 있다. 그러나 대부분의 아이를 가르칠 때는 아이가 나누는 다양한 경험과 감정을 들어주며 가르치는 것이 가장 효과적이다. 긴 강의로는 잘 배우지 않는다.

다음 사례들을 참고하면, 부모가 아이를 가르치는 아주 효과적인 방법들을 배울 수 있다.

- 202쪽 스티븐의 아빠
- 242쪽 아론과 사만다의 부모
- 254쪽 크리스토퍼와 헤더의 엄마
- 259쪽 앨리슨의 엄마
- 263쪽 수잔
- 271쪽, 489쪽 밥의 엄마
- 296쪽 프레드
- 313쪽 제이콥과 다니엘라의 엄마
- 327쪽 루이스의 아빠
- 328쪽 케이트의 엄마

- 338쪽 글랜의 아빠
- 204쪽 벤자민의 아빠
- 426쪽 빌과 제이의 아빠
- 430쪽 웨인
- 439쪽 조앤
- 447쪽 마리의 엄마
- 451쪽 제임스와 신시아의 엄마
- 457쪽 레베카
- 468쪽 메건과 셰릴의 엄마
- 480쪽 엘렌
- 484쪽 게리의 아빠
- 486쪽 조셉의 아빠
- 492쪽 리차드

💕 **대화를 시작하는 첫마디**

만약, 아이와의 1:1 시간을 한 번도 가져 본 적이 없다면, 처음에는 혼란스럽고 또 어떻게 시작해야 할지 몰라 불편할 수 있다. 아마도 1:1 시간에서 가장 어려운 부분은 바로, 대화를 시작하는 첫마디일 것이다.

대부분의 부모는 이렇게 질문한다.

"도대체 무슨 말을 하죠? 말을 어떻게 시작할지 모르겠어요."

어떤 대화를 나누더라도, 그 주제를 놓고 아이를 가르칠 수 있다. 우선, 371쪽에서 소개했던 **'아이의 감정에 대처하는 법'**를 참고해 대화를 시작할 수 있다.

다음은 아이와 대화를 시작하는 데 도움이 되는 문장들이다.

- "학교는 어떠니? 성적을 물어보는 게 아니라, 학교에 다니는 것이 즐거운지, 수업이나 친구들 그리고 선생님들이 어떤지 물어보는 거란다." 이 질문에 아이가 답변

을 한 뒤 감정과 맡은 일에 책임지는 것 등의 내용으로 대화를 이어 갈 수 있다.
- "네 방 앞을 지나가다 보니 엠마와 대화하는 소리가 들리더구나. 엠마에 대해 말해 줄래? 엠마가 어떤 점에서 좋아?"
- "네 자신 중 어떤 부분을 바꿀 수 있다면 뭘 바꾸겠니?"
- "나를 포함해서 가족 안에서 뭔가 바꾼다면, 뭘 바꾸겠니?"
- "축구부에서 운동하는 것 재미있니? 어떤 부분에서 재미있니?"
- "이번주에 학교에서 새롭게 배운 것이 있다면, 나에게 말해 줄래?"

이 대화를 아이와 꼭 시도해야겠다고 결심해 보자. 이때 세부적인 내용은 중요하지 않다. 가장 중요한 것은, 당신이 아이와 대화를 하려고 노력한 만큼 아이에게 관심이 있다는 걸 아이가 느끼는 데 있다.

또한 좋은 대화를 나누기 위한 유일한 방법은, 당신이 뭘 하고 있는지 모르는 상태에서 처음으로 느끼는 불편함을 뛰어넘는 데 있다.

이제 대화를 시작해 보자. 당신은 반드시 기뻐하게 될 것이다.

이 모든 것을 아이에게 가르칠 때 중요한 것은,
안정적인 상태에서 사랑으로 설명을 해주는 것이다.

제10장

열 번째 육아 원칙
이럴 땐 어떡하죠?

BUT WHAT ABOUT . . . ?:
More about the Practical Application
of the Principles of Parenting

제10장

열 번째 육아 원칙
이럴 땐 어떡하죠?

원칙들을 상황에 맞게 적용하기

수년간, 나는 수많은 부모로부터 아이들에 대해 질문을 받았다. 이 책을 통해 다양한 질문에 대해 대답을 했는데, 여기서 몇 가지 더 대답하도록 하겠다. 어떤 경우에는 독자가 보낸 질문을 그대로 가져오기도 했고, 어떤 경우는 중복된 질문들을 하나로 엮은 경우도 있다.

수면 시간

Q "수면 시간이 정말 힘들어요. 가끔은 아이를 20번 이상 재우는 느낌이 들어요. 침대에서 다시 나오기를 반복하다가 겨우 잠들면, 제가 잘 시간이 한참 지나고 말아요. 저는 정신적으로 지쳤어요. 제가 화를 내고 또 엉덩이를 때리지 않으면 침대에 가만히 누워 있질 않아요. 어떻게 해야 하지요?"

부모는 잠을 잘 때마다 이런 말을 아주 자주 한다.

"방에 가서 자."

"지금 당장 네 방에 가서 자라고 했어. 한 번 더 그러면 말로 안 해."
"그만 좀 자라고…. 이제 이 말하는 것도 지친다."
"이미 물을 마셨잖아. 또 목이 마를 리가 없어."
"같은 말 반복하지 않을 거야."
"침대 밑에 괴물은 없어."
"엄마 침대에서 잘 수 없어."
"침대 밖으로 나오면 소리를 지를 거야."
"내가 일어나게 만들지 마라. 이 녀석아…."

살아간다는 것은 아이에게 정말 신나는 일이다. 다양한 풍경, 소리 그리고 끊임없이 나타나는 흥밋거리…. 잠을 자고 싶지 않은 것은 당연한 일이다. 잠이 들면 모든 재미가 끝나지 않는가. 그렇지만 아이에게 수면 시간을 정해 줄 필요가 있다. 수면 시간이 정해지지 않으면, 부모는 자신의 건강을 위해 충분히 쉴 수 있는 시간이 부족하다.

조금 더 현실적으로 접근해 보자.

어느 날, 모든 아이가 잠이 들었다. 드디어 당신 혼자 조용히 즐길 수 있는 평화의 시간이 찾아왔다. 그 순간, 한 아이가 문을 열고 거실로 나와 뻔한 핑계를 댄다. 이제 어떻게 할 것인가? 어떻게 해야 할지 모르겠다면, 이 책에 소개한 원칙들을 떠올려 보자. 첫 번째 원칙은 "아이가 필요한 것은 그 무엇보다 사랑이다." 그러나 지금 이 순간, 당신에게는 줄 수 있는 사랑이 아무것도 없다. 그러면 네 번째 원칙인 "내가 갖고 있지 않은 걸 줄 수는 없다"를 적용하자. 그리고 세 번째 원칙을 기억하자. "화를 내면 무조건 잘못이다." 이제 기분이 훨씬 더 끔찍해질 것이다. 아이가 필요로 하는 사랑을 줄 수도 없고, 당신이 화를 내면 아이는 더이상 사랑받지 못한다는 기분을 느끼고 말 것이다.

그렇다면 뭘 할 수 있을까? 네 번째 원칙을 따라가 보자. "나부터 진정한 사랑을 받아야 한다." 만약, 아이가 잠들지 않아서 짜증이 난다면, 지혜로운 사람에게 가서 진실을 말할 수 있을 것이다. 지혜로운 사람은 제대로 보고, 있는 그대로 받아들이고, 사랑해 줄 수 있는 사람이다. 그렇다. 아이에게 불친절한 말을 내뱉기 전에 스스로 입을 닫고, 당신의 말을 들어주고, 당신이 얼마나 사랑이 없는 부모인지 인정하는 것을 있는 그대로 받아들일 수 있는 친구에게 전화를 하자. 당신이 사랑을 받으면, 마음속의 화는 가라앉을 것이며, 처음보다 다른 기분으로 아이와 대화할 수 있을 것이다. 만약, 지혜로운 친구를 찾을 수 없다면, 자신에게 진실을 말해 보자.

"나는 공허함을 느끼고 있으며, 이기적이다."

그리고 아이가 어른처럼 행동해야만 한다고 기대하는 자신을 향해 맘껏 웃어 주자. 이제 당신은 다른 사람에게 사랑을 받았거나, 자신이 이기적이라는 사실을 스스로 완전히 인지한 상태다. 당신은 다섯 번째 원칙인 "아이는 사랑으로 가르쳐야 한다"를 따라갈 준비가 되었다. 아이를 온전히 사랑해 줄 수 없을지는 모르나, 아이를 있는 그대로 받아들일 수는 있을 것이며, 이 상태로 아이의 삶에 도움이 되는 것을 가르칠 수 있다.

한편, 아이는 수면 시간에 대해 제대로 배워야 한다. 잠자는 시간을 아이 마음대로 조정할 수 없다는 것을 배워야 한다. 이것은 우리 집의 법인 것이다. 그런 다음, 이 법을 아이들이 지킬 수 있도록 부모의 역할을 해야 한다. 아이들이 수면 시간이 되기 전에 잠잘 준비를 할 수 있도록 도와주는 것이다. 당신이 옷을 갈아입고, 양치질을 하고, 마지막 물을 마시게 하고, 화장실에 다녀오도록 한 뒤 침대에 누워 제시간에 잘 수 있도록 돕는 것이다. 그것을 돕지 못한다면 부모는 다른 사람에게 그 잘못을 돌릴 수 없다.

또한 수면 시간을 아주 대단하고, 재미있는 시간으로 만들 수 있다. 당신이 아이에게 사랑을 주고, 수면 루틴을 함께 준비하는 것이다. 어떤 부모는 다른 부모보다 일정이 더 바쁠 수 있기에 모든 것을 아이와 함께해 줄 수 없을 것이다. 그러나 가능하다면 잠자리에 드는 것을 도와주자. 책을 읽어 주고, 손을 잡아 주고, 눈을 바라보며 사랑한다고 말해 주고, 이제 방에서 나오지 말고 잠을 자야 한다는 것을 사랑스러운 목소리로 말해 주자. 그리고 나서 방문을 잠그는 것이다.

다음은 나와 딸 레이첼의 경험이다.

레이첼은 방에서 나오려고 시도했다. 그런데 방문이 잠겨 있는 것을 알게 되자, 머리 끝까지 분노하며 소리를 지르기 시작했다. 나는 1분도 안되는 시간을 기다린 뒤 문을 열었다. 그리고 문을 잠그지 않기를 원하느냐고 딸에게 물었다. 레이첼이 씩씩거리다가 진정한 뒤 "네"라고 대답했다. 나는 딸에게 "아빠도 문을 잠그지 않는 게 훨씬 기쁘겠어. 네가 방 안에 계속 있겠다면 문을 잠그지 않을 거야"라고 말했다.

레이첼이 침대에 들어가고, 나는 옆에 앉아서 딸의 손을 어루만져 주며 사랑한다고 말했다. 그리고 내일 아침에 만나자고 인사를 한 뒤 문을 살짝 열어 둔 채 나왔다. 레이첼은 지쳤는지, 바로 잠들었다.

다음 날도 레이첼은 자신의 침대에서 나오지 않았다. 그러나 이틀이 지나자, 잠을 자야 하는 시간임에도 불구하고 나의 서재로 슬그머니 걸어 들어왔다. 내가 딸을 재우고 방에서 나온 지 얼마 지나지 않았는데도 말이다. 나는 딸에게 부드럽게 말했다.

"아빠가 방문을 잠그길 원하니?"

그러자 레이첼은 고개를 강하게 흔들며 자신의 방으로 달려갔다. 나는 딸의 침대로 같이 가서 안아 주며 사랑한다고 말했다. 레이첼은 미소를 지으며 잠들었다. 레이첼은 그 이후 침대에서 다시는 나오지 않았다.

어찌 보면, 결과를 부여하는 것은 너무 가혹한 것이 아닌가, 하고 생각할 수 있다. 그러나 결과를 부여하지 않는 것이 더 참혹한 결과를 가져온다. 그것은 아이들이 무책임하게 행동하도록 허락하는 것인데, 이는 부모로서 사랑이 너무 없는 행동이다. 레이첼은 1분간 문을 잠그는 것도 좋아하지 않았다. 그러나 내가 자신을 사랑한다는 것을 알았다. 레이첼은 삶에서 아주 유용한 복종과 책임지는 것을 배웠다.

부모는 자신의 아이를 어떻게 해야 할지 모르는 채 종종 이렇게 말한다.

"도대체 어떻게 해야 하죠?"

아이를 가르치는 것은 행동을 하는 것이다. 언제나 우리가 할 수 있는 것이 있다. 어쩌면 아이의 방문에 잠금장치를 설치해야 할 수도 있다. 이 역시 당신이 결정하고 행동으로 옮겨야 한다. 이로써 아이는 수면 시간이 잠을 자러 가는 시간이라는 것을 배워야만 한다.

아이가 잠들게 만들 수는 없지만, 수면 시간에 침실에 있도록 할 수는 있다. 문을 잠그는 대신, 방에 있도록 할 수 있는 몇 가지 결과 중 하나를 부여할 수 있다. 어떤 아이들은 침대 근처에 작은 조명을 두는 걸 좋아한다. 제시간에 잠자리에 들지 않으면 불을 끄겠다고 말할 수 있다. 또한 잠자기 전에 책을 읽어 주지 않을 거라고 말하자. 약속한 시간에 잠자리에 들어가지 않거나 침대 밖으로 나오면, 다음 날은 책을 읽어 주지 않는 것이다.

이렇듯 어린아이들에게는 정해진 수면 시간이 필요하다. 하지만 나이를 먹을수록 자신이 언제 잠을 자러 갈지, 스스로 선택할 수 있게 된다. 물론 나이만 먹는다고 되는 것이 아니라 모든 면에서 책임질 줄 알게 되면, 언제 잠자리에 들지 선택할 수 있게 허락할 수 있다. 그러나 평일 아침에 하는 가족 모임 시간까지는 일어나야 한다. 모임 시간에 졸음이 가득한 모습으로 앉아 있거나 모임에 빠진다면, 그날 밤에는 일찍 자도록 결과를 부여한다. 필요하다면, 아주 일찍 잘 수 있게 해야 한다.

한편, 아이가 몇 시에 잠을 자든 상관없이, 부모는 자신들만의 조용한 시간이 필요하다. 그래서 나는 아이들이 스스로 잠자는 시간을 선택한 만큼, 정해진 시간 이후에는 볼륨을 높여 음악을 듣고 또 텔레비전을 보거나, 큰 소리로 대화를 해서 다른 사람들이 자는 것을 방해해서는 안 된다는 것을 아이들에게 당부했다. 자신이 원하는 시간에 잠을 잘 수는 있지만, 다른 사람들이 조용히 보내는 시간을 존중해야 한다.

형제자매의 관계

Q "아이들이 하루 종일 싸워요. 모든 면에서 다퉈요. 하루 종일 그만 싸우라고 말하는 것 같아요. 그래서 화가 나요. 더 나은 방법이 분명히 있을 것 같은데요."

가족의 가장 중요한 역할은 아이들이 조건 없이 사랑을 느끼고, 다른 사람들을 사랑하는 방법을 배우는 것이다. 이외에 다른 것들을 아무리 성공적으로 하고 있더라도 가족관계가 불행하다면 아무 소용이 없다. 아이가 사랑을 느끼지 못하면 옷을 얼마나 잘 입고 다니든, 좋은 성적을 내든, 엄청난 운동신경으로 훌륭한 성취를 하든, 부모를 얼마나 자랑스럽게 만들든 아무런 의미가 없다. 그러므로 행복하기 위해서 아이는 사랑을 받고, 다른 사람을 사랑하는 법을 배워야만 한다.

형제자매의 관계는 서로 사랑하는 법을 배울 수 있는 아주 좋은 기회다. 그러나 우리는 수많은 기회를 종종 놓치고는 한다. 즉, 아이들의 다툼을 가치 있는 교훈을 줄 수 있는 기회로 사용하는 대신, 멈춰야 하는 문제로 바라본다.

다툼을 멈추게 하기

아이들이 다투는 이유는 공허함과 두려움을 느끼기 때문이다. 자신을 보호하기 위해서 칭찬과 힘이라는 가짜 사랑을 얻기 위해 다투는 것이다. 따라서 아이들이 보내고 있는 진짜 메시지를 무시하고 다툼을 멈추려고만 할 때, 부모는 아이에게 다음과 같은 메시지를 보낸다.

"네가 공허하고 또 두렵다는 게 보이는구나. 그렇지만 이런 상황이 나는 너무 불편하구나. 그러니 상대에게 어서 빨리 사랑을 주길 바란다."

"서로 다투고 화를 내도록 가르친 장본인이 바로 나지만, 내가 몸소 가르친 것과 너는 다르게 행동하기를 바란다."

하지만 아이들이 이러한 요청을 받아들이지 않는다. 화가 난 아이에게 서로 더 사랑해 주라고 요구하는 것은, 아이에게 키가 더 커야 한다고 말하거나 더 똑똑해져야 한다고 요구하는 것이나 마찬가지다. 이는 곧 물에 빠져 허우적거리는 사람에게 두려움을 멈추고 옆에 있는 물에 빠진 사람을 구해야 한다고 말하는 것이다. 말도 안되는 소리다.

제5장에서 소개했던 사례에서 라이언과 동생이 다툴 때, 아빠는 처음에 아이들의 다툼을 멈추려고 했다. 그리고 아빠는 순간적인 평화와 조용함을 얻었다. 그러나 두 아이는 다음과 같은 메시지를 받았다.

'우리가 싸우면 아빠는 짜증을 내고, 싸움을 멈추게 할 것이다.'

이 교훈은 아이들이 살아가면서 진정 행복한 삶을 살 수 있도록 이끌어 줄 수 없다. 부모가 아이의 다툼을 멈추면, 그것은 책임을 지거나 사랑을 주기 위해 멈추는 것이 아니다. 단지, 부모의 화가 무서워 멈추는 것일 뿐이다.

제8장에서 다이엔은 아이들의 다툼을 멈추지 않았다. 그 대신 아이들을 제대로 보고, 있는 그대로 받아들이고, 사랑해 주었다. 더 나아가 다이엔은 서로 제대로 보고, 있는 그대로 받아들이는 법을 가르쳤다. 아이에게 값진 선물을 주었던 것이다.

정의로운 부모와 사랑을 주는 부모

에리카와 미셸은 자유 시간을 갖기 전에 주어진 집안일을 해야 한다는 것을 둘 다 알고 있었다. 이들이 가장 좋아하는 TV 프로그램이 시작하는 시간이 되자, 에리카는 맡은 일을 다 했지만, 미셸은 아직 마치지 못했다. 엄마가 미셸에게 설거지를 마쳐야만 TV를 볼 수 있다고 하자, 미셸은 기분이 좋지 않았다. 미셸이 가고 나서 엄마가 에리카에게 말했다.

엄마	가서 미셸을 도와주겠니?
에리카	제가요? 그건 불공평해요! 미셸이 자기 일을 제대로 하지 않은

	거라구요. 전 제 할 일을 했어요. 이제 제가 좋아하는 프로그램이 막 시작해요.
엄마	네가 좋아하는 프로그램을 볼 자격이 충분히 있어. 엄마가 제안하는 건, 지금이 네가 동생을 사랑하는 법을 배울 수 있는 기회라고 말해 주는 거야. 모든 건 너에게 달려 있어. 여기서 편하게 쉬고 싶으면 그렇게 해. 너에게는 그럴 만한 자격이 충분히 있어. 그에 대해 뭐라고 하지 않을 거란다. 정말이야.

에리카는 앉아서 TV를 보다가 미셸을 도와주러 갔다. 그날 밤, 에리카가 엄마에게 와서 말했다.

에리카	엄마, 제가 도와주러 가니까 미셸이 깜짝 놀랐어요. 특히 엄마가 저에게 강요한 게 아니라는 걸 말해 주니까 더 놀라워했어요. 제 생각보다 훨씬 더 즐거웠어요. 그런 제안을 해주셔서 기뻐요.
엄마	혹시 도와주지 않으면 죄책감을 느끼게 될까 봐 도와준 거니?
에리카	(웃으며) 네.
엄마	그 기분이 어떤지 알고 있지. 너는 점점 더 옳은 일을 하게 될 거야. 해야 해서가 아니라, 네가 정말로 원해서 하게 될 거란다. 아까 그 자리에 앉아서 계속 TV를 봤다면, 엄마는 아무 말도 안 했을 거란다. 넌 동생을 도와줄 의무가 없었어. 미셸을 도와주어서 즐거웠다고 좀 전에 말했지? 그 기분을 기억해 두렴. 다음에 기회가 왔을 때 사랑을 주는 행동을 할지, 안 할지를 결정할 때 도움이 될 거야. 네가 사랑을 더 주는 사람이 되면, 더 행복해질 거란다. 그게 옳은 일을 하는 이유지. 옳은 일은 사랑을 주는 일이고, 너를 더 행복하게 해주지. 그리고 다른 사람들도

더 행복하게 만들어 주기도 한단다.

아이가 부모에게 진정한 사랑을 주는 것은 쉽게 할 수 있는 일이 아니다. 진정한 사랑은 자유롭게 주는 것이다. 그러나 아이는 부모에게 많은 빚을 지고 있다고 생각하고, 부모를 무척이나 필요로 하기 때문에 부모에게 사랑을 자유롭게 줄 수가 없다. 그러나 형제자매 관계에서는 빚을 지고 있다는 생각이나 의무감, 두려움을 훨씬 덜 느끼게 된다. 형제자매는 조건 없는 사랑을 배우기에 아주 훌륭한 기회다. 아이가 형제자매를 사랑하는 법을 배우는 과정에서 세상에 나아가 사람들을 사랑하는 법을 배우게 된다. 이렇게 형제자매를 통해 서로 사랑하는 법을 배우면 평생 행복이 보장되는 것이다.

약속을 지키지 않는 것

Q "아이가 약속 시간에 계속 늦어요. 아침에 제시간에 일어나지도 않고…. 거기서부터 하루가 수렁으로 빠지는 거죠. 소리를 질러도 보고, 알람시계를 사서 시간을 설정해 보기도 했어요. 여기저기 갈 때마다 계속 숨가쁘게 가야 하고, 결국 모든 약속 시간에 늦어요. 인내심을 잃을 지경이에요. 어떻게 해야 하죠?"

아이가 약속 시간에 늦으면, 부모는 점점 더 화를 내고는 한다. 아이를 이렇게 가르치면, 부모가 지치고 화가 났을 때 아이는 자신이 하고 싶은 대로 행동할 수 있다는 교훈을 배운다. 우리는 아이가 시간을 엄수할 수 있도록 더 효과적인 방법으로 동기를 부여할 수 있다.

다음 사례를 살펴보자.

8살이 된 네이선은 아침 8시 15분에 엄마에게 달려왔다. 분명 화난 표정이었다.

네이선	버스를 놓쳤어요.
엄마	(전혀 화가 나지 않은 목소리로) 그래. 그랬구나.
네이선	왜, 저를 깨우지 않으셨어요?
엄마	너에게 손목시계랑 알람시계가 있지 않니? 그리고 기억하니? 엄마가 오늘부터 네 스스로 제시간에 일어나야 할 책임이 있을 거라고 했던 거….
네이선	알람시계가 켜지지 않았어요.
엄마	(웃으며) 알람시계는 아주 신뢰할 수 있단다. 엄마의 알람시계는 그동안 작동되지 않은 적이 한 번도 없어. 알람을 설정하지 않았거나, 끄고 다시 잠을 잤을 거야. 침대 바로 옆에 두고 잠을 자잖아. 아니니?
네이선	네. 어젯밤에 알람을 분명히 설정해 두었단 말이에요.
엄마	그렇다면 아침에 알람을 끄고 다시 잠이 들었나 보구나. 이전에도 이런 일이 있었지. 알람시계를 침대 머리맡보다 더 멀리 두면 일어나기 위해 침대 밖으로 나올 수 있겠구나. 이 대화를 이미 했었는데, 기억나니?
네이선	알겠어요. 다음에 그렇게 할게요. 그런데 학교에 늦어서 우리 서둘러야 해요.
엄마	우리? 오늘 아침에 엄마는 약속이 있단다. 물론 그 약속은 너를 학교에 데려다주는 게 아니지.
네이선	(어리둥절하며) 그러면 저는 학교에 어떻게 가요?
엄마	걸어서 가렴.
네이선	학교가 얼마나 먼데요!
엄마	친구의 집에 가기 위해 학교보다 먼 거리를 거의 매일 걷잖니?
네이선	걸어가면 늦을 거예요.
엄마	네 말이 맞아. 뛰는 게 더 빠르겠지. 다음에는 아마도 제시간에

일어날 가능성이 높아질 것 같구나.

이후 네이선은 알람시계를 침대에서 멀리 떨어진 곳에 두었다. 그래서 시계를 끄기 위해 침대 밖으로 나올 수 있도록 말이다. 그리고 누군가의 도움 없이 스스로 제시간에 일어날 수 있도록 더 주의할 수 있게 되었다.

이처럼 아이의 선택에 대한 자연적인 결과를 경험하도록 내버려 둔다고 해서 불친절한 부모가 되는 것이 아니다. 반대로, 그런 자연적인 결과에서 아이를 구출해 주는 것이 사실은 아이에게 해를 입히는 일이다. 이는 곧 책임을 지는 법을 배울 기회를 빼앗아 버리는 것이다. 만약, 사랑으로 아이에게 책임지는 것을 가르치지 않는다면 다른 사람들, 즉 선생님이나 직장 상사 등이 아이를 가르치게 될 것이다. 그러나 그 사람들이 가르칠 때는 우리와 다르게 훨씬 더 가혹한 방법을 사용할 것이다. 이렇듯 성인이 되어서 책임을 배우게 되면, 아주 고통스럽고 비싼 대가를 치르게 된다.

네이선의 엄마가 부여한 결과가 모든 아이에게 적절하지는 않을 것이다. 나이와 학교와의 거리 그리고 안전상의 이유로 말이다. 그러므로 아이가 늦잠을 자면, 아이에게 걸어서 학교에 가도록 하는 것 이외에 다음과 같은 결과를 부여할 수 있다.

- 학교에 데려다주면서, 아이의 늦잠이 엄마의 일정에 영향을 미쳤기 때문에 나중에 엄마의 집안일을 도와주어야 한다는 것을 설명하자.
- 자신의 용돈으로 택시를 타고 학교에 가게 하자.
- 선생님에게 제시간에 일어나는 것을 아직 배우지 못해서 지각을 했다며, 메모를 적어서 보여드리기로 하자.

네이선과 같은 상황은 사실 아주 쉽게 대처할 수 있다. 바로, 한 아이와 엄마의 시간에만 영향을 미쳤기 때문이다. 그러나 한 아이가 약속을 지키지 않아서 모든 가족에게 영향을 미칠 수 있다. 그렇게 아이가 반복적으로 늦을 때, 즉 교회에 가는 시간이 늦어지거나, 병원에 가야 하는 시간이 늦어지는 등 한 아이의 행동으로 인해 여러 사람이 영향을 받게 된다면 어떻게 해야 할까?

우선, 부모는 아이가 계속해서 늦는 것에 대해 부모 자신의 책임을 인정해야만 한다. 부모 또한 아이들의 옷을 입히고, 떠나기 위해 준비하는 것을 마지막까지 미루는 경향이 있다. 만약, 가족이 집을 떠나는 시간이 지속적으로 늦어진다면, 그건 집을 떠날 준비를 더 일찍 하지 않는 당신의 책임이다. 또한 더 이른 시간에 준비를 했는데도 불구하고 아이가 계속해서 늦는다면, 그 아이는 다른 사람들보다 한 시간 더 일찍 떠날 준비를 해야 한다고 말해야 한다. 그리고 문 앞에 앉아서 다른 모든 사람이 준비가 될 때까지 기다리고 있어야 한다. 아이는 이런 결과를 정말 좋아하지 않기 때문에 더 빠르게 준비하게 될 것이다.

한편, 초등학교 1학년 정도면 아이들은 시간 개념을 배울 수 있다. 물론 그 이전에도 배울 수 있다. 심지어 시계를 보는 능력이 없는 아이라도, 알람시계나 주방 타이머에 시간을 설정해 주고, 해야 하는 일 혹은 몇 시까지 어떤 장소에 있어야 하는지를 가르칠 수 있다.

아이들이 약속 시간에 늦는 몇 가지 상황을 더 살펴보자. 그리고 시간을 엄수하는 법을 가르치기 위해 어떤 결과를 부여할 수 있는지도 살펴보자.

행동 1	집을 떠날 시간이다. 모든 사람이 준비를 마치고, 저녁을 먹었고, 외출을 할 준비를 했다. 그러나 빌리는 음식을 깨지락거리며 여전히 앉아 있다.
결과 1	빌리에게 정확한 시간을 알려 주며, 그때까지 식사를 마치라고 한다. 그 시간까지 식사를 마치지 않으면 식탁에서 음식을 치울 것이며, 가족과 함께 제시간에 떠날 수 있다.
행동 2	데니스는 친구의 집에서 놀다가 6시까지 집에 돌아오라는 부모의 말을 들었다. 그러나 데니스는 7시가 되어야 집에 돌아왔다.

| 결과 2 | 데니스는 __일 동안 친구의 집에 가는 것이 금지된다. |

| 행동 3 | 애쉬톤은 가족들과 함께 어디 갈 때마다 자주 늦는다. |
| 결과 3 | 애쉬톤 때문에 가족이 기다려야 하는 시간 곱하기 5분 만큼 집안일을 추가적으로 해야 한다. |

이렇듯 약속을 지키지 않으면 다른 사람들에게 영향을 미친다는 사실을 아이가 배워야 한다. 만약, 아이가 수업이나 회의에 늦게 되면, 주변 사람들이 그를 도와주어야 하고 또 어떤 사람들은 그가 도착할 때까지 기다려야 하는 상황도 있을 것이다. 이는 아주 거만하고 또 이기적인 태도며, 나의 시간이 다른 사람의 시간보다 더 귀하다고 여기는 것이다. 그러나 많은 사람이 이런 식으로 행동한다.

일정을 정하고, 자신의 활동에 참여하기

Q "하루 종일 아이들 뒤꽁무니만 쫓아다니는 것 같아요. 시간이 거의 막바지에 다다라서 여기 가야 한다 또 저기를 가야 한다고 말하니, 제 일정을 짜기 어려워요. 그래서 저는 짜증도 내죠. 정해진 활동에 대해 막바지에 말하는 걸 어떻게 막을 수 있을까요?"

아이가 스스로 시간을 운영하는 것과 하고 싶은 활동을 하는 것은 가족에게 많은 영향을 미친다. 즉, 아이가 어떤 활동에 참석해야 한다면, 그 장소로 데려다주고 또 집으로 데려오는 사람의 시간에 영향을 미치게 된다. 가끔 다른 사람이 동일한 시간에 다른 장소로 가야 할 때는 교통수단이 부족하기도 하다. 아이는 자신의 행동이 다른 사람에게 미치는 영향을 이해할 필요가 있고, 경우에 따라 가족을 위해 자신의 일정을 양보해야 하기도 한다.

우리 가족은 거실에 있는 대형 달력에 모든 활동을 적어 두고, 모든 사람이 볼 수 있도록 한다. 만약, 한 아이가 가족에게 자신의 활동을 보고하지 않았거나 막바지에 와서 자신이 어디로 가야 한다고 말한다면, 그 활동에는 참가하지 못하게 될 경우가 발생하게 될 것이다. 이는 무책임한 행동에 의한 자연적인 결과다. 따라서 스스로 책임질 수 있도록 효과적으로 가르쳐야 한다.

더불어 아이가 자신이 맡은 집안일을 다 마무리하지 않으면, 개인 활동에 참석할 수 없게 하자. 이러한 자연적인 결과를 부여하면 아이는 처음에 화를 낼 수 있으나, 다음에는 더 현명한 선택을 하도록 동기를 부여할 수 있다.

물건을 나누는 것

Q "아이들이 서로 물건을 나눠 쓰려고 하지 않으면 어떻게 해야 하지요?"

아이는 자신이 소유한 물건에 대한 주인 의식을 느낄 필요가 있다. 그로 인해 독립심을 느낄 수 있고, 자신의 물건을 잘 관리하는 책임을 배울 수 있는 기회가 된다. 물건을 소유한 아이로부터 단순히 물건을 빼앗은 뒤 그 물건을 사용하게 해달라고 요구한 아이에게 주는 방식으로 다툼을 해결한다면, 부모가 아이의 소유권을 무시하게 된다. 이런 접근 방식은 아이를 한 사람으로 존중하지 않으며, 아이가 배워야 할 지혜를 가르쳐 주지 않는 것이다. 아이들이 하나의 물건을 가지고 다툰다면, 다음 두 가지 지혜를 균형 있게 가르쳐야 한다.

어떤 아이가 물건의 주인이라면, 그 물건을 사용하기 위해 그 아이의 허락을 받아야 한다. 이때 아이는 갈등을 해결하기 위해 자신의 물건을 상대와 나누도록 강요받아서는 안 된다. 그 방식이 부모에게 더 간단하기 때문에 강요해서도 안 된다. 더 나아가 나누는 행동이 사랑을 더 주는 것이기 때문이라는 이유에서도 강요받아서는 안 된다. 즉, 아이가 사랑을 더 주도록 강요할 수는 없다.

그러나 아이는 다른 사람을 사랑하고, 가진 것을 나누는 것이 자신의 것을 지키는 것보다 훨씬 더 중요하다는 것을 이해해야 한다.

이 두 가지 지혜를 균형 있게 가르친 부모의 사례를 살펴보자. 앤터니와 에릭 형제의 사례다.

앤터니가 엄마에게 달려와서 불평을 늘어놓았다.

앤터니 에릭이 자기 축구공으로 놀지 못하게 해요!
엄마 그 축구공은 에릭 거지?
앤터니 네, 그치만 물건을 항상 혼자만 간직해요. 저는 제 물건을 가지고 놀도록 항상 배려해 주지만, 에릭은 이기적이라서 자기 물건을 가지고 놀지 못하게 한다고요.
엄마 무슨 말인지 잘 이해해. 엄마는 네가 에릭과 잘 나눠 쓰려고 한다니 기쁘구나. 다른 사람에게 언제나 친절하면 기분이 더 좋아지지. 그렇지만 에릭은 너와 물건을 나누고 싶어하지 않는구나. 에릭은 그런 선택을 할 수 있어. 다른 물건을 가지고 놀 수 있겠니?
앤터니 아마도요.

시간이 흐르고, 엄마는 에릭에게 가서 대화를 나누었다.

엄마 오늘 앤터니와 네가 축구공을 가지고 다퉜다는 걸 알고 있단다.
에릭 제 공이에요.
엄마 오, 잘 알지. 너 혼자만 가지고 놀며, 다른 사람과 나누지 않을 권리가 당연히 있단다. 엄마는 혹시 네가 앤터니와 다툴 때 기분이 좋았는지, 궁금해서 하는 말이야. 다음에 앤터니에게 공을 빌려줄 생각이 든다면, 한번 자세히 살펴보렴. 네 기분이 더 좋아지는지 말이야. 그냥 한번 생각해 보라는 거야. 네가 공을 빌려주도록 강요하지 않을 거란다.

아이에게 자신의 물건을 나누도록 강요를 하면, 자신의 물건을 더 나누지 않으려고 하게 될 가능성이 높다. 특히 자신의 소유물에 대한 주인 의식을 완전히 인정해 줄 때, 아이는 자신의 것을 나누고 또 사랑을 주는 행동을 스스로 선택할 수 있게 된다.

다만, 부모는 아이에게 자신의 소유권을 침범당할 때, 화를 내는 것은 적절하지 않다고 가르쳐야 한다. 455쪽에서 소개했던 사례에서 벤자민이 롭의 스피커를 허락 없이 사용한 것은 옳지 않다. 여기서 벤자민이 형의 소유권을 침범했다는 사실을 배워야 했다. 벤자민의 침범에도 불구하고 롭이 화를 낸 것이 정당화될 수 없다. 또한 421쪽에서 소개했던 또 다른 사례에서 세라는 저스틴이 자신의 샴푸를 사용할 때 자신의 허락을 받으라고 할 권리가 있다. 따라서 형제자매를 사랑하지 않았다는 사실이 정당화되지 않는다.

가족이 함께 쓰는 물건을 가지고 다툼이 일어날 때

아이는 가족이 함께 쓰는 물건을 가지고 서로 다툴 때가 있다. 경우에 따라 두 아이가 장난감, 화장실, 전화기, TV, 가족이 공유하는 자동차 등 같은 물건을 동시에 사용해야 하는 상황이 생기고는 한다. 또한 어린아이라면, 다른 아이가 신나게 가지고 노는 물건을 보면 자신도 갖고 싶은 마음이 자연스럽게 들 수 있다.

그래서 두 아이가 물건을 가지고 다툴 때 부모가 도와줄 수 있는 몇 가지 방안을 제안하겠다. 이 접근 방법을 사용하기 전에 아이에게 인간관계와 서로 사랑하는 방법에 대해 미리 대화를 한 상태라면 훨씬 더 잘 적용될 것이다.

"서로 어떻게 사랑하는지, 엄마(아빠)가 이미 가르쳐 주었지? 엄마는 너희가

이 상황을 잘 해결할 수 있을 거라고 믿는단다. 두 사람이 모두 행복해질 수 있는 방법을 결정하고, 함께 대화를 해보자꾸나. 방에 혼자 들어가서 생각해 본 뒤 결정을 내리고, 무엇을 배웠는지 엄마에게 와서 말해 주렴."

당면한 문제를 누군가 대신 해결해 주지 않을 때, 아이들이 해결책을 얼마나 빠르게 찾아내는지를 알게 되면 당신은 놀랄 것이다. 누군가 자신이 찾은 해결책을 점검할 것을 알고 있다면, 아이들은 더 훌륭한 결과를 가지고 나올 것이다.

"너희 둘은 학교 가기 전에 누가 먼저 화장실을 사용할지, 자주 다투는구나. 각자 원하는 시간 15분을 어떤 순서로 사용할지를 생각해 낼 때까지 이 테이블에 앉아서 대화를 하렴. 그리고 다음 가족 모임에서 너희가 결정한 내용이 적용 가능한지를 대화해 보자."

"어떤 TV 프로그램을 볼지 동의할 수 없다면, 서로 계획을 짜고 동의할 때까지 TV를 끌 거야."

문제를 해결해야 할 필요가 있을 때, 아이들은 순간적으로 훌륭한 외교관으로 변신해 상호 합의를 이끌어 낼 수 있다. 그러나 둘 이상의 아이들 중 한 아이가 너무 어리거나 합리적인 대화가 가끔 불가능할 때가 있다. 그런 상황이라면, 335쪽에서 소개했던 신디의 엄마처럼 부모가 다툼을 해결할 수도 있다. 신디가 아직 이성적이지 않고 또 까다롭게 굴었기 때문에 동생과 합의를 하지 못했고, 결국 엄마는 신디를 방으로 데려가야 했다.

집에 아이를 혼자 있게 하는 것

Q "몇 살이 되면 아이가 베이비시터 없이 집에 혼자 있을 수 있나요?"

아이는 독립심을 느낄 필요가 있고, 스스로 수많은 선택을 하면서 독립심이 자란다. 그러므로 부모가 지속적으로 간섭하거나, 다른 사람을 고용해서 아이를 간섭하도록 지시하는 기간이 길어질수록 아이가 독립심을 느끼기 어렵다. 아이가 긴급 상황에서 해야 하는 행동들, 즉 이웃에게 도움을 요청하거나 119 혹은 112에 전화를 하는 등 이런 행동을 취할 수 있다면, 아이를 집에 두고 업무를 보기 위해 잠시 외출을 할 수 있다. 아이는 부모가 자신을 볼 때, 스스로 잘 돌볼 수 있다는 믿음을 느낄 때 내면의 꽃을 피운다.

아이에 따라 맡은 일에 책임을 얼마나 제대로 질 수 있는지를 보면, 언제쯤 아이를 집에 혼자 둘 수 있는지를 알 수 있다. 어떤 아이는 다른 아이들보다 훨씬 이른 나이에 책임을 지기 시작한다.

12살 정도의 나이라면, 대부분 아이들은 부모가 몇 시간씩 집을 배울 때 베이비시터가 필요하지 않다. 이 나이에는 스스로 전화를 하고, 불이 나면 어떤 행동을 취해야 하는지 등을 알고 있기에 스스로 대처할 수 있다. 누군가 지속적으로 감독하지 않는 상황에서 스스로 책임지고, 관리하는 경험이 아이에게는 필요하다.

잠자리에서 소변을 자주 볼 때

Q "아이가 잠자리에 계속해서 소변을 누면 어떻게 대처해야 하나요?"

어떤 아이들은 의학적인 신체 문제 때문에 잠자리에 소변을 누기도 한다. 그러나 걱정과 불안 때문에 많은 아이가 잠자리에서 소변을 본다. 그 걱정과 불안의 근본 원인은 사랑을 충분히 받지 못해서다. 성인들이 경험하는 "스트레스" 또한 결국 사랑받지 못한다는 느낌, 공허함과 두려움 때문이다. 수많은 의학적 연구 결과를 살펴보면, 고혈압·심장병·궤양·두통·요통·우울증·암 등 성인이 경험하는 건강 문제가 스트레스와 상당한 관련이 있다고 밝혀졌다. 따라서 사랑을 받지 못한 경험으로 인해 아이가 잠자리에서 소변을 보는 것은 물론 다양한 방법으로 신체에 영향을 미친다는 것은 놀라운 일이 아니다.

하지만 잠자리에 소변을 본다고 해서 아이가 수치심을 느낄 필요가 없다. 또한 부모가 불편하고 또 싫다고 해서 아이에게 잠자리에 소변을 보지 말라고 말할 필요도 없다. 아이는 오직 사랑을 받고, 자신이 저지른 행동에 대해 책임을 질 필요가 있을 뿐이다. 만약, 아이가 아침에 일어났을 때 이불에 소변을 보았다면, 옷가지와 이불을 모아 아이 스스로 세탁하는 것이 가장 자연스러운 결과다. 그러면 아이는 옷을 세탁하는 방법을 아주 어린 나이에 배울 수 있다.

아이가 사랑을 더 받고, 자신의 옷가지와 이불을 스스로 세탁하는 일이 불편해지면 잠자리에서 소변을 보는 일을 멈추게 될 것이다. 만약, 이 방법을 6개월 이상 사용했고 또 4살이 한참 지났다면, 소아과 의사와 상담을 하며 의학적인 소견을 들어 보는 것을 추천한다.

TV(스크린) 타임

Q "아이에게 TV를 어느 정도 보여 주면 좋을까요? 아이가 TV로 뭘 보는지 어떻게 체크할 수 있을까요?"

우선, 어떻게 하면 아이를 조건 없이 사랑할 수 있는지를 배우자. 아이에게 사랑을 줄 때, 아이가 사랑을 받고 또 다른 사람에게 사랑을 주는 데 어떤 TV 프로그램이 방해가 되는지를 구분할 수 있다. 아이가 좋아하는 각 프로그램을 시청함으로써 아이가 사랑을 주고 또 책임지거나 더 행복한 사람이 될 수 있는지, 아니면 방해가 되는지를 스스로 구분할 수 있도록 대화를 하며 도움을 주자.

또한 아이가 맡은 일이 다 끝나기 전에 TV를 보지 않도록 해야 한다. 이 정도 가이드라인을 따른다면, 아이가 TV를 보더라도 피해를 덜 입을 수 있다.

떼쓰는 행위

Q "아이가 가끔 바닥에 주저앉아서 떼를 쓰고, 소리를 지르며 자신이 원하는 걸 해달라고 요구합니다. 그런 식으로 행동할 때 도대체 어떻게 해야 하는지 모르겠어요."

얼마 지나지 않아 나는 이 질문을 한 부모를 직접 만났다. 엄마의 이름은 폴라였다. 내가 그 집에 있는 동안 폴라의 아들 제르미는 아이스크림을 달라며 떼를 쓰고 있었다. 그리고 엄마는 "지금은 안 되고, 저녁 식사를 한 뒤에 주겠다"라고 말했다. 그러나 아들은 매달리며 여전히 떼를 쓰며, 아이스크림을 달라고 엄마를 졸랐다. 그러자 엄마는 이번에도 안 된다고 말했다. 결국 아들은 바닥에 주저앉아 바닥을 발로 차며 비명을 질러 댔다.

폴라가 의자에서 일어나 냉동고로 향하는 모습을 본 뒤 내가 물었다.

"뭐 하시는 거죠?"

"아이스크림을 꺼내 주려고요. 아이스크림을 주지 않으면 저런 식으로 계속 소리를 지를 거예요. 그건 정말 싫어요."

"지금 아이스크림을 꺼내 주시면, 원하는 걸 얻고 싶을 때마다 저렇게 성질을 부리며 떼를 쓰면 된다는 걸 가르치게 되는 겁니다. 다시 말해, 아이가 성질을 부리고 떼를 쓰도록 당신이 훈련을 시키고 있는 거예요. 이번에도 그걸 가르치고 싶으세요?"

폴라는 잠시 생각하다가 대답했다.

"아니요. 그걸 가르치고 싶지 않아요. 그럼, 어떻게 하면 이 시끄러운 소리를 멈추게 할 수 있지요?"

"잘못된 동기를 가지고 계시네요. 당신이 원하는 대로 아이가 행동하게 만드는 게 목적이라면, 아이는 그걸 느낄 거예요. 그리고 엄마와 자신의 관계는 조종하는 것 그 이상도 그 이하도 아니라고 생각할 겁니다. 그게 바로 지금 아들의 행동이지요. 아들이 정말로 필요한 것은 부모의 사랑과 가르침입니다."

"이 상황에서는 어떻게 하면 사랑으로 가르칠 수 있는지, 정말 모르겠네요."

폴라가 말했다.

나는 폴라에게 허락을 받고, 잠깐 동안 제르미에게 훈육을 했다. 소리를 지르고, 떼를 쓰는 제르미에게 가서 같이 앉았다. 그리고 이렇게 물었다.

"제르미, 네가 원하는 게 있니?"

제르미는 잠깐 멈췄다. 경험해 본 적 없는 방식으로 자신에게 접근하는 나를 물끄러미 쳐다보았다. 그리고 다시 소리를 질러 대기 시작했다. 나는 제르미의 귀에 대고 귓속말을 했다.

"엄마와 나는 잠깐 다른 방에 있을게. 네가 소리를 지르지 않고, 원하는 걸 말할 수 있게 되면 우리에게 말해 주렴. 네가 원하는 게 뭔지 정말 궁금하구나."

폴라와 나는 다른 방으로 가서 대화를 계속했다. 2분 정도 지나자, 우리가 있는 방으로 제르미가 왔다. (한편, 아이는 자신이 원하던 결과를 얻지 못한다면 성질을 부리는 행동을 멈춘다.) 나는 반가운 표정을 지으며 제르미를 환영했고, 다시 한 공간에 있게 된 것이 무척이나 기쁘다고 말해 주었다. 그러자 제르미는 화난 목소리로 아이스크림을 달라고 말했다. 그래서 나는 이렇게 말했다.

"지금 아이스크림은 먹을 수 없지만, 저녁을 먹기 전에 당근을 몇 조각 먹을 수 있단다. 한 시간 뒤에 저녁을 먹을 거야."

제르미는 다시 바닥에 주저앉아 바닥을 발로 차며 소리를 지르기 시작했다. 나는 다시 제르미 옆으로 가서 아이의 등을 부드럽게 쓰다듬어 주면서 말했다.

"네가 원하면 당근을 언제라도 가져다주마. 네가 소리를 지르는 동안 우리는 밖에 있을게."

몇 분 뒤, 제르미는 방으로 와서 당근을 달라고 말했다. 한편, 아이는 "자신이 원하는 것을 얻기 위해서" 성질을 부린다. 그러나 자신이 원하는 결과를 얻어내지 못하면, 그 행동을 계속하지 않는다.

용돈 그리고 아르바이트

Q "어떻게 하면 아이에게 자신의 힘으로 비용을 지불하도록 가르칠 수 있을까요? 용돈을 주어야 하나요? 아니면 아르바이트를 찾으라고 해야 할까요?"

아이의 재정 문제를 해결하기 위한 방법은 다양하다. 그러나 여러 가족에게 어떤 방법이 최선인지는 내가 말해 줄 수 없다. 같은 가족 안에서 성장했다고 해도 아이마다 다른 방법으로 접근해야 한다. 그리고 나이가 먹을수록 방법을 바꾸어 나가야 한다. 몇 가지 예시를 소개하겠다.

당신이 원하는 만큼 아이의 지출을 고려하고, 어떤 아이가 참여하고 있는 활동마다 어떤 지출이 있을지를 결정해야 한다. 아이에게 돈은 옷 혹은 새로운 농구공, 수영 강습비, 친구들과 영화를 보는 데 필요하다. 아이는 부모와 논의하고, 어느 정도 지출이 적당한지를 결정할 수 있다. 정기적으로 가족 모임을 하면 더 쉬울 것이다. 사랑을 느끼고, 책임지는 법을 배운 아이는 돈과 관련된 영역에서도 책임을 질 줄 아는 경우가 많다. 또한 사랑을 느끼고, 책임지는 법을 배운 아이는 자신들이 지출하는 돈이 온 가족에게 영향을 미친다는 것을 이해한다. 따라서 가족의 돈을 어리석은 방식으로 소비하지 않을 것이다. 아울러 독립을 하게 될 때도 재정적인 관리를 스스로 잘 할 것이다.

그러므로 아이에게 용돈을 주자. 용돈은 재미있는 여가 활동, 옷 구매하기 등을 위한 것이다. 용돈의 양을 어떻게 결정할지, 부모에게 어려울 수 있다. 아이는 매주, 매월 필요한 용돈의 양이 달라질 수 있기 때문이다. 한 아이는 학교나 참여하고 있는 수업 때문에 다른 형제자매보다 더 많은 용돈이 필요할 수 있다. 이는 다른 아이에게 질투의 대상이 될 수 있다. 용돈을 주는 목적은 개인적으로 원하는 지출을 충분히 할 수 있고, 개인이 돈을 관리하는 책임감을 기르는 데 있다. 따라서 아이의 행동에 따라 용돈의 양을 늘리거나 줄이지 말아야 한다. 용돈을 줄이는 것이 잘못된 행동에 대한 결과가 되어서는 안 된다. 그러나 아이가 저지른 실수를 바로잡기 위해 필요시 자신의 용돈을 사용하도록 요청할 수 있다. (527쪽을 참고해 보자.)

집 안에서 진행되는 추가적인 일에 대해 아르바이트비를 지불할 수 있다. 방 페인트 칠하기, 정원 꾸미기…. 그러나 방 청소, 설거지 등 정기적으로 맡은 집안일에 대해서는 아르바이트비를 지불해서는 안 된다. 집안일을 한 뒤 아르바이트비를 받게 되면, 가족들에게 봉사하는 경험을 빼앗게 되는 것이다. 우리는 봉사함으로써 사람들과 주변 환경을 사랑하게 된다.

특히 16살 정도가 지나면 아이에게 아르바이트를 하도록 하락하거나 요청할 수 있다.

이어서 아르바이트의 장단점을 설명해 보도록 하겠다.

아르바이트의 장점

- 사회에 나가서 아르바이트를 하는 것은 독립을 준비하는 데 도움이 된다.
- 아이나 가족 전체에 추가적인 수익이 된다.
- 부모뿐만 아니라 사회에서도 책임감과 맡은 일에 대해 보고받기를 원한다는 것을 배울 수 있다. 그런 경험을 해보지 않으면, 아이들은 부모님만 "지나치게 책임을 요구"하고 또 일을 시킨다는 생각을 할 수 있다.

아르바이트의 단점

사랑을 받는 것보다 더 중요한 것은 세상에 없다. 아이가 가족 안에서 사랑을 느끼기 시작하는 시점에 있다면, 아르바이트를 하는 시간은 제대로 보이고 또 있는 그대로 받아들여지는 경험을 방해할 수 있다. 더욱이 사회에 나가 아르바이트를 하면 가짜 사랑, 즉 칭찬과 힘을 경험하게 되어 아이의 주의를 산만하게 만들 수 있다. 또한 아르바이트를 하러 나가야 할 때, 가족 공동 차량을 이용해야 한다면 일정에 대한 갈등이 일어날 수 있다. 특히 아르바이트는 아이가 학교 수업을 따라가는 데 상당한 방해가 될 수 있다.

"불공평해요!"

Q "아이에게 집안일을 맡기려고 할 때, 아이들이 '불공평하다'고 말하고는 합니다. 그런 말을 들으면 무슨 말을 해줘야 할지 모르겠어요. 제가 '이런, 안됐구나. 삶은 원래 불공평하단다'라고 말해 주면 너무 싫어하더군요. 아이에게 뭐라고 말해 주면 좋을까요?"

나의 경험을 나누겠다.

어느 토요일, 나의 두 아들 조나단과 마이클은 마당에서 자신들이 각각 맡은 일을 하고 있었다. 그 일을 마무리해야만 나가서 친구와 놀 수 있었다. 조나단은 자신이 맡은 일이 마이클의 것보다 훨씬 더 어렵고, 시간이 더 오래 걸린다고 생각했다. 그의 생각이 옳았다. 나는 조나단이 나이가 더 많으니, 더 큰일을 맡을 수 있을 거라고 생각했다.

조나단	불공평해요.
나	뭐가 말이냐?
조나단	마이클보다 제가 할 일이 더 많잖아요.
나	네 말이 맞아. 네가 할 일이 더 많지. 그런데 뭐가 불공평하다는 거지?

조나단은 내가 마치 바보는 아닌가, 하고 생각하는 듯 바라보았다. 즉, 내가 '공평하다'라는 단어를 이해하지 못한다는 표정이었다.

조나단	왜, 마이클보다 제가 더 많은 일을 해야 하는 거죠?
나	오늘 마당에서 네가 일을 해야 하는 이유를 말해 보렴.

조나단은 문제가 있는 것처럼 나를 다시 한 번 쳐다보며 대답했다.

조나단	그거야 마당 일을 누군가는 해야 하니까, 제가 하는 거겠지요.
나	그런데 왜, 네가 일을 해야 하니? 너 대신 내가 해도 되는데….
조나단	(웃으며) 아빠가 하셨으면 좋겠어요.
나	(큰 소리로 웃으며) 물론 그렇겠지. 너에게 이 일을 맡기는 이유가 있단다. 네가 생각하는 이유와 정반대지. 너는 내가 일을 덜 하기 위해 너에게 시킨다고 생각하겠지만, 네가 일을 해야 하는 진짜 이유가 뭘까?
조나단	뭐라고 대답하길 원하시는지 잘 알아요. 바로 제가 행복하고, 더 강해지기 위해서겠지요.
나	우습다고 생각할 수 있겠지만, 정말 정확하게 말했구나. 일을 해야만 책임지는 법을 배울 수 있단다. 매일 먹는 음식을 어떻게 산다고 생각하니?
조나단	(당연한 걸 왜 묻느냐는 듯) 아빠가 일을 해서 돈을 벌어서요.
나	네가 입는 옷은 어떻게 사는 걸까?
조나단	(한숨을 쉬며) 아빠가 일을 해서 번 돈으로요.
나	그런 물건들을 살 수 있도록 돈을 버는 법을 어떻게 배웠다고 생각하니? 바로, 아빠가 맡은 일을 책임감 있게 해내면서 배운 것이란다. 지금 네가 맡은 일에 책임을 지는 것과 같은 방법으로 시작을 했지. 정말이야. 아빠가 너에게 일을 시키려고 사기를 치고 있는 게 아니란다. 네가 일을 하지 않는다면, 언제나 불공평한 일들이 일어나지. 아빠는 함께 일하는 많은 사람보다 더 열심히 일을 하지. 그게 뭐 어쨌다는 거지? 내가 열심히 일을 하면, 다른 많은 사람보다 책임을 지는 법을 더 많이 배우게 되는 거란다. 그만큼 그 사람들보다 돈을 더 받게 되지. 아빠가

돈을 더 많이 받으면 너에게도 좋은 일이지 않니? 우리가 더 열심히 일하면, 책임을 지는 법을 더 많이 배우게 된단다. 가족을 위해 더 많은 일을 할 때 '공평'하다고 생각되는 것보다 더 많은 일을 하면, 사랑을 주는 법을 더 많이 배우게 되지. 일을 하는 이유는, 사랑하는 법을 배우기 위해서란다. 일을 더 많이 하면 더 많이 배우게 되는 거야. 그러니까 아빠가 너에게 하고 싶은 질문은 이거야. 더 많이 일하고, 더 책임지고, 사랑이 더 많은 사람이 되고 싶니? 아니면 적게 일하고, 적게 책임지고, 적게 사랑하는 사람이 되고 싶니?

조나단은 공평해야 한다는 태도가 자신이 생각했던 것보다 더 이기적이며, 무책임하다는 것을 이해할 수 있었다. 이 내용을 한 번에 이해하고 받아들이는 아이는 거의 없다. 그러나 조나단은 곱씹어 생각하고 있었다. 나는 부모가 아이에게 화를 내면, 이런 대화가 불가능하다는 것을 다시금 강조하겠다.

이처럼 아이가 불공평한 상황들을 불평할 때가 종종 있을 것이다. 그 말은 자신들이 원하는 것을 얻지 못했다고 말하는 것이다. 우리 인생은 언제나 옆 사람보다 뭔가를 덜 받는 것 같고, 부담과 책임은 훨씬 더 많은 것처럼 느낀다. 그런 '불평등'하다는 상황을 없애기 위해 우리는 주변 사람들을 통제하고 조종한다. 그러나 모든 사람이 상대의 선택을 서로 통제하는 세상은 생각하기도 싫다.

우리가 배워야 하는 것은 자신이 맡은 일을 책임지고, 서로 사랑하는 것이다. 자유로운 선택을 하며 살아가는 세상에서 살기 위해 우리가 치러야 할 작은 대가가 있다. 바로, 불공평한 상황들을 경험하는 것이다. 사실, 우리는 '불공평'한 경험으로부터 책임을 지고, 이기심을 버리는 법을 배우게 된다. 이게 바로 우리가 아이에게 가르쳐야 하는 내용이다.

부부가 배우자의 육아 방식에 서로 동의하지 않을 때

Q "어디에 갈 수 없다거나 할 수 없다고 말하며 제가 아이에게 뭔가 가르치려고 하면, 아이들 앞에서 남편이 제 의견에 반대해요. 그러면 아이가 아빠에게 쪼르르 가서 제가 거절한 것을 허락해 달라고 요청하기도 해요. 제가 하는 모든 교육 방식을 남편이 방해하는데, 어떻게 하면 좋은 부모가 될 수 있나요?"

아이를 사랑으로 가르쳐야 한다는 부모의 책임을 언제나 기억하자. 배우자와 서로 다투면, 아이에게 부모의 책임은 어떤 영향을 미치는지 살펴보자.

- **아이를 사랑하는 책임:** 조건 없이 서로 사랑하는 두 사람이라고 해도 동의하지 않는 일이 많이 발생할 수밖에 없다. 서로 짜증을 내는 순간, 아이는 짜증을 느낀다. 부부가 서로 짜증내고, 화를 내는 모습을 보여 줄 때 아이들이 어떻게 사랑을 느끼고 또 서로 사랑하는 법을 배울 수 있는가?
- **아이를 가르치는 책임:** 갈등이 일어나는 상황에서는 어떤 원칙도 가르치기 어렵다. 부모의 갈등은 아이에게 혼란을 주고, 겁에 질리게 할 뿐이다.

만약, 부부가 육아에 동의하지 않는 상황이 발생한다면, 서로 동의할 때까지 결정을 미루자. 또한 배우자가 아이 앞에서 당신의 의견에 반대한다면, 아이가 듣고 있는 곳에서 그와 반대되는 의견을 큰 소리로 내세우지 말자. 그리고 둘이 대화할 수 있을 때나 화를 내지 않고 말할 수 있을 때까지 기다려라.

부모로 살아가면서 당신은 수많은 실수를 저지를 것이다. 아이를 위해 좋지 않은 결정을 내렸다는 것을 깨달을 때마다 아이에게 가서 그것을 말해 주고 인정하자. 가능하다면, 실수로 내린 결정을 바꿔도 좋다. 그래도 아이는 당신이 어리석다고 생각하지 않을 것이다. 오히려 당신과 더 가깝다고 느끼며, 사랑을 받고 있다고 느낄 것이다.

만약, 배우자가 아이 앞에서 당신의 의견에 반대한다면, 화를 내지 말자. 이는 상황을 더 악화시킬 뿐이다. 또한 피해자 행세를 하지 말자. 질문자는 "제가 하는 모든 걸 남편이 방해하는데, 어떻게 좋은 부모가 될 수 있나요?"라고 물었다. 우리가 피해자라고 느낄 때는 행복을 느낄 수 없을 뿐만 아니라 사람들을 사랑하지도 못한다. 아이가 가장 필요로 하는 것이 사랑인데도 불구하고 말이다. 그러므로 배우자와 둘이 대화를 하고, 사랑을 주며 책임 있는 결과를 도출해 내자. 그리고 사랑을 주는 행동을 실천하는 과정에서 서로 지지하자.

부부가 서로 반대하는 상황들

배우자가 아이에게 진정한 사랑을 적용할 의지가 없다면, 어떻게 해야 할까? 또한 이런 말을 배우자가 한다면 어떻게 해야 할까?

"진정한 사랑은 무슨…. 또 비슷한 심리학 논리나 말장난 같은 거 아니야? 난 그런 거 안 할래. 네가 자기계발서 하나 읽었다고 해서 나까지 바꾸지는 못할 거야. 살던 대로 살래."

이는 『리얼러브 부모공부: 행복한 아이를 키우는 9가지 육아 원칙』을 읽은 독자의 남편이 실제로 했던 말을 그대로 가져온 것이다.

만약, 배우자가 아이에게 진정한 사랑을 주지 않는다면, 이는 부부 관계에서도 진정한 사랑을 적용할 수 없다는 게 분명할 것이다. 그러므로 『리얼러브: 조건 없는 사랑을 찾고, 충만한 관계를 만드는 진실』이라는 책을 읽고, 진정한 사랑을 찾고 나누는 방법에 대해 모든 것을 배우자. 진정한 사랑의 중요성을 배우자에게 알려 주기 전에 당신 스스로 진실을 말하고, 조건 없는 사랑을 받고, 배우자가 협조하지 않더라도 배우자를 사랑하는 법을 배워야 한다. 배우자에게 당신의 사랑을 나눈다면, 부부 관계는 확실하게 변할 것이다. 그러면 배우자가 아이를 조건 없이 사랑해 주는 데 더 협조하게 될 것이다.

이 과정은 오랜 시간이 걸릴 것이다. 그러나 당신이 진정한 사랑을 찾는 시작 단계에 있어도 배우자가 함께할 수 있는 방법이 있다. 당신이 부모로서 저지른 실수들을 배우자와 나누자. 또한 정말 필요한 경우를 제외하고, 상대의 잘못을 지적하지 말자.

지금부터 아이들과 남편을 어떻게 대할 것인지, 계획을 나누자. 배우자가 진정한 사랑을 느끼고, 당신의 열린 마음을 느끼면, 당신이 아이와 상호작용하는 방법에 대한 저항도 줄어들 것이다. 여러 육아 방식에 서로 동의하지 못할 때마다 앞서 설명했던 내용들을 다시 숙지해 보자.

아이들이 차 안에서 다툴 때

Q "차 안에서 아이들이 계속 싸웁니다. 저는 늪에 빠진 것 같아요. 차 안에 있을 때는 떼어 놓지도 못하고, 방에 들어가라고 할 수도 없고…. 싸우는 소리에서 벗어날 수가 없어요."

다음은 이삭의 자녀들인 그랜트와 시드니 남매의 사례다.
뒷좌석에 앉은 그랜트와 시드니는 싸우고 있었다. 아빠 이삭은 운전을 하다가 마침내 말을 꺼냈다.
"너희 둘, 상대에게 서로 짜증이 많이 난 거 같은데…."
그러자 그랜트는 시드니에게 손가락질을 하며 말했다.
"시드니가 먼저 저에게…."
이삭이 서둘러 말을 이었다.
"그렇지. 시드니에게 화가 날 만한 아주 좋은 이유를 가지고 있을 거란 걸 잘 알아. 가족 모임에서 화에 대해 대화했지? 화를 내는 것은 언제나 이기적이라는 사실을 알면서도 싸우고 있는 거야. 그렇지?"
두 아이가 변명을 하려고 하자 이삭이 다시 말했다.
"원하는 만큼 계속해서 싸워도 돼. 하지만 조용한 분위기에서 기분 좋은 시간을 보내고 있는데 너희가 싸우는 소리 때문에 그 시간이 방해받고 있어. 그리고 아빠가 운전을 안전하게 하는데도 방해가 되지. 그러니까 싸우려면 다른 장소에서 이어서 싸우도록 하렴."

이때 아이들에게 몇 가지 제안을 할 수 있다.

- "차를 돌려 집에 가서 너희 방에 가서 싸울 수 있어. 그러면 아빠가 너희 싸우는 소리를 듣지 않아도 될 거야. 하루 종일 싸워도 돼."
- "지금 집에 가서 베이비시터를 불러 줄 테니, 함께 있으렴. 그리고 엄마와 아빠만 다녀올게. 물론 베이비시터 비용은 너희들의 용돈에서 지불할 거야."
- "잠시 후 식당에서 식사를 할 거야. 엄마와 아빠가 식사하는 동안 너희는 계속 싸워도 돼. 차 문을 잠그고 갈 테니까 안전할 거야. 너희는 엄마와 아빠가 식사하는 모습을 창문으로 볼 수 있을 거야." (이 상황은 바깥 날씨가 심각하게 덥거나 춥지 않을 때 적용할 수 있다.)
- "근처 주차장에 차를 세우고, 너희들은 주차장에 내려서 싸우렴. 엄마와 아빠는 차에서 에어컨 바람을 쐬며 기다릴 거야. 너희는 저기 나무 밑에서 다툼이 끝날 때까지 싸우렴."
- "다음에 또 여행을 갈 때, 너희들은 베이비시터와 집에서 시간을 보낼 거란다. 그리고 베이비시터 비용은 너희들의 용돈으로 지불할 거야."

이삭은 그랜트와 시드니에게 싸우는 것을 멈추라고 하지 않았다. 아이들은 선택권이 자신에게 진짜 있다는 것을 이해하게 되자, 공허함과 두려움이 사라졌다. 공허함과 두려움이 사라지니, 사랑을 느끼지 못해서 서로 얻고 보호하는 행동으로 반응하고 있었다는 것을 알 수 있었다. 두 아이는 싸우지 않는 것을 선택하고, 갈등을 해결하기 위해 부모님에게 도움을 요청했다.

이삭이 제안한 모든 선택지를 독자들이 제안할 필요가 없다는 것을 이해하기를 바란다. 어떤 선택지는 특정한 가족이나 상황에 적절하지 않을 수 있다. 당신의 가족 안에서 가장 적절한 선택지를 찾을 수 있을 것이다.

불친절한 선생님과의 관계

Q "8살이 된 마크가 학교생활을 너무 힘들어하네요. 질문을 많이 해보았는데, 선생님 때문이라고 하더군요. 수업 시간에 지적을 하고, 다른 학생들에게도 다소 불친절한가 봐요. 너무 화가 나요. 선생님이라면 아이들을 도와주는 역할이 잖아요. 그런데 아이가 선생님 때문에 학교가 싫다고 하면, 제가 어떻게 해야 하나요?"

마크의 선생님이 불친절한 이유는, 그녀가 조건 없는 사랑을 느끼지 못했기 때문이라는 사실을 기억하자. 이 선생님은 물에 빠져 허우적거리고 있는데, 이런 상태에서는 어떻게 해서라도 자신의 기분이 더 나아지도록 애쓰고 또 힘을 느끼기 위해 아이들을 비난하며 손가락질하게 된다. 그러나 이 선생님은 그저 공허하고 또 겁에 질려 있을 뿐, 어떤 의도가 있어서 잔인하게 구는 것이 아니다.

그러므로 마크에게 다음과 같이 설명해 주자. 선생님도 같은 사람이며, 공허하고 또 두려움을 느낀다는 것을 마크는 이해할 수 있는 나이다. 따라서 아이에게 이런 질문을 할 수 있다.

"엄마랑 아빠에게 사랑을 받을 때 마크는 다른 사람들을 괴롭히고, 상처를 주고 싶다는 생각이 드니?"

아이가 "아니요"라고 대답하면 대화를 계속하자.

"그런데 엄마가 너에게 화를 낸 적이 가끔 있잖아. 그때 넌 엄마의 사랑을 못 느끼지? 그럴 때는 다른 사람이나 형제자매들에게 나쁜 말을 하고, 불친절하게 대하게 되지. 그런 적이 있니?"

그리고 나서 마크에게 선생님도 비슷한 상황에 처해 있는 것이라고 설명할 수 있다. 선생님은 사랑을 충분히 느끼지 못해서 불행하고, 그때마다 자신의 기분이 나아지게 하는 게 뭐든 손을 뻗는 것이다. 선생님이 학생들을 지적하고 화를 내면, 자신이 중요한 존재며 또 강하다고 느낀다. 게다가 스스로 가치가 있다고 느끼고, 주변 사람이 자신의 통제 안에 있다는 안전함을 느낀다. 즉, 선생님은 그저 물에 빠져 허우적거리고 있는 것이다. 그 과정에서 주변 사람에게 물을 튕기고 있는 것인데, 결과적으로 물을 맞은 사람이 마크였던 것이다. 특히 선생님이 괴물이 아니라 물에 빠져 허우적거리고 있으며, 무엇인가를 엄청나게 원하고 있는 것뿐이라는 것을 아이가 이해할 수 있도록 돕자.

대부분의 어른이 선생님과 마찬가지로, 감정적으로 매우 미성숙한 상태다. 그러한 어른들을 두려워하기보다 안타깝게 바라볼 수 있도록 해주어야 한다. 이 모든 것을 아이에게 가르칠 때 중요한 것은, 안정적인 상태에서 사랑으로 설명을 해주는 것이다. 만약, 당신이 선생님을 조금이라도 비난하거나 짜증나는 투로 말하기 시작하면, 아이 또한 선생님을 사랑으로 바라볼 수 없다.

그러므로 선생님이 불친절하게 굴 때, 실질적으로 어떻게 대처할 수 있는지를 가르치자. 아들과 함께 상황을 준비하고 연습을 해보자. 선생님이 마크에게 질문을 했는데, 마크가 틀린 답을 말했고 또 선생님이 다음과 같이 소리를 지른다고 가정해 본다.

"도대체 몇 번을 설명해 줘야 이해하겠니?"

이때 마크가 뭐라고 대답할 수 있는지를 가르치자. 선생님이 아이에게 잔인한 상처를 주고 싶어서 공격하는 것이 아니라, 그저 인생의 무력감에서 조금이나마 벗어나고자 하는 것뿐이다.

마크는 다음과 같이 말할 수 있다.

"선생님, 죄송하지만 그 질문에 대한 답이 기억나지 않네요. 다시 가르쳐 주실 수 있을까요? 더 열심히 듣겠습니다."

이 문장은 8살이 된 아이에게 어렵지 않을까, 하고 걱정할 수 있다. 하지만 8살이면 충분히 이해할 수 있다.

학급 친구들과 자신을 가르치기 위해 노력해 준 선생님께 감사 편지나 이메일을 쓰도록 도와주자. 그리고 편지를 직접 전달하거나 이메일을 보내자. 매일 아침, 선생님께 인사를 하라고 아이에게 말해 주자. 이로써 아이가 선생님과 기분 좋은 대화를 나눌 수 있도록 도와줄 수 있다. 이를 통해 다른 사람들이 우리를 좋아해 주기를 기대하기보다, 우리 스스로 사랑을 주는 능동적인 행동을 했을 때 나타나는 기적을 아이가 경험하게 해줄 수 있다.

이 모든 것을 해도 마크는 여전히 불행하고, 화가 많은 선생님과 함께 지내는 것이 두려울 수 있다. 이는 당연하다. 아이가 진짜 두려워하는 것은 바로, 선생님이 강력하게 보내는 "너를 사랑하지 않는다"라는 메시지다. 그러나 선생님은 살아오면서 사랑을 받아 본 적이 없고, 아이들을 사랑하는 법을 모르는 것뿐이다. 마크가 뭔가를 잘못했기 때문이 아니다. 그러나 "너를 사랑하지 않는다"라는 메시지를 어린아이가 들으면 겁에 질리기에 충분하다.

하지만 당신이 아이를 얼마나 사랑하는지를 상기시켜 줄 때 상당한 양의 두려움이 줄어들 것이다. 아이가 당신의 사랑을 기억할 때, 선생님에게 인정받기 위해 더이상 목을 맬 이유가 없어진다. 게다가 선생님이 애정을 주지 않는다고 해서 상처받지 않을 것이다. 아이가 당신의 사랑을 기억할 수 있도록 도와주기 위해 사랑한다는 말을 해주고, 부모의 작은 사진을 건네주자. 아이와 같이 찍은 사진이나 가족사진도 좋다. 작은 사진을 쥐어 주고 학교에 보내자. 선생님이 불친절하게 굴거나, 긴장되거나, 불편해지면 사진을 꺼내 엄마와 아빠의 사랑을 떠올려 보라고 말해 주자.

더불어 선생님에게 전화를 하거나 직접 방문해, 마크가 수업에 더 잘 따라갈 수 있도록 도울 방법이 없는지 물어볼 수 있다. 그리고 과제를 확인해 주거나, 학교에서 배운 내용을 복습하는 등의 방법으로 아이를 도울 수 있다. 과제 확인과 복습을 이미 하고 있더라도, 선생님과 직접 대화함으로써 선생님이 아이를 바라볼 때 자신이 힘을 느끼기 위해 이용하는 도구가 아니라, 한 인간으로 바라볼 수 있게 도울 수 있다. 아울러 아이에게 문제가 있다면, 망설이지 말고 부모에게 꼭 전화해 달라고 말하자. 많은 부모에게 이와 같은 제안을 했다. 이후 부모들이 후기를 보내 왔는데, 이 제안을 실천해 보고 나서 선생님이 긍정적으로 변했다고 한다.

선생님을 포함한 우리는 모두 누군가 자신의 행복에 관심을 기울여 주기를 원한다. 하지만 이 제안을 실천할 때, 당신의 역할이 마크를 사랑으로 가르치는 것일 뿐 어려운 상황에서 구출해 주는 것이 아니라는 것을 명심하자. 만약, 당신이 백마 탄 왕자가 되어 아이를 구출해 준다면, 아이는 인생 게임에서 결국 지고 말 것이다. 선생님은 온 힘을 다해 당신과 싸울 것이고, 그 모든 분노의 화살은 마크에게 향할 것이다. 특히 마크는 문제가 있을 때마다 누군가 자신을 구해 주어야 한다는 생각을 하게 될 것이다. 그와 반대로, 사랑으로 가르치게 되면 평생 삶을 즐길 수 있는 건강한 힘과 인간관계 기술을 선물로 주게 된다.

아이의 헤어스타일과 입는 옷에 대해

Q "아들의 머리가 엉망이에요. 남편이 강요해서 6개월 전에 잘랐는데, 몇 개월 동안 저희와 대화를 하지 않습니다. 머리가 다시 길게 자랐고, 아주 지저분해 보여요. 그런데 또 자르지 않겠다고 해요. 게다가 입는 옷은 또 얼마나 엉망인데요. 사람들이 많은 곳에서 아들을 보는 게 창피해요. 좋은 옷을 사 줬는데, 입질 않아요. 어떻게 해야 하지요?"

아이가 독립적으로 행동하고, 고집이 있다는 것은 바람직한 것이다. 그러나 아이가 사랑을 느끼지 못할 때는 독립적으로 행동하는 것이 반항하는 것으로 변모할 수 있다. 반항을 통해 ① 힘을 느끼고, ② 또래 아이들로부터 칭찬을 받고, ③ 부모에게 처벌을 가해 공격할 수 있는 기회가 된다.

특히 아이가 독립심을 보여 줄 수 있는 방법이 바로 헤어스타일과 옷을 어떻게 입느냐, 하는 것이다. 아이가 조건 없이 사랑을 받으면, 몸을 지나치게 치장하거나 이상한 옷을 입지 않을 것이다. 그런 행동으로 얻을 수 있는 힘이나 칭찬이 필요가 없기 때문이다. 그러나 사랑을 받는다고 느끼는 아이도 어쩌다 한 번씩 특이한 모습을 시도해 볼 수 있다. 대부분의 경우 아이의 실험을 무시하고 지나갈 수 있지만, 이따금 아이를 사랑으로 가르쳐 줄 필요가 있다.

그렇다면 부모가 가르침을 주어야 하는 때가 언제인지, 어떻게 알 수 있을까? 또한 아이의 선택에 간섭하고, 헤어스타일이나 옷을 어떤 식으로 해야 하는지를 말해 주어야 하는 때가 언제일까? 이것은 아이의 사적인 생활이라고 이미 제8장에서 말한 바 있다. 아이의 선택이 많은 피해를 준다면, 부모는 아이의 선택에 간섭을 해야 한다. 그러나 대체적으로 아이가 무엇을 입고, 어떤 헤어스타일을 하는지 말할 때는 주의해야 한다.

다음은 아이의 외적인 스타일에 참견을 해야 하는 예외적인 상황들이다.

나는 내 눈에 이상해 보이더라도 아이가 어떤 헤어스타일을 하든, 어떤 옷을 입든지 내버려 둔다. 그런데 아들 벤자민이 11살이었을 때, 마약 복용과 연루된 젊은이들의 헤어스타일을 따라 하고 싶어했다. 그러나 아들은 그 젊은이들처럼 행동하려는 의도는 전혀 없었다. 그저 그 헤어스타일이 마음에 들었을 뿐이다.

나	그 헤어스타일로 자를 수 없단다.
벤자민	왜요? 제 친구들은 다 그렇게 자르는데요.
나	그래, 헤어스타일을 그렇게 한다고 해서 나쁜 사람이 되는 건 아니지. 그렇다고 해서 아빠가 너를 덜 사랑하는 것도 아니야. 그러나 그런 헤어스타일을 하고 돌아다니면 어떤 상황이 일어날지, 넌 생각해 보지 않았어. 선생님들과 주변 사람들은 너에 대해 다양한 추측을 하게 될 거다. 그리고 평소와 다르게 너를

대할 거야. 알다시피, 엄마와 아빠는 거의 대부분 네 스스로 선택하게 내버려 두지. 그렇지만 그 헤어스타일을 했다가 네가 겪게 될 결과가 너무 심각하단다.

나는 지금까지 벤자민의 결정들을 많이 신뢰했고, 벤자민도 내가 자신을 통제하려고 하지 않는다는 걸 알고 있었다. 이러한 신뢰가 바탕이 되어, 이 상황에서 아이는 부모의 결정을 쉽게 받아들일 수 있었던 것이다. 그리고 벤자민은 내가 자신을 사랑한다는 것을 이미 알고 있었기에, 친구들과 비슷한 헤어스타일을 한 뒤 학교에 가서 친구들에게 인정받는 것이 그에게 있어 그렇게 중요하지 않았다.

또한 아들 조셉이 15살이었을 때 평범하지 않은 헤어스타일을 하고 다녔는데, 그가 지나가면 사람들이 쳐다보고 귓속말을 하기도 했다. 15살이라면 그런 선택을 스스로 할 수 있다고 나는 생각한다. 그러나 아들은 결국 일반적인 헤어스타일로 바꿨다. 그런데 평범한 헤어스타일을 하기 전까지도 나에게 완전히 받아들여지고 있다는 것을 느꼈다. 아이에게 있어 자신이 무슨 행동을 하더라도, 누군가에게 있는 그대로 받아들여지고 또 사랑받는 것보다 더 황홀한 경험은 없다.

아들의 옷과 헤어스타일에 대한 질문으로 시작되었지만, 나는 여기서 딸의 옷차림에 대해 몇 가지 제안을 덧붙이고 싶다. 14살 정도의 여자아이들은 자신들이 입는 옷, 액세서리, 화장을 하는 것이 남자들에게 성적으로 관심을 끌게 한다는 사실을 이해하기 쉽지 않다. 그런데 아이가 화장을 일찍 시작하는 만큼, 성적인 매력을 얻고자 하고 또 성적인 행동을 시작하는 나이가 더 빨라진다. 따라서 부모는 딸들이 이 사실을 이해할 수 있도록 도와주어야 한다. 또한 아이의 옷차림에 대한 선택이 아이의 삶에 불필요한 피해를 가져올 수 있다고 생각된다면, 아이를 위해 간섭을 해야 한다.

청소하기

Q "저희 집에는 10살이 된 아이가 가는 곳마다 엉망으로 만들어요. 쫓아다니면서 청소하는 것도 진절머리가 나요. 청소를 시켜도 봤는데, 전혀 하지 않아요. 화를 내도 도움이 안돼요. 이제 어쩌죠?"

어린 나이부터 아이는 자신이 어지른 것을 스스로 청소해야 한다는 사실을 명확하게 이해해야 한다. 그러나 부모는 아이가 어질러 놓은 것을 청소해 주며, 아이를 위한 행동이라고 생각할 수 있다. 하지만 이 행위는 다른 사람이 아이를 보살필 책임이 있다고 늘 가르치는 셈이다. 예를 들어, 아이가 음료를 쏟았을 때 엄마나 아빠가 빠르게 와서 닦아 버리는 경우가 종종 있다. 그런데 아이에게는 자신이 저지른 것을 스스로 청소할 기회가 필요하다.

476쪽에서 소개했던 마커스의 사례를 보면, 아직 2살이지만 자신이 어질러 놓은 것을 스스로 청소하는 법을 배웠다. 하지만 아이가 자신이 어지른 것을 계속해서 청소하지 않으려고 한다면, 그에 따른 결과를 부여해야 한다. 아이가 자신의 물건을 거실에 두고 가 버린다고 예를 들면, 아이가 심각성을 느끼고 자신의 물건을 정리하겠다고 생각할 때까지 거실 사용을 금지할 필요가 있다. 또한 아이가 차를 엉망으로 사용한다면, 차를 깔끔하게 사용하는 책임에 대해 배울 때까지 운전하는 특권을 허용하지 않을 수 있다. 만약, 아이가 운전을 하기에 너무 어리다면 이렇게 말할 수 있다.

"네 물건들을 계속 차에 두고 내린다면, 학교에 가야 할 때처럼 꼭 가야 하는 곳 빼고는 차를 태워 주지 않을 거란다."

아이가 잠자기 전까지 엉망이 된 방을 청소하지 않는다면, 청소하지 않은 방 바닥에서 하룻밤을 불편하게 자도록 해보자. 그러면 아이가 책임을 배우는 데 도움이 될 수 있다. 이처럼 부모는 아이가 옳은 행동을 선택할 수 있도록 동기를 부여하기 위해 다양하고 창의적인 결과를 부여할 수 있다. 그러나 우리가 화를 내는 순간, 부여되는 결과는 그저 처벌이 될 뿐만 아니라 아이의 삶에 정말 도움이 되는 것을 가르칠 수 없게 된다는 사실을 부모가 항상 명심해야 한다.

> 지혜로운 부모의 목표는 아이를 사랑으로 가르치는 것이며, 아이가 행복해지도록 돕는 것이다. 그러나 나이를 먹을수록 원하지 않는 가르침을 줄 필요가 없다. 단지, 아이에게 필요한 것은 조건 없이 받아들여지는 것뿐이다.

자녀의 성교육

섹스는 서로 조건 없이 사랑하는 두 사람의 아름다운 애정을 표현하는 방법이 될 수 있다. 그러나 섹스가 인간관계에서 그런 역할을 하지 못하는 경우가 많다. 가벼운 섹스는 행복을 가져다줄 거라며 세상은 설득력 있고 또 평범하게 말한다. 주변을 살펴보면 그러한 관점이 사람들에게 어떤 결과를 가져오는지 알 수 있다. 공허하고 비참한 삶을 사는 수많은 사람을 보면 섹스에 집착하고, 결국 섹스가 불행의 뿌리가 되기도 한다. 어떤 사람들은 섹스를 지나치게 가볍게 생각하고, 섹스가 아이에게 미치는 파괴적인 영향을 극도로 과소평가한다. 그러면서 우리 자신에게 미치는 영향도 당연히 보지 못한다.

우리는 대중문화, TV 프로그램, 영화, 정치인, 연예인, 작가, 주변 친구들에 의해 섹스에 대해 매일 배운다. 어떤 이는 사람들이 일상적이며 또 기준이 없는 섹스를 해도 정상이라고 바라보며, 그런 식의 관계를 부러워하기도 한다. 더욱이 성적으로 매력적인 사람이나 섹스 경험이 많은 사람을 우러러보기도 한다. 심지어 주변에서는 아이들이 옷이나 화장, 헤어스타일, 자동차, 음악, 언행, 태도를 성적인 매력을 발휘할 수 있도록 선택하는 것을 지지한다. 다시 말해, 가볍게 섹스를 하는 것은 행복할 것이고 또 가치가 있을 것이라는 메시지를 사회적·

문화적으로 받고 있다. 아이들은 어린 나이에 경험하는 섹스가 자신의 삶에 어떤 결과를 가져오게 될지 이해하기 어렵다. 많은 부모가 이른 나이에 섹스를 경험하는 것을 예방하는 데 실패한다.

　부모들은 마약이 미치는 영향을 아이에게 가르치기 위해 스스로 경험을 해 보도록 내버려 두는가? 아니면, 아이에게 위험성을 가르치는가? 아이가 그냥 경험해서 배우는 것을 당신이 내버려 두고 있지 않기를 마음속 깊이 희망한다. 하지만 어떤 부모는 섹스에 있어서 그냥 경험해 보라는 식으로 내버려 둔다. 아이들은 세상에 나가 누군가를 만나며, 다양한 성적 행동과 마주하게 될 것이다. 그러나 아이들은 그런 상황에서 아무런 준비가 되어 있지 않다.

　아이가 섹스를 처음 경험하게 되면, 그 감각은 머릿속에서 쉽게 잊어버릴 수 없다. 섹스가 가짜 사랑의 한 형태로 사용될 때, 다른 마약들과 마찬가지로 쉽게 중독될 뿐만 아니라 삶에 치명적인 영향을 미친다. 지혜롭고 또 사랑이 넘치는 부모라면 섹스가 가져올 수 있는 잠재적인 위험을 아이에게 반드시 가르쳐야 한다. 물론 조건 없이 사랑을 나누고, 미래를 약속한 두 사람이 경험할 수 있는 아름다운 섹스 또한 아이에게 가르쳐 주어야 한다.

섹스에 대한 거짓말

　조건 없이 사랑하고, 미래를 약속한 두 사람에게 섹스는 행복을 느끼는 관계 속에서 또 다른 기쁨이 된다. 그래서 진정한 사랑을 느끼지 못하는 많은 사람이 섹스를 통해 행복을 느끼려고 한다. 그렇지만 섹스만으로 결코 행복을 찾을 수 없다. 이는 수백만 명이 매일같이 경험하고 또 증명한 사실이다. 많은 사람이 섹스에 빠져들지만, 섹스를 아무리 많이 하더라도 여전히 혼자라고 느끼며, 공허하고 또 비참한 삶을 살아간다.

　특히 진정한 사랑이 없다면, 섹스는 가짜 사랑의 한 형태에 불과하다. 나이가 많든 적든, 짧은 시간 안에 칭찬·힘·쾌락을 한꺼번에 경험하며 흥분한다. 그리고 그 감정을 "행복"이라고 부른다. 이 때문에 섹스가 위험하다고 말하는 것이다.

다시 말해, 우리가 진짜 행복하다며 자신을 속이는 데 섹스를 사용하는 것이다. 진정한 사랑이 없을 때, 우리는 공허함에서 벗어나기 위해 무엇이든 찾으려고 발버둥을 치게 된다. 그 과정에서 섹스를 통해 가짜 사랑을 충분히 얻게 되면 순간적으로 만족한다. 섹스를 하며 얻게 되는 칭찬·힘·쾌락에 눈이 멀고, 진정한 사랑과 진실된 행복을 찾을 이유가 없어진다.

그래서 부모가 섹스의 잠재적인 위험성을 아이에게 가르치는 것이 어려울 수 있다. 특히 섹스가 사회적·문화적으로 아주 즐거운 경험인 것처럼 보일 때 더욱 어렵게 느껴질 것이다.

한편, 진정한 사랑이 없는 섹스는 절벽에서 뛰어내리는 것과 같은 행위다. 뛰어내리는 행동 자체는 신날지 모르지만, 결국 바닥에 부딪히게 될 것이다. 더욱이 섹스를 통해 행복을 느끼려고 하다 보면 중독이 되고 만다. 이는 마약, 술, 힘, 칭찬, 돈과 마찬가지다. 공허함과 사랑받지 못한다는 느낌을 순간적으로 잊게 도와주지만, 결국 우리는 진정한 사랑에 굶주린 채 길을 잃고 만다. 또한 자신을 행복하게 만들어 줄 그 무언가에 목을 매며, 외로움과 두려움의 감옥에 갇히고 말 것이다. 진정한 사랑이 없는 섹스만큼 인간에게 공허함과 불행을 가져다주는 활동은 거의 없다.

섹스의 잠재적인 위험을 예방하는 방법

부모는 미성숙한 나이에 경험하는 섹스의 위험성을 아이에게 가르치고, 그 결과를 피할 수 있도록 돕기 위해 많은 것을 할 수 있다. 가장 중요한 것은, 진정한 사랑을 충분히 주어서 섹스가 가져오는 부정적인 결과로부터 아이를 보호하는 것이다.

한편, 젊은 사람들이 실험적으로 섹스를 해보는 이유는 행복하지 않기 때문이다. 사람들은 사랑을 느끼지 못한다는 괴로움과 무력함, 외로움을 떨쳐 낼 수 있는 무엇인가를 찾아다닌다. 사랑을 느끼지 못한 채 무력하다고 느끼며 외로움을 경험할 때 섹스는 누군가와 연결된다는 흥분을 느끼게 된다. 하지만 이 경험은 껍데기에 불과하며, 단시간에 끝난다.

하지만 부모에게 진정한 사랑을 받으면, 아이는 가짜 사랑에 굶주리지 않을 것이다. 진정한 사랑을 받을 때, 아이는 비로소 행복을 느끼게 된다. 그러므로 강박적이고, 끊임없이 노력을 쏟아부어야 얻을 수 있는 섹스의 유혹을 느끼지 못할 것이다.

▶ 결혼 후 섹스

결혼을 한 후 배우자와 섹스를 할 때는 여러 위험 요소가 배제된다. 인류가 사회를 형성하기 시작하면서 무차별적인 섹스가 안정적인 관계와 가족을 파괴해 왔다는 것을 발견하고, 결혼이라는 처방전을 내세웠기 때문이다.

그러므로 아이에게 혼전 섹스나 배우자 이외의 다른 사람과 섹스를 하는 것이 두 사람의 관계를 어긋나게 하는 것은 물론 상처가 된다는 것을 설명해 주어야 한다. 부모가 진정한 사랑으로 이 원칙을 아이에게 가르칠 때, 아이는 잘 듣는다.

다음은 잭과 샬롯 부부가 딸 수잔과 섹스에 대한 대화를 한 사례다.

엄마	최근에 남자아이들과 시간을 많이 보내는 걸로 보이는데, 아주 재미있어 하는 것 같구나.
수잔	네. 그런데요?
엄마	엄마도 어릴 때 그랬으니 어떤 느낌인지 알아. 아주 재미있지. 남자애들과 더 많은 시간을 보낼수록, 그들 중 많은 아이가 너와 신체적으로 가까워지고 싶어할 거야. 가끔은 가벼운 스킨십으로 끝나기도 하겠지만, 성적인 스킨십을 하고 싶어하는 경우도 있을 거야. 이 대화를 이미 했지.
수잔	(미소를 지으며) 그런 걸 느낀 적이 있어요.
엄마	사람들이 서로 사랑해서 결혼을 한 후라면 섹스는 행복과 즐

	거움을 더해 주지. 하지만 결혼을 하지 않은 관계에서 섹스를 하게 되면 너를 혼란스럽게 만들 거야.
아빠	우리 가족은 조건 없는 사랑이 뭔지 잘 알고 있지. 너는 가족 안에서 진정한 사랑을 많이 경험했으니까. 그러니 수잔은 다른 사람이 자신의 기분이 좋아지기 위해 너를 이용하는 게 아니라, 네 행복에 관심을 갖는다는 것이 무슨 의미인지 잘 알고 있을 거다. 남자아이들이 성적으로 스킨십을 한다면, 네 행복을 위한 행동이 아니란다.
수잔	(웃으며) 알고 있었어요.
아빠	아빠의 말을 기억하렴. 네 행복에 관심을 갖지 않는 사람과 성적으로 친밀해진다면, 너는 행복해지지 않을 거야. 섹스를 원하는 남자들이 나쁜 사람이라고 말하는 것이 절대 아니란다. 남자들 중 거의 대부분은 섹스에 대해 혼란스러워하고 있단다. 물론 너는 남자들에게 혼란의 대상이 되고 싶지 않을 거다.
엄마	진정한 사랑이 없고, 결혼에 대한 약속이 없는 상태에서 섹스는 네 행복에 결코 도움이 되지 않을 거야. 오히려 관계를 망치게 될 거야. 어떤 사람이 너에게 성적인 행동을 강요한다면, 너를 이용해서 자신이 원하는 걸 얻고 싶다는 것을 말하는 거란다. 물론 너는 그런 남자를 원하지 않겠지. 그렇지만 경우에 따라 너도 상대가 원하는 걸 주고 싶다는 유혹을 느끼게 될 거야. 상대가 원하는 걸 주는 순간, 상대가 너를 더 좋아하게 될 테니까. 그 순간 너를 더 좋아해 주면, 너는 네 자신이 더 가치 있고 또 중요한 것처럼 느끼게 되니까 말이야.
수잔	걱정하지 않으셔도 돼요. 아빠와 엄마가 저에게 진정한 사랑이 뭔지를 보여 주셨잖아요. 학교에서 남자들과 섹스를 하는 여자애들이 있는데, 어떤 일이 일어나는지 잘 알고 있어요. 그 애

들은 전혀 행복해 보이지 않아요. 저는 아빠와 엄마처럼 저를 사랑해 주는 남자를 기다리고 있다가, 그런 남자가 나타나면 엄마와 아빠처럼 사랑하면서 살 거예요. 그렇게 결정했어요.

당신과 내가 처음으로 만났다고 가정해 보자. 같이 영화를 볼 때마다 나는 당신에게 10만 원을 준다. 그러면 당신은 기분이 좋을 것이다. 얼마 지나지 않아 당신은 나를 또 만나고 싶다는 생각이 들 것이다. 그와 동시에 혼란스러워진다. 나를 진짜 좋아하는 것인지, 아니면 내가 주는 10만 원이 좋은 것인지를 구분하는 것이 쉽지 않을 것이다. 내가 당신에게 주는 돈은 관계를 혼란스럽게 만들 것이다. 섹스도 이와 마찬가지로, 관계를 혼란스럽게 만든다. 우리가 진정한 사랑과 미래에 대한 확신 없이 섹스를 한다면, 이 관계가 가짜 사랑을 주고받는 관계인지 아닌지를 확신할 수 없게 된다. 따라서 가짜 사랑을 기반으로 한 관계는 언제나 실패하기 마련이다.

그런데도 사람들은 섹스와 사랑을 혼동한다. 섹스가 주는 칭찬·힘·쾌락은 우리의 기분을 순간적으로 좋아지게 한다. 그러나 공허함과 두려움은 마음속에 여전히 남아 세상을 제대로 보지 못하게 하는 것은 물론 불행에 빠지게 한다. 이 사실을 아이에게 가르쳐 주어야 한다. 심지어 결혼한 부부 사이에도 섹스는 잘못 인식되고 있어 부부 관계를 방해하기도 한다. 그러나 결혼이라는 제도는 서로 조건 없이 사랑하는 방법을 배우는 동안 함께하겠다는 약속이다.

스킨십을 제한하는 것

대부분의 사람은 흥미로운 일을 제한하면, 과연 얼마 만큼 가능한지를 시험해 본다. 다시 말해, 아이에게 섹스의 위험성을 가르치며 섹스를 하지 말라고 당부하면, 섹스만 안 할뿐 그 외에 모든 성적인 스킨십을 해보려고 한다. 여기를 만지는 건 괜찮을까? 아니면 여기는? 혹은 여기를 쓰다듬는 것은? 아니면 이건 어떨까? 이런 식으로 말이다.

상상해 보자. 당신이 한밤중에 눈 덮인 산길을 운전을 하고 있다. 도로 밖은 천 길 낭떠러지다. 당신은 산길을 얼마나 빠르게 달리고 싶은가? 빠르게 달리는 결과가 목숨을 잃는 것이라면, 얼마나 빠르게 달릴 수 있는지 운명을 시험해 보고 싶지 않을 것이다. 산 가까이 최대한 붙어서 슬금슬금 운전할 것이다. 이와 마찬가지로, 당신이 니트로글리세린(다이너마이트 등 폭약의 원료로 사용되는 무색의 액체)이 든 병을 들고 있다면, 얼마나 세게 흔들어 댈 것인가? 당신은 흔들 생각을 결코 하지 않을 것이다. 섹스를 이처럼 바라보아야 한다는 것을 아이에게 가르쳐야 한다.

조건 없는 사랑을 찾고, 사랑을 주는 데 방해가 되는 행동은 우리에게 해롭다. 결혼 전에는 섹스와 관련된 행동을 해야 할 좋은 이유는 없다. 친밀한 스킨십도 마찬가지다. 딥키스를 나누는 것만으로도 자극적이다. 즉, 키스는 다른 성적 행동으로 우리를 아주 쉽게 끌어당길 것이다. 다시 강조하자면, 성적 행동은 아이의 감정적·신체적으로 해롭다.

자위행위에 대한 교육

영화나 TV 프로그램을 보면, 자위행위는 아주 평범한 주제로 나오고는 한다. 자위행위라는 단어를 직접 사용하기도 하고, 행동을 묘사하는 형식으로 종종 언급된다. 한편, 친구들끼리는 농담 삼아 이에 대한 내용을 이야기하거나 웃기도 하며, 큰소리로 혹은 작은 소리로 조심스럽게도 대화한다. 간식을 먹거나 낮잠을 자는 것처럼 자위행위를 일반적이고 또 정상적인 것으로 받아들인다. 한편, 음란물은 세상 그 어떤 상품보다 많이 팔리고 있는데, 원래 음란물의 목적은 자위행위를 할 때 더 많은 쾌락을 주는 데 있다.

이처럼 자위행위가 사회적으로 수용되고 있지만, 자위행위가 미치는 정서적·심리적 영향은 너무나도 과소평가되고 있다. 진정한 사랑을 경험하지 못할 때는 진정한 행복을 충분히 경험할 수가 없다. 드문드문 조금씩 느낄 뿐이다. 그 상태에서는 어떤 가짜 사랑이라도 아주 빠르고 또 쉽게 중독될 수 있다. 술, 마약, 칭찬, 힘, 섹스 등 어떤 종류의 중독이라도 엄청난 파괴력을 지니고 있다. 중독은 진실하고, 사랑이 넘치는 관계를 유지하기 위한 노력을 방해하기 때문이다.

사람들은 살아가는 데 방해가 될 정도로 자위행위에 강박 증세를 느끼기도 한다. 이 문제에 있어서 나이가 많은지, 젊은지는 상관이 없다. 따라서 부모는 자위행위가 가져오는 잠재적인 위험성에 대해 아이와 대화를 나누어야 한다.

성에 대해 대화할 기회를 갖기

대부분의 부모는 성에 대해 충분하게 대화를 나누지 않는다. 그러나 아이들은 TV, 잡지, 영화, 또래 친구들 등을 통해 가는 곳마다 성에 대한 내용을 보고 듣는다. 그러나 아이들이 보고 듣는 모든 것이 완벽한 진실이 아니다. 따라서 아이는 부모에게 성에 대해 배워야 한다.

아이와 TV나 영화를 보면서 성과 관련된 내용을 볼 때, 대화를 해볼 수 있다. 또한 당신은 뉴스나 잡지, 신문 등에서 성과 관련된 기사들을 매일 찾을 수 있다. 이런 주제들을 가지고 가족 모임에서 토론을 할 수 있고, 아이들과 1:1로 대화를 나눌 수도 있다.

특히 성교육은 반드시 길고 또 형식적이어야 할 필요는 없다. 한두 문장이라도 괜찮다. 이런 대화를 통해 아이가 살아가면서 성적인 영역에서 현명한 선택을 할 수 있도록 많은 도움을 줄 수 있다.

이성 교제에 대해 가르치기

이성 교제는 우리가 결혼을 결심하기 전까지 관계를 돈독하게 유지하는 방법을 연습하는 과정이다. 이성 교제를 통해 ① 자신의 진실을 말하고, ② 상대의 진실을 제대로 보고, ③ 상대를 조건 없이 받아들이며 상대의 행복에 관심을 갖는 법을 배우고, ④ 다른 사람으로부터 조건 없이 받아들여지는 순간을 경험하는 연습을 할 수 있다.

이성 교제는 제5장부터 제9장까지 소개된 원칙들을 배울 수 있는 중요한 기회가 될 수 있다.

이성 교제를 할 수 있는 최소 나이

이성 교제를 이른 나이에 할수록, 섹스를 더 일찍 경험하게 될 가능성이 훨씬 높다. 그리고 문란해지거나 임신을 할 가능성, 성병에 전염될 가능성이 훨씬 높다. 어린 나이에 섹스를 하게 되면, 섹스를 가짜 사랑의 형태로 바라보며 혼란스러워하게 된다. 즉, 인생을 살아가며 가짜 사랑을 기반으로 한 관계를 맺을 가능성이 높다.

그러므로 진정한 사랑을 충분히 받지 못한 아이가 어린 나이에 이성 교제를 시작하면, 상대에게 줄 수 있는 것은 오직 자신이 가진 것뿐이다. 즉, 아이가 가지고 있는 몸, 화, 공허함 그리고 불행을 나누게 되는 것이다. 이로써 서로 이용하고, 상처를 주게 되는 것이다. 비록 의도한 행동이 아니더라도, 충분한 사랑과 가르침을 받지 못한 아이들이 할 수 있는 것은 몸을 나누고, 화를 내고, 공허함과 불행을 나누는 것뿐이기 때문이다.

하지만 대부분의 아이는 경험과 판단력이 부족하므로, 이성 교제를 할 준비가 되었는지 여부를 알지 못한다. 그래서 이성 교제가 가능한 나이를 부모가 결정해 줄 필요가 있고, 그 나이가 되기 전에 이에 대해 미리 대화할 필요가 있다.

그러나 16살이 되기 전에는 이성 교제를 하도록 하락하지 않는 게 바람직하다고 본다. 그 나이가 되기 전에는 아이들이 이성 교제를 함으로써 얻을 수 있는 것보다 잃을 것이 더 많기 때문이다.

이성 교제를 할 때 데이트의 모습은?

아이가 1:1의 이성 교제를 빠르게 경험하게 되면, 정신적으로 미처 성숙하지 못한 아이가 그에 걸맞지 않은 친밀감을 느껴야 하는 압박을 느낀다. 다시 말해, 아이들은 TV나 영화에서 본 장면들을 자연스럽게 따라 한다. 즉, 대중문화에서는 관계의 초기에도 데이트를 할 때 섹스를 하는 것이 일반적인 것으로 묘사되고 있다. 다른 이들의 눈에 좋아 보이고, 사회적으로 받아들여지는 데이트의 모습을 그대로 따라 하면, 아이에게 상처만 남을 뿐이다. 아이가 내적으로 충분히 성숙한 후, 예를 들어 18살 이후라면 사랑이 넘치는 관계를 배울 수 있다. 그러므로 1:1로 데이트를 하는 것보다 그룹으로 데이트를 진행하는 것이 더 안전하다.

연애

아이는 내 것이라고 여기는 이성 친구를 계속 만나야 한다는 아주 심한 압박감을 느낀다. 게다가 연애를 계속 진행 중이라고 친구들에게 말함으로써 가짜 사랑을 아주 많이 느낀다.

한편, 아이가 연애를 할 때 상대가 전해 주는 느낌(칭찬)을 받으며 활력을 느낀다. 또한 상대에게 의지해 사랑을 받을 수 있다는 안전함도 느낀다. 그러나 독점적인 만남은 정서적으로 준비되지 않은 상태에서 지나친 친밀감을 느끼게 할 수 있다. 따라서 아이가 결혼과 같이 서로 사랑이 넘치는 관계를 유지겠다고 결심하기 전까지 깊은 연애는 지혜롭지 못하다.

이성 교제 시 나이 차이에 대해

19살이 된 남자아이가 14살이 된 여자아이를 만난다고 가정해 보자. 나이가 많은 남자아이가 이성적으로 아직 미성숙한 어린 여자아이를 이용하게 될 가능성이 있다. 물론 의도적인 것은 아니겠지만, 사람들은 가짜 사랑으로 자신의 공허함을 채우려고 하기 때문에 이런 일이 발생할 수 있다. 따라서 어린아이들은 2살 이상 나이가 많은 상대와 이성 교제를 하지 않는 것을 제안한다.

이성 교제 시 술과 마약을 사용하는 것

최상의 정신 상태에서도 이성 교제는 인간의 감정을 극적으로 끌어올린다. 그런데 두 사람이 이성 교제를 하면서 감정적·이성적인 왜곡을 일으키는 술과 마약을 이용하면 바람직한 관계를 형성할 수 없다.

따라서 현명한 부모라면 이성 교제 시 술과 마약은 사용하지 않도록 금지시킬 것이다. 이 주제에 대해 유연하게 대처하는 부모들은 폭발물을 가지고 놀고 있는 아이를 내버려 두는 셈이다.

술과 마약에 대해 가르치기

술은 약물의 한 종류라고 할 수 있다. 그래서 나는 술과 마약을 종종 혼용할 것이다.

아이들은 사랑받지 못한 채 혼자라는 느낌에서 벗어나기 위해 그 어떤 노력도 할 것이다. 거짓말도 하고, 공격도 하고, 피해자 행세도 하고, 매달리기도 하고, 도망치기도 할 것이다.

마약을 한다는 것은 도망치는 것이다. 마약은 자신이 느끼는 고통과 공허함 그리고 외로운 감정들을 왜곡시킨다. 술과 마약을 사용하는 순간, 사람들은 비난받거나 거절에 대한 두려움 혹은 사랑을 느끼지 못하는 감정이 줄어든다. 이는 곧 우리가 느낄 수 있는 가장 최악의 감정을 잊기 위한 불법적인 행위다. 하지만 부모가 아무리 화를 낸다고 해도 아이는 술과 마약을 이용하게 될 것이다.

술과 마약의 대가

술과 마약을 사용했을 때 일어나는 신체적인 영향에 따른 정보는 많이 있다. 약물 남용에 대한 수많은 책과 기사를 통해 이를 확인할 수 있다. 약물중독이 건강에 얼마나 해로우며 또 위험한지, 아이들은 학교에서 강의를 듣기도 한다. 따라서 그에 대한 정보들을 이 책에 추가하지 않을 것이다.

그러나 약물을 남용하는 사람들과 남용하는 양으로 보았을 때, 신체 손상이 심각한 비율은 상대적으로 적다. 신체적인 피해에 비해 정서적·정신적인 피해가 훨씬 더 심각하다.

거듭 강조하지만, 아이에게 가장 필요한 것은 사랑을 느끼는 것이다. 약물을 사용하면 고통과 두려움에서 벗어나 곧바로 안심할 수 있게 된다. 그러나 진정한 사랑을 느끼지 못하게 만든다. 심지어 부모가 아이를 조건 없이 사랑하는 법을 배우더라도, 약물을 남용하는 아이는 그 사랑을 느낄 수 없다. 더욱이 약물을 지속적으로 사용하는 아이들은 진실을 말하고, 책임지는 법을 배울 수가 없다. 그저 공허하고, 겁에 질릴 뿐이다. 더 나아가 평생 얻고 보호하는 행동으로 견디며 살아갈 뿐이다.

술과 마약의 사용을 사전에 예방하는 법

나는 오랜 시간 약물중독자였다. 그래서 개인적인 경험에 비추어 말하자면, 약물중독에서 벗어나는 것보다 예방하는 편이 훨씬 쉽다. 술과 마약의 사용을 사전에 예방하기 위해 가장 중요한 것은, 아이를 조건 없이 사랑해 주는 것이다. 사람들은 공허함과 두려움을 잊기 위해 술과 마약을 사용한다. 그러므로 진정한 사랑으로 가득 채워진 상태에서는 술과 마약이 필요 없다.

술을 얼마큼 마셔도 될까?

사회적으로 볼 때, 술이 미치는 영향에 대해 놀라울 정도로 맹목적인 태도를 가지고 바라본다. 미국에서는 성인들 중 10~20%가 술과 약물에 중독되어 있다. 또한 미국에서 10대들의 교통사고 사망 원인 중 절반은 음주운전이다. 그런데도 술 광고를 하는 연예인들을 보며 여전히 좋아하고, 술을 사러 편의점에 간다. 아이가 술맛을 보면, 재미있다는 듯 윙크를 보낸다.

맥주 한 캔이, 와인 한 잔이 뭐가 그렇게 큰 해가 되겠는가? 나는 여기서 아주 강력하게 말한다. 아이에게 약간의 술을 권하는 것은 마치 약간의 마약을 건네는 것과 같다. 이 두 약물의 위험성은 동일하다. 따라서 아이에게 약간의 술을 허락하는 것은 안전벨트 없이 운전을 하도록 내버려 두는 것이다.

자, 안전벨트 없이 운전을 했는데 사고를 피했다고 가정하자. 당신은 사랑하는 아이의 운명을 가지고 장난을 치고 싶은가? 알코올중독자들 역시 첫 한 잔을 마시며 '알코올중독자가 되어야지'라고 다짐하지 않았다. 따라서 아이에게 술을 마셔도 된다고 허락할 만큼 좋은 이유는 단 하나도 없다. 하지만 아이가 집에서 독립한 뒤 스스로 결정하겠다고 한다면, 그건 아이의 책임이다. 부모가 아이를 위해 해줄 수 있는 결정은 아이가 집에서 함께 지낼 때다.

아무튼 술은 약물이다. 약물은 아이가 진실을 말하고, 사랑을 받고, 책임지는 삶을 살고, 지혜로운 선택을 하고, 다른 사람들을 사랑하고, 행복해지는 데 전혀 도움이 안 된다. 술과 마약이 미치는 부정적인 영향에 대해 이보다 더 많이 알아야 할 필요가 있을까?

술과 마약을 사용하는 것을 멈추게 해야 할 때 – 긴급 상황

아이가 바닥에 쓰러져서 숨을 쉬지 않는다고 가정해 보자. 응급처치법을 알고 있다면, 즉시 심폐소생술을 시작할 것이다. 그러나 뇌로 혈액을 공급할 만큼 흉부를 강하게 압박하기 위해 때로 심하게 멍이 들기도 한다. 심지어 갈비뼈가 부러질 수도 있다. 그럼에도 불구하고 당신은 아이를 위해 심폐소생술을 하겠는가? 당연히 할 것이다. 갈비뼈가 부러지는 것은 목숨을 잃는 것과 비교해서 그리 큰일이 아닐 것이다.

이처럼 마약을 사용하는 것은 아이의 정신적·정서적·신체적으로 치명적일 수 있다. 따라서 약물 사용을 멈추게 하는 것은 긴급한 일이다. 당신이라면 치명적인 결과를 막기 위해 어느 정도의 고통을 감수할 수 있겠는가? 아이의 생명을 구하기 위해 멍과 갈비뼈가 부러지는 정도의 위험을 감수할 수 있는가? 아이의 행복을 위해, 당신에게 화를 내는 것을 받아 낼 수 있는가? 슬프지만, 대부분의 부모는 그런 위험을 감수하고 싶어하지 않는다. 우리는 아이들이 행복하기를 바란다. 우리는 아이들이 약물과 관련 없는 삶을 살기를 원하지만, 정서적인 심폐소생술을 할 의지가 없다. 대부분의 부모는 아이를 화나게 하거나 부모를 싫어하게 되는 일을 하고 싶어하지 않는다.

어느 날, 친구 월터가 전화를 했다. 월터는 아들의 술 문제에 대해 강하게 경고하기도 했고 또 정면으로 부딪치는 상황도 있었지만, 16살이 된 아들 브랜던은 술을 마시는 양이 매일 늘어났다. 아들은 자신과 주변 사람들을 점점 더 위험에 빠뜨리는 행동을 하기 시작했다.

나	너는 아들을 중독치료센터에 입원시켜야 한다는 사실을 인정해야 해.
월터	그 아이는 가지 않을 거야.
나	그 아이는 법적으로 미성년자야. 이 상태라면 아들이 좋든 싫든, 아이를 위해 입원을 시킬 수 있어.
월터	그럴 순 없어. 그 애는 나에게 분노할 거야.
나	그렇다면 아들이 알코올중독자로 계속 지내고, 끔찍한 삶을 살도록 내버려 두면 되겠네.

월터는 아들을 진심으로 돕고 싶다고 말했다. 그러나 말만 한다고 해서 아무것도 변하지 않는다. 그는 아들을 도울 의지가 없다는 것을 행동으로 명확하게 표현하고 있었다.

두 달 후, 월터의 아들은 교통사고로 사망했다. 그는 음주운전을 했다. 아이가 약물에 의존하게 되면, 자신의 행동 혹은 판단을 정상적으로 할 수가 없다. 더욱이 도움을 받아야 할지 여부를 결정할 수가 없기 때문에 부모가 결정해야 한다. 하지만 약물을 사용하는 아이를 도와주는 것은 매우 어렵다. 그 어려운 행동을 할 의지가 없다면, 아이가 죽게 내버려 두는 것이다.

물론 술과 약물을 사용하는 모든 아이에게 전문적인 도움이 필요한 것은 아니다. 어떤 경우에는 아이와 마주 보고 앉아서 다음 몇 가지에 대해 대화해 볼 수 있다. 그리고 전문적인 도움을 받을지 말지, 결정은 부모만이 할 수 있다.

"너를 비판하거나 비난하기 위해 이 대화를 하는 것이 아니란다. 엄마(아빠)가 너를 무척이나 사랑하기 때문이 이 대화를 하는 거야. 이 대화는 엄마한테도 어려워서 대화를 하지 않는 편이 더 쉽지만, 그럼에도 불구하고 너를 너무 사랑하기 때문에 어려움을 감수하고 대화를 하기로 선택했어. 내가 하는 말을 네가 싫어할 수도 있고, 네가 나를 싫어하게 될 수도 있다는 걸 잘 알고 있어.

그러나 엄마(아빠)의 목표는 네가 더 행복해지도록 돕는 거란다. 네가 저지른 일을 비난하는 데는 관심이 없단다. 따라서 너를 나쁜 아이라고 생각하지 않아. 너는 그저 공허함과 고통에 반응하고 있는 것뿐이라고 생각한단다.

네가 받고 있는 고통은 삶에서 진정한 사랑을 충분히 받지 못한 결과일 뿐이다. 그 책임은 온전히 나에게 있어. 네가 실수를 저지를 때마다 나는 너에게 실망하거나 수없이 화를 냈지. 너를 조건 없이 사랑해 주지 않았어.

나는 지금 너를 조건 없이 사랑해 주는 법을 배우고 있는 중이란다. 그러나 여전히 많은 실수를 저지를 거야. 하지만 내가 계속 연습하고 있다는 걸 네가 알았으면 해.

네가 사랑을 받으면 받을수록, 얻고 보호하는 행동과 가짜 사랑을 사용하는 양은 줄어들게 될 거란다. 진정한 사랑의 효과가 점점 나타날 때까지, 부정적인 행동들이 많이 없어질 때까지 기다릴 수 있어. 하지만 술과 약물 사용은 오래 기다려 줄 수 없단다. 술과 약물 사용은 점진적으로 줄어들 때까지 기다리기에는 네가 처하게 될 위험이 너무 크기 때문이야. 술과 약물은 우리를 순식간에 죽음으로 밀어넣을 수 있어. 특히 술이나 약물을 복용한 뒤 운전을 했을 때 그렇지. 우리가 생각지 못하는 순간에 위험이 언제나 찾아온단다.

그래서 네 기분이 어떤지, 술과 약물을 사용하고 있는지 여부를 매일 물어보며 대화를 나눌 생각이란다. 술과 약물의 심각한 위험 때문에 처음에는 자주 그리고 시간을 점점 길게 두고, 소변 약물검사를 수시로 할 거야. (지역사회에서 약물검사를 할 실험실을 찾는 것은 어렵지 않으며, 검체 채취 과정을 설명해 줄 것이다.)

우리가 너를 신뢰하지 않아서 약물검사를 진행한다고 생각하기 쉽겠지만, 절대 아니란다. 네가 최선을 다해서 살아가고 있다는 것을 완전히 믿고 있어. 그렇지만 중독이라는 건 정말 강력한 힘을 갖고 있단다. 수백만 명의 인생이 중독으로 인해 파괴되고 있어. 개인이 아무리 최선을 다한다고 하더라도 말이야. 어쨌든 넌 최선을 다할 거야. 나는 그걸 믿는단다. 그렇지만 신뢰만으로는 중독을 막기가 어렵단다. 소변 약물검사를 통해 네가 어떻게 지내고 있는지 알 수 있을 거야.

일단 가족끼리 비밀을 유지할 거야. 그런데 중독재활센터에 가는 걸 거부하고, 아침 가족 모임에 매일 참석하지 않고, 소변 약물검사를 하는 데 저항한다면, 전문 상담가에게 즉시 도움을 요청할 거란다. 이 행동은 너에게 처벌을 내리는 것이 아니라, 우리 안에서 해결할 수 없기 때문에 누군가에 도움이 필요하다는 사실을 인정하는 것뿐이란다."

202쪽에서 소개했던 사례를 살펴보면, 아들이 아빠에게 술을 마시는 것에 대해 이야기 하는 것을 볼 수 있다.

만약, 부모 스스로 술과 약물 문제를 해결해야 할 필요가 있는지를 잘 알지 못한 채 아이의 행동에 대해 책임을 엄격하게 물어야 할지 말지, 아이가 진실을 말하고 있는지 아닌지, 부모로서 판단이 명확히 서지 않는다면 처음부터 전문가의 도움을 받도록 하자. 이는 아이의 생사가 달린 문제가 될 수 있다.

아이가 성인이며, 법적으로 스스로 결정을 내릴 수 있는 상태라면, 소제목 '성인이 된 자녀 교육'을 참고해 보자.

부모가 모델이 되자

부모가 담배를 피우고, 술을 마시고, 약물을 남용한다면, 아이가 부모의 말을 심각하게 받아들이지 않을 것이다. 성인이 술과 담배를 사용하는 것은 합법이다. 그런 행동을 강박적으로 하는 이유는 사랑받지 못하고, 외로움의 고통에서 벗어나기 위함이다. 이는 미성년자들과 다르지 않다. 하지만 아이들은 부모의 행동을 보고 따라 할 것이다.

이혼

1990년에 미국의 이혼율은 50%였다. 현재도 이혼율은 계속해서 오르고 있고, 법적으로 결혼을 하지 않고 동거를 하다가 헤어지는 사람까지 헤아려 본다면, 거의 60%에 육박할 것이다. 법적으로 혼인신고를 하지 않았다고 하더라도 동거를 하다가 이별을 하는 사람들도 이혼과 거의 같은 영향을 받는다. 이 시대에 수를 헤아릴 수 없는 아이들이 한 부모, 조부모, 의붓 부모와 살아간다.

부모가 몇 명인지 혹은 부모가 이혼을 했는지의 문제가 아니다. '문제는 아이가 얼마나 행복한가?'라는 것이다. 양쪽 부모가 아이를 꼭 함께 키워야 아이가 행복해진다는 것은 진실이 아니다. 마찬가지로, 이혼 가정에서 자란 아이가 불행하다는 것도 진실이 아니다.

아이를 불행하게 만드는 것은 삶에서 조건 없는 사랑을 충분히 받지 못하는 데 있다. 그 이외의 이유는 없다. 이혼 가정에서 자란 아이가 문제를 일으킨다면, 조건 없는 사랑을 경험하지 못한 가정에는 많은 문제가 발생하기 때문이다. 조건 없는 사랑을 경험하지 못한 가정은 이혼, 알코올중독, 아동 학대 등의 문제가 많이 발생한다. 다시 말해, 이혼이라는 선택 자체가 아이들을 불행하게 만드는 것이 아니라, 진정한 사랑이 없는 관계가 불행한 아이를 만드는 것이다. 한편, 진정한 사랑을 받을 길이 없는 아이에게 부모의 이혼 경험은 충격적인 경험일 것이다. 만약, 아이가 사랑을 충분히 느끼지 못한다면, 어떤 상황에서도 쉽게 겁에 질리고 또 고통스러워할 것이다. 따라서 이혼만이 아이가 견딜 수 없도록 하는 사건인 것은 아니다. 만약, 아이가 진정한 사랑으로 가득차 있는 상태라면, 부모의 이혼은 크게 영향을 미치지 않을 것이다.

그러므로 아이는 조건 없이 받아들여지고, 사랑받아야 한다. 자신을 낳아 준 부모에게 모두 언제나 사랑을 받는다면 가장 이상적일 것이다. 그러나 대부분 불가능하다. 다행히도, 우리가 행복해지기 위해 양쪽 부모에게 모두 사랑을 받아야만 하는 것은 아니다. 누군가에게 진정한 사랑을 지속적으로 받을 수만 있다면, 아이의 공허함과 두려움은 사라질 것이다.

그렇다면 아이가 양부모 중 한 명과만 살아야 하는 상황에는 어떻게 대처해야 할까? 만약, 당신이 아이에게 진정한 사랑을 이미 주고 있었다면, 이혼이 미치는 영향은 아이가 대부분 견딜 수 있을 것이다. 그러므로 당신은 아이를 계속 사랑해 줘야 한다.

한편, 아이가 겁에 질리고, 화를 내고, 문제 행동을 일으킨다면, 이는 사랑을 느끼지 못한다는 것을 의미할 뿐이다. 그 행동은 당신이 선택한 "이혼 때문에 발생한 문제"가 아니다. 이는 조건 없는 사랑이 결핍되었기 때문이며, 부모의 이혼으로 인해 아이가 깊이 갈망하던 진정한 사랑을 받을 수 있는 가능성이 더 줄어들게 된다는 두려움 때문에 나타나는 행동들이다. 또한 지금까지 진정한 사랑을 대신해서 얻어 오던 가짜 사랑의 양이, 한쪽 부모를 떠나면서 줄어들기 때문에 느끼는 두려움이다. 여기서 단 한 가지 해결책은, 당신 스스로 진실을 말하고, 진정한 사랑을 찾는 법을 배우는 것이다(제4장 참고). 그래야만 힘들어 하는 아이가 진실로 갈망하는 진정한 사랑을 줄 수 있을 것이다.

재결합 가정

이혼한 부모가 다른 배우자를 만나 결혼하게 되면 새로운 상호작용이 발생한다. 의붓 부모를 비롯해 이복형제, 새로운 조부모 등 환경에도 변화가 발생한다.

심지어 아이들이 친부모와 소통하는 방식도 변한다. 따라서 재결합 가족은 아주 복잡하고 어려운 관계가 될 수 있다. 그러나 항상 그런 것은 아니다. 만약, 친부모와 의붓 부모가 자신의 삶에 진정한 사랑을 적용한다면, 친자식과 의붓자식에게 모두 진정한 사랑을 베풀 수 있다. 훌륭한 부모가 되고, 행복한 가정을 이루는 데 필요한 것은 진정한 사랑뿐이다.

그런데 의붓 부모가 자신과 친해지려고 할 때 아이가 저항할 때가 있다. 아이가 의붓 부모에게 저항하는 이유는 조건 없이 사랑을 받는다고 느끼지 못하기 때문이다. 또한 의붓 부모에게 사랑받을 수 없을까 봐, 믿었다가 상처를 받을 것이 두려워 저항하는 것이다. 아이는 보호하는 행동을 사용함으로써 상처받는 것으로부터 자신을 안전하게 지키고 있다. 또한 거짓말하기, 공격하기, 피해자 행세하기, 도망치기 등의 행동을 하며 의붓 부모를 기분 나쁘게 하는 경우가 있다. 아울러 의붓 부모 스스로 사랑받지 못한다고 느끼며, 의붓자식으로부터 애정을 갈구함으로써 사랑을 돌려받고 싶어할 때 아이가 얻고 보호하는 행동으로 저항하게 된다.

만약, 당신이 의붓 부모로서 의붓 자식에게 당신을 특정한 방식으로 대하도록 요구한다면, 당신과 의붓자식과 관계는 아주 어려워질 것이다. 더욱이 아이의 행동에 실망하고 짜증이 난다면, 당신은 아이를 이용해 당신의 기분이 나아지게 만들고 싶어한다는 것이 분명하다. 그 이기적인 욕구는 아이를 공허하고, 불행하게 만든다. 우선, 당신은 진정한 사랑을 찾아야 하며, 어떻게 하면 당신이 받은 사랑을 아이에게 나눠 줄 수 있는지를 배워야 한다. 이것이 유일하게 효과적인 접근법이다.

성인이 된 자녀 교육

아이가 3살이라면, 아이를 사랑으로 가르쳐야 마땅하다. 그리고 아이를 대신해서 이따금 선택을 해주어야만 한다. 그러나 아이가 성장할수록 부모들은 대신 선택해 주는 것이 혼란스러울 수 있다.

부모는 언제 참견을 멈춰야 하며, 아이를 위해 선택해 주는 것을 언제 그만두어야 할까? 또한 아이에게 가르침을 주는 것을 언제 완전히 멈춰야 할까?

한편, 아이가 성장하면 언젠가 독립을 해야 한다는 것을 부모는 아이가 태어날 때부터 알고 있다. 아이가 독립할 수 있도록 도와주지 않는 부모가 있다면, 그것은 가짜 사랑을 얻는 도구로서 아이를 이기적으로 이용하고 있는 것이다. 그러한 부모들은 아이들을 통제할 때, 부모라는 지위가 주는 권력을 즐긴다. 아이가 자신을 필요로 하고, 중요하게 여기는 기분을 즐기는 것이다.

아이들을 독립시키는 법

아이가 21살이 되도록 통제하려고 들다가 갑작스럽게 집에서 쫓아내고, 스스로 현명한 선택을 하면서 살아가기를 기대한다면 지혜롭지 못한 부모일 것이다. 우리는 아이가 독립할 수 있도록 꾸준히 준비시켜야 한다. 따라서 스스로 선택하고 결정하는 것을 해보도록 내버려 두어야만 한다. 그렇게 기회를 많이 주어야 아이가 독립할 날이 오면 모든 선택을 쉽게 할 수 있게 된다. 이런 아이가 집을 떠나는 것은 아주 자연스러운 단계가 될 것이다.

제9장에서 책임을 어떻게 가르치는지에 대해 많이 다루었다. 책임은 독립하는 데 있어 가장 중요한 주제다.

언제 독립을 시킬까?

아이가 스스로 선택을 할 준비가 되었는지, 아닌지 정해진 나이는 없다. 어린 나이부터 책임지는 법을 배운 아이들은 독립할 준비가 되면, 일반적으로 고등학교를 졸업한 뒤 집을 떠나게 된다. 그러나 책임에 대해 배우지 못한 아이들은 독립한다는 것의 진정한 의미를 평생 이해하지 못할 것이다.

내 아이들에게 고등학교를 마친 뒤 집을 나가 스스로 재정적인 책임을 지면서 독립하게 될 것이라고 미리 말해 두었다. 이처럼 아이에게 특정한 나이와 날짜를 말해 주며 그날 독립을 하게 될 것이라고 정해 놓는다면, 아이가 마음의 준비를 하는 데 도움이 된다. 그러면 아이는 삶에 어떤 일이 일어날지를 미리 알고 준비해야 한다는 것을 알 수 있고, 집을 나가야 하는 시점이 되면 부모에게 버려진다거나 처벌을 받는다고 느낄 가능성이 줄어든다.

대부분의 부모가 아이가 집에서 오랫동안 함께 지내도록 내버려 둔다. 그렇게 내버려 두는 데는 몇 가지 이유가 있다.

- 아이에게 집을 나가라고 말해서 아이와 대치하는 걸 원하지 않는다. 아이들은 부모가 죄책감을 느끼게 만들 수 있다.
- 지인들이나 이웃 앞에서 너무 가혹하거나 사랑이 없는 부모처럼 보이고 싶어하지 않는다.
- 부모는 권위와 힘 그리고 아이에게 있어 아주 중요 위치에 있다는 것을 잃고 싶지 않다. 또한 아이가 주는 감사와 애정을 멈추고 싶지 않다. 부모는 아이의 삶에서 없어서는 안될 존재가 되는 것을 즐긴다. 대부분의 부모는 아이가 떠난 뒤 집이 비워질 때 보호자인 동시에 공급자로서의 역할을 잃게 되면, 자신의 가치가 없어진다고 느낀다. 그리고 아이와 거리감을 느낀다.

때때로 성인이 된 아이가 부모의 집에 살 수 있도록 허락할 수밖에 없는 이유가 있는 것처럼 보인다. 하지만 성인이 된 아이를 집에 들어와서 살게 하는 것은 전반적으로 해롭다. 성인이 된 자녀를 계속해서 돌봐 주면서 부모는 자신이 아주 착하고 친절한 것처럼 생각한다. 그러나 그 행동은 아이를 약하게 만든다. 게다가 부모의 마음속에는 자녀를 보살펴야 하는 의무와 분노가 쌓이게 되며, 이는 결코 끝나지 않을 것처럼 여기게 된다.

나는 자녀 중 한 아이가 고등학교를 졸업한 이후에 1년 이상 집에 머무르도록 허락했다. 그런데 얼마 지나지 않아 그것이 큰 실수였다는 것을 깨달았다. 아이는 독립을 선택하는 것을 좋아하기는 하지만, 집에서 제공되는 음식·집·자동차·보험 등을 매우 좋아했다. 누가 공짜를 좋아하지 않겠는가? 결국 나는 아이가 무책임한 어린아이처럼 즐기고 있다는 것을 알게 되었고, 이렇게 두면 배우지도 또 성장하지도 못한다는 것을 알 수 있었다. 결국 나는 아이에게 독립할 곳을 찾아서 집을 나가라고 말했다.

아이는 화를 내며 집을 떠났고, 몇 개월간 나를 만나지 않았다. 그러나 나를 다시 만난 아들은 집에서 계속 살았다면 배우지 못했을 것을 배우고 있다고 말했다. 그리고 집을 떠나는 것이 옳은 일이었다는 것을 알게 되었다고 말했다.

성인이 된 자녀에게 재정적인 지원을 하는 것

수많은 젊은이가 집을 나온 뒤에도 부모로부터 재정적인 지원을 계속해서 받는다. 부모는 자신이 아주 착하고 또 친절하다고 생각하며, 아이들은 부모의 관대함을 즐긴다. 그러나 부모의 '착한 행동'은 아이들의 삶을 해롭게 한다.

아이들은 고생해서 돈을 스스로 벌 때 배울 수 있는 것이 많고 또 더욱 강해진다. 아이에게 재정적으로 너무 오랫동안 지원하게 되면, 성장하는 데 있어 중요한 기회를 빼앗는 것이다.

많은 부모가 이렇게 말한다.

"내가 아이를 돕지 않으면, 아이는 삶을 견뎌 낼 수 없을 것이다."

말도 안되는 소리다. 아이는 밖에 나가서 절대 굶주리지 않을 것이다. 하지만 부모가 도와주지 않으면 아이는 열심히 일을 해야 할 것이고, 아이의 삶을 평탄하게 만들어 주지 않는 부모를 원망하게 된다고 생각한다. 게다가 아이가 좋은 차를 운전할 수 없고 또 좋은 집에 살 수 없으니, 자식을 제대로 돌보지 않는 부모가 되는 것만 같은 죄책감을 느낀다. 그러나 우리는 수준에 맞게 살 때 책임감을 배울 수 있다.

나는 성인이 된 후 몇 년 동안 아주 작고 평범한 집에서 살았다. 하지만 그 시절의 1분 1초도 후회하지 않는다. 행복은 우리가 소유한 물질적인 것으로 결정되지 않는다. 아이에게 너무 좋은 것을 주면 산만해질 뿐이며, 아이의 삶을 행복하게 해줄 수 있는 유일한 원천인 진정한 사랑을 잊게 할 뿐이다.

어떤 부모는 아이가 고등학교를 졸업한 뒤 그 후의 교육까지 도움을 주어야 한다고 생각할 수 있다. 그러나 꼭 그래야 한다는 의무감을 가질 필요는 없다. 대부분의 부모가 사회적인 인식 때문에 대학 등록금을 지원해야 한다는 부담을 느낀다. 그러나 아이를 위해 지혜로운 선택이 아닐 수 있다. 어떤 아이들은 부모가 더 베풀면, 베푼 만큼 덜 움직인다. 이는 아이가 성장하도록 돕는 게 아니다. 재정적인 부분에서 아이는 자신을 책임질 필요가 있다. 따라서 아이에게 어떤 방식으로 재정적인 지원을 결정할지에 대해서는 가정 내에서 각 아이의 능력과 필요에 따라 다르게 결정할 수 있다.

내가 제안하는 접근 방식은 나의 가족 안에서 잘 적용되었다. 그러나 이 방식이 모든 가족에게 잘 적용되는 것은 아니므로, 단순히 참고하기를 바란다. 우리 아이들은 고등학교를 졸업한 뒤 재정적으로 독립을 했다. 대학에 가라고 강요하지 않았지만, 대학에 가고 싶다는 아이가 있다면 학비를 도와주었다. 고등학교를 졸업한 뒤 6개월은 학비와 교과서, 집세, 음식, 관리비 등을 지불해 주었다. 그리고 아이들은 옷값, 취미활동비, 교통비를 스스로 지출했다. 다음 6개월은 학비, 교과서, 집세만 지불했다. 1년에서 2년 안에 완전히 독립할 수 있도록 재정적인 지원을 점차 줄여 갔다.

성인이 된 자녀에게 조언을 하는 것

우리는 아이뿐만 아니라 다른 사람들에게 조언하는 것을 아주 좋아한다. 우리가 진정한 사랑으로 가득찬 상태가 아닐 때 조언을 함으로써 우리 스스로 지혜롭고, 중요하고, 강하다는 느낌을 경험할 수 있다. 그리고 우리가 "옳을 때", 즉 아이들이 선택한 길보다 우리가 제공하는 조언이 훨씬 나을 때, 조언을 해주는 것이 정당하다고 느낀다. 그러나 조언을 함으로써 아이에게 있는 내면의 힘과 독립심을 과소평가할 때가 종종 있다. 하지만 우리가 더 많은 경험이 있고, 성인이 된 자녀들보다 조금 더 안다고 해서 조언을 해주는 것이 정당하다고 할 수는 없다.

몇 가지 예외적인 상황을 제외하고, 아이가 물어보지 않는 이상 조언을 해주지 말자. 당신이 해주는 조언이 옳을지는 모르지만, 원하지 않는 조언을 해줄 때 당신이 아이에게 보내는 메시지는 다음과 같다.

"내 도움 없이 너는 옳은 선택을 할 수 없다."

이는 부모가 제공한 조언의 잠재적인 장점을 다 덮어 버리고도 남을 해로운 메시지를 아이에게 보내는 것이다.

성인이 된 아이는 실수를 하며 배운다. 스스로 실수하도록 내버려 두자. 모든 선택을 올바르게 하는 것보다 스스로 선택하는 법을 배우는 것이 훨씬 더 중요하다. 따라서 너무 많은 조언을 하는 것은 아이들이 배우는 과정을 방해하게 된다.

내 딸이 19살이 되어 대학에 가 있는 동안, 한 남자를 만나 아주 빠르게 가까워졌다. 한 달 가량 데이트를 하더니 결혼을 하겠다고 말했다. 그리고 나의 의견을 물었다.

"아빠, 어떤 사람들은 우리가 너무 빠르게 결혼을 진행한다고 말해요. 우선, 서로 더 알아야 한다면서 말이죠. 그리고 우리 둘 다 학교를 마치고 경제적으로 더 안정될 때까지 기다려야 한다고 말해요. 아빠는 어떻게 생각하세요?"

"딸아, 아빠는 19년 동안 너에게 무엇이 옳고 그른지, 아빠가 알고 있는 모든 방법을 다 가르쳐 주었단다. 네 스스로 진실을 말하는 법을 알고 있어. 책임지는 법도 알고 있어. 좋은 배우자가 어떤 성품을 가져야 하는지도 알고 있지. 내가 가르쳐 줄 수 있는 건 그것뿐이란다. 네 스스로 충분히 잘 선택할 수 있을 거야."

우리가 가르칠 수 있는 것은 여기까지다. 나머지는 스스로 배워야만 한다. 아이를 통제하고 간섭하는 대신, 입을 다물고 온전히 지지해 주는 부모를 가진 아이는 아주 큰 복을 받은 셈이다.

아이가 부모를 원망하며 거리를 둘 때 어떻게 해야 할까?

대부분의 부모는 성인이 된 자녀가 부모와 감정적으로 거리를 두며 살아가는 것을 보고, 뭐가 문제인지 궁금해한다. 아이가 부모와 감정적으로 멀어지려는 이유는 명확하다. 예외는 거의 없다. 부모에게 조건 없이 사랑을 느끼지 못하기 때문이며, 사랑을 받는다고 느껴 본 적이 거의 없기 때문이다. 부모가 자녀에게 얼마나 많은 것을 투입했는지, 사랑을 주려고 얼마나 노력했는지 등 모든 것을 탓하고 변명해도 상관없다.

아이가 우리를 피한다면, 그것은 사랑을 느끼지 못한다는 증거다. 사람들은 사랑받는다고 느낄 때, 상대를 피하지 않는다. 우리가 최선을 다해 아이를 사랑했다고 해도 아이가 우리를 피한다면, 부모가 조건 없이 아이를 사랑했다는 말은 사실상 의미가 없다. 우리가 최선을 다했다고 해도, 아이가 어릴 때 조건 없이 사랑해 주지 않았다면, 아이에게 심각한 상처를 준 것이다. 그러니 성인이 되어서 부모를 피한다는 것은 당연한 결과다. 상처를 받는 곳에 자신을 내던지는 위험을 아이가 왜 감수하겠는가?

우리가 사랑을 느끼지 못할 때, 과거에 저지른 실수들을 아이가 빠르게 용서하고 또 우리에게 곧바로 사랑을 주기를 원한다. 이때 멀어져 가는 성인 자녀의 감정을 바꾸기 위해 우리는 많은 시도를 해볼 수 있다. 그러나 어떤 시도를 하기 전에 가장 중요한 두 가지를 기억해야 한다. 부모는 성인 자녀에게 사랑을 달라고 요구할 수 없다. 이는 어린아이에게 사랑을 요구할 수 없다는 것과 동일한 이유에서다(제3장 참고). 아이에게는 부모를 행복하게 만들어 줄 책임이 없다. 이 땅에 아이를 데려온 사람이 부모다. 부모는 수년간 아이를 위해 기저귀를 갈아 주고, 밥을 먹이고, 콧물을 닦아 주었다. 또한 아이가 필요한 것을 주며, 자신의 삶을 희생했다. 그러나 희생을 하겠다고 선택한 것은 부모다. 우리가 과거에 어떤 노력을 얼마나 했는가와 상관없이, 아이가 부모에게 받은 것을 되갚아야 할 의무는 단연코 없다. 부모 또한 성인으로 자라난 아이를 행복하게 만들어 줄 책임이 없다. 물론 우리가 과거에 저지른 실수가 사라지게 만들 수도 없다. 또한 아이가 스스로 저지른 과거의 어리석은 실수들에 대해 책임을 대신할 수도 없다.

우리가 할 수 있는 것은 성인으로 자라난 아이를 있는 그대로 받아들이고, 사랑해 주는 것이다. 조건 없는 사랑에는 아무런 기대도, 실망도 없다. 그러나 우리가 지금까지 조건 없이 아이를 사랑하는 데 실패함으로써 아이에게 상처를 주었다면, 그 실수를 인정할 필요가 있다. 98%의 부모들은 아이를 조건 없이 사랑하는 데 실패했다. 대부분의 부모가 자신들의 실수를 인정하기 어려워하지만, 진실을 말해야 한다. 우선, 우리 자신에게 그리고 지혜로운 사람에게 말하고(제4장 참고), 결국 아이에게 실수를 말해야 한다. 진실을 말하고 나서야 아이를 사랑하는 방법을 배울 수 있다. 그리고 아이의 공허함과 상처를 치유하고, 사랑으로 채워 줄 수 있다. 더 나아가 우리 자신의 죄책감으로부터 자유로워질 수 있다.

다음은 앨리스의 사례다.

앨리스가 울면서 나를 찾아왔다. 그녀의 아들 척은 이제 30살이 되었다. 그런데 아들은 언제나 엄마를 피했다. 전화도 아예 하지 않았고, 손주들을 보러 가끔 집에 찾아가면 다른 방에 들어가서 나오지 않았다.

대화는 오직 질문에 대한 답변만 아주 짧게 진행되었다.

앨리스	아들이 그런 식으로 대할 때마다 저는 상처받아요. 아들은 내 감정 따위에는 아무런 관심이 없는 것 같아요.
나	당신을 사랑해 주는 것은 아들의 일이 아니죠. 아들을 조건 없이 사랑해 주어야 하는 것은 당신의 책임이에요.
앨리스	아들을 조건 없이 사랑해 주고 있어요.
나	당신이 최선을 다한다는 건 압니다. 그러나 아들이 당신을 피

한다는 것은 "당신이 나를 사랑한다고 느끼지 않아요"라고 이마에 붙이고 다니는 거나 마찬가지예요. 아들이 있는 그대로 받아들여진다고 느낀다면 당신을 피할 이유가 없죠.

앨리스   하지만 전 아들을 있는 그대로 받아들이는 걸요.

나   아들의 습관 중에 당신이 좋아하지 않는 게 있나요?

앨리스   아들은 술을 많이 마시고, 담배도 피워요. 사실, 술과 담배는 아들의 나쁜 습관들 중 작은 것에 불과하죠.

나   아들에게 술과 담배에 대한 이야기를 하신 적이 있나요?

앨리스   물론 있죠. 좋은 엄마라면, 아들이 스스로 건강을 해치는데 가만히 보고 있을 수는 없잖아요.

나   아들의 직장은 어떤가요? 좋은 직장에 다니고 있나요?

앨리스   아니요. 자신이 원한다면 더 좋은 직장을 얻을 수 있을 거예요. 제가 몇 가지 조언을 해주었는데도 아무런 변화가 없어요.

앨리스는 아들을 있는 그대로 받아들이고 있지 않다는 것을 표정이나 목소리로 분명히 표현하고 있었다. 아들은 엄마를 볼 때마다 인정받지 못한다는 느낌을 받았을 것이다. 그것이 바로, 아들이 엄마를 피했던 이유다. 아들은 담배를 피우고 또 술을 마시는 것이 건강에 좋지 않다는 것을 이미 알고 있다. 그리고 자신의 능력으로 더 좋은 직장을 찾을 수 있다는 것도 알고 있다. 그러니 엄마의 조언은 원하지도 또 필요하지도 않았다. 아들은 그저 조건 없이 받아들여지는 것이 필요할 뿐이지만, 엄마는 그것을 주지 않았던 것이다.

나   아들을 만나러 갈 때 조언을 하지 말아 보세요. 1주일 동안요.

앨리스   그렇지만 아들은 좋지 않은 결정들을 자주 하는데요.

나   앨리스, 저는 당신을 아주 사랑하기 때문에 이 말을 하는 거니 잘 들으세요. 아들이 뭘 선택할지는 당신이 상관할 바가 아니

	에요. 아들에게 뭘 해야 한다고 말하고 싶다면, 아들을 통제하는 거예요. 아들의 인생은 아들의 것입니다. 그걸 당신이 받아들이지 않는다면, 아들이라는 사람 자체를 받아들이지 않는 것이나 마찬가지예요. 당신이 한 조언들을 아들이 따른 적이 한 번이라도 있었나요?
앨리스	아니요. 그렇지만···.
나	이미 당신이 했던 모든 방법이 아들과의 관계에 아무런 도움이 되지 않았다는 걸 스스로 증명하지 않았나요? 이제 아들은 당신과 함께 있는 걸 싫어하게 되었네요. 이젠 당신이 아들과 관계를 맺을 때마다 사용했던 방법들이 제대로 작동하지 않는다는 걸 고려해 봐야 해요.

많은 부모가 성인이 된 자녀를 비난하는 것을 멈추지 못한다. 이는 모든 사람을 불행하게 만든다. 하지만 엘리스는 엄청난 믿음과 용기를 내서 아들을 비난하는 것을 멈췄다. 그녀는 자신의 진실을 말하는 법을 배우고, 조건 없는 사랑을 찾았다. 앨리스 자신이 행복해지자, 아들에게 이래라저래라 할 필요가 없어졌다.

몇 달 뒤, 앨리스가 눈물을 흘리며 나를 찾아왔다. 이번에는 행복의 눈물이었다. 앨리스는 자신의 삶에서 결코 가능하리라 생각지 못했던 만큼 사랑을 받고, 사랑을 주게 되었다고 말했다. 아들이 엄마를 피하지 않게 되었다는 것은 놀라운 일도 아니었다.

나이를 막론하고, 아이는 비난받을 때보다 있는 그대로 받아들여질 때 상대와 더 잘 소통한다. 지혜로운 부모의 목표는 아이를 사랑으로 가르치는 것이며, 아이가 행복해지도록 돕는 것이다. 나이를 먹을수록 원하지 않는 가르침을 줄 필요가 없다. 단지, 아이에게 필요한 것은 조건 없이 받아들여지는 것뿐이다.

> 지혜로운 부모의 목표는 아이를 사랑으로 가르치는 것이며, 아이가 행복해지도록 돕는 것이다. 그러므로 나이를 먹을수록 원하지 않는 가르침을 줄 필요가 없다. 단지, 아이에게 필요한 것은 조건 없이 받아들여지는 것뿐이다.

성인이 된 자녀의 부부 관계

아이가 결혼을 하면, 새로운 가족이 형성된다. 그 가족에는 당신이 직접적으로 포함되지 않는다. 당신의 아이가 물어보지 않는 이상 자녀의 부부 관계에 대한 조언은 제공하지 말자. 아이의 부부 관계는 당신과 상관없다.

조부모와 손주의 관계

나는 다음과 같은 질문을 자주 받는다.

"어떻게 하면 손자들이 더 ~할 수 있게 만들 수 있을까요?"

"어떻게 하면 아들이 손주들과 함께 ~를 해야 한다는 걸 이해하게 만들 수 있을까요?"

"제 생각은 손주들이 좀 더 ~를 할 필요가 있다고 생각해요. 간섭하고 싶지는 않은데, 박사님은 제가 ~를 하게 해주어야 한다고 생각하지 않으세요?"

단도직입적으로 말하자면, 손자와 손녀는 당신의 아이가 아니다. 만약, 자녀를 어떻게 양육해야 하는지에 대해 당신이 훌륭한 생각을 가지고 있다면 책을 써라. 그리고 아무도 보지 못하는 책꽂이 제일 꼭대기에 숨겨 놓아라. 손주에 대해 이러쿵저러쿵 조언을 하고 싶다면, 오직 아이가 물어볼 때만 말하자. 부모가 아동 성추행을 저지르는 것과 같은 예외를 제외하고, 부모는 자녀가 부모로서 어떤 노력을 해야 하는지에 대해 간섭을 할 권리가 없다. 당신의 조언이 얼마나 훌륭한지와는 상관이 없다. 부모는 실수를 하면서 배운다. 우리가 부모가 되는 과정에서 많은 실수를 저질렀듯이 우리 아이 또한 손주를 키우며 실수를 할 수 있도록 내버려 두어야 한다. 우리 소중한 '손주'들에게 부모가 실수하는 것을 멀

찍이 서서 바라만 보는 것이 쉽지 않지만, 그러도록 내버려 두어야 한다.

우리는 아이를 믿어야 한다. 우리가 아이의 자녀 교육에 반대하고 지적하는 것이 아니라, 지원하고 사랑을 줄 때 아이는 훨씬 잘 배울 것이다. 만약, 아이가 부모의 사랑을 조건 없이 받는다면, 좋은 부모가 될 것이다. 좋은 부모가 되기 위해 무엇보다 필요로 하는 진정한 사랑을 가지고 있기 때문이다. 만약, 아이가 부모에 의해 조건 없이 사랑을 받는다면, 필요할 때마다 부모에게 조언을 구할 것이다.

손주들이 필요한 것도 모든 사람이 필요한 것과 동일하다. 우리가 손주들을 조건 없이 사랑하면, 세상에서 가장 귀한 선물을 손주들에게 주는 것이다. 그로 인해 손주들은 충만하고, 행복한 삶을 살 수 있을 것이다.

성인이 된 자녀의 입장에서 부모와의 관계

우리가 성인이라면, 우리의 책임은 부모를 존경하고 사랑하는 것이다. 존경하고 사랑하는 것에 다음 목록들은 해당되지 않는다.

- **명령에 복종하기:** 어린 시절에 부모의 말에 복종하는 것은 중요하다. 부모는 우리보다 더 오래 살았기에 더 현명했으므로, 부모의 말에 복종함으로써 가정의 질서를 유지할 필요가 있었다. 그러나 성인이 된 지금은 스스로 선택하면서 배우고 성장할 필요가 있다.
- **부모를 행복하게 만들기:** 많은 부모는 성인이 된 자녀에게 자신을 행복하게 만들어 주기를 요구할 때가 있다. "왜, 집에 오지 않느냐?" 혹은 "왜, 전화를 하지 않느냐?"라는 방식으로 아이에게 죄책감을 주기도 한다. 부모를 행복하게 만드는 것은 결코 성인이 된 자녀의 책임이 아니다. 다른 사람들을 행복하게 만들 책임이 우리에게는 없다. 거기에는 부모도 포함된다. 오직 조건 없이 받아들이고, 상대를 사랑하는 책임만 우리에게 있을 뿐이다. 따라서 부모는 스스로 사랑을 받고, 사

랑을 나누고, 책임을 지는 선택을 해야 한다. 그 행동들이 부모 자신에게 행복이라는 결과를 가져올 것이다. 모든 사람에게 마찬가지다.
- **부모의 조언을 듣기**: 부모에게 불손하게 행동하라고 제안하는 것이 아니다. 그러나 어떤 부모들은 아이에게 원하지 않는 조언들을 지나치게 제공할 때가 있다. 그런 경우에는 더이상 듣고 싶지 않다는 것을 친절하게 표현할 필요가 있다.

성인이 된 자녀로서 부모의 행동을 바로잡기

우리가 성인이 되고, 특히 진정한 사랑에 대해 배우고 나면, 부모가 얼마나 많은 실수를 우리에게 저질렀는지 깨닫게 된다. 그런 경우에는 일반적으로 다음과 같은 세 가지 실수를 저지른다.

1. 부모에게 피해자 행세를 하며 화를 낸다. 얼마나 많은 시간과 에너지 그리고 행복을 낭비하는 짓인가. 이때 우리는 부모가 저지른 실수에 집중하며 끔찍한 삶을 살거나, 남은 인생을 행복하게 사는 것에 집중할 수 있다. 어떤 선택을 하는 것이 우리를 행복으로 이끌어 줄 수 있을까? 최악의 상황을 가정해 보자. 당신의 부모가 상상할 수 있는 모든 실수를 다 저지르고, 당신이 경험하고 있는 모든 불행에 책임이 있다고 가정해 보자. 그래서 어떻다는 것인가? 이미 저지른 실수에 대해서는 아무것도 할 수 없다. 이미 끝난 일인 것이다. 지금부터 스스로 사랑을 찾고, 행복을 찾는 것은 당신의 책임이지 부모의 책임이 아니다.
2. 부모가 저지른 실수를 인정해 주기를 원한다. 대부분의 부모는 자신이 자녀에게 저지른 실수를 인정하는 것이 너무 어렵고 또 고통스럽다. 그 주제를 가지고 대화를 하게 되면 공격받는다고 느끼고, 방어하기 때문에 대화 자체가 가능하지 않다. 따라서 이 주제로 대화를 하자고 제안하는 것은 오만하고, 서로 상처를 입히는 행위가 될 수 있다.
3. 어린 시절에 우리가 얻지 못한 것이 무엇인지를 깨닫게 되면, 대부분의 사람은 그동안 받지 못했던 사랑을 지금이라도 당장 달라고 요구한다. 그러나 부모는 스스로

진정한 사랑을 경험해 보지 못했다. 따라서 진정한 사랑을 주는 것 자체가 불가능하다. 이는 우리의 어린 시절을 통해 이미 증명된 사실이다. 그리고 대부분의 경우, 지금도 여전히 우리에게 사랑을 줄 수 없다. 그러면 어떤 이는 부모에게 이렇게 말할 것이다. "당신이 부모니까, 나를 사랑해 줬어야 하는 거잖아요." 사실, 부모가 된다고 해서 자녀를 사랑할 수 있는 마법 같은 능력을 갖게 되는 것이 아니다. 만약, 부모 스스로 진정한 사랑을 받지 못했다면, 우리에게도 줄 수가 없다. 황소에게 가서 우유를 만들어 내라고 할 수는 없는 노릇이다.

당신이 진정한 사랑을 어디서 얻는지와는 상관없이 그 영향은 기적과 같다. 우리는 주변에 있는 지혜로운 사람에게 진실을 말할 수 있고, 있는 그대로 받아들여짐으로써 치유의 힘을 경험할 수 있다. 그러므로 우리가 행복해지기 위해 부모로부터 반드시 사랑을 받아야 할 필요는 없다.

에필로그

진정한 사랑을 충분히 받지 못한 채 연습도 없이 아이를 키우는 것은, 말로 표현할 수 없을 만큼 혼란스럽기 때문에 끝도 없이 좌절하게 될 것이다. 대부분의 부모가 전해 주는 뼛속에서부터 우러나오는 경험을 통해 우리는 그것을 알 수 있다.

이 책에서 설명한 대로 진정한 사랑을 찾고, 나누는 방법과 육아 원칙들을 적용해 보자. 그러면 아이를 키우는 일이 당신에게 상상 이상으로 충만감을 주며, 기쁜 일이라는 것을 깨닫게 될 것이다. 당신과 유사한 길을 걸어온 수만 명의 부모와 내가 경험했던 일이므로 절대적이라고 할 수 있다. 자신 있게 약속할 수 있다.

진정한 사랑은 바쁜 일상 속에 또 하나의 일거리를 더하는 것이 아니다. 진정한 사랑은 곧 인생이다. 진정한 사랑으로 인해 당신의 일상이 즐거워질 것이며, 부모가 되는 것을 기뻐하게 될 것이며, 당신이 쏟아부은 노력 덕분에 아이들은 깊은 보람을 느낄 것이다. 그러나 진정한 사랑이 없다면, 당신은 혼란과 좌절로 인해 고통받을 것이 분명하다.

나는 당신이 이 책을 읽고 다른 부모들과 정보를 공유하기를 바란다. 당신이 배운 내용을 주변의 지인들과 나눌 때, 그들이 진정한 사랑을 경험하고 또 자신의 아이들에게 나눌 기회를 주는 것이다. 이로써 부모 혹은 개인으로서 당신을 지지하고 사랑해 주는 지혜로운 친구를 새로 만나게 되는 특혜를 경험하게 되는 것이다.

러브잉크에서 펴낸 두 번째 책을 구입해 주시고,

읽어주신 독자 여러분께 감사의 마음을 전합니다.

책을 읽은 후 소감이나 의견을 보내 주시면

소중히 받겠습니다.

고맙습니다.

옮긴이 **최이규**

지구상에서 가장 중요한 직업인 두 아이의 엄마다. 부업으로 1인 출판사를 운영하며, 취미로 책을 번역한다. 그레그 베어 박사에게 직접 코칭을 받으며, 아이를 사랑으로 가르치는 법을 배워 삶에 적용하고 있다. 이 책을 읽게 될 많은 독자가 부모가 되는 즐거움과 행복을 경험하길 바라는 마음으로 최대한 읽기 쉽도록 번역했다. 번역서로는 『리얼러브: 조건 없는 사랑을 찾고, 충만한 관계를 만드는 진실』이 있다.

리얼러브 부모공부: 행복한 아이를 키우는 9가지 육아 원칙

발행일	2023년 5월 15일 초판 1쇄
지은이	그레그 베어
옮긴이	최이규
디자인	최이진
발행인	UYAMA YIGYU
발행처	러브잉크

http://loveink.co.kr/

loveinkbook@gmail.com

경상남도 김해시 진영읍 진영리 623-1 103동 101호

Copyright © 러브잉크, 2023, Printed in Korea.